सिविल सेवा परीक्षा के लिए

निबंध

अ अक्षर
प्रतियोगी पुस्तकें

सिविल सेवा परीक्षा के लिए

निबंध

सम्पादन एवं संकलन

निशान्त जैन

गंगा सिंह राजपुरोहित

राजकमल प्रकाशन

ISBN : 978-93-89577-00-6

मूल्य : ₹350

पहला संस्करण : जनवरी, 2020
आठवाँ संस्करण : 2025

अ अक्षर प्रतियोगी पुस्तकें

प्रकाशक
राजकमल प्रकाशन प्रा.लि.
1-बी, नेताजी सुभाष मार्ग, दरियागंज
नई दिल्ली-110 002
शाखाएँ
अशोक राजपथ, साइंस कॉलेज के सामने, पटना-800 006
पहली मंजिल, दरबारी बिल्डिंग, महात्मा गांधी मार्ग, प्रयागराज-211 001
1, अनमोल सोराबजी सन्तुक लेन धोबी तलाव, मरीन लाइंस, मुम्बई-400 002
वेबसाइट : www.rajkamalprakashan.com
ई-मेल : info@rajkamalprakashan.com

मुद्रक
बी.के. ऑफसेट
नवीन शाहदरा, दिल्ली-110 032

CIVIL SEVA PARIKSHA KE LIYE NIBANDH
Edited by Nishant Jain & Ganga Singh Rajpurohit

हिन्दी की दुनिया के लाखों संघर्षशील युवा अभ्यर्थियों
की अदम्य जिजीविषा और उत्कट उत्साह
के प्रति

निशान्त जैन

UPSC की वर्ष 2014 की सिविल सेवा परीक्षा में 13वीं रैंक। हिन्दी/भारतीय भाषा मीडियम के टॉपर। सिविल सेवा मुख्य परीक्षा में तीसरे सर्वाधिक अंक। निबंध और वैकल्पिक विषय (हिन्दी साहित्य) के प्रश्नपत्र में सर्वाधिक अंक। उत्तर प्रदेश के मेरठ में साधारण पृष्ठभूमि में पले-बढ़े निशान्त ने UPSC में दूसरे प्रयास में सफलता पाई। उन्होंने निबंध के प्रश्नपत्र में सर्वाधिक अंक (160 अंक) प्राप्त किए थे।

इतिहास, राजनीति विज्ञान व अंग्रेजी में ग्रेजुएशन और हिन्दी साहित्य में पोस्ट-ग्रेजुएशन। यूजीसी की NET-JRF परीक्षा उत्तीर्ण। कॉलिज के दिनों में डिबेट, काव्यपाठ, निबंध प्रतियोगिताओं में उत्कृष्ट प्रदर्शन। दिल्ली यूनिवर्सिटी (D.U.) से M.Phil. की उपाधि। सिविल सेवा में चयनित होने से पहले लोक सभा सचिवालय के राजभाषा प्रभाग में दो साल सेवा की। LBSNAA में IAS की दो वर्ष की ट्रेनिंग के उपरान्त JNU से पब्लिक मैनेजमेंट में मास्टर्स डिग्री प्राप्त हुई।

सिविल सेवा परीक्षा की तैयारी के लिए बेस्टसेलर किताब *'मुझे बनना है UPSC टॉपर'* बेहद लोकप्रिय। इंग्लिश में *'All About UPSC CSE'* और मराठी में *'मला व्हायचंय UPSC टॉपर!'* अनुवाद भी लोकप्रिय हैं।

प्रतियोगी परीक्षाओं के अलावा उनकी शोधपरक किताब *'राजभाषा के रूप में हिन्दी'* नेशनल बुक ट्रस्ट, भारत सरकार से और बाल कविता संकलन *'शादी बंदर मामा की'* प्रभात प्रकाशन से प्रकाशित। मोटिवेशनल किताब *'रुक जाना नहीं'* हिन्द युग्म/वेस्टलैंड से प्रकाशित।

यूट्यूब व सोशल मीडिया पर लेक्चर/वीडियो काफी लोकप्रिय।

कविताएँ व ब्लॉग लिखने और युवाओं से संवाद स्थापित करने में रुचि।

भारतीय प्रशासनिक सेवा (IAS) के 2015 बैच के अधिकारी।

ब्लॉग : nishantjainias.blogspot.in

गंगा सिंह राजपुरोहित

UPSC की सिविल सेवा परीक्षा 2016 में 33वीं रैंक प्राप्त करने वाले गंगा सिंह हिन्दी माध्यम के द्वितीय टॉपर रहे हैं।

जय नारायण व्यास विश्वविद्यालय, जोधपुर से गणित विषय के साथ बी.एस-सी. करने के उपरान्त जवाहरलाल नेहरू विश्वविद्यालय, दिल्ली से एम.ए. (हिन्दी साहित्य) कर चुके गंगा सिंह पठन-पाठन, लेखन और प्रतियोगी परीक्षाओं पर मार्गदर्शन प्रदान करने में विशेष रुचि रखते हैं। बाड़मेर जिले के डंडाली गाँव में जन्मे गंगा ने 2016 की सिविल सेवा परीक्षा में निबंध के प्रश्नपत्र में 157 अंक प्राप्त किए थे।

लोक संस्कृति के सभी पहलुओं को अत्यंत बारीकी से जानना और विश्लेषण करना भी इनके व्यक्तित्व में झलकता है। वर्तमान में वह 2017 बैच के गुजरात कैडर के IAS अधिकारी हैं।

कुल मिलाकर यह सारगर्भित किताब सिविल सेवा मुख्य परीक्षा के निबंध के प्रश्नपत्र के लिए एक सम्पूर्ण पैकेज है। इसके बाद निबंध के पेपर की तैयारी के लिए कुछ और अलग से पढ़ने की जरूरत कमोबेश नहीं पड़ेगी। हाँ, इसके बाद आपको स्वयं लिखकर अभ्यास तो करना ही होगा। यह किताब IAS के साथ-साथ हिन्दीभाषी राज्यों के लोक सेवा आयोगों की PCS परीक्षाओं के लिए भी समान रूप से उपयोगी है, क्योंकि आजकल लगभग सभी राज्यों के स्टेट सर्विस एग्जाम में निबंध का पेपर अनिवार्य पेपर है। यहाँ तक कि यह किताब इंग्लिश मीडियम लेकर तैयारी कर रहे हिन्दीभाषी अभ्यर्थियों के लिए भी पठनीय है।

हम दोनों इस किताब के महायज्ञ में अपनी-अपनी आहुति समर्पित करने वाले सभी साथियों (हाल के वर्षों में चयनित अभ्यर्थियों) का दिल से आभार व्यक्त करते हैं। साथ ही राजकमल प्रकाशन के उपक्रम 'अक्षर' का आभार, जिन्होंने इस किताब को इतना सुन्दर कलेवर प्रदान किया।

हिन्दी मीडियम के संघर्षशील युवा अभ्यर्थियों के प्रति भी दिल से आभार, जिनका जीवट और जज्बा आज भी तमाम प्रतिकूलताओं के बावजूद हममें 'चिंगारी' को जिन्दा रखे हुए है।

आइए, फिर से दुष्यंत कुमार की इन पंक्तियों को दोहराकर आगे बढ़ें :

इस नदी की धार से ठंडी हवा आती तो है,
नाव जर्जर ही सही, लहरों से टकराती तो है।
एक चिंगारी कहीं से, ढूँढ़ लाओ ए दोस्तो,
इस दिये में तेल से भीगी हुई बाती तो है॥

—निशान्त जैन
—गंगा सिंह

अनुक्रम

हैं, पर उपर्युक्त चार बिन्दु निश्चित तौर पर बेहद महत्त्वपूर्ण हैं—

1. **विषय पर ही केन्द्रित रहना :** निबंध लेखन में बेहतर प्रदर्शन का मंत्र है—विषय की मूल भावना से स्वयं को जोड़े रखना। सम्पूर्ण निबंध का झुकाव निरन्तर विषय की ओर बने रहना चाहिए और परीक्षक को ऐसा बिलकुल भी प्रतीत नहीं होना चाहिए कि आप विषय से भटक गए हैं। प्राय: निबंध के विषय बहुत सामान्य, पर अमूर्त किस्म के होते हैं। यदि किसी विषय विशेष के सभी पहलुओं (सकारात्मक व नकारात्मक) को कवर करते हुए विचारों को व्यवस्थित ढंग से प्रस्तुत किया जाए तो अच्छे अंक हासिल करना कोई कठिन कार्य नहीं है।
2. **विचारों को सुनियोजित रूप से व्यक्त करना :** दरअसल निबंध न केवल हमारी लेखन शैली का प्रतिबिंब है, बल्कि यह हमारे अब तक के अर्जित ज्ञान, अनुभव और चिन्तन प्रक्रिया का भी निचोड़ प्रस्तुत करता है। अगर हमारे सोचने का ढंग अव्यवस्थित और उलझाऊ होगा तो इसका प्रभाव हमारे निबंध पर भी पड़ेगा।

   बहुत से अभ्यर्थी विचारों की दृष्टि से बहुत समृद्ध और अनुभवी होते हैं, पर निबंध लिखते समय उन विचारों को क्रमबद्ध, सुनियोजित व व्यवस्थित तरीके से अभिव्यक्त नहीं कर पाते। 'कहीं की ईंट, कहीं का रोड़ा' की प्रवृत्ति से बचने की कोशिश करें। विचारों को सुनियोजित ढंग से व्यक्त करने के लिए एक संक्षिप्त रूपरेखा बना लेना हमेशा बेहतर रहता है। इस रूपरेखा में आप विषय के विभिन्न संभावित पहलुओं के साथ-साथ कुछ प्रासंगिक उदाहरणों, उक्तियों व पंक्तियों को भी शामिल कर सकते हैं।
3. **संक्षेप में लिखना :** कम लिखें, पर प्रभावी लिखें। ध्यान रखें, 'अति' हर चीज की बुरी होती है, 'अति सर्वत्र वर्जयेत्।' चूँकि तीन घंटे के निर्धारित समय में दो निबंध लिखने होते हैं, अत: निर्धारित शब्द-सीमा का उल्लंघन करने से बचें। पैराग्राफ में लिखें और बहुत लंबे पैराग्राफ न बनाएँ। संक्षेप में लिखना और 'कम शब्दों में अधिक कहना' एक कला है और यह निबंध लेखन में ही नहीं, बल्कि अभिव्यक्ति के अन्य तरीकों, यथा—संवाद, भाषण, साक्षात्कार, परिचर्चा और व्याख्यान सभी में काम आती है।
4. **प्रभावी और सटीक अभिव्यक्ति :** अभिव्यक्ति एक अच्छे निबंध का सर्वाधिक महत्त्वपूर्ण पक्ष है। इस बिन्दु पर हम विस्तार से चर्चा करेंगे। दरअसल, उपर्युक्त तीनों बिन्दुओं को समझकर निबंध लिखते समय उनका समावेश करना निबंध को प्रभावी और सटीक बनाता है।

आयोग द्वारा निर्धारित इन चारों बिन्दुओं की कसौटी पर खरा उतरने के लिये अग्रलिखित बातों का ध्यान रखना आवश्यक है—

1. **प्रवाह :** निबंध लेखन का सबसे आकर्षक पक्ष है—निबंध का प्रवाह (Flow)। यदि निबंध में एक सहज प्रवाह होगा, तो परीक्षक की रुचि आरम्भ से लेकर अन्त तक निबंध में बनी रहेगी और यह निश्चित तौर पर अंकदायी होगा। पर प्रश्न यह है कि आखिर निबंध लिखते समय प्रवाह कैसे बनाए रखें? दरअसल निबंध विचारों का व्यवस्थित, सुनियोजित और क्रमबद्ध प्रस्तुतीकरण है, लिहाजा विचारों को व्यक्त करते समय उनके मध्य निहित अन्तर्सम्बन्ध को पहचानने की कोशिश करें और सुनिश्चित करें कि यह अन्तर्सम्बन्ध आपके निबंध में झलके।

   जब एक पैराग्राफ का अन्त होता है, तो कोशिश करें कि अगले पैराग्राफ की शुरुआत पहले पैराग्राफ के अन्त से जुड़ी हो, यानी दोनों में एक सहज सम्बन्ध होना चाहिए। परीक्षक को ऐसा नहीं लगना चाहिए कि आप कहीं से भी, कुछ भी, अव्यवस्थित ढंग से लिखे जा रहे हैं। निबंध में यह प्रवाह निरन्तर अभ्यास से विकसित किया जा सकता है।

2. **सन्तुलित दृष्टिकोण/मध्यम मार्ग :** विचारधाराएँ और दृष्टिकोण सबके अलग-अलग हो सकते हैं, पर 'सत्य' इन सभी विचारधाराओं के बीच में कहीं निहित होता है। अत: दो विपरीत ध्रुवों पर जाने के बजाय एक सन्तुलित और व्यवहारिक पक्ष लेना हमेशा बेहतर होता है, विशेषकर निष्कर्ष लिखते समय। बुद्ध का 'मध्यम मार्ग' (Middle Path) यहाँ विशेष रूप से उपयोगी हो सकता है।

3. **विषयवस्तु का व्यापक दायरा/सभी पहलुओं को कवर करना :** अभिव्यक्ति तभी प्रभावी और सटीक हो सकती है, जब आपका कथ्य अच्छा और व्यापक हो। विचारों पर हावी संकीर्णता से बचते हुए कोशिश करें कि सन्तुलित दृष्टिकोण अपनाकर चीजों को समग्रता में देखें। इसके लिए निबंध के विषय में निहित विभिन्न पहलुओं/पक्षों को पहचानना और उन पर सुनियोजित ढंग से चर्चा करना, निबंध को प्रभावी बना सकता है। अकादमिक जगत में यह युग 'अन्तर-अनुशासनात्मक अध्ययन' (Inter-disciplinary Studies) का है। ज्ञान के विभिन्न संकाय/विषय/अनुशासन परस्पर अन्तर्सम्बन्धित हैं। यह कुछ वैसा ही है, जैसे हमारे सिविल सेवा पाठ्यक्रम में सामान्य अध्ययन के विभिन्न हिस्से आपस में जुड़े हुए हैं।

   ज्ञान के विभिन्न आयामों के बीच परस्पर जुड़ाव और इन सबकी एक-दूसरे को प्रभावित करने की ताकत को समझने के बाद हम पाते हैं कि निबंध दरअसल विषय विशेष का उसके सभी प्रासंगिक पहलुओं को कवर करते हुए सुनियोजित व व्यवस्थित विस्तार है। निबंध की विषय-

वस्तु के दायरे को व्यापक करने और इसके सुनियोजित विस्तार के लिए इसके विभिन्न पहलुओं को समझना जरूरी है। किसी भी विषय विशेष के कुछ संभावित पहलू (अनिवार्य तौर पर नहीं) इस प्रकार हो सकते हैं—

1. सामाजिक (Social)
2. सांस्कृतिक/साहित्यिक (Cultural/Literary)
3. आर्थिक (Economic)
4. राजनीतिक/प्रशासनिक/प्रबंधकीय (Political/Administrative/Managerial)
5. दार्शनिक (Philosophical)
6. धार्मिक/आध्यात्मिक (Religious/Spiritual)
7. वैज्ञानिक/तकनीकी (Scientific/Technical)
8. ऐतिहासिक (Historical)
9. भौगोलिक (Geographical)
10. कूटनीतिक (Diplomatic)
11. जनसांख्यिकीय (Demographic)
12. पर्यावरणीय/पारिस्थितिकीय (Environmental/Ecological)
13. लैंगिक (Gender-based) आदि। इस सूची को अपने मानस पटल पर रखकर विषय के विभिन्न पक्षों को सुव्यवस्थित तरीके से उभारा जा सकता है।

साथ ही, इन बातों को भी ध्यान में रख सकते हैं—

(i) समस्याओं के सभी पहलुओं को समझने की कोशिश करें। हमारा प्रशासनिक व राजनीतिक ढाँचा गाँव/शहर से शुरू होकर ज़िला, राज्य होते हुए देश और फिर विश्व तक जाता है। अतः समस्याओं को उनके सभी स्तरों पर देखें।

(ii) विकास के कुछ मानक या कसौटियाँ हो सकती हैं, जिनके माध्यम से विषय का सार्थक विकास किया जा सकता है, जैसे—
   (क) शिक्षा
   (ख) स्वास्थ्य
   (ग) रोजगार
   (घ) कृषि
   (ङ) ग्रामीण विकास
   (च) गरीबी उन्मूलन
   (छ) स्वच्छता
   (ज) न्याय

(झ) ऊर्जा सुरक्षा
(ञ) पर्यावरण व जैव विविधता संरक्षण
(ट) संचार व परिवहन आदि।

4. **समग्रता/दूसरों के विचारों का सम्मान :** चीजों को उनकी समग्रता में देखने की कोशिश करें। ज्ञान बहुआयामी और बहुपक्षीय है। किसी एक बात को पकड़कर उसी पर बल देना और बाकी महत्त्वपूर्ण पक्षों को अनदेखा करना समझदारी नहीं कही जा सकती। एक हाथी के सात अलग-अलग हिस्सों को छूकर हाथी को वैसा ही समझने वाले सात अन्धों का उदाहरण याद रखें। हाथी केवल पूँछ या सूँड न होकर स्वयं में एक सम्पूर्ण इकाई है। इसी प्रकार अपनी बात को सर्वश्रेष्ठ न मानकर दूसरों की बातों का भी सम्मान करना सीखें। महावीर के 'अनेकान्तवाद' और 'स्याद्वाद' के सिद्धान्त को ध्यान में रखें। सभी के दृष्टिकोणों का सम्मान करना और विषय को समग्रता में देखना; निबंध को व्यापक, सन्तुलित और बहुआयामी बनाता है।
5. **भूमिका और निष्कर्ष :** भूमिका और निष्कर्ष लिखने के तरीके को लेकर बहुत से ऊहापोह और उलझनें होती हैं। दरअसल भूमिका लिखने का कोई तय फॉर्मूला नहीं है। भूमिका लेखन में मौलिकता जरूरी है। कुछ लोग किसी उक्ति/उद्धरण से शुरुआत करते हैं, तो कुछ लोग किसी कहानी से। कुछ विषय की पृष्ठभूमि से शुरुआत करते हैं, तो कुछ विषय की आधारभूत जानकारी से। आप इनमें से या इनके अतिरिक्त कोई भी तरीका अपना सकते हैं, बस इतना अवश्य सुनिश्चित करें कि भूमिका दूरदर्शी (Visionary) और प्रभावी (Effective) हो। भूमिका लिखने के बाद निबंध के विषय का विस्तार करते हुए निरन्तर प्रवाह बनाए रखें। अन्त में निष्कर्ष लिखना न भूलें। निष्कर्ष लिखने के भी अनेक ढंग हो सकते हैं, पर कोशिश करें कि 'अतिवाद' से बचते हुए सन्तुलित व विनम्र राय रखें और पूरे निबंध का निचोड़ प्रस्तुत करने की कोशिश करें। अतिशय भावुकता या उग्रता से लाभ मिलना सन्दिग्ध ही होता है। यदि सम्भव हो तो सकारात्मक नजरिया अपनाते हुए आशावादी बने रहें और निराशापूर्ण निष्कर्ष लिखने से बचें।
6. **लेखन शैली व प्रस्तुतीकरण :** 'भोजन कैसा बना है और कैसे परोसा गया है, ये दो अलग-अलग बातें हैं। अगर स्वादिष्ट भोजन को अच्छे ढंग से परोस भी दिया जाए तो 'सोने पर सुहागा' हो जाता है। यदि आपके विचार, तथ्य और तर्क श्रेष्ठ और प्रभावी हैं, तो उनका प्रस्तुतीकरण भी प्रभावी होना चाहिए। यद्यपि संघ लोक सेवा आयोग की परीक्षा में 'पठनीय

हस्तलिपि' (Legible Hand-Writing) को छोड़कर, प्रस्तुतीकरण की शैली को लेकर स्पष्ट तौर पर कुछ नहीं कहा गया है, परन्तु फिर भी मेरी समझ में यदि निम्नलिखित बातों का ध्यान रखा जाए तो प्रस्तुतीकरण को बेहतर बनाया जा सकता है—

(i) पैराग्राफ बनाकर लिखें। पैराग्राफ ज्यादा बड़े न हों। उत्तर पुस्तिका के एक पृष्ठ पर दो से तीन पैराग्राफ होना अच्छा प्रभाव छोड़ता है।

(ii) व्याकरण की अशुद्धियाँ परीक्षक पर नकारात्मक प्रभाव डाल सकती हैं। अत: सामान्यत: भाषा की त्रुटियों से बचें और वर्तनी का ध्यान रखें।

(iii) व्याकरणिक शुद्धता का अभिप्राय 'शुद्ध हिन्दी' का प्रयोग नहीं है। सरल और सहज हिन्दी का प्रयोग करें। प्रसंगानुकूल उर्दू के शब्द प्रवाह बनाए रखने में सहायता ही करते हैं, पर ध्यान रखें कि कोई शब्द जान-बूझकर थोपा हुआ न लगे। जहाँ तक तकनीकी/पारिभाषिक शब्दों के प्रयोग का प्रश्न है, तो जरूरत पड़ने पर उनका प्रयोग कर सकते हैं। भाषा के प्रयोग के दौरान हमेशा ध्यान रखें कि भाषा यांत्रिक या कृत्रिम न होकर सहज और नैसर्गिक होनी चाहिए।

(iv) हस्तलिपि (Hand-Writing) को लेकर कई अभ्यर्थी चिन्तित रहते हैं। इसमें कोई सन्देह नहीं है कि अच्छी हैंडराइटिंग प्रस्तुतीकरण में चार चाँद लगा देती है और इसका परीक्षक के मनोविज्ञान पर सकारात्मक असर पड़ता है, पर यह असर कमोबेश थोड़ा ही होता है। यथासम्भव स्वच्छ और स्पष्ट लिखें। पठनीयता बनी रहे और परीक्षक को निबंध पढ़ने के लिए अत्यधिक श्रम न करना पड़े।

(v) यदि उचित समझें, तो किसी महत्त्वपूर्ण बात को रेखांकित (Underline) कर सकते हैं।

7. **सूक्तियों/कथनों/उद्धरणों का प्रयोग :** सूक्तियों/कथनों/उद्धरणों का प्रयोग करें या नहीं, करें तो कितना करें, ये कुछ प्रासंगिक प्रश्न हैं। मुझे लगता है कि यदि किसी महापुरुष/विचारक/दार्शनिक की उक्ति विषय के अनुरूप है तो उसका प्रयोग बेझिझक किया जा सकता है। हो सके तो निबंध की रूपरेखा बनाते समय इन सूक्तियों को भी लिख लें। सूक्तियों का प्रयोग प्रसंगानुकूल और सहज होना चाहिए। सूक्ति निबंध के विषय से मेल खाती हो और थोपी हुई न लगे। विवादास्पद कथनों को उद्धृत करने से बचें और प्रवाह बनाए रखें।

8. **गुणात्मक सामग्री (Content) का प्रयोग :** 'जितना गुड़ डालें, उतना ही मीठा होता है।' अच्छी और स्तरीय विषय सामग्री निबंध को उत्कृष्ट

बनाने में सहायता करती है। अत: भूलकर भी वैचारिक संकीर्णता या हल्कापन प्रदर्शित न होने दें। यथा :

(i) आपके लेखन में व्यक्त विचारों से जातिवाद, क्षेत्रवाद, भाषावाद और साम्प्रदायिकता की गंध नहीं आनी चाहिए।

(ii) यद्यपि बहुत से विचारकों/महापुरुषों के जीवन दर्शन और कथनों को उद्धृत किया जा सकता है, पर कुछ सर्वमान्य विचारकों, यथा—अरस्तू, सुकरात, प्लेटो, कृष्ण, बुद्ध, महावीर, ईसा, नानक, कबीर, रैदास, तुलसी, गांधी, नेहरू, टैगोर, अम्बेडकर, विवेकानन्द, अरविन्दो आदि को उद्धृत करना सामग्री की गुणात्मकता को बढ़ाता है। धर्म, दर्शन, अध्यात्म तक ही सीमित न रहकर इतिहास, भाषा, साहित्य, मनोविज्ञान, राजनीतिशास्त्र, समाजशास्त्र, विज्ञान, प्रौद्योगिकी, प्रबंधन, विधि, प्रशासन आदि विभिन्न क्षेत्रों के भारतीय व पाश्चात्य जगत के श्रेष्ठ विद्वानों को प्रसंगानुकूल उद्धृत किया जा सकता है। बस ध्यान रहे, ऐसा करते हुए जरूरत से ज्यादा अकादमिक (Academic) और बौद्धिक (Intellectual) बनने से बचें। सरल और सहज बने रहें। भारतीय स्वतंत्रता आंदोलन के मूल्य व आदर्श और भारतीय संविधान का दर्शन हमेशा हमारा पथ-प्रदर्शक और प्रेरणास्रोत हैं। प्रसंग के अनुरूप भारतीय संविधान की उद्देशिका, मूल कर्त्तव्य, राज्य के नीति निदेशक तत्त्वों और मूल अधिकारों का सन्दर्भ लिया जा सकता है।

(iii) आवश्यकतानुसार, अपनी बात की पुष्टि के लिए तथ्यों व आँकड़ों का सहारा लेना बेहतर विकल्प है, पर यह इतना अधिक न हो कि निबंध की सहजता और प्रवाह टूटने लगे।

(iv) जहाँ तक सरकार की नीतियों की आलोचना का प्रश्न है, मुझे लगता है कि कोरी आलोचना करना किसी समस्या का समाधान नहीं हो सकता। एक बार एक चित्रकार ने एक चित्र बनाकर रेलवे स्टेशन पर टाँगा और लिख दिया कि इसमें जो गलतियाँ हैं, उन्हें चिह्नित कर दें। अगले दिन सुबह जब वह स्टेशन पहुँचा तो उसने देखा कि पूरा चित्र निशानों से भरा हुआ था। चित्रकार ने पुन: एक नया चित्र बनाया। उसी स्थान पर उसे टाँगकर उसने लिखा कि इसमें जो भी गलतियाँ हों, कृपया उन्हें ठीक भी कर दें। अगले दिन जब वह चित्रकार अपने चित्र को देखने गया, तो आश्चर्यजनक रूप से वह ज्यों का त्यों था। अभिप्राय यह है कि सवाल उठाना सरल है और समाधान सुझाना कठिन। शिव खेड़ा का एक प्रसिद्ध कथन

है—"अगर हम समाधान का हिस्सा नहीं हैं, तो हम स्वयं ही समस्या हैं।" अत: इस सम्बन्ध में मेरी यही राय है कि कल्याणकारी राज्य नागरिकों की बेहतरी के लिए ही योजनाएँ और कार्यक्रम बनाता है, पर उनमें सुधार की गुंजाइश हमेशा बनी रहती है। लिहाजा शिकायती और विघ्नसंतोषी प्रवृत्ति से बचें और सकारात्मक दृष्टि से चीजों को ग्रहण करें। सुधार के सुझाव देना हमेशा अच्छा होता है।

9. **विषय चयन :** निबंध के सही विषय का चुनाव आधी जंग जिता सकता है। अंग्रेजी में एक कहावत है—'Well begun is half done.' अगर अपनी अभिरुचि और जागरूकता के अनुकूल विषय चुन लिया जाए, तो उस पर एक अच्छा निबंध लिखे जाने की संभावना कहीं अधिक बढ़ जाती है। अत: विषय चुनते समय इन बातों का ध्यान रखें—
   (i) जिस विषय के सन्दर्भ में आपकी अच्छी जानकारी हो, उसे चुनना हमेशा बेहतर होता है। जैसे मीडिया पर अपनी ठीक-ठाक समझ होने के चलते मैंने अपनी परीक्षा में, 'क्या स्टिंग ऑपरेशन निजता पर प्रहार है?' विषय चुना था। साहित्य, दर्शन, भूगोल, विज्ञान, संस्कृति, इतिहास आदि विभिन्न क्षेत्रों की अच्छी समझ रखने वाले अभ्यर्थी अपनी समझ और जागरूकता के क्षेत्र का चुनाव कर सकते हैं।
   (ii) विषय चुनते वक्त विषय से नजदीकी/जुड़ाव (Familiarity) को महत्त्व दे सकते हैं। यदि आप किसी विषय क्षेत्र में रुचि रखते हैं और उसे पढ़ते रहते हैं; तो इसका अर्थ यह है कि आपका उस विषय क्षेत्र से जुड़ाव है। मिसाल के तौर पर मुझे 'महिला व बाल विकास' विषय क्षेत्र में खासी रुचि है। ऐसे विषय चुनना अच्छा रहता है।
   (iii) जिस विषय पर आपके पास पर्याप्त सामग्री व उसकी पुष्टि हेतु तर्क उपलब्ध हों, उसे प्राथमिकता दें। निबंध लेखन के अभ्यास के दौरान जिस विषय पर कभी निबंध लिखा हो और यदि उससे मिलता-जुलता निबंध ही परीक्षा में आ जाए, तो उसे चुना जा सकता है।

10. **क्या करें, क्या न करें :** उपर्युक्त सभी बातों का ध्यान रखने के अलावा भी क्या तैयारी या रणनीति के स्तर पर कुछ और बातें हो सकती हैं, जिनको समझकर निबंध में बेहतर प्रदर्शन लगभग सुनिश्चित किया जा सकता है? मेरी समझ में यह सम्भव है, बशर्ते आप इस प्रश्नपत्र की माँग को अनदेखा न करें, और कुछ छोटी-छोटी बातों का सामान्य तौर पर ध्यान रखें—

(i) पढ़ने और गुनने की आदत हमेशा विचारों को परिपक्व बनाकर सोच का दायरा बढ़ाती है। भवानी प्रसाद मिश्र ने लिखा है—

कुछ लिख के सो, कुछ पढ़ के सो,
तू जिस जगह जागा सवेरे
उस जगह से बढ़ के सो।

अतः पढ़ने-लिखने, चर्चा करने और मनन (गुनने) की आदत बनाए रखें और इसे विकसित करते रहें। वैसे इस पुस्तक में प्रस्तुत निबंध स्वयं में भरपूर सामग्री उपलब्ध करा सकते हैं, पर फिर भी ज्ञान के स्रोत को सीमित न करें, अच्छी किताबें/पत्रिकाएँ पढ़ते रहें और हमेशा सीखने की कोशिश करें।

(ii) लेखन अभ्यास का कोई विकल्प नहीं है। हर सप्ताह निबंध लिखने का अभ्यास जरूर करें और कोशिश करें कि उसका मूल्यांकन करा लें, ताकि तदनुरूप और सुधार किया जा सके।

(iii) समूह चर्चा (Group Discussion) तैयारी का एक गतिशील और सहभागितापूर्ण तरीका है। साथ ही चर्चा करने से विचार उर्वर और स्थायी हो जाते हैं। उपनिषद् में कहा गया है :

वादे वादे जायते तत्त्वबोधः।
(वाद-विवाद से ही तत्त्वबोध होता है)

(iv) ज्ञान अथाह और अनंत है। हमने इस महासागर की सिर्फ कुछ बूँदें ही चखी हैं। अतः *'अधजल गगरी छलकत जाए'* अथवा *'थोथा चना, बाजे घना'* वाली प्रवृत्ति से दूर रहें और अपने अहं (Ego) को सीखने की प्रक्रिया में आड़े न आने दें। सुकरात ने कहा था, *"मैं ज्ञानी इस अर्थ में हूँ कि मैं यह जानता हूँ कि मैं कुछ नहीं जानता।"*

(v) अति-आत्मविश्वास (Over Confidence) से बचें पर आत्मविश्वास बनाए रखें। जब आप निरन्तर अभ्यास करते रहेंगे और तदनुरूप सुधार भी करेंगे, तो यह लगभग तय मानिये कि आप एक बेहतर निबंध लिख पाएँगे।

(vi) समय विभाजन का भी ध्यान रखें। अनिवार्य तौर पर दोनों निबंध लिखें और उन्हें लगभग बराबर समय दें। पहले निबंध को यदि 5-10 मिनट अधिक दे दिये जाएँ, तो कोई समस्या नहीं है। कोशिश करें कि प्रश्नपत्र के क्रम में निबंध लिखें।

(vii) शब्द सीमा का उल्लंघन न करें। अधिक लिखकर कोई श्रेय प्राप्त नहीं होगा।

(viii) अन्त में, सकारात्मक ऊर्जा बनाए रखें। किसी भी कीमत पर हार न मानें। न तैयारी के दौरान और न ही परीक्षा कक्ष में। अंत मेरी कविता 'सकारात्मक सोच' अभ्यर्थियों को समर्पित है—

सकारात्मक सोच संग उत्साह और उल्लास लिये,
जीतेंगे हर हारी बाजी, मन में यह विश्वास लिये।

ऊहापोह-अटकलें-उलझनें, अवसादों का कर अवसान,
हो बाधाएँ कितनी पथ में, चेहरों पर बस हो मुस्कान।

अन्तर्मन में भरी हो ऊर्जा, नई शक्ति का हो संचार,
डटकर चुनौतियों से लड़कर, जीतेंगे सारा संसार।

ले संकल्प सृजन का मन में, उम्मीदों से हो भरपूर,
धुन के पक्के उस राही से, मंजिल है फिर कितनी दूर।

जगे ज्ञान और प्रेम धरा पर, गूँजे कुछ ऐसा सन्देश,
नई चेतना से जागृत हो, सुप्त पड़ा यह मेरा देश।

निबंध हेतु उपयोगी तालिकाएँ
(Tables)

निबंध की विषयवस्तु का विस्तार करते समय काम आनेवाले तथ्यों और सूचनाओं की कुछ तालिकाएँ (Tables) आपकी सुविधा के लिए साझा कर रहा हूँ। किसी भी विषय पर निबंध लिखते समय प्रसंगानुसार इनका उपयोग कर अथवा इनका संदर्भ लेकर अपने निबंध को अधिक व्यापक, सारगर्भित और समावेशी बना सकते हैं—

तालिका 1 : विकास के स्तर

1. व्यक्ति
2. परिवार
3. समाज
4. गाँव
5. कस्बा
6. नगर
7. राज्य
8. राष्ट्र
9. विश्व

तालिका 2 : समाज कल्याण के कुछ लक्षित वर्ग

1. एस.सी.—अनुसूचित जाति
2. एस.टी.—अनुसूचित जनजाति
3. ओ.बी.सी.—अन्य पिछड़ा वर्ग
4. अल्पसंख्यक
5. महिलाएँ
6. बच्चे
7. वरिष्ठ नागरिक
8. विकलांग/दिव्यांग

9. थर्ड जेंडर/ एल.जी.बी.टी.
10. सीमांत किसान
11. गरीबी रेखा के नीचे के लोग [बी.पी.एल.]
12. स्ट्रीट वेंडर
13. असंगठित क्षेत्र के मजदूर

तालिका 3 : विविध दर्शन/विमर्श

1. गांधीवाद
2. मार्क्सवाद
3. साम्यवाद
4. पूँजीवाद
5. समाजवाद
6. उदारवाद
7. अस्तित्ववाद
8. मानववाद
9. उपयोगितावाद
10. स्त्री विमर्श
11. दलित विमर्श
12. आदिवासी विमर्श

तालिका 4 : भारतीय राष्ट्र के निर्माता प्रमुख दार्शनिक

1. महात्मा गांधी—अहिंसा, सत्य, ट्रस्टीशिप, सत्याग्रह, सर्वोदय
2. जवाहरलाल नेहरू—समाजवाद, पंथनिरपेक्षता, लोकतंत्र
3. रवीन्द्रनाथ टैगोर—अन्तर्राष्ट्रवाद, मानववाद, राष्ट्रवाद, पुनर्जागरण, आधुनिकतावाद
4. डॉ. भीमराव अंबेडकर—सामाजिक न्याय, अफरमेटिव एक्शन, मानवाधिकार
5. स्वामी विवेकानन्द—आध्यात्मिकता, सहिष्णुता, नव्य वेदांत

तालिका 5 : भारत के समक्ष प्रमुख चुनौतियाँ

1. जातिवाद
2. क्षेत्रवाद
3. भाषावाद
4. साम्प्रदायिकता

5. संगठित अपराध
6. जलवायु परिवर्तन
7. गरीबी
8. असमानता
9. नक्सलवाद/उग्रवाद/चरमपंथ
10. आतंकवाद

तालिका 6 : हमारे कुछ महत्त्वपूर्ण अधिकार

1. सूचना का अधिकार
2. शिक्षा का अधिकार
3. खाद्य सुरक्षा का अधिकार
4. निजता का अधिकार
5. पुनर्वास और पुनर्स्थापन का अधिकार
6. सामाजिक सुरक्षा का अधिकार
7. रोजगार की गारंटी का अधिकार
8. वन अधिकार

तालिका 7 : हमारे संवैधानिक मूल्यों के कुछ आधार

1. संविधान की प्रस्तावना/उद्देशिका
2. मूल अधिकार
3. मूल कर्तव्य
4. राज्य नीति के निदेशक तत्त्व

तालिका 8 : हमारे कुछ सार्वभौम मूल्य

1. समानता
2. स्वतंत्रता
3. बंधुत्व/भाईचारा
4. अहिंसा
5. समता
6. सहिष्णुता
7. पंथनिरपेक्षता
8. समाजवाद
9. अखंडता

मेरा एक मॉडल निबंध

'शिक्षा अपने अज्ञान की प्रगतिशील खोज है'

—निशान्त जैन

Education is the progressive discovery of self ignorance

"शिक्षा अपने अज्ञान की प्रगतिशील खोज है।"

(अनादिकाल से लेकर आज तक सभ्यताओं ने नित नए रूप बदले हैं, संस्कृतियों ने नित नई करवटें ली हैं। समय का चक्र निरन्तर चलता रहा है, पर यदि नहीं बदला, तो मानव जीवन का विकास क्रम और उसकी अनवरत यात्रा। 'परिवर्तन और विकास प्रकृति के शाश्वत नियम हैं" के सिद्धान्त के अनुरूप भी आदिम युग से शुरुकर आज मशीनों के युग में प्रवेश कर चुका है।)

मानव को अधिक परिपक्व, समझदार और प्रबुद्ध बनाने में शिक्षा की भूमिका हर युग में बेहद प्रभावी रही है। चाहे वह अनौपचारिक रूप से घर-बाहर माता-पिता दादी-नानी पड़ोसियों द्वारा सिखाए गए सबक हों या वैदिक वाचिक परम्परा से मकतब-मदरसे तक की औपचारिक शिक्षा पद्धतियाँ, निस्संदेह शिक्षा का मानव के व्यक्तित्व के सर्वांगीण विकास में महत्वपूर्ण योगदान रहा है।

"शिक्षा तो है वह चित्रकार,
जो विद्या की तूली लेकर,
भावों के नूतन रंगों से,
मानव का रूप सजाती है।"

इस तरह मानव विकास के अपने इस सतत क्रम में निरन्तर शिक्षा के महत्व को समझता गया और ज्ञान-विज्ञान के नए-नए क्षेत्रों का शोधों व अनुसंधानों के माध्यम से विकास करता गया। वैदिक व बौद्ध-जैन काल में हुई शैक्षिक प्रगति के इस क्रम का विकास मध्य काल में विदेशों से सांस्कृतिक सम्पर्क से होते हुए आधुनिक नवजागरण तक पहुँच गया। विशेषकर

(2)

भारत में विलियम जोन्स की एशियाटिक सोसायटी, कलकत्ता का फोर्ट विलियम कॉलिज, मेयो कॉलिज, फर्ग्युसन कॉलिज और बम्बई, कलकत्ता व मद्रास के विश्वविद्यालयों के रूप में ज्ञान-विज्ञान के नवीन केन्द्र स्थापित हुए। प्राचीन भारतीय ग्रन्थों के अंग्रेजी में अनुवाद और भारतीय-पाश्चात्य संस्कृति के सम्पर्क से ज्ञान के नए स्रोतों का विस्तार हुआ। आधुनिक शिक्षा के प्रसार के साथ-साथ भारत में राजा राममोहन राय, ईश्वरचन्द्र विद्यासागर, विवेकानंद, केशवचंद्र सेन आदि समाज-सुधारकों के साथ सामाजिक कुरीतियों पर कुठाराघात की शुरुआत हुई।

पूर्व और पश्चिम के ज्ञान-विज्ञान, सभ्यता-संस्कृति के सतत सम्पर्क के बाद धीरे-धीरे यह बात समझ में आने लगी कि ज्ञान का विस्तार अनंत है और ज्ञान-विज्ञान को किसी देश, क्षेत्र या समुदाय विशेष की परिधि में नहीं बांधा जा सकता। पूरब जहाँ पश्चिम द्वारा ईजाद किए गए अनूठे आविष्कारों और तकनीकों :- ग्रामोफोन रेडियो टी० वी०, हवाई जहाज, इंजन आदि को देखकर हैरान था, तो पश्चिम पूरब की प्राचीन सांस्कृतिक विरासत :- कला, स्थापत्य, साहित्य, आयुर्वेद, योग, धर्म-दर्शन को देखकर दाँतों तले उंगली दबा रहा था। ज्ञान-विज्ञान के क्षेत्र में निरन्तर नए-नए और उन्नत शोध विश्व भर में हो रहे हैं और हर शोध एक नए प्रगामी शोध की संभावनाओं को उद्घाटित कर रहा है। ऐसा प्रतीत होने लगा है कि हर नई खोज में आगामी एक और बेहतर खोज के बीज छिपे हैं।

(3)

सुकरात ने इस मर्म को सदियों पहले समझते हुए कहा था, "मैं ज्ञानी इस अर्थ में हूँ, कि मैं यह जानता हूँ कि मैं कुछ नहीं जानता।" इसका सीधा सा अभिप्राय है कि हम शिक्षा और ज्ञान के विकास के साथ जैसे-जैसे बौद्धिक-चेतना के सोपान चढ़ते हैं, हमें निरन्तर अपनी अकिंचनता, लघुता और अल्पज्ञता का बोध होता जाता है। शायद इसीलिए गांधी ने आह्वान किया था कि हमें अपने खिड़की-दरवाजे आने वाली हवाओं के लिए खुले रहने चाहिएँ। यह अकारण नहीं था कि ऋग्वेद के ऋषि चारों दिशाओं से शिक्षा और ज्ञान को आमंत्रित कर रहे थे:- "आ नो भद्राः क्रतवो यन्तु विश्वतः।"

दरअसल शिक्षा अपने अज्ञान की एक प्रगतिशील खोज ही है। ज्यों-ज्यों हम ज्ञान के इस अथाह सागर में डुबकी लगाते हैं, इससे निकले अनुभव के मोती हमें इस बात का अहसास कराते हैं कि अभी बहुत कम जाना है और अभी बहुत कुछ जानना बाकी है।

जीवन के हर क्षेत्र में हम हर रोज इसी तथ्य से दो-चार होते हैं। धार्मिक दार्शनिक व आध्यात्मिक क्षेत्र में देखें तो भारतीय षड्दर्शन व जैन-बौद्ध दर्शन से नव्य वेदान्त तक नित नवीन चिन्तन सामने आता रहा है और ईश्वर-जीव-जगत् के रहस्यों पर से पूरी तरह परदा अभी उठना बाकी है। पाश्चात्य दर्शन में भी सुकरात-प्लेटो-अरस्तू से काण्ट-हीगल-मार्क्स तक दर्शन की अनसुलझी पहेलियाँ अभी भी मानव के लिए अबूझ ही हैं। यदि इस क्षेत्र में कोई स्पष्ट निष्कर्ष स्थापित हुए होते तो विश्व भर में इतनी परस्पर विभिन्न धार्मिक

(4)

दार्शनिक मान्यताएँ अस्तित्व में न होतीं। लिहाजा मानव पर्याप्त अध्ययन के बाद यह अनुभव करता है कि अभी हम ज्ञान की कुछ बूँदें ही चख पाए हैं और पूरा सागर अभी बाकी है। -कबीर ने अपने इस अनुभव को कुछ इसी तरह व्यक्त किया था:-

"पोथी पढ़- पढ़ जग मुआ,
पण्डित भया न कोय।"

सामाजिक और राजनीतिक क्षेत्र में तो हमेशा सुधार और समझ की गुंजाइश बनी रहती है। विशेषकर भारतीय समाज और भारतीय राजनीति अपनी संरचना में बहुत जटिल है। कहीं एकल व संयुक्त परिवार का द्वन्द्व है तो कहीं जातियों-उपजातियों-जनजातियों का विराट संसार। भारतीय समाज का जितना अध्ययन करते जाते हैं, हम पाते हैं कि उसके और नए पहलू सामने आ रहे हैं। पिछली सदी के युगपुरुष राष्ट्रपिता गांधी ने भी अपनी आत्मकथा 'सत्य के साथ मेरे प्रयोग' में अनेक स्थानों पर अपनी अल्पज्ञता, भूलों और त्रुटियों की ओर संकेत किया है। अक्सर यह देखा गया है कि जिन भी महापुरुषों ने प्रज्ञा के उच्च स्तर को छुआ, उन्होंने अपने अज्ञान को उतनी ही ईमानदारी से स्वीकार किया। सच ही कहा गया है कि—

"बड़े बड़ाई न करैं, बड़े न बोलैं बोल,
रहिमन हीरा कब कहै, लाख टको मेरो मोल।"

वैयक्तिक और मनोवैज्ञानिक स्तर पर हम दिन-प्रतिदिन के व्यवहार में नित नए पाठ सीखते हैं। मनोविज्ञान के अध्येता जहाँ नवीन अनुसंधान के माध्यम से मस्तिष्क की नई परतें खोलने में जुटे हैं, वहीं अमेरिकी राष्ट्रपति बराक ओबामा ने भी

(5)

मस्तिष्क पर अनुसंधान के लिए करोड़ों डॉलर का नया कार्यक्रम शुरू किया है। चिकित्सा विज्ञान के क्षेत्र में तो इतनी तेज गति से अनुसंधान हो रहे हैं कि रोज़ नए रोग, उनके टीके और उपचार सामने आ रहे हैं। जन्तु विज्ञान व पादप विज्ञान के अध्येता आज तक यह दावा नहीं कर सके हैं कि उन्होंने दुनिया की सारी प्रजातियों की खोज कर ली है।

साहित्यिक-साँस्कृतिक क्षेत्र में देखें, तो हम पाते हैं कि अभी संस्कृति और साहित्य के इतने रंग अछूते हैं, कि उन पर अध्ययन और शोध का एक पूरा क्षेत्र अभी बाकी है। पुरातात्विक खोजों से ही 1921 में पता चला था कि भारत में वैदिक सभ्यता से पहले भी सिन्धु के किनारे हड़प्पा सभ्यता फल-फूल रही थी। आज भी हम बहुत से क्षेत्रों और जनजातियों की संस्कृति तक पहुँच नहीं सके हैं। विश्व भर के साहित्य को पढ़ने पर हम पाते हैं कि दुनिया कितनी वैविध्यपूर्ण और बहुरंगी है, और हम अभी इसके बारे में कितना कम जानते हैं। इसके अतिरिक्त औपचारिक अध्ययन के दायरे से बाहर जो मुक्त भ्रमण के माध्यम से शिक्षा अर्जन है, वह भी जीवन को समझने का एक महत्वपूर्ण माध्यम है। निदा फाजली लिखते हैं:-

"धूप में निकलो, घटाओं में नहाकर देखो,
ज़िन्दगी क्या है, किताबों को हटाकर देखो।"

इस तरह हम जीवन के प्रत्येक क्षेत्र और स्तर पर अनुभव करते हैं कि शिक्षा दरअसल हमें यह बोध कराती है कि हम कितने अज्ञानी हैं। हम समाज में अपने आस-पास अक्सर कुछ ऐसे लोगों को

(6)

देखते हैं, जो थोड़ा-बहुत अधकचरा ज्ञान जुटाकर शेखी बघारते और पाण्डित्य प्रदर्शन करते घूमते हैं:- "थोथा चना, बाजे घना।"
पर जो सचमुच सुशिक्षित, प्रबुद्ध और ज्ञानी लोग होते हैं, वे स्वयं को अज्ञानी, अकिंचन, अल्पज्ञ मानते हैं। ऐसा महज इसलिए नहीं होता, कि वे अपनी विनम्रता का प्रदर्शन करना चाहते हैं, बल्कि वह सच में इस तथ्य का अनुभव कर पाते हैं कि शिक्षा अपने अज्ञान की प्रगतिशील खोज है।
भरा हुआ घड़ा आवाज नहीं करता, इसी तरह सुशिक्षित व्यक्ति यह जानता है कि ज्ञान का विस्तार असीम है और ज्ञान व शिक्षा के विकास के अनुपात में अपनी अज्ञानता का बोध भी स्पष्ट होता जाता है।

□

निबंध लेखन हेतु उपयोगी सूत्र

—गंगा सिंह

सिविल सेवा परीक्षा में 250 अंकों का निबंध प्रश्न-पत्र मुख्य परीक्षा में बड़ी भूमिका निभाता है। इसके सम्बन्ध में मेरा मानना है कि सामान्यत: हम समाचार-पत्र या विभिन्न प्रकार की समसामयिकी और सामान्य पत्रिकाएँ देखते हैं, इसके अलावा पाठ्यक्रमानुसार विभिन्न पाठ्यसामग्रियों की मदद से सामान्य अध्ययन की पढ़ाई करते हैं। इन सभी का प्रयोग निबंध लेखन में किया जा सकता है। सिविल सेवा परीक्षा के लिए मैंने 2 बार निबंध का पेपर दिया। पहली बार वर्ष 2015 की परीक्षा के लिए था, जिसमें मैंने कुल 250 में से 119 अंक और दूसरी बार वर्ष 2016 की परीक्षा के लिए था, जिसमें 157 अंक हासिल किए थे। इन दो सालों के अनुभव के मुताबिक मैं निबंध लेखन की खास बातों को साझा कर रहा हूँ।

सिविल सेवा परीक्षा में मेरा चयन 33वें स्थान पर हुआ और उसके बाद मुझे कई बड़े मंचों पर अभ्यर्थियों से रू-ब-रू होने का अवसर हासिल हुआ। इस दौरान लगभग सभी जगह अभ्यर्थियों ने निबंध पेपर की नियोजित तैयारी के सम्बन्ध में कई सवाल किए, क्योंकि असल में आज भी निबंध पेपर की अच्छी तैयारी किस प्रकार की जाए, इससे सम्बन्धित कोई भी किताब बाजार में उपलब्ध नहीं है। इसलिए अभ्यर्थियों के लिए यह एक चुनौती के समान है कि आखिरकार सिविल सेवा परीक्षा के लिहाज से निबंध पेपर की तैयारी किस प्रकार की जाए? मैं आपको बताऊँगा कि निबंध की तैयारी के लिए किस प्रकार की रणनीति अपनाई जा सकती है।

निबंध के लिए मैंने कोई खास तैयारी नहीं की, बल्कि सामान्य अध्ययन के सभी चारों पेपरों की तैयारी को निबंध पेपर की तैयारी का मुख्य स्रोत माना और इन्हीं के निचोड़ को निबंध में प्रस्तुत किया। इसके अलावा मैंने 6-7 टेस्ट पेपरों को हल किया और जेएनयू के कुछ सीनियर्स से उनकी जाँच करवाई। यदि आपके आस-पास भी ऐसा माहौल है तो इसका जरूर लाभ ले सकते हैं। इससे आपकी मौलिकता निखरती है और आप धीरे-धीरे एक आदर्श निबंध लेखन की ओर तेजी से बढ़ते रहते हैं। मैंने निबंध में इधर-उधर की बात किए बगैर टू-द-प्वॉइंट बात लिखने का अभ्यास किया था।

अक्सर अधिकतम अभ्यर्थियों के साथ यह होता है कि वे सामाजिक, आर्थिक, भौगोलिक, राजनीतिक और ऐतिहासिक जैसे खास विषयों को तो कवर कर लेते हैं लेकिन वे संस्कृति, पर्यावरण, विज्ञान और तकनीकी के अलावा नीतिशास्त्र से सम्बन्धित विषयों को नजरअन्दाज कर देते हैं, जो इस परीक्षा के लिहाज से कतई उचित नहीं है। निबंध लेखन के समय ध्यान में रखी जाने वाली कुछ ज़रूरी बातें प्रस्तुत हैं—

निबंध लेखन से सम्बन्धित जरूरी बातें

कॉटेशन या कविता से निबंध की शुरुआत

निबंध की शुरुआत यथासम्भव टॉपिक से सम्बन्धित किसी कॉटेशन या किसी महापुरुष के वक्तव्य से करें। यदि हाल ही में कोई बड़ी उपलब्धि, घटना या कोई ऐसा सकारात्मक काम सम्बन्धित टॉपिक को कवर करता हो तो उसके उदाहरण को कविता या कॉटेशन प्रारूप में लिखने के साथ निबंध की शुरुआत कर सकते हैं। उदाहरण के लिए मैंने सिविल सेवा परीक्षा, 2016 में निबंध पेपर के खंड-ए से 'स्त्री-पुरुष के समान सरोकारों को शामिल किए बिना विकास संकटग्रस्त है' विषय पर निबंध लिखा। मैंने इस निबंध की शुरुआत इस कॉटेशन से की थी—

बोए जाते हैं बेटे, पर उग जाती हैं बेटियाँ
ओलम्पिक में भेजे जाते हैं बेटे, पर पदक लाती हैं बेटियाँ।

क्योंकि उस दौरान ओलम्पिक खेल सम्पन्न हुए ही थे और काफी चर्चा में भी थे। इन ओलम्पिक खेलों में भारत की दो महिलाओं ने पदक हासिल किये थे, उनका प्रदर्शन पुरुषों के प्रदर्शन की तुलना में काफी अच्छा था। यह मेरे निबंध के टॉपिक से पूरी तरह से सम्बन्धित था। इसलिए मैंने इस निबंध की शुरुआत इस कॉटेशन से की थी। इसलिए ध्यान रखें कि निबंध की शुरुआत सम्बन्धित टॉपिक से जुड़े किसी खास घटनाक्रम का उल्लेख करते हुए करें।

टॉपिक के इतिहास और उदाहरणों का उल्लेख

निबंध लेखन में सम्बन्धित टॉपिक की पृष्ठभूमि और महत्त्वपूर्ण उदाहरणों का बहुत महत्त्व है। इसलिए निबंध लेखन में इतिहास और उदाहरणों का प्रयोग जरूर करें।

सिविल सेवा परीक्षा, 2016 में मैंने खंड-ए से 'स्त्री-पुरुष के समान सरोकारों को शामिल किए बिना विकास संकटग्रस्त है' विषय पर निबंध लिखा था। इसमें मैंने महिलाओं से सम्बन्धित लगभग सभी पहलुओं को संक्षिप्त में स्पष्ट किया। उदाहरण के तौर पर धार्मिक पहलू के तहत महाराष्ट्र, केरल, राजस्थान आदि राज्यों में उन

दिनों महिलाओं को मन्दिरों में प्रवेश न देने की घटनाएँ हुई थीं और यह मीडिया के बीच एक बड़ा चर्चित मुद्दा बना था। इसके सन्दर्भ में मैंने अपने निबंध में बताया था कि 21वीं सदी की महिलाओं को आज भी किस प्रकार की मानसिकताओं से जूझना पड़ रहा है। इस प्रकार आप अपने निबंध में विभिन्न पहलुओं को शामिल करें, यानी निबंध लिखने से पहले 5 मिनट के चिन्तन के दौरान यह चिंतन कर लें कि यह निबंध किन-किन विषयों को टच करता है। इसके बाद इसे प्रारूप में क्रमबद्ध तरीके से लिखते चलें।

सकारात्मक और नकारात्मक दोनों पहलुओं को बताएँ

किसी भी निबंध में आपका एकतरफा रवैया आपके बनावटीपन को प्रदर्शित करता है। निबंध पेपर में किसी भी विषय पर लिखते समय उसकी सकारात्मक बातों को सीधे तरीके से बता देनी चाहिए। इसके अलावा नकारात्मक बातों को सुझाव या तर्क के साथ पेश करना उचित माना जाता है, जिसके तहत कमी के साथ-साथ सुधार के अलावा सुधार के तरीकों की बात आसानी से स्पष्ट की जा सकती है। इससे निबंध में आपकी मौलिकता प्रदर्शित होती है और आप अच्छे अंक पा सकते हैं।

इधर-उधर की बातें न लिखें

निबंध में इधर-उधर की बातें लिखना आपके कम अभ्यास को दर्शाता है। इसे निबंध की मूल भावना से भटकाव भी माना जाता है। अक्सर कई अभ्यर्थी इस समस्या के शिकार रहते हैं, उन्हें यह तक मालूम नहीं चलता है कि निबंध लेखन का सही तरीका क्या है। ऐसे अभ्यर्थी शुरुआत अच्छी करते हैं लेकिन जैसे-जैसे आगे बढ़ते हैं वैसे-वैसे निबंध के टॉपिक से बाहर आते चले जाते हैं। वे अन्त में यह भी स्पष्ट नहीं करते कि आखिरकार सम्बन्धित विषय के सम्बन्ध में आपकी राय क्या है। इस प्रकार के निबंध को जाँचते समय परीक्षक यह नहीं समझ पाते हैं कि सम्बन्धित विषय को लेकर आपका पक्ष क्या है और वह इस प्रकार के निबंध को बेकार व अर्थहीन मानकर बहुत कम अंक देते हैं। ऐसा नहीं है कि अभ्यर्थी इस सच्चाई से अवगत नहीं हैं, वे बहुत अच्छे से इन बातों को जानते हैं लेकिन इस परीक्षा के स्तर के मुताबिक एक आदर्श प्रारूप में वे अपनी बातों को लिख नहीं पाते हैं। इसलिए इस प्रकार की समस्या से बचने के लिए निबंध लेखन का बारम्बार अभ्यास करें और किसी अनुभवी मित्र या टेस्ट सीरीज़ से इसकी जाँच करवाते रहें।

प्रस्तुतीकरण को प्रभावी बनाएँ

निबंध के प्रभावी प्रस्तुतीकरण में छोटे-छोटे पैराग्राफ बनाना, वाक्यों को अधिक लम्बा नहीं करना, खास और महत्त्वपूर्ण बातों को रेखांकित करना, किसी कॉटेशन

या कविता को उत्तरपुस्तिका के बीच में लिखना, आँकड़ों या तथ्यों के लिए बॉक्स, सारणी और चार्ट का प्रयोग करना आदि शामिल हैं। इस प्रकार के तरीकों से आप अपने निबंध के प्रस्तुतीकरण को प्रभावी बना सकते हैं।

मुख्य टॉपिक्स को जरूर कवर करें

शिक्षा, स्वास्थ्य, गरीबी, पर्यावरण, आतंकवाद, उग्रवाद, लोकतंत्र, मीडिया, जल संरक्षण, महिला सशक्तीकरण, वित्तीय समावेशन, धर्म-नैतिकता, संघ-राज्य सम्बन्ध, विज्ञान एवं तकनीक, धर्मनिरपेक्षता, ई-गवर्नेन्स आदि मुख्य विषयों पर आपका मॉडल निबंध पहले से ही तैयार होना चाहिए। यह तैयारी आपको परीक्षा में पूछे गए निबंध की पृष्ठभूमि तैयार करने में बहुत सहायक सिद्ध होती है।

निबंध की मूलभावना को समझें

निबंध लिखने से पूर्व आप अपने दिमाग में यह सुनिश्चित कर लें कि आप क्या लिखने जा रहे हैं। जब तक समझ न आए तब तक निबंध के प्रश्न/शीर्षक को बार-बार पढ़ें। साथ ही निबंध लिखते वक्त बीच-बीच में भी निबंध की माँग को अपने मस्तिष्क में रखें ताकि विषय से भटकाव न हो। निबंध के सभी आयामों के बारे में सोचें। कुछ निबंध बहुत ही विस्तृत दायरे को कवर करते हैं तो कुछ बहुत ही विशिष्ट, इसलिए निबंध की मूल भावना को समझकर ही आगे बढ़ें।

निबंध का कच्चा ड्राफ्ट

मुझे लगता है कि यह कच्चा ड्राफ्ट आपके निबंध की दशा एवं दिशा तय करता है। बेहतर यही है कि अभ्यर्थी अपने लेखन कौशल एवं गति के हिसाब से 10-15 मिनट में कच्चा ड्राफ्ट तैयार कर ले। कच्चा ड्राफ्ट तैयार करते समय खुद से सवाल करें, यथासम्भव सभी आयामों को समावेशित करने का प्रयास ही निबंध को बेहतर बनाएगा।

परीक्षार्थी की यही कोशिश होनी चाहिए कि अपने कथनों को उदाहरणों एवं तथ्यों से पुष्ट करे। कोई हाल का उदाहरण पेश करना आपकी जागरूकता एवं समसामयिक घटनाक्रम पर पैनी नजर को दिखाएगा।

अपनी भाषा पर पकड़ बनाएँ

सवाल है कि निबंध की भाषा कैसी होनी चाहिए? मुझे लगता है कि भाषा बहुत ही सहज होनी चाहिए। जिस प्रकार शीतल जल प्यासे के गले में सहजता से उतर जाता है, वैसे ही भाषा पाठक को 'बहते नीर' सी लगनी चाहिए। हालाँकि भाषा को

स्तरीय बनाने में समय लगता है इसलिए अभ्यर्थी अपने सहज अन्दाज में निबंध लिखें तो ज्यादा ठीक होगा, क्योंकि अगर किसी का अन्दाज साधारण है और वह भाषा को विशिष्ट बनाने के लिए बेतरतीब अलंकारों का इस्तेमाल करता है तो यह निबंध के साथ न्याय नहीं होगा।

पाठ्यक्रम में निबंध के विषय में स्पष्ट तौर पर लिखा है कि आप अपने टॉपिक के इर्द-गिर्द सभी आयामों को टच करते हुए लिखें। यथासम्भव अच्छी लिखावट के साथ-साथ भाषायी व्याकरण का ध्यान रखें। आपका भाषायी माध्यम हिन्दी हो या अंग्रेजी, इसमें शब्दों का चयन और वाक्यों की बनावट अच्छी होनी चाहिए। छोटे-छोटे वाक्यों का प्रयोग करते हुए जटिल शब्दों से बचते हुए लिखना बेहतर माना जाता है।

ज्यादा अलंकारों/आभूषणों का इस्तेमाल शोभा को कम ही करता है। अगर अलंकारों का सन्तुलित प्रयोग कर पाएँ तो इससे बेहतर कुछ नहीं। उलझाऊ और जटिल वाक्यों से बचते हुए सरल-सीधे-सपाट वाक्यों का इस्तेमाल ही ठीक है। हाँ, निबंध के टॉपिक के अनुसार आप शब्दावली में परिवर्तन कर सकते हैं।

निबंध पेपर की तैयारी के लिए डायरी बनाएँ

निबंध की तैयारी के लिए आपकी स्वलिखित डायरी महत्त्वपूर्ण भूमिका अदा करती है। आप जब-जब सामान्य अध्ययन पढ़ते हैं तो साथ में ही यह डायरी भी तैयार करते जाएँ। आपको जब भी कोई विशिष्ट बात लगे उसे तुरन्त डायरी में नोट कर लें। कुछ बातें तो आपके लिए हमेशा फायदेमन्द रहेंगी। उनमें—प्रस्तावना, महापुरुषों के कथन, मूल कर्तव्य, सर्वोच्च न्यायालय के ऐतिहासिक निर्णय, नीति निर्देशक तत्त्व, प्रेरक प्रसंग आदि शामिल हैं।

इस डायरी में निबंध के सम्भावित विषयों के उदाहरण, प्रसंग, कॉटेशन, तथ्य, आँकड़े और सम्बन्धित चर्चित मुद्दों को तिथिवार नोट करते रहें। मैंने भी निबंध पेपर की तैयारी के लिए डायरी बनाई थी जिसका मुझे पूरा लाभ मिला।

निबंध की शुरुआत/परिचय

एक बार कच्चा ड्राफ्ट लिखने के उपरान्त सीधे ही निबंध के परिचय पर विचार करना चाहिए। चूँकि यह आपके निबंध की कुंजी होता है, इसलिए परिचय को बहुत ही सावधानी से लिखना चाहिए। परिचय से तात्पर्य भी यही है कि आप अपने पूरे निबंध में क्या लिखने जा रहे हैं, उसका सार ही परिचय में है।

परिचय लिखते वक्त ध्यान रखें कि निबंध का उद्देश्य आपके दिमाग में स्पष्ट है तथा निबंध को विषयवस्तु के सभी आयामों को छूते हुए आप यहाँ संक्षिप्त में

प्रस्तुत करने जा रहे हैं। परिचय में आप खुद से सवाल कर सकते हैं जो निबंध की विषयवस्तु से जुड़े हों।

निष्कर्ष

निष्कर्ष में सामान्यत: सभी आयामों का सार संक्षिप्त रूप में प्रस्तुत किया जाता है। टॉपिक का संक्षिप्तीकरण एवं खुद की राय बताते हुए आगे की राह को प्रस्तुत करना सही रहता है। ऐसा कतई न हो कि आपका निबंध का परिचय तथा निष्कर्ष एकसमान हो। साथ ही यह जरूर ध्यान रखें कि आपका निष्कर्ष सकारात्मक एवं आशावादी हो।

जो आयाम भले चाहे निबंध के शीर्षक से विपरीत विचार रखते हों, उन्हें भी कवर करें तथा एक-दो वाक्यों में भी लिखें ताकि सिक्के के दूसरे पहलू को भी समझा जा सके।

> क्या सोशल मीडिया अपने अन्तर्निहित रूप में एक स्वार्थपरायण माध्यम है?
> —गंगा सिंह

कहा जाता है कि दुनिया में एक ही चीज अपरिवर्तनीय है, वह है 'परिवर्तन'। इसी अपरिवर्तनीय परिवर्तन ने मानव समाज को आदिम युग से लेकर आज, 21वीं शताब्दी की भोर तक का सफ़र तय करवाया है। जहाँ मानव ने पहिए के आविष्कार से लेकर मोबाइल के चमत्कार तक की तकनीकी प्रगति की सुनहरी यात्रा तय की है। तकनीकी उत्थान के इन विभिन्न स्वरूपों में से एक है 'सोशल मीडिया'। जो आजकल वैश्विक-विमर्श का प्रमुख विषय बन गया है।

दरअसल 'सोशल मीडिया' इंटरनेट के माध्यम से परस्पर जुड़ी हुई एक काल्पनिक दुनिया है। इस काल्पनिक जगत में विभिन्न मंचों यथा- फेसबुक, ट्विटर, इंस्टाग्राम, यू-ट्यूब आदि पर लोग परस्पर अपने विचार अभिव्यक्त कर सकते हैं, तस्वीरों को साझा कर सकते हैं, सामूहिक चर्चा में भाग ले सकते हैं। चर्चाओं के इसी दौर में इस माध्यम को लेकर विमर्श का विषय यह है कि क्या माध्यम अपने आप में स्वार्थपरायण है?

इस मुद्दे पर सोशल मीडिया की स्वार्थपरायणता को आँकलित करने के लिए हमें विभिन्न पहलुओं पर विचार-विमर्श करना होगा। यह जानना होगा कि मीडिया का यह माध्यम किस प्रकार उभर कर सामने आया है? इसके कितने आयाम हैं और उनका स्वरूप क्या है? क्या यह स्वार्थपूर्ति का थोथा माध्यम मात्र भर है या बहुआयामी बदलाव की क्रांति का सशक्त मंच बन सकता है?

अत्यंत तीव्र गति से हो रहे बदलाव के इस दौर में 'सोशल मीडिया की स्वार्थपरायणता' को जानने-समझने के लिए हमें कुछ इस प्रकार के प्रश्नों की तह में जाने की आवश्यकता है।

अगर हम इस दिशा में विचार करें कि यह माध्यम किस प्रकार स्वार्थपरायण है तो मुद्दे के विभिन्न पहलू सामने आते हैं। हम देखते हैं कि लोगों के लिए दुनिया एक हथेली भर की मशीन में सिमटती जा रही है। इसके परिणामस्वरूप परस्पर संवाद कम हुआ है और संवेदनाएँ क्षीण हुई हैं। इंसान वास्तविक संसार की बजाय कल्पना-लोक में ज़्यादा जी रहा है। कोमल उंगलियों के चलन से इमोजी (emogi) की दुनिया में सटीक इमोजी खोजने में व्यस्त, अपनों से दूर होना इंसान की हकीकत बनती जा रही है।

आभासी दुनिया के झूठे संसार में मनुष्य का विचरण अन्तहीन बनता जा रहा है। अफ़वाहों से लबरेज एवं मिथ्या आँकड़ों से भरपूर यह माध्यम थोथे स्वार्थ सिद्ध करने का जरिया बनता जा रहा है।

एक सर्वेक्षण के मुताबिक संपूर्ण विश्व में धार्मिक-भाषायी उन्माद बढ़ाने, आमजन को गुमराह करने, मूल्यों में गिरावट लाने एवं संस्कारों को पतन का रास्ता दिखाना भी इस माध्यम का स्वार्थीपन दिखाता है। इन स्वार्थपरायण निगाहों एवं नकारात्मक इरादों के परिणामस्वरूप ही अश्लील-उत्तेजित विचार बड़ी तेजी से प्रसारित होते जा रहे हैं।

ये स्वार्थी निगाहें यहीं तक नहीं रुकती। मनोरंजन की अति का पर्याय बन चुके लोग अपने स्वार्थी इरादों की नाव इसी सोशल मीडिया रूपी समन्दर में चलाते हैं। ये लोग, जो लाइक्स एवं कमेंट के नशे में हैं, अपने नशे की पूर्ति के लिए निकृष्ट विषयवस्तु को पोस्ट करने से भी परहेज नहीं करते। यह परिघटना स्वार्थपरायणता का एक शुद्धतम उदाहरण है। इसके साथ-साथ अपने कुत्सित इरादों को पूर्ण करने के लिए किसी व्यक्ति, सम्प्रदाय, संगठन या संस्थान आदि को दुष्प्रचारित करना भी स्वार्थों की एक घटिया परत के रूप में सामने आता है।

लेकिन पूरी तस्वीर को जानने- समझने के लिए हमें सिक्के के दूसरे पहलू को भी ध्यान में रखना होगा।

हम देखते हैं कि सोशल मीडिया के प्लेटफॉर्म ने बेजुबानों को आवाज दी है एवं गुमनाम प्रतिभाओं को तराशा है। आजकल प्रत्येक प्रयोगकर्ता एक मीडियाकर्मी बन गया है एवं इसे अपनी प्रतिभा के प्रदर्शन के लिए किसी के सहारे की आवश्यकता नहीं है।

सोशल मीडिया ने विश्वपटल की सभी विचारधाराओं से हमारा परिचय करवाया है जो हमारे मस्तिष्क की समृद्धि एवं व्यक्तित्व के चहुंमुखी विकास के लिए अत्यंत जरूरी है। कंपनियाँ अपने उत्पादों का विज्ञापन तथा बेरोजगार युवा अपने रोजगार की तलाश इसी प्लेटफॉर्म पर कर रहे हैं। उचित अवसरों की जानकारी प्राप्त करने एवं अपनी कला के प्रदर्शन करने के सर्वश्रेष्ठ विकल्प के रूप में सोशल मीडिया ने अपनी पहचान स्थापित की है।

इतना ही नहीं, यह माध्यम केवल प्लेटफॉर्म भर नहीं है, अपितु समाज की दशा एवं दिशा तय करने वाली विज्ञान की शक्ति है जो अपने स्वरूप में इतनी ताकतवर है कि इसने बदतर शासन व्यवस्था को उखाड़ फेंका है। इसका सर्वश्रेष्ठ उदाहरण 'अरब-स्प्रिंग' है जहाँ सोशल मीडिया के सहारे जालिम शासकों के जुल्म के खिलाफ लड़ाई लड़ी गई। जिससे वहाँ लोकतंत्रात्मक शासन व्यवस्था

की राह आसान हुई। अभिव्यक्ति की सच्ची स्वतंत्रता को स्थापित करने का श्रेय इसे दिया जा सकता है। यहाँ तो इस माध्यम में कोई दोष नहीं दिखता, 'स्वार्थपरायणता' की बजाय 'सर्वजन-हिताय' की भावना मजबूत होती दिखाई देती है। 'सर्वजन-सुखाय' हमें वहां दिखा जहाँ ट्विटर के जरिए आमजन ने रेल मंत्रालय एवं विदेश मंत्रालय से जुड़ी समस्याओं का त्वरित समाधान हासिल किया।

आँकड़े इस बात की गवाही देते हैं कि व्यक्तित्व के विकास, व्यवसाय के विस्तार, कला के प्रदर्शन, प्रतिभा के निखार में सोशल मीडिया ने उत्प्रेरक की भूमिका निभाई है। मणिपुर में तकरीबन 100 किलोमीटर तक की सड़क का निर्माण एक उम्दा उदाहरण है जो सोशल मीडिया के जरिए जन-सहभागिता बढ़ाने की अद्वितीय मिसाल है। हाल ही में, विभिन्न आपदाओं का मजबूती से सामना करने में भी सोशल मीडिया अत्यंत सहायक सिद्ध हुआ। प्रधानमंत्री राहत कोष में अपना उचित सहयोग प्रदान करने की सफल कोशिश भी सोशल मीडिया का एक स्वर्णिम पहलू है। भाँति-भाँति के इन तमाम उदाहरणों में सोशल मीडिया ने एक महती भूमिका अदा की है।

इन सकारात्मक-नकारात्मक पहलुओं की भिड़ंत ने ही इस सवाल को जन्म दिया है कि क्या सोशल मीडिया अपने आप में स्वार्थपरायण है ? अब जरूरी यही है कि लिखने वाले की जवाबदेही तय हो तथा पढ़ने वाला सहिष्णु व्यवहार करे। सोशल मीडिया के प्रति हमारी कृतज्ञता यही होगी कि हम इसका उचित इस्तेमाल करें और विज्ञान की इस ताकत का प्रयोग निःस्वार्थ भाव से जनकल्याण एवं सामाजिक उत्थान के लिए किया जाए।

निष्कर्ष स्वरूप यही कहना चाहूँगा कि चाहे कला का कोई चमत्कार हो या विज्ञान की कोई ताकत, ये अपने आप में न तो स्वार्थपरायण होते हैं न ही निःस्वार्थ। इन माध्यमों को इस्तेमाल करने का मानवीय विवेक एवं इरादा ही तय करता है कि ये क्या है। साथ ही, इनकी नियति का निर्धारण भी इसी पर निर्भर है। अन्त में अपनी बात को इन पंक्तियों से विराम दूंगा कि-

"इस धरा पर आदमी यदि
निः स्वार्थ होता
तो किसी सुंदर कविता
का भावार्थ होता।"

निबंध लेखन : कुछ काम की बातें

—देव चौधरी, IAS

- निबंध में अच्छा परफॉर्म करने के लिए अभ्यास सबसे ज्यादा जरूरी है। मुख्य परीक्षा से पहले 10-15 निबंध तो कम-से-कम लिखे जाने चाहिए।
- अच्छे न्यूज पेपर पढ़ें और उनके आर्टिकल को पढ़ने के साथ-साथ उनका अवलोकन-विश्लेषण भी करें कि उनकी लेखन शैली कैसी है?
- आपका पूरा निबंध कौशल इन तीन महत्त्व की बातों पर निर्भर करता है—
  1. टॉपिक को अच्छे से समझना और उसके डाइमेंशन समझना।
  2. विचारों और भाषा में प्रवाह रखना।
  3. निबंध को रुचिकर बनाए रखना।
- परीक्षा भवन में मेरी कोशिश यह रहती थी कि किसी परिचित से टॉपिक का चयन करूँ और उस पर अच्छा लिखूँ।
- छोटी-छोटी मगर महत्त्वपूर्ण बातों को लिखने की कोशिश करें, एकदम साधारण रूप से लिखें।
- सबसे ज्यादा जरूरी है कि टॉपिक को अच्छे से समझें, उसके हर शब्द को अलग-अलग करें और विचार करें कि टॉपिक का केन्द्रीय भाव क्या है?
- जैसे 2015 मुख्य परीक्षा में एक टॉपिक आया—*'मूल्यों से वंचित शिक्षा, जैसी अभी उपयोगी है, व्यक्ति को अधिक चतुर बनाने वाली लगती है'* इस टॉपिक को अलग-अलग करने पर हम देखते हैं कि शिक्षा, मूल्यविहीन शिक्षा, वर्तमान की शिक्षा प्रणाली, चतुर मुख्य बिन्दु हैं...वहीं मूल्य युक्त शिक्षा इस टॉपिक का आधार है।
- टॉपिक को समझने के बाद कॉपी के पिछले 2 पृष्ठों पर आप वो सारे प्वाइंट लिखें जो आपके मन में आ रहे हों, उससे सम्बन्धित 3-4 अच्छे कथन भी याद कर लें और पिछले पृष्ठ पर लिख लें।
- कथन आसानी से याद आ जाएँ, इसके लिए परीक्षा के पहले से ही शिक्षा, राजनीति, भ्रष्टाचार, पर्यावरण, नैतिकता, धर्म, विज्ञान आदि सारे सम्भावित विषयों पर कुछ कथन लिख लें और उनको अच्छे से याद कर लें।

- अब जब टॉपिक से सम्बन्धित सारा मैटर आपने रफ स्टाइल में लिख लिया है तो इसको व्यवस्थित करें, ध्यान रहे कि निबंध में भाषा और विचारों का प्रवाह सबसे महत्त्वपूर्ण है।
- ऐसा न हो कि भाषा, विचार प्रवाह में न होकर टूटते नजर आएँ। इसलिए मुख्य निबंध लिखने से पहले यह अच्छे से देख लें कि कब कौन-सा बिन्दु लिखना है।
- अपने निबंध में ज्यादा-से-ज्यादा डायमेंशन प्रकट करने की कोशिश करें।
- सामाजिक, आर्थिक, राजनीतिक, सांस्कृतिक, ऐतिहासिक, वैज्ञानिक, ग्रामीण, राष्ट्रीय, अन्तर्राष्ट्रीय, मानवाधिकार आदि और इस तरह के कई डायमेंशन टॉपिक के अनुसार निबंध में शामिल करें। इससे यह भी पता चलता है कि आप कम समय में कितना विस्तृत क्षेत्र में सोच पाते हैं।
- ज्यादा लम्बे पैराग्राफ न लिखें, एक पृष्ठ पर कम-से-कम दो पैराग्राफ लिखें।
- कोशिश करें कि निबंध की शुरुआत रोचक तरीके से करें। किसी घटना, कहानी या द्वंद्व को दिखाते हुए टॉपिक पर आएँ, जैसे ऊपर के टॉपिक की शुरुआत में ओसामा बिन लादेन और कैलाश सत्यार्थी की तुलना उनकी शिक्षा और मूल्यों के आधार पर की जा सकती है कि किस प्रकार एक पढ़ा-लिखा व्यक्ति हजारों लोगों को मारता है, उसी शिक्षा से प्राप्त तकनीकी द्वारा, दूसरा व्यक्ति किस तरह से हजारों बच्चों का भविष्य सुधारता है।
- भूमिका के बाद अगले पैराग्राफ में अपना दृष्टिकोण स्पष्ट करें कि आप आगे क्या लिखने जा रहे हैं? जैसा कि लादेन और कैलाश सत्यार्थी की तुलना के बाद अगले पैराग्राफ में आप यह लिख सकते हैं कि इस प्रकार यह देखा जा सकता है कि वर्तमान की दौड़ के विपरीत हमें किस प्रकार से मूल्य युक्त शिक्षा की जरूरत है।
- किन्हीं भी 2 पैराग्राफ के बीच में 2-3 लाइन का रिक्त स्थान जरूर छोड़ें ताकि बाद में कुछ याद आने पर लिखा जा सके।
- कुछ ज्यादा महत्त्वपूर्ण बिन्दुओं को अंडरलाइन किया जा सकता है।
- हर अगला पैराग्राफ पिछले से जुड़ा हुआ लगना चाहिए, ऐसे नहीं कि दोनों में कोई सम्बन्ध ही नजर न आए।
- निष्कर्ष में हमेशा सकारात्मकता दिखे। यह आपके व्यक्तित्व को भी दर्शाता है और किसी चुनौती का सामना करने की आपकी इच्छाशक्ति को भी।
- निष्कर्ष में पूरे निबंध का निचोड़ भी प्रकट करें। भविष्योन्मुखी निष्कर्ष अच्छा प्रभाव पैदा करता है।

निबंध के लिए और लिखने के दौरान क्या न करें—

- आप यह दर्शाने से बचें कि आपके पास विषय विशेष की विशेषज्ञता है और न ही फालतू का ज्ञान लिखने की कोशिश करें।
- कई बार कम शब्दों में ही अच्छे अंक मिल जाते हैं अगर आपने गुणवत्तापरक लिखा है। इसलिए ज्यादा पृष्ठ भरने के चक्कर में न रहें।
- निबंध को जी.एस. के उत्तर की तरह कभी नहीं लिखें। निबंध में विचार और उनका प्रकटीकरण महत्त्वपूर्ण है।
- फैक्ट्स 10 प्रतिशत से ज्यादा न हो। और वो भी तब जब टॉपिक की डिमांड हो (जैसे 'बढ़ती जनसंख्या, घटते संसाधन,' जैसे टॉपिक में फैक्ट्स से अपनी बात को पुख्ता कर सकते हैं)।
- अगर आपको यह नहीं पता कि यह कथन किसका है तो गलत नाम न लिखें बल्कि यह लिख दें कि किसी ने कहा है। गलत फैक्ट्स न लिखें।
- अगर कोई टॉपिक वाद-विवाद का है तो आप किसी एक पक्ष का समर्थन लेते हुए भी दूसरे को नजरअन्दाज न करें। ऐसा नहीं हो कि आप टॉपिक के सिर्फ एक पक्ष पर ही लिख रहे हों।
- अपने विचारों में ज्यादा एकतरफा न बनें। संतुलित दृष्टिकोण होना जरूरी है। सिक्के के दोनों पहलुओं पर ध्यान दें।

महत्त्वपूर्ण सूक्तियाँ, कथन, उद्धरण और उदाहरण

निशान्त जैन, गंगा सिंह

प्रसंगानुसार सूक्तियों/पंक्तियों/उद्धरणों/विचारों/कथनों का प्रयोग निबंध को आकर्षक बनाता है। बस शर्त यह है कि अनावश्यक प्रयोग से बचें। यहाँ हम उदाहरण के तौर पर, हिन्दी, उर्दू, संस्कृत और अंग्रेजी की कुछ सूक्तियाँ साझा कर रहे हैं। इसी तरह आप भी कुछ अच्छी, प्रासंगिक और गरिमापूर्ण सूक्तियों का प्रयोग कर सकते हैं। इनमें से कोई भी सूक्ति/पंक्ति हमारे द्वारा लिखी हुई नहीं है। कृपया इनके लेखकों व स्रोतों के नाम जाँच लें।

वर्तमान युग में सामाजिक आन्दोलनों के कुछ अग्रणी नेता—

राजेन्द्र सिंह—जल संरक्षण
वन्दना शिवा—पर्यावरण संरक्षण
कैलाश सत्यार्थी—बालश्रम मुक्ति
अनुपम मिश्र—पर्यावरण संरक्षण
इसी प्रकार इस सूची में आप अन्य नाम भी जोड़ सकते हैं।

टीम नेतृत्व/अहमशून्यता—

- एस.एल.वी. के निदेशक सतीश धवन के नेतृत्व में जब एस.एल.वी. की प्रथम उड़ान असफल हुई तो असफलता की सारी जिम्मेदारी अपने कन्धों पर ली किन्तु जब अगले प्रयास में प्रोजेक्ट सफल रहा तो सफलता का श्रेय इसरो टीम को दिया।

कठिन परिश्रम—

- करत-करत अभ्यास के जड़मति होत सुजान,
  रसरी आवत-जात ते सिल पर पड़त निसान।

हौसला—

- जिन्दगी की असली उड़ान बाकी है,
  जिन्दगी के कई इम्तिहान बाकी हैं,

अभी तो नापी है मुट्‌ठी भर जमीं हमने,
अभी तो सारा आसमां बाकी है।

- कुछ लोग वे जो वक्त के साँचों में ढल गए,
कुछ लोग वे जो वक्त के ढाँचे बदल गए।

हार-जीत/सफलता/असफलता का महत्त्व—

- सफलता तो केवल हमारा परिचय दुनिया को करवाती है, जबकि असफलता हमें पूरी दुनिया से परिचित कराती है।

विश्वास/भरोसा/श्रद्धा—

- विश्वास पत्थर को भी भगवान बना सकता है और अविश्वास भगवान के बनाए इनसान को भी 'पत्थर दिल' बना सकता है।

शिक्षा—

- मैं इस जीवन के लिए अपने माता-पिता का ऋणी हूँ किन्तु बेहतर जीवन के लिए मैं अपने 'अध्यापक' का ऋणी हूँ।

—सिकन्दर महान

- मूल्यहीन शिक्षा के परिणाम—
डॉक्टर द्वारा मरीज के अंग निकाल लेना।
अध्यापक द्वारा अपनी शिष्या का यौन शोषण।
वकील का मुवक्किल की सहायता की बजाय सामने वाले वकील से साँठगाँठ।

- शिक्षा का सम्पूर्ण उद्‌देश्य दर्पणों को खिड़कियों में परिवर्तित करना है।

—सिडनी जे. हैरिस

- विश्वविद्यालय देश के सर्वश्रेष्ठ कारखाने हैं, जिनमें अध्यापकगण एक कुशल कारीगर की भाँति देश के सर्वश्रेष्ठ मानव संसाधन उत्पादित करते हैं।

—सर्वपल्ली राधाकृष्णन

- विश्वविद्यालय महापुरुषों के निर्माण के कारखाने हैं तथा अध्यापक यहाँ के कुशल कारीगर।

- अगर आप एक पुरुष को शिक्षित करते हैं तो आप सिर्फ एक पुरुष को शिक्षित करते हैं लेकिन अगर आप एक स्त्री को शिक्षित करते हैं तो आप एक पूरी पीढ़ी को शिक्षित करते हैं।

—बिघम चंग

- शिक्षा सबसे शक्तिशाली हथियार है जिसे आप दुनिया को बदलने के लिए उपयोग कर सकते हैं।

—नेल्सन मंडेला

- शिक्षा अपने क्रोध या अपने आत्मविश्वास को खोए बिना लगभग कुछ भी सुनने की क्षमता है।

—अज्ञात

- Give me good mothers I will give you a great nation.

—Dr. Radhakrishnan

कट्टरता/दंगे/साम्प्रदायिकता/भाईचारा—

- हिन्दू कहें मोहि राम पियारा, तुर्क कहें रहमाना,
  आपस में दोउ लड़ि-लड़ि मुए, मरम न कोउ जाना। —कबीर

मन की दृढ़ता/आत्मविश्वास

- मन के हारे हार है मन के जीते जीत
- स्कॉटलैंड का भोला बच्चा—जेम्स वॉट जो केतली से निकलती भाप को देख कौतूहल से भर उठा। उसे लगा कि क्या भाप में इतनी शक्ति होती है कि वह केतली के ढक्कन को हिला दे। उस भोले बालक की इसी जिज्ञासा ने मानव सभ्यता के पहिये को गति दी।
- शक्ति की करो मौलिक कल्पना करो पूजन,
  छोड़ दो समर जब तक न सिद्धि हो रघुनन्दन। —निराला

भाषा—

- ऐसी बानी बोलिये, मन का आपा खोय।
  औरन को सीतल करे, आपहु सीतल होय। —कबीर

लक्ष्य/धैर्य—

- धीरे-धीरे रे मना, धीरे सब कुछ होय,
  माली सींचे सौ घड़ा, ऋतु आए फल होय।

जाति—

- जाति न पूछो साधु की, पूछ लीजिये ज्ञान।
  मोल करो तरवार का, पड़ा रहन दो म्यान। —कबीर

आत्मशोध/स्वआलोचना—

- निन्दक नियरे राखिए, आँगन कुटी छवाय,
  बिन पानी, साबुन बिना, निर्मल करे सुभाय। **—कबीर**

- बुरा जो देखन मैं चला, बुरा न मिलिया कोय।
  जो दिल खोजा आपना, मुझसे बुरा न कोय। **—कबीर**

संगति—

- किसी जंगली जानवर की अपेक्षा एक कपटी और दुष्ट मित्र से ज्यादा डरना चाहिए, जानवर तो बस आपके शरीर को नुकसान पहुँचा सकता है, पर एक बुरा मित्र आपकी बुद्धि को भी नुकसान पहुँचा सकता है।

  —गौतम बुद्ध

रणनीति—

- किसी वृक्ष को काटने के लिए आप मुझे छह घंटे दीजिए और मैं पहले चार घंटे कुल्हाड़ी की धार तेज करने में लगाऊँगा।

  —अब्राहम लिंकन

न्यायिक प्रणाली/न्याय—

- कानून इतना सारगर्भित होना चाहिए कि उसे कोट की जेब में रखकर ले जाया जा सके और इतना सरल होना चाहिए कि एक किसान भी समझ सके।

  —नेपोलियन

- Justice delayed is justice denied. **—Anonymous**

साहित्य—

- अन्धकार है वहाँ, जहाँ आदित्य नहीं,
  मुर्दा है वह देश, जहाँ साहित्य नहीं।
  —साहित्य-संगीत-कलाविहीन:, साक्षात् पशु: पुच्छविषाण हीन:। **—भर्तृहरि**

विनय/सद्गुण—

- जिस प्रकार बिना जल के धान नहीं उगता, उसी प्रकार बिना विनय के प्राप्त की गई शिक्षा फलदायी नहीं होती।

  —महावीर स्वामी

डिजिटल इंडिया/डिमांड/मार्केट/डिजिटलाइजेशन—

- भारत के लगभग 30 करोड़ लोग इंटरनेट से जुड़े हैं जबकि 1 अरब अभी भी वंचित हैं। यदि भारत अपने गाँवों को इंटरनेट से कनेक्ट करने में सफल रहता है तो दुनिया उसकी ओर ध्यान देने को विवश होगी।

  —मार्क जुकरबर्ग

त्याग—

- संसार में सबसे बड़ा अधिकार सेवा और त्याग से प्राप्त होता है। **—प्रेमचन्द**

अधिकार—

- मरना तो है ही, अपने मनुष्यत्व और अधिकार के लिए मरो। **—यशपाल**

सामाजिक न्याय—

- जिस देश को राजनीतिक उन्नति करनी हो, वह यदि पहले सामाजिक उन्नति नहीं करेगा तो राजनीतिक उन्नति आकाश में महल बनाने जैसी होगी।

  —महात्मा गांधी

देशभक्ति—

- नामुमकिन मुसीबतों के वक्त जो लोग इस वतन से प्यार करते हैं, वे ही इसे बदल सकते हैं।

  —बराक ओबामा

अनुशासन—

- अनुशासन विपत्ति की पाठशाला में सीखा जाता है। **—महात्मा गांधी**

साहस—

- जो व्यक्ति जोखिम उठाने का साहस नहीं रखता, वह जीवन में कुछ बड़ा नहीं कर सकता है।

  —मोहम्मद अली

- अपने को संकट में डालकर कार्य सम्पन्न करने वालों की विजय होती है। कायरों की नहीं।

  —पंडित जवाहरलाल नेहरू

- जिस काम को करने में डर लगता है, उसको करने का नाम ही साहस है। मुट्ठीभर संकल्पवान लोग, जिनकी अपने लक्ष्य में दृढ़ आस्था है, इतिहास की धारा को बदल सकते हैं।

  —महात्मा गांधी

अभिमान से मुक्ति—

- बड़े बड़ाई ना करैं, बड़े ना बोलैं बोल,
रहिमन हीरा कब कहै लाख टको मेरो मोल। **—रहीम**

प्रतिस्पर्धा/युवा

- दो तरह के लोग हैं, एक वे जो काम करते हैं और दूसरे वे जो केवल श्रेय (क्रेडिट) लेते हैं। प्रयास करिए कि आप पहले समूह में रहें। वहाँ कम प्रतिस्पर्धा है।

—इन्दिरा गांधी

प्रतिबद्धता—

- एक बार जंगल में आग लगी और एक चिड़िया बगल की नदी से जाती और अपनी चोंच में पानी भरकर जंगल में डालती। उसे ऐसा करते देखकर बन्दर उस पर हँसा और बोला कि 'यह मूर्खों वाला काम क्या कर रही हो? इससे आग नहीं बुझने वाली।'

  इस प्रश्न पर चिड़िया ने जो जवाब दिया उसे हमें अपने जीवन में उतारने की जरूरत है, कि 'मेरे द्वारा ऐसा करने से जंगल की आग भले ही न बुझे पर जब भी जंगल का इतिहास लिखा जाएगा तो मेरा नाम आग लगाने वालों में नहीं, आग बुझाने वालों में शुमार होगा।'

शहरीकरण—

- साँप! तुम सभ्य तो हुए नहीं
  नगर में बसना भी आया नहीं
  एक बात पूछूँ —(उत्तर दोगे)
  तब कैसे सीखा डँसना,
  विष कहाँ पाया?

—अज्ञेय

- अब मैं राशन की कतारों में नजर आता हूँ,
  अपने खेतों से बिछुड़ने की सजा पाता हूँ।

धन-दौलत—

- अगर तुम यह जानना चाहते हो कि तुम कितने धनी हो तो खोज करो कि कितनी वस्तुएँ ऐसी हैं जो पैसे द्वारा नहीं खरीदी जा सकतीं, फिर भी तुम्हारे पास हैं।

शान्ति/अहिंसा—

- हार किसकी और किसकी है फतह, कुछ सोचिए,
  जंग है ज्यादा जरूरी या सुलह, कुछ सोचिए।

- आँख के बदले आँख, पूरे विश्व को अन्धा बना देगी। **—महात्मा गांधी**

निर्णय/प्रतिबद्धता—

- जब भी तुम्हें सन्देह घेर ले या तुम्हारा अहम तुम पर हावी हो जाए, तो यह कसौटी आजमाओ—

  जो सबसे गरीब और कमजोर आदमी आज तक तुमने देखा हो, उसकी शक्ल याद करो और अपने दिल से पूछो कि जो कदम उठाने का तुम विचार कर रहे हो, वह उस व्यक्ति के लिए कितना लाभकारी होगा।

—महात्मा गांधी

पर्यावरण संरक्षण बनाम विकास—

- जब आखिरी पेड़ काटा जाएगा,
  आखिरी नदी का पानी सूख जाएगा,
  आखिरी मछली का शिकार हो जाएगा,
  तब, इनसान को अहसास होगा कि वह पैसा नहीं खा सकता।

कोशिश—

- प्रयास करें कि आप जब आए थे उसकी तुलना में पृथ्वी को एक बेहतर स्थान के रूप में छोड़कर जाएँ।

—सिडनी शेल्डन

पाखंड पर व्यंग्य—

- पाहन पूजे हरि मिले, तो मैं पूजूँ पहार।
  ताते ये चाकी भली, पीस खाय संसार। **—कबीर**

परोपकार—

- परहित सरिस धरम नहीं भाई,
  परपीड़ा सम नहिं अधमाई। **—तुलसीदास**

- यही पशु प्रवृत्ति है कि आप आप ही चरे
  वही मनुष्य है जो मनुष्य के लिए मरे। **—मैथिलीशरण गुप्त**

- तुम्हारे दिल की चुभन भी जरूर कम होगी,
  किसी के पाँव का काँटा निकालकर देखो। **—अज्ञात**

- *परस्परोपग्रहो जीवानाम्।* **(जैन दर्शन)**

- *बहुजनहिताय बहुजनसुखाय।* **(बौद्ध दर्शन)**

महँगाई—

'पीपली लाइव' का गाना

- संइया हमार खूब कमात हैं...
  महँगाई डायन खाय जात है।

मीडिया/जनसंचार—

- खींचो न कमानो को न तलवार निकालो।
  जब तोप मुकाबिल हो तो अखबार निकालो। **—अकबर इलाहाबादी**

राष्ट्रभाषा हिन्दी/मातृभाषा—

- निज भाषा उन्नति अहै, सब उन्नति को मूल।
  बिनु निज भाषा ज्ञान के, मिटै न हिय को शूल। **—भारतेन्दु हरिश्चन्द्र**
- मेरी मातृभाषा में कितनी भी कमियाँ क्यों न हों मैं उससे उसी तरीके से चिपका रहूँगा जैसे बच्चा अपनी माँ से। यही मुझे जीवनदायिनी दूध दे सकती है। यदि अंग्रेजी वह स्थान हड़पना चाहे जिसकी वह हकदार नहीं, तो मैं उससे सख्त नफरत करूँगा।

  —महात्मा गांधी

बेरोजगारी—

- न पढ़ते तो खाते सौ तरह कमा कर,
  हो गए बर्बाद हम तालीम पा कर।
  न जंगल के रेहड़ चलाने के काबिल,
  न बाजार में बोझ ढोने के काबिल।

सात घोर पाप—

- काम के बिना धन
- अन्तरात्मा के बिना सुख
- मानवता के बिना ज्ञान
- चरित्र के बिना ज्ञान
- सिद्धान्त के बिना राजनीति
- नैतिकता के बिना व्यापार
- त्याग के बिना पूजा **—महात्मा गांधी**

धैर्य/मेहनत/महत्वाकांक्षा—

- जब तक न सफल हो, नींद चैन को त्यागो तुम,
  संघर्ष का मैदान छोड़ कर मत भागो तुम।

कुछ किये बिना ही जय जय कार नहीं होती,
कोशिश करने वालों की कभी हार नहीं होती। —**सोहनलाल द्विवेदी**

- महत्त्वाकांक्षा का मोती निष्ठुरता की सीप में पलता है। —**जयशंकर प्रसाद**

विविध सूक्तियाँ

संस्कृत

- *आ नो भद्रा क्रतवो यन्तु विश्वत:॥* —**ऋग्वेद**
- *चरैवेति-चरैवेति।* —**अज्ञात**
- *उत्तरं यत् समुद्रस्य हिमोद्रेश्चैव दक्षिणम्।*
  वर्षं तद् भारतं नाम भारती यत्र संततिः॥ —**विष्णु पुराण**
- *धृति क्षमा दमोऽस्तेयं शौचमिन्द्रियनिग्रहः।*
  धीर्विद्या सत्यमक्रोधो, दशकं धर्मलक्षणम्॥ —**गीता**
- *यत्र नार्यस्तु पूज्यन्ते रमन्ते तत्र देवताः।* —**मनुस्मृति**
- *कीर्तिर्यस्य स जीवति।* —**अज्ञात**
- *स्वयमेव मृगेन्द्रता।* —**अज्ञात**
- *सत्यमेव जयते।* —**मुण्डकोपनिषद्**
- *अयं निजः परोवेति, गणना लघुचेतसाम्,*
  उदार चरितानान्तु वसुधैव कुटुम्बकम्। —**अज्ञात**

English

- Child is the father of the man. —**Anonymous**
- God made the man, Tailor made a gentle man —**Anonymous**
- Reading makes a full man,
  Conference a ready man,
  Writing a perfect man. —**Bacon**
- God helps those who help themselves. —**Anonymous**
- Be the change you wish to see in the world. —**Gandhi**
- The Woods are lovely, dark and deep
  but I have promises to keep,
  and miles to go before I sleep,
  and miles to go before I sleep. —**Robert Frost**
- Hate the sin, not the sinner. —**Gandhi**
- Success is a journey, not a destination. —**Anonymous**

हिन्दी/उर्दू

- पोथी पढ़-पढ़ जग मुआ, पंडित भया न कोय,
  ढाई आखर प्रेम का, पढ़े सो पंडित होय॥ **—कबीर**
- बड़े बड़ाई ना करें, बड़े न बोलें बोल,
  रहिमन हीरा कब कहै, लाख टका मेरो मोल॥ **—रहीम**
- कर्म प्रधान विश्व करि राखा,
  जो जस करहि सो तस फल चाखा॥ **—तुलसी**
- खुद में वह बदलाव लाएँ, जो आप दूसरों में देखना चाहते हैं। **—गांधी**
- अपने घर के खिड़की-दरवाजे बिलकुल बंद भी मत करो कि बाहर की खुली हवा भी भीतर न आ सके। **—गांधी**
- प्रकृति मनुष्य की आवश्यकताओं की पूर्ति कर सकती है, लालच की नहीं। **—गांधी**
- आपके विचार आपके कर्म बनाते हैं, और आपके कर्म आपका चरित्र। **—विवेकानन्द**
- औरत पैदा नहीं होती, बनाई जाती है। **—सिमोन द बुवा**
- सबकुछ प्रतीक्षा कर सकता है, पर कृषि नहीं। **—नेहरू**
- भारत स्वयं में एक लघु विश्व है। **—नेहरू**
- आधुनिकता पोशाक से नहीं, विचारों से आती है। **—टैगोर**
- मैं ज्ञानी इस अर्थ में हूँ कि मैं जानता हूँ कि मैं कुछ नहीं जानता। **—सुकरात**
- मैं ऐसे स्वतंत्र भारत के लिए काम करूँगा, जहाँ गरीब से गरीब व्यक्ति भी महसूस करे कि यह उसका अपना देश है, और राष्ट्र निर्माण में उसकी भी प्रभावी भूमिका है। **—गांधी**
- ये क्या हुआ कि फासले इतने बढ़ा दिए,
  इन दो घरों के बीच में दीवार ही तो है। **—वसीम बरेलवी**
- धूप में निकलो घटाओं में नहाकर देखो,
  जिन्दगी क्या है, पुस्तकों को हटाकर देखो। **—निदा फाजली**

- किसी की चार दिन की जिन्दगी सौ काम करती है,
  किसी की सौ बरस की जिन्दगी में कुछ नहीं होता। **—अज्ञात**
- तुम्हारी फाइलों में गाँव का मौसम गुलाबी है,
  मगर ये आँकड़े झूठे हैं, ये बातें किताबी हैं। **—अदम गोंडवी**
- जलाओ दीये पर रहे ध्यान इतना,
  अँधेरा धरा पर कहीं रह न जाए। **—गोपालदास नीरज**
- कीमत तो बढ़ गई है, दिल्ली में धान की,
  लेकिन विदा न हो सकी, बेटी किसान की। **—अज्ञात**
- महज तनख्वाह से निपटेंगे क्या नखरे लुगाई के,
  हजारों रास्ते हैं सिन्हा साहब की कमाई के,
  मिसेज सिन्हा के हाथों में जो बेमौसम खनकते हैं,
  पिछली बाढ़ के तोहफे हैं ये कंगन कलाई के। **—अदम गोंडवी**
- जितने कष्ट कंटकों में है, जिनका जीवन सुमन खिला,
  गौरव गंध उन्हें उतना ही, यत्र तत्र सर्वत्र मिला। **—मैथिलीशरण गुप्त**
- क्षमा शोभती उस भुजंग को, जिसके पास गरल हो,
  उसका क्या जो दंतहीन विषहीन विनीत सरल हो। **—दिनकर**
- सीने में जलन आँखों में तूफान सा क्यूँ है,
  इस शहर में हर शख्स परेशान सा क्यूँ हैं। **—शहरयार**
- जलते घर को देखनेवालो, फूस का छप्पर आपका है,
  आग के पीछे तेज हवा है, आगे मुकद्दर आपका है,
  उसके कत्ल पे मैं भी चुप था, मेरा नम्बर अब आया,
  मेरे कत्ल पे आप भी चुप हैं, अगला नम्बर आपका है। **—नवाज देवबंदी**
- मदिरालय जाने को घर से चलता है पीनेवाला,
  किस पथ से जाऊँ? असमंजस में है वह भोलाभाला,
  अलग-अलग पथ बतलाते सब पर मैं यह बतलाता हूँ
  राह पकड़ तू एक चला चल, पा जाएगा मधुशाला। **—हरिवंश राय बच्चन**

1

रूढ़िगत नैतिकता आधुनिक जीवन की मार्गदर्शक नहीं हो सकती

—आदित्य कुमार झा

कैसे-कैसे मंजर सामने आने लगे हैं
लोग गाते-गाते चिल्लाने लगे हैं।
अब तो इस तालाब का पानी बदल दो
ये कमल के फूल कुम्हलाने लगे हैं॥

परिवर्तन, बदलाव का सन्देश धारित करने वाली उक्त पंक्तियाँ गजलकार दुष्यन्त कुमार द्वारा युगीन यथार्थ की पृष्ठभूमि में लिखी गई हैं। वर्तमान युगीन यथार्थ मूल्यों, आदर्शों, मानदंडों में परिवर्तन, टकराव, अन्तर्द्वंद्व का सन्धिकाल है। रूढ़िगत आदर्श, मान्यताएँ एवं नैतिकता अभी भी आधुनिक-वैज्ञानिक व मानवतावादी मूल्यों से पराजित नहीं हुई है। अस्तु बौद्धिक-मीमांसा आधुनिक जीवन का मार्गदर्शक ढूँढ़ने को व्यग्र है।

यह प्रश्न समीचीन हो उठता है कि क्या वाकई रूढ़िगत नैतिकता आधुनिक जीवन मूल्यों से असंगत है? क्या रूढ़िगत नैतिकता का युग समाप्त हो चुका है और इसके पास वर्तमान आधुनिक युग को देने के लिए जीवनीशक्ति नहीं बची है?

उक्त प्रश्न के उत्तर के क्रम में बहुआयामी मीमांसा के बिन्दु उभरकर सामने आते हैं। यह यथार्थ है, आधुनिक जीवन आधुनिक विचारों/नैतिकता को मार्गदर्शक मानता है। आधुनिक जीवन की अधिकांश धाराएँ रूढ़िगत नैतिकता को व्यवधान स्वरूप महसूस करती हैं। आधुनिकता की कई मान्यताओं से परम्परागत रूढ़ि का सीधा टकराव महसूस किया जा सकता है।

रूढ़िगत नैतिकता एवं आधुनिक जीवन के आदर्शात्मक टकराव मुखर हैं। रूढ़िगत नैतिकता तर्कवाद, समता, न्याय, गरिमा, मानवतावाद को कई स्वरूप में सर्वोच्च प्राथमिकता प्रदान नहीं करती है। इसके विपरीत आधुनिक जीवन तर्क, न्याय, लोकतंत्र, गरिमा को सर्वोच्च जीवन मूल्यों के रूप में प्रतिष्ठित करता है। विशेषाधिकार, भेदभाव व हिंसा परम्परागत नैतिकता के स्वीकृत मूल्य रहे हैं। जिसे कई बार धर्म व

लोकाचार द्वारा समर्थन प्राप्त होता रहा है, जबकि आधुनिक मूल्य मानवीय गरिमा के प्रश्न पर धर्म, सामाजिक लोकाचार के प्रत्येक निर्देश के प्रति विद्रोही भाव रखता है।

लैंगिक न्याय को विशेष सन्दर्भ में अगर विश्लेषित करें तो रूढ़िगत नैतिकता महिला के प्रति गैर-बराबरी, पितृसत्तात्मक भेदभाव, हिंसा को बहुधा न्यायोचित ठहराता है। सबरीमाला मन्दिर प्रवेश पर निर्णय देते हुए सुप्रीम कोर्ट ने परम्परागत मूल्यों पर संवैधानिक मूल्यों को वरीयता प्रदान की। आज के युग में स्त्रियों पर पारिवारिक सीमाएँ आरोपण, अबलास्वरूप में रूपांकन जैसे परम्परागत छवि आधुनिकता से असम्मत है। बाल विवाह, यौन अपराध, अवसरों की विषमता परम्परागत सामन्ती सोच के ही विकृत अवशिष्ट हैं। फिल्म 'पिंक' में स्थापित 'नो मीन्स नो' अथवा 'गुलाबी गैंग' फिल्म में आक्रामक प्रतिरोध रूढ़िगत नैतिकता के विरुद्ध महिलाओं का विरोध है।

परम्परागत नैतिकता द्वारा लैंगिक, अल्पसंख्यकों, एलजीबीटी समुदाय को अपराधी, कलंकित तथा रोगी बताकर नैसर्गिक यौन स्वतंत्रता को रूढ़िवादी चश्मे से देखकर दबाया गया। इससे ये समस्त समुदाय समाज से कटकर न्याय, समता, गरिमा से स्वत: वंचित हो गए। हाल में सुप्रीम कोर्ट निर्णय में जस्टिस धनंजय यशवन्त चन्द्रचूड़ ने 377 के एलजीबीटी अपराधीकरण की धारा को रद्द करते हुए परम्परागत नैतिकता पर संवैधानिक नैतिकता की वरीयता का जयघोष किया।

परम्परागत नैतिकता ने जातीय सोपानीकरण, पवित्रता संकल्पना आदि द्वारा दलित, आदिवासी, पिछड़े वर्ग को बहिष्करण, अलगाव व हिंसा का पात्र बनाया। समाज में विकास की धारा कुपोषित हो गई। आधुनिक नैतिकता ने गरिमा व न्याय के कसौटी पर सभी विपरीत मूल्यों को ध्वस्त किया। डॉ. अम्बेडकर के एनीहिलेसन ऑफ कास्ट, संवैधानिक मूल्य स्थापना, गांधी जी के सर्वोदय, लोहिया जी की सप्तक्रान्ति के दृढ़ स्वर ने आधुनिक मूल्यों को आधुनिक जीवन का मार्गदर्शक नियुक्त किया। आज जब उना जनविरोध, रोहित वेमुला प्रतिरोध के परिणाम दिख रहे तो इसके मूल में परम्परागत मूल्यों की अप्रासंगिकता ही है।

परम्परागत नैतिकता द्वारा असमानता को स्वाभाविक प्रक्रिया मानी गई। सम्पत्ति, अवसर तथा जीवन स्तर में व्यापक असमता को नजरअन्दाज किया गया। आक्सफ्रेम रिपोर्ट, थॉमस पिकेटी के अध्ययन द्वारा स्पष्ट है कि विश्व के एक प्रतिशत आबादी के पास 50 प्रतिशत से अधिक सम्पत्ति संकेन्द्रित है। गाँव का किसान आज भी 'होरी' के समान असमय मौत को प्राप्त कर रहा है। बेरोजगारी दर 45 साल में सर्वाधिक 7 प्रतिशत से अधिक है। उक्त नकारात्मक पृष्ठभूमि में आधुनिक मूल्यों द्वारा सम्पत्ति, अवसर, गरिमा में समता के ध्येय प्रासंगिक है। इसका समाधान सरकार द्वारा मानवीय गरिमा की स्थापना के लिए सामाजिक क्षमता निर्माण के द्वारा ही सम्भव है। जॉन राल्स के न्याय सिद्धान्त एवं अमर्त्य सेन के सामाजिक समता निर्माण की संकल्पना रूढ़िगत व परम्परागत आर्थिक दर्शन को अप्रासंगिक सिद्ध करती है।

पर्यावरणीय धारणीयता, एक आधुनिक जीवन मूल्य है जो पर्यावरण, प्रकृति के संसाधनों/स्वास्थ्य पर सभी वर्गों, क्षेत्रों तथा पीढ़ियों के अधिकार पर बल देता है। परम्परागत रूढ़ियों ने औद्योगीकरण के काल में सीमित, स्वार्थपूर्ण तरीके से प्रकृति के दोहन को उचित सिद्ध किया। यूएन सतत विकास लक्ष्य, जलवायु परिवर्तन की पृष्ठभूमि पर पर्यावरणीय सतता के सन्दर्भ में भी उपभोक्तावाद की रूढ़िगत मानक अप्रासंगिक सिद्ध होते हैं। गांधी जी का स्पष्ट कथन कि *"प्रकृति के पास सभी की आवश्यकता के लिए संसाधन हैं किन्तु किसी एक व्यक्ति के भी लालच के लिए नहीं है।"* आधुनिक मूल्यों की सर्वोच्च प्रस्थापना है। सिक्के का दूसरा पहलू भी विचारणीय है—

परम्परागत रूढ़ियों के विरोध व आधुनिक मूल्यों/रूढ़ियों के समर्थन करते-करते बहुधा हम चरम पर पहुँचकर आधुनिकता के अन्धभक्त हो जाते हैं। तब यही आधुनिकता का मूल्य एक अवरोधक के समान हमें संकीर्ण बना देता है।

परम्परागत रूढ़ियों में अनेक दुर्गुण हैं, यह स्थापित सत्य है किन्तु उनमें आधुनिक युग के लिए कई सकारात्मक तत्त्व भी हैं जिसे अस्वीकृत करना निस्सन्देह अनुचित होगा। परम्परागत रूढ़ियाँ व्यक्तिवाद के बजाय 'समुदायवाद' पर अधिक बल देती रही हैं। आज भी 'समुदायवाद' को जीवन्त रखना अनिवार्य है। रघुराम राजन अपनी पुस्तक 'द थर्ड पिलर' में इसी समुदायवाद को आवश्यक सिद्ध करते हैं ताकि स्वार्थ, व्यक्ति केन्द्रित व्यवस्था स्वयं आधुनिक जीवन पर बोझ न बन जाए। आज भी आदिवासी/जनजातीय समाज का नैसर्गिक, निश्छल, प्रकृति प्रेमी स्वरूप रूढ़िगत होने के बावजूद सहस्त्रों आधुनिकता से अधिक प्रासंगिक है।

आधुनिक मूल्यों ने सूचना समाज को जन्म दिया किन्तु आज 'पोस्ट ट्रुथ वर्ल्ड' की वास्तविकता में परम्परागत सत्यान्वेषी प्रवृत्ति के एक अंश को पुन: अपनाने की आवश्यकता सिद्ध होती है।

आज आधुनिकता की आँधी में बाजारवाद, व्यक्तिवाद, उपभोगवाद, स्त्रियों का वस्तुकरण, वेस्टटॉक्सीफिकेशन जैसी समस्या दृष्टिगोचर हो रही है। भीड़ बढ़ती जा रही है एवं व्यक्ति अकेले होते जा रहे हैं। कुंठा, तनाव, आत्महत्या बढ़ रही है। 10 साल का बच्चा अवसाद में आत्महत्या कर रहा है। गुरुग्राम में प्रद्युम्न हत्याकांड आधुनिकता की आँखें खोलने वाली घटना है। उक्त पृष्ठभूमि में पुन: समाज, सामूहिकता, परिवार की जड़ों को मजबूत बनाना आवश्यक प्रतीत हो रहा है।

निष्कर्षत: यह कहना समीचीन होगा कि आधुनिक मूल्यों का व्यापक स्वांगीकरण आधुनिक जीवन के लिए अनिवार्य है। आधुनिक विचार अवश्यंभावी हैं जिन्हें कोई रोक नहीं सकता है। 'विक्टर ह्यूगो' कहते हैं कि—*"संसार में कोई भी ताकत उस विचार को सामने आने से नहीं रोक सकती जिसके आने का समय हो चुका है।"*

अस्तु आवश्यकता है कि हम आधुनिक मूल्यों के न्याय, गरिमा, समता, मानवीयतापरक मूल्यों को अंगीकार करें तथा पारम्परिक रूढ़ि की विकृतियों, नकारात्मकता को

तोड़ें। इसके साथ ही आधुनिकता की विकृतियों के प्रति आलोचनात्मकता रखते हुए पारम्परिक नैतिकता के उच्च आदर्शों को भी सहेजकर रखें।

वर्तमान युग की भूमिका एक हंस की होनी चाहिए जो यथार्थ आधुनिकता व छद्म आधुनिकता, नकारात्मक परम्परागत रूढ़ि व सकारात्मक परम्परागत विरासत के बीच नीर-क्षीर विवेक से अन्तर कर सर्वश्रेष्ठ मूल्यों को धारित करे। निष्कर्षत: कहा जा सकता है कि सर्वश्रेष्ठ, उत्कृष्ट, मानवीय मानदंड मूल्य ही आधुनिक जीवन के मार्गदर्शक हो सकते हैं।

2

मूल्यों से वंचित शिक्षा, जैसी अभी उपयोगी है, व्यक्ति को अधिक चतुर बनाने वाली लगती है

—गौरव सोगरवाल

शिक्षा किसी भी व्यक्ति को न केवल रोजगार प्रदान करती है, बल्कि उसके व्यक्तित्व निर्माण में भी सर्वाधिक निर्णायक संस्कार है। संस्कार इसलिए भी क्योंकि वैदिककालीन समाज से वर्तमान युग तक सोलह संस्कारों में उपनयन संस्कार का विशेष महत्त्व रहा है। उपनयन के पश्चात् ही बालक या बालिका को शिक्षा प्राप्ति का अधिकारी समझा जाता था। तब से लेकर आज तक शिक्षा की महत्ता यथावत् है। शिक्षा एक अन्तर्दृष्टि देती है तथा जीवन जीने का एक सलीका सिखाती है। एक प्रख्यात शायर के शब्दों में हम कुछ यूँ कह सकते हैं—

कब कोई बात कैसे कही जाती है।
यह सलीका हो तो हर बात सुनी जाती है॥

अपने मूल स्वरूप में शिक्षा से तात्पर्य है—'सीखने की अनवरत प्रक्रिया में मूल्यों का समावेश।' मूल्यों से तात्पर्य है नैतिक मूल्य, जैसे—ईमानदारी, निष्पक्षता, परोपकार इत्यादि; राजनैतिक मूल्य जैसे—पंथनिरपेक्षता, लोकतंत्रात्मक प्रणाली में आस्था इत्यादि; सामाजिक मूल्य जैसे—बन्धुता, सहअस्तित्व इत्यादि। शिक्षा अपने वास्तविक स्वरूप में मूल्यों की वाहक है तथा देश और काल में परिवर्तन के साथ ही कुछ मूल्यों में परिवर्तन होता रहता है, जबकि कुछ मूल्य शाश्वत होते हैं। यदि संक्षेप में कहें तो मूल्य सदैव सामाजिक सामंजस्य, सहयोग तथा सकारात्मक व रचनात्मक परिवर्तनों को न केवल प्रेरित करते हैं, बल्कि उनके वाहक भी होते हैं। इस प्रकार देखें तो मूल्यहीन शिक्षा रचनात्मक परिवर्तनों तथा सहयोग और

सामंजस्य से अछूती रहेगी एवं समाज की गतिशीलता को बाधित करेगी। जैसा कि प्रख्यात विद्वान मिशेल फूको ने उचित ही कहा है, "वर्तमान समय में सत्ता ज्ञान अर्थात् शिक्षा के रथ पर सवार होकर आती है।" इस प्रकार मूल्यहीन शिक्षा सत्ता के स्वरूप को भी गतिहीन बना देगी।

वास्तव में मानव जीवन को उन्नत बनाने वाले साधनों में आदिम काल से ही शिक्षा का सर्वप्रथम योगदान रहा है। यदि शिक्षा सकारात्मक होगी, तो समाज तथा विश्व के लिए हितकारी होगी और यदि शिक्षा नकारात्मक मूल्यों से सम्प्रवृत्त होगी तो समाज तथा विश्व के लिए परमाणु बम से भी अधिक हानिकारक होगी। कबीरदास ने भी बहुत उपयुक्त शब्दों में कुछ यूँ कहा है—

बड़ा हुआ तो क्या हुआ जैसे पेड़ खजूर
पंछी को छाया नहीं, फले लागे अति दूर।

अर्थात् मूल्यहीन शिक्षा खजूर के उस वृक्ष की भाँति है जो सिर्फ नाममात्र का ही वृक्ष है, न ही राहगीर को छाया प्रदान कर सकता है और न पशु-पक्षियों को फल प्रदान करके उनकी भूख मिटा सकता है। हम ओसामा-बिन-लादेन तथा महात्मा गांधी का उदाहरण लेकर देख सकते हैं। ओसामा ने रसायन विज्ञान में उच्च शिक्षा प्राप्त की तथा मूल्यों को आत्मसात् नहीं किया और वह सम्पूर्ण विश्व में मानवता के सबसे बड़े हत्यारे के रूप में कुख्यात रहा। वहीं महात्मा गांधी ने लंदन से वकालत की शिक्षा प्राप्त की तथा सकारात्मक मूल्यों को ग्रहण किया तथा उन्होंने मानवता की सेवा में अपना सारा जीवन समर्पित कर दिया और उन्हीं के प्रयासों से भारत सहित विश्व के अन्य देशों से साम्राज्यवाद तथा नस्लवाद को मुँह की खानी पड़ी।

यदि वर्तमान परिदृश्य को देखें तो 1991 के बाद वैश्वीकरण के पश्चात् शिक्षा के स्वरूप में अत्यधिक परिवर्तन आया है। वर्तमान में शिक्षा की उपयोगिता मात्र रोजगार प्रदान करने वाले साधन तक ही सीमित समझी जाने लगी और मूल्यहीन शिक्षा ने वास्तविक मानव के स्थान पर आर्थिक मानव का निर्माण करना आरम्भ किया। यह वही दौर था जबकि विदेशी कम्पनियों ने भारत का रुख किया तथा भारत में प्रत्यक्ष विदेशी निवेश का अन्तर्वाह (इनफ्लो) बढ़ना आरम्भ हुआ। भारत में आईटी, प्रबन्धन, बीपीओ, टूरिज्म सहित सेवा क्षेत्र में रोजगार की अभूतपूर्व वृद्धि देखी गई तथा देश के नवयुवकों का रुझान तेजी से सेवा क्षेत्र हेतु उपयोगी शिक्षा की तरफ बढ़ा। शिक्षा क्षेत्र में यह क्रान्ति की अवस्था थी तथा शिक्षा से मूल्यों के शीघ्रता से तिरोहित होते जाने का भी यहीं से जो दौर आरम्भ हुआ, वह बदस्तूर आज भी जारी है। एक प्रख्यात शायर के शब्दों में हम इसे कुछ यूँ बयाँ कर सकते हैं—

घरों पर नाम थे नामों के साथ ओहदे थे,
बहुत तलाश किया मगर कोई आदमी न मिला।

मानवता, पारिवारिक मूल्य, सहअस्तित्व, बन्धुता, परोपकार, सदाचार जैसे मानवीय तथा नैतिक मूल्य आज बीते जमाने की बातें बनते जा रहे हैं। एक विद्वान शायर ने इस पर कुछ इस तरह दु:ख व्यक्त किया है—

इनसानियत की रोशनी गुम हो गई कहाँ,
साये हैं आदमी के अब आदमी कहाँ।

जबकि भारतीय सन्दर्भों में शिक्षा पश्चिमी सन्दर्भों से ठीक विपरीत है। भारतीय सन्दर्भों में शिक्षा का तात्पर्य है—'स्वं' को जानना तथा 'स्व' का विस्तार करना। तात्पर्य स्वयं की क्षमताओं को जानना और समाज तथा विश्व में अपना सार्थक योगदान देना। शिक्षा, संकीर्णताओं से जैसे लैंगिक, क्षेत्रीय, भाषायी, धार्मिक, जातीय संकीर्णताओं से मुक्त करती है तथा संकीर्णताओं से मुक्त मनुष्य सम्पूर्ण विश्व को अपना परिवार समझेगा तथा 'वसुधैव कुटुम्बकम्' की अवधारणा चरितार्थ होगी। अर्थात् भारतीय सन्दर्भों में शिक्षा व्यक्ति से लेकर सम्पूर्ण विश्व तक सामंजस्य स्थापित करती है। शिक्षित व्यक्ति अपने कर्तव्यों तथा अधिकारों से परिचित होगा तथा यह शिक्षित व्यक्ति एक जागरूक तथा सजग नागरिक के रूप में लोकतांत्रिक मूल्यों को और सशक्त करेगा।

जबकि पश्चिमी देशों में शिक्षा को रोजगार प्राप्त करने के साधन के रूप में देखा जाता है। इस प्रकार वहाँ शिक्षा मानव को 'आर्थिक मानव' बनाती है, जबकि परम्परागत भारतीय शिक्षा व्यक्ति को 'नैतिक मानव' बनाने पर जोर देती है। यदि दोनों ही दृष्टिकोणों को जोड़ दें तो हमें वर्तमान समय के अनुरूप 'वास्तविक शिक्षा' प्राप्त हो जाएगी। शिकागो में सन् 1893 में शायद यही बात स्वामी विवेकानन्द विश्वधर्म संसद के मंच से कह रहे थे। उनका कहना था कि पूर्व (भारत) सदैव विश्व का आध्यात्मिक गुरु रहा है तथा पश्चिम आज भौतिकता में विश्व में आगे है तथा यदि पूर्व तथा पश्चिम अर्थात् भौतिकता तथा आध्यात्मिकता आपस में जुड़ जाएँ तो हम सही मायनों में एक सच्चे विश्व का निर्माण कर पाएँगे।

हमारी वर्तमान शिक्षा प्रणाली औपनिवेशिक देन है। सन् 1835 के मैकाले घोषणापत्र के माध्यम से अंग्रेजी शिक्षा की मानसिक गुलामी हम पर जबरन आरोपित की गई। वह इसलिए क्योंकि अंग्रेजों के दिन-प्रतिदिन के प्रशासन को चलाने हेतु हजारों की संख्या में क्लर्कों की आवश्यकता थी। 15 अगस्त, 1947 को आजादी मिलने के बाद भी हम शिक्षा व्यवस्था में औपनिवेशिक मानसिकता को ही लेकर आगे बढ़ रहे हैं। क्योंकि मूल समस्या तो यही है कि हम शिक्षा के वास्तविक अर्थ को ही नहीं समझ पाए हैं। शिक्षा केवल आर्थिक उपार्जन का ही माध्यम नहीं है। स्वतंत्रता के पश्चात् उम्मीद जगी थी कि शिक्षा व्यवस्था में कोई

मौलिक परिवर्तन आएगा, लेकिन स्थिति में अपेक्षित सुधार नहीं आ पाया। इसे दुष्यन्त कुमार के शब्दों में कुछ यूँ कहा जा सकता है—

कहाँ तो तय था चिरागां हर एक घर के लिए,
कहाँ चिराग मयस्सर नहीं शहर के लिए।

भारत ने साक्षरता के प्रतिशत में काफी बढ़ोतरी की तथा आज लगभग 70 फीसदी भारतीय साक्षर हैं, लेकिन शिक्षा में मूल्यहीनता का स्तर बढ़ता ही जा रहा है। सन् 2008 में केन्द्र सरकार द्वारा गठित प्रो. यशपाल कमेटी ने शिक्षा व्यवस्था पर अपनी रिपोर्ट में लिखा था कि "अतृप्त मन अधैर्य पीढ़ी का निर्माण करता है तथा इससे बने हुए डॉक्टर इलाज के स्थान पर अंगों के कृत्रिम व्यापार में संलग्न हो जाते हैं तथा इंजीनियर पुल बनाने से पहले गिराने की तरकीबें सोचने लगते हैं।"

आज समय आ गया है कि शिक्षा के साथ ही उचित मूल्यों का भी समावेशन अनिवार्य किया जाए, क्योंकि मूल्यहीन शिक्षित व्यक्ति समाज के लिए निरक्षर व्यक्ति से अधिक खतरनाक होता है। अमेरिकी राष्ट्रपति थियोडोर एरुजवेल्ट का मानना था कि "एक व्यक्ति के मस्तिष्क को शिक्षित कर देना किन्तु उसके अन्दर नैतिक शिक्षा का समावेश न करना समाज के लिए एक संकट को आमंत्रण देना है।" वास्तविक अर्थों में मूल्य ही वह तत्त्व है जो मानव तथा मशीन में भेद करता है तथा मूल्यहीन शिक्षित व्यक्ति उस मशीन के समान है जिसमें कार्यकुशलता तो है परन्तु मानवीय गुण जैसे—दया, संवेदना इत्यादि अनुपस्थित हैं। ऐसे गुणों से रहित मानव प्रशिक्षित अर्थात् चतुर है, लेकिन मानवीय गुणों से रिक्त होने के कारण शैतान भी है या एक शब्द में कहें तो 'चतुर शैतान'। अत: मूल्यों से युक्त शिक्षा व्यवस्था के प्रसार की आवश्यकता है ताकि विश्व पुन: 'वसुधैव कुटुम्बकम्' की भावना के साथ मनुष्य के रहने योग्य सर्वोत्तम स्थान बन सके, न कि शैतानों के।

3

क्या भारत धर्मनिरपेक्ष देश के विचार को आत्मसात कर गया है? अगर हाँ, तो कितना?

—गंगा सिंह

सन् 2009 की बात है, भारतीय लोकतंत्र की 15वीं लोकसभा के चुनावों के परिणामों के बाद 'मंत्रिमंडल का शपथ ग्रहण समारोह' हो रहा था, तब पूरे विश्व जनसमुदाय की नजरें भारत की राजधानी नई दिल्ली पर केन्द्रित थीं, क्योंकि जो व्यक्ति प्रधानमंत्री

बनने वाले थे, वे सिख थे, उन सिख प्रधानमंत्री के लिए एक ईसाई महिला ने कुर्सी छोड़ी थी, उस देश के लिए जिसमें लगभग 80 फीसदी जनता हिन्दू है एवं वे व्यक्ति एक मुस्लिम राष्ट्रपति से शपथ ग्रहण करने वाले थे। इस धार्मिक विविधता एवं शान्तिपूर्वक सत्ता हस्तान्तरण को देखकर पूरा विश्व स्तब्ध रह गया, क्योंकि इस प्रकार का उदाहरण खोजने में विश्व को बरसों लग गए।

भारत की इस धार्मिक विविधता एवं देश के धर्मनिरपेक्ष चरित्र का परीक्षण करने से पूर्व हमें इतिहास के गर्भ में जाना होगा और देखना होगा, क्या भारत कभी धार्मिक रूप से कट्टर रहा है? क्या भारत की संस्कृति धार्मिक विशुद्धता को ही महत्त्व देती आई है या इसने कभी ऐसा माना ही नहीं? वर्तमान में भारत का धर्मनिरपेक्ष चरित्र पहले से कितना भिन्न है? इन तमाम प्रश्नों की तहों में जाने की जरूरत है।

भारत शुरुआत से ही सनातन संस्कृति का पोषक एवं सर्वधर्म समभाव का समर्थक रहा है। हमारी संस्कृति सहिष्णुता संवर्धन एवं सर्व कल्याण को हमेशा से ही प्रतिबिम्बित करती आई है।

वैदिक काल से भारत में प्राक-आर्य, हिन्द आर्य, शक, कुषाण, तुर्क से लेकर अंग्रेज, फ्रेंच, पुर्तगाली एवं डच लोग आए और यहीं के होकर रह गए। भारत भूमि के विशाल हृदय ने इनका धर्म-पंथ पूछे बगैर इनको अपने आँचल में समेट लिया। कभी भी भारत के धर्मनिरपेक्ष चरित्र पर सवाल करने की जरूरत ही नहीं पड़ी। इसके साथ समय के चक्र ने सभी समुदायों को विकसित होने का मौका दिया एवं 15 अगस्त, 1947 की भोर ने भारत को राजनीतिक रूप से स्वतंत्र घोषित कर दिया। तभी संविधान-निर्माण के लिए संविधान सभा का गठन हुआ तो हमारे स्वतंत्रता सेनानियों एवं संवैधानिक विशेषज्ञों ने भारतीय संविधान की प्रस्तावना में धर्मनिरपेक्ष नाम जोड़ने को तर्कसंगत नहीं समझा। क्योंकि जो देश अपने विश्वासों, रीति-रिवाजों, मूल्यों, मान्यताओं एवं परम्पराओं में विशुद्ध धर्मनिरपेक्ष हो, उसे स्वघोषित धर्मनिरपेक्षता की जरूरत नहीं रहती, लेकिन संविधान में अनुच्छेद 25 से अनुच्छेद 28 तक धार्मिक स्वतंत्रता के अधिकार को मूल अधिकारों के रूप में मान्यता देकर हमने सिद्ध कर दिया कि भारत अपनी प्रकृति में धर्मनिरपेक्ष ही है।

इन अनुच्छेदों में प्रत्येक भारतीय को किसी भी धर्म या विचार को मानने एवं अन्त:करण से उसे अपनाने की आजादी मिली। अपने धर्म का अबाध रूप से प्रचार करने की स्वतंत्रता भी इसी में शामिल थी। चूँकि सभी धर्मों का प्रतिनिधित्व समान नहीं है, इसलिए अनुच्छेद 29-30 में अल्पसंख्यकों को अधिकार देकर उनकी आशंकाओं को निर्मूल किया और उन्हें यह विश्वास दिलाया कि भारत में किसी भी व्यक्ति को अपने धर्म को लेकर संशय में रहने की जरूरत नहीं, क्योंकि यह वही भारत है, जिसमें सन् 1857 की क्रान्ति में हिन्दू-मुस्लिम समुदाय ने कन्धे-से-कन्धा मिलाकर एक साथ लम्बी लड़ाई लड़ी थी।

यह तो हुई संवैधानिक उपबन्धों एवं कानूनी नियमों की बात। अब हम अपने भारतवासियों के व्यवहार पर आते हैं। भारतीय व्यक्ति के अन्तर्मन से लेकर बाह्य आचरण तक धर्मनिरपेक्षता हमेशा विद्यमान रही है। हमारा धर्मनिरपेक्ष आचरण आम आदमी से लेकर देश के राष्ट्रपति के आचारों में सहज ही देखा जा सकता है। आज भी होली, दीपावली, रक्षाबन्धन, ईद, रमजान, पर्युषण पर्व, लोहड़ी एवं बुद्ध पूर्णिमा के शुभ अवसरों पर पूरा देश एकाकार हो जाता है। ग्राम पंचायत के सरपंच से लेकर देश के राष्ट्रपति तक, जिला के जिलाधिकारी से मंत्रालय के सचिव तक सभी पदाधिकारी देशवासियों को पर्व की शुभकामनाएँ देते हैं।

हमारी सार्वजनिक सम्पत्ति जैसे—सड़क, रेलवे स्टेशन, डाकघर आदि का नाम धार्मिक, प्रगतिशील एवं उदारवादी लोगों के नाम पर रखना हमारे धर्मनिरपे चरित्र को ही बयाँ करता है। हज यात्रा के लिए सब्सिडी एवं कैलाश मानसरोव के तीर्थ के लिए राज्य द्वारा सुरक्षा की चाक-चौबन्द व्यवस्था भारतीय धर्मनिरपेक्षता के आत्मसातीकरण की अभिव्यक्ति है।

हम अपने देश के साथ अन्य देशों जो भारत के साथ ही या उसी कालखंड में आजाद हुए थे, से तुलना करते हैं तो स्थिति और ज्यादा स्पष्ट हो जाती है। भारत की धर्मनिरपेक्षता कोई श्रीलंका, सीरिया, लीबिया या सूडान नहीं जो मामूली से झोंकों से गिर जाए।

लेकिन ऐसा कतई नहीं है कि हमारी धर्मनिरपेक्षता की पुस्तक के सभी पृष्ठ स्वर्णिम ही हैं। सन् 1984 में सिख दंगों को लेकर भारत का वातावरण कट्टरतावादी विचारों से दूषित हुआ तो कश्मीर घाटी से पंडितों के जबरन पलायन ने भी हमारे संविधान की आत्मा को ठेस पहुँचाई। उन घटनाओं ने भावुक भारतीय की नब्ज को सँभालना चाहा मगर वर्ष 2002 के गोधरा कांड ने बुरी यादों को पुनर्जीवित किया एवं हमें एक और चेतावनी दी कि हमें समय रहते सचेत होने की जरूरत है।

पिछले कुछ वर्षों से हम देख रहे हैं कि हमारे देश के कुछ साम्प्रदायिक तत्त्वों ने मतों के ध्रुवीकरण की कोशिश की लेकिन भारतीय जनमानस ने उनके कुत्सित प्रयासों को विफल कर पुन: भारतीय धर्मनिरपेक्षता के चरित्र की सत्यता को प्रमाणित किया। हमारी धर्मनिरपेक्षता इतनी संकीर्ण नहीं है कि यह सिर्फ धार्मिक विश्वासों को अपनाने मात्र की ही आजादी दे। भारत की गंगा-जमुनी तहजीब सांस्कृतिक तत्त्वों—भाषा, रहन-सह वेश-भूषा, चाल-चलन तथा नैतिक मूल्यों, कर्तव्य परायणता, मानवता, न्याय आदि भी अपने भीतर समेटती है। भारत की गंगा-जमुनी तहजीब को लेकर हिन्दी एवं उर्दू भाषा के समन्वित मेल को किसी कवि ने ठीक ही अपनी वाणी में इस प्रकार पिरोया है, कि—

हिन्दी और उर्दू में बस फर्क इतना है
वो देखते ख्वाब तो हम देखते सपना।

निष्कर्ष स्वरूप में यह कहा जाना ठीक है कि भारत का धर्मनिरपेक्ष चरित्र सदियों से भारतीयों के व्यवहार में झलकता रहा है। हाँ, बीच-बीच में कुछ चेतावनी संकेत जरूर मिले हैं, उनसे सचेत होने की आवश्यकता है, तभी प्रत्येक भारतवासी गर्व से कह उठेगा—

सारे जहाँ से अच्छा, हिन्दोस्तां हमारा

4

पारम्परिक भारतीय परोपकारिता से गेट्स-बफेट मॉडल तक एक सहज प्रगमन या एक रूपावली अन्तरण

—निशान्त जैन

तुम्हारे दिल की चुभन भी जरूर कम होगी,
किसी के पाँव से काँटा निकालकर देखो।

कवि डॉ. कुँवर बेचैन की ये पंक्तियाँ खुद से परे समाज के प्रति अपने सरोकारों को समझने में मदद करती हैं और परोपकारिता की अवधारणा की एक बानगी प्रस्तुत कर प्रेरणा प्रदान करती हैं। पर हमें यहाँ यह भी समझना होगा कि परोपकारिता है क्या, इसका स्वरूप क्या है, इसके लक्षण कौन-कौन से हैं? इस अवधारणा की वस्तुतः प्रासंगिकता क्या है? प्राचीन काल से लेकर अधुनातन वैज्ञानिक युग तक इसका विकास किस प्रकार हुआ? इसका वर्तमान स्वरूप क्या है? और क्या यह अपने वर्तमान वैश्विक स्वरूप तक किसी सहज प्रगमन द्वारा पहुँची है अथवा किसी आकस्मिक रूपावली अन्तरण के माध्यम से।

परोपकारिता दरअसल किसी देश या काल अथवा समय की सीमाओं से परे एक व्यापक और वैश्विक अवधारणा है। आध्यात्मिक जगत से लेकर भौतिक संसार में, सामाजिक-आर्थिक-राजनीतिक-दार्शनिक-सांस्कृतिक-वैज्ञानिक सभी क्षेत्रों में, ग्रामीण व नगरीय परिप्रेक्ष्य में, वैयक्तिक व सामूहिक स्तर पर 'परोपकार' का दायरा पर्याप्त विस्तृत है। 'परोपकार' शब्द दो शब्दों 'पर'+'उपकार' से मिलकर बना है। 'पर' अर्थात् अन्य और 'उपकार' यानी सहायता- सहयोग। परोपकार का शाब्दिक अर्थ हैं 'दूसरों की सहायता करना।' व्यापक परिप्रेक्ष्य में देखें तो परोपकारिता के फलक का विस्तार अपने मित्र, बन्धु-बान्धव, परिचित-पड़ोसी, अपने शहर व प्रान्त के लोग, देश से लेकर संसार के मनुष्यों तक और उससे भी आगे पशु-पक्षियों, पेड़-पौधों और पर्यावरण के घटकों तक हो सकता है।

यदि अन्तर्राष्ट्रीय राजनीति के क्षेत्र में देखें तो प्रचुर प्राकृतिक सम्पदा से सम्पन्न राष्ट्र का वंचित राष्ट्र को धान्य आपूर्ति करना, तकनीकी रूप से पिछड़े देश को तकनीकी व वैज्ञानिक समर्थन उपलब्ध कराना, प्राकृतिक व मानव-जन्य आपदा की स्थिति में विभिन्न शक्तिशाली राष्ट्रों के मध्य सहायता हेतु होड़ मचना आदि परोपकारिता के ही उदाहरण हैं।

राष्ट्रीय स्तर पर केदारनाथ त्रासदी जैसे संकट के क्षणों में प्रधानमंत्री राहत कोष में भरपूर दान प्राप्त होना, दुर्गम व पहाड़ी राज्यों को विशेष राज्य का दर्जा देकर उन्हें अतिरिक्त केंद्रीय अनुदान, सामाजिक-शैक्षिक रूप से पिछड़े व वंचित वर्गों-अनुसूचित जाति, अनुसूचित जनजाति, अन्य पिछड़ा वर्ग, अल्पसंख्यक, जनजातीय समुदाय, दुर्गम क्षेत्रों के निवासी, महिलाएँ, विकलांगजन, ग्रामीण, 14 वर्ष से कम आयु के बच्चों आदि के प्रति संवेदनशीलता विकसित कर, आवास योजनाएँ, पन्द्रह सूत्रीय कार्यक्रम, सबला, सक्षम, मनरेगा, मध्याह्न भोजन, पेंशन, छात्रवृत्ति जैसी लोक कल्याणकारी योजनाएँ चलाना; सामाजिक स्तर पर विविध गैर-सरकारी संगठनों द्वारा सुदूर क्षेत्रों में विकास व जागरूकता बढ़ाने के कार्यक्रम चलाना, नि:शुल्क औषधालय, विद्यालय, अनाथालय, वृद्धाश्रम, संरक्षण गृह, भोजनालय, भंडारे आदि चलाना; आर्थिक स्तर पर मेधावी छात्रों को छात्रवृत्ति, जरूरतमंदों की आर्थिक सहायता, आध्यात्मिक व दार्शनिक स्तर पर साधना द्वारा अनुभूत ज्ञान, बोधि व ध्यान की तकनीकों का जन-जन में प्रचार, आत्मविकास के साथ-साथ सबका विकास, धार्मिक अधिकारों तक सभी वर्गों की समान पहुँच, सांस्कृतिक स्तर पर सबको जोड़कर चलने की संस्कृति विकसित करना, 'हम सबके-सब हमारे' का भाव जागृत करना, वैज्ञानिक व तकनीकी स्तर पर अंधश्रद्धा निर्मूलन हेतु डॉ. नरेन्द्र दाभोलकर की भाँति भागीरथ प्रयास करना, वैज्ञानिक मनोवृत्ति के विकास हेतु कार्य करना आदि तमाम कार्य 'परोपकारिता' की व्यापक अवधारणा में समाविष्ट हो जाते हैं।

जहाँ तक पारम्परिक भारतीय परोपकारिता का सन्दर्भ है, तो यह सर्वविदित ही है कि परोपकारिता की भारतीय परम्परा बेहद प्राचीन, सतत व समावेशी रही है। प्राचीन भारतीय मिथक हों या पुराण-कथाएँ, बौद्ध-जैन ग्रंथ हों या सूफी किताबें, नानक की गुरुबानी हो या कबीर के दोहे; भारतीय साहित्य व संस्कृति में परोपकारिता के आदर्शों व उदाहरणों की कोई कमी नहीं है। महर्षि व्यास के *'अष्टादश पुराणेषु, व्यासस्य वचनद्वयम्। परोपकाराय पुण्याय, पापाय परपीडनम्॥'* के सन्देश से लेकर तीर्थंकर महावीर के *'परस्परोपग्रहो जीवानाम्'* के आह्वान तक तथा बुद्ध के सन्देश *'बहुजनहिताय, बहुजन सुखाय'* से लेकर गुरु नानक के सन्देश *'नानक नाम चढ़दी कला, तेरे भाणे सरबत दा भला'* तक, पारम्परिक भारतीय परोपकारिता का एक नैरन्तर्यपूर्ण विकासमान स्वरूप उभरकर सामने आता है।

यह भारतीय परोपकारिता की परम्परा का ही उदात्त रूप है कि यहाँ राजा शिवि एक पक्षी को बचाने के लिये अपने शरीर के अंग का त्याग कर देते हैं, तो दूसरी ओर महर्षि दधीचि मानवता व प्रकृति की रक्षा के लिये अपनी तेजोमयी अस्थियों का दान अपना शरीर त्यागकर कर देते हैं। राजकुमार सिद्धार्थ (बुद्ध) अपने चचेरे भाई देवदत्त से एक मासूम हंस को बचाकर *'मारने वाले से बचाने वाला बड़ा होता है'* की धारणा स्थापित करते हैं, तो कबीर, रैदास, नानक, दादू, रहीम, ज्ञानेश्वर, नामदेव, तुकाराम, नरसी, चैतन्य महाप्रभु, गोरख, तुलसी, सूर, शंकर देव, आण्डाल, राबिया, मुईनुद्दीन चिश्ती, निजामुद्दीन औलिया, शेख सलीम चिश्ती जैसे संत-फकीर खुद की परवाह किये बगैर तमाम प्रतिकूल परिस्थितियों के बावजूद जनमानस में दया-करुणा-अहिंसा-सत्य-परोपकार-संयम-तप-त्याग, साम्प्रदायिक सद्भाव जैसे शाश्वत मूल्यों का प्रसार करने में जुटे होते हैं।

भारतीय दर्शन में सदियों से रचा-बसा यह परोपकारिता का मूल्य आज भी इसी कारण से न्यूनाधिक रूप में विकसित होकर उपस्थित होता है। इस मूल्य का असर देश के कोने-कोने में, गाँव-शहरों में खुले हुए धर्मार्थ चिकित्सालयों, विद्यालयों, आश्रमों, अनाथालयों, वृद्धाश्रमों आदि के रूप में देखा जा सकता है। भारतीय स्वतंत्रता संघर्ष में राष्ट्रीय नेताओं व क्रान्तिकारियों की शहादत स्वयं में परोपकारिता का चरम आदर्श है। जब एक युवा बैरिस्टर देश लौटकर गरीबी-भुखमरी- भेदभाव, छुआछूत, शोषण का अन्तहीन सिलसिला देखकर द्रवित हो उठता है और अपना सम्पूर्ण निज व पारिवारिक हित त्यागकर एक धोती व लाठी धारण कर स्वयं को समाज के हित में झोंक देता है, तब राष्ट्रपिता गांधी के विराट व्यक्तित्व का निर्माण होता है। जलियाँवाला बाग हत्याकाण्ड के बाद टैगोर का 'नाइटहुड' उपाधि का परित्याग हो या लाला लाजपत राय का लाठी खाकर प्राण देना; परोपकारिता के आदर्श से प्रेरित होकर ही इन महापुरुषों ने व्यापक हित में निजहित को तिरस्कृत किया।

भारतीय संविधान की प्रस्तावना से लेकर राज्य के नीति निदेशक तत्त्वों व मूल कर्त्तव्यों तक परोपकारिता की अवधारणा समाहित दिखाई देती है। केंद्र व राज्य सरकारों द्वारा आम आदमी के विकास व राष्ट्र-निर्माण के लिये चलाई जा रही कल्याणकारी योजनाएँ 'परोपकारी राज्य' का स्वरूप निर्मित करती हैं। अन्तर्राष्ट्रीय राजनय के क्षेत्र में भी भारतीय परोपकारिता की मौजूदगी दिखती है। चाहे वह अफगानिस्तान के पुनर्निर्माण में सहायता हो या नेपाल-भूटान की पनबिजली परियोजनाओं को मदद; भारतीय परोपकारिता की परम्परा आज भी बदस्तूर कायम है।

जहाँ तक पश्चिम के गेट्स-बफेट मॉडल का प्रश्न है, तो यह निस्सन्देह एक क्रान्तिकारी और युगपरिवर्तनकारी पहल है, जिसकी शुरुआत विश्व के दो

सर्वाधिक धनी व्यक्तियों—बिल गेट्स और वारेन बफेट के निजी प्रयासों से हुई है। वैश्विक स्तर पर परोपकारिता के इन दो बड़े उदाहरणों से पहले शायद ही किसी को यह अनुमान था कि ये मानव-प्रेमी अपनी अधिकांश अकूत सम्पत्ति एशिया-अफ्रीका जैसे पिछड़े महाद्वीपों की गरीब व साधनहीन जनता के शैक्षणिक विकास व रोग-उन्मूलन को समर्पित कर देंगे। 'माइक्रोसॉफ्ट' कम्पनी के संस्थापक बिल गेट्स ने अपनी सम्पत्ति दान कर 'बिल एंड मेलिंडा गेट्स फाउंडेशन' बनाया जो आज अफ्रीकी, एशियाई देशों समेत विश्वभर में स्वास्थ्य सुधार, एड्स नियंत्रण, शैक्षिक उन्नयन की परियोजनाओं पर काम कर रहा है। इसी तरह अमेरिका के सबसे बड़े निवेशक वारेन बफेट ने भी 'जॉय ऑफ गिविंग' के आदर्श के अनुरूप अरबों डॉलर की सम्पत्ति को कल्याणकारी परोपकारिता के कार्यों के लिये त्याग दिया। निश्चित रूप से गेट्स-बफेट मॉडल आज की गलाकाट प्रतिस्पर्धा के मशीनी दौर में स्वार्थ के स्थान पर परमार्थ की मिसाल प्रस्तुत करता है।

सवाल यह है कि गेट्स-बफेट मॉडल तक विकसित परोपकारिता की यह परम्परा एक सहज प्रगमन है या एक तीव्र रूपावली अन्तरण। कुछ लोग इस परोपकारिता के मॉडल को एक बिलकुल पृथक् और गैर-पारम्परिक नवीन मॉडल के रूप में मानते हैं, जबकि कुछ दूसरे विद्वानों का मत है कि दरअसल यह मॉडल नया नहीं है, बल्कि पारम्परिक परोपकारिता के मॉडल का ही नवीन पाश्चात्य संस्करण है।

कोई भी घटना एक वैश्वीकृत समुदाय में आकस्मिक या अवतीर्ण न होकर पूर्ववर्ती दार्शनिक, सामाजिक, राजनीतिक, आर्थिक, सांस्कृतिक विकासमान परिस्थितियों का पर्याप्त प्रभाव स्वयं में समेटे हुए होती है। यद्यपि गेट्स-बफेट मॉडल अपने स्वरूप व क्षेत्र-विस्तार तथा कार्य-सम्पादन में पर्याप्त रूप से पारम्परिक भारतीय परोपकारिता के मॉडल से भिन्न व नवोन्मेषी है, परन्तु उस पर पारम्परिक भारतीय परोपकारिता के प्रभाव से अछूता रहने का आरोप लगाना संगत प्रतीत नहीं होता।

'जॉय ऑफ गिविंग' या देने का आनन्द दरअसल दार्शनिक रूप में *'परोपकाराय सतां विभूतय:'* के दर्शन का ही सहज विकास है। भारतीय परम्परा में व्याप्त 'वसुधैव कुटुम्बकम्' के चिन्तन का ही यह सहज प्रगमन है कि गेट्स-बफेट मॉडल अपनी कल्याणकारी गतिविधियों को अमेरिका तक सीमित न रखकर विश्व के सर्वाधिक पिछड़े व गरीब क्षेत्रों तक विस्तृत कर रहा है। अन्यथा यदि गेट्स-बफेट मॉडल के अन्तर्गत महज उनके देश के भीतर ही विकास कार्य किया जाता, तो भी यह परोपकारिता ही कहलाता, परन्तु गेट्स-बफेट ने देशों-जातीयताओं-धर्मों-सम्प्रदायों-भाषाओं की संकीर्ण सीमाओं का अतिक्रमण

करते हुए अधिक जरूरतमंद व वंचित लक्ष्य- समूहों के मध्य अपनी परोपकारी योजनाएँ संचालित कीं।

संस्कृत साहित्य में एक उक्ति है—*'महाजनो येन गतः स पंथाः।'* अर्थात् महान लोग जिस राह पर जाते हैं, वही श्रेष्ठ व अनुकरण करने योग्य मार्ग है। इसी तरह गीता में भी लिखा है कि "श्रेष्ठ लोग जैसा आचरण करते हैं, साधारण लोग उसी का अनुकरण करते हैं।" क्या यही विशेषता हमें गेट्स-बफेट मॉडल में नहीं दिखाई देती, जहाँ 'जॉय ऑफ गिविंग' के आदर्श के प्रति रुचि में बिल गेट्स के दान के बाद और इजाफा दिखाई देता है। वारेन बफेट ने भी इसी तरह श्रेष्ठ मार्ग का अनुसरण करते हुए अपनी सम्पदा को जनकल्याण हेतु समर्पित किया।

यहाँ यह भी ध्यान देने योग्य है कि पश्चिम का यह गेट्स-बफेट मॉडल पारम्परिक भारतीय परोपकारिता का सहज प्रगमन होकर भी पर्याप्त नवीन, मौलिक व नवोन्मेषी है। उदाहरणार्थ-जहाँ भारतीय पारम्परिक मॉडल प्रायः त्याग व दान की परम्परा तक सीमित रहता है, वहीं गेट्स-बफेट मॉडल ने त्याग-दान तक स्वयं को सीमित न रखकर उसके उचित उपयोग और कल्याणकारी कार्यक्रमों व गतिविधियों तक अपना विस्तार किया है। बिल गेट्स विश्वभर में घूम-घूमकर अपनी परोपकारिता की कल्याणकारी योजनाओं की निगरानी, पर्यवेक्षण व समीक्षा करते हैं। यह महत्त्वपूर्ण है क्योंकि बहुधा ऐसा देखा जाता है कि परोपकार के प्रयास में दान का दुरुपयोग या अनुपयोग होने लगता है। इसके अतिरिक्त गेट्स-बफेट मॉडल की कार्यसंस्कृति, कॉरपोरेट कल्चर की कार्यकुशलता, तीव्र निर्णय, प्रोफेशनलिज्म, लक्ष्य-आधारित कार्यक्रम निर्माण जैसी आधुनिक मैनेजमेंट युक्तियों से लैस है। यह पद्धति भी गेट्स-बफेट मॉडल की मौलिकता व विशिष्टता को स्थापित करती है। इसके अतिरिक्त गेट्स-बफेट मॉडल का पारमार्थिक उद्देश्य भारतीय मॉडल से मेल खाता है। यदि प्रभाव की दृष्टि से भी देखें तो रहीम लिखते हैं

रहिमन यों सुख होत है, उपकारी के संग,
बाँटनवारे को लगै, ज्यों मेंहदी को रंग।

ठीक इसी तरह गेट्स-बफेट मॉडल के क्रियाकलापों के परिणामस्वरूप न केवल उनकी कंपनियों की वैश्विक साख व प्रतिष्ठा में बढ़ोतरी हुई है, बल्कि उनकी बैलेंसशीट भी पहले से मजबूत ही हुई है। यही नहीं, इसके साथ ही कॉरपोरेट जगत, जिसे सीएसआर (कॉरपोरेट सामाजिक दायित्व) को लागू करने में हिचक होती थी, वह अब परोपकारिता के गेट्स-बफेट मॉडल से प्रेरित होकर अपने परोपकारिता के दायित्वों में वृद्धि कर रहा है।

लिहाजा पारम्परिक भारतीय परोपकारिता से गेट्स-बफेट मॉडल तक, परोपकारिता की शाश्वत व सार्वभौमिक परम्परा निरन्तर विकासमान रही है। साथ ही, कहना होगा कि परोपकारिता के गेट्स-बफेट मॉडल ने परोपकारिता के मूल्य को वैश्विक परिदृश्य पर उभारा है और इसे अन्तर्राष्ट्रीय स्तर पर प्रस्तुत कर नवीनता भी प्रदान की है।

5

पर्यावरणीय संधारणीयता एवं आर्थिक विकास : परस्पर अपवर्ती अथवा सामंजस्यपूर्ण उद्देश्य

—साक्षी गर्ग

हमारे देश के उत्तरी भाग में स्थित उत्तराखंड राज्य को देवभूमि कहा जाता है। मनोहर प्राकृतिक दृश्य, सुन्दर वातावरण, धार्मिक स्थलों की उपस्थिति के कारण सदैव ही पर्यटन का आकर्षक स्थल रहा है। पर्यटन की सम्भावना को देखते हुए यहाँ तेजी से आर्थिक विकास किया गया। बड़े-बड़े बाँधों, पहाड़ों को काटकर रास्ते, नदियों के किनारे सैकड़ों होटल, घर, दुकानें बनाई गईं। और इस कारण उत्तराखंड राज्य के सकल घरेलू उत्पाद में 9 प्रतिशत की वृद्धि हुई, 10 मिलियन रोजगार उत्पन्न हुए, भारी मात्रा में विदेशी मुद्रा प्राप्त हुई।

परन्तु कुछ ही वर्ष बाद प्रकृति, पर्यावरण पर अतिरेक दबाव के कारण प्रकृति की सहन सीमा समाप्त हो गई, जिसकी परिणति 2014 की बादल फटना, भीषण बाढ़ के रूप में सामने आई। यह आपदा जनसामान्य के लिए इतनी सुभेद्य थी कि एक तरफ तो इसने दशकों में बनकर तैयार हुए सड़क, मकान, होटल, इमारतें आदि को धराशायी किया, दूसरी ओर न जाने कितने लोगों को विधवा, अनाथ, अपाहिज, बेरोजगार बना दिया अर्थात् विकास के नाम पर गौरव अनुभव करने वाला क्षेत्र कब्रिस्तान बन गया।

उपरोक्त प्रसंग से प्रश्न उठना स्वाभाविक है कि...क्या आर्थिक विकास सदैव पर्यावरण की कीमत पर होता है? अगर ऐसा है तो क्या हमें आर्थिक विकास से समझौता कर लेना चाहिए? या फिर बिना पर्यावरणीय ह्रास के भी आर्थिक विकास सम्भव है? क्या दोनों साथ-साथ चल सकते हैं?...वस्तुत: उपरोक्त प्रश्न का उत्तर देने हेतु पक्ष-विपक्ष को तार्किकता के आधार पर परखना होगा।

उपरोक्त प्रश्न का उत्तर देने से पहले यह जानने की आवश्यकता है कि आखिर पर्यावरणीय संधारणीयता है क्या? वस्तुत: यदि हम प्रकृति का उपभोग उपहार में मिली

वस्तु की तरह न कर, यह सोचकर करें कि हमने इसे भविष्य की पीढ़ी से उधार लिया है और इसे ब्याज सहित वापस लौटाना है तो यही पर्यावरणीय संधारणीयता है। प्रकृति स्वयं को सदैव सन्तुलित करती रहती है, कहा गया है—

भूकम्प करे भू स्पन्दन, सूखा सिखाए जल प्रबन्धन,
बाढ़ है सभ्यता का स्पन्दन, चक्रवात है ताप-दाब प्रबन्धन।
न है इसमें कोई व्यर्थ, सबका है अपना अर्थ,
बस मनुष्य रहे तदर्थ, न होगा कभी कोई अनर्थ॥

दूसरी ओर हम देखें तो आज वैश्वीकृत होते युग में आर्थिक विकास अति महत्त्वपूर्ण होता जा रहा है। हमें विकासशील से विकसित बनने, विश्व स्तर पर अपनी महत्ता व प्रतिस्पर्धा बनाए रखने हेतु, सभी को गुणवत्तायुक्त जीवन प्रदान करने हेतु आर्थिक विकास अति महत्त्वपूर्ण होता जा रहा है। इसके लिए बड़े स्तर पर सड़क, पुल, बाँध, इमारतें, कंक्रीट के मैदान, उद्योग, कल-कारखाने आदि अवसंरचनाओं का निर्माण तो करना ही होगा।

यद्यपि इन निर्माण कार्य से भू-क्षरण, वन कटाव, वायु प्रदूषण, जल उपभोग आदि को भी बल मिलता है जो कहीं-न-कहीं कालान्तर में स्वयं मानव हेतु आपदा की सुगम्यता का कारक बन जाता है। कहा जाता है भूकम्प नहीं भवन लोगों को मारता है।

वस्तुत: पर्यावरणीय संधारणीयता का पहलू, आर्थिक विकास से अलग नहीं है, अपितु परस्पर अन्तर्सम्बन्धित है। उदाहरणत: यदि हम तेजी से वन कटाव करते हैं तो सूखा जैसी समस्या उत्पन्न होगी जिससे बेरोजगारी, हिंसा को बढ़ावा मिलेगा जो आर्थिक विकास को हतोत्साहित करेंगे।

आज नदियों का मार्ग बाधित करने, किनारों पर घर बनाने, बड़े-बड़े बाँध बनाने के कारण हमारे देश का 40 मिलियन हेक्टेयर क्षेत्रफल बाढ़ से ग्रसित है, और विश्व बैंक के आँकड़ों के अनुसार इस तरह की आपदाएँ देश के आर्थिक विकास को 10 वर्ष पीछे ले जाती हैं। बड़ी-बड़ी फैक्ट्रियों से तेजी से किया जा रहा प्रदूषण स्वास्थ्य क्षेत्र पर बोझ डालता है। मनुष्य की कार्यक्षमता प्रभावित होती है, जिससे वह अस्वस्थ शरीर के साथ अर्थव्यवस्था में योगदान करने के बजाय बोझ बन जाता है।

इसके साथ ही असंधारणीय आर्थिक विकास, वायु प्रदूषण की समस्या असहिष्णुता से भी जुड़ जाती है, युवा पीढ़ी की सहनशीलता कम होती है, जिससे गुजरात, मुजफ्फरनगर दंगे, बीफ मुद्दा जैसी घटनाएँ सामने आती हैं जो अप्रत्यक्ष रूप से प्रशासन, अवसंरचनात्मक विकास को क्षति पहुँचाती है।

इसका एक अन्य उदाहरण तेजी से होते शहरीकरण के परिप्रेक्ष्य में देखा जा सकता है, जिससे मलिन बस्ती,बाढ़ व महामारी जैसी समस्याएँ सामने आती हैं। इसलिए कहा गया है—

यदि भविष्य होगा तो वह हरित होगा
यदि हरित नहीं हुआ तो वह भविष्य ही नहीं होगा।

अत: हमें ऐसा मध्यम मार्ग निकालना होगा जिससे पर्यावरणीय संधारणीयता के साथ-साथ आर्थिक विकास कर सकें।

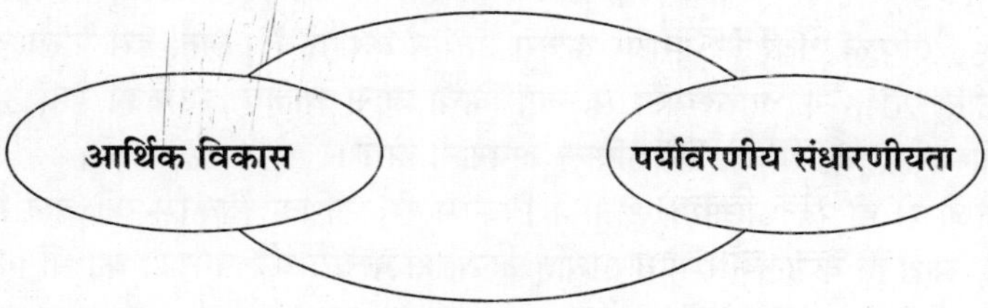

उपरोक्त उद्देश्य की पूर्ति हेतु हमें अपने जनतंत्र, वायुतंत्र, मृदातंत्र, अन्तरिक्ष तंत्र सभी को ध्यान में रखना होगा। यदि वायुतंत्र की बात करें तो जब हम सड़क, राजमार्ग निर्माण करें तो अवश्य रूप से किनारों पर पेड़ लगाएँ, जिससे एक ओर अर्थव्यवस्था को गति मिलेगी, दूसरी ओर प्रदूषण, सड़क दुर्घटना जैसी समस्याएँ कम होंगी, साथ ही वर्षण, जल सम्भरण को बल मिलेगा, जैव विविधता सुरक्षा, खाद्य सुरक्षा व रोजगार सुरक्षा प्राप्त की जा सकेगी।

वाहनों में इलेक्ट्रिकल व्हीकल, सार्वजनिक परिवहन को बल प्रदान करें, साथ ही भारत सरकार की पंक्तियाँ 'लोगों को चलाओ, वाहनों को नहीं', इस परिप्रेक्ष्य में प्रासंगिक प्रतीत होती हैं। हरित उद्योगों का विकास किया जाए। हरित प्रौद्योगिकी के इस्तेमाल हेतु टैक्स इन्सेन्टिव्स दिया जाए, साथ ही उद्योग उत्पाद को ग्रीन रेटिंग व टैग प्रदान किया जाए जिससे जनता भी पर्यावरणीय मित्र उत्पादों को वरीयता दे।

जलतंत्र सुरक्षा हेतु शहरीकरण प्रक्रिया में पदस्थलों को पारगम्य बनाया जा सकता है, जिससे वर्षा का जल भूमि में जाए, रेन हार्वेस्टिंग जैसी प्रक्रिया घरों में अनिवार्य की जा सकती है, साथ ही निर्धारित क्षेत्रफल में जल संग्रह क्षेत्र का निर्माण किया जाना चाहिए। उद्योगों में प्रयुक्त जल को पुनर्चक्रित किया जाना चाहिए अर्थात् रीसाइकिल, रीयूज प्रणाली का अनुकरण किया जाए। बाँध निर्माण रन ऑन रीवर हो, जिससे जलतंत्र पर अतिरिक्त दबाव न पड़े। वर्तमान में अपनाई जा रही आधुनिक तकनीकी, तंत्रों जैसे पश्चिमी शौचालय, आरओ सिस्टम आदि को जल मितव्ययी बनाना होगा, जिससे जल का तार्किक उपभोग हो न कि स्वार्थपूर्ण।

महात्मा गांधी जी ने कहा है—*"प्रकृति व्यक्ति की आवश्यकताओं की तो पूर्ति कर सकती है, पर लालच की नहीं।"*

आज हम कृषि क्षेत्र में तेजी से विकास कर रहे हैं, इस क्षेत्र में अन्धाधुन्ध 78 प्रतिशत जल का प्रयोग किया जाता है, जिससे भूजल ह्रास, मृदा अपरदन होता है। अत: माइक्रो इरीगेशन, फर्टीगेशन, कृषि की श्री पद्धति आदि अपनाने की आवश्यकता है।

मृदा तंत्र को संधारणीय बनाने के साथ-साथ आर्थिक विकास पर बल देना होगा। ई-प्रौद्योगिकी, डिजिटल इंडिया, स्मार्ट सिटी जैसे महत्त्वाकांक्षी लक्ष्यों की पूर्ति में बड़े स्तर पर ई-कचरा भी उत्पन्न हो रहा है। आँकड़ों के अनुसार प्रतिवर्ष हम 165 एफिल टॉवर के बराबर कचरा उत्पन्न कर रहे हैं। अत: इस परिप्रेक्ष्य में बनी नीति 2016 को तारतम्यता से लागू किया जाना चाहिए, साथ ही यहाँ 3आर प्रणाली—रीड्यूज, रीयूज, रीसाइकिल अपनानी होगी।

तेजी से हो रहे अन्तरिक्ष क्षेत्र में विकास से आर्थिक विकास को बल मिल रहा है, साथ ही कैसलर सिंड्रोम अर्थात् अन्तरिक्ष कचरा की समस्या का भी निदान आवश्यक है, इस सन्दर्भ में भारत द्वारा बनाया गया पुनर्प्रयोजित यान आरएलवी-टीडी, जापान निर्मित टैथर सराहनीय प्रयास है।

समुद्री क्षेत्र में तेजी से बढ़ते खनन, मत्स्य, अवसंरचनात्मक विकास के साथ-साथ मैन्ग्रोव वनीकरण, मीना कुमारी समिति की सिफारिशों को लागू किया जाना आदि प्रयास अपेक्षित हैं।

वस्तुत: आर्थिक विकास व पर्यावरणीय संधारणीयता परस्पर पूरक हैं, एक के बिना दूसरा नहीं चल सकता। यहाँ बस आवश्यकता इतनी है कि हम आर्थिक विकास नहीं अपितु हरित आर्थिक विकास पर ध्यान दें, हरित सकल घरेलू उत्पाद पर ध्यान दें। इस परिप्रेक्ष्य में न केवल सरकारी अपितु प्रशासनिक व निजी व जन सामान्य सहभागिता सभी स्तरों पर प्रयास किया जाना अपेक्षित है। अर्थात् 4 पी प्रणाली—पब्लिक पीपुल्स प्राइवेट पार्टनरशिप की आवश्यकता है।

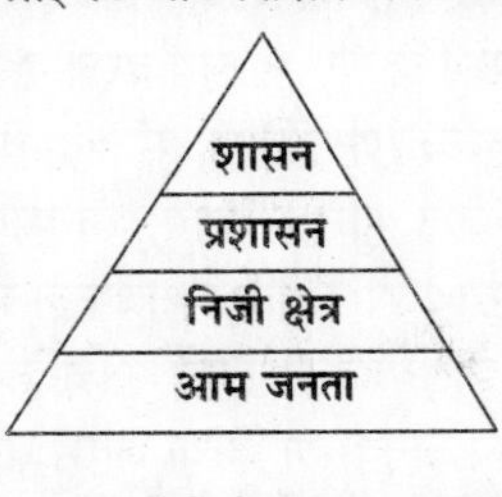

इस सन्दर्भ में स्वीडन, भूटान जैसे देशों का उदाहरण प्रेरणास्पद है, जहाँ जीरो-कार्बन के तर्ज पर विकास किया जाता है। इस परिप्रेक्ष्य में भारत सरकार भी सौर ऊर्जा, पवन ऊर्जा, उज्ज्वला योजना, हरित सिटी, पेरिस कन्वेन्शन समर्थन, नेम

परियोजना, 33 प्रतिशत वनीकरण लक्ष्य, सल्फर-VI मानकों का अनुकरण आदि तरीकों से प्रयासरत है। वस्तुत: कहा जा सकता है—

नजर बदलकर देखो, नजारे बदल जाएँगे,
सोच बदलकर देखो, सितारे बदल जाएँगे।
कश्ती बदलने की जरूरत नहीं,
दिशा बदल दो किनारे बदल जाएँगे॥

अर्थात् आर्थिक विकास की दिशा हरित आर्थिक विकास की ओर कर हम सतत, संधारणीय, दीर्घजीवी खुशहाल भविष्य की प्राप्ति कर सकते हैं।

6

भाग्य साहसी का साथ देता है

—आशीष कुमार

प्राचीन यूनानी कवि वर्जिल ने युवाओं को सम्बोधित करते हुए लिखा था कि भाग्य साहसी का साथ देता है। भाग्य को किसी निश्चित रूप में परिभाषित करना कठिन है। यदि कोई लगातार सफल होता है तो कहा जाता है कि वह किस्मत का धनी है। उसका भाग्य अच्छा है। जहाँ सफलता की सम्भावना न्यूनतम हो पर सफलता मिल जाए तो भाग्य को श्रेय दिया जाता है। वास्तव में जो सफल होता है उसे पता होता है कि भाग्य जैसी कोई चीज नहीं थी। उससे जुड़े लोग होते हैं जो व्यक्ति की मेहनत, उसके साहस को श्रेय देने के बजाय व्यक्ति के भाग्य पर जोर देने लगते हैं।

इस संसार में दो तरह के लोग होते हैं जो सफलता को कुछ निश्चित गुणों पर आधारित मानते हैं। दूसरे वो हैं जो सफलता भाग्य आधारित मानते हैं। देखा जाए तो असफल आदमी ही भाग्य पर अधिक जोर देते हैं। वास्तव में भाग्य जैसी कोई चीज होती ही नहीं है। यह सब कुछ साहस की होता है जो व्यक्ति को लगातार सफलता दिलाता है। जिसके भीतर साहस है वह व्यक्ति सफल है। साहसी व्यक्ति चुनौती स्वीकार करता है। निर्भीकता से हर तरह की कठिनाइयों पर विजय पाता है। साहसी व्यक्ति काँटों भरे पथ पर चलने के लिए तत्पर रहता है। डर क्या होता है, वह नहीं जानता है। ऐसे व्यक्ति ही भाग्यवान कहलाते हैं।

मुहम्मद अली ने साहस के बारे में लिखा है, *'जो व्यक्ति जीवन में ज्यादा खतरे नहीं उठाता है वह एक साधारण जिन्दगी जीने से ज्यादा कुछ नहीं कर सकता है।'* अली के इस कथन में बहुत मतलब का तत्त्व छुपा है। अगर आपने जीवन में साहस नहीं दिखाया तो निश्चित है आप कुछ भी उल्लेखनीय नहीं कर सकते हैं। साहस एक ऐसा मानवीय गुण है जो व्यक्ति की सफलता की सम्भावना को बड़ी

मात्रा में बढ़ा देता है। साहसी व्यक्ति के मन में हिचक नहीं होती है। उसे निर्णय लेने में असमंजस का सामना नहीं करना पड़ता है। एक बार जो निर्णय ले लेता है उस पर अडिग रहता है, भले ही कितनी कठिनाइयों का सामना क्यों न करना पड़े।

हम प्राय: किसी विचार को फलक पर उतारने से पहले ही अन्य लोग क्या कहेंगे, कहीं कोई हँस न दे, जैसे कारणों के चलते ही अपना मनोबल कम कर लेते हैं। वास्तव में लीक तोड़ना, परम्परागत नियमों की अवहेलना करके अपना खुद का रास्ता बनाना आसान कर्म नहीं है। साहसी लोग ही परिणाम के बारे में विचार किए बगैर कर्म में लीन रहते हैं। साहसी व्यक्ति में असफलता का खयाल आता ही नहीं है। वह अपनी सम्पूर्ण क्षमता, ऊर्जा अपने लक्ष्य को पाने में लगा देते हैं। वास्तव में सफलता के लिए मानसिक तौर पर मजबूत होना बहुत जरूरी है। मानसिक मजबूती, व्यक्ति को लक्ष्य के लिए हमेशा प्रेरित करती रहती है।

इतिहास में ऐसे बहुत से उदाहरण मिल जाएँगे जिसमें साहसी नायकों की अप्रत्याशित जीत हुई। उनके साथ मिथक जुड़ गया कि उनमें दैवीय गुण है। उनका भाग्य बहुत अच्छा है। नेपोलियन बोनापार्ट का जीवन ऐसे बहुत से उदाहरणों से भरा है। उसकी सेना को अपराजेय माना जाता था। नेपोलियन कहता था कि असम्भव नामक शब्द उसके शब्दकोष में नहीं है। नेपोलियन के समकालीनों ने उसे बहुत भाग्यशाली माना था पर क्या सच में ऐसा था। वह तो बहुत ही साधारण परिवार में पैदा हुआ था। शिक्षा-दीक्षा भी बहुत साधारण हुई थी, तो फिर ये कहना कहाँ उचित है कि वो बहुत भाग्यशाली था। वास्तव में नेपोलियन को जब भी अवसर मिला उसने साहस के साथ निर्णय लिया। अपनी क्षमता-योग्यता को साबित किया। उसकी निर्भीकता ने ही उसको अप्रत्याशित सफलताएँ दिलाईं। इस प्रकार देखा जा सकता है कि भाग्य भी साहसी व्यक्ति का ही साथ देता है।

इस संसार में विविध विचारों वाले लोग रहते हैं। कुछ लोग हमेशा अपने संसाधनों का रोना रोते रहते हैं। उन्हें हर चीज से शिकायत रहती है। उन्हें अफसोस होता है कि काश, वो किसी दौलतमन्द के यहाँ पैदा होते, जीवन की सभी सुख-सुविधाओं का उपभोग करते। यह कितनी खराब सोच है। वो भूल जाते हैं कि सभी दौलतमन्द भी कभी सामान्य आदमी थे। उन्होंने या उनके पूर्वजों ने अथक परिश्रम से ये मुकाम हासिल किया है। वैसे भी हमारे शास्त्रों में कहा गया है कि लक्ष्मी (धन) भी कर्म न करने वालों का साथ छोड़ जाती है। ऐसे लोग बहुत जल्दी भाग्य जैसी चीजों पर यकीन करने लगते हैं। तरह-तरह के कर्मकांडों, पूजा, मनौती आदि के माध्यम से अपना समय बदलने का प्रयास करते हैं। अनपढ़ों की बात छोड़ दीजिए, ऐसा करने वाले आपको उच्च शिक्षित ज्यादा मिल जाएँगे।

पर आपने इस बारे में कभी सोचा है कि वास्तव में ये सब करने से कैसे समय बदल सकता है। यह संसार गतिमान है। यहाँ पर हर घटना के पीछे कोई-न-कोई

कारण होता है। ऊपर जिनका मैंने जिक्र किया है क्या वो कारण हो सकते हैं। नहीं, कदापि नहीं।

हर सफल व्यक्ति की कहानी के मूल में एक ही कारण होता है। उसने सही दिशा में लगातार प्रयास किया। सफलता-असफलता से परे उसने सिर्फ कर्म पर जोर दिया। इसलिए ऐसा भी कहा गया है कि मनुष्य अपने भाग्य का निर्माता खुद होता है। जिम रो के अनुसार किताबी शिक्षा आपको जीविका दे सकती है पर स्व-शिक्षा आपको बताएगी कि भाग्य वास्तव में क्या होता है। आप क्या सीखते हैं, कैसे सीखते हैं, इस पर बहुत कुछ निर्भर करता है। आपका नजरिया ही आपके भाग्य का निर्माण करता है। हमें हमेशा चीजों को सकारात्मक तौर पर देखना चाहिए।

लुइस पैस्टर के अनुसार भाग्य केवल सक्रिय दिमाग का साथ देता है। इसका मतलब है कि हमें हमेशा सक्रिय रहना चाहिए। अवसरों के लिए हमेशा तैयार रहना चाहिए। आप हमेशा से सुनते आ रहे हैं कि अवसर एक बार आपके दरवाजे पर दस्तक देता है। तो क्या आप अपने अवसर की प्रतीक्षा करेंगे कि कब वह आपके दरवाजे पर दस्तक दे और आप उस अवसर का लाभ उठाएँ। नहीं मित्र नहीं, आज के समय के अनुसार बी.सी. फोर्ब्स का कथन याद रखना चाहिए, *"अवसर शायद ही कभी आपके दरवाजे पर दस्तक दे। आप खुद अवसर के दरवाजे पर दस्तक देकर प्रवेश कर जाइए।"* आज का समय चुनौतियों से भरा है। अवसर कम, प्रतिभागी ज्यादा। ऐसे में आपको दूसरों से बेहतर तरीके से अपने आपको प्रस्तुत करना होगा।

नेपोलियन हिल के अनुसार सभी प्रकार के भाग्य का शुरुआती बिन्दु विचार होते हैं। सच में विचारों की ऊर्जा जिसने पहचान ली उसका समय बदलते देर नहीं लगती है। वास्तव में हम वैसा ही बनते हैं जैसे हमारे विचार होते हैं। अपने विचारों को सदा सकारात्मक रखिए। मन में हमेशा खुशी महसूस कीजिए। यही जीवन का फलसफा है। अपने लक्ष्य के बारे में हर पल सोचते रहें। अपने संसाधनों की कमी का रोना रोने के बजाय, यह सोचें कि आप अपना सर्वोत्तम कैसे दे सकते हैं। आपने वो पंक्ति तो सुनी ही होगी—*"पंखों से कुछ नहीं होता है, हौसलों से उड़ान होती है।"*

थॉमस फुलर के अनुसार एक बुद्धिमान व्यक्ति अवसर को एक अच्छे भाग्य में बदल देता है। इसलिए यह सोचना कि मेरा भाग्य खराब है, उचित नहीं है। ऐसी सोच लेकर आप अपना कीमती समय नष्ट न करें। स्वयं को मिले अवसरों को सफलता में बदल दीजिए। सफलता को अपनी आदत बना लीजिए। हमारे आसपास ऐसे कई लोग होते हैं जो सदैव सफल होते हैं। क्या आपने इस बारे में विचार किया है कि उनकी सफलता का राज क्या है? आप उनसे बात करें, उनका जवाब निश्चित ही यही होगा कि उनके मन में डर नाम की कोई चीज नहीं है।

वर्जिल के अनुसार डर कमजोर दिमाग की निशानी है, इसलिए अपने दिमाग से डर को हमेशा के लिए निकाल देना चाहिए। डर के चलते ही शंका का जन्म

होता है। शंका व्यक्ति के मन में कमजोरी लाती है। धीरे-धीरे व्यक्ति की सोच नकारात्मक हो जाती है। ऐसे में उसका असफल होना स्वाभाविक है। लगातार असफलता व्यक्ति के साहस को खत्म कर देती है और जैसे ही साहस ने साथ छोड़ा, भाग्य भी आपका साथ छोड़ जाता है।

मित्रो, इसलिए अपनी असफलताओं को भूलकर नए सिरे से प्रयास करें। गीता की शिक्षा, फल की इच्छा छोड़कर कर्म करने पर यकीन करते रहें। धीरे-धीरे आपका भी समय बदलेगा। जीवन में आए अवसरों को पहचानें, साहस के साथ निर्णय लें। अपने निर्णय पर अडिग रहें। आप भी एक दिन कह उठेंगे कि भाग्य साहसी का ही साथ देता है।

7

सात अरब सपने, एक ग्रह सावधानी से उपभोग कीजिए

—नीतू सिंह

बढ़ती आबादी, उपभोग की संस्कृति विकास के विकृत मॉडल को देखकर गांधी जी ने स्वतंत्रता उपरान्त विकास मॉडल के सम्बन्ध में निम्न पंक्तियाँ कही, जो विषय की समझ हेतु मार्मिक हैं—

"यदि भारत ने विकास के पश्चिमी मॉडल को अपनाया तो निश्चित रूप से विश्व को एक और पृथ्वी की खोज करनी होगी।"

21वीं सदी में गांधी का उपरोक्त कथन एकदम सटीक बैठता है। जहाँ मंगल ग्रह पर जीवन खोज की जद्दोजहद जारी है। सात अरब आबादी के लिए मूलभूत सुविधाएँ उपलब्ध कराना व उनके सपने पूरे करना 'पृथ्वी' पर भार की तरह लग रहा है। इसलिए देश क्योटो प्रोटोकॉल से लेकर पेरिस सन्धि तक की राह तय कर रहे हैं।

जबकि मुद्दा तो 'जीवनशैली' में परिवर्तन का है। रामचन्द्र गुहा ने ठीक ही कहा है कि हमें अपने उपभोग की लक्ष्मण रेखा को पार नहीं करना चाहिए। पर शक्ति की होड़ व मानव का अपने ज्ञान पर गर्व पर्यावरण निम्नीकरण की ओर अग्रसर करता है। यद्यपि मुद्दे की सही पकड़ व समाधान की सही राह के लिए गहन व विस्तृत अध्ययन आवश्यक है।

हमें जानना होगा कि आज उपभोग को सावधानी से करने की सलाह क्यों दी जा रही है? अगर ऐसा नहीं हुआ तो 7 अरब सपनों का क्या होगा? आखिरकार यह भी देखना होगा कि सपनों की गुणवत्ता क्या हो? फिर समाधान की ओर बढ़ना भी जिम्मेदारी बनती है? इनके उत्तर देने के लिए सामाजिक, आर्थिक, राजनीतिक,

पर्यावरणीय, मानवीय, लैंगिक, सांस्कृतिक, वैज्ञानिक, अन्तर्राष्ट्रीय व दार्शनिक आयामों को देखना महत्त्वपूर्ण है। यहाँ मैथिलीशरण गुप्त की पंक्तियाँ उपयुक्त प्रतीत होती हैं—

हम क्या थे, क्या हो गए, क्या होंगे अभी
आओ मिलकर विचारें, ये समस्याएँ सभी।

उल्लेखनीय है कि मानव विकास की कहानी आदिम जीवन से आरम्भ होती है। जो औद्योगीकरण के युग तक प्रकृति के साथ सामंजस्य बनाए हुए था। किन्तु औद्योगिक क्रान्ति के युग में मानव ने विज्ञान के आधार पर प्रकृति को जीतने का प्रयास किया। उपभोग की सीमा को पार करते हुए कार्बन उत्सर्जन, पर्यावरण प्रदूषण व आपदाओं को न्योता दिया। जो आगे विश्वयुद्धों व शीत युद्ध में भी दिखा। किन्तु मानव ने 20वीं सदी के अन्त तक सीमाएँ लाँघ दी। जिसका परिणाम आज ग्लेशियर के पिघलने, कृषि उपज में कमी आने, द्वीपों के डूबने, नए-नए तरह के रोग सामने आने व आपदाओं के रूप में देखा जा सकता है।

उपरोक्त परिस्थिति ने ही विश्व जगत में धारणीय विकास, गहन पारिस्थितिकी, स्मॉल इज ब्यूटीफुल जैसे विचारों को उत्पन्न किया। आज आर्थिक वृद्धि, आय को दिन दुगुने रात चौगुने की रफ्तार से बढ़ाने की चाह, देशों के बीच विकास की प्रतिस्पर्धा ने पर्यावरण व हमारी साझी धरोहर पर संकट ला दिया। जिसे हार्डिन जैसे विचारक ने 'ट्रेजडी ऑफ ग्लोबल नॉर्म्स' की संज्ञा दी। सामाजिक आयाम में देखें तो सामुदायिक सहयोग, सहज जीवनशैली व संयुक्त परिवारों में टूटन देखी जा सकती है। जिसे विकसित देशों व भारत के मेट्रोपॉलिटन शहरों में देखा जा सकता है। जहाँ घरों के सदस्यों से अधिक कारें होती हैं। तभी ऑड-इवन लाना भी पड़ता है। गाँवों में भी यह समस्या पहुँच रही है, जिसे टाँका, मोल्लम, बावड़ी, जोहड़ आदि के पतन के रूप में देखा जा सकता है।

राजनीतिक क्षेत्र ने भी विकास की रणनीति को आधारणीय बनाया। जहाँ प्राकृतिक संसाधनों पर अधिकतम नियंत्रण, जनजाति क्षेत्र का दोहन व 'येन केन प्रकारेण' की रणनीति ने 7 अरब सपनों में कुछ के सपने पूरे किए व बड़ी आबादी को भूख, कुपोषण, अन्याय को सहने के लिए छोड़ दिया।

साथ ही सांस्कृतिक परिवर्तनों जैसे 'जो प्राप्त है वो पर्याप्त है' की रणनीति को त्याग लोगों ने उपभोक्तावादी संस्कृति को अपना लिया, जहाँ धार्मिक त्योहार व उत्सव नए कपड़े, आतिशबाजी करने व खूब खरीदारी करने तक सीमित रह गए हैं। धर्म या संस्कृति में निहित मूल्यों को समझना 'ओल्ड स्कूल' की संज्ञा माना जाता है। जो युवाओं की न्यू लाइफ स्टाइल पर कतई फिट नहीं मानी जाती।

उल्लेखनीय है कि तकनीकी ने मानव के जीवन को सहज व सरल बनाया। आपदाओं से बचाया पर बाद में इसी ने दानव का काम भी किया। विकसित देशों ने इसी के आधार पर विकास के परचम लहराए। जो आज इसी के आधार पर नए उपग्रह

की खोज पर लगे हैं ताकि पृथ्वी की कथा का दोहराव कर सके। बढ़ती जनसंख्या के सपनों को पूरा कर सके। पर यह निकट भविष्य में तो सच होता दिखता नहीं है।

यदि मानवीय पहलू को टटोला जाए तो मानव की असुर शक्ति ने पर्यावरण को अपना दास समझा, जिसके कारण आज '1 प्रतिशत आबादी की अर्थव्यवस्था' का निर्माण हुआ, क्योंकि बड़ी आबादी तो संकट में है। वास्तव में वो ऐसी स्थिति में जहाँ सपने मजाक लगते हैं। उदाहरण के तौर पर अफ्रीकी-एशियाई देशों के जनजातीय क्षेत्र, ग्रामीण क्षेत्र में गरीब कुपोषित महिलाएँ व बच्चे। जिन्हें पेयजल व खाद्यान्न के लिए बंधुआ मजदूरी से लेकर देह व्यापार की ओर मुड़ना पड़ता है। इसलिए 7 अरब आबादी के सपनों में कुछ के सपने आसमां को छूने व प्रकृति को जीतने के होंगे पर ज्यादातर की तो जल-जमीन-जंगल का मामला है।

इसलिए सपनों की संख्या के साथ सपनों की गुणवत्ता को भी परिवर्तित करना होगा। एक ओर सपनों की संख्या कम करने अर्थात् जनसंख्या नियंत्रण करना होगा, वहीं दूसरी ओर सपने भी 'ग्रीन' देखने होंगे, क्योंकि 'या तो मानव का भविष्य हरा होगा या होगा ही नहीं' को समझना होगा।

यदि हम आज समाधान की ओर नहीं बढ़ेंगे तो आपदाएँ हमें सभ्यता के अगले चरण की ओर जाने न देंगी। किसी ने ठीक ही कहा है—

पानी की याददाश्त बहुत तेज होती है,
यह वहीं बहता है, जहाँ वह पहले था।

इसे समझते हुए हमें किसी भी सभ्य समाज के सपनों की गुणवत्ता को बेहतर करना होगा। यदि समाधान की बात कही जाए तो हमें सबसे पहले समझ लेना होगा कि 'पृथ्वी केवल हमारी नहीं है।' समस्त प्राणी जगत व जैव जगत की रक्षा करना, खाद्यान्न शृंखला को बचाना, विविधता को सौन्दर्य मानना महत्त्वपूर्ण है।

उपायों को सबसे पहले तो पहले के किए पापों से मुक्ति पानी होगी, अर्थात् अन्तर्राष्ट्रीय सम्मेलनों में देशों की प्रतिबद्धता को पूरा करना होगा। जिसमें हाल में किए गए सम्मेलन को निर्णायक स्थिति तक पहुँचाना होगा, जैसे आईएनडीसी को पूरा करना। तकनीकी खोजों से धारणीय विकास की राह खोजनी होगी।

पर ये समाधान ऊपरी व सतही प्रतीत होते हैं। यहाँ गालिब की ये पंक्तियाँ महत्त्वपूर्ण हैं—

जिन्दगी भर गालिब यही भूल करता रहा,
धूल चेहरे पर थी, आईना साफ करता रहा।

उपरोक्त पंक्तियों के मर्म को समझते हुए जीवनशैली में परिवर्तन लाना समय की अनिवार्यता है। जिसमें उपभोग को कम करने व सृजन को बढ़ाना महत्त्वपूर्ण है। जिसे व्यक्तिगत से अन्तर्राष्ट्रीय स्तर तक समझा जा सकता है। व्यक्तिगत स्तर पर

आवश्यकता के अनुसार बिजली, जल, खाद्यान्न का प्रयोग करना, प्लास्टिक के थैले के बजाय जूट का प्रयोग करना, उत्सवों से आगे बढ़ने की सीख लेना (आतिशबाजी करने के अवसर के रूप में न लेना), समुदाय के स्तर पर कचरा प्रबन्धन, वनारोपण व जल संग्राहकों को बनाने जैसे काम करने होंगे। 7 अरब सपनों में कइयों का सपना 'एक ग्रह' को बचाने का भी होता है, जैसे राजेन्द्र सिंह द्वारा राजस्थान में जल संरक्षण कार्य करना, स्कूली बच्चे अक्षत द्वारा स्वच्छता के लिए मानव चेन बनाना महत्त्वपूर्ण है।

राष्ट्र के स्तर पर धारणीय लक्ष्यों का निर्धारण हो व सभी के सामाजिक, आर्थिक विकास को बढ़ाना होगा। उपभोक्ता बनाने के बजाय व्यक्ति को सृजनकर्ता बनाना होगा। जिसमें वह नवीकरणीय ऊर्जा स्रोतों का निर्माण करे। जिसे भारत के सन्दर्भ में सोलर मिशन, ग्रीन कॉरिडोर, ईआईए के सन्दर्भ में देखा जा सकता है। जिसे विकसित देशों द्वारा अपनाने की जरूरत है। जहाँ प्रति व्यक्ति उपभोग विकासशील देशों की तुलना में लगभग 100 गुना है।

आज उन्हें भी योगदर्शन, सीमित उपभोग, लालच छोड़ने व प्रकृति के साथ सामंजस्य बिठाना होगा। सावधानी के साथ उपभोग करना होगा व पृथ्वी को दास मानने के बजाय पालनकर्ता मानना होगा।

उपरोक्त 'उपभोग की लक्ष्मण रेखा' की बात यथार्थवादी विचारक भले ही आदर्शवादी बताएँ। पर यही दीर्घकालीन समाधान व 7 अरब के लक्ष्यों को पूरा करने का जरिया है। हाँ, अपनी संस्कृति/आदतों को बदलना कठिन जरूर है पर असम्भव नहीं। जिसे दुष्यन्त कुमार की ये पंक्तियाँ प्रेरणा दे सकती हैं—

कौन कहता है कि आसमाँ में सुराख हो नहीं सकता,
एक पत्थर तो तबीयत से उछालो यारो।

8

नारी सशक्तीकरण की मुहिम ने भारतीय नारी को कितना सशक्त किया है?

—गंगा सिंह

बोए जाते हैं बेटे पर उग आती हैं बेटियाँ
ओलंपिक में भेजे जाते हैं बेटे पर पदक लाती हैं बेटियाँ।

भारतीय नारी के विकासक्रम का इतिहास अनेक स्वर्णिम पन्नों का साक्षी रहा है। भारत की नारी ने विवशता, मजबूरी एवं भोग की वस्तु से लेकर आत्मनिर्भर, जुझारू एवं स्वाभिमानी नारी बनने तक का सफर तय किया है। सशक्तीकरण की

इस मुहिम में भारतीय नारी के अनुभवों में खट्टे-मीठे स्वादों की सुदीर्घ परंपरा बन गई है। बस, जरूरत है तो परत-दर-परत विश्लेषित करने की।

भारतीय नारी के सशक्तीकरण की मुहिम पंचायत से लेकर संसद तक अपने अंकुरण को प्रतिध्वनित कर रही है। जब कभी मध्यकाल में नारी, राजनैतिक प्रतिनिधि बनने का स्वप्न भी नहीं सँजो सकती थी, वहीं आज पूरे दमखम के साथ पुरुषों से कदमताल कर रही है। आजादी मिलने के उपरांत इस मुहिम की गति तेज हुई और भारत पहला ऐसा देश बना जिसने सार्वभौमिक मताधिकार की राह पर पूरे नारी-वर्ग को मताधिकार का दायित्व सौंपकर संवैधानिक परंपरा को कृतज्ञ किया। इसी के परिणामस्वरूप भारतीय लोकतंत्र के सर्वोच्च कार्यपालिका पदों तक नारी ने पहुँच बनाई है।

कभी हमारे देश में नारियों से जुड़े अपराध यथा—दहेज प्रथा, सती प्रथा, घरेलू हिंसा, ऑनर किलिंग, कन्या भ्रूण हत्या, शीलभंग आदि तमाम कुकृत्यों को लेकर नारी समुदाय का आत्मविश्वास हमेशा डर के साये में रहता था, वहीं नारी आज संवैधानिक लोकतंत्र की स्थापना के बाद अपने अधिकारों का भरपूर प्रयोग कर रही है।

विवाह को लेकर चयन की स्वतंत्रता के मामले में नारी वर्ग का प्रतिनिधित्व बढ़ा है। शिक्षण सुविधाओं के प्रचार से नारी समुदाय प्रत्येक क्षेत्र में अपनी उपस्थिति का अहसास दिला रही है। जब देश की तीन प्रतिष्ठित प्रतियोगी परीक्षाओं यथा आईआईटी, आईआईएम तथा सिविल सेवा परीक्षा (यूपीएससी) में भारतीय नारी सर्वोच्च स्थान एक ही वर्ष में प्राप्त करती हैं, तो आभास होता है कि हम सही राह पर हैं।

स्वास्थ्य क्षेत्र की बात करें तो आजादी से पहले अनेक स्वास्थ्य स्तर मानकों जैसे—शिशु मृत्यु दर, मातृ मृत्यु दर, टीकाकरण की दर, जीवन प्रत्याशा आदि में भारतीय नारी की स्थिति पूरे विश्व में सर्वाधिक प्रतिकूल थी, वहीं भारत में ये मानक आजादी के उपरांत सुधरे हैं। आज की भारतीय नारी की जीवन प्रत्याशा पुरुषों की तुलना में लगभग दो वर्ष ज्यादा है, वहीं टीकाकरण की दर ने रफ्तार पकड़ ली है।

जब कभी खेल पर केवल पुरुषों का कॉपीराइट समझा जाता था और अपने यहाँ तो पश्चगामी कहावत भी है—

'मोहन कबड्डी खेलेगा
राधा बर्तन धोएगी'

वहीं आज भारत में खेल क्षेत्र में भारतीय नारी ने अभूतपूर्व प्रगति की है। बैडमिंटन एवं टेनिस जैसे खेलों में आज भारतीय महिलाओं ने भारतीय पुरुषों की बराबरी की है, मिसाल के तौर पर भारत में पी.वी. सिंधु नाम की एक भारतीय नारी ने ओलंपिक खेलों में रजत पदक प्राप्त कर पूरे देश को गर्वित कर दिया है। सानिया मिर्जा का लगातार वैश्विक डबल्स (टेनिस) में एक वर्ष तक लगातार पूरे विश्व में शीर्ष स्थान पर रहना भी भारतीय नारी के सशक्त होने का ठोस प्रमाण है।

इतना ही नहीं, सशक्तीकरण की इस देशव्यापी मुहिम का एक स्तर आर्थिक क्षेत्र में भी खुलता है। पहले जब सम्पत्ति एवं व्यवसाय प्रबंधक तथा श्रमिक कार्यबल के क्षेत्र में नारी की उपस्थिति उपहासास्पद मानी जाती थी और इस नगण्य प्रतिनिधित्व को भी पुरुष समाज पचा नहीं पाता था, उसी धरती पर नारी सशक्तीकरण की मुहिम ने तस्वीर का रंग बदल दिया है।

इसी बीच रिपोर्ट आती है कि विश्व की सर्वाधिक प्रतिष्ठित कंपनियों की सीईओ (Chief Executive Officer) में पाँच भारतीय नारियाँ भी हैं, तो मन को सुखद अनुभूति होती है। दिल्ली उच्च न्यायालय द्वारा हाल ही में हिन्दू अविभाजित परिवार में भारतीय नारी की भूमिका 'कर्ता' के रूप में अधिकृत करना भी मुहिम का एक पड़ाव है।

इसके साथ-साथ यह देखना भी प्रासंगिक होगा कि भारतीय नारी की भूमिका एवं प्रतिनिधित्व का विस्तार विज्ञान के क्षेत्र में कितना है। पहले कभी विज्ञान की पढ़ाई एवं ज्ञान-जिज्ञासा के स्वच्छंद विचारों को नारी के लिए अपनाना अभिशाप माना जाता था, उसी नारी का बदला हुआ रूप अग्नि-5 की टीम की निदेशक भूमिका को धारण करता है। पहले कल्पना चावला आदि का नाम लेकर उदाहरण समाप्त हो जाते थे, उसी भारत की नारियों को आज भारतीय अन्तरिक्ष अनुसंधान संस्थान (इसरो) एवं नासा में गिनना मुश्किल हो गया है।

पहले कभी कला के सभी आयामों-साहित्य, संगीत, नृत्य आदि क्षेत्रों में नारी की उपस्थिति को आश्चर्य माना जाता था एवं उदाहरणों की गिनती उँगलियों पर हो जाती थी, उसी भारतीय नारी के विविध रूपों—महादेवी वर्मा, लता मंगेशकर, मृणालिनी साराभाई आदि ने पूरे भारतीय जनसमुदाय के ध्यान को आकर्षित करने के लिए मजबूर किया है। इसके साथ-साथ रक्षा क्षेत्र में लड़ाकू विमान की पायलट के रूप में नारियों की स्वीकृति भी इस मुहिम की बदलती गति को प्रमाणित करती है।

सार रूप में यह कहा जाना ठीक होगा कि भारतीय नारी ने घर की चारदीवारी से राष्ट्रपति भवन तक का सफर तय किया है। इस यात्रा में कई कठिनाइयों से रूबरू होना पड़ा, लेकिन भारतीय नारी के आत्मविश्वास और समझ के आगे ये बाधाएँ बौनी साबित हुई हैं। कुछ क्षेत्रों में हम अभी भी एक शताब्दी पीछे हैं जिन पर बगैर विलंब के ध्यान देना सामयिक आवश्यकता है। इस पूरी यात्रा को अगर एक कवि की चार पंक्तियों में कहूँ तो कोई अतिशयोक्ति नहीं होगी—

"जिंदगी की असली उड़ान अभी बाकी है
जिंदगी के कई इम्तिहान अभी बाकी हैं,
अभी तो नापी है मुट्ठी भर जमीं हमने
अभी तो, सारा आसमान बाकी है।"

9

एक अच्छा जीवन प्रेम से प्रेरित व ज्ञान से संचालित होता है

—अनूप मीणा

"जब तुम किसी तीर से घायल व्यक्ति को देखते हो तो तुरन्त उसकी चिकित्सा करनी चाहिए न कि उससे अनावश्यक प्रश्न पूछकर समय व्यर्थ करना चाहिए।" महात्मा बुद्ध का यह कथन प्रेममय करुणा को दर्शाता है। इसी तरह महात्मा गांधी ने कहा था कि "यदि तुम कोई कृत्य करते हो तो पहले इस कसौटी पर अपने कृत्य की वैधानिकता व उपयोगिता आजमाओ कि उससे समाज के सबसे वंचित वर्ग को क्या लाभ होगा।" उपर्युक्त दोनों उद्धरण भावनात्मक पहलू व वैज्ञानिकता-तार्किकता (ज्ञान) के बेजोड़ सहयोग-समावेश को सूचित करते हैं जो कि अच्छे जीवन हेतु आवश्यक है।

सबसे पहले हमें यह जान लेना चाहिए कि अच्छे जीवन की अवधारणा क्या है? यह प्रेम व ज्ञान से कैसे अन्तर-सम्बन्धित है? क्या प्रेम व ज्ञान की अनुपस्थिति में अच्छे जीवन की प्राप्ति की जा सकती है?

अच्छा जीवन सैद्धान्तिक व व्यवहारिक दृष्टिकोणों के बेहतरीन बहुआयामी संयोजन को दर्शाता है जिसमें भावनाओं व नैतिक मूल्यों के साथ-साथ प्रगतिशील विचारों, वैज्ञानिकता-तार्किकता शामिल होती है। कथनी व करनी में परस्पर सम्बद्धता होनी चाहिए। अच्छा जीवन मानववाद-यथार्थवाद का व्यवहारिक क्रियान्वयन है।

अब हमें चर्चा करनी चाहिए कि अच्छा जीवन किस तरह प्रेम से प्रेरित व ज्ञान से संचालित होता है। प्रेम की अवधारणा भावनात्मक पहलुओं का समूह है। प्रेम त्याग व समर्पण की भावना है जिसमें स्वार्थ के पहलू का समावेश नहीं होता है। प्रेम नैतिक व भावनात्मक मूल्यों को प्रेरित करता है। यह मानव में करुणा, दया, सहानुभूति, समानुभूति, सहयोग, सहिष्णुता का विकास करता है। इसके अलावा प्रेम मानव को सही अर्थों में मानव बनाने में सहायता करता है। प्रेम मानव को आर्थिक व रोबोटिक मानव से संवेदनशील मानव बनाने की ओर अग्रसरित करता है।

प्रेम की भावना मानव में दायित्वबोध की लौ को जलाए रखती है। इससे मानव अपने स्वार्थों की अपेक्षा जनहितों को वरीयता देता है। प्रेम की भावना मानव के साथ-साथ अन्य जीव-जन्तुओं, पेड़-पौधों के साथ सहअस्तित्व की अवधारणा को साकार करने में मदद करती है। चिपको आन्दोलन में वनों के प्रति समर्पण की भावना प्रेम से प्रेरित थी जो पर्यावरण संरक्षण के रूप में प्रकटित होते हैं।

विश्लेषण को आगे बढ़ाने पर पाते हैं कि प्रेम, जब ज्ञान से संश्लेषित हो जाता है तो उसके आदर्शात्मक स्वरूप का व्यवहारिकता-कार्यात्मकता का पहलू समावेशित हो जाता है। प्रेम मानव के समक्ष भावी लक्ष्यों का निर्धारण प्रस्तुत करता है तो ज्ञान उनको प्राप्ति का जरिया उपलब्ध कराता है अर्थात् प्रेम मानव के समक्ष

साध्य प्रस्तुत करता है जिन्हें ज्ञान द्वारा उपलब्ध कराए गए साधनों के माध्यम से प्राप्त किया जा सकता है।

वर्तमान सामाजिक व्यवस्था में अनेक रूढ़ियाँ व परम्पराएँ विद्यमान हैं जो समाज के अनेक वर्गों की वंचना का कारण है। जाति व्यवस्था, बाल विवाह, भ्रूण हत्या आदि ऐसे ही उदाहरण हैं। प्रेम की अवधारणा इनकी समाप्ति को साध्य के रूप में प्रस्तुत करती है। इनकी समाप्ति करके गरिमापूर्ण बेहतरीन जीवनयापन किया जा सकता है। प्रेम व ज्ञान आपस में संयोजित होकर इस यथास्थितिवादी स्थिति से प्रगतिशीलता की ओर उन्मुख होकर अच्छे जीवन के सपने को साकार बनाते हैं।

बात यहीं तक सीमित नहीं है वर्तमान में प्रगति संकुचित रूप से केवल भौतिक उन्नति जैसे संकीर्ण अर्थों तक सिमटकर रह गई है। इसमें नैतिक व आध्यात्मिक पहलुओं के समावेश हेतु प्रेम की आधारशिला की जरूरत है। यह मानव के जीवन को एकआयामी स्वरूप से बहुआयामी स्वरूप की ओर उन्मुख करेगी। ज्ञान के माध्यम से मानव साथ चलो, सबका साथ-सबका विकास जैसी अवधारणाओं की ओर बढ़कर अच्छे जीवन के ध्येय को प्राप्त कर पाएगा।

अच्छे जीवन की अवधारणा को थोड़ा और व्यापक करते हुए समाज, राष्ट्रीय-अन्तर्राष्ट्रीय स्तर पर देखें तो प्रेम व ज्ञान की भूमिका बढ़ जाती है। प्रेम, बेहतर समाजीकरण को प्रेरित करता है। प्रेम ज्ञान के साथ मिलकर मानव की भावनात्मक बुद्धिमत्ता को सुदृढ़ करता है। प्रेम मानव में अन्य लोगों, विचारों, अल्पसंख्यक, बहुसंख्यक में परस्पर सम्मान, सहिष्णुता व स्वीकार्यता को ज्ञान की तार्किकता के आधार पर सम्पोषित करता है। किसी भी समाज में आन्तरिक संघर्ष व कलह की स्थिति न हो उसके लिए प्रेम-ज्ञान से प्रेरित-संचालित व्यवस्था होनी चाहिए। जापान, स्वीडन, फिनलैंड जैसे देशों में इनका व्यवहारिक स्तर वहाँ के अच्छे जीवन का सूत्राधार है।

ज्ञान सभी आर्थिक क्रियाओं का आधार होता है। कृषि, उद्योग आदि ज्ञान की मौजूदगी में सतत प्रगतिमान होते हैं परन्तु प्रेम की प्रेरणा की अनुपस्थिति में केवल ज्ञान आधारित आर्थिक क्रियाएँ शोषण का आधार बन सकती है क्योंकि उनमें मानवोचित मूल्यों, गुणों का समावेश नहीं होता है इसलिए यदि मानव आर्थिक क्रियागत प्रबन्धन में प्रेम के पुट का समावेश करता है तो सहयोग, सद्भावनापूर्ण समावेशी-समतामूलक विकास सम्भव है। मजदूर-मालिक संघर्ष, कृषक आत्महत्या जैसी घटनाओं में गिरावट हो सकती है जो स्वयं अच्छे जीवन का प्रतीक है।

प्रेम व ज्ञान मानव के वैचारिक आधार को संश्लेषित करके उसको तार्किकता, व्यापकता, मूल्यगत पहलुओं से युक्त बनाती है। इस दशा में मानव अपने विचारों को आत्मकेन्द्रित न रखकर सर्वकेन्द्रित धारणा को अख्तियार करता है। वह आत्मचेतस से विश्वचेतस की ओर अग्रसर होता है। वह अपनी क्रियाओं को सर्वोदय, व्यापक हितों की कसौटी पर मापता है जो कि अच्छे जीवन का प्रतीक है। यह स्थिति उसे

संतुष्टिकारी स्वरूप प्रदान करती है, उसके सामाजिक दर्जा व सामाजिक स्वीकार्यता को बढ़ाती है।

प्रेम व ज्ञान में से यदि एक तत्त्व भी गैरमौजूद रहता है तो अच्छे जीवन की प्राप्ति की सम्भावनाओं में सन्दिग्धता आ जाती है। प्रेम की अनुपस्थिति में केवल ज्ञान वैचारिक उच्छृंखलता, शोषण, भेदभाव का कारण बन सकता है तो वहीं केवल प्रेम की उपस्थिति वैचारिकता या दार्शनिकता मात्र बनकर रह जाती है। समग्रत: प्रेम व ज्ञान कथनी-करनी में सन्तुलन स्थापित करते हैं। ये मानव को सैद्धान्तिक के साथ-साथ व्यवहारिक दृष्टिकोण भी प्रदान करते हैं जो कि अच्छे जीवन की प्राप्ति की अपरिहार्य दशा है।

यदि व्यवहारिक स्तर पर देखें तो महात्मा गांधी, बुद्ध, ईसा मसीह, नेल्सन मंडेला जैसे महान व्यक्तियों के अच्छे व सफल जीवन का कारण था उनके जीवन का प्रेम से प्रेरित व ज्ञान से संचालित होना। ईसा मसीह ने तो अपने अन्तिम समय में उसे फाँसी पर चढ़ाने वाले लोगों के सन्दर्भ में यह कहा कि *"हे ईश्वर इन्हें माफ कर देना, ये नहीं जानते कि ये क्या करने जा रहे हैं।"*

निष्कर्षत: कहा जा सकता है कि अच्छा जीवन सन्तुलित होना चाहिए। उसमें भौतिक तत्त्वों के साथ-साथ भावनात्मक, नैतिक व आध्यात्मिक तत्त्वों का समावेश होना चाहिए। जीवन की पूर्णता, सार्थकता इन तत्त्वों के बेहतरीन समावेशन व संयोजन में अन्तर्निहित है। प्रेम व ज्ञान में से एक भी तत्त्व की गैर मौजूदगी अच्छे जीवन की प्राप्ति की यात्रा को कठिन बनाकर उसे असन्तुलित कर सकती है। अच्छा जीवन सन्तुलित जीवन व्यवस्था का ही परिमार्जित स्वरूप है। इस सन्दर्भ में कबीर ने लिखा है कि—

ढाई आखर प्रेम का,
पढ़े सो पंडित होय।

10

21वीं सदी का भारत

—गौरव सोगरवाल

'मेरे सपनों का भारत' में गांधी जी ने लिखा है— *"भारत की हर चीज मुझे आकर्षित करती है, सर्वोच्च आकांक्षाएँ रखने वाला किसी व्यक्ति को अपने विकास के लिए जो कुछ चाहिए, वह सब उसे भारत में मिल सकता है।"* 21वीं सदी का भारत गांधी जी के इस कथन को चरितार्थ करता नजर आता है। भारत में लगातार मजबूत होता

लोकतंत्र, जिसने अनेक धर्मों, जातियों और भाषाओं के बावजूद सबको एक धागे में पिरोया है। पिछले 7 दशकों में हमने हर क्षेत्र में चाहे वह राजनीति हो, आर्थिक विकास हो, तकनीक या अन्तरिक्ष हो या फिर खेल का मैदान, हमने दुनिया के सामने अमिट छाप छोड़ी है। परन्तु 21वीं सदी के भारत का एक स्याह पक्ष भी है, जो हमसे कई सवाल पूछते हैं। क्या यही 21वीं सदी का भारत है, जहाँ राजनीति में अपराध, भ्रष्टाचार की बढ़ती भूमिका, व्यापक आर्थिक असमानता, नैतिक मूल्यों का पतन तथा अनेक सामाजिक समस्याएँ देखी जा सकती हैं? क्या यही गांधी जी के सपनों का भारत है जहाँ आज भी लोग भोजन के अभाव में दम तोड़ देते हैं? निश्चित रूप से 21वीं सदी के भारत की संकल्पना के साथ-साथ इन सवालों के जवाब के लिए पर्याप्त विवेचना अपेक्षित है।

21वीं सदी के भारत की संकल्पना, एक ऐसी भारत की बात करता है जो पूरे विश्व को एक नई दिशा देने के लिए उद्यत हो—जिससे समस्त मानव समाज को जीने का नया पैगाम मिल सके। जहाँ सभी के लिए समान अवसर हो, जहाँ सभी की आशा-आकांक्षाएँ पूरी हों। यह भारत शान्ति, एकता एवं सद्भावना के बल से निर्देशित होकर गरीबी, अशिक्षा, भ्रष्टाचार एवं सम्प्रदायवाद तथा आतंकवाद जैसी समस्याओं से मुक्त हो। कुल मिलाकर एक ऐसा भारत जिसमें चमचमाते शहरों के साथ खेत-खलिहान, नदियों तथा जंगल को भी हम केवल तस्वीरों के माध्यम से नहीं बल्कि जीवन्त रूप में अनुभव कर सकें।

वर्तमान समय में हमारे देश में एक स्वस्थ लोकतंत्र स्थापित हो चुका है। हमारा संवैधानिक ढाँचा भी बहुत मजबूत है जिसने नागरिकों के अधिकारों की सुरक्षा के साथ-साथ लोकतंत्र को सफल बनाने में महत्त्वपूर्ण भूमिका निभाई है। इसी तरह देश के नागरिकों की सहभागिता में भी वृद्धि हुई है। इसी उपलब्धि को देखकर नोबेल पुरस्कार विजेता अर्थशास्त्री अमर्त्य सेन ने कहा था *"कोई भी राष्ट्र प्रजातंत्र के लिए अनुकूल नहीं बनता है बल्कि प्रजातंत्र के माध्यम से अनुकूल बनता है।"*

आर्थिक मोर्चे पर भी देश तेजी से आगे बढ़ रहा है एवं वर्तमान विश्व में एक आर्थिक महाशक्ति के रूप में स्थापित हो रहा है। इसी तरह खाद्य सुरक्षा अधिनियम एवं मनरेगा जैसे कार्यक्रमों की बदौलत हम एक बड़ी आबादी को गरीबी एवं भुखमरी से बाहर निकालने में सक्षम रहे हैं। इस प्रकार यह 21वीं सदी के मजबूत भारत का ही संकेत है कि हाल ही में जारी विश्व निवेश रिपोर्ट में भारत को दुनिया की तीसरी सबसे बड़ी अर्थव्यवस्था बताया गया है।

इसी तरह सामाजिक क्षेत्र की सेवाओं में भी हाल के दिनों में अनेक आमूलचूल परिवर्तन देखने को मिल रहा है। देश में शिक्षा के स्तर में तेजी से सुधार हो रहा है, जिसमें शिक्षा के अधिकार अधिनियम की महती भूमिका रही है। उच्च शिक्षा के क्षेत्र में भी हमने काफी प्रगति की है, हमारे पास आईआईएम और आईआईटी जैसे दुनिया

के बेहतरीन संस्थान अपनी उत्कृष्टता के लिए विश्वविख्यात हैं। इसी तरह स्वास्थ्य के क्षेत्र में भी हम तेजी से आगे बढ़ रहे हैं, इसका, सबसे महत्त्वपूर्ण उदाहरण के रूप में राष्ट्रीय स्वास्थ्य नीति 2017 को देख सकते हैं, जिसमें माँग आधारित सेवाओं पर बल देने के साथ-साथ बीमारियों से बचाव को वरीयता दी गई है। जन्म के समय जीवन प्रत्याशा, जो आजादी के समय 32 वर्ष से अब बढ़कर 67 वर्ष होना भी इसी का उदाहरण है। वर्तमान समय में स्वास्थ्य पर्यटन भी एक वास्तविकता बन गया है। यहाँ उन्नत देशों के लोग भी सस्ते उपचार के लिए आ रहे हैं।

हमारे टेक्नोक्रेट्स और प्रबन्धकों की उनके पेशेवर रुख एवं योग्यता के कारण पूरी दुनिया में माँग है। आज हम अन्तरिक्ष प्रौद्योगिकी में एक दिग्गज के रूप में पहचाने जाते हैं। लाखों भारतीय अपने कठिन परिश्रम, पेशेवर योग्यता और वैश्विक परियोजनाओं में अपने योगदान के बल पर विश्व के अनेक देशों में अपनी पहचान बनाने में सफल रहे हैं। निश्चित रूप से यह 21वीं सदी के भारत का एक मजबूत पक्ष है।

इसी तरह सामरिक एवं वैदेशिक क्षेत्र में भी भारत 21वीं सदी में एक मजबूत शक्ति के रूप में उभर रहा है। आज हमारे पास विश्व की दूसरी बड़ी सेना है, परमाणु हथियारों के साथ-साथ अनेक उन्नत मिसाइल प्रौद्योगिकी में भी भारत अपनी उत्कृष्टता के लिए जाना जा रहा है। इसके साथ तमाम वैश्विक मंचों पर अब भारत की बात बड़े आदर के साथ सुनी जा रही है। यह 21वीं सदी के बदलते भारत का करिश्मा ही है कि अन्तर्राष्ट्रीय न्यायालय में स्थायी सदस्य के न्यायाधीश प्रतिनिधि को हटाकर भारत के दलबीर भंडारी की नियुक्ति हुई।

आज भारत सांस्कृतिक क्षेत्र में भी देश सहित पूरे विश्व में कई महान कलाकारों, लेखकों, खिलाड़ियों के उत्कृष्ट एवं प्रभावशाली प्रदर्शन के बदौलत अपनी प्रतिष्ठा बढ़ा रहा है। यही नहीं आज वैश्वीकरण के दौर में भारतीय संस्कृति के अनेक तत्त्व विश्व के अनेक हिस्सों में पहुँच रहा है, इसका सबसे बड़ा उदाहरण 'योग' के वैश्विक प्रसार को देखा जा सकता है।

निस्सन्देह भारत विश्व का सर्वाधिक विविधताओं वाला देश है, जहाँ भौगोलिक विविधताओं के साथ-साथ विभिन्न धर्म, भाषा एवं संस्कृतियाँ पाई जाती हैं। हमारे यहाँ विश्व के सभी प्रमुख धर्म, 20 राज भाषाएँ तथा 780 बोलियाँ हैं। कभी-कभी इन विविधताओं की जरूरतों को पूरा कर पाना मुश्किल भी होता है। इसी तरह आतंकवाद, सुरक्षा सम्बन्धी खतरों, वैश्वीकरण के अनुरूप समायोजन, सूचना प्रौद्योगिकी के जानकारों की बढ़ती हुई आकांक्षाओं से भी कुछ चुनौतियाँ उत्पन्न होती हैं। परन्तु हमने इन चुनौतियों का बेहद लोकतांत्रिक ढंग से सामना किया है। यह अनायास नहीं कि भारत अपने चारों ओर से लगभग असफल एवं अस्थिर देशों से घिरे होने के बावजूद खुद को एक सफल एवं लोकतांत्रिक देश बनाने में सक्षम रहा है।

इस प्रकार उपर्युक्त विश्लेषण निश्चित रूप से 21वीं सदी के भारत की संकल्पना को मूर्त रूप देता नजर आता है। परन्तु इस कहानी का एक दूसरा पक्ष भी है, जिसमें 21वीं सदी के भारत के सपने दम तोड़ते नजर आते हैं। जिसमें गोदान का 'होरी' आज भी जीवन की मूलभूत समस्याओं को पूरा करने में असमर्थ पाकर मौत तक को गले लगा लेता है। यद्यपि कि पिछले 70 सालों में हमने अनेक कीर्तिमान स्थापित किए हैं। हम अनाजों के आयातक से शुद्ध निर्यातक तक बन गए हैं परन्तु इसके बावजूद देश की एक बड़ी आबादी भुखमरी की शिकार है। हाल ही में जारी वैश्विक भूख सूचकांक 2017 में भी भारत को 119 देशों की सूची में 100वाँ स्थान प्राप्त हुआ है, जो गम्भीर रूप से भुखमरी से पीड़ित राष्ट्र के रूप में उल्लेखित करता है।

इसी तरह एक तरफ जहाँ देश तेजी से आर्थिक विकास की राह पर बढ़ रहा है, आर्थिक असमानताओं की खाई और भी चौड़ी होती जा रही है। मतलब साफ है कि इस विकास का प्रतिफल कुछ ही लोगों तक सिमटकर रह जा रहा है। देश में कृषि आज भी लोगों की गुजर-बसर का प्रमुख साधन है, परन्तु इसे हम किसानों के लिए लाभदायक पेशा बनाने में असफल रहे हैं। कृषकों की बढ़ती आत्महत्या कृषि की दुर्दशा की कहानी है। उपर्युक्त सन्दर्भ में किसी कवि ने ठीक ही कहा है—

झील पर पानी बरसता है मेरे देश में,
खेत पानी को तरसता है मेरे देश में।

अन्य आर्थिक गतिविधियों में यद्यपि कि सेवा क्षेत्र में हम एक विश्व महाशक्ति के रूप में स्थापित हैं परन्तु अपनी तमाम कोशिशों के बावजूद विनिर्माण क्षेत्र, जिससे कि बड़े पैमाने पर देश को रोजगार मिल सकता है, को अभी भी आर्थिक विकास का इंजन बनाना बाकी है।

पुन: देश में सामाजिक क्षेत्र की समस्याएँ भी 21वीं सदी के भारत को अलग ही आईना दिखाती हैं। आजादी के 70 पर्वों के बाद भी भ्रूण हत्या, बाल विवाह, महिलाओं के खिलाफ अपराध एवं अनेक स्तरों पर लैंगिक भेदभाव आज भी देखा जा सकता है। इस तथ्य की पुष्टि हाल ही में जारी वैश्विक लैंगिक सूचकांक से भी होती है, जिसमें भारत को 144 देशों की सूची में 108वाँ स्थान प्राप्त हुआ है।

देश में शिक्षा एवं स्वास्थ्य जैसी मूलभूत जरूरतों का हाल भी कम दयनीय नहीं है। यद्यपि भारत की उच्च शिक्षा की प्रगति को पूरे विश्व में सराहा जा रहा है परन्तु देश की प्राथमिक शिक्षा की बदहाली निश्चित रूप से सोचनीय है। शिक्षा पर किए गए एक शोध (असर रिपोर्ट) के अनुसार देश के अनेक राज्यों में 7वीं कक्षा में पढ़ने वाले छात्र कक्षा तीन की किताबों को पढ़ने एवं समझने की भी क्षमता नहीं रखते हैं। पुन: देश में शिक्षा व्यवस्था को कौशल विकास एवं औद्योगिक विकास की जरूरतों से जोड़ना भी अभी बाकी है।

स्वामी विवेकानन्द के शब्दों में, "स्वस्थ शरीर में स्वस्थ मस्तिष्क का विकास होता है," परन्तु भारत विश्व की सबसे ज्यादा रोगियों की आबादी वाला देश है। हमारे देश में स्वास्थ्य सेवाओं को गाँव-गाँव तक पहुँचाने के लिए प्राथमिक स्वास्थ्य केन्द्र एवं जिला अस्पतालों की स्थापना की गई थी, परन्तु देश का यह दुर्भाग्य ही है कि आज इनकी हालत सबसे ज्यादा बदतर है। इसका स्वाभाविक नतीजा यह निकलता है कि देश की एक बड़ी आबादी अपनी पूरी कमाई का लगभग 30 प्रतिशत निजी अस्पतालों में अपने इलाज पर खर्च कर देती है।

हमारा देश सदियों से सामाजिक समरसता का एक उदाहरण रहा है परन्तु हम अपने तमाम प्रयासों एवं संवैधानिक प्रावधानों के बावजूद साम्प्रदायिकता, जातिवाद, अलगाववाद जैसी समस्याओं का स्थायी समाधान ढूँढ़ने में असमर्थ रहे हैं। हम आज भी अपने दलित एवं आदिवासी भाई-बन्धुओं को समाज की मुख्यधारा से जोड़ने में असफल रहे हैं एवं आए दिन उनके खिलाफ अत्याचार की घटनाओं को सुनते रहते हैं।

स्वस्थ राजनीति किसी भी देश के लोकतंत्र की सफलता की आवश्यक शर्त है। भारत में भी कमोबेश पिछले 70 सालों से इसका संचालन सफलतापूर्वक होता रहा है परन्तु राजनीतिज्ञों के नैतिक पतन, भ्रष्टाचार, भाई-भतीजावाद का प्रचलन एवं राजनीति में अपराधियों एवं धन-बल की बढ़ती भूमिका निश्चित रूप से देश की कल्याणकारी व्यवस्था के लिए घुन की तरह है, जो लोकतंत्र को यथार्थ के धरातल पर उतरने एवं अन्तिम व्यक्ति के कल्याण को बाधित करती है। इस सन्दर्भ में अदम गोंडवी की कुछ पंक्तियाँ अनायास ही सार्थक प्रतीत होती हैं—

तुम्हारी फाइलों में मेरे गाँव का मौसम गुलाबी है,
मगर ये आँकड़े झूठे हैं ये दावे किताबी हैं।

इस प्रकार उपरोक्त विश्लेषण से हमें ज्ञात होता है कि यद्यपि हमने अपने सपनों का भारत बनाने में एक लम्बा सफर तय कर लिया है परन्तु अभी भी हमारी मंजिल दूर है। हमारे पास सम्भावनाएँ तो बहुत हैं परन्तु उनको समग्र रूप में वास्तविकता में बदलना अभी बाकी है।

आज भारत के पास दुनिया की सबसे बड़ी युवा आबादी है, व्यापक संसाधन हैं एवं एक मजबूत एवं निरन्तर गतिशील लोकतंत्र है। बस, जरूरत है तो इसको सही दिशा देने की। आज राजनीति हो, आर्थिक विकास हो या फिर सामाजिक समस्याओं के समाधान हों, हम हर दिशा में आगे बढ़ रहे हैं। बस, जरूरत है इसको समावेशी एवं सतत रूप देने की।

हमारे पूर्व राष्ट्रपति एपीजे अब्दुल कलाम भारत को 2020 तक विकसित राष्ट्र के रूप में देखना चाहते थे। ये सपना हकीकत बन सकता है। जरूरत है कि हम अपने संकीर्ण विचारों से ऊपर उठें, अपनी सोच को अधुनातन बनाएँ, हमारे कार्य

नवाचारों से भरे हों। हम यह मानें कि हमारा अतीत गौरवपूर्ण था, वर्तमान आशाओं से भरा है और भविष्य निश्चित रूप से उज्ज्वल होगा।

समग्रत: हम कह सकते हैं कि इसके लिए हमें तेजी से विकसित होने वाली मजबूत अर्थव्यवस्था, एक शिक्षित, नैतिक और साझा समुदाय, समान मूल्यों वाले और समान अवसर सुनिश्चित करने वाले समाज का निर्माण करना होगा। एक ऐसा समाज जिसकी कल्पना महात्मा गांधी ने की थी। यही हमारे सपनों का भारत होगा, 21वीं सदी का भारत होगा।

11
नवभारत : 'न्यू इंडिया' का निर्माण

—आशीष कुमार

'भारत' से 'नवभारत' की यात्रा को चलने के लिए पहले 'भारत' को विश्लेषित कर लिया जाए। यूँ तो 'भारत' हमेशा से विश्व के लिए एक आश्चर्य रहा है। यहाँ पर कुछ ऐसी अनूठी-अनोखी विशेषताएँ, परम्पराएँ, रीतियाँ (कुरीतियाँ भी) मिल जाएँगी जो विश्व में कहीं न मिलेंगी। मसलन भारत की बहुआयामी संस्कृति को ही लें। भारत के भीतर अनेक भारत हैं। घोर गरीबी, कुपोषण, अकाल, भुखमरी के साथ-साथ नूतन तकनीक, विश्व प्रसिद्ध मेगामाल, बुलेट ट्रेन, इसरो, डीआरडीओ भी भारत में उपस्थित हैं। 'नवभारत' को इसी सन्दर्भ में विश्लेषित करना होगा।

हाल में हमारे प्रधानमंत्री ने अपने मासिक संवाद (मन की बात) में 'नवभारत' की संकल्पना रखी। 1942 में जिस तरह से 'भारत छोड़ो' का नारा दिया गया था और 1947 में भारत को आजादी मिल गई थी, उसी तरह प्रधानमंत्री ने भारतीय युवाओं को 6 बिन्दुओं पर 'संकल्प' लेने का आह्वान किया। यह गरीबी, जातिवाद, सम्प्रदायवाद, आतंकवाद, अस्वच्छता व भ्रष्टाचार से मुक्ति के लिए 5 वर्षों का संकल्प लेने की बात करता है ताकि जब हम सन् 2022 में आजादी की 75वीं वर्षगाँठ मना रहे हों तो हमें एक 'नवभारत' की सिद्धि प्राप्त हो। उन्होंने नारा दिया 'करेंगे और करके रहेंगे'।

वास्तव में भारत आजादी के 70 सालों में विविध तरीकों से इन समस्याओं से निपटने का प्रयास करता रहा परन्तु स्थितियाँ बदली नहीं।

'भ्रष्टाचार' की बात करें तो यह भारत को पिछले 70 सालों से दीमक की तरह खोखला करता रहा है। गाँवों के विकास के लिए 'अरबों' रुपए खर्च हुए पर स्थिति जस-की-तस है। प्रसंगवश अदम गोंडवी साहब का एक शेर याद आता है—

तुम्हारी फाइलों में मेरे गाँव का मौसम गुलाबी है,
मगर ये आँकड़े झूठे हैं, ये दावा किताबी है।

होना तो चाहिए कि भारत में इन 70 सालों में शहर व गाँव का भेद मिट जाता पर दुर्भाग्य से ऐसा हुआ नहीं। अत: 'नवभारत' के लिए हमें अपनी इस खामी पर सर्वाधिक ध्यान देना होगा। हमें सीएजी, आरटीआई, सीवीसी, मजबूत लोकपाल, सोशल आडिट, डीबीटी, आधार का कुशलता से अनुप्रयोग करना होगा ताकि प्रशासन की प्रभावशीलता में वृद्धि हो। इससे हमारा लोकतंत्र ज्यादा समावेशी, स्थिर और सुदृढ़ हो सकेगा।

'गरीबी' का आशय मूलभूत वंचनाओं से है। पहले इसे 'खाद्य सुरक्षा' से ही जोड़कर देखा जाता रहा। 2010 में बहुआयामी सूचकांक के आधार पर इसको देखा जाने लगा है। 'नवभारत' के लिए 'गरीबी' के सभी स्वरूप की समाप्ति करनी होगी। पिछड़े, दलित, दिव्यांग, महिलाएँ, बच्चे गरीबी के प्रति सर्वाधिक सुभेद्य होते हैं। इससे इस वर्ग पर केन्द्रित सरकार ने कई योजनाएँ यथा एनएफएसए 2013, 6-14 वर्ष तक नि:शुल्क शिक्षा, स्वच्छ ऊर्जा के लिए 'उज्ज्वला' योजना, रोजगार गारंटी (मनरेगा), सबके लिए आवास, डीडी कौशल विकास मिशन, 73वें, 74वें में स्थानीय स्वशासन में 1/3 सीटों का आरक्षण, नई स्वास्थ्य नीति 2017 आदि को शुरू किया गया है। इन योजनाओं के सफल क्रियान्वयन से 'नवभारत' का मार्ग प्रशस्त होगा।

भारतीय समाज में 'जाति' अतीत से एक कटु सत्य रही है। आजादी के समय से ही ज्योतिबा फुले, महात्मा गांधी, डॉ. भीमराव अम्बेडकर जैसे नेताओं ने इसके उन्मूलन के लिए अपना सर्वस्व लगा दिया। हमारे संविधान में अनुच्छेद 17 के तहत 'अस्पृश्यता' के सभी रूपों की समाप्ति हो गई। 1955 में सिविल अधिकार ऐक्ट लागू किया। इसके बावजूद हालात नहीं सुधरे।

'जातिवाद' की समाप्ति के लिए समाज में अन्तर्जातीय विवाहों को बढ़ावा देना होगा। इसमें बाधक खाप पंचायत जैसी अलोकतांत्रिक संस्थाओं पर रोक लगानी होगी। 'नवभारत' में चयन के विकल्प की स्वतंत्रता होनी चाहिए। इसलिए स्त्री शिक्षा को बढ़ाना, पितृसत्तात्मक व्यवस्था का उन्मूलन करना होगा। परिवार के स्तर पर से ही लैंगिक समता को बढ़ावा दिया जाना चाहिए। इस मार्ग पर चलकर ही जाति-मुक्त 'नवभारत' का निर्माण हो सकेगा।

जैसा पूर्व में उल्लेख किया जा चुका है, भारत एक बहुधार्मिक देश है। धर्मनिरपेक्षता भारत की परम्परा में भी है और 42वें संशोधन द्वारा भारत के संविधान की प्रस्तावना में जोड़ा भी गया है। इसके बावजूद आजादी के इन 70 सालों में कई बड़े साम्प्रदायिक झगड़े हो चुके हैं। प्रसंगवश कुछ पंक्तियाँ याद आती हैं—

क्या-क्या बनाने आए थे,
क्या-क्या बना बैठे,
कहीं मन्दिर तो कहीं मस्जिद बना बैठे।
अरे हमसे अच्छे तो वो परिन्दे हैं,

कभी मन्दिर पे जा बैठे,
कभी मस्जिद पे जा बैठे।

'नवभारत' में मन्दिर, मस्जिद, गुरुद्वारे या चर्च का विवाद न होगा। वास्तव में सम्प्रदायवाद के चलते भारत की एकता, अखंडता व सम्प्रभुता को खतरा है। भारत में साम्प्रदायिक सौहार्द को बढ़ाना ही होगा। विश्व आईएसआईएस जैसे आतंक के संगठित रूप से जूझ रहा है। भारत को इसके प्रभाव से स्वयं को बचाना होगा।

पिछले दिनों एक गायक ने मस्जिद से अजान के मुद्दे को उठाकर भारत के साम्प्रदायिक सौहार्द को कमजोर करने की कोशिश की। उनको समझना चाहिए कि—

न मन्दिर की बात हो, न शिवालों की बात हो,
प्रजा बेरोजगार है, पहले 'निवालों' की बात हो।
मेरी नींद को दिक्कत न भजन से, न अजान से है,
मेरी नींद को दिक्कत मरते जवान, खुदकुशी करते किसान से है।

आतंकवाद की समस्या मात्र भारत की नहीं है वरन् यह गम्भीर वैश्विक समस्या है। 2001 में अमेरिका पर अलकायदा का हमला उसके लिए चौंकाने वाला था। आईएसआईएस का उभार, यूरोप में बढ़ते लोनवुल्फ हमले, म्यांमार का एआरएसए, फिलीपींस का गार्त ग्रुप विश्व के समक्ष नए खतरे के रूप में उभरे हैं। भारत कश्मीर में आतंकवाद के खिलाफ 70 वर्ष से लड़ाई लड़ रहा है। कश्मीर का पर्यटन उद्योग इसके चलते ठप-सा पड़ गया है। भारत को आर्थिक संसाधनों के साथ-साथ भारी मात्रा में अपने जवानों को खोना पड़ा है। भारत 'आतंकवाद' के सभी रूपों का आलोचक है। 1996 में संयुक्त राष्ट्र में भारत ने सीसीआईटी प्रस्ताव रखा जिस पर आम सहमति अभी तक नहीं बन सकी है। अमेरिकी राष्ट्रपति की सितम्बर 2017 में घोषित नई अफगान नीति भारत के लिए उम्मीद लेकर आई है। इसमें पाकिस्तान को सख्त चेतावनी दी गई है। भारत पिछले कुछ वर्षों से 'आतंकवाद' को लेकर पाकिस्तान को विश्व मंचों पर लज्जित करता रहा है।

नवभारत के आखिरी स्तम्भ के तौर पर 'स्वच्छता' का विश्लेषण किया जा सकता है। महात्मा गांधी स्वच्छता को राजनीतिक स्वतंत्रता से अधिक महत्त्वपूर्ण मानते थे। इसके बावजूद आजादी के 70 साल बाद भी हमें घर में शौचालय बनवाने के लिए कहा जा रहा है, इससे अधिक विडम्बना क्या होगी।

2 अक्टूबर, 2014 को स्वच्छ भारत अभियान शुरू किया गया। तब से इस दिशा में कई महत्त्वपूर्ण कदम उठाए गए हैं, यथा ओडीएफ गाँव, स्कूल में शौचालय, स्वच्छता ही सेवा है, स्वच्छ भारत-स्वस्थ भारत जैसे कार्यक्रमों के जरिये इस विशाल आन्दोलन को मंद नहीं पड़ने दिया गया है। 2019 में समाप्त होने वाले इस आन्दोलन में भारत को आमूलचूल बदलने की क्षमता है।

'स्वच्छता' से ग्रामीण स्वास्थ्य में सुधार होगा और ग्रामीणों की बचत का अन्य जगह उपयोग होगा। 'स्वच्छता' को पर्यटन से भी जोड़ा जा रहा है। भारत की समृद्ध विरासत पर्यटन उद्योग के लिए बहुत उपयुक्त है। वास्तव में भारत को 'नवभारत' में बदलने के लिए पूर्व वर्णित 6 बिन्दुओं के अलावा भी बहुत से मसलों पर ध्यान देना होगा।

भारत में निष्पक्ष न्याय मिलना आज भी दुश्वार है। वास्तव में कानून अमीर के लिए 'मजा' और गरीब के लिए 'सजा' सरीखा है। इस गम्भीर मसले को निम्न पंक्तियों में बेहद सटीक रूप में समेटा गया है—

रंगे हाथ पकड़ा गया मुखिया जी का यार,
सजा मिले कोतवाल को, भोगे चौकीदार।

नवभारत में 'मुखिया का यार' को सजा मिले और वही भोगे, ऐसा प्रबन्ध करना होगा।

'नवभारत' के लिए हमें चुनाव सुधार, श्रम सुधार, पंचायती राज का आर्थिक सशक्तीकरण, संसद की गरिमा, शासन के तीनों अंगों—कार्यपालिका, न्यायपालिका व विधायिका में सटीक सन्तुलन पर जोर देना होगा।

जलवायु परिवर्तन से निपटने के लिए प्रभावी, कारगर, सटीक क्रिया योजना, स्वच्छ ऊर्जा स्रोतों का विकास, हरित अर्थव्यवस्था, ज्ञान अर्थव्यवस्था आदि संकल्पनाओं पर जोर देना होगा।

'नवभारत' के लिए आपदाओं विशेषकर नई किस्म की यथा शहरी बाढ़, वनों में आग, भगदड़, हीट स्ट्रोक, मरुस्थलीकरण सूखती नदियाँ, सिमटती/लुप्त होती झीलों के संरक्षण, संवर्धन का कार्य तेज व सटीक तरीके से करना होगा।

'नवभारत' में खाद्य सुरक्षा बनी रहे, इसके लिए लैंड टू लैब, जैविक फसलों, कृषि, जीरो रिलेज, स्प्रिंकलर सिंचाई, जल का मितव्ययी उपयोग, उर्वरकों का सीमित उपयोग, जीएम फसलों आदि पर जोर देना होगा।

हमें एआई, बिग डेटा एनालिसिस, जीनोम एडिटिंग, बायो तकनीक, नैनो प्रौद्योगिकी का अनुप्रयोग देश की आम जनता के हित संवर्धन हेतु करना होगा।

'नवभारत' में गांधी व दीनदयाल उपाध्याय की 'अन्त्योदय' की संकल्पना की पूर्ति हो। हर आँख से आँसू पोछा जाना चाहिए।

'नवभारत' में प्रशासन की परम्परागत उदासीनता, निष्क्रियता, वंचितों के प्रति असंवेदनशीलता को दूर करना होगा। वास्तव में जिस 'न्यूनतम सरकार-अधिकतम शासन' की बात की जाती रही है, उसे विचारों से मूर्त रूप में साकार करना होगा। 'नवभारत' में 'सरकारी संघवाद' पर खूब जोर दिया जाए। केन्द्र का राज्यों में न्यूनतम हस्तक्षेप होगा।

भारत को अब तक विकास से वंचित पूर्वोत्तर भारत के सम्पूर्ण, समावेशी विकास के लिए बहुआयामी रणनीति अपनानी होगी। ढोला-सुदिया पुल जैसी महत्त्वपूर्ण

अवसंरचना को और विस्तार देना होगा। भारत जापान के साथ मिलकर इस क्षेत्र के विकास के लिए रणनीति बना रहा है।

'नवभारत' को सामरिक तौर पर भी सशक्त, सुदृढ़ होना चाहिए। पिछले दिनों भारत ने 'डोकलाम' विवाद पर जिस कूटनीति का परिचय दिया वह भारत के आत्मविश्वास, शक्ति का परिचायक है।

आजादी के समय भारत ने जिस तरह से संविधान निर्माण के लिए विश्व की सर्वश्रेष्ठ परम्पराओं का अनुसरण किया, उसी तरह से आज भारत को विश्व के सभी महत्त्वपूर्ण देशों की सर्वश्रेष्ठ प्रणाली का अनुसरण करना चाहिए। एचडीआई के लिए नार्वे, स्वीडन का अनुसरण करें तो स्मार्ट सिटी के लिए सिंगापुर का। तकनीक जापान से सीखी जा सकती है।

आज के भारत की उपलब्धियों की प्रशंसा इस सन्दर्भ में की जा सकती है कि भारत लम्बे समय तक उपनिवेशवाद से पोषित होता रहा है। 70 साल में हमने तमाम उपलब्धियाँ हासिल की हैं। यह भारत की जीवटता है। हम हमेशा से विश्व शान्ति, सहअस्तित्व के हिमायती रहे हैं। 'भारत' को 'नवभारत' में रूपान्तरण के लिए कई अवरोध, चुनौतियाँ व संकट आ सकते हैं परन्तु हमें यह करना है और करके रहेंगे। कहा भी गया है—

ये और बात कि आँधी हमारे बस में नहीं,
मगर चिराग जलाना तो इख्तियार में है।

12

एक राष्ट्र : एक निर्वाचन

—अनिरुद्ध कुमार

निर्वाचन आधुनिक लोकतांत्रिक प्रक्रिया का आधारभूत स्तम्भ माना जाता है। निर्वाचन को तो 'मतपत्र द्वारा क्रान्ति' की संज्ञा दी जाती है। मॉलकम एक्स ने कहा है—*"एक सफल चुनाव किसी भी लोकतंत्र को बुलंदियों तक पहुँचा सकते हैं तो चुनाव प्रक्रिया की विफलता राष्ट्र को पतन के गर्त में ढकेल सकती है।"*

वैसे तो भारत में चुनाव प्रक्रिया काफी सफल ही है तथा समय-समय पर इनमें सुधार होते रहे हैं परन्तु पिछले कुछ समय से एक सुधार पर विशेष बल दिया जा रहा है और वह है 'लोकसभा व सभी राज्य विधानमंडलों के चुनाव एक साथ कराना।' इस मुद्दे पर प्रधानमंत्री श्री नरेन्द्र मोदी ने काफी बल दिया है। अत: ऐसे में यह विश्लेषण करना जरूरी हो जाता है कि 'एक निर्वाचन' की जरूरत क्यों महसूस की

जा रही है, क्या इसे लागू करना आसान होगा, किन-किन चुनौतियों का इसे सामना करना पड़ेगा, साथ ही क्या यही सुधार निर्वाचन प्रक्रिया में चल रही समस्याओं व राजनीति की समस्याओं का समाधान करने के लिए पर्याप्त है या कुछ अन्य उपाय भी करेंगे। इन्हीं मुद्दों पर इस लेख में विचार-विमर्श किया जाएगा।

सर्वप्रथम यह बताते चलें कि 'एक निर्वाचन' का सिद्धान्त कोई नया नहीं है। भारत के अलावा भी कई देशों में इसका प्रचलन है। भारत में विधि आयोग (Law Commission) ने भी कई बार इस मुद्दे पर विचार किया है। संसद की कई समितियों ने भी इस सम्बन्ध में अनुशंसा दी है। वास्तव में भारत जैसे देश में जहाँ इतनी बड़ी जनसंख्या (1.3 अरब) रहती है, उसमें से भी लगभग एक-चौथाई से ज्यादा निरक्षर हैं, साथ ही समाज में ऊँच-नीच का भेदभाव इतना गहरा है कि एक सफल चुनाव सम्भव करना किसी टेढ़ी खीर से कम नहीं है।

सामान्यत: किसी लोकतंत्र में सरकार की अवधि 5 साल की होती है परन्तु पाया गया है कि सरकारें औसतन चार साल ही काम करती हैं, क्योंकि चुनावी साल में सामान्यत: सरकार के सभी कामकाज ठप्प रहते हैं व सरकारी तंत्र चुनावी प्रचार की व्यवस्था व चुनाव को सफल क्रियान्वित कराने की व्यवस्था में लगा रहता है। चुनाव से पूर्व चुनाव आयोग द्वारा चुनाव की घोषणा के साथ ही राज्य में या देश में एमसीसी (आदर्श आचार संहिता) लागू हो जाती है। यह एमसीसी चुनाव के परिणाम की घोषणा तक लागू रहती है। इस दौरान सरकार कोई नए विकास के कार्य शुरू नहीं कर सकती, साथ ही पुराने कार्य भी प्रशासनिक मशीनरी के चुनाव में व्यस्त रहने से ठप्प पड़ जाते हैं। उत्तर प्रदेश जैसे राज्यों में तो चुनाव के समय एम.सी.सी. की अवधि ढाई से तीन माह तक की होती है, अत: इतने बड़े समय में जनता को सेवाओं से महरूम रखना किसी भी स्थिति में उचित नहीं कहा जा सकता।

इसके साथ ही चुनाव के अलग-अलग होने पर धन का खर्च भी ज्यादा होता है। साथ ही बोगस वोटिंग की समस्या भी उभरती है क्योंकि एक वोटर अलग-अलग समय पर होने वाले चुनावों में नकली पहचान पत्र से वोट करने में सफल हो जाता है, यह लोकतांत्रिक प्रक्रिया के लिए घातक है।

अत: इन्हीं चुनौतियों के सन्दर्भ में 'एक राष्ट्र : एक निर्वाचन' का सिद्धान्त दिया जाता है। एक ही साथ लोकसभा व सभी राज्य विधानसभाओं के चुनाव कराने की अनुशंसा की जाती है। इससे लगातार चलने वाले चुनावों से होने वाले विकास प्रक्रिया की बाधा भी घटेगी और साथ ही प्रशासन भी चुनावी व्यवस्था से जल्दी मुक्त होकर सामान्य स्थिति के संचालन में योगदान कर पाएगा। इसके साथ ही इससे वोटर टर्नआउट भी बढ़ने की सम्भावना है। इसके अलावा बोगस वोटिंग जैसी समस्याओं को भी कम किया जा सकेगा। एक साथ होने वाले चुनावों से चुनाव में धन-बल का प्रयोग भी घटने की सम्भावना है।

परन्तु 'एक निर्वाचन' उपरोक्त लाभों के साथ कई चुनौतियों से भी भरा है। सबसे प्रमुख मुद्दा यह है कि क्या इस प्रक्रिया द्वारा बनी हुई सरकार अपना कार्यकाल 5 वर्ष पूरा करने में सक्षम होगी? अगर बीच में ही अविश्वास प्रस्ताव लाकर सरकार को भंग किया गया तो फिर क्या चुनाव के अगले आने वाले चुनावी साल तक इन्तजार करना पड़ेगा और तब तक सरकार का संचालन कौन करेगा? साथ ही अगर राष्ट्रपति/राज्यपाल समय से पूर्व लोकसभा/विधानसभा को भंग कर दे तो सरकार का संचालन कैसे होगा?

इस तरह इस व्यवस्था में पूरी संसदीय प्रणाली में ही व्यापक बदलाव करने होंगे। साथ ही यह व्यवहारिक रूप से भी सफल होने की सम्भावनाओं को खारिज करता है। भारत जैसे विशाल देश में एक साथ चुनाव कराने के लिए बड़ी मात्रा में प्रशासनिक व सुरक्षा मशीनरी की जरूरत होगी, जो न तो उपलब्ध हो पाएगी और न ही चुनाव आयोग ऐसा प्रबन्धन कर पाने में सफल होगा। अगर किसी तरह प्रशासनिक व सुरक्षा मशीनरी को लगा भी दिया गया तो देश की आन्तरिक व बाह्य सुरक्षा के लिए इस समय गम्भीर चुनौतियाँ पैदा हो सकती हैं। अलगाववादी तत्त्व इस स्थिति का लाभ उठाने का पूरा प्रयास करेंगे।

अगर इसकी व्यवहारिकता पर और विश्लेषण करें तो पाते हैं कि उत्तर प्रदेश जैसे एक राज्य में ही चुनाव कराने में 8-9 चरणों में चुनाव सम्पन्न कराने पड़ते हैं तो फिर तो भारत में 29 राज्य व 2 केन्द्रशासित राज्य (जिनमें विधानसभा हैं—दिल्ली व पांडिचेरी) हैं, उनमें एक साथ चुनाव कैसे कराए जा सकते हैं?

इसके अलावा हमें अपने नागरिकों के शैक्षिक स्तर को भी देखना होगा, क्योंकि एक डर यह भी माना जाता है कि एक साथ चुनाव कराने से स्थानीय व राष्ट्रीय मुद्दे आपस में मिश्रित हो जाएँगे, क्योंकि विधानसभा चुनाव के लिए अलग मुद्दे होते हैं व जब राष्ट्रीय चुनाव (लोकसभा का) होता है तो मुद्दे बदल जाते हैं। उदाहरणत: पांडिचेरी में 2014 के लोकसभा चुनाव में भारतीय जनता पार्टी को 40 में से 38 सीटें मिलीं पर वहीं 2016 में हुए विधानसभा चुनाव में इसे बहुत कम समर्थन मिला, क्योंकि इस बार विधानसभा चुनाव में मुद्दा राष्ट्रीय न होकर क्षेत्रीय था, अत: पर्याप्त जनसमर्थन नहीं मिला। अत: एक साथ चुनाव कराने पर क्या जनता इतनी जागरूक है, इतना जनता का मानसिक स्तर है कि वह क्षेत्रीय व स्थानीय मुद्दों को राष्ट्रीय मुद्दों से अलग कर देख सके।

कुल मिलाकर 'एक निर्वाचन' की व्यवहारिकता काफी जटिल है। यही कारण है कि चुनाव आयोग ने अभी तक इस माँग का समर्थन नहीं किया है। हाँ, इस दिशा में कुछ और सुधार किए जा सकते हैं, जैसे जिन राज्यों में चुनाव 6 महीनों के अन्तराल पर होने हों उनमें एक साथ चुनाव कराए जाएँ। इसी तरह जिन राज्यों के चुनाव लोकसभा के चुनावी साल में पड़ रहे हैं, उनको लोकसभा चुनाव के

साथ ही जोड़कर चुनाव कराए जा सकते हैं। हालाँकि ऐसा प्रयोग चुनाव आयोग ने किया है व 2014 के लोकसभा चुनाव के समय इसका सफल परीक्षण किया गया है तथा इसके बाद भी राज्यों के चुनाव एकजुट करके कराए जा रहे हैं।

अत: 'एक राष्ट्र : एक निर्वाचन' की दिशा में अभी पर्याप्त विचार-विमर्श की जरूरत है, विशेषज्ञों की राय भी जाननी होगी साथ ही आम जनता और चुनाव आयोग का भी विश्वास हासिल करना होगा। वेंकेटचेलैया की अध्यक्षता में संविधान की समीक्षा पर गठित 'संविधान समीक्षा आयोग' ने भी माना था—

"चुनावी व्यवस्था में कोई बड़ा परिवर्तन लाने की जगह हमें वर्तमान व्यवस्था को ही अधिक मजबूत बनाना होगा। इसके लिए चुनाव आयोग को अधिक शक्ति देनी होगी ताकि वह स्वतंत्र व निष्पक्ष होकर अपनी संवैधानिक जिम्मेदारी को निभा सके।"

आज जरूरत है कि चुनावी व्यवस्था की शुचिता को पुनर्बहाल किया जाए। चुनाव के द्वारा राजनीति में बढ़ रहे पूँजीपति व अपराधी तत्त्वों के ऊपर लगाम लगानी होगी। राजनीतिक दलों में भी व्यक्तिवाद, परिवारवाद, वंशवाद आदि पर लगाम लगाते हुए आन्तरिक लोकतंत्र सुनिश्चित करना होगा, तभी हम शान से कह पाएँगे—

सारे जहाँ से अच्छा हिन्दोस्तां हमारा,
हम बुलबुले हैं इसकी, यह गुलिस्तां हमारा।

13

जो समाज अपने सिद्धान्तों के ऊपर विशेषाधिकारों को महत्त्व देता है, वह दोनों से हाथ धो बैठता है।

—अनूप मीणा

"...बात है सन् 1789 के आसपास की। जब फ्रांस में शासक व मध्यवर्ग के मध्य अपने सामाजिक, राजनीतिक स्तरों को लेकर संघर्ष का वातावरण बन गया। उसके बाद फ्रांस की क्रान्ति निष्पादित हुई है। यह क्रान्ति प्रगतिशील सिद्धान्त व रूढ़िवादी विशेष अधिकारों के मध्य संघर्ष के रूप में सम्पन्न हुई। प्रारम्भ में तो यह लगा कि फ्रांस में सिद्धान्तों की विशेषाधिकारों पर जीत हुई, परन्तु धीरे-धीरे लगने लगा कि सिद्धान्त कहीं विशेषाधिकारी व्यवस्था के गर्भ में समा गए हैं जिसे कि नेपोलियन ने स्थापित किया था।" इससे यह निष्कर्ष निकलता है कि आगामी कुछ दशकों तक फ्रांस में अव्यवस्था का मुख्य कारण उपर्युक्त प्रतिगामी व्यवस्था ही रही।

चर्चा की शुरुआत करने से पूर्व सिद्धान्त व विशेषाधिकारों के सम्बन्धों पर विमर्श करना चाहिए। सिद्धान्त, आदर्श मानकीय व्यवस्था के प्रतीक होते हैं। ये

बहुआयामी होते हैं। जैसे संवैधानिक व्यवस्था में मौलिक अधिकारों की व्यवस्था। सिद्धान्त, प्रत्येक समाज के गाइड की भाँति कार्य करते हैं। ये सामान्यतया परिस्थिति, समय व स्थान के अनुरूप परिवर्तित होते रहते हैं। इसके विपरीत विशेषाधिकारों की संकल्पना भेदभावमूलक सामाजिक संरचना पर आधारित है। इसमें शोषक-शोषित व्यवहार, असमानता की उपस्थिति होती है।

सर्वप्रथम हम यह पाते हैं कि सामाजिक सिद्धान्त ही अन्य प्रकार के सिद्धान्तों की आधारशिला के रूप में कार्य करते हैं। ये समष्टि के रूप में कार्य करती हैं तथा समाजीकरण के माध्यम से व्यष्टि (प्रत्येक मानव में) को सामाजिक सिद्धान्तों से अभिप्रेरित करते हैं। सामाजिक सिद्धान्त प्राय: सहिष्णुता, समावेशन, करुणा की भावना पर आधारित होते हैं। वंचित वर्गों के प्रति संवेदनशीलता की उपस्थिति रहती है। सभी प्रकार के भेदभावों की सैद्धान्तिक रूप से अनुपस्थिति रहती है। सामाजिक सद्‌भाव का उच्च स्तर रहता है। ये सलाद के कटोरे की बहुतात्त्विक, विविधतामयी संकल्पना में विश्वास रखते हैं।

सामाजिक क्षेत्र के अतिरिक्त पर्यावरणीय सिद्धान्त भी समाज के अस्तित्व हेतु आवश्यक है। मानव-पशु सहअस्तित्व, सम्पोषणीय विकास, पर्यावरणप्रेमी व पर्यावरण केन्द्रित तकनीक, प्राकृतिक घटकों का संरक्षण आदि प्रमुख सिद्धान्त है। यदि घर बनाओ तो आँगन में एक पेड़ भी लगा लेना, परिन्दे सारे मुहल्ले के चहचहाएँगे। यह विचार पर्यावरणीय सिद्धान्तों की आधारशिला है। ये सिद्धान्त मेटाफिसिकल ह्यूमनिज्म के सिद्धान्त के विपरीत मानव पर्यावरण सहअस्तित्व पर बल देते हैं।

विश्लेषण को आगे बढ़ाने पर हम पाते हैं कि कुछ ऐसे आर्थिक सिद्धान्त भी हैं जो प्रत्येक समाज हेतु आवश्यक होते हैं। समावेशी विकास—सहभागी विकास की संकल्पना, सतत विकास लक्ष्यों की अवधारणा, अर्थव्यवस्था के सभी क्षेत्रों के समरूप विकास का प्रयास ऐसे ही सिद्धान्त हैं। यद्यपि ये सिद्धान्त देखने में सरल प्रतीत होते हैं परन्तु यदि इनको प्राप्ति के ईमानदारी से प्रयास किए जाएँ तो पृथ्वी स्वर्ग की संकल्पना पर खरा उतर सकती है।

चर्चा को आगे बढ़ाने पर हम पाते हैं कि राजनीतिक क्षेत्रों में मूलभूत अधिकारों की संकल्पना, सहभागितापूर्ण लोकतंत्र, मिनिमम गवर्नमेंट-मैक्सिमम गवर्नेंस, जवाबदेहितापूर्ण शासन प्रणाली, बहुसंख्यक व अल्पसंख्यकों का सहअस्तित्व जैसे सिद्धान्त प्रत्येक समाज की रक्तवाहिनियों के समान है जो उसकी जीवन्तता व गतिशीलता हेतु आवश्यक है।

समाज के नैतिक मूल्य, यद्यपि ये अमूर्त व भावनात्मक होते हैं, भी इन सिद्धान्तों का परिमार्जित स्वरूप होता है। करुणा, सहानुभूति-समानुभूति, सहिष्णुता, लोकसेवा की भावना, व्यापक जनहितों की प्रधानता आदि ऐसे ही सिद्धान्त हैं।

उपर्युक्त वर्णित सिद्धान्तों को प्राप्त करने के लिए जिस समाज ने ईमानदारी से प्राप्त करने का व्यवहारिक रूप से प्रयास किया है वह न केवल अपना अस्तित्व बचाए रखने में सफल रहा है अपितु प्रगतिशीलता की सीढ़ियों पर क्रमिक रूप से चढ़ा भी है। परन्तु जिन समाजों ने इनका आरोहण नहीं किया उन्होंने अपने अस्तित्व को ही खतरे में डाल दिया है।

सामान्यत: सिद्धान्त को खतरा तब पहुँचता है जब विशेषाधिकारों को वरीयता मिलने लगती है। इस स्थिति के इतिहास व वर्तमान में अनेक दृष्टान्त मौजूद हैं चाहे वह फ्रांसीसी व रूसी क्रान्ति में शासक-वंचित वर्गों का संघर्ष हो या वर्तमान में रोहिंग्या शरणार्थी, मध्य-पूर्व की आन्तरिक कलह की स्थिति हो। रोहिंग्या मुसलमानों के अधिकारों पर म्यांमार के अन्य वर्गों को विशेषाधिकार देने से वहाँ शान्ति, विश्वास जैसे सिद्धान्तों को गहरा आघात पहुँचा है।

विशेषाधिकार प्राप्त वर्ग हमेशा यह चाहता है कि सिद्धान्तों का व्यवहारिक धरातल पर क्रियान्वयन न हो। वह यथास्थितिवादिता का प्रतीक होता है, जो अन्तत: प्रगतिशील विचारों को बाधित करता है। समाज के विकास हेतु गतिशीलता जरूरी है एवं यह गतिशीलता विशेषाधिकारों की गैरमौजूदगी की अवस्था में ही आ सकती है। समाज को नदी के जल के समान प्रगतिशील सिद्धान्तों पर आधारित होना चाहिए नहीं तो स्थिर जल के समान उसमें विशेषाधिकार रूपी बू आने लगती है।

विशेषाधिकारों को महत्त्व देना समाज के बहुआयामी विखंडनीकरण को बढ़ावा देता है। यह समाजीकरण की प्रक्रिया के आदर्श रूप को बाधित करके समाज के भावी भागीदारों में विशेषाधिकार सम्पन्न बनाम विशेषाधिकार विहीन वर्ग में संघर्ष के बीजों का आरोपण कर देता है। इससे समाज में सहयोग, विश्वास, सहअस्तित्व जैसे नैतिक मूल्यों का क्रमिक ह्रास होता है जिससे समाज में अराजकता की स्थिति के व्याप्त होने का भय बना रहता है। यह स्थिति वर्तमान में कई मध्य व पश्चिमी गणराज्यों में देखी जा सकती है जहाँ संघर्ष की स्थिति ने समाज के अस्तित्व को ही खतरे में डाल दिया है।

विश्लेषण को आगे बढ़ाने पर हम पाते हैं कि मानव स्वयं को मेटाफिसिकल ह्यूमनिज्म की अवधारणा के कारण पर्यावरण व अन्य जीव-जन्तुओं को अपने विकास का साधन मानने लगा है। यह वस्तुत: मानव को विशेषाधिकारपूर्ण व सर्वोच्च मानने की संकल्पना पर आधारित है। परन्तु मानव के इसी दृष्टिकोण के कारण जलवायु परिवर्तन, ओजोन परत का क्षय, सागर तल में वृद्धि, जैव विविधता का ह्रास जैसी घटनाएँ सामने आने लगी हैं। मानव के बिना पर्यावरण सुरक्षा सम्भव है, क्या मानव एक हजार वर्षों तक जीवित रह पाएगा, या तो मानव का भविष्य हरा होगा या होगा ही नहीं; जैसे विचार भावी संकटपूर्ण स्थिति को ही बयाँ करते हैं।

वर्तमान में समाज में अल्पसंख्यक बनाम बहुसंख्यक संघर्ष, गरीब बनाम अमीरों के संघर्ष, सवर्ण बनाम दलित आदि के कारण सामाजिक अस्थिरता, मॉब लिंचिंग, राजनीति के अपराधीकरण व अपराधियों के राजनीतिकरण जैसी घटनाएँ बढ़ने लगी हैं। ये सिद्धान्तों से विचलन व विशेषाधिकारों के सुदृढ़ होते पक्ष को दर्शाते हैं जो भविष्य में सम्भाव्य सामाजिक संकट का कारण बन सकता है।

इतिहास में ऐसे अनेक उदाहरण उपलब्ध हैं जिनमें सिद्धान्तों की पुनर्स्थापना हेतु विशेषाधिकार सम्पन्न वर्गों का विरोध किया गया। चाहे वह महात्मा बुद्ध द्वारा तत्कालीन वैदिक समाज की रूढ़िगत अवधारणाओं का विरोध हो या मध्यकालीन भक्ति आन्दोलन हो। ज्योतिबा फुले, अम्बेडकर, महात्मा गांधी जी आदि ऐसे उदाहरण हैं जिन्होंने समानता, शोषणहीन समाज की संकल्पना हेतु सिद्धान्तों को वरीयता दी। यूरोप में पुनर्जागरण का एक प्रमुख कारण विशेषाधिकारों पर सिद्धान्तों की स्थापना करना था।

एक बार महात्मा गांधी जी ने यह कहा था कि मैं एक ऐसे समाज की स्थापना करना चाहता हूँ जहाँ अन्तिम पंक्ति में खड़ा व्यक्ति भी यह सोचे कि राष्ट्र निर्माण में उसकी भी अग्रणी भूमिका रही है। इस विचार के गर्भ में बहुआयामी सिद्धान्तों के धरातल पर वास्तविक क्रियान्वयन की बात अन्तर्निहित है। इन सिद्धान्तों के वास्तविक क्रियान्वयन के कारण स्कैंडिनेवियाई देशों ने पार्थिव स्वर्ग की स्थिति पा ली है। वहाँ विशेषाधिकारों पर सिद्धान्तों को वरीयता मिली है। अब हमें चाहिए कि सिद्धान्तों के चयन का मार्ग चुना जाए, विशेषाधिकारी प्रवृत्तियाँ तो स्वत: समाप्त हो जाएँगी। यही एक तरीका है जो मानव सभ्यता व समाज की सततता को बनाए रख सकता है।

14

एक साथ आधुनिकता और रूढ़िवादिता की ओर बढ़ रहा भारतीय समाज

—रवि सिहाग

पहिये से लेकर अन्तरिक्ष यानों तक, खाद्य संग्राहक समाज से लेकर स्वचालित प्रसंस्करण उद्योगों तक, पत्थर के औजारों से लेकर हाइड्रोजन बम के आविष्कार तक मानव ने विकास की लम्बी दूरी तय की है। समय की करवट के साथ अनेक सभ्यताओं का उत्थान व पतन हुआ। एक चीज जो हमेशा विद्यमान रही, वह थी मानव की अदम्य जिजीविषा एवं विकास करने की इच्छा। अपने भौतिक विकास

के साथ-साथ आन्तरिक साम्य एवं शान्ति को बनाए रखने के लिए ही मनुष्यों ने परस्पर मिलकर समाज का निर्माण किया। पारस्परिकता, एकजुटता, एकता, श्रम विभाजन एवं सामान्यत: साझे विश्वासों के तत्त्वों से समाजों का निर्माण हुआ।

भारतीय समाज इस सन्दर्भ में अनूठा है। इस समाज में एकता के साथ विविधता भी विद्यमान है। साथ ही, अपनी सामंजस्य एवं समाहार क्षमता के कारण परस्पर विरोधी तत्त्व भी इसमें विद्यमान रहते हैं। सम्पूर्ण इतिहास के पन्नों में भारतीय समाज की प्रकृति छिटपुट परिवर्तनों के साथ लगभग एक जैसी रही है। इस समाज ने बाह्य धर्मों, संस्कृतियों को अपनाया तो वह भी अपनी बीज या केन्द्रीय प्रवृत्तियों को अक्षुण्ण रखते हुए। यही बात आधुनिक मूल्यों के सन्दर्भ में लागू होती है।

वस्तुत: आधुनिकता एक कालसूचक शब्द न होकर प्रवृत्तिसूचक शब्द है। पुनर्जागरण एवं धर्म सुधार आन्दोलनों की कोख से इसका जन्म हुआ तो डेकार्ट के 'बुद्धिवाद' एवं फ्रांसिस बेकन के 'अनुभववाद' ने इसके विकास में योगदान दिया। परलोक के बजाय इहलोक, आस्था के बजाय मानवीयता एवं धार्मिक मतों के विपरीत मानवीय बुद्धि पर बल देने को आधुनिकता की मुख्य विशेषता माना जाता है।

पश्चिमी देशों में आधुनिक मूल्यों के प्रसार के बाद अंग्रेजों के भारत आगमन के फलस्वरूप भारतीय भी इन्हीं मूल्यों से परिचित हुए। पश्चिमी व भारतीय संस्कृति के टकराहट के समय दोनों संस्कृतियाँ एक-दूसरे को विस्मय से देख रही थीं। एक तरफ भौतिक विकास की उपलब्धियाँ थीं तो दूसरी तरफ आध्यात्मिक विकास की। इन संस्कृतियों की टकराहट के फलस्वरूप जो रचनात्मक ऊर्जा उत्पन्न हुई, उसने भारतीय समाज में भी कुछ मूलगामी परिवर्तन किए। साथ ही, अंग्रेजों की आधुनिक शिक्षा पद्धति, संचार एवं परिवहन व्यवस्था, अंग्रेजी भाषा के प्रसार, आधुनिक न्यायिक मूल्यों के कारण भी समाज में आमूलचूल परिवर्तन आए। परन्तु दुर्भाग्यवश अंग्रेजों ने यह कार्य मैक्रोस्कोपिक स्तर पर ही किया। भारतीय समाज की बीज प्रवृत्तियों में विद्यमान कुछ विसंगतियों को दूर करने की अंग्रेजों में न तो इच्छा थी, न ही साहस।

तत्कालीन भारतीय समाज की विशेषताएँ थीं—धार्मिक आडम्बरों का बोलबाला होना, वर्णव्यवस्था के अनुरूप जातियों में बँटा समाज, स्त्रियों व दलितों की निम्न स्थिति, पितृ सत्तात्मक समाज एवं यथास्थितिवादी मानसिकता का विद्यमान होना।

इन विशेषताओं से युक्त समाज की आधुनिक मूल्यों से टकराहट ने कुछ विरोधाभासों को जन्म दिया। ये विरोधाभास कई स्तरों पर दिखलाई पड़ते हैं। धार्मिक स्तर पर देखें तो समाज में गजब का विरोधाभास विद्यमान है। पढ़े-लिखे युवक तांत्रिकों एवं अन्य अन्धविश्वासों में जकड़े नजर आ जाएँगे। साक्षरता का प्रसार होने के बाद भी पुरानी रूढ़िवादी प्रथाएँ समाप्त होने का नाम नहीं ले रहीं। आज भी पुत्र को कन्या पर वरीयता दी जाती है क्योंकि अभी भी यह विश्वास विद्यमान है कि पुत्र ही माता-पिता का उद्धार कर सकता है। पाखंडी साधुओं के पर्दाफाश होने

की खबरें हर रोज सुनने को मिल ही जाती हैं। आज भी बिल्ली का रास्ता काटना, छींकने को अपशकुन माना जाता है, जबकि भारतीय संविधान में वैज्ञानिक व तार्किक दृष्टिकोण अपनाने का आह्वान हर नागरिक से किया गया है।

लैंगिक स्तर पर देखें तो भारत के महाशक्ति बनने के आज के समय में पारिवारिक स्तर से लेकर अन्य ऊँचे स्तरों पर रूढ़िवादी सामन्ती व पितृसत्तात्मक विचारों के दर्शन हो ही जाते हैं। महिलाओं की दयनीय स्थिति का अन्दाजा इस बात से लगाया जा सकता है कि निरन्तर सुधार की योजनाओं, कानूनों व जागरूकता प्रयासों के बावजूद महिलाओं का उत्पीड़न जारी है। 69 मिलियन महिलाएँ मिसिंग हैं तो 21 मिलियन बालिकाएँ अवांछित हैं। प्रतिवर्ष हजारों कन्याएँ जन्म लेने से पूर्व ही मार दी जाती हैं। और चरम विरोधाभास तो यह है कि आर्थिक रूप से समर्थ राज्यों यथा—पंजाब, हरियाणा में ऐसा अधिक है। बालिकाओं के हाथ से मोबाइल फोन छीन लिये जाते हैं, जीन्स पहनने नहीं दी जाती, प्रेमविवाह की तो बात ही क्या करें? 'विधि के शासन' वाले भारतीय संविधान में प्रेमविवाह करने वाले युगलों को रूढ़िवादी खाप पंचायतों द्वारा मारकर पेड़ों पर लटका दिया जाता है। कार्यस्थल पर शोषण, कामकाजी महिलाओं की दोहरी भूमिका, ग्लास सीलिंग जैसी संकल्पनाएँ इसी आधुनिक समय में घटित होती हैं।

विरोधाभास का तीसरा स्तर जाति व्यवस्था के स्तर पर देखने को मिलता है। किसी प्रसिद्ध विद्वान का कहना है कि—"जाति वह है जो कभी नहीं जाती।"

जोतिबा फुले से लेकर अम्बेडकर, गांधी के निरन्तर, अथक आन्दोलनों के साथ-साथ संविधान में समानता, स्वतंत्रता के अधिकार, अस्पृश्यता के अन्त और पिछड़े वर्गों हेतु अनेक प्रावधानों के बावजूद बेलछी कांड (1967) से लेकर झज्जर (हरियाणा) की घटनाओं का दर्शन अनचाहे मन से करना ही पड़ता है। रूढ़िवादिता का आलम यह है कि जिस जाति व्यवस्था के समाप्त होने की आशा संविधान निर्माताओं को थी, वह जाति आज की राजनीति में भी प्रविष्ट हो गई है और 'परम्परागत पहचानों' को तीव्र व सघन बनाने का माध्यम हो गई।

कुछ अन्य स्तरों पर देखें तो कई प्रश्न मस्तिष्क में उठते हैं। यदि आधुनिक विचारों का प्रसार हो रहा है तो क्यों नारी के वस्तुकरण को प्रदर्शित करने वाले गाने लोगों को पसन्द आते हैं? क्यों लैंगिक व वर्गीय समानता की बात करने वाली फिल्में, साहित्य आम जनता को पसन्द नहीं आता? अगर कोई पुरुष घर का काम करता है तो क्यों समाज में वह उपहास का पात्र बन जाता है? क्यों एक-दूसरे धर्म के व्यक्ति के साथ मित्रता को संशय की नजर से देखा जाता है? क्यों एक दलित के क्षमता विहीन होने की पूर्वधारणाएँ विद्यमान हैं?

वस्तुतः इन सभी प्रश्नों का जवाब यह है कि हमारी मानसिकता में चेतन मन पर न सही तो अवचेतन मन में कुछ रूढ़िवादी एवं सामन्ती लक्षण विद्यमान हैं।

फर्क सिर्फ अनुपात का है। तभी तो पारम्परिक ग्रामीण समाज में रहने वाला व्यक्ति अपनी पारम्परिक पहचानों को लेकर अधिक आक्रामक मुद्रा अख्तियार कर लेता है तो शहरी विश्वविद्यालय में पढ़ रहा व्यक्ति कम। सिग्मंड फ्रॉयड की भाषा में कहें तो 'इड' व 'सुपरईगो' का द्वंद्व ही व्यवहार में विरोधाभासों को जन्म देता है।

अन्तिम प्रश्न है कि क्या इन विरोधाभासों का उन्मूलन सम्भव है? यदि एक शब्द में उत्तर दिया जाए तो 'हाँ'! सम्भव है। पर यह इतना आसान नहीं है। इसके लिए शिक्षा एवं आधुनिक मूल्यों का प्रचार करना होगा, रूढ़िवादी ताकतों के विरुद्ध एक वैचारिक आन्दोलन चलाना होगा। आर्थिक विकास के सन्दर्भ में असमानता को कम करते हुए समावेशी विकास का ध्यान रखना होगा क्योंकि पिछड़ा वर्ग ही रूढ़िवादी ताकतों का मुख्य लक्ष्य होता है। इसे ही हथियार की तरह चलाया जाता है और निशाना भी यह खुद ही होता है। इसके लिए शिक्षित युवकों, मध्यवर्गीय एवं उच्चवर्गीय बुद्धिजीवियों को सरकार के साथ सहयोग कर अपने प्रयासों का उचित क्रियान्वयन करना होगा।

यहाँ रूढ़िवादिता के उन्मूलन से अभिप्राय यह नहीं है कि प्राचीन भारतीय मूल्यों को ही नष्ट कर दिया जाए बल्कि प्राचीन भारतीय सांस्कृतिक मूल्यों का आधुनिक विचारों से सुसंगत मिलान कर एक स्वर्णिम भविष्य बनाने के स्वप्न को साकार किया जाए।

15

नकदी रहित अर्थव्यवस्था : सम्भावनाएँ, मुद्दे एवं चुनौतियाँ

—सर्वज्ञ मिश्र

इस वर्ष के आम बजट में दो लाख से ऊपर की नकदी संव्यवहार को अवैध घोषित कर दिया गया। इससे पहले भी नोटबन्दी, जीएसटी में दस हजार से ऊपर के भुगतान नकद में न करने जैसे कई कदम इस बात का संकेत दे रहे थे कि भारत सरकार अर्थव्यवस्था को नकदी रहित बनाने की ओर क्रमिक प्रयास कर रही है। अत: यह एक उपयुक्त समय है कि हम वर्तमान सन्दर्भ में भारत तथा बाकी विश्व में नकदी रहित अर्थव्यवस्था की सम्भावनाओं तथा उनमें निहित मुद्दों एवं चुनौतियों का विश्लेषण करें।

नकदी रहित अर्थव्यवस्था वित्तीय, विशेषत: वाणिज्यिक संव्यवहारों में मुद्रा के स्थान पर अन्य संस्थागत या तकनीकी उपकरणों के प्रयोग से सम्बन्धित है। यह चैक, बैंक ड्राफ्ट, डेबिट/क्रेडिट कार्ड, ऑनलाइन भुगतान, हस्तान्तरण (एनईएफटी

तथा आरटीजीएस आदि), प्वाइंट ऑफ सेल मशीनों में कार्ड द्वारा भुगतान, डिजिटल वालेट (यथा पेटीएम) इत्यादि के रूप में किया जा सकता है।

नकदी रहित अर्थव्यवस्था की प्रशासनिक, आर्थिक, सामाजिक एवं अन्य क्षेत्रों में अपार सम्भावनाएँ हैं। यदि समस्त हितधारकों को शामिल करते हुए इसे क्रमश: लागू किया जाए तो यह निम्न प्रकार से उपादेय हो सकती है—

प्रशासनिक दृष्टिकोण से नकदी रहित अर्थव्यवस्था में संव्यवहारों पर नजर रखना, उनको साक्ष्य के रूप में न्यायालयों में पेश करना सरल है, अत: यह भ्रष्टाचार एवं आर्थिक अपराध पर काफी अंकुश लगाने में सक्षम हो सकेगा। पुनश्च सरकार को अर्थव्यवस्था एवं लोगों के आर्थिक क्रियाकलापों की बेहतर जानकारी मिलती रहेगी, जो सरकार को अधिक लक्षित एवं प्रभावकारी योजनाएँ बनाने में सहायता करेगी।

कर-प्रबन्धन की दृष्टि से नकदी रहित वाणिज्यिक कार्यों में कर वसूली अधिक दक्षता से की जा सकती है। यह कर वसूली में पारदर्शिता भी ला सकता है।

वैश्विक व्यापार में भी नकदी रहित संव्यवहारों का सकारात्मक प्रभाव पड़ेगा। परस्पर परिवर्तनीय मुद्राओं का ऑनलाइन स्वत: स्थानान्तरण छोटे उद्योगों को भी अन्तर्राष्ट्रीय भुगतान सस्ते व पारदर्शी रूप से लेने में सक्षम बनाएगा।

अपराध नियंत्रण, आतंकवाद तथा तस्करी की रोकथाम में भी यह सहायक होगा क्योंकि आपराधिक गतिविधियों का वित्तीयन आसानी से पकड़ में आ जाएगा।

यह समाज के अन्तिम छोर तक खड़े व्यक्तियों का सशक्तीकरण करने की शक्ति रखता है, क्योंकि नकदी-रहित एवं विशेषत: ऑनलाइन भुगतान भौगोलिक दूरी एवं अलगाव को समाप्त कर सकता है। उदाहरणत: पश्चिमी एशिया में कार्य करने वाले लाखों भारतीय मूल के श्रमिक नकदी रहित मुद्रा स्थानान्तरण द्वारा भारत में अपने परिवार की आसानी से मदद कर पाते हैं।

नकदी रहित अर्थव्यवस्था की ओर प्रगति स्वाभाविक रूप से नागरिकों का डिजिटल सशक्तीकरण करेगी। यह उनको वर्तमान युग में बेहतर आर्थिक व सामाजिक अवसर प्रदान करेगा।

आन्तरिक सुरक्षा के सन्दर्भ में नकदी रहित अर्थव्यवस्था अलगाववादी तत्त्वों एवं वसूली पर आश्रित आतंकवादी संगठनों पर प्रभावी अंकुश लगा सकती है। यह विदेशों द्वारा आन्तरिक अशान्ति के लिए किए जा रहे वित्तीयन को नियंत्रित कर सकती है।

उदाहरणत: नोटबन्दी के उपरान्त जब बाजार में नकदी की कमी हो गई थी, उन महीनों में कश्मीर में पत्थरबाजी की घटनाओं में उल्लेखनीय कमी आई थी। न केवल इसका कारण नकद में पाकिस्तान प्रायोजित वित्तीयन का कम हो जाना रहा, अपितु जाली मुद्रा की समस्या का हल नकदी रहित अर्थव्यवस्था में सम्भव है, इसकी झलक भी नोटबन्दी के बाद की स्थिति ने दिखा दी।

अन्तत: नकदी रहित अर्थव्यवस्था विभेदों के न्यूनीकरण में सहायक है। कोई महिला, वृद्ध, अशक्त या दिव्यांग व्यक्ति भी घर बैठे ऑनलाइन माध्यमों का उपयोग करके वित्तीय क्रियाकलापों को सम्पादित कर सकता है।

इस प्रकार ध्यानपूर्वक लागू की गई नकदी रहित अर्थव्यवस्था मानव जीवन के व्यापक क्षेत्रों में सम्भावनाओं के नए द्वार खोलती हुई नजर आती है।

परन्तु, जल्दबाजी में या बिना समस्त हितधारकों, विशेषत: छोटे उद्यमियों एवं उपभोक्ताओं को विश्वास में लिए बिना यदि इसको लागू किया जाए तो यह कुछ नकारात्मक परिणाम भी दे सकती है। हम संक्षेप में कुछ मुद्दों एवं चुनौतियों का विश्लेषण करेंगे जो नकदी रहित अर्थव्यवस्था के क्रियान्वयन के समय ध्यान में रखनी चाहिए।

प्रथमत: संस्थागत अक्षमताएँ जैसे कि बैंक-शाखाओं की सघनता, इंटरनेट कनेक्शन, बिजली की उपलब्धता, प्वाइंट ऑफ सेल मशीनों की उपलब्धता आदि पर ध्यान देना जरूरी है। एनएसएसओ के अनुसार भारत के 70 हजार ग्राम पंचायतों में आज भी किसी बैंक की कोई शाखा मौजूद नहीं है। देश में इंटरनेट सघनता 15 प्रतिशत के आसपास है, उसमें भी ब्रॉडबैंड सघनता नगण्य है।

दूसरे, माँगपक्ष की समस्याएँ, जैसे कि वित्तीय साक्षरता में कमी, ग्रामीण जनता में नकदी पर अधिक विश्वास, ऑनलाइन मुद्रा हस्तान्तरण के प्रति भय एवं अरुचि इत्यादि भी उपस्थित हैं। हम प्राय: देखते हैं कि भारतीय जनता विशेषत: गरीब वर्ग अपनी बचत को घर में ही रखने में विश्वास रखता है। बैंकिंग व्यवस्था के प्रति विश्वास में कमी एवं सामान्य वित्तीय साक्षरता का अभाव इसका प्रमुख कारण है। शिक्षा, पहुँच एवं अभिवृत्ति की यह कमी नकदी रहित अर्थव्यवस्था के सार्वभौमीकरण में प्रमुख बाधा है। यदि इस बाधा को दूर किए बिना ही नकदी रहित अर्थव्यवस्था को थोपा गया तो यह वित्तीय असमानता को बढ़ा सकता है।

अनौपचारिक क्षेत्रों (यथा खुदरा निर्माता, कृषक आदि) एवं सूक्ष्म तथा कुटीर उद्योगों पर इसके प्रभाव का आकलन भी आवश्यक है। यद्यपि आजकल नकदी रहित संव्यवहार अधिक खर्चीला या विलम्बकारी तो नहीं रहा, परन्तु फिर भी अनौपचारिक क्षेत्रों में व्यक्तियों को विश्वास में लेते हुए क्रमश: नकदी की मात्रा कम करनी चाहिए। नोटबन्दी के बाद नकदी की कमी का सबसे अधिक प्रभाव इन्हीं अनौपचारिक एवं सूक्ष्म उद्यमों पर हुआ था।

कुछ अन्य समस्याएँ जो नकदी रहित अर्थव्यवस्था में आ सकती हैं, वे निजता, गोपनीयता एवं सुरक्षा की हैं। वर्तमान में विश्व में निजता को लेकर काफी चर्चाएँ हो रही हैं कि किस सीमा तक वित्तीय लेन-देनों का (जो कि व्यापारिक सम्बन्धों के सूचक होते हैं) प्रकटीकरण उचित है। किसी कम्पनी के वित्तीय लेन-देनों के अध्ययन से विरोधी कम्पनी उसके ग्राहकों, काम करने के तरीकों के बारे में जान सकती है।

सुरक्षा का मुद्दा और गम्भीर है। बैंकों की वेबसाइट को हैक करके या किसी अन्य ऑनलाइन प्लेटफार्म के माध्यम से विश्व के दूरस्थ क्षेत्रों से विशाल नकदी हेरफेर किए जा सकते हैं। सम्बन्धित सरकारों की भौगोलिक, तकनीकी व अन्य सीमाओं के कारण इन अपराधों पर प्रभावी कार्यवाही भी कठिन हो जाती है। हाल ही में रैनसम वायरस द्वारा व्यापक पैमाने पर ऑनलाइन माध्यमों (विशेषत: क्रिप्टो-करेंसी-बिटक्वशन) के प्रयोग द्वारा आर्थिक अपराधों को अंजाम दिया गया।

अन्तत: ऑनलाइन माध्यमों के द्वारा संव्यवहार करने पर लगने वाला अतिरिक्त सुविधा शुल्क (प्राय: 2 प्रतिशत तक का) एक नकारात्मक अभिप्रेरणा देता है। व्यक्ति नकदी होने की स्थिति में नकदी रहित माध्यमों का प्रयोग न करने को अभिप्रेरित होता है।

अत: उपरोक्त चुनौतियों को ध्यान में रखकर ही कोई भी नकदी-रहित व्यवस्था की योजना बनाई जानी चाहिए। उदाहरणत: 2 प्रतिशत के सुविधा शुल्क को बैंक द्वारा अदा किया जाना चाहिए क्योंकि उपभोक्ता अपना इंटरनेट डेटा खर्च करके जो भुगतान स्वत: कर रहा है, वह अन्यथा बैंक से नकदी निकालकर करता। बैंक की शाखाओं के संचालन के भारी व्यय की बचत के एवज में यह वित्तीय भार बैंक द्वारा उठाया जा सकता है।

दूसरे वित्तीय सेवाओं तक भौतिक पहुँच एवं सामान्य वित्तीय साक्षरता के विस्तार पर ध्यान देने की जरूरत है। आधार संख्या आधारित, जनधन खातों के सरल मोबाइल बैंकिंग से जोड़कर (जेएएम) तथा भीम जैसी एंड्राइड एप्लीकेशन के प्रयोग द्वारा इन मुद्दों पर सकारात्मक प्रगति की जा सकती है। निजता, गोपनीयता एवं विश्वसनीयता को बढ़ाना नकदी रहित अर्थव्यवस्था के विकास की पूर्व शर्त है। भारत में निजता को कोई कानूनी संरक्षण प्राप्त नहीं है। एक उपयुक्त निजता कानून प्रचलित करना समय की आवश्यकता है। सुरक्षा को बढ़ाने के लिए सभी ऑनलाइन भुगतान पोर्टलों का अनिवार्य मानकीकृत परीक्षण, साइबर सुरक्षा एवं आपातकालीन प्रबन्धन एजेंसी सीईआरटी-आईएन का सुदृढ़ीकरण इत्यादि कदम सहायक सिद्ध होंगे।

अनौपचारिक क्षेत्रों व सूक्ष्म उद्यमों के कार्यकर्ताओं में अभिवृत्ति परिवर्तन की भी महती आवश्यकता है, यह एक क्रमिक प्रक्रिया है, जिसके लाभों, यथा सरल कर भुगतान, वैश्विक बाजार में बेहतर अवसर आदि को उन्हें समझाकर प्रोत्साहित करने की जरूरत है।

निष्कर्षत: नकदी रहित अर्थव्यवस्था एक क्रमिक रूप में भारत एवं विश्व के विकास, एकीकरण व परिवर्तन का अग्रदूत बन सकती है, आवश्यकता बस इस बात की है कि इसकी पूर्व शर्त के रूप में मानव संसाधन, अवसंरचना, नीतियों तथा तकनीकी कौशल के आधार का विकास करके उस मजबूत आधार पर इसे लागू किया जाए।

16

विकास का मंत्र : जनसंख्या नियंत्रण

—संदीप मीणा

जनसंख्या नियंत्रण कानून ऐसा हथियार है जिससे बिजली, पानी की कमी, बढ़ती महँगाई, बेरोजगारी, भ्रष्टाचार, गरीबी, अशिक्षा, दंगे इत्यादि समस्याओं का 90 फीसदी अन्त किया जा सकता है। नियंत्रित जनसंख्या विकास की धार है।

विदित हो कि संयुक्त राष्ट्र विकास कार्यक्रम की संचालक परिषद की ओर से 1989 से लगातार 11 जुलाई का दिन जनसंख्या दिवस के तौर पर मनाया जाता रहा है।

भारत अपनी लगभग 121 करोड़ जनसंख्या के साथ विश्व स्तर पर चीन के बाद दूसरे स्थान पर है। उम्मीद की जा रही है कि 2050 तक भारत विश्व में सबसे बड़ी आबादी को लेकर प्रथम स्थान पर होगा। इतनी बड़ी जनसंख्या निश्चित तौर पर इसके सीमित संसाधनों पर दबाव डालती है, देश में अनेक सामाजिक, आर्थिक समस्याओं के लिए उत्तरदायी है।

कुछ वर्ष पहले जनसंख्या की वृद्धि दर को बढ़ाने का लक्ष्य होता था किन्तु अब जनसंख्या वृद्धि की दर को कम करना लक्ष्य है। इसके लिए जनसंख्या नियंत्रण के उपचार पर विचार चल रहा है। कृत्रिम तरीकों का उपयोग करके जनसंख्या वृद्धि की दर को बदलने को जनसंख्या नियंत्रण कहते हैं। भारत में 1901 से 1921 की अवधि में भारत की जनसंख्या की वृद्धि स्थिर अवस्था में रही क्योंकि इस अवधि में वृद्धि दर निम्न थी, जबकि 1951-81 के दशकों को भारत में जनसंख्या विस्फोटक की अवधि के रूप में जाना जाता है। यह देश में मृत्यु दर के तीव्र ह्रास और जनसंख्या की उच्च प्रजनन दर के कारण हुआ। 1981 से वर्तमान में लगातार वृद्धि दर बढ़ रही है। विश्व विकास रिपोर्ट द्वारा बताया गया है कि 2025 ईस्वी तक भारत की जनसंख्या 135 करोड़ को पार कर जाएगी।

विदित हो कि 1970 के दशक में भारत सरकार द्वारा जनसंख्या नियंत्रण पर भारी जोर दिया गया ताकि बढ़ती जनसंख्या और संसाधनों में उचित सन्तुलन बना रहे।

उल्लेखनीय है कि संयुक्त राष्ट्र द्वारा बढ़ती जनसंख्या के मुद्दों के प्रति जागरूकता फैलाने के उद्देश्य से इस वर्ष विश्व जनसंख्या दिवस के स्लोगन 'परिवार नियोजन मानव का अधिकार है' रखा गया ताकि बढ़ती जनसंख्या से उत्पन्न समस्याओं के प्रति जागरूक होकर लोगों द्वारा परिवार नियोजन पर बल दिया जाए।

इसी तरह विश्व जनसंख्या 2017 की थीम 'परिवार नियोजन : लोगों का सशक्तीकरण और राष्ट्र का विकास' रखा गया। जो इस ओर संकेत करती है कि सुरक्षित एवं शैक्षिक परिवार नियोजन हर एक नागरिक का अधिकार है और यही लोगों को सशक्त बनाएगा।

भारत की जनसंख्या बढ़ने का मुख्य कारण है बढ़ती जन्म दर और घटती मृत्यु दर। बढ़ती जनसंख्या के कारण देश के सामने बेरोजगारी, गरीबी और पर्यावरण जैसी समस्याएँ चुनौती बनी हुई हैं, जो समाज एवं राष्ट्र दोनों के विकास को बाधित कर रही हैं क्योंकि सीमित संसाधन बड़ी आबादी हेतु पर्याप्त नहीं हैं—

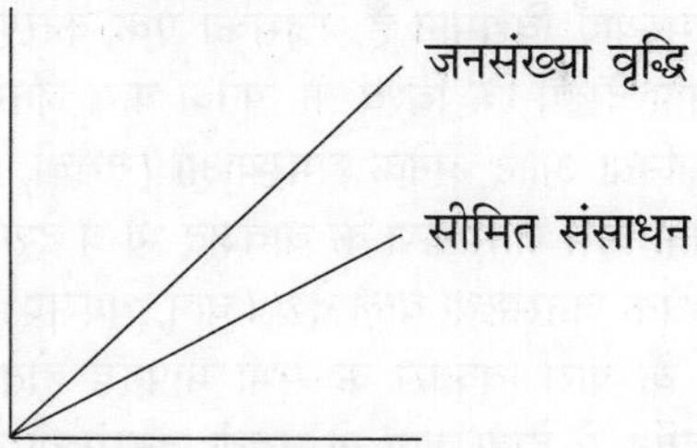

प्रश्न उठता है कि यदि बढ़ती जनसंख्या पर नियंत्रण कर लिया जाए तो क्या भारत का विकास तीव्र गति से होगा? उदाहरणस्वरूप—विश्व के कई देशों ने अपनी बढ़ती जनसंख्या एवं संसाधनों में उचित सामंजस्य हेतु परिवार नियंत्रण प्रणाली को कानूनी रूप दिया किन्तु एक समय बाद वहाँ कार्यशील जनसंख्या की अपेक्षा वृद्धों (अर्थव्यवस्था पर बोझ के रूप में) की संख्या में वृद्धि हुई जिससे मानव संसाधन की समस्या उन देशों के सामने आने लगी है। उदाहरणस्वरूप चीन द्वारा नियंत्रण। किन्तु दूसरी तरफ आप जापान का उदाहरण भी देख सकते हैं कि किस प्रकार एक छोटा देश सीमित संसाधनों के चलते अपने नवाचार एवं तकनीकी शक्ति के बल पर विकसित देशों के बराबर खड़ा है।

सबसे पहले हमें विकास के स्वरूप को समझना होगा। विकास में क्या-क्या शामिल है? विकास के कितने आयाम हैं? क्या जनसंख्या नियंत्रण विकास का मंत्र होगा? विकास को हम समावेशी विकास के रूप में देखते हैं। समावेशी विकास जिसमें आर्थिक विकास की उच्चतर जनित राष्ट्रीय आय के वितरण में समाज के सबसे कमजोर वर्ग के लोगों को उचित हिस्सा मिलता है। विकास नीचे से ऊपर की ओर होता है। इसके लिए आवश्यक है कमजोर एवं वंचित वर्गों (महिला, वृद्ध, एससी, एसटी, श्रमिक इत्यादि) को लाभ मिले। बच्चों को उचित व आवश्यक रूप से शिक्षा का अधिकार प्राप्त हो। आधारभूत अवसंरचना का विकास हो।

उपरोक्त दृष्टि से देखा जाए तो केवल जनसंख्या नियंत्रण ही विकास का मंत्र नहीं हो सकता क्योंकि नियंत्रण करके हम महिला को सशक्त तो बना सकते हैं लेकिन उन्हें सामाजिक एवं आर्थिक सुरक्षा देने के लिए बेहतर नीतियों का निर्माण आवश्यक है। जनसंख्या नियंत्रण के द्वारा जनसंख्या व उसके अनुपात में संसाधनों का सन्तुलन तो बना सकते हैं लेकिन आवश्यकता है संसाधनों के उचित दोहन हेतु नीतियाँ एवं कार्यक्रमों की। आवश्यकता है नवाचार एवं उचित तकनीकी प्रौद्योगिकी की।

भारत आज विश्व में सबसे बड़ी युवा आबादी वाला देश है जबकि चीन, जापान जैसे देशों में निरन्तर जनसंख्या में वृद्धों का अनुपात बढ़ रहा है। इस तरह भारत के पास पर्याप्त मानव संसाधन है, जिसका उपयोग करके भारत अपनी आर्थिक स्थिति मजबूत कर सकता है। किन्तु भारत में फिर भी व्यापक रूप से गरीबी, बीमारियाँ, बेरोजगारी जैसी समस्याएँ विद्यमान हैं, जिसका एक कारण जनसंख्या नियंत्रण तो नहीं हो सकता। आप देखेंगे कि विश्व के अनेक कम जनसंख्या वाले देश जैसे—सोमालिया, लिथुआनिया आदि अनेक समस्याओं (गरीबी, आतंकवाद) का सामना कर रहे हैं। अत्यधिक कम जनसंख्या के बावजूद भी ये देश विकास के पायदान पर नीचे हैं। वहीं अत्यधिक जनसंख्या वाले देश (चीन, यूएसए) विकास के शीर्ष पर हैं।

जबकि भारत के पास विकास के सभी मापदंड होते हुए भी काफी पिछड़ा हुआ है। तार्किक दृष्टि से देखा जाए तो बढ़ती जनसंख्या के साथ अन्य समस्याएँ जैसे—तकनीकी का कम विकास, अशिक्षा, परम्परागत सोच, कृषि का निम्न स्तर, आर्थिक असमानता अनेक ऐसी समस्याएँ हैं जो विकास में बाधक बन रही हैं। ज्ञात हो कि आज भारत के पास प्राकृतिक एवं मानव संसाधन इतना है जिससे वर्तमान की बढ़ती जनसंख्या की समस्याओं से निपटा जा सके। जरूरत है तो संसाधनों के उचित प्रयोग एवं दोहन की।

उल्लेखनीय है कि भारत सरकार द्वारा शुरू किए गए राष्ट्रीय कौशल विकास कार्यक्रम द्वारा काफी जनसंख्या रोजगार पाने में सक्षम तो होगी किन्तु क्या इतने बड़े पैमाने पर रोजगार का सृजन होगा? वर्तमान आँकड़ों पर यदि दृष्टिपात करें तो पाएँगे कि भारत की आज 40 प्रतिशत जनसंख्या 18-56 आयु वर्ग की है जोकि एक कार्यशील श्रेणी में आती है। आप जानते होंगे कि किसी भी देश के युवा के जीवन का सर्वप्रथम प्रश्न उसका जीविकोपार्जन होता है। ऐसे में बेहतर होगा सरकार रोजगार सृजन के स्तर को बढ़ावा दे ताकि भारत अपनी जनांकिकीय लाभांश को देश के वृद्धि एवं विकास में शामिल कर लाभ प्राप्त करे।

सराहनीय है कि भारत सरकार ने रोजगारपरक तकनीक, व्यावसायिक प्रशिक्षण पर ज्यादा जोर दिया है। साथ ही स्टार्टअप, स्टैंडअप इंडिया, मेकिंग इंडिया, मुद्रा योजना, स्किल इंडिया, डिजिटल इंडिया जैसे कार्यक्रमों ने स्वरोजगार के अवसरों को बढ़ाया है। इन योजनाओं का लाभ देश के युवा बढ़-चढ़कर ले रहे हैं।

ज्ञातव्य है कि जनसंख्या राष्ट्र निर्माण का संसाधन है इसलिए जनसंख्या तो होनी चाहिए किन्तु एक वहनीय स्तर तक। जहाँ जनसंख्या की मूलभूत आवश्यकताओं में कोई बाधा न आए, न ही तकनीक, न संसाधन, न नीतियों के क्रियान्वयन की। यह बात तो साफ है कि भारत लगातार जनसंख्या दृष्टि से आगे बढ़ रहा है लेकिन यह भी सच है कि आधी आबादी भुखमरी, गरीबी, बेरोजगारी, कुपोषण जैसी समस्याओं से ग्रसित है जबकि सरकार समावेशी विकास की ओर प्रतिबद्ध है।

ध्यातव्य है कि किसी भी देश का सन्तुलित विकास तभी सम्भव है जब वहाँ राष्ट्र के विकास में सहायक संसाधनों का सन्तुलन बना रहे। यदि किसी एक का भी अनुपात ऊपर-नीचे हुआ तभी विकास में एक नई समस्या जन्म लेगी, जैसा कि भारत जैसे विकासशील देशों में देखा जा सकता है। भारत की आबादी यदि इसी रफ्तार से बढ़ती रही तो वह दिन दूर नहीं जब संसाधनों की कमी से भारत जूझ रहा होगा। फिर करते रहना विकास की बात।

इसलिए आवश्यकता है समस्याओं के उचित समाधान की। चूँकि सरकार द्वारा अनेक योजनाएँ एवं कार्यक्रम चलाए जा रहे हैं, साथ ही तकनीकी एवं नवाचार उन्मुख शिक्षा की ओर भी ध्यान दिया जा रहा है। साथ ही परिवार नियोजन को भी सरकार बढ़ावा दे रही है।

किन्तु क्या इन सब समस्याओं से निपटने की जिम्मेदारी सिर्फ शासन की है, क्या आम नागरिक की कोई जिम्मेदारी नहीं है? जबकि हम जानते हैं कि समस्याओं को उत्पन्न करने में हम लोग ही सबसे ज्यादा जिम्मेदार हैं। प्रत्येक व्यक्ति को समझना होगा कि समस्याओं से निपटने में उसकी भूमिका भी उतनी ही अहम है जितनी शासन या प्रशासन की है। इसलिए जनसंख्या नियंत्रण हेतु सभी का सहयोग होना आवश्यक है।

विदित हो कि भारत विश्व में प्रथम देश है जिसने 1952 में परिवार नियोजन कार्यक्रम राष्ट्रीय स्तर पर शुरू किया था। इसका परिणाम यह हुआ कि पिछले कुछ दशकों में देश की जनसंख्या वृद्धि दर में संतोषजनक गिरावट आई है। प्रत्येक 11 जुलाई को जनसंख्या दिवस मनाने का उद्देश्य है व्यक्ति, समाज, सरकार और योजनाकारों के मन में इस विषय से सम्बन्धित समस्याओं के प्रति चेतना और संवेदना जगाना ताकि लोगों में बढ़ती जनसंख्या से जुड़ी समस्याओं और खतरों के बारे में जागरूकता फैले।

17

न्याय का विचार अपने आदर्श की विकृत छाया मात्र है

—निशान्त जैन

राजा का दरबार लगा था। रोजाना की तरह फरियादियों की कतारें न्याय की चाह में अपनी बारी की प्रतीक्षा कर रही थीं। तभी अचानक दो महिलाओं ने रोते-पीटते सभागार में प्रवेश किया। एक महिला के हाथ में एक रोता हुआ बच्चा था। दोनों महिलाओं ने न्याय की दुहाई देते हुए राजा से गुहार लगाई कि यह बच्चा उसका है और उसे सौंप दिया जाए। न्यायप्रिय राजा चौंका; डीएनए टेस्ट जैसी कोई भी

आधुनिक सुविधा न होने के चलते सही निर्णय पर पहुँचना लगभग असम्भव था। दोनों महिलाओं के हंगामे को देखकर राजा ने गुस्से में कहा—"ये बच्चा तुम दोनों में से किसी को नहीं मिलेगा, इसके तलवार से दो टुकड़े कर दिये जाएँ।"

यह सुनकर जहाँ एक महिला शान्त रही, वहीं दूसरी महिला ने रोते हुए राजा से कहा—"चाहे आप मेरा बेटा दूसरी महिला को दे दीजिये, पर इसे मारिये मत।" मामला साफ था। राजा ने तत्काल परिस्थिति को भाँपते हुए अपना निर्णय सुनाया और बच्चे की सलामती चाहने वाली महिला को माता घोषित कर दिया।

ऊपर लिखी यह प्रसिद्ध कहानी दंतकथाओं में न्याय के सबसे महत्त्वपूर्ण उदाहरण के तौर पर प्रस्तुत की जाती है। पर यहाँ यह छोटी-सी कहानी यह सवाल भी प्रकारान्तर से छोड़ देती है कि क्या न्याय वास्तव में एक विचार ही है या उससे कुछ बढ़कर भी? क्या न्याय के आदर्श और यथार्थ स्वरूप में कोई साम्य है या दोनों एकदम अलग-अलग वास्तविकताएँ रखते हैं?

दरअसल न्याय का विचार कोई नया या हाल ही में विकसित विचार नहीं है। दुनिया की हर सभ्यता और संस्कृति के शुरुआती साहित्य में भी हर ओर न्याय का विचार दिखाई पड़ता है। न्याय का दारोमदार कभी ईश्वर, कभी शासक, कभी 'सभा-समिति' जैसी किसी संस्था तो कभी समाज के जिम्मे दिखता है। भारत में तो न्यायशास्त्र की एक सुदीर्घ परम्परा रही है। मनुस्मृति, याज्ञवल्क्य स्मृति से लेकर मिताक्षरा और दायभाग तक, मध्यकालीन शरीयत कानूनों से लेकर अंग्रेजी अधिनियमों और अब भारतीय संविधान तक, न्याय और विधि की परम्परा बहुत व्यापक है और निरन्तर विकसित होती रही है। पर न्याय का सामान्य अर्थ प्रायः समाज व जीवन के हर स्तर पर उचित व मान्य निर्णयों के रूप में रहा है, जिसमें दोनों पक्षों के मत का भेदभावरहित व सन्तुलित परीक्षण किया गया हो। न्याय का आदर्श हमारे समाज में बहुत गहरे तक बसा है। दिलचस्प है कि भारतीय संस्कृति में तो न्याय इहलोक से लेकर परलोक तक विस्तृत है। इस्लाम व ईसाईयत में भी 'कयामत के दिन न्याय' की अवधारणा व्यक्ति के कर्मों का परिणाम भोगने की अनिवार्यता को रेखांकित करती है। *'जैसी करनी वैसी भरनी',* As you sow, so shall you reap, *'बोए पेड़ बबूल के तो आम कहाँ से खाय'* जैसी कहावतें भारतीय समाज के मन में रची-बसी हैं, जो न्याय के आदर्श के प्रति उसके अटूट विश्वास की परिचायक हैं। आम आदमी यह कहकर कि 'भगवान के घर में देर है, पर अंधेर नहीं, न्याय की व्यवस्था में अपनी आस्था और विश्वास को कायम रखता है। तब से लेकर आज तक, न्याय के प्रति यह आस्था आम जन में रही है, हालाँकि अनेक बार इस आस्था को विभिन्न घटनाओं से धक्का भी पहुँचता रहता है।

भारतीय संविधान में वर्णित न्याय का आदर्श एक व्यापक आदर्श है, जो न केवल विधिक न्याय, अपितु सामाजिक न्याय, आर्थिक न्याय, राजनीतिक न्याय,

पारिवारिक न्याय, अन्तर्राष्ट्रीय न्याय को भी लाने के लिये जरूरी प्रावधान करता है। इस तरह यह तो स्पष्ट है कि न्याय महज एक कोरा विचार न होकर उससे महत्त्वपूर्ण एवं एक व्यापक अवधारणा है जो समाज और जीवन के हर क्षेत्र तक विस्तृत है।

परन्तु आज मानव जीवन के विविध क्षेत्रों में 'न्याय' कभी-कभी महज एक विचार नजर आता है। कभी-कभी तो यथार्थ में न्याय, आदर्शों के न्याय की एक धुँधली छाया से अधिक नहीं लगता। चाहे वह बात परम्परागत विधिक न्याय की हो अथवा जीवन के विविध पक्षों-सामाजिक, आर्थिक, राजनीतिक, सांस्कृतिक, पारिवारिक, कूटनीतिक आदि की, न्याय का चेहरा अपने आदर्शों के बरक्स कुछ विकृत नजर आने लगता है।

न्याय की परम्परागत अवधारणा या विधिक न्याय की बात करें, तो अक्सर व्यवहारिक जीवन में यह देखने में आता है कि सफेदपोश और ताकतवर बाहुबली लोग, धनबल, सत्ताबल और बाहुबल के दम पर गवाहों को प्रभावित करके, सुबूतों से छेड़छाड़ कर न्याय को अपने पक्ष में मोड़ने की कोशिश करते हैं।

अंग्रेजी में न्याय के आदर्श को निरूपित करती एक प्रसिद्ध कहावत है— "Justice Delayed is Justice Denied" (देरी से हुआ न्याय दरअसल न्याय से इनकार है।)

यदि विशेष रूप से भारतीय न्यायपालिका की दशा पर गौर करें तो ज्ञात होता है कि देश के न्यायालयों में हजारों-लाखों मुकदमे लंबित हैं। न्यायिक सुधारों की प्रक्रिया वर्षों से लम्बित है। बड़ी संख्या में न्यायाधीशों के रिक्त पद, न्यायालयों के कम्प्यूटरीकरण व डिजिटलीकरण की मंथर प्रक्रिया जैसे कुछ कारक न्याय की प्रक्रिया को धीमा बनाते हैं।

केवल न्याय में देरी ही न्याय की अवधारणा को उसके आदर्श से विचलित नहीं करती, न्याय का विकृत रूप भी न्यायिक यथार्थ को उसके आदर्श से कोसों दूर ले जाता है। जेसिका लाल मामले में जब यह निर्धारित नहीं हो पाया कि जेसिका लाल की हत्या किसने की थी, तो उस केस पर एक फिल्म निर्देशक को 'नो वन किल्ड जेसिका' जैसी फिल्म बनाने की संभावना नजर आ गई।

"महज न्याय होना नहीं चाहिए, न्याय होते हुए दिखना भी चाहिए।" यह भी न्याय के आदर्श की एक माँग है। हो सकता है कि विधिशास्त्र के नियमों व कानूनों के मुताबिक न्याय ठीक हुआ हो, पर यदि परिस्थिति की संवेदनशीलता, पीड़ित पक्ष की भावना व अभियुक्त के मनोविज्ञान और सामाजिक मान्यताओं व आदर्शों के अनुरूप न्याय नहीं किया गया है, तो वह न्याय अधूरा और किताबी बनकर रह जाता है। देश का दिल दहला देने वाले दिल्ली के निर्भया गैंगरेप मामले में अथवा मुम्बई की लॉ छात्रा से रेप मामले में शामिल एक नाबालिग अभियुक्त की सजा को लेकर जारी देशव्यापी बहस भी इस सम्बन्ध में प्रासंगिक है। यह प्रश्न विचारणीय

रहा है कि 18 वर्ष से कुछ दिन कम उम्र वाले अभियुक्त को अपराध की दुर्लभतम जघन्यता के बावजूद उम्र कैद या फाँसी की सजा दी जाए या नहीं?

यदि सामाजिक न्याय की बात करें, तो देश में आजादी के बाद राष्ट्रीय नेतृत्व द्वारा संविधान निर्माताओं की भावना के अनुरूप वंचित वर्गों को सामाजिक न्याय की परिधि में लाने का जो प्रयास किया गया वह अभी तक जारी है। राजनीतिक आरक्षण से लेकर विविध कल्याणकारी योजनाओं तक, हाशिये पर पड़े वंचित सामाजिक वर्ग को बाकी समाज की बराबरी के स्तर पर लाने का प्रयास बदस्तूर जारी है। पूर्व प्रधानमंत्री श्री राजीव गांधी ने लिखा है—*"समाजवाद से मेरा आशय है कमजोर-से-कमजोर व्यक्ति को बाकी समाज के साथ बराबरी के स्तर पर लाकर खड़ा करना।"*

यूँ तो सामाजिक न्याय से वंचित वर्गों—अनुसूचित जाति/जनजाति, ओबीसी, अल्पसंख्यक, महिलाएँ, बच्चे, वरिष्ठ नागरिक, विकलांगजन, ट्रांसजेंडर आदि के समावेशन व विकास हेतु ढेरों सरकारी व गैर-सरकारी प्रयास जारी हैं, पर सच तो यह है कि इन वर्गों की दशा अभी भी बहुत बेहतर नहीं हो पाई है। सफाई कर्मचारियों के कल्याण के बरक्स मैला ढोने की प्रथा अभी खत्म नहीं हो सकी है। स्त्रियाँ भ्रूण हत्या, यौन शोषण, दहेज, कार्यस्थल पर यौन उत्पीड़न, घरेलू हिंसा, बाल विवाह जैसी शर्मनाक समस्याओं से अभी भी जूझ रही हैं। विधायिका में महिलाओं के आरक्षण का प्रस्तावित मुद्दा अभी विचाराधीन है। परिवार से लेकर बाहर तक स्त्री गैरों से ही नहीं, अपनों से भी शोषित और पीड़ित होती रहती है। एक शायर ने शायद महिलाओं की इसी बेचारगी को व्यक्त करते हुए लिखा था—

तलाक दे तो रहे हो, जुनून-ओ-कहर के साथ,
मेरा शबाब भी लौटा दो, मेरी मेहर के साथ।

अभी भी देश के अलग-अलग कोनों से दलित उत्पीड़न, साम्प्रदायिक दंगे, बच्चों का उत्पीड़न, विकलांगों से उपेक्षापूर्ण व्यवहार के समाचार आते रहते हैं। इस तरह संविधान के मूल कर्त्तव्यों व राज्य के नीति निदेशक तत्त्वों में वर्णित सामाजिक न्याय का आदर्श एक धुँधली छाया के रूप में यथार्थ में परिणत होता है।

राजनीतिक न्याय का आदर्श भी अपने मूल उद्देश्यों के अनुरूप कार्यरूप में परिणत नहीं हो सका है। सबके साथ बराबरी, सबको मतदान व चुनाव लड़ने की स्वतंत्रता, स्वतंत्र व निष्पक्ष चुनाव, उम्मीदवारों की सुरक्षा, अनुचित चुनावी हथकंडों व तौर-तरीकों से मुक्ति जैसे कारक राजनीतिक न्याय की सफलता के लिये जरूरी हैं।

इसी तरह आर्थिक न्याय का आदर्श भी अभी तक अधूरा ही है। 'हर हाथ को काम, हर पेट को रोटी' का सपना अभी भी सपना ही है। हालाँकि सरकार द्वारा मनरेगा, खाद्य सुरक्षा और जन-धन जैसी विशाल कल्याणकारी योजनाओं के माध्यम से देश में आर्थिक न्याय लाने की पुरजोर कोशिश की जा रही है, पर अभी

भी 'गरीबी हटाओ' जैसे नारे उतनी ही शिद्दत से प्रासंगिक हैं। सभी को उन्नति का समान अवसर अभी तक मुहैया नहीं कराया जा सका है, क्योंकि शिक्षा का अधिकार मिलने के बावजूद अभी जनसंख्या के बड़े वर्ग की शैक्षिक व स्वास्थ्य सम्बन्धी दशा खस्ताहाल है।

आज का भारत आदर्श और यथार्थ के एक दोराहे पर खड़ा मालूभ होता है। आदर्श में न्याय और यथार्थ में न्याय कभी-कभी दो विपरीत ध्रुवों की तरह लगते हैं। इसी कारण से न्याय की अवधारणा व्यवहार में परिणत होने के स्थान पर अक्सर विचारों का एक पुलिंदा मात्र प्रतीत होने लगती है। आदर्श जहाँ सबको समानता, स्वतंत्रता, शोषण से मुक्ति, सांस्कृतिक व धार्मिक संरक्षण की बात करते हैं, वहीं यथार्थ में संवैधानिक न्याय आम आदमी की पहुँच से बहुत दूर दिखाई देता है।

इस तरह न्याय की यह व्यापक व सुदीर्घ परम्परा से युक्त अवधारणा अपने लचर व विकृत क्रियान्वयन के चलते एक दूर की कौड़ी बनकर रह जाती है। 'एक विचार' का तमगा प्राप्त कर न्याय की धारणा व्यवहारिक स्तर पर नहीं उतर पाती। इसी कारण से तमाम सरकारी-गैर सरकारी प्रयासों के बावजूद न्याय का यथार्थ इसके आदर्शों की एक धुँधली छाया-सी प्रतीत होती है।

तस्वीर के इस स्याह पहलू के बावजूद पारदर्शिता के इस युग में, सामाजिक, आर्थिक और राजनीतिक न्याय के लक्ष्य की प्राप्ति की दिशा में बहुस्तरीय प्रयास हुए हैं और निरन्तर जारी भी हैं। आगामी वर्षों में धीमे-धीमे इन प्रयासों के सुफल 'न्याय के विचार' को और प्रासंगिक बनाएँगे, ऐसा विश्वास है।

18

विकसित भारत के निर्माण के लिए अपेक्षित आर्थिक नीतियाँ

—मौ. मुश्ताक़

विश्व के सबसे बड़े लोकतंत्र भारत के बारे में हाल के दिनों में कई वैश्विक रिपोर्टों में कई जगह राष्ट्राध्यक्षों के सम्मेलन में, संयुक्त राष्ट्र संघ में भारत की मजबूत आवाज सुनने की विश्व में बढ़ती जिज्ञासा जैसे कई घटनाओं ने भारत को एक उभरती हुई महाशक्ति तथा विकसित राष्ट्र की तरफ तेजी से बढ़ते भारत के कदमों को स्वीकार किया जाने लगा है। इसने सहसा ही कई उमंगों, स्वप्नों को प्रत्येक भारतीयों ने जगाया है कि कैसे भारत विकसित राष्ट्र की श्रेणी में आएगा। कैसा बेहतर भारत का भविष्य होगा? विश्व के प्रत्येक मंचों पर भारत की स्वीकार्यता को देखना जीवन का सबसे बड़ा सपना प्रत्येक भारतीय ने सदियों से देखा है।

इस सपने को हकीकत में बदलते देखना वह भी अपने जीवन में प्रत्येक भारतीय को रोमांचित करता है। सदियों से सँपेरों का देश कहलाने वाला भारत क्या वास्तव में अपनी गरीबी, बेरोजगारी, जातीय विभाजन, साम्प्रदायिक हिंसा, आन्तरिक संकट नक्सलवाद, अलगाववाद, कुपोषण, भुखमरी के युग से बाहर निकल पाएगा?

यदि हाँ तो हमें कुछ प्रश्नों पर विचार करना होगा कि—

1. विकसित भारत का अर्थ क्या है हमारे लिए?
2. विकसित भारत बनने के लिए हमारी अपेक्षित नीतियाँ क्या होनी चाहिए?
3. वर्तमान आर्थिक नीतियों में क्या-क्या खामियाँ हैं? जिससे विकसित भारत बनने का आदर्श पूरा नहीं हो पाया।
4. साथ ही विकसित भारत बनने के लिए भारत सरकार के द्वारा क्या-क्या कदम उठाए जा रहे हैं?
5. विकसित भारत बनने के मार्ग में कौन-कौन चुनौतियाँ हमारे सामने मुँह बाए खड़ी हैं?
6. और अन्त में क्या केवल अपेक्षित, आर्थिक नीतियों के माध्यम से ही विकसित भारत का लक्ष्य प्राप्त हो सकेगा? या कई अन्य क्षेत्रों में भी सुधार करना होगा।

इस तरह हमें कई प्रश्नों पर विचार करते हुए भारत के विकसित बनने की विकास यात्रा का समग्र अवलोकन करना होगा।

अब, पहले प्रश्न पर विचार करें तो विकसित भारत का अर्थ है एक ऐसा भारत जिसमें सभी क्षेत्रों, सभी सम्प्रदायों, सभी वर्गों का समावेशी विकास हो। जीवन की बुनियादी जरूरतें आसानी से, सुलभ तरीके से किफायती दर से लोगों को मिल सके। आर्थिक विकास, सामाजिक विकास, सामंजस्य, सहयोग हो। विज्ञान तकनीक, अन्तरिक्ष विज्ञान, विनिर्माण क्षेत्र, विश्व व्यापार, पर्यावरण के साथ विकास को प्राप्त किया जा सके। अमेरिकी, यूरोपियन संघ, जापान जैसी भौतिक उपलब्धियाँ तो प्राप्त करे ही साथ ही स्वीडन, फिनलैंड, नार्वे जैसे देशों के समान मानव विकास सूचकांक, लिंग समानता सूचकांक, जैसे विविध पैमानों पर भी भारत अग्रणी बनकर उभरे।

हाल के दिनों विशेषकर उदारीकरण, निजीकरण, वैश्वीकरण के बाद तेजी से बढ़ती आर्थिक विकास की भारत की दर, सेवा क्षेत्र में बढ़ती भारत की वैश्विक उपस्थिति, अन्तरिक्ष क्षेत्र में नित्य नए-नए कारनामे इतिहास रचता इसरो, बॉयोटेक्नोलॉजी, सूचना तकनीक, रक्षा विज्ञान जैसे विविध क्षेत्रों में भारत की बढ़ती महत्ता ने भारत को विश्व की महाशक्ति तथा विकसित राष्ट्र बनने के सपने को काफी करीब ला दिया है। 2008 की आर्थिक मन्दी के युग में जहाँ

विकसित देश में हाहाकार मचा था वहीं भारत तेजी से आर्थिक विकास पथ पर दौड़ रहा था।

लेकिन इससे बहुत खुश होने की, उत्साहित होने की जरूरत नहीं है। क्योंकि अभी भी कई ऐसे देश हैं जो हमारे साथ ही स्वतंत्र हुए या बाद में स्वतंत्र हुए उनकी विकास यात्रा हमसे बेहतर है। चीन, सिंगापुर, मलेशिया, हांगकांग जैसे देश तो हमसे कई मामलों में बेहतर हैं।

आखिर क्यों? इस पर विचार करें तो हम पाते हैं कि स्वतंत्रता के बाद जो हमने आर्थिक नीति अपनाई जिसमें आयात प्रतिस्थापन की नीति, आत्मनिर्भर बनने के लिए तथा उत्पादन, वितरण, सभी कार्य राज्य के द्वारा सम्पादित करने; विदेशी निवेश को हतोत्साहित करना; केन्द्रीयकृत नियोजन प्रणाली; इत्यादि के कारण कई फायदे तो हुए हैं लेकिन साथ ही भ्रष्टाचार, लालफीताशाही, नियमों-प्रक्रियाओं की जटिलता, इंस्पेक्टर राज, लाइसेंसिंग प्रणाली, यूनियनवाद, प्रशासन की अकर्मण्यता इत्यादि ने हमें उतनी सफलता नहीं दी, जितनी की अपेक्षा थी।

इसीलिए अब समय आ गया है कि यदि हमें भारत को विकसित भारत बनाना है तो अपेक्षित आर्थिक नीतियों को अपनाना होगा। इसके लिए हमें कई आर्थिक क्षेत्रों पर संवेदनशीलता, भविष्योन्मुखी नीति को अपनाना होगा।

सबसे पहले हमें अपनी कृषि नीति को वैश्वीकरण के सन्दर्भ में प्रभावी बनाना होगा। चूँकि अभी भी 70 प्रतिशत लोग प्रत्यक्ष/अप्रत्यक्ष रूप से कृषि पर निर्भर हैं। लोगों की जीविका, जीवन-मरण का सम्बन्ध कृषि से है। अत: कृषि को लाभदायक बनाने, अवसंरचनात्मक विकास में निजी क्षेत्र को प्रोत्साहन देने, निजी क्षेत्र द्वारा भंडारण, एग्रो बेस्ड इंडस्ट्री में निवेश करने को प्रोत्साहन देना होगा। साथ ही बढ़ती वैश्विक प्रतिस्पर्धा में भारतीय किसानों की डब्ल्यूटीओ तथा अन्य क्षेत्रीय सहयोग संगठन में, हितों को अक्षुण्ण बनाकर रखना होगा।

साथ ही भारत में कृषि को लाभ का व्यवसाय बनाने, तकनीकी प्रगति, मशीनीकरण जोतों को आर्थिक उत्पादक बनाना होगा। भूमि सुधार करना होगा। साथ ही कृषि को वैज्ञानिक भी बनाना होगा।

लेकिन साथ ही कृषि के ऊपर निर्भरता को कम करके विनिर्माण क्षेत्र, जिसमें रोजगार के अवसर बहुत ज्यादा हैं, का विकास करना होगा। अभी विनिर्माण क्षेत्र की जीडीपी में 25 प्रतिशत लगभग भूमिका है। इसे बढ़ाना होगा। चीन, जापान, अमेरिका इस दिशा में बहुत आगे हैं। इसके लिए भूमि अधिग्रहण कानून, निवेश की उदारीकृत प्रणाली, सिंगल विंडो सिस्टम, लालफीताशाही की जगह प्रोएक्टिव अप्रोच अपनाने की जरूरत है। प्रक्रियागत जटिलता प्रशासन की अकर्मण्यता, आधारभूत ढाँचे का विकास करना होगा। इसके लिए चीन की तरह सेज वाली व्यवस्था को सक्रियता, संवेदनशीलता के साथ लागू करना होगा।

इसके अतिरिक्त सेवा क्षेत्र में भारत की विशेषज्ञता, महारत को बनाए रखना होगा। विकसित देशों के साथ वीजा प्रणाली के उदारीकरण, मुक्त श्रम प्रवाह को बढ़ावा देना होगा।

साथ ही एक उचित विदेश व्यापार नीति को अपनाना होगा। फोकस अफ्रीका, फोकस लैटिन अमेरिका, मध्य एशिया इत्यादि देशों के साथ सम्बन्धों को प्रगाढ़ बनाना होगा। विविधता लानी होगी। इसके अतिरिक्त नवाचार, विज्ञान व तकनीक के क्षेत्र में शोध अन्वेषण बढ़ाना होगा ताकि विश्व की आर्थिक प्रगति में इसका प्रभावी उपयोग हो सके।

इस तरह विकसित राष्ट्र बनने के लिए उपरोक्त सभी आर्थिक नीतियों को दक्ष, प्रभावी, भविष्योन्मुखी, संवेदनशील, समावेशी बनाने की जरूरत है। इसके लिए 1990 के बाद से ही निरन्तर सुधार चल रहे हैं। हाल के दिनों में श्रमेव जयते, मेक इन इंडिया, स्किल इंडिया मिशन, ई-गवर्नेंस, सिंगल विंडो सिस्टम, प्रक्रियागत सुधार, नियमों को आसान बनाना, स्वयं प्रधानमंत्री के द्वारा निवेश का माहौल बनाने हेतु प्रयास करना, तत्परता दिखाना तथा मीडिया के माध्यम से, निवेश सम्मेलनों के द्वारा विदेशी, देशी निवेशकों को देश के समग्र विकास में भागीदार बनने के लिए आमंत्रित किया जा रहा है।

ये समस्त आर्थिक नीतियों को बेहतर बनाने के प्रयास हैं। लेकिन हमें यह नहीं भूलना चाहिए कि अभी भी कई बाधाएँ हैं जैसे—

- आधारभूत ढाँचे को विकसित करना।
- बिजली की समस्या।
- नीतियों में बहुलता, स्पष्टता का अभाव।
- कौशल विकास, मानव संसाधन का उचित प्रबन्धन नहीं होना।

इस तरह आर्थिक नीतियों में सुधार के साथ-साथ इनके मार्ग की बाधाओं को भी दूर करना होगा।

इसके अतिरिक्त हमें यह भी नहीं भूलना चाहिए कि विकसित भारत बनने का सपना केवल आर्थिक नीतियों को बेहतर बनाने से नहीं होगा। बल्कि हमें शिक्षा के क्षेत्र में आमूलचूल सुधार करना होगा, स्वास्थ्य के क्षेत्र में बड़े निवेश के साथ-साथ गरीब, ग्रामीण क्षेत्रों तक स्वास्थ्य सुविधाएँ पहुँचाना होगा। साथ ही कौशल विकास के लिए आधारभूत ढाँचे का विकास तथा स्वरोजगार के अवसर उपलब्ध कराना होगा। सबसे बढ़कर आज भी 80 करोड़ भारतीय जो 20 रुपए प्रतिदिन खर्च करके जीवित हैं, इनको बेहतर भविष्य देना होगा। फिर स्वतंत्रता के 67 साल के बाद तक केवल 56 प्रतिशत घरों तक ही शौचालय सुविधा का प्रसार कर पाना हमारे लिए विकसित भारत बनने के सपने के ऊपर ही सवाल है। लिंग भेद, जातीय हिंसा, साम्प्रदायिकता, अलगाववाद, नक्सलवाद जैसी चुनौतियों को दूर किए बगैर विकसित भारत के लिए अपेक्षित आर्थिक सुधार भी विफल रहेंगे।

इस तरह विकसित भारत बनने के लिए हमें आर्थिक नीतियों को प्रभावी बनाने के साथ-साथ अन्य सामाजिक, राजनीतिक, प्रशासनिक क्षेत्रों में भी बहुआयामी सुधार करना होगा। लोगों की जनभागीदारी प्रशासन में बढ़ानी होगी, ग्रामीण क्षेत्रों को शहरी क्षेत्र के जैसी समस्त सुविधाएँ प्रदान करना होगा। मनरेगा, प्रधानमंत्री आदर्श ग्राम सड़क योजना, प्रधानमंत्री जन-धन योजना, एनआरएचएम, भारत निर्माण को धरातल पर उतारकर विकसित भारत बनने का लक्ष्य प्राप्त करना सम्भव हो पाएगा, तभी प्रत्येक भारतीय गर्व से यह कह सकेगा—

सारे जहाँ से अच्छा हिन्दोस्तां हमारा
हम बुलबुले हैं इसकी यह गुलिस्तां हमारा।

19

ग्रीन इंडिया बनाम डिजिटल इंडिया क्या हो विकास का सही पैमाना

—विक्रम गंगवार

जब से हमने विकास के पथ पर उड़ान भरी है, उद्योगों की चिमनियों को ऊपर उठाया है, मोबाइल क्रान्ति का बटन दबाया है, ईमेल पर बैठकर विश्व सन्देश को सुना है तब से हमारे झरनों का कल-कल बन्द हो गया है, पक्षी चीत्कार कर रहे हैं, नदी-नाले मृतप्राय हो गए हैं, समुद्री लहरों की झंकार गायब हो गई है।

ऐसे में विचारणीय प्रश्न है, क्या हमें द्रुतगामी विकास को वरीयता देनी चाहिए? मोबाइल, इंटरनेट दो वर्ष के बच्चे की झोली में डालकर डिजिटल जनरेशन का सपना देखना चाहिए? या प्रकृति की गोद में सुगंधित वायु की लहरों में खो जाना चाहिए? झरनों, झीलों के कलरव के बीच नौका विहार करना चाहिए? क्या ग्रीन इंडिया या डिजिटल इंडिया नदी के दो छोर हैं?

जब हम अपने विकास का इतिहास देखते हैं तो ब्रिटिश सत्ता के दौरान हमारे संसाधनों का, प्रकृति का अन्धाधुन्ध दोहन होता रहा। आजादी मिली केवल मानव को, प्रकृति को नहीं। कमोबेश हमारी जरूरतें, रोटी, कपड़ा, मकान और जल की ऐसी थी कि हमको उद्योग-धन्धों का विकास तीव्र गति से करना पड़ा। मशीनें जितनी बड़ी होती गईं आदमी उतना ही छोटा होता गया, कृषि में नई-नई तकनीकी, ट्रैक्टर, रासायनिक उर्वरक, कीटनाशकों के प्रयोग से भूमि तथा मृदा कराह उठी।

उद्योग-धन्धे, चाहे वे सीमित क्षेत्र में रहे हों, उनसे निकले तरल पानी ने नदियों को धूल भरी बाँसुरी समान कर दिया, नम भूमियाँ समाप्त हो गईं, साथ ही हमारी

वायु विषैली हो गई, रात्रि की चमक ने तारों की चमक को फीका कर दिया, पर्वत-जंगलों को हम ऐसे साफ करते गए जैसे सड़क पर रोलर चला रहे हों, नगर बने, महानगर बने, मकान बने किन्तु घर गायब हो गए। इसके परिणामस्वरूप हमें जब सुध आई तब तक ट्रेन एक स्टेशन आगे निकल चुकी थी, लेकिन हमें तब भी प्रयास करना ही होगा तथा विकास को सतत एवं हरित विकास में बदलना ही होगा।

इसके लिए हमें स्वयं से शुरुआत करनी होगी तथा संसाधनों के अन्धाधुन्ध प्रयोग पर अंकुश लगाना होगा, जरूरत से ज्यादा का इस्तेमाल नहीं करना होगा। गांधी जी ने कहा था कि *"पृथ्वी पर सभी की आवश्यकताओं को पूरा करने के लिए संसाधन हैं परन्तु लालच को नहीं।"* इसे मूर्त रूप देना होगा। कृषि से लेकर उद्योग तक नवीन तकनीकों का समावेश करना होगा तथा स्वच्छ भारत मिशन, हरित भारत मिशन, राष्ट्रीय जलवायु कार्ययोजना, हिमालयी पारिस्थितिकी विकास का सम्मान करना होगा।

इसके अतिरिक्त अन्तर्राष्ट्रीय स्तर पर भी सहयोग बढ़ाना चाहिए क्योंकि *"पंछी नदिया पवन के झोंके, कोई सरहद न इसे रोके।"* ये प्राकृतिक तत्त्व किसी सीमा में रहकर सतत नहीं बन सकते, इसके लिए स्टाकहोम, रियो, क्योटो, पेरिस सम्मेलन को सिर्फ बैठक नहीं आवाज बनाना होगा। सौर, पवन, बायोगैस, ज्वारीय तरंग लहरों को ऊर्जा का आधार बनाना होगा।

अब बात करते हैं डिजिटल इंडिया की। आखिर इसकी जरूरत क्यों है? तो हम पाते हैं, एक तरफ सोडियम लाइट में नहाती दिल्ली, मुम्बई की रंगीन सड़कें हैं, ऊँची अट्टालिकाएँ हैं, द्रुतगामिनी मेट्रो है, वीडियो कॉन्फ्रेन्सिंग का लुत्फ उठाते युवक-युवतियाँ तो दूसरी तरफ पसीने में भीगा किसान है, कैरोसिन के मध्यम प्रकाश में बच्चों को कहानी सुनाती माँ है, यानी इतना डिजिटल गैप शायद ही विश्व के किसी कोने में हो। इसके अलावा परम्परागत व्यवस्था में बढ़ते कालेधन की समस्या, आतंकियों के नोटों का पुलिन्दा, जाली नोटों की बाढ़ जैसी समस्याएँ हैं, तो हम क्यों न डिजिटल भारत का सपना देखें।

डिजिटल इंडिया को बढ़ावा देने के लिए हमें गाँव तक सिर्फ बिजली के तार नहीं अपितु ऑप्टिकल फाइवर की युक्तियाँ भी अपनानी होंगी, ब्रॉडबैंड कनेक्शन देना होगा, पंचायतों को इंटरनेट से जोड़ना होगा, कृषकों को किसान चैनल, मृदा स्वास्थ्य कार्ड, किसान क्रेडिट कार्ड से समृद्ध करना होगा। इसके साथ ही डिजिटल वित्तीय साक्षरता, भीम ऐप आदि से अपने को जोड़ना होगा और सबसे बढ़कर ई-शासन एवं ई-प्रशासन द्वारा ग्रास रूट लेवल पर विकास की बॉटम टू अप एप्रोच को पूरा करना होगा।

अब हमें यह भी बताना होगा कि ग्रीन इंडिया एवं डिजिटल इंडिया एक ही सिक्के के दो पहलू हैं, क्योंकि हरित विकास के लिए नवीन तकनीकी, मौसम पूर्वानुमान के सेंटर, अपशिष्ट प्रबन्धन की वैज्ञानिक विधि, सौर लालटेन, पवन चक्की, बायोगैस प्लांट की उपलब्धता प्रौद्योगिकी पर ही निर्भर है। आपदा प्रबन्धन

हो या चिकित्सा प्रबन्धन यह तकनीकी से ही चलेगा, जुगाड़ से नहीं। इसके साथ ही हरित भारत ही डिजिटल इंडिया का सपना पूरा करेगा, क्योंकि जब तक स्वच्छ, साफ-सुथरे संसाधन जैसे जल, धात्विक खनिज, थोरियम, यूरोनियम नहीं होगा तब तक नाभिकीय रियेक्टर की भट्ठी कैसे धधकेगी।

इसीलिए किसी ने कहा भी है—

जो घर बनाओ तो एक पेड़ भी लगा लेना
पंछी सारे मोहल्ले के चहचहा उठेंगे।

इसका सीधा मतलब है, चाहे विकास का कोई पहलू हो उसका रास्ता हरित विकास से ही होकर गुजरेगा।

इन सब बातों से दो-चार होने के बाद हम कह सकते हैं कि विकास का कोई एक मॉडल नहीं हो सकता, इसके लिए हमें समावेशी एवं सतत विकास का ही रास्ता चुनना होगा, जिससे हम अपनी सवा सौ करोड़ जनसंख्या को स्वच्छ पर्यावरण दे सकेंगे, साथ ही न्यू इंडिया का भी सपना साकार करेंगे। वास्तव में ग्रीन इंडिया एवं डिजिटल इंडिया गंगा के दो किनारे हैं जिसके बीच से होकर ही भारतीय जीवन दृष्टि की सरित सलिला बहती है।

20

राष्ट्र का भविष्य निर्माण उसकी कक्षाओं में होता है

—गंगा सिंह

"हमें ऐसी शिक्षा की आवश्यकता है, जिससे चरित्र का निर्माण हो, मन की शक्ति बढ़े, बुद्धि का विकास हो और मनुष्य अपने पैरों पर खड़ा होना सीखे।"

स्वामी विवेकानन्द की ये पंक्तियाँ हमें बताती हैं कि किसी भी राष्ट्र का निर्माण और उस राष्ट्र की उन्नति की आधारशिला शिक्षा व्यवस्था के द्वारा ही रखी जाती है। जब किसी राष्ट्र की शिक्षा व्यवस्था सुनियोजित तथा गुणवत्तापूर्ण होती है तो वह राष्ट्र नि:सन्देह उत्कर्ष के शिखर पर आरूढ़ होता है। भारत को 'सोने की चिड़िया' कहकर मात्र इसलिए सम्बोधित नहीं किया जाता था कि भारत धन-धान्य से समृद्ध था अपितु इस सम्बोधन के पीछे एक महत्त्वपूर्ण कारण 'भारतीय-ज्ञान-परम्परा' भी थी।

भारतीय सन्दर्भ में शिक्षा-व्यवस्था प्राचीन समय से ही सुव्यवस्थित रही है। आज भी सनातन गुरुकुल परम्परा का अनुसरण भारत के अतिरिक्त जर्मनी, अमेरिका आदि देशों में भी किया जा रहा है। गुरुगृह अर्थात् पाठशाला में अध्ययन-अध्यापन की परम्परा का विकसित स्वरूप तक्षशिला, नालन्दा और विक्रमशिला विश्वविद्यालय

के रूप में देखा जा सकता है। गोस्वामी तुलसीदास ने भी रामचरितमानस में राजा राम के कक्षा-कक्षीय वातावरण के सम्बन्ध में लिखा है—

गुरु-गृह गए पढ़न रघुराई।
अल्पकाल विद्या सब पाई॥

आशय यह है कि राम हों या सान्दीपनि आश्रम की कक्षाओं में ज्ञान प्राप्त श्रीकृष्ण हों, दोनों में एक महत्त्वपूर्ण समानता गुरुकुल में जाकर शिक्षा प्राप्त करने की है, जिससे भारत के उज्ज्वल भविष्य का निर्माण भी हुआ। आज विश्व में सर्वाधिक पढ़ी जाने वाली पुस्तकों में रामायण, महाभारत और गीता अग्रगण्य हैं।

आचार्य चाणक्य ने अपने कक्षा-कक्षीय वातावरण में ही 'चन्द्रगुप्त मौर्य' सदृश हीरे को तराशा और न केवल भारत को एक सूत्र में पिरोया, अपितु सिकन्दर जैसे विदेशी शासकों से भी राष्ट्र के भविष्य का संरक्षण किया।

पुनर्जागरण के दौरान पाश्चात्य सभ्यता ने भी अपनी शिक्षा-प्रणाली में सुधार किया। उन्हें इस तथ्य का ज्ञान था कि राष्ट्र के स्वरूप तथा भविष्य का निर्माण एक सुव्यवस्थित शिक्षा-व्यवस्था के द्वारा ही किया जा सकता है। यदि विद्यालयों की कक्षाओं में अध्ययन-अध्यापन में गुणवत्ता है तो अवश्य ही उज्ज्वल भविष्य की कल्पना की जा सकती है। इसी गुणवत्तापरक कक्षा-कक्षीय वातावरण का परिणाम 21वीं शताब्दी में विज्ञान के क्षेत्र में नेतृत्व करती पाश्चात्य सभ्यता के रूप में परिलक्षित होता है।

यदि सामान्य-सा प्रश्न पूछा जाए कि योग्यता कहाँ से आती है? तो सम्भवत: उत्तर भी यही होगा कि अध्ययन से। अध्ययन हेतु दो प्रमुख मार्ग हैं—स्वाध्याय और विद्यालय। इन दोनों में से प्राथमिकता विद्यालय को प्राप्त होती है। क्योंकि विद्यालय में योग्य अध्यापकों के द्वारा अध्यापन कराया जाता है। इसी के परिणाम में से एक होता है—स्वाध्याय।

वस्तुत: 'अध्ययन—अध्यापन—स्वाध्याय—ज्ञानप्राप्ति'

ये एक शृंखला की भाँति सूत्रबद्ध होते हैं। राजा राममोहन राय, स्वामी दयानन्द, विवेकानन्द, महात्मा गांधी, भीमराव अम्बेडकर, अब्दुल कलाम आदि विभिन्न महान विभूतियों के महानता प्राप्त करने तथा राष्ट्र निर्माण में इनके योगदान के मूल में विद्यालय तथा गुरुओं का महत्त्वपूर्ण योगदान रहा है। भारतीय सन्दर्भ में, कला, साहित्य, व्यापार, सेवा, खेल, विज्ञान आदि क्षेत्रों में विभिन्न महान व्यक्तियों का विकास हुआ है। ये सभी व्यक्तित्व विद्यालय के वातावरण से गुजरकर और कक्षाओं में अध्ययन करने के पश्चात सफल हुए हैं।

ध्यातव्य है कि इस नव-भारत निर्माण में भी आज कक्षा-कक्षीय वातावरण की महत्त्वपूर्ण भूमिका है। यहाँ यह स्पष्ट होना चाहिए कि 'कक्षा' से आशय क्या है? क्या प्राथमिक, माध्यमिक और उच्च शिक्षा प्राप्ति हेतु कक्षा? अथवा कौशल विकास हेतु प्रदान की जाने वाली कक्षा/कक्षाएँ इसका भाग हो सकती हैं? इन प्रश्नों के उत्तर

को यदि व्यापक दृष्टि से देखा जाए, तो प्रत्येक उस कक्षा को पूर्वोक्त 'कक्षा' की परिभाषा में सम्मिलित किया जा सकता है, जिससे ज्ञान की प्राप्ति सम्भव है। इस प्रकार की कक्षाओं में प्राथमिक से उच्च शिक्षा तक की कक्षा, व्यावसायिक शिक्षा हेतु कक्षा अथवा विशिष्ट कक्षाएँ, जैसे—चन्द्रयान प्रक्षेपण और मंगल मिशन हेतु प्रदत्त कक्षाएँ भी सम्मिलित की जा सकती हैं।

शिक्षा से किसी देश के भविष्य का निर्माण तो होता ही है, किन्तु सदैव कुछ चुनौतियाँ भी उत्पन्न हो जाती हैं। हालाँकि इस सम्बन्ध में नेल्सन मंडेला के विचार उल्लेखनीय हैं—

"हमें शिक्षा पर ध्यान केन्द्रित करना चाहिए, क्योंकि शिक्षा के द्वारा ही विश्व की सभी समस्याओं को समाप्त किया जा सकता है।"

शिक्षा के लिए उत्पन्न होने वाली चुनौतियों को निम्न बिन्दुओं के माध्यम से विश्लेषण किया जा सकता है—

1. **गुणवत्तापूर्ण शिक्षा का अभाव—** आज भारत में गुणवत्तापूर्ण शिक्षा के स्थान पर डिग्रियाँ बाँटने पर जोर दिया जा रहा है। धन-बल के माध्यम से डॉक्टर, इंजीनियर तैयार होते देखे जा सकते हैं, जो एक कटु सत्य है। योग्य छात्र सरकार के स्थान पर निजी क्षेत्र का रुख करने से नहीं हिचकिचाते हैं। विद्यालयीय कक्षाओं को प्राथमिकता देने के स्थान पर कोचिंग संस्थाओं को वरीयता दी जा रही है। इससे विद्यालयीय कक्षा में गुणवत्ता का ह्रास दिखाई देता है।
2. **रोजगार की समस्या—** विभिन्न परीक्षाओं को उत्तीर्ण करने के पश्चात आज शिक्षित बेरोजगारों की संख्या कम नहीं है। इसका कारण सम्भवत: यह भी हो सकता है कि जिस क्षेत्र का वे रोजगार तलाश कर रहे हैं, उनमें तत्सम्बन्धित योग्यता का अभाव है।
3. **प्राथमिक शिक्षा की दयनीयता—** केन्द्रीय विद्यालय के अतिरिक्त सरकार द्वारा संचालित सरकारी प्राथमिक स्कूलों में आम जनता अपने बच्चों का पंजीकरण कम कराती है। परिणामत: प्रत्येक गली में प्राइवेट पब्लिक स्कूल कुकुरमुत्ते की भाँति दिखाई देते हैं।

इनके अतिरिक्त अन्य भी चुनौतियाँ, जैसे—नूतन शिक्षण पद्धति की आवश्यकता, वैज्ञानिक यंत्रों की कम सर्वसुलभता आदि भी हैं, जिनके निवारण की परमावश्यकता है।

स्वामी विवेकानन्द ने कहा था—"शिक्षा सूचनाओं का संग्रहण मात्र नहीं है, अपितु यह एक सतत प्रणाली है। जिसमें व्यक्ति को ज्ञान की प्राप्ति होती है, जो निरन्तर उसका व्यवहार बनता चला जाता है।" इस प्रकार यदि देखा जाए तो सुशिक्षा के वातावरण में उन्नत भविष्य का निर्माण किया जा सकता है।

भारत के भविष्य के निर्माण के सन्दर्भ में पूर्ववर्ती तथ्यों पर ध्यान देना आवश्यक है। इसके साथ-साथ उत्कृष्ट कक्षा-कक्षीय निर्माण हेतु भावी सुनियोजन

की आवश्यकता भी है। अतएव निम्नलिखित बिन्दुओं को नूतन नीति-निर्माण में समावेशित किया जा सकता है—

1. आरटीई एक्ट-2009 का पालन पूर्ण निष्ठा तथा ईमानदारी से किया जाए।
2. छात्र-शिक्षक अनुपात में वृद्धि हो तथा शिक्षकों को गुणवत्तापूर्ण शिक्षण हेतु अभिप्रेरित किया जाए।
3. शिक्षक नियुक्ति हेतु 'शिक्षक पात्रता परीक्षा-टीईटी' अनिवार्य हो।
4. विश्वविद्यालयों, विशेष रूप से साक्षात्कार द्वारा की जाने वाली नियुक्तियों में पूर्ण पारदर्शिता का समावेश हो।
5. व्यावसायिक व तकनीकी शिक्षा प्रदान करने के वातावरण का निर्माण हो।
6. निगमित सामाजिक उत्तरदायित्व के तहत उच्च शिक्षा में खर्च को बढ़ाकर अन्तर्राष्ट्रीय स्तर के शोध हेतु प्रोत्साहन दिया जा सकता है।

अत: यह स्पष्ट है कि कक्षा-कक्षीय वातावरण से ही राष्ट्र का स्वर्णिम भविष्य निर्मित होता है। यद्यपि कुछ चुनौतियाँ अवश्य विद्यमान होती हैं, जिन्हें एक अवसर की भाँति देखना चाहिए। उनमें सुधार करके राष्ट्रीय भविष्य को और अधिक चमत्कृत किया जा सकता है। यदि शिक्षा में गुणवत्ता होगी, राष्ट्र की महानता के गुणगान होने की पूर्ण सम्भावना है।

21

किसानों की कर्ज माफी लोकतंत्र की आवश्यकता या बोझ

—संदीप मीणा

"तेलंगाना राज्य द्वारा किसानों के कल्याण हेतु शुरू की गई 'रैतु बन्धु' योजना एक सराहनीय कदम है। यह योजना अपने आप में पहला प्रयास है जो कि किसानों को लाभप्रद करने हेतु सम्भावित है। इसी तरह की योजना उड़ीसा सरकार द्वारा अपने राज्य के किसानों के लिए 'कालिया' नाम से शुरू की गई है। ऐसी योजनाओं पर यदि विचार किया जाए तो ये कर्जमाफी का अच्छा विकल्प हो सकती हैं।"

अनादि काल से कृषि भारतीय अर्थव्यवस्था की रीढ़ रही है, आज भी है और कल भी रहेगी। भारत अनेक ऐतिहासिक, राजनीतिक, भौगोलिक एवं सांस्कृतिक उथल-पुथल का देश रहा है किन्तु कृषि हमेशा भारतीय अर्थव्यवस्था की मुख्य धार रही है।

भौगोलिक परिप्रेक्ष्य में देखा जाए तो भारत में कई तरह की मिट्टी पाई जाती है जो कहीं अधिक उपजाऊ है तो कहीं कम उपजाऊ, कहीं महीन है तो कहीं कंकड़-पत्थर। इसी प्रकार मानसून पर कृषि की निर्भरता भारत में उत्पादन क्षेत्र को प्रभावित करती है। कहीं अधिक वर्षा होती है तो कहीं सूखे की स्थिति बन जाती

है। किन्तु आँकड़ों को देखा जाए तो आज भी भारत में कृषि घरेलू उत्पादन का 17 प्रतिशत भाग प्रदान करती है जिसमें देश की 70 प्रतिशत आबादी निर्भर है।

हाल ही में चुनावों के दौरान कृषि एवं रोजगार संकट ऐसे मुद्दे रहे जो प्रमुख थे। अनेक राजनीतिक पार्टियों द्वारा अपने चुनावी एजेंडे में किसानों की समस्याओं को निपटाने हेतु कृषि ऋण की माफी का ऐलान किया जा रहा है ताकि राजनीतिक लाभ की पूर्ति हो सके, क्योंकि मेरे विचार में कृषि कर्जमाफी एकल रूप से किसानों की समस्याओं का समाधान नहीं हो सकती।

आर्थिक दृष्टिकोण से दृष्टिगत करें तो कर्जमाफी अर्थव्यवस्था पर बोझ की मात्रा को बढ़ा सकता है। तत्कालीन आरबीआई गवर्नर रघुराम राजन और मुद्रा बैंक की प्रमुख अर्थशास्त्री गोपीनाथ सहित 13 अर्थशास्त्रियों ने विचार-विमर्श किया और कर्जमाफी को उपर्युक्त विकल्प मानने से इनकार किया।

विदित हो कि भारतीय किसान स्वतंत्रता से पहले भी शोषित था और आज भी शोषित है क्योंकि कृषि से होने वाली आय से सीमान्त किसान भरपेट भोजन भी प्राप्त नहीं कर सकता। भूतकाल और वर्तमान काल में फर्क सिर्फ इतना है कि आज किसान स्वतंत्र होकर भी परतंत्र है तथा अपने अधिकारों के लिए लड़ रहा है। वहीं उपनिवेशकाल में वह परतंत्र तो था किन्तु लड़ नहीं सकता था। खुशी है कि एक लोकतांत्रिक देश में हम अपने हक के लिए आवाज तो उठा सकते हैं।

उल्लेखनीय है कि हमारे अनेक नेताओं जैसे—जवाहरलाल नेहरू, महात्मा गांधी, सरदार पटेल आदि ने परतंत्र भारत में किसानों की समस्याओं को उजागर करके उनके लिए आवाज बुलन्द की, जिसमें सबसे ज्यादा योगदान महात्मा गांधी जी का 'चम्पारण सत्याग्रह' रहा। ऐसे ही अनेक छुटपुट आन्दोलन भारत में होते रहे हैं और आज भी हो रहे हैं। जबकि आज भारत एक स्वतंत्र लोकतांत्रिक देश है।

किसानों से अब कहाँ वो मुलाकात करते हैं
बस रोज नए ख्वाबों की बात करते हैं।

ध्यातव्य है कि भारतीय कृषि की मानसून पर निर्भरता ज्यादा है और मानसून की अनियमितता कृषि उत्पादन को प्रभावित करती है, जिस कारण किसान कर्ज के जाल में फँसता जाता है। दूसरी तरफ उत्पादन हेतु सिंचाई, बीज, उर्वरक आदि समय पर खरीदने के लिए अनेक किसान, साहूकारों, महन्तों जैसे अनौपचारिक क्षेत्रों से ऋण लेकर ब्याज की बड़ी किस्तों के जाल में फँस जाते हैं।

कोई परेशान है सास-बहू के रिश्तों में,
किसान परेशान है कर्ज की किश्तों में॥

वर्तमान में कर्ज किसानों की एक महत्त्वपूर्ण समस्या बन गया है, जिसमें कुछ किसान औपचारिक तथा वहीं कुछ किसान अनौपचारिक क्षेत्रों से ऋण लेते हैं। एक

आम किसान अर्थात् कम जोत वाला किसान इस ऋण को चुकाने में असमर्थ हो रहा है, क्योंकि महँगाई के इस दौर में अपनी आवश्यकताओं की पूर्ति के लिए उसे ऋण लेना पड़ रहा है। कृषि से प्राप्त आय में वह अपनी मूलभूत आवश्यकताएँ भी पूरी नहीं कर पा रहा है, क्योंकि आय का एक भाग तो वह कृषि में ही निवेश कर रहा है।

भारत के जनप्रतिनिधि किसानों की समस्याओं का समाधान खोजने हेतु कर्जमाफी का रास्ता अपना रहे हैं, किन्तु क्या वह ये नहीं जानते कि कर्जमाफी से उस किसान को कैसे लाभ मिलेगा जो साहूकारों, जमींदारों जैसे अनौपचारिक क्षेत्र से ऋण प्राप्त करता है। जबकि बड़े किसान या कुछ सीमित किसान ही ऐसे हैं जो औपचारिक तरीके से ऋण लेते हैं। ऐसे में तो कर्जमाफी कुछ फीसदी किसानों हेतु ही लाभ का सौदा बन सकती है।

भारत के किसान अपनी कम आय के चलते अपने परिवार का भरण-पोषण भी सही से नहीं कर पा रहे हैं जिससे—गरीबी, भुखमरी, कुपोषण एवं अन्य स्वास्थ्य सम्बन्धी समस्याएँ तो उत्पन्न हो ही रही हैं साथ ही किसान आत्महत्या भी कर रहे हैं, जो एक लोकतांत्रिक देश के लिए शर्म की बात है। कृषि से कम आय के चलते आज किसान के बेटे अपने नाम के आगे डॉक्टर या इंजीनियर जैसी डिग्रियाँ लेना पसन्द कर रहे हैं जबकि कृषि के प्रति रुझान कम होता जा रहा है।

देखा जाए तो किसानों की सबसे बड़ी समस्या है कि उन्हें कृषि उपज का सही मूल्य नहीं मिल पा रहा है। कई बार तो कुछ किसान न्यूनतम समर्थन मूल्य होने के बाद भी अपनी लागत तक वसूल नहीं कर पाते हैं। दरअसल इसी कारण खेती घाटे का सौदा बन गई है। भारत में किसानों के पिछड़ेपन एवं कम आय के कई कारण हैं—

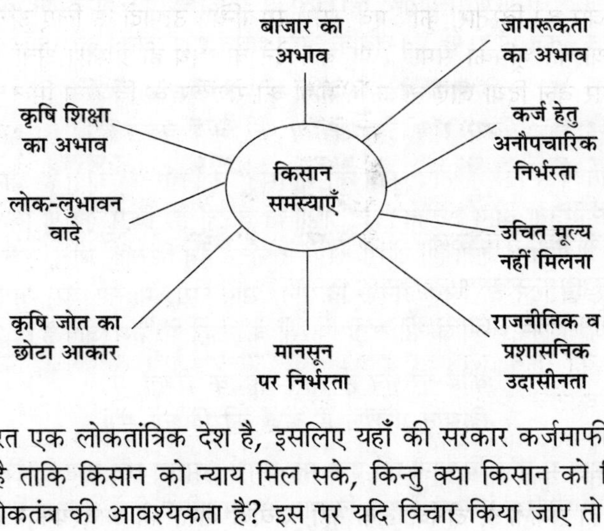

भारत एक लोकतांत्रिक देश है, इसलिए यहाँ की सरकार कर्जमाफी पर बल दे रही है ताकि किसान को न्याय मिल सके, किन्तु क्या किसान को मिला यह न्याय लोकतंत्र की आवश्यकता है? इस पर यदि विचार किया जाए तो कहा जा

सकता है कि किसानों को कर्ज माफी से ज्यादा जरूरी है कृषि व्यवस्था में सुधार किया जाए ताकि कृषि की दशा को सुधारा जा सके और तत्कालिक मिलने वाली राहत दीर्घकाल की खुशहाली बन जाए। इसके लिए किसानों की छोटी-छोटी समस्याओं पर भी ध्यान देना जरूरी है ताकि लाभ बड़े पैमाने पर हो और भारतीय अर्थव्यवस्था की रीढ़ (कृषि) को मजबूत किया जा सके। साथ ही लोकतंत्र के लिए घातक परिणाम से बचा जा सके, क्योंकि भारत की आधी आबादी कृषि एवं उससे सम्बन्धित कार्यों में संलग्न है।

ऐसे में कर्जमाफी लाभ का नहीं बल्कि घाटे का सौदा बन सकती है। जीडीपी पर भारी गिरावट आएगी, बैंकिंग व्यवस्था पर नकारात्मक प्रभाव पड़ेगा। हाँ, यह तो सम्भावित है कि इससे किसानों को कुछ लाभ मिल सकता है, किन्तु कर्ज देने वाली संस्थाओं का भविष्य क्या होगा? क्या सरकार के पास इतनी सुविधा है कि इन संस्थाओं पर पड़ने वाले बोझ से बचा जा सके। इसके लिए जरूरी है कर्जमाफी के विकल्प खोजना।

जैसा कि तेलंगाना एवं उड़ीसा सरकार द्वारा किसानों के लिए नई योजनाएँ चलाई जा रही हैं, ये योजनाएँ कर्जमाफी की जगह बेहतर विकल्प हैं। इसके अतिरिक्त भारत सरकार को अन्य कदम उठाने चाहिए, जिससे कृषि एवं किसान दोनों की समस्याओं को कम या समाप्त किया जा सके।

किसानों को आत्मनिर्भर बनाया जाए, इसके लिए उनमें नई तकनीकी जागरूकता, कृषि शिक्षा, औपचारिक ऋण की समझ, फसलीकरण की समझ, मिट्टी की उर्वरता के लिए निर्देश, डिजिटल सुविधाएँ, बीज, उर्वरक जैसी वस्तुओं पर विशेष रियायतें, कृषि बाजार का विस्तार, कृषि एवं उससे सम्बन्धित उत्पादों के लिए उचित मूल्य, बिचौलियों की भूमिका समाप्ति पर बल देने के साथ ही ग्रामीण क्षेत्रों में ग्रामीण उद्योगों पर बल दिया जाए ताकि किसानों को रोजगार के विकल्प मिल सकें।

उल्लेखनीय है कि भारत सरकार द्वारा 2022 तक किसानों की आय दोगुना करने का संकल्प लिया गया है, जिसके लिए सरकार अनेक लाभप्रद योजनाएँ एवं बजट में वित्तीय प्रावधान भी कर रही है, जैसे, किसान समृद्धि सम्पदा योजना, कामधेनु योजना, कृषि सिंचाई परियोजना, बीज-उर्वरक सब्सिडी, किसान बीमा योजना, ई-मंडी, खाद्य प्रसंस्करण/उद्योग एवं डिजिटल सुविधाएँ आदि।

सुप्रीम कोर्ट द्वारा सरकार को निर्देश दिया गया कि छह महीने के अन्दर किसानों को राहत प्रदान कराई जाए। ऐसे में केन्द्र एवं राज्य सरकार को साथ मिलकर कोर्ट के आदेशों का पालन करना चाहिए, जिससे किसानों को राहत मिले और कृषि आय में वृद्धि हो।

अन्ततः कहा जा सकता है कि कर्जमाफी किसानों के लिए तत्कालिक लाभ का परिणाम हो सकती है, दीर्घकालिक नहीं, जबकि भारत को आवश्यकता है किसान

एवं कृषि को मजबूत लोकतंत्र का आधार बनाने की ताकि अर्थव्यवस्था सन्तुलित बन सके और भारत के लक्ष्य 'समावेशी विकास' के सपने को साकार करते हुए 'लोकतांत्रिक मूल्यों' को मूर्त रूप दिया जा सके।

22

उचित पोषण मानव विकास की आधारशिला है

—मनोज रावत

पहला सुख, निरोगी काया।

उपरोक्त कहावत मानव जीवन में स्वास्थ्य का महत्त्व बयाँ करती है और एक अच्छे स्वास्थ्य की प्राप्ति उचित पोषण के माध्यम से ही हो सकती है। यदि उचित पोषण की प्राप्ति शरीर को न हो तो पता ही नहीं चलता कि कब ये सुख, जीवनभर के दुख में परिवर्तित हो जाता है और यह इनसान को वक्त एवं परिस्थितियों का गुलाम बना देता है। इसके बाद अच्छे स्वास्थ्य की कामना हेतु जीवन में इच्छाओं, कामनाओं का खेल शुरू हो जाता है और जीवन एक दुष्चक्र में फँस-सा जाता है।

इसीलिए उचित पोषण, अच्छा स्वास्थ्य या कहें कि निरोगी काया तथा मानव विकास आपस में एक-दूसरे से जुड़े हुए हैं। विषय पर आगे बढ़ने से पूर्व संक्षेप में उचित पोषण व मानव विकास को जान लेते हैं, इसके बाद उसके आपसी सम्बन्धों तथा प्रभाव, भारत तथा वैश्विक परिदृश्य की स्थिति आदि पर चर्चा करेंगे।

उचित पोषण का सीधा-सा अर्थ है कि व्यक्ति द्वारा ग्रहण किए जाने वाला भोजन, शारीरिक, मानसिक विकास हेतु आवश्यक सभी पोषक तत्त्वों से युक्त होना चाहिए, जिससे कि शरीर व मन को पर्याप्त तथा उचित मात्रा में ऊर्जा की प्राप्ति हो सके। आवश्यक तत्त्वों में विटामिन्स, प्रोटीन, कार्बोहाइड्रेट, वसा, फाइबर आदि के साथ खनिज तत्त्व जैसे कि कैल्शियम, मैग्नीशियम, जिंक, आइरन, आयोडीन, स्वच्छ पानी, लवण आदि शामिल होते हैं।

उचित पोषण को भोजन में दूध, सब्जी, मांस, फल आदि के समुचित अनुपात को शामिल करके प्राप्त किया जा सकता है। इन सभी तत्त्वों में से किसी की कमी या अधिकता उचित पोषण को अनुचित बना देती है। अब बात करते हैं मानव विकास की। वैसे तो मानव विकास को अनेक विद्वानों ने कई इंडेक्सों जैसे ह्यूमन डेवलपमेंट इंडेक्स (एचडीआई), मल्टीडाइमेंशन पावर्टी इंडेक्स (एमपीआई), आदि के माध्यम से विभिन्न रूपों में प्रदर्शित किया है। यदि इसका सीधा-सा अर्थ लें तो यह मनुष्य को शारीरिक, मानसिक रूप से स्वस्थ बनाकर एक मजबूत मानव के रूप में तैयार करता

है। जो कि शिक्षा, स्वास्थ्य, कौशल तथा आर्थिक स्तरों आदि पर मजबूत प्रदर्शन करके स्वयं अपना, अपने समाज व राष्ट्र के विकास में अहम भूमिका निभाता है।

अब इस बिन्दु पर विचार करते हैं कि कैसे उचित पोषण और मानव विकास जुड़े हुए हैं और क्यों उचित पोषण को मानव विकास की आधारशिला माना जाता है?

सर्वप्रथम शिक्षा क्षेत्र में मनुष्य की प्रगति से इसे समझते हैं। शिक्षा किसी भी व्यक्ति के जीवन को परिवर्तित करने वाला सर्वाधिक महत्त्वपूर्ण कारणों में से एक है, इसीलिए कहा भी गया है कि—

तालीम का असर है,
ऊँचा हमारा सर है।

किन्तु उचित पोषण के अभाव में सभी को शिक्षा का समुचित लाभ प्राप्त नहीं हो पाता है और सीखने की क्षमता प्रभावित होती है। एक कुपोषित या अल्प पोषित बच्चे का मन शिक्षा में नहीं लगता है। वह शिक्षा से ऊबने लगता है और इसका परिणाम ड्रॉप आउट के रूप में आता है।

भारत में एक अध्ययन के अनुसार करीब 50 प्रतिशत बच्चे आयोडीन की कमी से ग्रस्त हैं और यह उनके सीखने की क्षमता कुप्रभावित करती है। इसी तरह भारत में प्राथमिक व माध्यमिक स्तर पर ड्रॉप आउट अनुपात करीब 5 प्रतिशत है, जबकि उच्च स्तर पर यह करीब 18 प्रतिशत है, जिसके लिए उचित पोषण की कमी भी एक कारक के रूप में कहीं-न-कहीं जिम्मेदार है।

इसी तरह आर्थिक क्षेत्र में अच्छा प्रदर्शन करके गरिमामय जीवन जीने हेतु अच्छा स्वास्थ्य अति आवश्यक होता है, किन्तु उचित पोषण के अभाव में व्यक्ति दुबला-पतला, कमजोर या फिर कई तरह की बीमारियों का शिकार हो जाता है। इस तरह वह अच्छी आय अर्जन के अवसर से वंचित रह जाता है, जिससे उसका संविधान में प्रदत्त गरिमामय जीवन का अधिकार भी बाधित होता है। यह उसके लिए एक दिवास्वप्न ही बनकर रह जाता है, जबकि अच्छे स्वास्थ्य वालों के सफल होने की अधिक सम्भावना होती है।

सामाजिक क्षेत्र में देखें तो पाते हैं कि कमजोर, दीन-हीन, गरीब तथा विभिन्न बीमारियों से ग्रस्त लोगों को समाज बराबर का मान-सम्मान व पद-प्रतिष्ठा नहीं देता है। उनके साथ अधीनस्थ या अछूत जैसा व्यवहार करता है। यह उनके सामाजिक बहिष्करण को बढ़ाता है। वहीं उचित पोषणयुक्त व्यक्ति सामाजिक जीवन में सक्रिय भागीदारी द्वारा एक गरिमामय जीवन, पद-प्रतिष्ठा, मान-सम्मान आदि प्राप्त करता है। इसके अलावा अन्य क्षेत्रों में देखें तो अच्छे पोषणयुक्त व्यक्ति राष्ट्र के लिए कुशल मानव संसाधन के रूप में सामने आते हैं और वे बोझ की बजाय देश की आर्थिक तरक्की में अहम भूमिका निभाते हैं, जिससे कि देश, वैश्विक स्तर पर विकसित अर्थव्यवस्था के रूप में वैश्विक महाशक्तियों की कतार में खड़ा होता है।

उचित पोषण के माध्यम से व्यक्ति शिक्षा, स्वास्थ्य, कौशल, आर्थिक स्तर आदि पर बेहतर प्रदर्शन करता है। इससे व्यक्ति की समाज व राष्ट्र में भागीदारी बढ़ने से समाज व राष्ट्र की प्रगति होती है। साथ ही शिक्षित मन के माध्यम से समाज में स्वतंत्रता, समानता, न्याय, प्रेम-सहयोग जैसे मूल्यों तथा लैंगिक न्याय, पर्यावरणीय न्याय आदि की स्थापना होती है।

उचित पोषण के अभाव में अधूरा मानव विकास होता है जो गरीबी, भुखमरी, कुपोषण, अपंगता आदि को बढ़ावा देकर राष्ट्र की अर्थव्यवस्था को दुष्प्रभावित करता है। साथ ही मानव विकास के अभाव में कई लोग अपराधों के जाल में भी फँसते चले जाते हैं।

अब हम एक नजर भारत की स्थिति पर डालते हैं और देखते हैं कि भारत की क्या स्थिति है। शुरुआत कुछ आँकड़ों से—

भारत

गरीबी —	21.9 प्रतिशत (तेन्दुलकर कमेटी)
भुखमरी के शिकार लोग —	करीब 21 करोड़
एनीमिया से पीड़ित महिलाएँ —	50 प्रतिशत
कम बॉडी मास (Body mass) वाली महिलाएँ —	34 प्रतिशत
ठिगने बच्चे —	वैश्विक का 37 प्रतिशत
आईएमआर (शिशु मृत्यु दर) —	34/1000
एमएमआर (मातृ मृत्यु दर) —	167/एक लाख

उक्त कुछ आँकड़े भारत की नकारात्मक छवि पेश करते हैं जिससे लगता है कि भारत में उचित पोषण सभी को सहज रूप में उपलब्ध नहीं है।

इस स्थिति के कई कारण हो सकते हैं, जैसे कि लोगों में अशिक्षा, जागरूकता की कमी विशेषकर माताओं में। लोगों की आर्थिक स्थिति का कमजोर होना, समुचित स्वास्थ्य सेवाओं तक पहुँच का अभाव होना, बैड फूड हैबिट्स का पाया जाना, जैसे कई कारक हो सकते हैं।

यद्यपि भारत सरकार ने स्वतंत्रता प्राप्ति के बाद से लगातार स्वास्थ्य, शिक्षा व जीवन स्तर के मोर्चे पर खूब प्रयास किए हैं और भारत इस प्रयास में सफल भी रहा है। जैसे कि जीवन प्रत्याशा जो कि 1947 में मात्र 32 वर्ष थी, वह बढ़कर अब 68 वर्ष हो गई है, गरीबी करीब 60-65 प्रतिशत से कम होकर 21.9 प्रतिशत पर आ गई है, शिक्षा दर का 12 प्रतिशत से बढ़कर 74 प्रतिशत होना आदि।

वर्तमान में भी भारत सरकार खाद्य सुरक्षा अधिनियम 2013, सार्वजनिक वितरण योजना, राष्ट्रीय पोषण नीति, राष्ट्रीय स्वास्थ्य संरक्षण योजना (आयुष्मान भारत),

मिड डे मील कार्यक्रम आदि के माध्यम से लोगों के उचित पोषण स्तर को बनाए रखने हेतु प्रयासरत भी है। इस सन्दर्भ में हमारी स्थिति—

मीलों हम आ गए हैं,
मीलों हमें जाना है।

उचित पोषण तो मानव विकास की आधारशिला है ही, साथ ही समुचित शिक्षा, कौशल, गुणवत्तापूर्ण रोजगार तथा उत्तम स्वास्थ्य सेवाएँ आदि भी मानव विकास की अन्य आधारशिलाएँ हैं। इन पर पर्याप्त ध्यान दिए जाने पर ही सम्पूर्ण मानव विकास सम्भव हो पाएगा अन्यथा मानव विकास अधूरा ही रहेगा।

इसके लिए सभी को अपनी जिम्मेदारी समझनी होगी। सभी नागरिक अपना कर्तव्य समझकर बच्चों को उचित पोषणयुक्त भोजन उपलब्ध कराएँ तथा स्वयं भी अस्वास्थ्यकर खाद्य आदतों से बचें। वहीं सरकार के स्तर पर प्रभावी नीति निर्माण तथा लोगों में जागरूकता का प्रसार करके इसे 'स्वच्छ भारत मिशन' की तरह जन आन्दोलन बनाकर लोगों को प्रोत्साहित करना चाहिए, जिससे कि सभी को उचित पोषण प्राप्त हो सके। तभी एक मजबूत मानव विकास की आधारशिला के साथ-साथ मजबूत और वैश्विक महाशक्ति की आधारशिला भी रखी जा सकेगी। जिससे कि हर भारतीय सच्चे मन से यह कहे कि—

यह धर्मभूमि मेरी, यह कर्मभूमि मेरी,
यह जन्मभूमि मेरी, यह मातृभूमि मेरी।

23

केवल शक्ति और अधिकार ही महिलाओं की मदद नहीं कर सकते

—गौरव सोगरवाल

रोज की तरह रसोई में काम करती माँ से एक दिन मैंने कहा, "माँ तुम हमेशा काम करती रहती हो, कभी तो तुम आराम कर लिया करो।" तब माँ ने कहा, "बेटा, मेरे नसीब में आराम कहाँ, मैं तो रात को सोती हूँ तब भी दिमाग में ये रहता है कि सुबह क्या-क्या काम करने हैं।" ये बातें सुनकर मुझे तुलसीदास जी द्वारा 5-6 सदी पूर्व कही गई पंक्तियाँ याद आ गईं—

कत विधि सृजी नारी जग माहीं,
पराधीन सपनेहु सुख नाहीं।

कहीं आज इक्कीसवीं सदी में जो सुभेद्य वर्गों के हितों व मानवाधिकारों की रक्षा के लिए जानी जा रही है, प्रासंगिक तो नहीं बनी हुई है। तभी दिमाग में आया

कि अगर मैं माँ की मदद करूँ तो शायद वो अपने आराम तथा पसन्दीदा काम के लिए समय निकाल पाए, इसी तरह की मदद की जरूरत आज महिलाओं को है।

कहा जाता है कि एक पुरुष को सशक्त बनाने से सिर्फ वह पुरुष ही आत्मनिर्भर बन सकेगा, वहीं महिला को सशक्त बनाने से परिवार, समाज और राष्ट्र सशक्तीकरण की दिशा में आगे बढ़ सकते हैं। विश्व आर्थिक मंच ने तो यहाँ तक कहा है कि अगर भारत अपनी आधी आबादी (महिलाओं) को विकास की दौड़ में शामिल कर ले तो जीडीपी में 1.4 प्रतिशत की वृद्धि कर सकता है।

वैश्विक स्तर पर शक्ति और सद्‌भाव को बढ़ावा देने के लिए महिलाओं की मदद जरूरी हो जाती है, क्योंकि वे महिलाएँ ही हैं जो त्याग की बात करती हैं न कि पुरुषों के समान हिस्से की। इस दिशा में आगे बढ़ने के लिए महिलाओं को अनेक शक्ति और अधिकार प्रदान किए गए हैं। भारत में महिलाओं को पुरुषों के बराबर दर्जा प्रदान करने के लिए संविधान के अनुच्छेद 14, 15 व 16 के तहत समानता का अधिकार प्रदान किया गया। प्रशासनिक और न्यायिक प्रक्रियाओं का महिलाओं के हित में सरलीकरण किया गया। इन अधिकारों के साथ महिलाओं के खिलाफ होने वाले अपराधों की रोकथाम के लिए अनेक कानून बनाए गए।

लेकिन यह विडम्बना ही मानी जाएगी कि दहेज निषेध अधिनियम को बने हुए पाँच दशक बीत जाने के बावजूद 2016 में दहेज हत्या के 4600 के लगभग मामले दर्ज किए गए। इसी तरह आँकड़े बताते हैं कि भारत में सख्त कानूनों के बावजूद प्रतिदिन 90 बलात्कार की वारदातें होती हैं। छेड़खानी की घटनाएँ तो बढ़ती ही जा रही हैं। इससे शर्मनाक यह है कि प्रत्येक 10 में से सिर्फ 1 वारदात दर्ज की जाती है और दोषसिद्धि की दर 25 प्रतिशत है। न्याय की खातिर दर-दर भटकती महिलाओं को देखकर यह पंक्ति सटीक बैठती है—

यहाँ कौन है मुन्सिफ, कौन पैरोकार, ये क्या जानें,
ये भोली-भाली महिलाएँ इस दुनिया के कारोबार क्या जानें।

महिलाओं को उत्तराधिकार, सम्पत्ति में हिस्से का अधिकार मिलने के बावजूद आज भी कुल सम्पत्ति का एक प्रतिशत से कम भाग महिलाओं के पास है। तलाक सम्बन्धी अधिकार मिलने के बावजूद अनेक चुनौतियों से जूझ रही हैं। इसी तरह अपनी पसन्द का लड़का चुनकर विवाह करने में तो अनेक समस्याओं का सामना करना पड़ता है। इस हेतु प्रयास करने वाले युवाओं को खाप जैसी संस्था सम्मान के नाम पर मौत तक की सजा सुना देती है। ऑनर किलिंग की बढ़ती घटनाओं को देखकर किसी ने ठीक ही कहा है—

कल तक जो वरदान थे उनके, आज वही अभिशाप बने,
अपनी ही बिटिया के कातिल उसके ही माँ-बाप बने।

इस तरह की तमाम घटनाओं और चुनौतियों के चलते सरकार, प्रशासन और न्यायालय द्वारा महिलाओं की मदद हेतु किए जा रहे प्रयास पूरी तरह सफल नहीं हो पा रहे हैं। इसके चलते महिलाओं को शक्ति और अधिकार प्रदान करने से आगे सोचना चाहिए। इसी दिशा में महिला अधिकारों के पैरोकार अम्बेडकर जी ने कहा है—

"केवल अधिकार प्रदान करने से भेदभाव समाप्त नहीं होता, बल्कि समाज की सामाजिक, सांस्कृतिक मनोवृत्ति में परिवर्तन लाकर ही इसे समाप्त किया जा सकता है।" इसी तरह के प्रयास महिलाओं के कल्याण और सशक्तीकरण हेतु किए जाने चाहिए। इस हेतु पितृ सत्तावादी मानसिकता की बेड़ियों को तोड़ना होगा। लोगों व समाज की मानसिकता में परिवर्तन लाना होगा। यह याद दिलाना होगा कि जब महिलाएँ ओलम्पिक में पदक जीतकर भारत का सिर ऊँचा करती हैं तो अन्य क्षेत्रों में ऐसा क्यों नहीं कर सकतीं। महिलाओं के विरुद्ध अपराधों से प्राथमिक स्तर पर निपटने में कानून की बजाय मानसिकता बदलाव पर ध्यान केन्द्रित करना होगा। महिलाओं को सशक्त करना होगा ताकि वे अपने अधिकारों को प्रभावी तरीके से प्रयोग कर सकें। विकास की इस दौड़ में महिलाओं को अनुयायी की बजाय सहभागी के रूप में देखना होगा। महिला सशक्तीकरण में बाधक सामाजिक और धार्मिक कुरीतियों को दूर करना होगा।

विभिन्न गैर सरकारी संगठन, नागरिक संगठन, स्वयं सहायता समूह की मदद इस दिशा में कारगर साबित होगी। कानून द्वारा प्रदत्त शक्ति और अधिकार बाहरी स्तर पर तो कारगर प्रतीत होते हैं। लेकिन आन्तरिक स्तर (चेतना) पर इसे प्रभावी बनाने हेतु पुरुष वर्ग को संवेदनशील बनना होगा।

इस तरह के प्रयासों से ही महिलाओं की मदद को पूर्णता प्रदान की जा सकेगी, जिससे वह समाज रूपी गरुड़ के पुरुष पंख के समान उड़ान भरकर समाज व देश को नई ऊँचाइयाँ प्रदान करेंगी। इस तरह के वातावरण में महिलाएँ उस वजूद को प्राप्त करने की दिशा में उन्मुक्त होंगी, जिसकी समय को भी तलाश है।

24

भारत में नवाचार और उद्यमिता : अवसर एवं चुनौतियाँ

—जगदीश कुमार

एसोचैम द्वारा जारी किए गए आँकड़े बताते हैं कि भारत के कुल श्रम बल का मात्र 4.6 प्रतिशत भाग ही औपचारिक रूप से प्रशिक्षण प्राप्त है जबकि अमेरिका (52 प्रतिशत), ब्रिटेन (68 प्रतिशत), जर्मनी (75 प्रतिशत), जापान (80 प्रतिशत) तथा दक्षिण कोरिया (96 प्रतिशत) में यह हिस्सा बहुत अधिक है।

ऐसे में यह प्रश्न स्वाभाविक तौर पर उठता है कि आखिर नवाचार एवं उद्यमिता के क्षेत्र में भारत के पास क्या-क्या अवसर हैं, उनमें विद्यमान चुनौतियाँ क्या हैं? क्या हम इसके आधार पर राष्ट्र की सारी चुनौतियों, बुराइयों एवं कुरीतियों का सामना करके विश्व की प्रमुख शक्ति बन सकेंगे? आखिर क्यों बार-बार सरकार द्वारा नवाचार एवं उद्यमिता पर इतना बल दिया जा रहा है? उपरोक्त प्रश्नों से जूझते हुए हम किसी एक निष्कर्ष तक पहुँचने का प्रयास करेंगे।

सर्वप्रथम हमें 'नवाचार' तथा 'उद्यमिता' शब्द को स्पष्ट करना चाहिए। नवाचार से तात्पर्य किसी विद्यमान चुनौती के लिए ऐसा समाधान प्रस्तुत करना कि उससे मानव जीवन में सुविधा बढ़ जाए, उसकी राहें आसान हो जाएँ या कोई विकराल समस्या का समाधान प्रस्तुत हो जाए। वहीं उद्यमिता से तात्पर्य व्यक्ति के उस कौशल से है, जिसमें वह रोजगार की तलाश में न रहकर स्वयं 'रोजगार प्रदाता' बन जाता है तथा पूँजी, कौशल तथा श्रम के द्वारा विशाल मात्रा में उत्पादन/सेवा गतिविधियों को अंजाम देता है।

दोनों के द्वारा ही समाज में विद्यमान चुनौतियों का समाधान किया जाता है, यथा—कृषि पिछड़ापन, बेरोजगारी, भुखमरी, गरीबी, कुपोषण, निम्न मानवीय जीवन, यातायात व संचार सुविधा में व्याप्त दोष, पर्यावरणीय अवनमन, जल प्रदूषण, मानव जीवन की गुणवत्ता सुधार, आपातकालीन सेवाओं का विस्तार, अन्तरिक्ष तकनीकी का मानवीय दक्षता में उपयोग, राष्ट्र व विश्व के कल्याण हेतु किसी घातक बीमारी का समाधान प्रस्तुत करना आदि।

फिर, अगर नवाचार एवं उद्यमिता इतने लाभकारी हैं तो फिर भारत को इसका लाभ उठाने से पीछे नहीं रहना चाहिए। भारत में नवाचार एवं उद्यमिता के लिए अकूत अवसर विद्यमान हैं।

विश्व का सबसे बड़ा युवा वर्ग भारत में बसता है। भारतीय जनसंख्या का लगभग दो-तिहाई भाग 35 वर्ष से कम आयु का है। यह आयु वर्ग वर्तमान तथा भविष्य के लिए नवाचार एवं उद्यमिता के लिए आधार का कार्य करेगा। भारतीय युवा वर्ग के सामने नवाचार उद्यमिता के क्षेत्र में उबेर (टैक्सी सेवा प्रदाता), अनअकेडमी (ऑनलाइन शिक्षा प्रदाता), मिट्टी का फ्रीजर बनाने वाले कलाकार, सॉलिड वेस्ट से ऊर्जा पैदा करने वाले इंजीनियरों सहित सत्य नडेला, सुन्दर पिचई, इन्दिरा नूई, शिव नडार, विशाल सिक्का, अजय सिंह बांगा जैसे सैकड़ों उद्यमियों के नाम हैं, जिन्होंने भारत ही नहीं वैश्विक स्तर पर अपनी पहचान बनाई है।

सरकार द्वारा 'मेक इन इंडिया', 'स्किल इंडिया', 'स्टार्टअप एंड स्टैंड अप इंडिया', मुद्रा (MUDRA) योजना, 'डिजिटल इंडिया', 'भारतनेट कार्यक्रम', 'राष्ट्रीय कौशल विकास नीति, 2012', कौशल विकास परिषद तथा कौशल विकास एजेंसी की स्थापना, कौशल विश्वविद्यालय की स्थापना आदि प्रयासों के

द्वारा नवीन वातावरण सृजित किया गया ताकि युवा वर्ग दक्ष कौशल, पूँजी, इंटरनेट एवं उद्यमशीलता के द्वारा राष्ट्र निर्माण में योगदान दे।

भारतीय प्रौद्योगिकी संस्थान, भारतीय प्रबन्धन संस्थान, आईटीआई जैसे प्रशिक्षण व कौशल विकास संस्थानों में नवाचार एवं उद्यमिता पर लगातार बल दिया जा रहा है। ज्ञान संगम पहल, हेकाथॉन का आयोजन, वज्र (VAJRA) स्कीम द्वारा ब्रेन गेन का प्रयास करना आदि नवीन अवसर सृजित कर रहे हैं।

साथ ही सरकार उद्यमिता विकास हेतु 'ईज ऑफ डूइंग बिजनेस' रैंकिंग में सुधार के लिए लगातार प्रयासरत है। राज्यों द्वारा भी आपस में सकारात्मक उद्यमिता वातावरण हेतु स्वस्थ प्रतिस्पर्धा की जा रही है। भूमि अधिग्रहण कानून में बदलाव, श्रम सुधारों की पहल, लाइसेंस तथा पूर्व मंजूरी सम्बन्धी बाधाओं की समाप्ति, बेहतर प्रशासनिक तथा कानूनी सहायता, रेड टेपिज्म की जगह रेड कारपेटिज्म आदि प्रयास भी नवाचार व उद्यमिता के लिए भारत में बेहतर वातावरण सृजित कर रहे हैं।

आवश्यकता आविष्कार/नवाचार की जननी होती है। वर्तमान में मानव के सम्मुख अनेक चुनौतियाँ विद्यमान हैं, जैसे असाध्य बीमारियों का इलाज प्रस्तुत करना; पर्यावरणीय प्रदूषण के कारण जीवन की गुणवत्ता में गिरावट, अधिशेष कृषि उत्पादन का नष्ट हो जाना, जबकि लाखों-करोड़ों व्यक्तियों को भरपेट भोजन नहीं मिलता; लम्बे-लम्बे सड़क जाम के कारण खस्ताहाल यातायात; प्राकृतिक संसाधनों (कोयला, पेट्रोलियम, जल व वन संसाधन आदि) का तीव्र गति से नष्ट होना, महिलाओं के खिलाफ बढ़ते अपराध, भ्रष्टाचार तथा कुशासन; आदिवासी-सीमान्त-वृद्धजनों-दिव्यांगों-तृतीयलिंगी-(एलजीबीटी) समुदाय तक विकास का लाभ नहीं पहुँचना आदि।

उपरोक्त सहित अनगिनत अन्य चुनौतियाँ वास्तविक समाधान के लिए नवाचार की ओर टकटकी लगाए देख रही हैं। अत: भारतीय समाज को 'कौशल भारत: कुशल भारत' के साथ-साथ 'न्यू इंडिया : इनोवेटिव इंडिया' बनाने का सबसे बेहतर अवसर यही है। फिर भी, उपरोक्त बेहतर अवसरों के साथ-साथ इस राह में अत्यधिक चुनौतियाँ भी विद्यमान हैं। विश्व आर्थिक मंच द्वारा जारी 'वैश्विक नवाचार सूचकांक' एवं 'ह्यूमन कैपिटल इंडेक्स' में भारत की स्थिति अत्यन्त दयनीय तथा चिन्तनीय है। इसके अलावा अन्य अध्ययनों/रिपोर्टों से भी यही पता लगता है कि भारत में नवाचार की स्थिति निम्न है तथा उद्यमिता की जगह भारतीय व्यक्ति सरकारी या निजी नौकरी की तलाश करता है। उपरोक्त मानसिकता को बदलने को 'इनोवेशन को सामाजिक आन्दोलन' बनाने की जरूरत है। साथ ही युवाओं को बेहतर प्रशिक्षण, पूँजी व प्रोत्साहन द्वारा उद्यमिता के लिए तैयार किया जाना चाहिए।

उपरोक्त मामलों में हम जापान, दक्षिण कोरिया तथा अमेरिका से सीख सकते हैं। वर्तमान में भारत में भी उपरोक्त राष्ट्रों को नवाचार में चुनौती देने की क्षमता है, बस आवश्यकता बेहतर क्रियान्वयन तथा दृढ़ इच्छाशक्ति की है। शैक्षणिक क्षेत्र बेहतर आधारभूत संरचना की अपर्याप्तता; महिलाओं तक शिक्षा, रोजगार व कौशल की निम्न पहुँच तथा उनके साथ दोयम दर्जे का व्यवहार; प्रतिभा पलायन (ब्रेन ड्रेन); उद्यम स्थापना में प्रशासनिक तथा नीतिगत अवरोध; भूमि आवंटन तथा श्रम कानूनों सम्बन्धित जटिलता भारत में नवाचार एवं उद्यमिता के मार्ग में बाधक बन जाते हैं।

विशाल मानव संसाधन को मानव पूँजी में परिवर्तित करने के लिए बेहतर व गुणवत्तापरक शिक्षा, स्वास्थ्य, पोषण, गरिमामय जीवन, सामाजिक खुलापन, शोषण रहित व भेदभाव मुक्त सामाजिक-सांस्कृतिक वातावरण की आवश्यकता होती है। भारत उपरोक्त पैमाने पर लगातार पिछड़ रहा है।

विश्व स्वास्थ्य संगठन रिपोर्ट, वर्ल्ड डेवलपमेंट रिपोर्ट, NFHS-4 सर्वे आदि भारत में निम्न मानव जीवन गुणवत्ता, स्वास्थ्य के मानकों पर पिछड़ापन, महिलाओं की दयनीय स्थिति पर प्रकाश डालते हैं। अत: सबसे पहले हमें उपरोक्त चुनौतियों का सामना करना पड़ेगा।

वर्तमान विश्व 'एजिंग' (वृद्ध जनसंख्या का अनुपात बढ़ना) की समस्या की तरफ बढ़ रहा है, वहीं भारत लगातार आगामी दो दशकों तक 'डेमोग्राफिक डेविडेंट' का लाभ उठाएगा। अत: हमें अपनी कमजोरियों को पहचानकर उनका उचित समाधान प्रस्तुत करना होगा।

सरकार, समाज, व्यक्तिगत स्तर पर नवाचार एवं उद्यमिता का एक ऐसा माहौल सृजित करना है कि 'ज्ञान आधारित अर्थव्यवस्था' में परिवर्तन हो जाए। हमारे समाज की ही नहीं अपितु सम्पूर्ण विश्व की सामाजिक-आर्थिक-पर्यावरणीय चुनौतियों का समाधान करने वाले नवाचार सृजित करना होगा ताकि सम्पूर्ण विश्व खुशहाल, समृद्ध, शान्तियुक्त, समरसतापूर्ण एवं समावेशी हो सके।

भविष्य में भारत एक 'नवाचारी एवं उद्यमी राष्ट्र' के रूप में अपनी पहचान स्थापित कर सके। इसके लिए वर्तमान में सृजित अवसरों का बेहतर लाभ उठाना होगा ताकि समाज का सशक्तीकरण हो तथा हम सतत विकास लक्ष्यों की प्राप्ति सहित मानव विकास सूचकांक, ह्यूमन कैपिटल इंडेक्स, इनोवेशन इंडेक्स, ईज ऑफ डूइंग बिजनेस रिपोर्ट के साथ-साथ ईज ऑफ लिविंग और हैप्पीनेस इंडेक्स में भी शानदार प्रदर्शन कर सकेंगे। दुष्यन्त कुमार ने लिखा है—

इस नदी की धार से ठंडी हवा आती तो है।
नाव जर्जर ही सही, लहरों से टकराती तो है॥
एक चिन्गारी कहीं से ढूँढ़ लाओ दोस्तो!
इस दिये में तेल से भीगी हुई बाती तो है॥

25

सबसे अच्छे की उम्मीद रखें, सबसे बुरे के लिए तैयार रहें, जो मिलता है उसका उपयोग करें

—प्रदीप द्विवेदी

उम्मीद, तैयारी और उपयोग उस वाहन के तीन चक्र हैं जिसे जीवन कहते हैं। हम रोज कुछ होने की उम्मीद करते हैं, हम भविष्य के लिए सँजोए गए सपनों की पूर्ति के लिए तैयारी करते हैं तथा रोजमर्रा के जीवन में जो अवसर हमारे सामने आते हैं उन्हें भुनाने की कोशिश करते हैं। ये तीन शब्द प्रथमदृष्टया कितने भी दार्शनिक लगें, एक-दूसरे से कितने भी दूर प्रतीत हों, परन्तु ये तीनों एक ऐसे धागे से जुड़े हैं जिसे प्रत्येक व्यक्ति जानना चाहता है, गुजरना चाहता है और जिसे अक्सर 'सफलता की कहानी' कह दिया जाता है। सफलता का प्रत्येक उदाहरण, प्रत्येक प्रेरणादायक कहानी जीवन के इन तीन पड़ावों से निश्चित तौर पर गुजरती है।

अब हमारे सामने प्रश्न आता है कि क्या उम्मीद रखनी चाहिए, किसके लिए तैयारी करनी चाहिए और इस क्षण हमें क्या करना चाहिए क्योंकि 'वर्तमान' एकमात्र 'उपहार' है जो हमें प्रकृति से मिला है, भविष्य के बारे में हमें कोई अन्दाजा भी नहीं है और भूतकाल तो गुजर चुका है, अत: हम तैयारी और उम्मीद के फेर में वर्तमान की भी बलि न चढ़ा दें, इस बात का ध्यान हमें सदैव रखना चाहिए।

उम्मीद शब्द 'आशा' की ओर इंगित करता है, किसी ऐसी चीज की उम्मीद करना, किसी ऐसी चीज की आशा जिसकी इच्छा हमारे मन में दबी हो, किसी ऐसे परिवर्तन की आशा जो हम अपने समाज, देश और विश्व में देखना चाहते हैं, किसी ऐसे परिवर्तन की उम्मीद ही हमें उस परिवर्तन की दिशा में कार्यरत रहने को प्रेरित करेगी।

'उम्मीद' और 'आशा' ऐसे जादुई शब्द या यूँ कहें कि ऐसी जादुई अनुभूतियाँ हैं जो सदियों से चमत्कार करती आई हैं। 'आशा' का सबसे बड़ा परिणाम 'सकारात्मक ऊर्जा' होता है। 'आशा' की अनुभूति हमें सकारात्मक ऊर्जा से भर देती है। बिना सकारात्मक परिणाम की उम्मीद किए किसी कार्य को आगे बढ़ाना तथा अपनी पूरी ऊर्जा उस कार्य में झोंक पाना लगभग असम्भव है। अच्छे भविष्य की उम्मीद ही विद्यार्थियों को असीम मेहनत से पढ़ने की ऊर्जा देती है, देश का नाम रोशन करने की उम्मीद ही एक खिलाड़ी को किसी टूर्नामेंट या ओलम्पिक की तैयारी में पूरी ऊर्जा झोंकने का हौसला देती है। अगर किसी व्यक्ति के जीवन से 'आशा' की अनुभूति हटा दी जाए तो व्यक्ति एक ऐसे गर्त में चला जाएगा, जहाँ से निकल पाना, उबर पाना तथा उबरकर अपने लक्ष्यों की प्राप्ति कर पाना अत्यन्त दुर्लभ कार्य हो जाएगा।

'आशा' की अनुभूति का ही चमत्कार है कि हम अपने लक्ष्य को प्राप्त करने की ओर पहला कदम रखते हैं। प्लेटो ने कहा था कि अच्छी शुरुआत ही हमारे लक्ष्य की प्राप्ति की राह का आधा हिस्सा होता है और इसी बात को ध्यान में रखते हुए उम्मीद की महत्ता बढ़ जाती है, क्योंकि उम्मीद ही हमें पहले कदम में सम्पूर्ण ऊर्जा झोंकने के लिए प्रेरित करती है और निश्चित तौर पर पहला अच्छा कदम हमारी सफलता सुनिश्चित करने में महत्त्वपूर्ण भूमिका निभाता है।

मैं अपनी बात को कुछ उदाहरणों से सिद्ध करना चाहूँगा। भारत जब अंग्रेजी सत्ता की गुलामी झेल रहा था तब कुछ उत्साहित और बुद्धिजीवी लोगों को आजादी की उम्मीद की एक किरण दिखी होगी, तभी 19वीं शताब्दी में ही वे इस कार्य की शुरुआत कर पाए और अन्ततोगत्वा 1947 में हमें आजाद भारत में लालकिले पर तिरंगा फहराने का मौका मिला। इसी तरह अगर अब्राहम लिंकन ने एक स्वस्थ, सही मायनों में जनतांत्रिक अमेरिका का सपना नहीं देखा होता तो शायद आज भी वहाँ की जनसंख्या का एक बहुत बड़ा हिस्सा मूल अधिकारों के लिए भी वंचित रहता और शायद अमेरिका इतना प्रगतिशील न हो पाता कि बराक ओबामा जैसा अश्वेत व्यक्ति अमेरिका का राष्ट्रपति बन पाता।

अगर खेलों की दुनिया का उदाहरण लें तो दीपा मलिक का नाम ध्यान में आता है जिन्होंने पैरालिम्पिक खेलों में स्वर्ण पदक हासिल किया। दीपा मलिक को दोनों पैर एक दुर्भाग्यपूर्ण घटना की वजह से खोने पड़े थे, तब भी उन्होंने कुछ कर गुजरने की उम्मीद नहीं खोई और आज वे एक उत्साही एवं सफल मोटर बाइक चालक के साथ-साथ अन्य कई खेलों में नाम कमा चुकी हैं तथा आने वाली कई पीढ़ियों के लिए प्रेरणास्रोत हैं। अपने सम्मान समारोह में उन्होंने स्पष्ट किया था कि धन, बल या शारीरिक क्षति आपका तब तक कुछ नहीं बिगाड़ सकतीं जब तक आपने आशा की एक चिंगारी को भी अपने मन में जीवित रखा है और इच्छाशक्ति को मरने नहीं दिया है। उम्मीद में ही वह शक्ति है कि आप सारी अक्षमताओं से पार पाकर अपने लक्ष्यों की प्राप्ति के पथ पर अग्रसर रह सकते हैं।

जीवन की साइकिल के जिन तीन पहियों की बात ऊपर की गई है उनमें 'आशा' के बाद स्थान आता है 'तैयारी' का। 'तैयारी' के विभिन्न पहलुओं पर जाने से पहले यह आवश्यक है कि हम यह जान लें कि तैयारी आवश्यक क्यों है और हमें किस स्तर की तैयारी करनी चाहिए।

'उम्मीद' हमें सकारात्मक ऊर्जा तो प्रदान कर देती है लेकिन उम्मीद की दम पर तब तक कुछ भी कार्यान्वित नहीं हो सकता जब तक हम तैयारी की ओर कदम न बढ़ाएँ। जीवन की कड़वी सच्चाइयों का सामना तो हर व्यक्ति को करना ही पड़ता है और इन कड़वी सच्चाइयों का सामना कर पाने में सक्षम हमें तैयारी ही बनाती है। तैयारी का अर्थ है अपने कार्य की राह में आने वाली समस्याओं को

पहले से ही भाँप लेना तथा उनसे निपटने के उपायों को दुरुस्त रखना ताकि कोई भी कठिनाई हमारे लक्ष्य की सम्पन्नता में बाधा न बन पाए।

नेपोलियन ने कहा था कि *"दुनिया का हर युद्ध पहले दिमाग में जीता जाता है फिर मैदान में।"* इसका सीधा-सा मतलब है कि हर युद्ध को जीतने में अच्छी योजना का, कठिनाइयों के पूर्वानुमान के साथ उनसे निपटने हेतु सटीक नीतियों की तो आवश्यकता होती ही है साथ में सीमित संसाधनों के उचित प्रयोग का भी अत्यधिक महत्त्व है। प्रत्येक मौके को भाँपकर उसका पूर्ण लाभ लेने की क्षमता तभी विकसित हो सकती है जब हमारी तैयारी उस मौके को भुनाने के लिए परिपक्व हो। दुनिया में जितने भी लोग सफल हुए हैं उन्होंने बुरी-से-बुरी स्थिति के लिए भी अपनी तैयारी सदैव पुख्ता रखी है।

उदाहरणार्थ मो. फराह जो कि यूनाइटेड किंगडम की तरफ से दौड़ने वाले एक लम्बी दूरी के धावक हैं, के बारे में एक घटना प्रसिद्ध है। ओलम्पिक में दौड़ के दौरान मो. फराह पैर फँसने के कारण ट्रैक पर गिर गए। एक समय के लिए ऐसा लगने लगा कि उनकी इतने वर्षों की मेहनत पर पानी फिर गया परन्तु उन्होंने बाद में दौड़ जीत ली। ऐसा इसलिए हो पाया क्योंकि उनकी तैयारी का स्तर इस स्थिति के लिए भी परिपक्व था। उन्होंने उस स्थिति का भी पूर्वानुमान करके इसके लिए तैयारी की थी।

मोहम्मद अली ने एक बार कहा था कि वे उस व्यक्ति से नहीं डरते जो प्रत्येक दिन हजार पंच-प्रैक्टिस करता है बल्कि उस व्यक्ति से अधिक डरते हैं जो एक ही पंच की हजार बार प्रतिदिन तैयारी करता है, क्योंकि इस स्तर की तैयारी से जो पूर्णता आती है वह किसी भी बाधा को पार करने में सक्षम है।

परन्तु सारी तैयारी, उम्मीदों के बाद भी जो आज हमारे सामने है वह वर्तमान ही है। जो अवसर आज हमारे सामने हैं उनका सदुपयोग ही हमारी सफलता की राह सुनिश्चित करता है और यहीं पर इस साइकिल के तीसरे चक्र की बात आती है जिसे हम 'सदुपयोग' कहते हैं। सदुपयोग का आसान मतलब यही है कि जो भी अवसर हमारे सामने हैं उन्हें पहचानें और उससे सर्वाधिक परिणाम हासिल करें ताकि हम बाद में अवसर छूट जाने का दुख न मनाते हुए शान्तिपूर्ण तरीके से अपना जीवन जी पाएँ।

सदुपयोग एक कला है जिसकी पहली शर्त ही यह है कि व्यक्ति प्रत्येक चुनौती को एक अवसर की तरह स्वीकार करे। यह बात सच है कि स्थितियाँ कितनी भी विपरीत हों, हर स्थिति में एक-न-एक अवसर निश्चित तौर पर छिपा होता है और जो व्यक्ति इस अवसर को पहचानना जान जाता है वह सदुपयोग की कला में परिपक्व हो जाता है। ऐसा व्यक्ति निश्चित तौर पर सफल होता है, क्योंकि कोई भी चुनौती ऐसे व्यक्ति को झुकाने में असमर्थ होती है और ऐसे ही व्यक्ति अन्त में कई लोगों की प्रेरणा का स्रोत बनते हैं।

ऐसा ही एक उदाहरण देखने को मिलता है हिन्दी फिल्म 'चक दे इंडिया' में, जहाँ कोच कबीर खान की सख्ती के खिलाफ पूरी टीम इकट्ठी हो जाती है और बगावत का बिगुल फूँक देती है, परन्तु कोच कबीर खान इस चुनौती को एक अवसर की तरह भुना लेते हैं और इसे टीम में एकता बढ़ाने के लिए प्रयोग करते हैं, और अन्तत: ऐसा ही होता है। इस घटना के बाद पूरी टीम एकत्र होकर एक मजबूत टीम के रूप में उभरती है और अन्तत: विश्वकप जीतती है।

हालाँकि ऊपर बताई गई 'चक दे इंडिया' की कहानी काल्पनिक है और इस घटना का वास्तविक जीवन से कोई सम्बन्ध नहीं है, पर यह घटना बताती है कि कैसे चुनौतियों को अवसरों में तब्दील किया जा सकता है। इसी तरह का एक उदाहरण वास्तविक जीवन में अर्थशास्त्री यूनुस खान के रूप में देखने को मिलता है। उन्होंने बाँग्लादेश के ग्रामीण क्षेत्रों में फैली गरीबी की चुनौती को कुछ बड़ा करने के अवसर के रूप में लिया और ग्रामीण बैंक की स्थापना की। 'सामाजिक पूँजी' के सिद्धान्त पर आधारित ग्रामीण बैंक, दुनिया में बैंकिंग क्षेत्र में एक क्रान्ति साबित हुआ और यूनुस खान ने बाँग्लादेश की अर्थव्यवस्था में आमूलचूल परिवर्तन कर दिखाए।

ऊपर की गई सारी वार्ता से यह सिद्ध हो जाता है कि जीवन और सफलता जीवन के दो किनारे हैं, जिन्हें आशा, तैयारी और सदुपयोग का पुल आपस में जोड़े रखता है। अच्छे परिणाम की उम्मीद हमें जरूरी सकारात्मक ऊर्जा प्रदान करती है, तैयारी हमें उस काम को करने के लिए आवश्यक कौशल देती है और सदुपयोग की कला उस अवसर को अभीष्ट परिणाम में बदलती है और इस प्रकार ये तीनों मिलकर एक ऐसे जीवन का निर्माण करती हैं जो दूसरों के लिए आदर्श सिद्ध होता है।

सबसे अच्छे की उम्मीद करने, सबसे खराब स्थिति के लिए तैयार रहने तथा उपलब्ध अवसरों का पूर्ण उपयोग करने की नीति का प्रयोग वर्तमान विश्व की कई समस्याओं को सुलझाने में किया जा सकता है। ऐसी ही एक समस्या है जलवायु परिवर्तन की समस्या। जलवायु परिवर्तन के बारे में बराक ओबामा ने कहा है कि *"हम ऐसी पहली पीढ़ी हैं जो जलवायु परिवर्तन का परिणाम झेल रही हैं और ऐसी अन्तिम पीढ़ी जो इसके लिए कुछ कर सकती है"* इस प्रकार जलवायु परिवर्तन की चुनौती को अवसर में बदलने की आवश्यकता है, जिसके लिए पर्याप्त सकारात्मक ऊर्जा तैयारी और सदुपयोग की कला चाहिए।

जलवायु परिवर्तन से निपटने के लिए इस आशा की आवश्यकता है कि प्रत्येक देश इस चुनौती से निपटने के लिए साथ आएगा और अपना अधिकतम योगदान देगा। 'क्लब ऑफ रोम' से शुरू हुई यह वार्ता आज पेरिस समझौते तक पहुँच चुकी है जो 'क्लब ऑफ रोम' की इसी आशा के साथ शुरुआत का परिणाम है। इससे निपटने की नीतियाँ पहले से ही बनाना और क्रूर-से-क्रूर परिस्थितियों के लिए तैयार

रहना इस प्रक्रिया का दूसरा कदम है तथा जो भी सहयोग, तकनीक विकसित होती है उसका सदुपयोग अन्तिम कदम है।

यही नीति दुनिया में आतंकवाद जैसे खतरे से निपटने में भी सहयोगी होगी और तभी दुनिया में समानता और न्याय जैसे सिद्धान्तों को वास्तविक रूप से अमल में लाया जा सकेगा।

अत: प्रत्येक व्यक्ति को इस सिद्धान्त पर अमल करके आशा, तैयारी और सदुपयोग का दामन पकड़े रहना चाहिए, प्रयासरत रहना चाहिए ताकि हर परिवार, समाज, देश व विश्व खुशहाल, सुरक्षित व समृद्ध रह सके।

26

नारी सशक्तीकरण की मुहिम ने भारतीय नारी को कितना सशक्त किया है?

—रतनदीप गुप्ता

कोमल है, कमजोर नहीं है, शक्ति का नाम ही नारी है,
सबको जीवन देने वाली, मौत भी तुझसे हारी है।

किसी कवि की उपरोक्त पंक्तियाँ नारी जीवन की दृढ़ता, अदम्य जिजीविषा एवं संवेदनशीलता को सहज ही प्रस्तुत कर देती है। नारी की स्थिति को समाज की स्थिति का सहज द्योतक गांधी एवं विवेकानन्द समेत अनेक महापुरुषों ने व्यक्त किया है।

आज की नारी अपने अधिकारों के प्रति अधिक सजग है और अपने अस्तित्व को लेकर सदैव संघर्षरत है और जब बात भारतीय नारी की आती है तो यह कथन और भी प्रासंगिक हो उठता है। प्राचीनकाल की नारी एक सम्मानजनक स्थान समाज एवं परिवार में प्राप्त करती रही है। घोषा, अपाला जैसी विदुषी महिलाएँ अपने तेजबल से नारी बल को स्थापित करती रही हैं, यद्यपि मध्यकालीन भारतीय नारी अपने संघर्ष में कमजोर दिखाई देती है। परन्तु स्वतंत्रता आन्दोलन के साथ ही उनके चेतना को सदैव विस्तार ही मिला है। 19वीं सदी तो नारी मुक्ति के लिए विशेष उल्लेखनीय मानी जाती है। जब सती प्रथा निषेध, विधवा पुनर्विवाह जैसी प्रगतिशीलता के तत्त्व भारतीय नारी के जीवन में प्रवेश करते हैं।

स्वतंत्रता आन्दोलन के दौरान भी भारतीय नारी पुरुषों के साथ कन्धे-से-कन्धा मिलाकर संघर्ष करती रही हैं। सरोजिनी नायडू से लेकर प्रीती लता वाडेकर तक के विभिन्न रूप, विभिन्न संघर्षमय पथ भारतीय नारी के अस्तित्व को आलोकित करते रहे हैं।

आज के सन्दर्भ में नारी सशक्तीकरण एक विशेष मुहिम के तौर पर दिखाई देती है और इस सशक्तीकरण का सर्वप्रमुख तत्त्व है—नारी की निर्णय निर्माण में भूमिका। नारी के सशक्तीकरण के मूल्यांकन के लिए हमें इस तथ्य को ध्यान में रखकर विभिन्न सामाजिक, आर्थिक, सांस्कृतिक एवं मनोवैज्ञानिक पहलुओं पर विचार करना होगा।

सामाजिक परिस्थितियों के सन्दर्भ में नारी की भूमिका बढ़ी है और सुधरी भी है। आज महिलाएँ आन्दोलनरत होकर सामाजिक समानता को प्राप्त करने का भरपूर प्रयास कर रही हैं। भूमाता ब्रिगेड और भारतीय मुस्लिम महिला संगठन जैसे संस्थानों ने मन्दिरों और दरगाहों में महिलाओं के प्रवेश के संवैधानिक अधिकारों का सफल नेतृत्व किया है।

आज परिवार के स्तर पर महिलाओं की निर्णय निर्माण में भागीदारी बढ़ी है। बढ़ता शैक्षिक स्तर उन्हें स्वयं के अधिकारों के प्रति सजग बना रहा है। वे अब हिंसा झेलने को अभिशप्त नहीं हैं बल्कि घरेलू हिंसा प्रतिषेध अधिनियम का भी प्रयोग कर रही हैं।

आर्थिक सन्दर्भों में देखा जाए तो महिलाओं का श्रमबल में प्रतिशत बढ़ा है, वे शिक्षा के उच्च आयामों के साथ, उच्च पदों पर आसीन हो रही हैं। प्रतिभा देवी सिंह पाटिल, इन्दिरा नूई, किरण मजूमदार शॉ जैसे कुछ उदाहरण यह सिद्ध करते हैं कि महिलाओं ने पुरुषों के परम्परागत क्षेत्र में जोरदार प्रवेश एवं प्रदर्शन किया है।

राजनीतिक सन्दर्भों में महिलाओं की जागरूकता में वृद्धि हुई है। पंचायत स्तर पर महिलाओं के आरक्षण की व्यवस्था ने उनके राजनीतिक सशक्तीकरण में प्रमुख भूमिका निभाई है। इन्दिरा गांधी, ममता बनर्जी, महबूबा मुफ्ती, जयललिता, मायावती समेत अनेक राजनीति कुशल महिलाएँ भारतीय राजनीति को नई दिशा दे रही हैं।

सांस्कृतिक आयामों पर गौर करें तो भारतीय समाज ने नारी को या तो देवी का दर्जा दे दिया या फिर विभिन्न बन्धनों के माध्यम से उसे दासी बना दिया, परन्तु आज नारी को सहचरी के रूप में समझने की प्रवृत्ति बढ़ी है। यह समानता का भाग नारी के सांस्कृतिक सशक्तीकरण को व्यक्त करता है।

यद्यपि उपरोक्त विश्लेषण के बावजूद वस्तुस्थिति यह है कि नारी सशक्तीकरण के सम्मुख गम्भीर चुनौतियाँ विद्यमान हैं। आज भी परिवारों में कन्या भ्रूण हत्या जारी है। आँकड़े बताते हैं कि प्रत्येक 4 मिनट में कोई विवाहिता दहेज की वेदी पर चढ़ा दी जाती है। महिलाओं के प्रति होने वाले अपराधों यथा पारिवारिक हिंसा, बलात्कार, छेड़छाड़, पीछा करना में वर्ष-दर-वर्ष वृद्धि ही देखी जा रही है। आज का उपभोक्तावादी समाज नारी के वस्तुकरण का आनन्द उठा रहा है।

आज भी बहुराष्ट्रीय कम्पनियों में ग्लास सीलिंग अर्थात् महिलाओं को उच्च पदों तक न पहुँचने देना, वेतन के साथ भेदभाव, उनकी क्षमता को कम आँकने जैसी मनोवृत्ति विद्यमान है। लड़कों की तुलना में लड़कियों को कमतर शिक्षा, स्वास्थ्य,

मनोरंजन के साधन उपलब्ध कराना एवं लड़की तो बोझ है, इसको दूसरे के घर जाना है, जैसी मानसिकता से भारतीय समाज उबर नहीं पाया है।

राजनैतिक सन्दर्भों में पंचायतों का आरक्षण जहाँ प्रधानपति की अवधारणा को लेकर आया है तो वहीं संसद के स्तर पर 33 प्रतिशत आरक्षण का मुद्दा तो वर्षों से लटका है। आज आवश्यकता है कि सरकार, समाज एवं नारी जगत स्वयं अपने अधिकारों के प्रति जागरूक रहकर नारी सशक्तीकरण का सम्मिलित प्रयास करें।

नारी आन्दोलन को सामाजिक, राजनीतिक, आर्थिक, सांस्कृतिक सभी पक्षों पर नेतृत्व करना होगा। बेटी बचाओ-बेटी पढ़ाओ से लेकर प्रधानमंत्री उज्ज्वला योजना इस दिशा में सही कदम है। आज शिक्षा, स्वास्थ्य एवं परिवार सभी स्तरों पर नारी के सशक्तीकरण की आवश्यकता है।

27

कहीं भी अन्याय, सभी जगह न्याय के लिए खतरा है

—भँवर सिंह मीणा

मानव प्रकृति की अनूठी कृति है। वह अन्य प्राणियों से इस बात में भिन्न है कि वह बुद्धिमत्ता का प्रयोग बेहतर समाज बनाने की दिशा में करने में सक्षम है। वह संवेदनाओं से युक्त है तथा अन्य के हितों का ध्यान रख सकता है। वह समाज के सामूहिक प्रयास को सही दिशा में निर्देशित कर सकता है। मानव एक-एक रेशे रूपी व्यक्ति से सशक्त समाज रूपी रस्सी बना सकता है। परन्तु इस हेतु समाज में प्रत्येक व्यक्ति का प्रसन्न एवं संतुष्ट होना आवश्यक है। यदि एक भी व्यक्ति कल्याणकारी उपलब्धियों से दूर है तो समाज की सामूहिक शक्ति एवं न्यायपूर्ण व्यवस्था डगमगाने लगती है। अत: समाज में न्याय की स्थापना महत्त्वपूर्ण हो जाती है।

न्याय की संकल्पना

प्रत्येक व्यक्ति के पास उन सभी क्षमताओं का होना जिससे वह अपने जीवन के उद्देश्यों को प्राप्त करने तथा विकास करने में समर्थ हो, इस प्रकार के माहौल प्रदान करने वाली समग्र दशा! न्याय कहलाती है। न्याय का दायरा व्यापक है। यह सामाजिक, आर्थिक, राजनैतिक, नैतिकता, विधिक, मानवीयता, प्रकृति आदि सभी पक्षों से मापी जाती है। एक समाज में यदि किसी एक स्थान पर या व्यक्ति या एक क्षेत्र में न्याय दुर्लभ है तो यह पूरे समाज की न्यायपूर्ण व्यवस्था को शनै:-शनै: अपरदन करने लगता है। अत: किसी भी जगह अन्याय, सर्वत्र न्याय के लिए खतरा है।

ऐतिहासिक पक्ष

मानव के विकास का प्रारम्भ कई लाख वर्ष पूर्व प्रारम्भ हुआ था, जब वह पशुवत् जीवन व्यतीत करता था। धीरे-धीरे विकसित होने पर समाज का निर्माण हुआ; समाज हेतु नियम-कायदे बनाए गए तथा समाज सामूहिक रूप से बेहतर बनने के लिए प्रयास करने लगा।

सिन्धु सभ्यता से प्राप्त अवशेषों में मानव की उत्कृष्ट व उन्नत सभ्यता का प्रमाण मिलता है। लगभग 2500 ई.पू. मानव नगर में सुविकसित मकानों, समकोणीय सड़कों, नालियों की व्यवस्था, अन्नागार, सामूहिक स्नान के लिए स्नानागार आदि से युक्त न्यायपूर्ण समाज में रहता था।

धीरे-धीरे कई राजवंश आए। राजतंत्र की संकल्पना का विकास हुआ। कौटिल्य ने अपने ग्रन्थ 'अर्थशास्त्र' में लिखा है कि एक राजा का कर्तव्य है कि वह प्रजा को प्रसन्न रखे। इसमें न्यायपूर्ण समाज की स्थापना के उद्देश्य से चिन्हित किया गया है।

राजतंत्रों के पश्चात् उपनिवेशवाद का युग आया। जिसमें निर्धन देशों के संसाधनों एवं लोगों का भयंकर शोषण हुआ। 200 वर्षों के उपनिवेशवाद एवं द्वितीय विश्वयुद्ध के पश्चात् लोकतंत्र की संकल्पना मजबूत हुई। लोकतंत्र का मूल सभी लोगों के कल्याण में था। उसके अगले 50-60 वर्षों तक अन्य शेष देशों में लोकतांत्रिक सरकारों की स्थापना का प्रयास किया गया। विश्व बेहतर दिशा में बढ़ता गया।

वर्तमान में वैश्विक स्तर पर यदि एक भी स्थान पर लोकतांत्रिक व्यवस्था का पालन नहीं होता है तो वह सम्पूर्ण विश्व में लोकतंत्र के लिए खतरा प्रस्तुत करने लगता है। अत: कहीं भी अन्याय सभी जगह न्याय के लिए खतरा है।

नैतिक व मानवीय पक्ष

मानव में संवेदना का गुण है तथा वह स्वयं के कल्याण के साथ-साथ अन्य का भी कल्याण चाहता है एवं इस दृष्टि से प्रयास करता है। 'सर्वे भवन्तु सुखिन: सर्वे संतु निरामया:' की परम्परा वाला हमारा देश हमें प्रारम्भ से ही परोपकार की भावना सिखाता आया है।

सक्षम होते हुए अन्य के उत्थान हेतु प्रयास न करना अनैतिक है। अत: नैतिकता की दृष्टि से भी न्याय की स्थापना अपेक्षित है।

विधिक पक्ष

भारत के संविधान की प्रस्तावना में 'सामाजिक, आर्थिक, राजनैतिक न्याय... स्वतंत्रता...' आदि का वर्णन है, जिसका उद्देश्य भारत में न्यायपूर्ण समाज की स्थापना करना है। संविधान में प्रदत्त 6 मूल अधिकार व्यक्ति को राजनैतिक न्याय सुलभ कराने में सक्षम हैं। नीति-निर्देशक तत्त्वों में राज्य पर जिम्मेदारी डाली गई

है कि वह नीति-निर्माण द्वारा समानतायुक्त समाज का निर्माण करे, अशक्त, वृद्ध, महिला सभी के हितार्थ प्रावधान करे।

भारत का संविधान प्रत्येक व्यक्ति को न्याय सुलभ कराने की गारंटी देता है। इस हेतु सुप्रीम कोर्ट को मूल अधिकारों का संरक्षक बनाया है जो व्यक्ति को राज्य के निरंकुश प्रभाव या उत्पीड़न से बचाता है। यदि एक भी व्यक्ति के मूल अधिकारों पर आँच आती है; एक भी स्थान पर मानवाधिकारों का ह्रास या कानून व्यवस्था अस्त-व्यस्त होती है तो यह विधिपूर्ण शासन पर प्रश्नचिह्न लगाती है तथा अन्य स्थानों के लिए भी खतरा प्रस्तुत करती है। अत: किसी भी जगह अन्याय सर्वत्र न्याय के लिए खतरा है।

सामाजिक न्याय की संकल्पना

वर्तमान में सामाजिक न्याय की संकल्पना व्यापक हो चुकी है। इसमें शिक्षा, स्वास्थ्य सुविधाएँ, स्वच्छता सुविधाएँ तथा अन्य मूलभूत सुविधाएँ विद्यमान हैं।

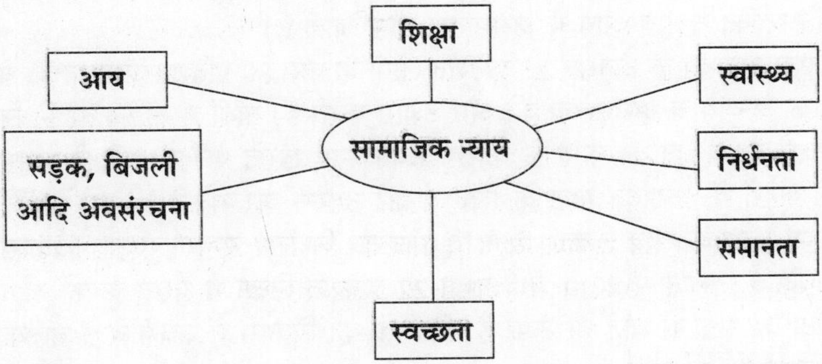

सामाजिक न्याय की स्थापना के बिना राष्ट्र की प्रगति को अधूरा माना जाता है। सामाजिक न्याय के द्वारा ही स्वस्थ एवं सशक्त मानव पूँजी का निर्माण होता है तथा इस डेमोग्राफिक डिविडेंट का पूर्व लाभ उठाया जा सकता है।

इसी कारण मानव विकास सूचकांक (एचडीआई) सामाजिक प्रगति सूचकांक (एसपीआई), ग्लोबल जेंडर गैप इंडेक्स आदि के जरिये राष्ट्रों की प्रगति को मापा जाता है। केवल जीडीपी पर ही ध्यान देना अब पर्याप्त नहीं रहा है।

स्वच्छ भारत अभियान में खुले में शौच को 2019 तक समाप्त करने का लक्ष्य है। यदि किसी गाँव में एक भी व्यक्ति बाहर शौच करता है तो वह सम्पूर्ण गाँव के सार्वजनिक स्वास्थ्य पर खतरा प्रस्तुत करता है।

यदि समाज में एक भी वर्ग के साथ असमानता एवं भेदभावपूर्ण व्यवहार होता है तो पूरा समाज न्यायपूर्ण समाज नहीं कहा जा सकता। यह समाज में अशान्ति

उत्पन्न कर सकता है। नक्सलवादी आन्दोलन असन्तुष्ट किसानों द्वारा प्रारम्भ किया गया है, जो वर्तमान में कई राज्यों में अशान्ति का कारण है तथा भारत की आन्तरिक सुरक्षा हेतु बड़ी चुनौती है। अत: कहीं भी अन्याय सर्वत्र न्याय के लिए खतरा है।

आर्थिक न्याय

समाज में संसाधनों का केन्द्रीकरण एक वर्ग या सीमित व्यक्तियों के पास न हो, इस हेतु भारतीय संविधान के अनुच्छेद 39(बी) व 39(सी) में प्रावधान किया गया है। आर्थिक न्याय की सार्थकता तभी है जब प्रत्येक व्यक्ति न्यूनतम सुविधाएँ प्राप्त करने हेतु भुगतान कर सके। भारत में इस हेतु राष्ट्रीय खाद्य सुरक्षा अधिनियम खाद्यान्न उपलब्ध कराने हेतु, एलपीजी में प्रत्यक्ष लाभ हस्तान्तरण (डीबीटी) के जरिये सब्सिडी ट्रांसफर, किसानों को उर्वरक में सब्सिडी, कम कीमत पर बिजली, प्रधानमंत्री ग्राम सड़क योजना के जरिये कनेक्टिविटी बढ़ाना आदि योजनाएँ प्रारम्भ की गई हैं।

आर्थिक न्याय की स्थापना से ही लोकतंत्र की सार्थकता सिद्ध होती है। इस हेतु यूनाइटेड नेशन्स द्वारा यूएनडीपी के तहत ग्लोबल असमानता सूचकांक (जीआईआई) में प्रति व्यक्ति राष्ट्रीय आय में असमानता मापी जाती है।

एक अनुमान के अनुसार 20 प्रतिशत लोगों के पास 80 प्रतिशत संसाधन हैं। ये आर्थिक अन्याय व असमानता की ओर इशारा करते हैं। गाँवों में अधिकतर निर्धन पाए जाते हैं। वे धन की कमी के कारण कम वस्तुएँ खरीद पाते हैं। यदि वे सक्षम हों तो शहरों में उत्पादित माल के लिए बाजार उत्पन्न कर सकते हैं। इससे गाँवों व शहरों का एक साथ विकास होगा। इस प्रकार निर्धनता सम्पूर्ण राष्ट्रीय विकास में बाधक है। भारत में 2011 में लगभग 22 प्रतिशत निर्धन थे परन्तु काफी लोग निर्धनता की रेखा से थोड़े ही ऊपर हैं। निर्धनता को विकास में सबसे बड़ा बाधक माना जाता है। यह अन्याय का सूचक है। यदि निर्धनता को नहीं मिटाया जाए तो यह सम्पूर्ण राष्ट्र एवं विश्व के आर्थिक विकास में बाधक है। वर्तमान विश्व में आर्थिक मन्दी इसे ही प्रतीत करता है। अत: एक जगह भी अन्याय सर्वत्र न्याय के लिए चुनौती पेश करता है।

राजनैतिक न्याय

यदि समाज के सभी लोगों को पर्याप्त प्रतिनिधित्व नहीं है तो इसे लोकतंत्र की पूर्ण सफलता नहीं कहा जाएगा। भारत में 18 वर्ष से ऊपर सभी व्यक्तियों को वोट देने व चुनाव लड़ने का अधिकार दिया गया है। परन्तु वर्तमान में महिला सांसदों की संख्या उस अनुपात में नहीं है। महिलाओं को अभी भी पूर्ण राजनैतिक प्रतिनिधित्व मिलना चुनौतीपूर्ण नजर आता है। इसलिए कई बार विधायिका में महिलाओं को 33 प्रतिशत आरक्षण की माँग उठती है।

राजनैतिक जागरूकता का स्तर अभी भी संतोषजनक नहीं है तथा कई राजनेता अपराध के आरोपों से घिरे हैं। राजनैतिक न्याय के बिना अन्य क्षेत्रों में विकास अपूर्ण है। यदि एक भी व्यक्ति को राजनैतिक अधिकारों से वंचित किया जाता है तो वह इस संकल्पना पर चिन्ता प्रकट करता है। सीरिया व मिडिल ईस्ट में उत्पन्न राजनैतिक अशान्ति, इस्लामिक स्टेट आदि के कारण यूरोप में आप्रवासी संकट खड़ा हो गया है तथा बांग्लादेश, बेल्जियम आदि कई देशों में बम विस्फोट हुए हैं। एक भी जगह राजनैतिक अशान्ति सम्पूर्ण विश्व की राजनीति को प्रभावित करती है। इस प्रकार कहीं भी अन्याय सर्वत्र न्याय को चुनौती देता है।

प्राकृतिक न्याय

प्रकृति में प्रत्येक जैविक एवं अजैव कारक का महत्त्व है। इस सन्तुलन की व्यवस्था के कारण ही प्रकृति में सभी प्राणियों के लिए न्यायपूर्ण समाज की व्यवस्था हुई है।

मानव द्वारा निवेशीकरण, अनुचित ढंग से संसाधन दोहन, जीवाश्म ईंधनों के दहन से वायु प्रदूषण तथा इससे जलवायु परिवर्तन, भूऊष्मण के खतरे उत्पन्न हो रहे हैं। दक्षिणी अमेरिका के अमेजन वन को काटे जाने से पूरी पृथ्वी पर ग्लोबल वार्मिंग का खतरा उत्पन्न हो रहा है। पारिस्थितिक तंत्र में से यदि एक भी जीव पर संकट उत्पन्न होता है तो सम्पूर्ण पारिस्थितिक तंत्र की स्थिरता पर खतरा उत्पन्न होता है।

एक नदी में यदि एक भी जगह पर प्रदूषण है तो इससे सम्पूर्ण नदी में रहने वाले जीवों तथा इसके पेयजल की गुणतवत्ता पर प्रभाव पड़ता है। यह न केवल नदी बल्कि भूगर्भ के जल एवं समुद्र को भी प्रदूषित करता है। अत: कहीं भी अन्याय सर्वत्र न्याय के लिए खतरा है।

उपसंहार

समय के साथ न्याय की संकल्पना व्यापक होती जा रही है। प्रत्येक क्षेत्र में न्याय की स्थापना के लिए इसका सार्वभौमिक, सर्वत्र होना आवश्यक है। राजनैतिक, सामाजिक, आर्थिक, प्रकृति आदि क्षेत्रों में न्याय की स्थापना में कई चुनौतियाँ हैं।

परन्तु सारे देश इन्हें पहचानते हैं तथा इसे स्थापित करने के लिए प्रयास कर रहे हैं। वैश्विक स्तर पर जलवायु परिवर्तन हेतु वार्ता, 2030 तक सम्पोषणीय विकास लक्ष्यों (एसपीजी) की प्राप्ति आदि प्रयास उल्लेखनीय हैं।

न्याय की स्थापना में चुनौतियाँ अवश्य हैं परन्तु इसकी पूर्ण आशा है कि हमारा राष्ट्र संविधान के उद्देश्यों को प्राप्त करने में सक्षम होगा तथा कल्याणकारी व न्यायपूर्ण समाज की व्यवस्था होगी एवं सम्पूर्ण विश्व न्याय की स्थापना कर सकेगा।

28

विकास के केन्द्र में विज्ञान को रखकर गरीबी मिटाई जा सकती है

—अवध किशोर पंवार

जापान को देखकर बड़ा आश्चर्य होता है। एक ऐसा देश जिसके पास न पर्याप्त प्राकृतिक संसाधन हैं, न ही सुरक्षित निवास स्थान। फिर भी लगातार दुनिया की शीर्ष अर्थव्यवस्थाओं में यह शुमार है। द्वितीय विश्वयुद्ध की विभीषिका झेल चुका यह देश न जाने कितने भूकम्पों और प्राकृतिक आपदाओं का सामना करता आया है। इसके बावजूद सफल, समृद्ध राष्ट्र बन सकने का गौरव यह काफी पहले पा चुका है। जिसके पीछे एक बड़ा कारण है—विज्ञान-तकनीकी का व्यापक प्रयोग।

वहीं दूसरी तरफ एशिया-अफ्रीका के कई राष्ट्र जिनके पास भरपूर प्राकृतिक संसाधन हैं, आज भी गरीबी-पिछड़ापन को नहीं हटा पाए हैं। इसका एक बड़ा कारण—पुरानी शैली पर टिका विकास है। विज्ञान अपनी अथाह क्षमता से विकास के हर क्षेत्र में क्रान्तिकारी बदलाव लाने की ताकत रखता है। परन्तु क्या सिर्फ विज्ञान ही गरीबी हटाने का उपकरण बन सकता है? या और भी उपाय साथ में करना जरूरी है? और यदि ये उपाय जरूरी हैं तो कैसे सम्भव है इन्हें विज्ञान के साथ प्रयोग करना? इन प्रश्नों पर व्यापक विचार-विमर्श विषय को उचित निष्कर्ष पर ले जा सकता है।

सदियों से हर समाज गरीबी की कठिन परिस्थिति का सामना करता रहा है। गरीबी किसी मनुष्य को इस कदर मजबूर कर देती है कि वह अपने जीवन की जरूरी आवश्यकताओं को भी पूरा नहीं कर पाता। इसके कारण भुखमरी, कुपोषण, असाक्षरता, बेरोजगारी जैसी न जाने कितनी समस्या गरीब इनसान झेलता है।

प्राचीनकाल से ही एक उत्तम शासन का लक्षण माना जाता था कि वह प्रजा के दु:ख-दर्द हटाने के उचित उपाय करें। कौटिल्य ने 'अर्थशास्त्र' में कहा भी है—

प्रजा सुखे सुखं राज्ञ:
प्रजानाम् तु हिते हितम्।

(प्रजा के सुख में ही राजा का सुख निहित है। प्रजा के हित में ही उसे अपना हित देखना चाहिए।)

इसलिए अशोक से लेकर अकबर तक कई शासकों ने गरीबी मिटाने का प्रयास किया। आधुनिक काल में जब शासन कल्याणकारी बनने लगा तो जनता का हित सर्वोच्च लक्ष्य बन गया। अब वह गरीबी हटाने के कई प्रयास करने लगा। कई सफलताएँ भी मिलीं।

परन्तु यह बात धीरे-धीरे स्पष्ट होने लगी कि व्यापक गरीबी निवारण का कार्य पुराने-पिछड़े विकास के साधनों से सम्भव नहीं है। एक पिछड़ा तरीका जहाँ अधिक संसाधन, समय, परिश्रम लेता है, वहीं कम उत्पादन, कम मूल्य प्रदान करता है। यह परम्परागत कृषि तरीके व आधुनिक वैज्ञानिक कृषि तरीकों की तुलना से समझा जा सकता है।

इसलिए पूरी दुनिया में अब विज्ञान आधारित विकास से गरीबी मिटाने की मुहिम छिड़ गई है। विज्ञान एक ऐसी व्यवस्थित, तार्किक ज्ञान प्रणाली है जो कम संसाधनों में भी अधिक उत्पादन प्रदान करने की व्यवस्था बताती है। पहले खेतों में 'फ्लड इरिगेशन' के तहत भारी मात्रा में पानी खर्च करने पर भी कम फसल होती थी, वहीं अब माइक्रो इरिगेशन—ड्रिप, स्प्रिंकलर—के तहत 'per drop more crop' विज्ञान का ही तो चमत्कार है।

आज विकास का लगभग हर क्षेत्र विज्ञान-तकनीक के प्रयोग से समृद्धि की प्राप्ति कर रहा है।

गरीबी का सबसे भयावह रूप भुखमरी अब विज्ञान के प्रयोग से काफी कम हो गई है। कृषि में नवीन यंत्रों, विकसित बीजों, बेहतर तौर-तरीकों जैसे वैज्ञानिक प्रयोगों ने ग्रीन रिवोल्यूशन को ला खड़ा कर दिया है। भारत जैसा देश जो कभी भूख से कराह रहा था, अब अनाज निर्यातक बनकर, 127 करोड़ जनता का पेट भी भर रहा है।

उचित आहार उपलब्धता भी तब तक सही पोषण प्रदान नहीं कर सकती जब तक स्वास्थ्य सुविधाएँ—पेयजल, स्वच्छता, बीमारी निवारण—न उपलब्ध हो। कुपोषण से कमजोरी और फिर सही आर्थिक लाभ कमा पाने की स्थिति न होना लगातार गरीबी का चक्र चलाए हुए थी। यहाँ भी विज्ञान आधारित स्वास्थ्य सेवाओं ने कई प्रभाव पैदा कर स्वस्थ समाज के सपने की ओर कदम बढ़ा दिया है।

इसी तरह मनुष्य के विकास की जरूरी आवश्यकता शिक्षा और कौशल भी गरीबी निवारण के लिए अपरिहार्य है। यहाँ भी वैज्ञानिक तरीकों जैसे तार्किक पाठ्यक्रम, ऑनलाइन पढ़ाई आदि ने गरीबी के कई कारण हटाए हैं। एक जागरूक व कौशलयुक्त इनसान वैसे ही स्वयं का विकास करने लायक बन जाता है—

यह तालीम का असर है,
ऊँचा हमारा सर है।

इतना ही नहीं, विज्ञान आधारित विकास से अब समाज में उद्योग-सेवा क्षेत्र में कई नौकरियाँ, अवसर पैदा हो रहे हैं। गरीबी हटाने का एक जरूरी उपाय अच्छा रोजगार, व्यवसाय देने में भी विज्ञान का योगदान रहा है। लगातार बढ़ती अर्थव्यवस्था में शिक्षा-कौशल प्राप्त एक गरीब युवा भी बेहतर जॉब पा सकता है।

सामाजिक-आर्थिक क्षेत्र ही नहीं बल्कि प्रशासनिक-राजनीतिक क्षेत्र भी विज्ञान-तकनीक से गरीबी मिटाने के प्रयास का भाग है। ई-गवर्नेन्स व स्मार्ट गवर्नेन्स में व्यापक तौर पर पारदर्शिता, जवाबदेही लाकर प्रशासन को बेहतर बनाने में मदद की है। यह भी गरीबी निवारण के लिए जरूरी सुशासन का रूप बन रहा है। तार्किक सोच के कारण अब धार्मिक-सांस्कृतिक क्षेत्र में सुधार भी गरीबी को कम करने का साधन बनता जा रहा है।

इसमें कोई सन्देह नहीं है कि विज्ञान-तकनीक आधारित विकास ने हमारी गरीबी का स्तर घटाने में काफी मदद की है। सारी दुनिया इसका प्रभाव महसूस कर चुकी है।

परन्तु आज विकास पर्यावरण प्रदूषण, बढ़ती असमानता, नैतिक पतन जैसी कई समस्याओं से ग्रस्त है। यह विकास रूप विज्ञान के साथ अन्य घटकों को भी गरीबी हटाने में जरूरी अनुभव करा रहे हैं।

इसलिए अब यह जरूरत बनती जा रही है कि दुनिया के विकास मॉडलों में सामाजिक मूल्य—कमजोर वर्गों के प्रति करुणा, विविध धर्मों-सम्प्रदायों आदि का सम्मान—भी शामिल हो। एक ऐसा विकास स्वरूप विकसित हो जो समाज को पर्यावरण प्रेम, नागरिक-मानवीय कर्तव्य, नैतिक मूल्य का भी पाठ पढ़ाए ताकि वह सभी वर्गों के विकास को ध्यान में रख सके—

तुम्हारे दिल की चुभन भी जरूर कम होगी...
किसी के पाँव का काँटा निकाल कर देखो।

अत: विकास के साथ विज्ञान और मूल्य का सही संयोजन जरूरी है ताकि असमानता के स्थान पर सभी का विकास सम्भव हो सके। जोसेफ स्टिग्लित्ज जैसे महान अर्थशास्त्री आज इसे सोशल कैपिटल व नेचुरल कैपिटल के रूप में जरूरी विकास घटक मान रहे हैं।

विज्ञान की अथाह शक्ति का यह सदुपयोग विकास के पथ को तीव्र, सरल व उच्च उत्पादकता वाला बना सकता है। गरीबी की पीड़ा पर यह मरहम लगाकर उसे हटाने का बेहतर साधन है। परन्तु जब इसमें इनसानियत के गुण मिला दिए जाते हैं तो यह कई गुना अधिक सफल बन सकता है। फिर 'येन-केन-प्रकारेण' धन कमाने की शोषण सोच की जगह *'सर्वे भवन्तु सुखिन:'* की सोच समाज में घर कर जाती है।

सारांशत: दुनिया की विशाल दरिद्र जनता आज भी विकास की राह ताक रही है। इसलिए जरूरत है एक ऐसा विकास मुहिम छेड़ने की जो विज्ञान व मानवता के पहिये से बने रथ पर सवार होकर क्रान्तिकारी परिवर्तन ला सके, हर इनसान के मुँह में भोजन, हाथों में काम और आँखों में सपने सँवार सके।

29

खेल महाशक्ति बनने की ओर अग्रसर भारत

—गंगा सिंह

वैश्विक प्रतिस्पर्धाओं में स्वर्ण पदकों की झड़ी लगाकर हीमा दास ने वैश्विक समुदाय को खेल सम्भावनाओं में भारत की उभरती आकांक्षाओं से परिचित करा दिया है। भारत न केवल आर्थिक महाशक्ति बल्कि खेल महाशक्ति की ओर अग्रसर है। भारत के इन निरन्तर बढ़ते कदमों का प्रमाण भारतीय खिलाड़ियों द्वारा वैश्विक प्रतिस्पर्धाओं में जीतने वाले पदकों की संख्या का क्रमिक रूप से बढ़ना है। अभी तक अपनी स्थिति को देखा जाए तो यह दृष्टिगत होता है कि भारत की भूमिका प्रतिभागी या विजेता के स्थान पर आयोजनकर्त्ता व व्यवस्था प्रबन्धक के रूप में अधिक थी। हमारी मानसिकता में पराजय ने घर कर रखा था, अत: हमें अपनी विजय पर भरोसा ही नहीं होता था। कभी-कभी हम स्वयं अपनी प्रतिभा एवं प्रदर्शन पर आश्चर्यचकित रहते हुए दाँतों तले अँगुली दबाते हैं। लेकिन यह मानसिकता अब निरन्तर बदल रही है। आज भारत में भी वैश्विक प्रतिस्पर्धाओं को जीतने वाले खिलाड़ी मौजूद हैं। निशानेबाजी जैसे खेल में भारत के निशाने को अचूक माना जाता है। मनु भास्कर व सौरभ चौधरी जैसे उभरते निशानेबाजों को स्वर्ण से कम में संतोष नहीं होता, वहीं हीमादास ने भारत की अद्‌भुत एथलीट के रूप में तिरंगे के साथ स्वयं को भी अन्तर्राष्ट्रीय स्तर पर गौरवान्वित किया है।

ओलम्पिक खेलों के इतिहास को देखा जाए तो भारत के प्रदर्शन को देखकर निराशा ही हाथ लगती है। यद्यपि 2016 के रियो ओलम्पिक में भारत को तीन पदकों से संतोष करना पड़ा, लेकिन मजे की बात यह रही की ये तीनों पदक बेटियों के ही नाम रहे, जिनमें—पी.वी. सिन्धु और साक्षी मलिक मुख्य हीरो रहीं। वर्ष 2018 में आयोजित एशियन गेम्स व युवा ओलम्पिक की बात की जाए तो भारत ने स्वर्ण पदकों पर भी अपना दावा पक्का किया है। खेलों में निरन्तर उत्कृष्टता के स्तर तक पहुँचता यह प्रदर्शन इस बात का द्योतक है कि भारत खेल महाशक्ति बनने के पथ पर निरन्तर अग्रसर है।

ऐसा हम नहीं कह सकते कि आजादी के उपरान्त 'खेल' के क्षेत्र में भारत ने प्रगति नहीं की। चूँकि नवोदित राष्ट्र को सर्वप्रथम आमजन की मूलभूत सुविधाओं यथा-शिक्षा, स्वास्थ्य, रोजगार, कृषि-उद्योग के विकास पर ध्यान देना होता है, इसलिए प्रगति की रफ़्तार धीमी रही। काश! उस समय हमने '**खेल**' को भी उन मूलभूत जरूरतों में माना होता तो स्थिति बेहतर होती।

भारत ने खेलों में भाग लेने से होते हुए प्रबन्धन तक, आयोजक से लेकर शीर्ष तक पहुँचने का रास्ता तय किया है। 1950 से 2019 तक निरन्तर खेल क्षेत्र में भारत का प्रदर्शन सुधरा है, मगर अभी तक कसक शेष है। क्रिकेट में 1983 का विश्वकप

'भारतीय टीम' द्वारा जीता जाना एक प्रकार से 'टर्निंग प्वाइंट' साबित हुआ क्योंकि उसके पश्चात आमजन की भी खेल के क्षेत्र में रुचि बढ़ी है।

1996 के अटलांटा ओलम्पिक में लिएंडर पेस ने टेनिस में कांस्य पदक जीतकर भारत में इसके प्रति जिज्ञासा बढ़ाई। 2004 के एथेंस ओलम्पिक में राज्यवर्धन राठौड़ ने निशानेबाजी में रजत पदक जीता। 2008 में बीजिंग ओलम्पिक में व्यक्तिगत स्पर्धा में स्वर्ण पदक जीतने वाले पहले खिलाड़ी अभिनव बिन्द्रा बने। 2012 एवं 2016 के ओलम्पिक खेलों में भी भारतीय खिलाड़ियों ने पदक जीतकर भारत के सफर की मशाल को जलाए रखा है। राष्ट्रमंडल खेलों की बात की जाए तो भारत शिखर पर रहता है। यहाँ तक कि एशियन खेलों व अन्तर्राष्ट्रीय प्रतिस्पर्धाओं में भी भारतीय खिलाड़ियों ने सोना जीतने का सिलसिला बनाए रखा है।

भारत के खेलों के क्षेत्र में अब तक पिछड़ा होने का मुख्य कारण देश में खेल संस्कृति का अपेक्षानुरूप न होना है। इस कारण 121 करोड़ की जनसंख्या में से ओलम्पिक पदकों की संख्या दहाई का आँकड़ा भी नहीं छू पाती है। इसके अतिरिक्त खिलाड़ियों को उचित प्रशिक्षण, डाइट व स्वास्थ्य सुविधाएँ नहीं मिल पाने के कारण खिलाड़ी अन्तर्राष्ट्रीय प्रतिस्पर्धाओं में पिछड़ जाते हैं। खेलों में अवसंरचनात्मक सुविधाओं की कमी भी एक बड़ी समस्या है। इसके लिए निजी निवेश का बढ़ाए जाने की आवश्यकता है। ग्रामीण स्तर पर खेलों के प्रति नकारात्मक मानसिकता—

खेलोगे कूदोगे तो होवोगे खराब
पढ़ोगे लिखोगे तो बनोगे नवाब

ने भी ग्रामीण प्रतिभाओं को खेलों को वैकल्पिक कॅरियर के रूप में चुनने में बाधा उत्पन्न की है। खेलों की स्थानीय प्रकृति होने के कारण भी उभरती प्रतिभाएँ अन्तर्राष्ट्रीय मंचों व खेलों में भागीदारी नहीं निभा पाती हैं।

सरकार द्वारा खेल को प्रोत्साहित करने के प्रयासों ने सम्पूर्ण देश में खेल प्रतिस्पर्धाओं व प्रतिभाओं में उत्सुकता ला दी है। केन्द्र सरकार द्वारा संचालित **'खेलो इंडिया'** अभियान का मुख्य उद्देश्य खेल प्रतिभाओं को पहचानना व उन्हें तराशकर सोना जीतने के काबिल बनाना है। इसके लिए ग्राम व ब्लॉक स्तर पर खेल प्रतियोगिताओं का आयोजन किया जा रहा है तथा चयनित प्रतिभाओं को प्रतिवर्ष 5 लाख रुपए प्रोत्साहन राशि के रूप में भी दिए जा रहे हैं। अभिनव बिन्द्रा की अध्यक्षता में टारगेट ओलम्पिक पोडियम समिति का गठन किया गया है जो आगामी 2020 व 2024 के ओलम्पिक खेलों में स्वर्ण पदक जीतने में सक्षम प्रतिभाओं की तलाश करेगी। इसके अतिरिक्त सार्वजनिक स्तर पर खेल अवसंरचना का निर्माण व नवीनीकरण के साथ-साथ निजी निवेश को भी प्रोत्साहित किया जा रहा है।

क्रिकेट जैसी खेल प्रतियोगिता की बात की जाए तो भारत का स्थान विजेताओं की तालिकाओं में आता है। इतना ही नहीं भारतीयों में भी क्रिकेट के प्रति जुनून

काबिलेतारीफ है। जब आईपीएल होता है तो सम्पूर्ण विश्व के क्रिकेट जगत की नजर भारत पर ही होती है। क्रिकेट के क्षेत्र में भारत ने 2011 का वर्ल्ड कप जीतकर अपने खेल महाशक्ति बनने को दावे की पुष्टि कर दी है।

भारत में अब खेल परिदृश्य का विश्लेषण किया जाए तो निशानेबाजी, जिम्नास्टिक, रेस, वेटलिफ्टिंग, बॉक्सिंग, बैडमिंटन, टेनिस, क्रिकेट, टेबल टेनिस जैसे लगभग सभी इनडोर व आउटडोर खेलों में अन्तर्राष्ट्रीय प्रतिस्पर्धाओं की पदक तालिका में भारत का नाम सम्मानजनक स्थान पर पहुँच रहा है। यद्यपि भारत ने अपने अभूतपूर्व प्रदर्शन ने पूरी दुनिया को दाँतों तले अँगुली दबाने को मजबूर कर दिया है तथापि अभी भी कुछ संरचनात्मक, सांस्थानिक एवं प्रक्रियात्मक कमियाँ हैं जिन्हें दूर किया जाना अपरिहार्य है। जैसे—खिलाड़ियों के चयन में भाई-भतीजावाद के स्थान पर प्रतिभा को महत्त्व दिया जाना चाहिए। खेल को शारीरिक प्रतिस्पर्धा के साथ-साथ व्यावसायिक स्वरूप भी दिया जाना चाहिए जिससे खेल प्रतिभाओं व खिलाड़ियों की आजीविका व जीविकोपार्जन का साधन भी बन सके। खिलाड़ियों को आर्थिक सहायता के साथ-साथ सम्मानित मंचों से पुरस्कार व सम्मान भी दिए जाने चाहिए जिससे उनमें अभिप्रेरणा बढ़े व आम लोगों में भी खेलों के प्रति जिज्ञासा बढ़े।

इन कुछ क्षेत्रों को यदि सुधारा जाए और बाकी के खेलों में भारत के प्रदर्शन को ध्यान में रखें तो हम पाते हैं कि भारत के लिए खेल की महाशक्ति के रूप में उभरना ज्यादा कठिन नहीं है। हाँ, इन सुखद अनुभूतियों से भाव-विभोर होने से बचना चाहिए जो हमने हाल ही में क्रमिक रूप से प्राप्त की है, क्योंकि आंशिक सफलताओं से मिली प्रसन्नता व खुशहाली हमारे बढ़ते कदमों के लिए आलस्य रूपी अवरोधक का काम करती है। खेल ऐसा ही क्षेत्र है जहाँ सतत व लगातार प्रयास सफलता के लिए आवश्यक है और सफलता प्राप्त करने के बाद भी शिखर पर बने रहने के लिए लगातार कठोर परिश्रम की आवश्यकता होती है। यहाँ हमें सूर्य-सी ऊर्जा एवं धरती-सा धैर्य धारण करने की आवश्यकता है क्योंकि हम सभी जानते हैं कि (Slow but steady wins the race) तभी भारत विश्व खेलों की एक महाशक्ति के रूप में अपना कीर्तिमान स्थापित कर पाएगा।

30

विनम्रता सर्वोच्च सद्गुण है

—देवेन्द्र मीणा

बचपन में एक कहानी बड़ी रोचक लगी थी। एक बार एक पेड़ एवं घास के बीज साथ-साथ अंकुरित होते हैं। दोनों अपनी-अपनी प्रकृति के अनुसार बढ़ते हैं किन्तु

प्रकृति में जहाँ पेड़ का लम्बा होना तथा घास का छोटा होना तय है, पेड़ घास के इस बौनेपन पर हँसता था और अहंकारी बातें करता था। घास बेचारी शान्त रहती थी। एक दिन नदी का तेज बहाव आने पर घास अपनी प्रकृति के कारण झुक गई जबकि पेड़ अहंकारवशता में टूट गया। उपरोक्त कहानी का सार इतना ही नहीं है कि विनम्र बने रहने से दीर्घायु होते हैं जबकि अहंकार विनाश का कारण है, अपितु इसके मर्म को समझने की आवश्यकता है जो संकेत करता है कि व्यक्ति जीवन में कितनी भी ऊँचाइयों को प्राप्त कर ले किन्तु उसे अपनी जड़ों को नहीं भूलना चाहिए, अर्थात् अपने से छोटों के साथ सम्मानपूर्वक व्यवहार करना चाहिए। रहीम के एक दोहे में कहा भी गया है—

रहिमन देख बड़ेन को लघु न दीजिये डारि,
जहाँ काम आवै सुई कहा करै तलवारि।

प्रत्येक व्यक्ति जीवन में सफलता अर्जित करना चाहता है तथा यह जीवन में आवश्यक भी है, किन्तु जीवन की सफलता एवं सार्थकता क्या एक-दूसरे पर आश्रित है? अथवा दोनों का एक-दूसरे से कोई सम्बन्ध नहीं। सम्राट अशोक ने अपनी सेना के मद में आकर कलिंग को हराया तथा उसको अपने राज्य का हिस्सा बनाया, किन्तु इतनी सफलता के बावजूद उसने धम्म ग्रहण किया। इसकी आवश्यकता क्या थी? क्या सफलता पर्याप्त नहीं थी? यहाँ तक कि वर्तमान विश्व भी अशोक को कलिंग विजेता के रूप में नहीं बल्कि 'धम्म' के अनुयायी के रूप में देखता है।

विनम्रता व्यक्ति का वह गुण है, जो समाजीकरण की प्रक्रिया में उसके द्वारा ग्रहण किया जाता है। मनुष्य मूल प्रवृत्ति में स्वार्थी, अहंकारी होता है, किन्तु जैसे-जैसे वह अपने आसपास के वातावरण के सम्पर्क में आता है उसकी मूल प्रवृत्ति का लोप होता जाता है तथा नवीन गुणों का प्रभाव प्रखर होने लगता है। समाज के सामाजिक ढाँचे को मजबूती प्रदान करने के लिए सहिष्णुता, सौहार्द, करुणा, सहयोग आदि गुणों का विकास होता है। इन्हीं गुणों के मिश्रण से विनम्रता रूपी सद्गुण का विकास होता है।

विनम्रता के सन्दर्भ में भी कहा जाता है कि यह महान लोगों के द्वारा धारण किया जा सकने वाला गुण है, क्योंकि तुच्छ व्यक्ति 'अधजल गगरी छलकत जाय' की भाँति विनम्रता को ग्रहण नहीं कर पाते हैं और 'कूप मंडूक' ही बने रहते हैं। ज्ञानी मनुष्य विनम्रता को दिखाते नहीं बल्कि आत्मसात् कर लेते हैं। जीवनशैली का हिस्सा बनाकर वे अपनी महानता को और अधिक बढ़ा लेते हैं। ज्ञानी व्यक्ति अपनी प्रशंसा किए जाने पर भी उसे नहीं स्वीकारते जबकि अधम लोग अपने मुँह मियाँ मिट्ठू बने रहते हैं। सुकरात ज्ञानी होने के बावजूद कहते थे कि मुझे कुछ नहीं आता। इस सन्दर्भ में कबीर ने एक बहुत ही सटीक व्याख्या की है—

बड़ा भया तो क्या भया, जैसे पेड़ खजूर।
पंथी को छाया नहीं, फल लागे अति दूर॥

अर्थात् यदि व्यक्ति कोई उपलब्धि हासिल कर ले तो उसका अहंकार करने की बजाय समाज हित में उसका उपयोग करना चाहिए न कि उसे केवल अपने तक सीमित रखना चाहिए, क्योंकि बिना सार्वजनिक हित वह उपलब्धि निरर्थक है। जिस प्रकार फल आने पर वृक्ष झुक जाते हैं उसी प्रकार उपलब्धि प्राप्त होने पर व्यक्ति को विनम्र हो जाना चाहिए।

विनम्रता व्यक्ति के व्यक्तित्व को निखारने का भी कार्य करती है, क्योंकि अहंकारी व्यक्ति में दूसरों के विचारों की ग्राह्यता शून्य होती है, जबकि विनम्रता को आत्मसात् करने वाला व्यक्ति सदा नए विचारों के प्रति आसक्त रहता है और इससे उसके व्यक्तित्व में निखार स्वत: आने लगता है। भारत के पूर्व राष्ट्रपति डॉ. अब्दुल कलाम राष्ट्रपति के सर्वोच्च पद पर आसीन होकर भी विद्यार्थियों के साथ रहते थे जो उनको और महान बनाता है। उनकी इस महानता के लिए आज भी भारत के 'भारतरत्न' के रूप में उनका सम्मान किया जाता है।

विद्या ददाति विनयं, विनयाद्याति पात्रताम्।

अर्थात् ज्ञानेच्छु व्यक्ति में ज्ञान केवल सूचनाओं का भंडार नहीं है बल्कि वह उसको विनयशील भी बनाता है। यही विनम्रता व्यक्ति को जीवनपथ पर अग्रसर होने का मार्ग प्रदान करती है, क्योंकि विनम्रता से ही व्यक्ति पात्रता ग्रहण करता है, अर्थात् विनम्रता व्यक्ति को सामाजिक व्यवस्था के योग्य बनाती है ताकि जीवन निर्वाह बेहतर हो सके। विद्यार्थी के पाँच मूलभूत गुणों में विनयशीलता एक प्रमुख गुण है, जो उसे अध्यापक तथा सहपाठियों के विचारों के प्रति सहिष्णु बनाता है।

विनम्रता व्यक्ति के नेतृत्व क्षमता के विकास के लिए अनिवार्य पहलू है। यदि नेतृत्वकर्ता विनम्र है तो उसके नेतृत्व को जनता स्वीकारती है। विनम्रता के गुण से युक्त नेतृत्वकर्ता स्वयं के विचारों को थोपने के बजाय उनको जनमानस के सुझावों से परिपक्व बनाता रहता है। उदाहरण के लिए महात्मा गांधी ने राष्ट्रीय आन्दोलन के नेतृत्व के दौरान सत्य एवं अहिंसा को अपना साधन घोषित करते हुए स्वतंत्रतारूपी साध्य प्राप्ति को चुना। सत्य एवं अहिंसा विनम्र व्यक्ति के दो आभूषणों की भाँति हैं, जो विनम्रता को और अधिक प्रभावी गुण बनाते हैं।

विनम्र व्यक्ति के सन्दर्भ में कहा जाता है कि वह हमेशा सुखी रहता है, क्योंकि उसे किसी तरह की कोई समस्या नहीं होती है। न प्रतिस्पर्धा, न द्वेष, न ईर्ष्या। इन सभी अवगुणों से दूर रहते हुए वह केवल अपने ही नहीं बल्कि समाज के विकास के लिए प्रयत्नशील रहता है। महात्मा बुद्ध के सन्दर्भ में एक प्रसंग है कि जब वे ज्ञान प्राप्ति के लिए भटक रहे थे तब लोगों ने उन पर पत्थर बरसाए, गालियाँ दीं, किन्तु महात्मा बुद्ध इनसे विचलित हुए बिना अपने कार्य-साधना में लगे रहे और अन्तत: महापरिनिर्वाण प्राप्त किया।

विनम्रता में वह क्षमता है जो किसी भी व्यक्ति का हृदय परिवर्तन कर सकती है। विनम्रता जीवन को सार्थकता की ओर ले जाती है, जिस मार्ग पर चलते हुए व्यक्ति महान हो जाता है। 'विनयशीलता ही मोक्ष है' अर्थात् विनम्र व्यक्ति इसी जीवन में सार्थकता को प्राप्त कर लेता है, जो मोक्ष के समान ही है। विनम्रता व्यक्ति को धरातल पर गिरे हुए पंख के स्थान से उठाकर हवा की तरह गगन के उस क्षेत्र में ले जाती है जहाँ वह सर्वोच्च कहे जाने वाले पर्वत से भी ऊँचा पहुँच जाता है।

विनम्रता को कई बार व्यक्ति की कमजोरी भी मान लिया जाता है। इसी विनम्रता का दमन अहंकार के द्वारा किया जाने लगता है, किन्तु जिस प्रकार *'सत्य को दबाया जा सकता है परास्त नहीं किया जा सकता'* उसी प्रकार विनम्रता कुछ समय के लिए कमजोरी प्रतीत हो सकती है किन्तु अन्तत: उसकी क्षमता इतनी व्यापक होती है कि पर्वत के समान कठोर बाधा को भी दूर कर सकती है। इसी रास्ते पर चलते हुए गांधी जी ने ब्रिटिश बाधा को नेस्तनाबूद किया था।

विनम्रता लोचशीलता प्रदान करती है। इसी लोचशीलता को सहिष्णुता भी कहा जा सकता है। भारतीय संस्कृति के सन्दर्भ में कवि इकबाल ने कहा था—

यूनान, मिस्र, रोमां सब मिट गए जहाँ से,
कुछ बात है कि हस्ती मिटती नहीं हमारी।

वह बात भारतीय संस्कृति की सहिष्णुता ही थी जिससे वह हजारों वर्षों तक भी अक्षुण्ण बनी रही। विनम्रता व्यक्ति हो या संस्कृति उसे चिर स्थायित्व प्रदान करती है, जिससे उसके मार्ग में आने वाली बाधाएँ स्वत: समाप्त हो जाती हैं, जबकि अहंकार अस्थायी एवं क्षणभंगुर है। विनम्रता व्यक्ति के सामाजिक, वैयक्तिक, मनोवैज्ञानिक विकास के लिए एक अनिवार्य गुण है। किसी राष्ट्र, संस्कृति, समाज के चिर स्थायित्व के लिए भी उसका विनम्र अर्थात् सहिष्णु होना आवश्यक है। अत: स्पष्ट है कि विनम्रता सर्वश्रेष्ठ सद्गुण है।

31

महिलाओं की भागीदारी से बढ़ता हुआ आर्थिक विकास

—रतनदीप गुप्ता

"मैं किसी समाज द्वारा किए गए विकास को उसकी महिलाओं के विकास के रूप में आँकता हूँ।"
—डॉ. अम्बेडकर

भारत आज विश्व की सबसे तेजी से बढ़ रही अर्थव्यवस्थाओं में से एक है। भारत की विकास दर आज बड़ी-से-बड़ी विश्व शक्तियों का ध्यान अपनी ओर खींचे

हुए है। इस विकास की गाथा में देश की आधी आबादी अर्थात् महिलाओं की भूमिका भी उत्तरोत्तर बढ़ रही है। अनेक सामाजिक, आर्थिक विसंगतियों के बावजूद आज हर मोर्चे पर महिलाएँ पुरुषों के साथ कन्धे-से-कन्धा मिलाकर खड़ी दिखाई देती हैं।

लेकिन यह आत्मविश्वास उन्हें सदियों के संघर्ष के बाद हासिल हुआ है। प्राचीन काल में अपाला एवं घोषा जैसी विदुषी महिलाओं ने अपनी कीर्ति पताका लहराई। भारतीय समाज में उन्हें सम्मान और बराबरी का दर्जा दिया गया। परन्तु मध्यकाल का भारत अपनी संकुचित एवं संकीर्ण दृष्टि का शिकार हो गया। महिलाओं को घर की चहारदीवारी में कैद होना पड़ा और इसी के साथ कैद हो गईं उनकी योग्यताएँ, आकांक्षाएँ और अभिलाषाएँ।

हर रात के बाद सुबह होती है। महिलाओं की मुक्ति का प्रश्न स्वतंत्रता एवं भारत की मुक्ति के साथ अनिवार्य रूप से जुड़ गया। शुरू हुई महिला सशक्तीकरण की यात्रा जो आज तक अनवरत जारी है। आज की नारी सामाजिक, राजनीतिक, आर्थिक एवं सांस्कृतिक सभी प्रश्नों पर पुरुषों के समकक्ष प्रयास करती हुई प्रतीत होती है। आज राष्ट्र के निर्माण में वह अपनी भूमिका से न केवल परिचित हैं बल्कि उसकी गम्भीर जिम्मेदारी का निर्वहन करने के लिए तत्पर भी।

इन्दिरा नूई, नैनालाल किदवई, किरन मजूमदार शॉ जैसी महिलाएँ महिलाओं की आर्थिक एवं प्रबन्धकीय योग्यताओं का लोहा मनवा चुकी हैं। महिलाएँ निरन्तर उच्च पदों पर आसीन हो रही हैं और इन सबके साथ वे सबसे पुराने बजट अर्थात् घर के अर्थशास्त्र को सँभालने की भूमिका का भी कुशलतापूर्वक सदियों से प्रबन्धन करती आ रही हैं।

इसके साथ ही वे अपनी शैक्षिक योग्यता में निरन्तर सुधार कर रही हैं, जनसंख्या गणना के आँकड़े इसकी पुष्टि करते हैं। इंजीनियरिंग जैसे क्षेत्र, जहाँ महिलाओं की उपस्थिति कम दिखाई देती है, में भी उनका निरन्तर रुझान बढ़ा है।

सामाजिक गतिविधियों में भी वे पहले से अधिक जागरूक हुई हैं। वे अपने अधिकारों को समझ रही हैं और उनका उपयोग भी कर रही हैं। फिर चाहे हाजी अली दरगाह में, शनि सिग्णापुर मन्दिर में प्रवेश का मुद्दा हो या फिर तीन तलाक जैसे मुद्दे। सरकार भी इनकी इसी भूमिका को स्वीकार करते हुए जल एवं वायु सेना में 'युद्धक भूमिका' में महिलाओं की नियुक्ति को स्वीकार कर चुकी है।

इसी प्रकार यदि बात राजनीतिक क्षेत्र की करें तो यहाँ भी पंचायती स्तरों पर महिला प्रधानों ने गम्भीर परिवर्तन के प्रयास किए हैं। फिर भी हमें यह नहीं भूलना चाहिए कि देश के आर्थिक विकास में अभी भी महिलाओं को वह भागीदारी एवं सम्मान नहीं हासिल हुआ है जिसकी वे पूर्णरूपेण हकदार हैं। अन्तर्राष्ट्रीय श्रम संगठन (आईएलओ) की हालिया रिपोर्ट यह बताती है कि श्रमबल भागीदारी (लेबर फोर्स पार्टिसिपेशन) में महिलाओं की भागीदारी 25 प्रतिशत से भी कम हो गई है।

बात केवल श्रमबल भागीदारी की ही नहीं है, महिलाओं को अनेक सामाजिक, आर्थिक, सांस्कृतिक एवं मनोवैज्ञानिक चुनौतियों का भी सामना करना पड़ रहा है। आईएलओ की ही एक अन्य रिपोर्ट के मुताबिक महिलाओं को समान पदों पर कार्यरत पुरुषों की तुलना में कम वेतन दिया जाता है तथा अधिकांश शीर्ष पदों पर पुरुषों का कब्जा है। बात यहीं नहीं समाप्त होती है, आँकड़े यह भी बताते हैं कि दुनिया की सबसे कम तनख्वाह वाली नौकरियों में 60 प्रतिशत महिलाएँ ही हैं।

कहने का तात्पर्य यह है कि ग्लास सीलिंग जैसी समस्याएँ संस्थागत रूप ले चुकी हैं तो वहीं कार्यस्थल पर छेड़छाड़ एवं यौन उत्पीड़न की समस्याओं से भी महिलाओं को दो-चार होना पड़ता है। पुरुषवादी सोच से ग्रसित समाज अभी भी स्वेच्छा से महिलाओं को आय में बराबरी का दर्जा देने को तैयार नहीं दिखता है। आँकड़े बताते हैं कि एक महिला औसतन एक पुरुष से अधिक कार्य करती है, फिर भी दुनिया भर की सरकारें सकल घरेलू उत्पाद (जीडीपी) के आँकड़ों में घरेलू कार्य के मूल्य को शामिल करने के प्रश्न पर मौन साध जाती हैं।

इसके साथ ही एक महिला होने की पारिवारिक जिम्मेदारियों का एकतरफा बोझ तो समाज ने पहले ही डाल रखा है, तिस पर छेड़छाड़, छींटाकसी, बलात्कार, दहेज हत्या, यौन अपराधों का मनोवैज्ञानिक संत्रास भी महिलाओं की कार्यक्षमता प्रभावित करता है। अनुकूल एवं प्रेरणात्मक वातावरण का अभाव एवं आजन्म भेदभाव शारीरिक, मानसिक एवं मनोवैज्ञानिक रूप से इन्फीरियारिटी कॉम्प्लेक्स से ग्रसित करने का कार्य भी करता है।

महिलाओं द्वारा चुनौतियों के बावजूद देश के सामाजिक, आर्थिक विकास में योगदान को पहचानते हुए ही आज सरकार मातृत्व लाभ (संशोधन) अधिनियम 2016 लेकर आई है जिसमें गर्भावस्था के दौरान छुट्टियों को बढ़ाने से लेकर, क्रेच की व्यवस्था समेत अनेक प्रगतिशील प्रावधान हैं।

इसी प्रकार कार्यालय या कार्यस्थल पर यौन उत्पीड़न अधिनियम 2013 के माध्यम से एक अनुकूल वातावरण एवं सुरक्षित माहौल प्रदान करने का प्रयास किया गया है। महिलाओं को 24 × 7 कार्य की स्वतंत्रता से सम्बन्धित एक ड्राफ्ट विधेयक भी लाया गया जिससे कि महिलाएँ सुरक्षा के साथ एक लचीले समय-सारिणी में कार्य कर सकें।

महिलाओं के स्वास्थ्य पर भी सरकार का ध्यान केन्द्रित है। इन्दिरा गांधी मातृत्व सहयोग योजना के माध्यम से गैर संगठित क्षेत्र में भी गर्भावस्था के दौरान 6000 रुपए की सहायता की जा रही है। सतत विकास लक्ष्यों के तहत लिंग समानता के उद्देश्यों को ध्यान में रखते हुए महिलाओं के सामाजिक, आर्थिक सशक्तीकरण के प्रयासों को बल दिया जा रहा है।

आज एक पक्ष और है जहाँ महिलाओं की भागीदारी की सर्वाधिक आवश्यकता है—वह है स्वयं के विषय में निर्णय लेने की स्वतंत्रता। सम्भवत: विभिन्न योजनाओं में महिलाओं को घर के प्रमुख के रूप में पहचान पुरुषवादी सोच को बदलने का ही एक अंग है।

आज आश्चर्य नहीं होता है कि जब आईएमएफ अपने आँकड़ों से स्पष्ट करता है कि किस प्रकार महिलाओं की श्रमबल में अधिक भागीदारी, जीडीपी में अप्रत्याशित वृद्धि कर सकती है। आज मूल प्रश्न यह है कि जब संविधान ने 67 वर्ष पूर्व की समानता और स्वतंत्रता प्रदान कर दी है तो भारतीय समाज इसे कब प्रदान करेगा?

मनरेगा में महिलाओं की अधिक भागीदारी (50 प्रतिशत से अधिक), स्टैंडअप इंडिया में महिलाओं को प्राथमिकता एवं मुद्रा योजना में महिला उद्यमियों की बढ़-चढ़कर भागीदारी को प्रोत्साहन जैसे नीतिगत कदम तो बिलकुल ठीक हैं, परन्तु भारतीय समाज को 'जिमि स्वतंत्र होई बिगरहिं नारी' के दकियानूसी विचार से आगे बढ़ते हुए 'कोमल है, कमजोर नहीं पर, शक्ति का नाम ही नारी है' की अवधारणा को अक्षरश: स्वीकारना होगा।

21वीं सदी के विश्व शक्ति रूपी भारत के सामाजिक, आर्थिक एवं राजनीतिक विकास में महिलाओं के सर्वांगीण विकास को आधार बनाकर ही आर्थिक महाशक्ति के स्वप्न को साकार किया जा सकता है। भारत को कवि रॉस की यह पंक्तियाँ याद रखनी होंगी कि—

वे हाथ जो पालना झुलाते हैं,
ये ही वे हाथ हैं जो राष्ट्र को चलाते हैं।

32

मशीनों का उदय : एक अवसर अथवा मानवता के लिए खतरा

—सर्वज्ञ मिश्र

कुछ वर्ष पहले हॉलीवुड में एक चलचित्र आया था—मैट्रिक्स। इसके अन्तिम भाग में दिखाते हैं कि कृत्रिम बुद्धि से लैस मशीनें मानवों की गुलामी करने से इनकार कर देती हैं तथा अपनी असंख्य कॉपी बनाकर मानवजाति पर आक्रमण कर देती हैं।

यद्यपि यह एक कल्पना मात्र है परन्तु मशीनों पर हमारी बढ़ती निर्भरता, रोबोटिक्स व कृत्रिम बुद्धि के तीव्र विकास एवं अन्तत: नकारात्मक तकनीक प्रयोग की वर्द्धमान सम्भावनाओं के कारण यह प्रश्न अत्यन्त प्रासंगिक हो उठा है कि मशीनों का उदय एक अवसर है या मानवता के लिए एक खतरा?

इस प्रकार के प्रश्न विशेष रूप से समकालीन विकास की उपज हैं। परम्परागत ऐतिहासिक दृष्टिकोण से मशीनों के विकास का वह स्तर नहीं था, जो कि मानवता के लिए खतरा उत्पन्न करे। कृषि में रहट तथा हल आदि छोटे यंत्र या कर्मकारों की मदद के लिए कुम्हार की चाक आदि मानव जीवन को सरल ही बनाते थे। यद्यपि हथियारों विशेषत: बारूद आधारित तोपों आदि के द्वारा नरसंहार भी किए जाते थे, फिर भी सम्पूर्ण मानवता पर खतरा शायद ही कभी उपस्थित हुआ हो।

समकालीन परिप्रेक्ष्य में निश्चित रूप से कुछ क्षेत्रों में मशीनों व तकनीक का असीमित प्रयोग मानवता के लिए खतरा उत्पन्न कर सकता है, यद्यपि आज भी अधिकांशत: मशीनें मानवता की सहायक व समर्थक की भूमिका में ही हैं।

कृषि क्षेत्र में ट्रैक्टर हार्वेस्टर तथा अन्य मशीनों द्वारा भुखमरी पर पर्याप्त नियंत्रण पाया जा सका है। कृषि भूमि के दक्ष उपयोग द्वारा किसानों की आय में भी सतत वृद्धि देखी जा सकती है।

परन्तु वहीं अति मशीनीकरण व्यापक श्रमिक बेरोजगारी का कारण भी बनता जा रहा है। इसके अतिरिक्त वाणिज्यिक मशीनीकृत खेती पर्यावरण व भूमि स्वास्थ्य तथा जल दोहन पर नकारात्मक प्रभाव डाल रही है, जैसा कि हम हरित क्रान्ति के हृदयस्थलों में देख सकते हैं।

औद्योगिक क्षेत्र में उपरोक्त समस्याएँ कहीं अधिक मुखरित स्वरूप में हैं। विश्व आर्थिक मंच के अनुसार स्वचालन के कारण विकासशील देशों की 90 प्रतिशत नौकरियों पर अगले दो दशकों में संकट आ सकता है।

तथापि बहुत से ऐसे क्षेत्र हैं जहाँ मशीनों का उपयोग मानवीय औद्योगिक क्षमता के परे जाकर होता है। उदाहरणत: आईटी व सॉफ्टवेयर क्षेत्र में भारत का विकास। यह क्षेत्र उच्च संगणन मशीनों पर आधारित है, यदि कम्प्यूटर मशीनीकरण न होता तो भारत की आईटी क्रान्ति सम्भव न हो पाती।

प्रशासनिक दृष्टि से इस मशीनीकरण ने मानवता के हित में अत्यधिक कार्य किया है। पारदर्शिता, तत्परता, पहुँच एवं शिकायत निपटान के क्षेत्रों में मशीनीकरण विशेषत: आईटी आधारित सोशल मीडिया व अन्य प्लेटफॉर्म ने निर्णायक योगदान किया है। उदाहरणत: रेलवे मंत्रालय व विदेश मंत्रालय की ट्विटर सेवा।

सामाजिक सन्दर्भ में मशीनीकरण ने पुराने जजमानी सम्बन्धों के स्थान पर आत्मनिर्भर एकाकी परिवारों एवं वैयक्तिकता को बढ़ावा दिया है। धोबी का स्थान वाशिंग मशीन ने ले लिया, माइक्रोवेव ओवन व मिक्सी जैसे उपकरणों के बाद रसोइए का कार्य भी प्राय: अप्रासंगिक-सा हो गया।

इसने एक तरफ तो रोजगार, परस्पर निर्भरता को कम किया है, वहीं दूसरी ओर समानता, गरिमा आदि आदर्शों को परिपोषित भी किया है।

पारिवारिक सम्बन्धों के नजरिए से यह एक नकारात्मक तत्त्व बनकर उभर रहा लगता है। अब कितने बच्चे दादी माँ की कहानियाँ सुनते हैं? इंटरनेट की दुनिया की बुराइयाँ बच्चों को असमय अति-परिपक्व बना दे रही हैं। कई अध्ययनों ने सोशल मीडिया को तलाक तथा विवाहेतर सम्बन्धों का प्रमुख कारण माना है। हजारों वर्षों की हमारी सामाजिक संस्कृति विकृत हो रही है। मानवता का स्वरूप अवनमित हो रहा है।

स्वास्थ्य की दृष्टि से मशीनीकरण के मानवता पर नकारात्मक प्रभाव पड़ते हैं। डायबिटिज, दिल के रोग, मोटापा आदि तो सिर्फ सतही प्रमाण हैं। इसकी जड़ में हैं आरामतलबी, अति आलस्य, जो कि परिश्रम तथा सहस्राब्दियों के संघर्ष पर आधारित मानवता पर बहुत बड़ा खतरा है।

यद्यपि नई मशीनों के विकास ने स्वास्थ्य क्षेत्र में कई लाभप्रद कार्य भी किए हैं। मानव अंग प्रत्यारोपण, लेजर विधि द्वारा ऑपरेशनों का अति सरलीकरण व जोखिम-न्यूनीकरण तथा छोटे-छोटे रोबोटों द्वारा अतिसूक्ष्म चिकित्सा (यथा आँखों के कुछ आन्तरिक भागों में) आदि।

विशेषत: बूढ़ों व अशक्तों तथा दिव्यांगों के जीवन की गुणवत्ता बढ़ाकर मशीनों द्वारा मानवता का सम्पोषण किया गया है। न केवल ऑनलाइन सेवाओं की उपलब्धि ने इन वर्गों तक सेवाओं की पहुँच को बढ़ाया है, अपितु सहायक मशीनों यथा वृद्धों के लिए लगातार हृदय की गति नापने वाली घड़ी, दिव्यांगों के लिए बैटरी चलित व्हील चेयर या तिपहिया वाहन।

पुनश्च, कुछ ऐसे कार्य जो मनुष्य के लिए अत्यन्त जोखिम भरे हैं (यथा परमाणु संयंत्र की सफाई) या तो मानव गरिमा के अनुकूल नहीं हैं (मानव अपशिष्ट प्रबन्धन) या फिर अत्यधिक विशाल (शैल उत्खनन) या अति सूक्ष्म (नैनो तकनीक) हैं, उनके सन्दर्भ में मशीनीकरण ने मानव जीवन स्वास्थ्य तथा गरिमा की रक्षा करके मानवता के हित में उल्लेखनीय योगदान दिया है।

लेकिन यहाँ ध्यातव्य है कि इसके कारण व्यापक असमानताएँ भी उत्पन्न हो रही हैं। अन्तर्राष्ट्रीय स्तर पर कुछ ही विकसित देशों के पास व्यापक मशीनीकरण तकनीकों के सीमित होने के कारण, न केवल विकास अपितु आपदा प्रबन्धन, मानव जीवन, स्वास्थ्य आदि क्षेत्रों में भी असमानता बढ़ती जा रही है। जहाँ पर ये असमानताएँ मानव जीवन के न्यूनतम स्तर के भी अन्दर चली जाती हैं, वहाँ पर इस प्रकार का असमान मशीनीकरण मानवता पर एक खतरे के रूप में उभरता है।

आपराधिक दृष्टि से एक तरफ तो अपराध अन्वेषण व निवारण के नए उपकरण (यथा सीसीटीवी) के कारण अपराधों पर निरोधात्मक उपाय अधिक दक्ष हुए हैं, वहीं पर बढ़ते मशीनीकरण के कारण पूरे विश्व में संगठित रूप से आपराधिक गतिविधियाँ चलाना भी आसान हो गया है।

मशीनीकरण ने अपराध को निम्न रूपों में प्रभावित किया है—

1. अपराधियों के पास बेहतर हथियार
2. वैश्विक स्तर का वित्तीयन
3. सोशल मीडिया द्वारा आसान प्रचार
4. आतंकवाद का सस्ता विस्तार

इसी प्रकार हथियारों, विशेषत: परमाणु बमों एवं इनको महासागर पार ले जा सकने वाली अन्तर्महाद्वीपीय बैलस्टिक मिसाइलों की बहुलता के कारण मानवता के अस्तित्व पर वास्तविक संकट उपस्थित हुआ है। आज पूरे विश्व को कई बार नष्ट कर सकने की संख्या वाले परमाणु बम धरती पर मौजूद हैं। वस्तुत: परमाणु बम व हाइड्रोजन बम युद्ध प्रणाली के अनियंत्रित मशीनीकरण के ही उदाहरण हैं तथा यदि यह तकनीक किसी नकारात्मक संगठन के हाथों में आती है तो मानवता के अस्तित्व पर संकट आते देर नहीं लगेगी।

वहीं, यह भी सत्य है कि परमाणु अस्त्रों एवं सेना के व्यापक मशीनीकरण ने युद्धों को रोकने में भी बहुत योगदान दिया है। दो परमाणु शक्ति सम्पन्न राज्यों में शायद ही कभी युद्ध हो, दोनों के पास परमाणु हथियार के रूप में निवारक शक्ति है।

पुनश्च, मानवता का एक आयाम प्रकृति के साथ सहजीविता के साथ एक शान्त एवं प्राकृतिक जीवन जीना भी है। इस दिशा में अत्यधिक मशीनीकरण ने अत्यधिक हानिकारक परिणाम उत्पन्न किए हैं। अनियंत्रित मशीनीकरण ने प्रदूषण, पर्यावरण अवनयन, प्राकृतिक संसाधनों का अधारणीय उपभोग एवं अन्य कई प्रकार के असन्तुलन उत्पन्न किए हैं। उदाहरणत: समुद्री जैव विविधता, कोरल रीफ, उत्तरी ध्रुव का वैश्विक तापन के कारण पिघलना, खनिज संसाधनों के अधिक दोहन के कारण भावी पीढ़ी के वैध अधिकारों का उल्लंघन आदि के द्वारा इसको समझा जा सकता है।

अन्तत: मशीनीकरण नैतिक स्तर पर भी मानवता के लिए नए खतरे उत्पन्न कर रहा है। सिंगापुर की एक कम्पनी नूटानोमी द्वारा पूर्णतया मशीनीकृत ड्राइवर रहित वाहनों का विकास किया गया है। नैतिक दुविधा यह है कि यदि यह स्वचालित कार एक्सीडेंट करती है तो मृत्यु का नैतिक उत्तरदायित्व किस पर आएगा? दूसरे, यदि इस कार को पीछे बैठे हुए यात्री एवं सड़क पर चल रहे अन्य यात्री में से एक को बचाना हो तो यह किसको बचाएगी?

वस्तुत: इसी स्तर पर आकर, अपने तमाम लाभों के बावजूद मशीनीकरण, मानवता पर खतरे के रूप में प्रकट होता है। यदि बैंक में रोबोट की भर्ती हो, तो उनके द्वारा बैंक तथा ग्राहक के हितों में किस प्रकार सामंजस्य बिठाया जाएगा। चूँकि मशीन के स्वयं के हित नहीं होते, पारिवारिक व अन्य मजबूरियाँ नहीं होतीं, भावनाएँ नहीं होतीं, अत: मशीन की नैतिकता का निर्धारण करना कठिन हो जाता है।

निष्कर्षत: कई क्षेत्रों में वास्तविक तथा सम्भावित रूप में कई खतरों के बावजूद मशीनीकरण ने सामान्यत: मानवता की समर्थनकारी भूमिका ही अदा की है।

यद्यपि एक स्वामी के रूप में अथवा ऐसी व्यवस्था जिस पर मानव लगभग पूर्णतया निर्भर हो, इन रूपों में मशीनीकरण द्वारा मानवता के अस्तित्व पर खतरा भी उत्पन्न किया जा सकता है।

स्पष्ट है, मशीनीकरण नहीं, वरन् उसका किस रूप में इस्तेमाल किया जा रहा है, वह निर्धारित करता है कि यह मानवता की परिपोषक है या उस पर संकट! बन्दूक से उम्मीद करना कि वह चोर पर स्वयं चल जाए और सज्जन पर चलाने पर भी न चले, यह न तो सम्भव है, न ही अभीष्ट।

33

पर्यावरणीय संधारणीयता बनाम आर्थिक विकास

—गौरव सोगरवाल

पर्यावरण के नाम पर हुए सम्मेलन चाहे वह पेरिस सम्मेलन हो या फिर रियो, क्योटो सम्मेलन, इन सभी में पर्यावरणीय संधारणीयता का मुद्दा छाया रहा है। जहाँ पश्चिमी देश बढ़ते प्रदूषण का हवाला देते हुए सभी देशों से पर्यावरण अनुकूल बनने की अपील करते हैं, वहीं विकासशील देश गरीबी को सबसे बड़ा प्रदूषण करार देते हुए आर्थिक विकास की अहमियत पर बल देते हैं।

पर्यावरण संधारणीयता एवं आर्थिक विकास के बीच चलने वाले विवाद को देखते हुए मन में अनेक सवाल उठ खड़े होते हैं। यथा—पर्यावरण संधारणीयता एवं आर्थिक विकास से क्या तात्पर्य है? दोनों के बीच उत्पन्न विवाद वर्तमान समय की देन है या पहले से ही चला आ रहा है? और पहले से चला आ रहा है तो वर्तमान समय में यह विवाद क्यों जोर पकड़ रहा है? ये दोनों वास्तव में परस्पर अपवर्जी हैं या सिर्फ प्रतीत होते हैं? क्या दोनों सामंजस्यपूर्ण उद्देश्य के लिए एक साथ कार्य कर सकते हैं? अगर हाँ तो कैसे? और इस हेतु दीर्घकालीन रणनीति क्या होनी चाहिए?

विषय के बारे में गहराई से चर्चा करते हुए इन सवालों का जवाब ढूँढ़ा जा सकता है। अगर परिभाषा के स्तर पर बात की जाए तो आर्थिक विकास एक आर्थिक शब्दावली है, जो सिर्फ आर्थिक गतिविधियों की गणना पर बल देता है, अर्थात् पहले की तुलना में सुख-सुविधाओं पर ध्यान देता है। इस तरह यदि देखा जाए तो आर्थिक विकास एक संकीर्ण शब्दावली प्रतीत होती है। वहीं पर्यावरणीय संधारणीयता, विकास को पर्यावरण के दृष्टिकोण से देखते हुए सभी को समान तथा

भेदभाव रहित पहुँच के साथ-साथ पर्यावरणीय अनुकूलता को भी शामिल करती है। जो उसे व्यापकता प्रदान करता है, अर्थात् यह आर्थिक के साथ-साथ सामाजिक, पर्यावरणीय तथा नैतिक जैसे आयामों को भी शामिल करती है।

दोनों के बीच विवाद को देखा जाए तो इसकी शुरुआत अग्नि के आविष्कार के समय से मानी जा सकती है, जब मानव ने प्रकृति में हस्तक्षेप करना शुरू कर दिया। लेकिन उस समय यह हस्तक्षेप प्रकृति के अधीन ही चलता रहा और दोनों में सामंजस्य बना रहा। यह सामंजस्य 18वीं सदी में औद्योगिक क्रान्ति के पश्चात् खतरे में पड़ गया, जब प्रकृतिकृत मानव ने प्रकृति को मानवीकृत प्रकृति के रूप में ढालने का प्रयास करना शुरू कर दिया। इसके कारण प्रकृति को आत्मसुधार या सामंजस्य का मौका मिलना दूभर हो गया।

प्रकृति, जो सभी मनुष्यों की आवश्यकता की पूर्ति करती थी, अब मनुष्य के लोभ के समक्ष हार मानती प्रतीत हो रही है। इस हार के दुष्प्रभाव जल प्रदूषण, वायु प्रदूषण बढ़ता ओजोन छिद्र, बढ़ता जलवायु परिवर्तन, पिघलते ग्लेशियर, बढ़ता समुद्री जल स्तर के रूप में दिखाई पड़ रहा है। इन घटनाओं के चलते स्वयं मानव का अस्तित्व भी खतरे में दिखाई दे रहा है। इस खतरे के बचाव के रूप में पर्यावरणीय संधारणीयता एक विकल्प के तौर पर दिखाई दे रही है। यही बात गांधी जी ने भी कही है कि—

"प्रकृति हमारी जरूरतों को पूरा करने के लिए है लालचों को नहीं।"

किसी कवि ने लिखा है—

जो घर बनाओ तो एक पेड़ भी लगा लेना,
परिन्दे सारे मुहल्ले में चहचहाएँगे।

अब अगर आर्थिक विकास के वर्तमान स्वरूप को देखें तो यह बात बड़ी बेमानी प्रतीत होती है, जब एक समुदाय को कुर्बान करके दूसरे समुदाय को लाभ पहुँचाया जाता है। जैसे कि देखा भी जाता है कि आर्थिक विकास के लिए बाँध कहीं होता है, लाभ भोगियों हेतु बिजली कहीं और जाती है और विस्थापित कोई और होता है। ऐसे विस्थापितों को आर्थिक विकास का पाठ पढ़ाना उनका अपमान करने के समान लगता है। इसकी जगह यहाँ लाभार्थी को पर्यावरण संधारणीयता के बारे में जागरूक करने की जरूरत है।

इसी तरह वैश्विक स्तर पर विकसित देशों द्वारा अल्पविकसित (एलडीसी) तथा विकासशील देशों को पर्यावरण संकट का हवाला देते हुए संधारणीयता का पाठ पढ़ाना तार्किक नहीं लगता, क्योंकि विकसित देशों द्वारा अतीत में किए गए अति दोहन/प्रदूषण की कीमत, अब ये समुद्री सीमावर्ती तथा अल्पविकसित देश चुका रहे हैं। इसके चलते 'जैसी करनी, वैसी भरनी' कहावत अब 'उनकी करनी, इनकी भरनी' में बदलती दिख रही है।

बढ़ते असमान आर्थिक विकास व उपभोक्तावादी प्रकृति ने जहाँ वर्गभेद की खाई को और चौड़ा किया है, वहीं उसने वैश्विक स्तर पर नव उपनिवेशवाद को तथा राष्ट्रीय स्तर पर आन्तरिक उपनिवेशवाद को बढ़ावा दिया है। भेदभाव के इस स्तर पर आर्थिक विकास पर पर्यावरणीय संधारणीयता को प्राथमिकता देना असमानों के बीच प्रतिस्पर्धा कराने जैसा प्रतीत होता है।

विकास की इस दौड़ में जहाँ व्यक्ति जिन्दगी की आपाधापी से थककर वापस प्रकृति की गोद में जाना चाहता है, शहरी व्यक्ति, गाँव या जंगल में रहने वालों के बीच में सोचता है और महसूस करता है कि वे कितना खुश हैं, वहीं दूसरी ओर गाँव व जंगलों के रहवासी शहरी सुविधा की कल्पना करते हैं। ऐसी स्थिति में अब पर्यावरणीय संधारणीयता एवं आर्थिक विकास में सामंजस्य स्थापित करना अनिवार्य हो गया है ताकि वे एक समान उद्देश्य की दिशा में लक्षित हो सकें।

दोनों के बीच सामंजस्य का बेहतरीन उदाहरण स्कैंडियन देश प्रस्तुत करते हैं, जहाँ आर्थिक विकास के साथ पर्यावरण संरक्षण को प्राथमिकता दी गई है। इस दिशा में उपभोक्तावादी को नियंत्रित करते हुए नागरिकों को पर्यावरणीय रूप से जागरूक बनाना होगा।

तकनीक के स्तर पर पर्यावरण अनुकूल साधनों यथा नगरीकरण—ऊर्जा स्रोत, ग्रीन तकनीक, हरित भवन (ग्रीन बिल्डिंग), कार्बन न्यूट्रल वाहनों की तरफ जोर देना होगा। आदिवासियों और ग्रामीणों के देशी ज्ञान को आधुनिक विज्ञान से जोड़ना होगा।

अन्तर्राष्ट्रीय स्तर पर समृद्धि के सूचकांक के रूप में जीडीपी की जगह सकल खुशहाली संकेतक (जीएचआई) का प्रयोग किया जाए, इस दिशा में भूटान देश का प्रयास सराहनीय है।

किसी भी परियोजना की शुरुआत से पूर्व ही पर्यावरण प्रभाव आकलन किया जाए साथ ही सम्बद्ध समाज पर पड़ने वाले प्रभाव को देखने के लिए सामाजिक प्रभाव आकलन को प्राथमिकता दी जाए।

इस सामंजस्य को स्थायी रूप देने के लिए दीर्घकालीन रणनीति अपनाए जाने की जरूरत है। लोगों को यह समझना होगा कि पर्वतों को मिटाने, नदियों को बाँधने व जंगलों को मिटाने का मतलब विकास नहीं है। बल्कि यह तो स्वयं को मिटाने की शुरुआत है। विकास को आर्थिक विकास के रूप में न लेते हुए समग्र रूप में यथा सामाजिक, पर्यावरणीय, सांस्कृतिक व नैतिक रूप से लिया जाना चाहिए।

विकास की इस अन्ध दौड़ को चूहा दौड़ बनने से रोकना होगा, जिसमें विजयी भी चूहा होता है। इसकी जगह हमें बुद्ध के बताए हुए मार्ग का अनुसरण करते हुए सभी के लिए समान जीत सुनिश्चित करनी होगी, जिसमें किसी की हार न हो। इस तरह से पर्यावरणीय संधारणीयता एवं आर्थिक विकास के सामंजस्यपूर्ण उद्देश्य का लाभ सम्पूर्ण विश्व प्राप्त कर सकेगा।

34

सहिष्णुता राष्ट्रीय एकता की कुंजी है

—सर्वज्ञ मिश्र

भारत की आजादी के बाद के कुछ वर्षों में अधिकांश पाश्चात्य विद्वानों में यह आम सहमति थी कि भारतीय संघ बहुत दिनों तक अस्तित्व में नहीं रह पाएगा।

आखिर अफ्रीकी महाद्वीप से भी अधिक विविधता वाला बहुभाषी, बहुधार्मिक, बहुनस्लीय अपरिपक्व गरीब लोकतंत्र किस प्रकार अस्तित्ववान रहेगा?

प्रश्न उठता है कि वह कौन-सी शक्ति थी जिसने भारत की राष्ट्रीय एकता को बनाए रखा? वस्तुत: यह विविधता के प्रति सहनशीलता, सहिष्णुता यहाँ तक कि उसको एकता का सकारात्मक कारण मानकर उसका संवर्धन ही था, जिसने राष्ट्रीय एकता को कम होने नहीं दिया।

स्वतंत्रता के बाद अनेक विशेषज्ञों का मानना था कि चूँकि भारत में इतनी विविधता है अत: तीव्र विकास व राष्ट्रीय एकता के लिए तानाशाही असहिष्णु शासन जरूरी है।

आखिर फ्रांस, अमेरिका, चीन आदि राष्ट्रों ने राष्ट्रीय एकता के लिए प्रारम्भिक वर्षों में असहिष्णु शासन प्रथाओं का ही सहारा लिया था। 1789 में फ्रांस की क्रान्ति के समय मात्र 12 प्रतिशत जनता फ्रेंच भाषा बोलती थी। 1800 तक आते-आते इस प्रतिशत को 90 प्रतिशत तक ले जाया गया। संयुक्त राज्य अमेरिका ने अश्वेतों, महिलाओं को मताधिकार नहीं दिया। चीन ने धार्मिक दमन का (शिनजियांग प्रान्त में उइगुर मुस्लिम, तिब्बत में तिब्बती बौद्ध आदि) सहारा लेकर राष्ट्रीय एकता स्थापित की।

परन्तु भारतीय नेताओं का विचार एकदम उलटा था। विविधता की वजह से तानाशाही को जरूरी न मानकर—चूँकि विविधता थी, अत: लोकतंत्र को, स्वतंत्रता को सहिष्णुता को आवश्यक माना गया, जिसका अभाव विघटनकारी शक्तियों को बढ़ावा देता।

अन्तर्राष्ट्रीय अनुभवों के विपरीत सहिष्णुता को राष्ट्रीय एकता की कुंजी मानने के कई कारण थे।

प्रथमत:, यह भारतीय संस्कृति के तीन गुणों, सर्वसमावेशिता, सर्वकल्याण एवं विविधता को सम्मान के अनुकूल था। *'य: एक: वशी सर्वभूतांतरात्मा, एकं रूपं बहुधा करोति'* (कठोपनिषद्—एक ही परब्रह्म सबके अन्दर भिन्न-भिन्न रूपों में अवस्थित है) तथा *'सर्वे भवन्तु सुखिन:, सर्वे संतु निरामया:'*, एवं *'मुंडे मुंडे मति: भिन्न ताम् निरुध्य प्रयोजयेत्'* (प्रत्येक व्यक्ति की बुद्धि भिन्न होती है, सबके समागम से ही संसार की रचना होती है) के द्वारा इन तीनों गुणों को क्रमश: समझा जा सकता है।

दूसरे, भारत के विभाजन की परिस्थितियों में सम्प्रदायवाद एवं कम्युनिस्ट तानाशाही के खतरनाक बीज छिपे हुए थे, जिन्हें क्रमश: गांधी जी की हत्या एवं हैदराबाद राज्य में कम्युनिस्ट विद्रोह द्वारा समझा जा सकता है। अत: सहिष्णुता से कोई भी समझौता इन खतरों के आमंत्रण द्वारा राष्ट्रीय अस्तित्व को ही समाप्त करने की क्षमता रखता था।

वर्तमान में भी कई ऐसे क्षेत्र हैं जो सहिष्णुता के परिपोषण द्वारा राष्ट्रीय एकता को सुनिश्चित करते हैं।

भाषायी सहिष्णुता एक ऐसा ही क्षेत्र है। 1968 के त्रिभाषा फार्मूले एवं 1956 के भाषायी आधार पर राज्यों के पुनर्गठन के द्वारा जनता को अपने आधार पर स्थानीय समझ में आने वाली भाषा के आधार पर शासन करने का स्वातंत्र्य दिया गया। वहीं दूसरे प्रदेशों की भाषाओं (उत्तर भारत में दक्षिण भारतीय भाषा एवं दक्षिण भारत में हिन्दी) की स्वैच्छिक शिक्षा को बढ़ावा दिया गया।

1960 के दशक के भाषायी दंगों (प्रमुखत: तमिलनाडु में) से लेकर हाल में दार्जिलिंग क्षेत्र के गोरखाओं द्वारा बंगाली भाषा को अनिवार्य बनाए जाने के विरुद्ध प्रबल अलगाववादी आन्दोलन इस बात के प्रमाण हैं कि भाषायी असहिष्णुता किस प्रकार देश की एकता को समाप्त कर सकती है।

धार्मिक रूप से संविधान द्वारा मूल अधिकारों में धार्मिक स्वतंत्रता के अधिकारों (अनुच्छेद 25-28) एवं धार्मिक व भाषायी अल्पसंख्यकों के अधिकारों (अनुच्छेद 29-30) का समावेश करके धार्मिक सहिष्णुता को स्थापित किया।

1992 के बाबरी विध्वंस एवं उसके बाद हुए व्यापक दंगों, मुम्बई बम विस्फोट ने मुम्बई व देशभर की अर्थव्यवस्था पर नकारात्मक प्रभाव डाला। 1984 के सिक्ख विरोधी दंगों में पृथक खालिस्तान की माँग को अनचाहे ही दुर्भाग्यपूर्ण ढंग से एक नैतिक आधार प्रदान किया, जिसका कि दुरुपयोग खालिस्तान आतंकवादियों द्वारा बखूबी किया गया। यह राष्ट्रीय एकता के प्रयासों को बड़ा झटका था।

नस्लीय स्तर पर सहिष्णुता वस्तुत: भारत की नृजातीय एकता के लिए बहुत जरूरी है। भारत की मुख्य भूमि के अलावा मध्यपूर्व, उत्तरी अफ्रीका व पूर्वी एशिया से आए समुदायों की काफी आबादी निवास करती है। बिना इनको समावेशित किए राष्ट्रीय एकता की वास्तविक प्राप्ति नहीं हो सकती।

भारत का उत्तर पूर्वी भाग, जो कि पूर्वोन्मुख विदेश नीति, संसाधनों के दोहन एवं सामाजिक विकास के लिए अति महत्त्वपूर्ण है, आज उसके प्राय: सभी राज्यों में अलगाववादी आन्दोलन चल रहे हैं। दूसरी ओर दिल्ली तथा बैंगलोर जैसे महानगरों में उत्तरपूर्वी छात्रों से दुर्व्यवहार की शिकायतें आम हैं। क्या इन दोनों स्थितियों को अलग करके देखना चाहिए? शायद नहीं।

एक राष्ट्र के रूप में विविध नस्लों के लोगों की स्वीकार्यता एवं परस्पर सहिष्णुता के बिना हम राष्ट्रीय एकता नहीं अपितु विखंडन की ओर ही बढ़ रहे हैं।

आदिवासी क्षेत्रों में नक्सल आन्दोलनों जो कि वर्तमान में राष्ट्रीय एकता के विशालतम खतरे के रूप में हैं, उसके पीछे भी इसी प्रकार की असहिष्णुता को जिम्मेदार ठहराया जा सकता है। वन अधिकारियों द्वारा वनों से उनके ऐतिहासिक सम्बन्धों की अवहेलना। आदिवासी भागों की प्राकृतिक सम्पदा का शेष भारत के लाभ के लिए दोहन तथा आदिवासी संस्कृति, कला आदि का शेष भारत में विस्तार हुए बिना शेष भारत की संस्कृति को उन पर थोपने का प्रयास, ये सभी आदिवासी परम्पराओं, हितों तथा आर्थिक न्याय के प्रति हमारी असहिष्णुता को दर्शाते हैं। जिसका परिणाम नक्सलवाद के रूप में राष्ट्रीय एकता पर संकट के रूप में हमारे सामने खड़ा है।

वस्तुत: हमें स्वयं से प्रश्न पूछने की आवश्यकता है। कितने आदिवासी त्योहार हम मनाते हैं? उत्तरपूर्व के कितने खाद्य पदार्थों का हम प्रयोग करते हैं? अपनी मातृभाषा के अलावा कितनी भारतीय भाषाओं को सीखने का प्रयास हमने किया है?

अन्तर्राष्ट्रीय उदाहरण, यथा सर्बिया से कोसोवो का अलगाव, सोवियत संघ का विघटन, चीन के शिनजियांग प्रान्त में शक्तिशाली अलगाववादी आन्दोलन, यह दर्शाते हैं कि देश के विभिन्न भागों की संस्कृतियों के प्रति सहिष्णुता का अभाव राष्ट्र की एकता व अखंडता को कमजोर कर सकता है।

वर्तमान में कुछ घटनाओं यथा गुजरात में ऊना में दलितों को पीटना, गोरक्षकों द्वारा मुस्लिम गोपालकों पर हमले, पश्चिम बंगाल में मुहर्रम के समय दुर्गापूजा पर प्रतिबन्ध, तीन तलाक के विषय को अल्पसंख्यकों पर अनुचित दबाव के लिए प्रयोग करने का प्रयास आदि के द्वारा भारतीय एकता पर कुछ नए खतरों का आभास हो रहा है। आवश्यकता इस बात की है कि समय रहते सहिष्णुता की घटनाओं पर नियंत्रण पाया जाए।

असहिष्णुता एवं राष्ट्रीय एकता के विषय के समग्रता से विवेचन के लिए तीन अन्य सन्दर्भों पर भी ध्यान देने की आवश्यकता है।

प्रथमत: सहिष्णुता के क्षेत्र में काफी कुछ बचा होने के बावजूद पिछले 70 वर्षों में पर्याप्त प्रगति हासिल की गई है। इस प्रगति का अभिज्ञान एवं संवर्धन तथा अन्य क्षेत्रों में इसी प्रकार की गतिविधियों का प्रसार एक दक्षतापूर्ण कार्य होगा।

जाति-आधारित शोषण, अस्पृश्यता के क्षेत्र में काफी प्रगति हासिल की गई है। अस्पृश्यता निरोधक कानून, गैर जमानती हरिजन एक्ट तथा सरकारी सेवाओं एवं चुनाव क्षेत्रों में आरक्षण के द्वारा उनकी स्थिति में व्यापक सुधार लाया गया है।

इसी प्रकार की योजनाओं को महिलाओं, आदिवासियों, अल्पसंख्यकों एवं विभिन्न सूक्ष्म नस्लों के लिए भी सक्रियतापूर्वक संवर्धित किए जाने की आवश्यकता है।

सामाजिक कुप्रथाओं यथा—सती प्रथा, हिन्दू-बहुविवाह, उत्तराधिकार में लैंगिक समानता आदि के क्षेत्र में पाई गई सफलता का प्रयोग अन्य सामाजिक असहिष्णुतापूर्ण प्रथाओं यथा दहेज प्रथा एवं कन्या भ्रूण हत्या में करने की जरूरत है।

दूसरे, सहिष्णुता का अर्थ अनैतिक प्रथाओं, देशविरोधी गतिविधियों या प्रतिगामी धार्मिक मान्यताओं का परिपोषण कदापि नहीं होना चाहिए। उदाहरणत: संविधान के अनुच्छेद 371 (क) के अन्तर्गत नागा प्रथाओं के प्रति सहिष्णुता का प्रयोग, महिलाओं के वैध अधिकारों (यथा नगर निकायों में न्यायपूर्ण प्रतिनिधित्व) को रोकने के लिए नहीं होना चाहिए।

विभिन्न धर्मों के पर्सनल लॉ को सम्मान का अर्थ उनके अलोकतांत्रिक, अनैतिक प्रथाओं को स्वीकृति के रूप में नहीं निकाला जाना चाहिए।

तीसरे, विविधता के प्रति सहिष्णुता केवल आन्तरिक स्तर पर ही नहीं अपितु वैश्विक स्तर पर होनी चाहिए। ऐसे कई उदाहरण हैं कि विदेशी सहिष्णुता का अभाव आन्तरिक राष्ट्रीय एकता पर नकारात्मक प्रभाव डालता है।

उदाहरणत:—ब्रिटेन द्वारा यूरोपीय यूनियन के त्याग के बाद स्कॉटलैंड द्वारा पुन: ब्रिटेन से अलग होने के लिए जनमत संग्रह का प्रस्ताव, पाकिस्तान द्वारा अन्य देशों (यथा भारत में कश्मीर व पंजाब) में असहिष्णुतापूर्ण आतंकवाद के समर्थन का परिणाम स्वयं पाकिस्तान में सिन्ध, ब्लूचिस्तान एवं उत्तरपूर्वी प्रान्त में अलगाववादी आन्दोलनों के रूप में सामने आया है।

निष्कर्षत: सहिष्णुता, विशेषत: भारत के सन्दर्भ में पारम्परिक ऐतिहासिक व समकालीन परिप्रेक्ष्य में राष्ट्रीय एकता की कुंजी है। इसका उचित व न्यायपूर्ण परिपोषण तथा इसके नाम पर अनुचित कार्यों/तुष्टिकरण पर रोक लगाकर हम देश में एक 'नीचे से ऊपर' प्रस्फुटित एकता की भावना का विस्तार कर सकते हैं।

35

वो सबसे धनवान है, जो कम-से-कम में संतुष्ट है, क्योंकि संतुष्टि प्रकृति की दौलत है

—रतनदीप गुप्ता

"इस धरा में सभी की आवश्यकताओं को पूर्ण करने की क्षमता है परन्तु किसी के लालच की नहीं।"

गांधी जी का उपरोक्त कथन हमारे शास्त्रों में वर्णित *'सन्तोषम् परम् सुखम्'* की उक्ति को चरितार्थ करता है। सन्तोष वह धन है जिसके आगे विश्व की समस्त सम्पदा का मोल फीका पड़ जाता है। कहा भी जाता है कि—

गोधन, गजधन बाजधन और रतन धन खान
जब आवै संतोष धन, सब धन धूरि समान।

सन्तोष वह धन है जो व्यक्ति को प्रकृति के साथ सामंजस्य बिठाकर उसका त्यागपूर्ण उपभोग की प्रेरणा देता है। इस प्रकार का उपभोग आने वाली पीढ़ियों के लिए भी एक स्वच्छ, सुन्दर एवं समृद्ध धरा को सँजोता है।

सन्तुष्टि का यह भाव किसी व्यक्ति, समाज एवं देश के सतत विकास की आधारशिला का निर्माण करता है। यह स्वहित के साथ ही *'परहित सरिस धर्म नहिं भाई'* की उक्ति को चरितार्थ करते हुए विश्व बन्धुत्व की भावना को सुदृढ़ करता है।

यद्यपि वर्तमान में संतुष्टि रूपी यह धन कहीं खोता जा रहा है, जिसके फलस्वरूप व्यक्ति, समाज एवं राष्ट्रों पर इसके दुष्प्रभावों को देखा जा रहा है। आज का व्यक्ति कम-से-कम समय में अधिक-से-अधिक भौतिक संसाधनों को इकट्ठा करने की होड़ में लगा हुआ है। उसकी समस्त ऊर्जा आर्थिक संसाधनों को एकत्रित करने की 'चूहा दौड़' में ही खप जा रही है।

परिणामत: एक ओर वह कम उम्र में ही विभिन्न स्वास्थ्य समस्याओं से घिर रहा है। जैसा कि डब्ल्यूएचओ की एक रिपोर्ट से भी स्पष्ट है कि भारत में 30 वर्ष की उम्र तक के व्यक्तियों में डायबिटीज एवं हृदय रोग सम्बन्धी विकारों में पिछले एक दशक में दोगुनी वृद्धि हो गई है तो दूसरी ओर वह अपने पारिवारिक एवं सामाजिक दायित्वों का भी समुचित निर्वहन नहीं कर पा रहा है।

युवाओं में बढ़ता तनाव, नशाखोरी की प्रवृत्ति, तलाक के बढ़ते मामले, वृद्ध माता-पिता की उपेक्षा की बढ़ती समस्याएँ इसी असन्तुष्टि से उत्पन्न कारकों के ही परिणाम हैं।

समाज चूँकि व्यक्तियों का ही समुच्चय होता है। अत: यह भी इसी असन्तोष से पीड़ित है। आश्चर्य नहीं कि देश में प्रत्येक 4 मिनट में एक विवाहिता दहेज की बलि वेदी पर चढ़ा दी जाती है। समाज में आर्थिक संसाधनों की उपलब्धि को ही सर्वश्रेष्ठ उपलब्धि माना जाता है। फलस्वरूप माता-पिता द्वारा बच्चों पर अत्यधिक दबाव डालकर बच्चों की रुचि के विपरीत पाठ्यक्रमों में प्रवेश लेने का दबाव बनाया जाता है।

इसी प्रकार आवश्यक वस्तुओं की कमी होने पर कालाबाजारी शुरू हो जाती है। लोग अपनी वास्तविक आय छिपाकर आयकर की चोरी करते हैं।

असन्तुष्टि का यह भाव विभिन्न सामाजिक, आर्थिक, राजनीतिक एवं पर्यावरणीय समस्याओं को जन्म देता है। आज के प्रतिस्पर्धात्मक युग में परीक्षा उत्तीर्ण करने के लिए नकल का सहारा लेना, विभिन्न गिरोहों द्वारा नकल का सामूहिक व्यापार करना, विभिन्न अस्पतालों में स्वास्थ्य सेवाओं के लिए अति उच्च कीमतें वसूल करना, चिकित्सकों द्वारा फिजूल के स्वास्थ्य परीक्षणों एवं औषधियों का परामर्श देना इस बढ़ती भौतिकता एवं गिरते नैतिकता तथा संतुष्टि के पैमानों के कुछ उदाहरण हैं।

इसी क्रम में तकनीकी उन्नति को भी देखा जा सकता है। तकनीक के उपयोग ने जहाँ एक ओर मानव जीवन को सुगम बनाया है तो वहीं मानव की सर्वशक्तिशाली बनने की आकांक्षा ने 'परमाणु बम' जैसे सर्वनाशक अस्त्रों का भी निर्माण कराया है।

आज बिट क्वाइन के माध्यम से फिरौती माँगने, साइबर हमले से किसी राष्ट्र को पंगु बनाने से लेकर 'डिजाइनर बेबी' जैसे तकनीकी आयाम इसी मानवी असन्तोष की उपज है। आज राष्ट्र अपने मानव विकास की अपेक्षा अपने जीडीपी के आँकड़ों पर अधिक ध्यान देते दिखते हैं। पर्यावरणीय सरोकारों पर भी इसका सीधा असर देखने को मिल रहा है।

बढ़ता प्रदूषण लाखों लोगों की मृत्यु का कारण बन रहा है तो ग्लोबल वार्मिंग एवं जलवायु परिवर्तन जैसी समस्याएँ मुँह बाये खड़ी हैं। हमारा जल, जंगल, जमीन सभी प्रदूषित हो रहे हैं, जैव-विविधता खतरे में है परन्तु मनुष्य की आकांक्षाएँ कुलाँचे मार रही हैं।

सत्ता की भूख ने निरंकुश तानाशाहियों को जन्म दिया है, लोकतंत्र को दबाया जा रहा है। फिर चाहे वह म्यांमार हो या पाकिस्तान—अल्पसंख्यकों को प्रताड़ित किया जा रहा है। विश्व में सभ्यताओं के मल्टिंग पॉट कहे जाने वाले देश अमेरिका में भी गोरे-काले का भेद उभर आया है, आखिर यह सब मानव का असन्तोष एवं अधिक-से-अधिक शक्ति एवं संसाधनों को एकत्रित करने की लालसा नहीं तो और क्या है।?

यदि मनुष्य संतुष्ट है तो इसका सीधा प्रभाव समाज एवं राष्ट्र पर पड़ता है। व्यक्ति की संतुष्टि का भाव उसे गीता में वर्णित निष्काम कर्म योग की प्रेरणा देता है। इसके माध्यम से एक ओर वह अपनी प्रगति के प्रयास करता है तो वहीं दूसरी और 'किसी भी कीमत पर सफलता' का मार्ग नहीं अपनाता है।

इसका सामाजिक प्रभाव अत्यन्त महत्त्वपूर्ण होता है। व्यक्ति की समरसता अन्ततः परिवार एवं समाज के माध्यम से देश के चरित्र में प्रकट होती है। सम्भवतः यही कारण है कि भूटान जैसे देश ग्रॉस हैपीनेस इंडेक्स को अपनी जीडीपी के ऊपर तरजीह देते हैं। आज यह आवश्यक भी है कि राष्ट्र अपने आर्थिक विकास के साथ ही मानव विकास सूचकांक को सुधारने का प्रयास करें।

सन्तोष के साथ किया गया आर्थिक विकास ही वस्तुतः सतत आर्थिक विकास को जन्म देता है जो कि भावी पीढ़ियों को भूख, कुपोषण, गरीबी से बचाकर 'तेन त्यक्तेन भूंजिता' का मार्ग प्रशस्त करता है।

व्यक्ति एवं समाज की संतुष्टि का यही भाव एक परिपक्व लोकतंत्र की पूर्वपीठिका का निर्माण करता है। यह राष्ट्र की उन्नति को लोकतंत्र का मूल आधार बनाता है। सत्ता की भूख नहीं, आमजन की सहभागिता इसी संतुष्टि का परिणाम होती है।

आज वैश्विक चुनौतियों यथा आतंकवाद से निपटना, शरणार्थियों की समस्या का समाधान, जलवायु परिवर्तन पर अन्तर्राष्ट्रीय सन्धियों का क्रियान्वयन, गरीबी,

कुपोषण जैसी समस्याएँ इत्यादि के समाधान के मूल में यदि कुछ है तो वह है वसुधैव कुटुम्बकम् की भावना।

'सर्वे भवन्तु सुखिन:, सर्वे संतु निरामया:' की उक्ति को चरितार्थ करके ही इस विश्व को अधिक सुखद, शान्तिपूर्ण, समतापूर्ण, समावेशी एवं समृद्धशाली बनाया जा सकता है और इसके लिए जो सबसे महत्त्वपूर्ण तथ्य है, वह है आत्म संतुष्टि की भावना।

यह भावना ही वह शक्ति है जो मनुष्य को मनुष्य बनाए रखती है, उसे जियो और जीने दो का नैसर्गिक सन्देश देती है। जीवन के झंझावातों में भी प्रेरणायुक्त एवं आशावान बनाए रखती है। उसे प्रेम, करुणा, तदानुश्रुति जैसे गुणों से युक्त करती है, सार्वभौमिक, भाईचारे के लिए प्रेरित करती है और महात्मा गांधी के शब्दों में उसे यह सन्देश देती है कि—

"जिस दिन प्रेम की शक्ति, शक्ति के प्रेम पर हावी हो जाएगी, उस दिन संसार की समस्त समस्याएँ समाप्त हो जाएँगी।"

36

पूर्व के किसी भी समय की तुलना में आज गांधी जी के विचारों की सबसे अधिक आवश्यकता है

—जगदीश कुमार

महान वैज्ञानिक अल्बर्ट आइन्स्टीन ने एक बार कहा था, *"आगामी पीढ़ी शायद ही विश्वास कर सकेगी कि हाड़-मांस का एक ऐसा व्यक्ति इस धरती पर आया था।"*

राष्ट्रपिता महात्मा गांधी के बारे में उपरोक्त वक्तव्य स्पष्ट करता है कि उनके विचार क्रान्तिकारी थे, उनकी जीवनशैली सादगीपूर्ण थी तथा अहिंसक सिद्धान्तों पर विश्वास करने वाले थे। साथ ही संयुक्त राष्ट्र संघ द्वारा कुछ वर्ष पूर्व गांधी जी के जन्मदिन को *'विश्व अहिंसा दिवस'* के रूप में अपनाया गया तो यह स्पष्ट हो गया कि शान्ति व अहिंसा के पुजारी गांधी जी के विचारों की प्रासंगिकता समय के साथ और अधिक बढ़ती जा रही है।

पूर्व काल में भी आज की तरह ही कई सामाजिक-आर्थिक-राजनैतिक-सामरिक-कूटनीतिक-धार्मिक-सांस्कृतिक-पर्यावरणीय चुनौतियाँ रही हैं। इतिहास में हमने दो सौ वर्षों तक चलने वाले धर्मयुद्ध को देखा तो तीस वर्षीय लड़ाई सहित विनाशकारी प्रथम एवं द्वितीय विश्वयुद्ध की त्रासदी झेली। धार्मिक संघर्ष तथा दासप्रथा, उपनिवेशवाद जैसी कई चुनौतियाँ देखीं और उन सबका एक ही समाधान खोजा गया युद्ध। लेकिन

वर्तमान में युद्ध कोई धारणीय विकल्प नहीं रहा है, अत: वर्तमान में विद्यमान अनेक चुनौतियों का समाधान गांधीवाद प्रस्तुत करता है।

वर्तमान विश्व के सामने सबसे ज्वलन्त समस्या है—आर्थिक कट्टरतावाद, धार्मिक अविश्वास तथा अल्पसंख्यकों का उत्पीड़न। उपरोक्त समस्या के कारण सम्पूर्ण विश्व में रक्तपात एवं हिंसा व्याप्त है। एक धर्म अपनी विचारधारा को सर्वश्रेष्ठ मानकर उसका प्रचार-प्रसार करना चाहता है, वहीं धर्म परिवर्तन तथा धार्मिक कट्टरता से आपस में कई समुदायों में वैमनस्य, घृणा का भाव पैदा हो गया। खिलाफत की स्थापना का दावा करने वाला आईएसआईएस सम्पूर्ण विश्व पर अपनी बादशाहत स्थापित करना चाहता है तो दूसरी ओर शान्तिवादी धर्म के अनुयायी बौद्धों द्वारा म्यांमार में रोहिंग्या अल्पसंख्यकों पर जुल्म ढाए जा रहे हैं। ऐसे वातावरण में गांधी जी का 'सर्वधर्म समभाव' का विचार शान्ति स्थापित करने तथा शान्तिपूर्ण सहअस्तित्व में सहायक होगा।

शान्ति तथा अहिंसा के पुजारी राष्ट्रपिता का 'अहिंसा का सिद्धान्त' युद्ध, संघर्ष, तनाव के वातावरण का समाधान प्रस्तुत करता है। गांधी जी ने हिंसा को अनुचित ठहराया तथा प्राणिमात्र के प्रति दया, प्रेम, स्नेह प्रदर्शित किया। अगर गांधी जी के इस विचार को हम आत्मसात् कर लें तो समस्त विश्व में संघर्ष समाप्त हो जाएगा तथा शान्तिपूर्ण, सौहार्दपूर्ण विश्व व्यवस्था सृजित होगी, जो एसडीजी-16 का लक्ष्य भी है।

जलवायु परिवर्तन, वैश्विक तापन, प्राकृतिक संसाधनों का अत्यधिक दोहन, जैव विविधता का संकट, छठे सामूहिक विलोपन की ओर बढ़ती प्रकृति, समुद्री जल स्तर में वृद्धि आदि चुनौतियाँ मानवीय अस्तित्व पर प्रश्नचिह्न खड़ा कर रही हैं। उपरोक्त विकराल चुनौतियों का मुख्य कारण व्यक्ति की उपभोक्तावादी मानसिकता, उसका लालच तथा प्रकृति को भोग्य वस्तु समझना है। अगर समय रहते उपरोक्त समस्याओं का समाधान प्रस्तुत नहीं किया गया तो सम्भव है कि विश्व के सामने अस्तित्व का संकट आ जाएगा।

गांधी जी के प्रकृति के सन्दर्भ में विचार उपरोक्त चुनौती के लिए अवसर प्रदान करते हैं। गांधी जी प्रकृति के कण-कण में ईश्वर का वास देखते हैं—'*ईशावस्यमिदं सर्वम्।*' साथ ही कहते हैं कि "*प्रकृति हर व्यक्ति की आवश्यकता पूरी कर सकती है, लेकिन किसी एक व्यक्ति की लालसा पूरी नहीं कर सकती।*" उपरोक्त विचारों से प्रभावित होकर ही अर्नेनेस ने 'डीप इकोनॉमी' आन्दोलन खड़ा किया, तो भारत में अधिको, चिपको साइलेंट वैली बचाओ तथा नर्मदा बचाओ आन्दोलन चलाए गए।

पश्चिमी देशों द्वारा समर्थित 'क्लेश ऑफ सिविलाइजेशन' (सेमुअल पी हटिंगटन द्वारा प्रतिपादित अवधारणा) अवधारणा वर्तमान में मानवीय अस्तित्व के लिए चुनौती बन रही है। 9/11 हमले; आईएसआईएस के उद्भव, धार्मिक संघर्ष के बाद यह धारणा और पुख्ता हो गई है। अत: ऐसे में विश्व शान्ति, समरसता के लिए गांधी जी की भ्रातृत्व व समरसता, सहिष्णुता एवं अहिंसा की अवधारणा अत्यधिक प्रासंगिक

बन गई है। भारतीय समाज में भी बढ़ते धार्मिक टकराव, साम्प्रदायिक दंगों ने इसकी महत्ता बहुत बढ़ा दी है।

आतंकवाद विश्व के सामने सबसे जटिल चुनौतीपूर्ण समस्या बनकर उभर रहा है। इस समस्या का मूल भाव—धार्मिक एकाधिकार, शोषण, आत्मनिर्णय के अधिकार की अवहेलना, उत्पीड़न, असहिष्णुता, राजनीतिक एजेंडा (छद्म युद्ध) आदि हैं। गांधी जी की विचारधारा में उपरोक्त समस्या का समाधान प्रस्तुत हैं—शान्तिपूर्ण, अहिंसक, गैर-आक्रामक व्यवहार तथा शोषणकारी व्यवस्था का उन्मूलन।

वर्तमान में सम्पूर्ण विश्व में शक्ति के केन्द्रीकरण का प्रयास किया जा रहा है, जिससे अधिकाधिक संसाधनों का उपभोग किया जा सके। एक तरफ केन्द्रीकरण की शक्तियाँ हैं तो दूसरी तरफ विकेन्द्रीकरण की हिमायती शक्तियाँ—(भारतीय सन्दर्भ में संघवाद को बढ़ावा देने पर बल) ऐसे में समाधान गांधीवाद प्रस्तुत करता है—ग्रामीण स्वशासन तथा पंचायती राज संस्थाओं का सशक्तीकरण।

इसके माध्यम से संसाधनों का स्थानीय स्रोत विकसित किया जा सकेगा। विश्व बैंक, आईएमएफ या किसी अन्य सत्ता द्वारा सृजित विकास मॉडल के स्थान पर विकेन्द्रीकृत विकास मॉडल अपनाए जा सकेंगे, जो स्थानीय आवश्यकताओं एवं रणनीति-संसाधनों से प्रेरित होगा। इससे अफ्रीकी महाद्वीप में विद्यमान गृहयुद्ध की समस्या, कबीलाई संघर्ष को समाप्त किया जा सकेगा। वहीं मध्यपूर्व तथा दक्षिण अमेरिकी राष्ट्रों में विद्यमान राजनीतिक अस्थिरता समाप्त कर प्रजातंत्र को सुदृढ़ किया जा सकेगा।

वर्तमान में महिलाओं से सम्बन्धित अपराधों में सम्पूर्ण विश्व में बढ़ोतरी देखी जा रही है। समाज का लगभग आधा हिस्सा, विकास, सशक्तीकरण में पिछड़ गया है। बलात्कार, घरेलू हिंसा, यौन अपराध, भ्रूण हत्या, बहुविवाह, यौन दासी, तीन तलाक आदि चुनौतियों में महिलाओं को विकास के समुचित अवसर प्राप्त नहीं होते हैं।

ऐसे भेदभावपूर्ण व लैंगिक विषमता वाले समाज/विश्व के लिए समरसता, ब्रह्मचर्य तथा महिलाओं के प्रति सम्मान का भाव जैसे गांधीवादी सिद्धान्त नवीन उम्मीद प्रदान करते हैं।

नव उपनिवेशवाद के कारण तृतीय विश्व के देशों का लगातार शोषण बढ़ रहा है। बहुराष्ट्रीय कम्पनियों, सांस्कृतिक वर्चस्व, आर्थिक सहायता; विश्व आर्थिक संगठनों—आईएमएफ, डब्ल्यूटीओ, विश्व बैंक इत्यादि द्वारा उनका अत्यधिक शोषण किया जा रहा है। अत: 'समानता', 'गैर उपनिवेशवाद' जैसे गांधीवादी मूल्य विषमता को समाप्त करने में सहायक साबित हो सकते हैं। साथ ही इससे एक समतापूर्ण, लोकतांत्रिक, बहुध्रुवीय विश्व व्यवस्था अस्तित्व में आएगी, जहाँ जीव मात्र के प्रति दया, करुणा का भाव होगा।

परमाणु हथियारों की प्राप्ति की अन्धाधुन्ध दौड़ ने तो मानव सभ्यता को उस स्तर के खतरे तक पहुँचा दिया है, जहाँ पर एक व्यक्ति की गलती सम्पूर्ण मानवीय

सभ्यता के लिए अपूरणीय क्षति पहुँचा सकती है। उत्तर कोरिया जैसे गैर जिम्मेदार एवं अलोकतांत्रिक राष्ट्र द्वारा इसकी प्राप्ति का प्रयास वस्तुत: संकट की आहट दे रहा है।

अत: पूर्ण परमाणु नि:शस्त्रीकरण एवं शान्तिपूर्ण विश्व व्यवस्था स्थापित करने के लिए गांधीवाद वर्तमान में अपनी प्रासंगिकता लगातार बढ़ाता जा रहा है।

गांधी जी का अन्तिम एवं अपरिहार्य का सिद्धान्त संसाधनों की अन्धाधुन्ध लूट तथा उससे उत्पन्न विषमतामूलक चुनौतियों का समाधान कर सकता है। भारत सहित सम्पूर्ण विश्व में संसाधनों का इतना अधिक विषमतामूलक वितरण है कि एक ओर व्यक्ति के पास लाखों-करोड़ों की अनगिनत सम्पत्ति है (बिल गेट्स, जोस बसिफ, वारेन बफेट, अम्बानी बन्धु आदि) तो दूसरी ओर करोड़ों नागरिक भूखे-प्यासे अपना जीवन व्यतीत करने को अभिशप्त हैं। वस्तुत: गरीबी, विषमता तथा गिनी गुणांक की समस्या चुनौती का समाधान भी गांधी जी के उपरोक्त सिद्धान्तों से प्रस्तुत किया जा सकता है।

कुल मिलाकर बुद्ध, महावीर, ईसा, मूसा, नानक, कबीर, हजरत पैगम्बर की परम्परा के वाहक गांधी जी के विचार वर्तमान विश्व व्यवस्था को सद्भावपूर्ण, समरसतापूर्ण, शोषणरहित, लोकतांत्रिक बनाने के लिए पर्याप्त हैं।

हमें बस उन विचारों को ईमानदारीपूर्वक अपनाना है। अधिक-से-अधिक उनका वैश्विक पटल पर प्रचार-प्रसार करना है तथा यूएनओ के मंच से अन्य राष्ट्रों को इसके लिए प्रेरित करना है ताकि हम सतत विकास लक्ष्य, पेरिस जलवायु समझौते, ईरान परमाणु समझौते, उत्तर कोरिया-अमेरिका वार्ता, उत्तर कोरिया-दक्षिण कोरिया पुनर्एकीकरण, आईएसआईएस तथा अलकायदा का अन्त: मध्यपूर्व एवं अफ्रीका में लोकतंत्रीकरण जैसे तथ्यों को प्राप्त करें।

37

हर परिवर्तन नए अवसर लाता है

—कंचन कांडपाल

एक प्रसिद्ध कहावत है कि '*परिवर्तन के अलावा कुछ भी स्थायी नहीं है।*' स्थायित्व सिर्फ परिवर्तन का ही स्वभाव है। प्रकृति की व्यवस्था का स्पष्ट संकेत है, कि चलायमान व परिवर्तनशील होना ही सजीव होने का प्रमाण है। जिस वस्तु/व्यक्ति/प्रवृत्ति में स्थायित्व आ जाता है, वह वस्तुत: निर्जीवता का लक्षण है—

जो नत हुआ, समझो मृत हुआ;
ज्यों वृन्त से झरकर कुसुम॥

किन्तु परिवर्तन अनायास ही नहीं होते। प्रकृति की व्यवस्थानुरूप हर परिवर्तन सोद्देश्य होता है। हर परिवर्तन अपने साथ एक अवसर लेकर आता है—नवीन

पथ के अन्वेषण का, नवीन लक्ष्यों के सृजन का और इस उद्देश्य को पाने की आकांक्षा ही एक नवीन सृष्टि के निर्माण को सम्भव बनाती है।

परिवर्तन की प्रक्रिया का चक्र स्वयं में इस बात का प्रमाण है कि 'परिवर्तन' स्वयं ही नूतनता की कुंजी है। परिवर्तन का सीधा-सा अर्थ है—'जड़ता का क्षय'। जो परम्पराएँ जड़ हो चुकी हैं, या जो स्वयं को वर्तमान की गति के अनुसार ढाल पाने में असमर्थ हैं, उनका समापन ही 'परिवर्तन' का प्रस्थान बिन्दु होता इन जड़ताओं का समापन, रिक्तता को जन्म देता है। यह रिक्तता प्राचीन व नवीन के बीच की कड़ी होती है। और इसमें ही वो तमाम अवसर छिपे होते हैं, जिनका चयन ही भविष्य की नींव तय करता है। इस रिक्तता के क्षण में किया गया प्रयत्न ही 'कल' का भाग्य तय करता है। वस्तुत: इसी चक्र का बार-बार सम्पादन ही जीवन कहलाता है। कृष्ण स्वयं गीता में "वासांसि जीर्णानि यथा विहाय" कहकर अर्जुन को इसी परिवर्तन व उसमें छिपे अवसर की तलाश करने का संकेत देते हैं।

आधुनिक मानव के इतिहास पर नजर दौड़ाएँ तो तीन घटनाओं का जिक्र परिवर्तन में छिपे अवसर की पहचान व उससे निर्मित नव-संसार की सटीक व्याख्या कर देते हैं—इसमें पहला 'परिवर्तन' 1215 का 'नागरिक अधिकार पत्र'—मैग्नाकार्टा की प्राप्ति से जुड़ा है। 12-13वीं सदी का समय सामन्ती मानसिकता व क्रूरता से भरा समय था, जहाँ मानव एक साधन मात्र था। किन्तु ठीक वही समय था जब सदियों की जड़ता को ललकारते हुए परिवर्तन का स्वप्न मानव मस्तिष्क में कौंधा। परिवर्तन की उस घड़ी में एक अवसर ने दस्तक दी। और उसी अवसर का सदुपयोग करते हुए 'मानव' को 'अधिकार पत्र' प्रदान किया गया। अब वह सिर्फ साधन नहीं, बल्कि साध्य बन चुका था। और उसी अवसर में किए गए प्रयत्नों का परिणाम है कि आज हर सभ्य समाज को सभ्यता का प्रमाण उसी अधिकार पत्र की उपलब्धता के आधार पर दिया जाता है।

इस युगान्तकारी घटना के चार सदियों के बाद पुन: एक परिवर्तन ने दस्तक दी। बढ़ती जनसंख्या के लिए उत्पादन की न तो मात्रा सम्पूर्ण हो पा रही थी, न ही गति, व्यक्तियों के पास पूँजी की, किन्तु उसका उपयोग कैसे हो? यह उत्तर किसी के पास न था। तभी विचारों ने करवट लेनी प्रारम्भ की, मानवीय बौद्धिक श्रम ने मशीनों को जन्म दिया। अब काम करने की गति बढ़ी, उत्पादन बढ़ा। मानव समाज ने इस परिवर्तन के समय एक अवसर खोजा, प्रयत्नों का अम्बार लगा व सम्पूर्ण विश्व में औद्योगिक क्रान्ति का शंखनाद हो गया। और आज यही क्रान्ति विश्व के विकास की धुरी है।

20वीं सदी ने पुन: जड़ता पर चोट की, मशीनों के शोर, हथियारों की होड़ के बीच कैलिफोर्निया क्रान्ति ने विश्व को सूचना प्रौद्योगिकी का उपहार दिया। इस परिवर्तन ने मानव समुदाय को नया अवसर प्रदान किया—कामकाज को सरल बनाने का, व्यवस्था को पारदर्शी बनाने का।

उपर्युक्त तीनों उदाहरण इस बात को पुष्ट करते हैं कि जब-जब जड़ता ने समाज की गति रोकने का प्रयत्न किया है, तब-तब मानवीय साहस ने उसे ललकारा है। 'राम की शक्ति पूजा' का 'एक दूसरा मन' उसी साहस से जन्मे परिवर्तन का नाम है। जिसने नए अवसर की सृष्टि कर विजय को सम्भव बनाया—

वह एक और मन रहा राम का, जो न थका।
जो नहीं जानता दैन्य, नहीं जानता विनय।

डॉ. राधाकृष्णन् ने जिस मनुष्यत्व से देवत्व तक की यात्रा का वर्णन किया था; वस्तुत: वह भी इसी परिवर्तन के द्वार से होकर गुजरती है। सम्पूर्ण यात्रा में व्यक्ति को संघर्ष करना पड़ता है। पगबाधाओं को तोड़कर आगे बढ़ना पड़ता है। 'अवसर' के द्वार को खोलकर ही विजय की यह यात्रा सम्पन्न हो पाती है।

परिवर्तन; वस्तुत: न केवल जीवन की अनिवार्य विशेषता व अपरिहार्य सत्य है, बल्कि बेहतरी व विकास के प्रत्येक स्वप्न का प्रथम चरण भी है। मार्टिन लूथर किंग जूनियर ने जिस 'आई हैव ए ड्रीम' की कल्पना की थी, वह 'परिवर्तन में छिपे अवसर' को पाने का ही स्वप्न था। महात्मा गाँधी ने जिस 'स्वराज' की कल्पना की थी, वह भी उसी अवसर की तलाश की तरफ छेड़ा गया जिहाद था और ओबामा के 'येस! व्री केन' में भी उसी परिवर्तन को साकार करने की अनुगूँज थी।

निष्कर्षत: जब-जब मनुष्य ने जड़ता को ललकारा है, तब-तब परिवर्तन ने दस्तक दी है, और प्रत्येक परिवर्तन अपने साथ अवसर लेकर आया है। इस अवसर को जिसने प्राप्त कर, अपने अनुकूल ढालने की सामर्थ्य प्राप्त की, वह विश्व विजेता का खिताब पाने में सक्षम सिद्ध हुआ। और वस्तुत: मानव का अस्तित्व भी इसी विजय गाथा का गान है, परिवर्तन के साथ आए अवसर को पहचानकर आगे बढ़ते मनुष्य के लिए ये पंक्तियाँ सार्थक हैं—

ऊँचाइयाँ गर बुलन्द हों, तो मौजूद हैं रास्ते,
हमें तो निकलना है बस, तरक्की के वास्ते।

38

ग्लोबल वार्मिंग : वैश्विक संकट

—गंगा सिंह

"प्रकृति आवश्यकताओं की पूर्ति के लिए है, लालच के लिए नहीं"

महात्मा गांधी जी का यह कथन प्रकृति के स्वरूप का द्योतक है। प्रकृति मानव सभ्यता का पालन-पोषण करती है तथा इसके जीवांशों का स्थानान्तरण जैविक

विधियों के द्वारा निरन्तर अगली पीढ़ी में करती है। यूँ तो प्रकृति स्वनियामक तंत्र है जो अपना सन्तुलन स्वयं ही कर लेती है लेकिन बढ़ते वैश्विक तापमान के कारण वैश्विक पर्यावरण एवं मौसम में बड़ा बदलाव देखा जा रहा है। जिसका नकारात्मक प्रभाव सम्पूर्ण जैव जीवन पर पड़ रहा है।

ग्लोबल वार्मिंग उस स्थिति का द्योतक है, जब पृथ्वी का तापमान निरन्तर बढ़ता जाता है तथा औसत ताप स्तर की सीमा से भी परे चला जाता है। ग्लोबल वार्मिंग जलवायु परिवर्तन की स्थिति का एक पक्ष है, इसके दूसरे पक्ष वैश्विक शीतलन की स्थिति में शीत का प्रकोप अत्यधिक बढ़ जाता है। जैसा इस बार यूरोपीय देशों और अमेरिका में देखा गया। ग्लोबल वार्मिंग के कारण सर्वाधिक दुष्प्रभाव विध्रुवीय देशों एवं विकासशील देशों को हो रहा है। वहाँ मौसम में परिवर्तन के साथ कृषि उत्पादन का घटना, स्वास्थ्य स्तर का गिरना, द्वीपीय देशों के अस्तित्व पर संकट (बढ़ते जलस्तर के कारण), जलीय व स्थलीय पारितंत्र व जैव विविधता के अस्तित्व पर खतरा आदि नकारात्मक प्रभाव देखने को मिल रहे हैं।

ग्लोबल वार्मिंग जैसी वैश्विक समस्या से निजात पाने के लिए सम्पूर्ण वैश्विक समुदाय प्रयासरत एवं प्रतिबद्ध हैं। यद्यपि पिछले कुछ समय में वैश्विक समुदाय के साझे प्रयासों से इसमें सकारात्मक परिणाम भी देखने को मिल रहे हैं। ग्लोबल वार्मिंग को परिभाषित किया जाए तो यह एक ऐसी स्थिति है जिसमें महासागर, बर्फ की शीट सहित पूरा पर्यावरण और धरती की सतह नियमित रूप से गर्म होने लगती है। पिछले कुछ वर्षों में वैश्विक स्तर पर वातावरणीय तापमान में वृद्धि देखी गई है। आईपीसीसी के आकलन के अनुसार पिछली शताब्दी में पृथ्वी के औसत तापमान में 1.4 डिग्री फॉरेनाइट अर्थात् लगभग 1 डिग्री सेल्सियस की वृद्धि हुई है। यदि यह तापमान निरन्तर बढ़ता रहा तो वर्ष 2030 तक 1.5 से 2 डिग्री सेल्सियस की वृद्धि हो जाएगी। वैश्विक तापमान में वृद्धि होने से ध्रुवों पर जमी बर्फ पिघल रही है जिससे समुद्री जल स्तर के बढ़ने से मालदीप, फिजी, टूवालू जैसे द्वीपीय राष्ट्रों के अस्तित्व पर ही खतरा मँडरा रहा है।

यदि जलवायु परिवर्तन व ग्लोबल वार्मिंग जैसी ज्वलन्त समस्या की तह में जाया जाए तो हमें इसके कई कारण देखने को मिल सकते हैं—

ग्लोबल वार्मिंग का मुख्य कारण ग्रीन हाउस गैसें होती हैं, जिनमें से कुछ प्राकृतिक प्रक्रियाओं द्वारा तो कुछ मानव द्वारा निर्मित भी है। वैश्विक तापमान बढ़ाने वाली प्रमुख गैसें—CO_2, NO_2, CH_4 एवं SF_6 मुख्य हैं। इनमें से सर्वाधिक योगदान CO_2 का है। पिछले कुछ वर्षों में CO_2 और SO_2 की मात्रा में 10 गुना से भी अधिक वृद्धि हुई है। ऑक्सीकरण चक्रण और प्रकाश संश्लेषण सहित प्राकृतिक और औद्योगिक प्रक्रियाओं में कार्बनडाईऑक्साइड का उत्सर्जन होता रहता है। धान के खेतों, पशुओं की जुगाली व कार्बनिक तत्त्वों के सड़ने की प्रक्रिया से मिथेन

गैस उत्सर्जित होती है जो एक प्रमुख ग्रीन हाउस गैस है। अन्य सभी ग्रीन हाउस गैसों का उत्सर्जन भी औद्योगिक क्रियाओं, दहन क्रियाओं एवं घरों में चलने वाले प्रशीतक यंत्रों व एयरकंडीशनर के कारण होता है।

ये ग्रीन हाउस गैसें सूर्य से पृथ्वी को प्राप्त होने वाले सौर विकिरण के लिए तो पारदर्शी परत की भूमिका निभाती हैं जिससे पृथ्वी को निरन्तर सूर्यातप प्राप्त होता है। लेकिन पुनः परावर्तित दीर्घ विकिरण के लिए ये एक कम्बल की भाँति कार्य करती है। ग्रीन हाउस गैसों का मुख्य आवरण पृथ्वी की सतह से कुछ ऊँचाई पर वायुमंडल में एक परत के रूप में होता है। इन गैसों के कारण जब सौर विकीकरण पुनः परिवर्तित नहीं हो पाता है तो इससे पृथ्वी के औसत तापमान में निरन्तर वृद्धि होने लगती है। इस प्रक्रिया को ग्रीन हाउस प्रभाव भी कहा जाता है।

अंटार्कटिका में ओजोन परत में कमी आना भी ग्लोबल वार्मिंग का एक कारण है। क्लोरो फ्लोरो कार्बन (सीएफसीएस) गैस के बढ़ने से ओजोन परत की मोटाई में कमी आती है। ओजोन परत का काम धरती को सूर्य की नुकसानदायक पराबैगनी किरणों से बचाना है। जबकि धरती की सतह का निरन्तर बढ़ता तापमान भी इस बात का संकेत है कि ओजोन परत में क्षरण हो रहा है। हानिकारक अल्ट्रा वॉइलेट सूरज की किरणें जैवमंडल में प्रवेश कर जाती हैं और ग्रीन हाउस गैसों द्वारा उनका अवशोषण कर लिया जाता है—जिससे अन्ततः ग्लोबल वार्मिंग में बढ़ोतरी होती है।

वातावरण में एरोसॉल जैसे प्रदूषकों की मौजूदगी भी धरती की सतह का तापमान बढ़ाती है। वातावरणीय प्रदूषकों एवं एरोसॉल में फैलने की क्षमता है तथा ये सूर्य की किरणों और पृथ्वी से परावर्तित दीर्घ विकीकरण को सोख लेते हैं, जिससे जैवमंडल के तापमान में निरन्तर वृद्धि होती जाती है। इतना ही नहीं ये बादलों के लक्षण और माइक्रोफिजिकल स्ट्रक्चरिंग में भी बदलाव कर सकते हैं। एयरोसॉल मुख्यतः खनन, दहन व औद्योगिक प्रक्रियाओं के कारण उत्सर्जित होते हैं। पृथ्वी की बर्फीली सतह पर भी ब्लेक कार्बन जैसे एयरोसॉल जम जाते हैं तो इससे अधिक तापमान आ रहा होता है जिससे बर्फ पिघलने की क्रिया तीव्र गति से होती है।

ग्लोबल वार्मिंग जैसी समस्या से वैश्विक समुदाय इतना चिन्तित क्यों है? यदि इस प्रश्न का उत्तर खोजा जाए तो वैश्विक तापन के कारण पृथ्वी के पर्यावरण एवं मानवीय सभ्यता पर पड़ने वाले इसके दुष्प्रभावों का विश्लेषण लाजिमी हो जाता है।

आईपीसीसी की चौथी रिपोर्ट के मुताबिक ग्लोबल वार्मिंग की प्रक्रिया के कारण वैश्विक औसत तापमान में पूर्व औद्योगिक क्रान्ति के स्तर से लगभग 1 डिग्री सेल्सियस तक की वृद्धि हो चुकी है, जिससे वैश्विक जलवायु एवं मौसम में आमूलचूल बदलाव आया है। विश्व में वर्षा की बारम्बारता में अनियमितता एवं अनिश्चितता, कई क्षेत्रों में लगातार भारी वर्षा होने के कारण वहाँ बाढ़ जैसी स्थिति

पैदा हो जाती है, जबकि अन्य क्षेत्रों को सूखे की समस्या का सामना करना पड़ता है। इस वजह से उन क्षेत्रों में लोगों के जीवन पर प्रतिकूल प्रभाव पड़ा है।

पृथ्वी की सतह के तापमान में वृद्धि से गर्म तरंगों (हीट वेव) की आवृत्ति और तीव्रता में वृद्धि हुई है। इसने सिरदर्द, लू लगने से शारीरिक क्षति होना, शरीर के प्रमुख अंगों को नुकसान पहुँचाने वाली बीमारियाँ, कैंसर जैसी क्रॉनिक डिसीज के कारण विभिन्न स्वास्थ्य समस्याओं आदि को जन्म दिया है तथा लोगों के आउट ऑफ पॉकेट एक्सपेंडिचर (व्यय) को बढ़ाकर उन्हें गरीबी के दुष्चक्र में धकेला है।

ग्लोबल वार्मिंग के कारण ग्लेशियरों की बर्फ पिघल रही है तथा महासागरों का पानी भी गर्म हो रहा है, जिससे समुद्र के जलस्तर में निरन्तर वृद्धि होने से तटीय क्षेत्रों व द्वीपीय देशों के सम्मुख जलमग्न होने का खतरा पैदा हो गया है। दूसरी तरफ, ग्रीन हाउस गैसों के अवशोषण के कारण महासागर अम्लीय होते जा रहे हैं और जलीय पारितंत्र एवं जैव विविधता में बड़ी क्षति हो रही है।

वर्षा के अनिश्चित व बढ़ते तापमान ने कृषि को भी प्रतिकूल रूप में प्रभावित किया है। अधिक तापमान से फसलों के उत्पादन में कमी के साथ-साथ उनकी पोषण क्षमताओं में भी गिरावट आई है। जिससे कई अफ्रीकी देशों के सम्मुख खाद्यान्न का संकट उत्पन्न हो गया है।

मनुष्य के अलावा अन्य जीव-जन्तुओं पर भी इसका नकारात्मक प्रभाव पड़ रहा है। कई प्रजातियों की संख्या अचानक कम हो गई है तथा कई प्रजातियाँ विलुप्ति की कगार पर हैं। यहाँ तक कि उनकी संतति उत्पन्न करने की क्षमताओं में भी कमी आई है।

निरन्तर होता वनोन्मूलन ग्लोबल वार्मिंग का कारण व परिणाम दोनों हैं। इससे पृथ्वी के तापमान में निरन्तर बढ़ोतरी हो रही है तथा वन्य जीवों एवं जैव विविधता में भारी क्षति हो रही है। ऐसा नहीं है कि वैश्विक समुदाय ने इस विनाशक एवं ज्वलन्त समस्या के समाधान के लिए प्रयास नहीं किए हैं, बल्कि इस चुनौती का समाधान करने व पृथ्वी के पर्यावरण को खुशहाल बनाने के लिए 1990 के दशक से ही वैश्विक एकीकृत प्रयास किए जा रहे हैं जिनके अपेक्षित परिणाम भी मिले हैं।

1992 का रियो अर्थ समिट इस दिशा में एक मील का पत्थर साबित हुआ है। इसमें इस साझी वैश्विक समस्या के साझे समाधान के लिए प्रतिबद्धता व्यक्त की गई। इस सम्मेलन में वैश्विक जलवायु परिवर्तन, सतत विकास, जैव विविधता संरक्षण एवं मरुस्थलीकरण को रोकने सम्बन्धी विषयों पर विस्तृत चर्चा की गई तथा सीओपी के आयोजनों पर सहमति जताई गई। वर्ष 1994 में आईपीसीसी का गठन हुआ तथा निरन्तर प्रतिवर्ष कॉन्फ्रेंस ऑफ पार्टिज का आयोजन होने लगा। COP 21 (कॉन्फ्रेंस ऑफ पार्टीज) में पेरिस में आयोजित सम्मेलन में पेरिस समझौते को मूर्त रूप दिया गया है। जिसका उद्देश्य वैश्विक तापमान को निश्चित

समय अवधि में नियंत्रित करना है। 2015 में यूएनओ के द्वारा घोषित सतत विकास लक्ष्यों के अन्तर्गत भी ग्लोबल वार्मिंग जैसी वैश्विक समस्या के उन्मूलन के लिए लक्ष्य निश्चित किए गए हैं।

इतना ही नहीं विभिन्न देशों द्वारा भी अपने स्तर पर वैकल्पिक ऊर्जा स्रोतों का उपयोग करने, सतत विकास को बढ़ावा देने, वृक्षारोपण के रूप में कार्बन सिंक तैयार करने, स्वच्छ जीवनशैली अपनाने व पर्यावरण संरक्षण एवं जैव विविधता को बढ़ावा देने जैसे प्रयास किए जा रहे हैं, जो इस दिशा में प्रशंसनीय व सार्थक हैं।

अत: समय की माँग यह है कि ग्लोबल वार्मिंग रूपी वैश्विक समस्या का समाधान साझे वैश्विक प्रयासों से किया जाना चाहिए, क्योंकि यह समस्या देशों की भौगोलिक सीमाओं में न बँधकर सम्पूर्ण जैव जगत की समस्या है। यह केवल तभी किया जा सकता है जब प्रत्येक व्यक्ति पर्यावरण का संरक्षण करना अपना कर्तव्य समझे और प्रकृति के देवत्व को स्वीकार करे, उसका सम्मान करे तथा उसका संरक्षण करे। क्योंकि—*"आने वाला भविष्य या तो हरा होगा अन्यथा नहीं होगा।"*

39

समन्वित प्रयत्नों से हम देश को नई ऊँचाइयाँ प्रदान कर सकते हैं, जबकि एकता का अभाव हमारे समक्ष नई आपदाओं को उजागर करेगा

—अनिरुद्ध कुमार

भारत विविधताओं से भरा देश है। यहाँ जाति, धर्म, भाषा, संस्कृति आदि के स्तर पर इतनी विविधताएँ हैं जो भारत को एक देश के रूप में नहीं देशों के देश के रूप में स्थापित करती हैं।

आजादी के बाद भारत गरीबी, भुखमरी, अशिक्षा जैसी मूलभूत चुनौतियों का सामना कर रहा था वहीं दूसरी तरफ साम्प्रदायिकता, भाषावाद, क्षेत्रवाद की आग में भी जल रहा था। इसी समय एक अमेरिकी मैगजीन 'अटलांटिस' में एक लेख छपा था जिसमें बताया गया कि भारत में इतनी समस्याएँ हैं कि भारत एक लोकतंत्र के रूप में स्थापित नहीं हो सकता। यहाँ लोकतंत्र को बनाए रखना सम्भव नहीं है। इतनी विविधता को बनाए रखने के लिए भारत में लोकतंत्र की जगह तानाशाही (Autocratic) शासन उपयुक्त होता।

एक तब का भारत था और एक अब का भारत है। भारत ने न केवल अपने लोकतंत्र को ही बनाए नहीं रखा वरन् विविधता को संरक्षित रखने के साथ उसका

पोषण भी किया। हमने सामाजिक क्षेत्र में काफी प्रगति की। शिक्षा का जो स्तर 1950 के दशक में 18 प्रतिशत था उसे 74 प्रतिशत तक लेकर आए। इसी तरह स्वास्थ्य के क्षेत्र में कई तरह की बीमारियों का बोलबाला था। जिसके कारण जीवन प्रत्याशा 32 वर्ष थी उसे आज बढ़ाकर हमने 67 वर्ष किया। यह हमारी अथक मेहनत व राष्ट्र निर्माण के संकल्प का ही परिणाम था।

आर्थिक क्षेत्र में आज भारत विश्व की प्रमुख अर्थव्यवस्थाओं में शुमार है। हम विश्व की सबसे तेज गति से बढ़ने वाली अर्थव्यवस्था हैं। पिछले एक दशकों से हमारी आर्थिक वृद्धि दर 7 प्रतिशत से ऊपर रही है। गरीबी के स्तर को 1950 के 70 प्रतिशत के आँकड़े से 2011-12 के 22.9 प्रतिशत (तेन्दुलकर कमेटी की अनुशंसाओं के अनुरूप) लेकर आए हैं। राजनीतिक क्षेत्र में भी लोकतंत्र को लगातार मजबूती मिली है, जनता के अधिकारों को संरक्षित व पोषित किया गया है। सत्ता के विकेन्द्रीकरण को तेज किया गया है। प्रशासन की दक्षता व प्रभाविता में भी सुधार हुआ है।

उपरोक्त सफलताओं के बावजूद आज भी भारत के समक्ष कई सामाजिक-आर्थिक समस्याएँ हैं, खासकर सामाजिक क्षेत्र की समस्याओं ने अर्थव्यवस्था की गति पर भी लगाम लगाई है। आज भारतीय समाज की विविधता ही भारत के लिए चुनौती बनी हुई है। समाज में जाति विभाजन तो पूर्व से ही रहा है परन्तु वर्तमान में इसकी तीव्रता बढ़ी है। आज जातियों के बीच संघर्ष बढ़े हैं। इसका एक बड़ा कारण यह है कि आज लोकतांत्रिक विकास की प्रक्रिया में भागीदार बनकर निम्न जातियाँ जहाँ सत्ता के विभिन्न पक्षों व स्तरों पर अपने को काबिज कर रही हैं वहीं उच्च जातियाँ अपने सत्ता के बँटवारे को लेकर तनाव महसूस कर रही हैं। इसी के साथ ही निम्न जातियों का पिछड़ापन भी उन्हें सरकार व प्रशासन के प्रति आन्दोलित होने को बाध्य कर रहा है। यही कारण है कि जातीय संघर्ष, नक्सलवाद आदि तेजी से बढ़े हैं। बिहार में रणवीर सेना व माओयिस्ट कम्युनिस्ट सेंटर (एमसीसी) के बीच खूनी संघर्ष को कौन भुला सकता है।

केवल जाति ही नहीं धर्म भी आज भारतीय समाज के समक्ष चुनौती बना हुआ है। खासकर हिन्दू-मुस्लिम समुदाय के बीच व्याप्त ऐतिहासिक अविश्वास गुजरात दंगों, मुजफ्फरनगर दंगों आदि के रूप में परिणीत होता दिख रहा है। इसने समाज में विभाजन की खाई को गहरा किया है। प्रसिद्ध विद्वान सालिग हेरिसन मानते हैं कि "भारत के राष्ट्र के रूप में विकसित होने में जाति व धर्म ही सबसे बड़ी बाधाएँ हैं जिन्हें तोड़ना कठिन है।"

जाति व धर्म की तरह भाषायी विवाद भी ऐसा मुद्दा रहा है जिसने लगभग एक शताब्दी से भारत को भयभीत करके रखा है। स्वतंत्रता के बाद से ही भाषा को लेकर कई आन्दोलन हुए, खासकर दक्षिण भारत राज्यों द्वारा हिन्दी को राष्ट्रभाषा बनाए जाने व हिन्दी थोपे जाने के विरोध में जनमत को उग्र विरोध प्रदर्शन के लिए प्रोत्साहित

किया गया। आज भी भाषा एक अत्यन्त ही संवेदनशील मुद्दा है। हाल ही में पश्चिम बंगाल सरकार द्वारा बंगाली (बाँग्ला) भाषा को प्राथमिक शिक्षा के स्तर पर अनिवार्य बनाए जाने पर तीव्र विरोध प्रदर्शन हुए, जिसमें जान-माल की व्यापक क्षति हुई।

इन सभी नृजातीय तत्त्वों में व्याप्त विविधता ने भारतीय समाज में संघर्ष को तेज किया है। आज जहाँ समान सिविल संहिता (यूसीसी) की माँग को लेकर बहुसंख्यक समुदायों में आक्रोश है तो वहीं अल्पसंख्यक समुदाय में भय है कि कहीं इससे उनकी अपनी स्वतंत्र पहचान (Identity) नहीं छीन जाएगी। इसी तरह पिछले कुछ समय में गाय भी एक प्रमुख विषय बना है। गोरक्षा के नाम पर बने समूहों द्वारा होने वाली हिंसा को किसी भी रूप में सही नहीं ठहराया जा सकता।

कश्मीर और पूर्वोत्तर में अलगाववाद की भावना का मुख्य कारण उनका पिछड़ापन व उनके साथ होने वाला भेदभाव है। आज भी उत्तरी-पूर्वी राज्यों के लोगों को जातीय/नस्लीय नामों से पुकारा जाता है जो उनमें शेष भारत के प्रति क्षोभ पैदा करता है।

द्वितीय पंचवर्षीय योजना के समय महालनोबिस मॉडल पेश किया गया था जिसमें यह संकल्पना व्यक्त की गई थी कि—"समय के साथ जाति, धर्म, भाषा, क्षेत्र आदि के आधार पर बने पहचान विलुप्त होते जाएँगे व विकास धर्मनिरपेक्ष गति से आगे बढ़ेगा।" परन्तु ऐसा दिखाई नहीं पड़ता। शायद हम उस राष्ट्र की संकल्पना से दूर जा रहे हैं जिसका स्वप्न हमारे स्वतंत्रता सेनानियों ने देखा था। आज जरूरत है कि भारत अपने सामाजिक, आर्थिक, राजनीतिक सभी क्षेत्रों में विविधता को प्रोत्साहित व संरक्षित करे।

जाति विभेदित समाज को किसी भी स्थिति में आदर्श समाज नहीं माना जा सकता। यही कारण है कि हमारे संविधान निर्माताओं ने संविधान में समानता का लक्ष्य रखा। आरक्षण के सन्दर्भ में सकारात्मक भेदभाव की नीति (Positive Discrimination Policy) अपनाई। आज भी सरकार कई कल्याणकारी योजनाओं के माध्यम से इनकी स्थिति में सुधार के प्रयास कर रही है। आज ये रोजगार ढूँढ़ने वाले न बनकर रहे बल्कि रोजगार को पैदा करने वाले बने, इसके लिए 'दलित कैपिटलिज्म' को प्रोत्साहित कर इनमें उद्यमिता का विकास किया जा रहा है।

इसी तरह विकास की धारा में पिछड़े बने रहे जनजाति समुदाय को भी मुख्यधारा में लाना होगा। उनके जड़-जंगल-जमीन पर उनके अधिकारों को मान्यता देनी होगी, उनकी सांस्कृतिक विविधिता को संरक्षित करना होगा, अगर हम ऐसा कर पाते हैं तो गरीबी, भुखमरी, नक्सलवाद, जातीय संघर्ष जैसे संकट प्रभावहीन हो जाएँगे।

आज जरूरत है कि हम सांस्कृतिक राष्ट्रवाद (Cultural Nationalism) की जगह समावेशी राष्ट्रवाद (Inclusive Nationalism) की संकल्पना को बल प्रदान करें। ऐसी राष्ट्रवादी भावना जिसमें समाज के सभी समूहों व वर्गों की भागीदारी हो। नाजीवाद व फासीवाद भी राष्ट्रवाद के ही रूप थे पर घिनौने रूप थे, वहीं गांधी व

नेहरू का राष्ट्रवाद वास्तविक राष्ट्रवाद था, समावेशी राष्ट्रवाद था क्योंकि ब्रिटिश शासन से देश को मुक्त कराने का काम किसी एक समूह या एक जाति या किसी एक धर्म ने नहीं वरन् सभी समूहों, सभी जातियों व सभी धर्मों ने मिलकर किया था।

आज भी हमारे समक्ष ब्रिटिश शासन की तरह गरीबी, भुखमरी, बेरोजगारी, नक्सलवाद, आतंकवाद, साम्प्रदायिकता, भाषावाद, क्षेत्रवाद आदि विघटनकारी प्रवृत्तियाँ विद्यमान हैं जिनमें भारत पिछले 70 वर्षों से आजाद होने का प्रयास कर रहा है, परन्तु ये प्रयास तब तक पूरे नहीं हो पाएँगे जब तक हम अपने को एक विशिष्ट जाति या एक विशिष्ट धर्म या विशिष्ट भाषायी समूह के सदस्य मानते रहेंगे। हमें इन संकीर्ण मानसिकताओं से ऊपर उठकर एक राष्ट्र के नागरिक के रूप में अपने को पहचानना होगा। इस समय मुझे गुरुदेव रवीन्द्रनाथ टैगोर की एक कविता 'Where the mind is without fear' की कुछ पंक्तियाँ याद आती हैं—

जहाँ दिलो दिमाग पर खौफ का साया न हो
जहाँ सर गर्व से उठे हों, कोई सर शर्म से झुका न हो,
जहाँ ज्ञान को बन्धनों में न बाँधे इनसान,
जहाँ छोटी-छोटी सरहदों में न बँटा हो जहान,
हे परमपिता परमेश्वर,
भारत को एक गहरी नींद से जगाकर
एक नवयुग में उद्धार करो।

40

नवप्रवर्तन (नवाचार) आर्थिक संवृद्धि और सामाजिक कल्याण का मूल निर्धारक है

—गौरव सोगरवाल

आ नो भद्रा: क्रतवो यन्तु विश्वत:
(अर्थात्, विश्व की सभी दिशाओं से श्रेष्ठ विचारों को हमारी ओर आएँ)

ऋग्वेद में कही गई इस उक्ति में श्रेष्ठ विचारों से अभिप्राय न सिर्फ दूसरे के विचारों बल्कि अपने स्वयं के विचारों से भी है। विचारों का नयापन ही व्यक्ति, समाज तथा राष्ट्र के लिए उर्वरक का काम करता है। नवप्रवर्तन के इसी महत्त्व को रेखांकित करते हुए मार्टिन लूथर किंग जूनियर ने कहा भी है कि "*जीवन की दौड़ में बने रहने के लिए आपको दौड़ना चाहिए, अगर आप नहीं दौड़ सकते तो*

चलना चाहिए, अगर आप चल नहीं सकते तो रेंगना चाहिए।" सारांश यही है कि गति का नाम ही जीवन है।

लगभग सभी संस्कृतियों में यह माना गया है कि मनुष्य और जानवरों के बीच विभेद करने वाला प्रमुख कारक उसका मस्तिष्क है। यही मस्तिष्क मनुष्य को सर्जनात्मक शक्ति प्रदान करता है। मनुष्य के वे सर्जनात्मक विचार, जो कुछ नयापन लाते हुए उसे पूर्वकाल से पृथक् करते हुए प्रगति के पथप्रदर्शक बनते हैं, नवप्रवर्तन या नवाचारी कहलाते हैं।

नवप्रवर्तन समाज की परम्परागत और प्रगतिशील मानसिकता के बीच विभेद करता है। इस विभेद को पुष्ट करने के लिए कहा भी जाता है कि विश्व की अभी तक की विकास यात्रा में 3 प्रतिशत नवोन्मेषी समाज ने ही शेष 97 प्रतिशत परम्परावादी समाज को मार्ग दिखाया है।

प्राचीनकाल से ही आर्थिक समृद्धि में नवप्रवर्तन की भूमिका को स्वीकारा जाता रहा है। चाहे वह मनुष्य के खाद्य संग्राहक से खाद्य उत्पादक में तब्दीली हो या फिर 18वीं सदी में यूरोप की वाणिज्यिक क्रान्ति का औद्योगिक क्रान्ति में बदलना हो, इन सभी में नवप्रवर्तन ने प्रेरक का कार्य किया है।

वर्तमान समय में कृषि की जगह निर्माण और सेवा क्षेत्र का महत्त्व बढ़ता जा रहा है। नवप्रवर्तन के कारण नित नए विचारों से नित नई प्रौद्योगिकियाँ जन्म ले रही हैं। इन नवीन प्रौद्योगिकियों (नैनो, बायो, साइबर, अन्तरिक्ष) के कारण जहाँ पलक झपकते ही दूसरी दुनिया का आभास होता है, वहीं यह आर्थिक समृद्धि को भी बढ़ावा दे रहा है। नवीन विचारों की महत्ता पर बल देते हुए अब तो यह कहा जाने लगा है कि अपने विचारों को मत मरने दो ये करोड़ों डॉलर का हो सकता है। कॉपीराइट पेटेंट हेडमार्क इत्यादि का बढ़ता पंजीकरण अब तो चौथी औद्योगिक क्रान्ति की तरफ इशारा कर रहा है। जिसका आधार भाप का इंजन, कार इंजन, साफ्टवेयर उद्योग न होकर नवप्रवर्तन (नवीन विचार) होंगे।

वर्तमान अर्थव्यवस्था के संवृद्धि इंजन माने जाने वाले सनराइज उद्योगों (सॉफ्टवेयर, खाद्य प्रसंस्करण, इलेक्ट्रॉनिक्स, रोबोटिक्स) के विकास के पीछे भी नवप्रवर्तन का हाथ है। इसकी सहायता से नगरों को स्मार्ट नगरों में बदला जा रहा है। इसी तरह नवप्रवर्तन से न सिर्फ मानव जीवन की परेशानियों को कम करने में मदद मिली है, बल्कि मानव जीवन को आसान और सुखमय भी बनाया जा रहा है। आपदा के तीनों चरणों (पूर्व, दौरान और पश्चात्) में नवप्रवर्तन के प्रभाव को कम किया जा सका है। यह नवप्रवर्तन का ही असर है कि जापान में 6.5 रेक्टर का भूकम्प सामान्य माना जाता है, जबकि भारत में यह भुज जैसी तबाही ला सकता है।

स्वास्थ्य के क्षेत्र में पेन्सिलिन जैसी प्रतिजैविक (एंटीबायोटिक) के आविष्कार ने न सिर्फ रोगों की सम्भावना को कम किया बल्कि स्वास्थ्य प्रणाली के भावी विकास

का रोडमैप तैयार कर दिया। जेनेरिक औषधि, रोबोटिक सर्जरी, जीन एडीटिंग जैसे प्रयोगों से यह प्रक्रिया अभी भी जारी है। इस तरह स्वच्छ व स्वस्थ जीवन प्रदान करने में यह प्रयासरत है।

सामाजिक कल्याण हेतु प्रमुख राजनीतिक अवधारणाओं तथा स्वतंत्रता समानता व न्याय को स्थापित करने में भी नवप्रवर्तन ने योगदान दिया है। सोशल मीडिया जैसे नवीन प्लेटफार्म ने अभिव्यक्ति के अधिकार को बढ़ाया है, नवप्रवर्तन के आर्थिक व वित्तीय पहलू को देखते हुए खोजकर्ता को इसका अधिकार दिया जाने लगा है, जिससे शारीरिक श्रम के साथ मानसिक श्रम की महत्ता स्थापित हुई है। बढ़ती सामाजिक जटिलता के साथ गिरते पारिवारिक मूल्यों को बचाने के लिए जर्मनी का ऑल जनरेशन सेंटर जैसे नवप्रवर्तन अहम हैं। जहाँ वृद्ध लोग बच्चों की देखभाल करते हैं। अगर बात भारत के सन्दर्भ में की जाए तो भारत को देशी जुगाड़ों का देश माना जाता है, जो यहाँ नवप्रवर्तन की स्वीकार्यता को दिखाता है। इस नवप्रवर्तन को भारतीय समाज की सहिष्णुता, सर्वग्रहणशीलता ने बढ़ावा दिया है।

भारतीय अर्थव्यवस्था के ग्रामीण से आधुनिक के रूपान्तरण में सूक्ष्म क्षेत्र से भारी उद्योगों पर बल देने में, किसानों के देश को सॉफ्टयेवर उद्योग का सिरमौर बनाने में नवप्रवर्तन का योगदान रहा है। कृषि क्षेत्र में जैविक खेती एसआरआई पद्धति जलीय कृषि, नवीन किस्मों का विकास इत्यादि में किसान नवीन विचारों को दिखा रहा है। देशी फ्रिज व एयर कंडीशनर जैसे आविष्कारों ने न सिर्फ इसे वहनीय बनाया है बल्कि इसे पर्यावरण की दृष्टि से भी वहनीय बनाया है।

भारतीय राज्य को लोक कल्याणकारी राज्य से लोगों के सशक्तीकरण करने वाले राज्य में बदलने में भी नवप्रवर्तन की भूमिका है। इसके कारण ही भार मानी जाने वाली महिलाएँ अब भार ढोने वाली की भूमिका में आ चुकी हैं। अन्तरिक्ष के क्षेत्र में आए परिवर्तन के कारण टेलीशिक्षा और टेलीविजन जैसे नवप्रवर्तनों ने दूरस्थ क्षेत्रों तक समताकारी समाज बनाने में सहायता प्रदान की है। इसी तरह न्यायिक क्षेत्र में जनहित याचिका (पीआईएल) की अवधारणा ने न्याय की अवधारणा को सर्वांगीण बनाने में सहायता प्रदान की है। वहीं मनरेगा जैसे नवप्रवर्तनकारी कार्यक्रम सफलता की नई इबारत लिख रहे हैं।

नवप्रवर्तन कार्यों की प्रकृति ने मानव को सिर्फ सकारात्मक रूप से प्रभावित नहीं किया है बल्कि नकारात्मक रूप से भी प्रभावित किया है। अब लोग अपनी जेब में बैंक (मोबाइल बैंकिंग) लेकर चलते हैं, तो ये बैंक उतनी ही आसानी से हैकरों की जद में हैं। नवप्रवर्तन ने जहाँ डिजिटल लाभांश को बढ़ावा दिया है, वहीं इसने डिजिटल डिवाइस को भी बढ़ावा दिया है। अब अगर पलक झपकते ही सपने सच होते हैं तो पलक झपकते ही तबाही (परमाणु हथियार, जैविक हमले, साइबर हमले) भी आ सकती है।

फिर नवप्रवर्तन को ही एकमात्र निर्धारक कारक के रूप में नहीं माना जा सकता, क्योंकि नवीन विचारों को स्वीकार करना और आगे बढ़ाना बहुत हद तक समाज पर निर्भर करता है। यूरोपीय समाज द्वारा नवीन विचारों को जगह देने के कारण ही वहाँ पुनर्जागरण आया, जबकि अरब समाज द्वारा ऐसा नहीं किए जाने से वो पीछे रह गया। इसी तरह एक ऐसी दुनिया में जहाँ सभी सम्बन्ध अर्थ (धन) से निर्धारित होते हैं, वहाँ विचारों को अमलीजामा पहनाने में भी धन अहम भूमिका निभाता है। समाज की सहिष्णुता, वैचारिक खुलापन व लैंगिक समानता अन्य प्रमुख निर्धारक हैं।

इस दिशा में आगे बढ़ने के लिए लोगों को जागरूक करना होगा, उन्हें नवोन्मेषी बनाना होगा। नवोन्मेष पर किए जाने वाले खर्च को बढ़ाना होगा। अभी नवोन्मेष पर भारतीय जीडीपी का 1 प्रतिशत खर्च होता है, इसे बढ़ाकर दक्षिण कोरिया के समान 7 प्रतिशत के स्तर पर ले जाना होगा। इस दिशा में सरकार द्वारा घोषित आईआरआर नीति प्रशंसनीय है जिसमें नवप्रवर्तन हेतु पंजीकरण, शासन/प्रबन्धन व आर्थिक पहलू पर चर्चा की गई है।

'मेक इन इंडिया' पहल के समान 'इनोवेटिव इंडिया' पहल आरम्भ करने की जरूरत है।

इस तरह सारांश के रूप में हमें महात्मा बुद्ध के कथनानुसार अपने या दूसरों के विचारों/नवप्रवर्तनों को तर्क बुद्धि पर देखे जाने की जरूरत है और फिर आगे बढ़ने का प्रयास करना चाहिए।

41

सफल होना काफी नहीं है, जीवन की असली खोज सार्थकता की है

—निशान्त जैन

कुछ लोग वे जो वक्त के साँचों में ढल गए,
कुछ लोग वे जो वक्त के ढाँचे बदल गए।

जीवन का दर्शन कुछ ऐसा ही है। अनादिकाल से लेकर आज तक सभ्यताओं ने नित नई करवटें ली हैं, संस्कृतियों ने नित नए रूप धरे हैं, पर यदि नहीं बदला तो परिवर्तन का शाश्वत क्रम। *'परिवर्तन प्रकृति का शाश्वत नियम है'* के अनुरूप ही जीवन दर्शन और दृष्टिकोण में बदलाव और सुधारात्मक विकास दृष्टिगोचर होते रहे हैं।

सफलता प्राप्त करना जीवन का एक सर्वमान्य स्वीकृत लक्ष्य है। इसमें कोई भी सन्देह नहीं है कि प्रत्येक व्यक्ति, समूह, समुदाय, समाज या देश अपने उद्‌देश्य और प्रयासों में सफलता की आकांक्षा रखता है। ऐसा करना स्वाभाविक भी है और वांछनीय भी। परन्तु वे अपने लक्ष्य में किस सीमा तक सफल हो पाते हैं, यह उनके अध्यवसाय, प्रतिबद्धता, लगन, परिश्रम और कुछ सीमा तक परिस्थितिजन्य संयोगों पर भी निर्भर करता है। प्रासंगिक प्रश्न यह है कि जीवन में सफलता और सार्थकता में पारस्परिक सम्बन्ध क्या है? वे किस सीमा तक अन्योन्याश्रित हैं और सार्थकता के अभाव में सफलता का कोई औचित्य है भी अथवा नहीं?

"कामयाबी के पीछे नहीं, काबिलियत के पीछे भागो"—'थ्री इडियट्स' फिल्म का यह संवाद इस फलसफे को बहुत हद तक स्पष्ट करता है। सफलता और सार्थकता दोनों में से कौन अधिक उपादेय है अथवा दोनों का समन्वय बेहतर विकल्प है, इन प्रश्नों को लेकर मानव मन में एक सतत द्वंद्व रहा है।

चाहे भारतीय चिन्तन-परम्परा हो या पाश्चात्य दृष्टिकोण, प्राय: विचारकों में इस प्रश्न को लेकर मतैक्य है कि सफलता की पूर्णता उसकी सार्थकता में निहित है और सफल होना काफी नहीं है; जीवन की असली खोज सार्थकता की है।

ऐतिहासिक परिप्रेक्ष्य पर दृष्टिपात करें तो भारत में प्राचीन काल से ही संतों और मनीषियों में जीवन की सफलता के लिए उसकी सार्थकता की खोज की जिज्ञासा रही है। संस्कृत वाङ्‌मय में तो ऐसे सूत्र बिखरे पड़े हैं, जो जीवन को सार्थक बनाने पर बल देते हैं—

परोपकाराय फलन्ति वृक्षाः परोपकाराय वहन्ति नद्यः,
परोपकाराय दुहन्ति गावः परोपकारार्थमिदं शरीरम्।

भारत की धार्मिक-आध्यात्मिक क्रान्ति के प्रणेता महावीर और बुद्ध ने तो एक अर्थ में सफलता के उच्च स्तर को स्पर्श करने के बावजूद जीवन की असली खोज सार्थकता की प्राप्ति के लिए राज त्यागकर वनों-ग्रामों में भ्रमण करना श्रेयस्कर समझा। यदि वे केवल राजा बनना ही सफलता का मापदंड समझते तो आज विश्व को अहिंसा-अनेकान्त-अपरिग्रह व बहुजनहिताय-बहुजनसुखाय के आदर्श और अमूल्य सिद्धान्त नहीं मिल पाते।

गुरु नानक द्वारा प्रतिपादित 'सरबत दा भला' हो अथवा गांधी का सर्वोदय, ईसा मसीह की करुणा हो या मुहम्मद साहब का बन्धुत्व, टैगोर का मानवतावाद हो या नेहरू का अन्तर्राष्ट्रवाद, सभी ओर जीवन की सार्थकता की खोज की अदम्य जिजीविषा दिखाई पड़ती है। नामदेव, तुकाराम, एकनाथ, तुलसी, रहीम, नरसी, चैतन्य, ज्ञानेश्वर, शंकरदेव सभी सफलता के ऊपर सार्थकता को महत्त्व प्रदान कर रहे थे। शायद इसीलिए भारतीय संस्कृति 'कीर्तिर्यस्य स जीवति' के मंत्र को स्वीकार करती है।

वैयक्तिक और पारिवारिक स्तर पर देखें, तो क्या महज रोजगार की तलाश, विवाह, सन्तानोत्पत्ति, बच्चों का पालन-पोषण और सेवानिवृत्ति ही जीवन है? या उसमें सार्थकता का भी समावेश होना समीचीन है?

तुम्हारे दिल की चुभन भी जरूर कम होगी,
किसी के पाँव से काँटा निकालकर देखो।

यद्यपि इसमें कोई सन्देह नहीं है कि पारिवारिक उत्तरदायित्वों का निर्वाह एक मूलभूत आवश्यकता है, पर उसके साथ-साथ कुछ ऐसा सार्थक किया जाना चाहिए, जो न केवल आत्मिक संतोष का अनुभव प्रदान करे, बल्कि समाजहित में भी अपना योगदान करे। पुनर्जागरण के दौर में राजा राममोहन राय, ईश्वरचंद्र विद्यासागर, केशवचंद्र सेन, सर सैयद अहमद खाँ, स्वामी दयानन्द सरस्वती, विवेकानन्द और एनी बेसेन्ट दरअसल सामाजिक कुरीतियों के विरुद्ध अभियान चलाकर प्रकारान्तर से जीवन की सार्थकता को प्राप्त करने का प्रयास कर रहे थे।

राजनीतिक और आर्थिक स्तर पर देखें, तो प्रश्न यह उठता है कि क्या एक श्रेष्ठ संविधान या बेहतर कानूनों का निर्माण काफी है अथवा उनके बेहतर कार्यान्वयन की आवश्यकता है? वस्तुतः हमारे संविधान और विधानों की सार्थकता इसी में है कि ये अपने मूल आदर्शों, स्वतंत्रता, समानता, बन्धुत्व, समाजवाद, पंथनिरपेक्षता को दृष्टिगत रखते हुए समावेशी विकास और वित्तीय समावेशन का माध्यम बनें।

यदि सरकार द्वारा सामाजिक-आर्थिक और राजनीतिक स्तर पर बनाए गए कानूनों और योजनाओं का लाभ समाज के वंचित वर्गों, अनुसूचित जातियों व जनजातियों, पिछड़े वर्गों, अल्पसंख्यकों, महिलाओं, बच्चों, वरिष्ठ नागरिकों, सीमान्त कृषकों, असंगठित क्षेत्र के मजदूरों, प्रवासियों, शरणार्थियों तक नहीं पहुँच पा रहा है, तो उनकी सार्थकता निश्चय ही खतरे में पड़ जाती है।

यदि जीवन की असली खोज सार्थकता की उपलब्धि न होती तो तथाकथित सफलता के शिखर पर बैठे बिल गेट्स, वारेन बफेट जैसे उद्यमी मानव कल्याण के लिए अपनी अकूत सम्पत्ति का बड़ा भाग दान न करते, किरण बेदी तिहाड़ जेल में सुधार और पुलिस सुधारों में नवोन्मेष नहीं करतीं, राजेन्द्र सिंह और सुन्दरलाल बहुगुणा जल संरक्षण व पर्यावरण की अलख नहीं जगाते और कैलाश सत्यार्थी 'बचपन बचाओ आन्दोलन' के माध्यम से बाल अधिकारों का झंडा बुलंद नहीं करते। किसी शायर ने यूँ ही नहीं लिखा है—

किसी की चार दिन की जिन्दगी सौ काम करती है,
किसी की सौ बरस की जिन्दगी में कुछ नहीं होता।

विज्ञान और प्रौद्योगिकी के क्षेत्र में महत्त्वपूर्ण अनुसंधानों के माध्यम से हमारे जीवन को बेहतर और सरल बनाने वाले वैज्ञानिक व शोधकर्ता निश्चित तौर पर जीवन में सार्थकता की खोज में निरन्तर परिश्रम की प्रेरणा प्राप्त करते हैं। आइंस्टीन, एडिसन, रदरफोर्ड, मैडम क्यूरी, जे.एल. बेयर्ड और राइट बन्धुओं के प्रयास उनके जीवन की सार्थकता को ही प्रमाणित करते हैं।

दार्शनिक और आध्यात्मिक स्तर पर देखें तो हर युग में चिन्तकों ने जीवन की सफलता को उसकी सार्थकता के साथ ही स्वीकार किया है। गीता की निष्काम कर्मयोग और स्थितिप्रज्ञ की अवधारणा हो या जैन व बौद्ध दर्शनों द्वारा प्रदत्त पंच महाव्रत और अष्टांगिक मार्ग के सूत्र, सभी स्वयं में सार्थकता के मूल्य को समेटे हुए हैं। प्रेमभक्ति काव्यधारा के प्रतिनिधि कवि जायसी तो यहाँ तक घोषणा करते हैं—

धनि सो पुरुष जस कीरति जासू,
फूल मरै पै मरै न बासू।

गांधी जी ने एक बार कहा था कि *"मैं एक ऐसे भारत का निर्माण करना चाहता हूँ, जहाँ गरीब-से-गरीब व्यक्ति भी यह महसूस करे कि यह उसका अपना देश है और राष्ट्र निर्माण में उसकी भी प्रभावी भूमिका है।"* गांधी के इस कथन में दरअसल उनके जीवन की पूर्णता और उद्देश्य का मर्म निहित है। वे जब ऐसा कहते हैं तो वे प्रकारान्तर से इसके माध्यम से सर्वोदय और सर्वजनहित की बात कर रहे होते हैं।

यहाँ यह भी विचारणीय है कि क्या जीवन में सार्थकता की खोज सफलता के अभाव में सम्भव है? दरअसल सार्थकता तभी प्राप्त हो सकती है, जब जीवन में सफलता का आधार प्राप्त हो जाए। जिस तरह अपनी व्यक्तिगत उलझनों में फँसा व्यक्ति समाज के हित में योगदान की सोच भी नहीं सकता, वैसे ही सफलता के लिए संघर्षरत व्यक्ति के लिए जीवन में सार्थकता की खोज एक दूर की कौड़ी ही है।

सफल होना काफी नहीं है, और जीवन की असली खोज सार्थकता ही है। पर यह सार्थकता तभी उपलब्ध हो सकती है, जब उसे सफलता का आधार प्राप्त हो जाए साथ ही केवल सफलता आपको अस्थायी या तात्कालिक सुख तो प्रदान कर सकती है, पर चिरस्थायी सुख और आत्मिक संतोष तभी प्राप्त हो सकता है, जब उसके साथ सार्थकता का भी समन्वय हो जाए। इस प्रकार जीवन में सफलता और सार्थकता का समन्वय ही इसकी पूर्णता है। गजल सम्राट दुष्यंत कुमार के शब्दों में—

इस नदी की धार में, ठंडी हवा आती तो है,
नाव जर्जर ही सही, लहरों से टकराती तो है।
एक चिनगारी कहीं से ढूँढ़ लाओ दोस्तो,
इस दिये में तेल से भीगी हुई बाती तो है।

42

भारत में शहर-गाँव द्वंद्व

—गंगा सिंह

सुना है उसने खरीद लिया है करोड़ों का घर शहर में,
मगर आँगन दिखाने आज भी बच्चों को गाँव लाता है।

उपरोक्त दो पंक्तियों में विकसित शहर और समृद्ध गाँव की परिकल्पना को महसूस किया जा सकता है। जब किसी व्यक्ति के समक्ष 'शहर' शब्द का उच्चारण किया जाता है, तो स्वयमेव उसके मस्तिष्क में ऊँची-ऊँची अट्टालिकाएँ, लम्बी-चौड़ी सड़कें और उन पर फर्राटा भरते वाहन सहज ही मूर्त रूप ले लेते हैं। वहीं, जब 'गाँव' शब्द का उच्चारण किया जाता है, तो सर्वप्रथम किसान, पशु-पक्षी, प्राकृतिक वातावरण, खेत-खलिहान आदि का दृश्य समुपस्थित होता है। शहर एवं गाँव, इन दोनों को समझने के दो पृथक् दृष्टिकोण हो सकते हैं। यदि प्रथम दृष्टिकोण से देखें, तो ये एक सिक्के के दो पहलू जैसे नजर आते हैं, किन्तु द्वितीय दृष्टिकोण में परस्पर विरोधाभास दिखाई देता है।

आरम्भ वस्तुत: प्रथम दृष्टिकोण से किया जा सकता है, क्योंकि यदि भोजन करते समय प्रथम ग्रास स्वादिष्ट होता है, तभी भोजन करने का भी आनन्द आता है। प्राचीन भारत में वाराणसी, अयोध्या, मथुरा, कुरुक्षेत्र, पाटलिपुत्र, माहिष्मती सदृश विशाल नगर विद्यमान थे। वे आवास, रोजगार, अन्न-वस्त्रादि के सम्बन्ध में भी समृद्ध थे और सतत विकास के दृष्टिकोण से विकसित भी थे। इस सन्दर्भ में मगध साम्राज्य को भला कौन भूल सकता है। उस समय ग्रामीणांचल भी समृद्ध था, जिसको एक लोकोक्ति के रूप में इस प्रकार समझा जा सकता है। एक व्यक्ति जब शहर में रोजगार हेतु प्रवास करता है, तो (जीविकोपार्जन की सफलता के सम्बन्ध में) किसी अन्य के पूछने पर वह उत्तर देता है—"अगर शहर में कुछ नहीं हो सका, तो अपने गाँव लौट आएँगे। यहाँ तो जीवन चल ही जाएगा।"

उपरोक्त लोकोक्ति से गाँव की मजबूती तो स्पष्ट नजर आती ही है। साथ ही, यह भी दिखता है कि गाँव से शहर में प्रवास व्यक्ति की एक व्यक्तिगत रुचि के कारण हो रहा है, न कि मजबूरी के कारण। इस प्रकार यदि देखा जाये, तो व्यक्ति परस्पर सहयोग व समन्वय के भाव से ओत-प्रोत था और गाँव में ही व्यक्ति को आजीविका प्राप्त होती थी। जिससे शहरी पलायन की समस्या दिखाई नहीं देती थी। इस प्रकार व्यक्ति-विकास के सन्दर्भ में शहर तथा गाँव एक सिक्के के दो पहलू के रूप में नजर आते हैं।

अब दूसरे दृष्टिकोण से देखा जाये, तो सर्वप्रथम आधुनिकता की अवधारणा का दृष्टिपात होता है। इस वैश्विक आधुनिकता के परिप्रेक्ष्य में प्रौद्योगिकी एक नूतन विचार के रूप में सामने आयी और शहर-गाँव के मध्य सभ्य-असभ्य के लक्षण का समावेश हुआ। शहरी क्षेत्रों में आधुनिकता का समावेश हुआ और औद्योगीकरण से नित नए आविष्कार दृष्टिगोचर हुए। विभिन्न प्रकार की सुविधाओं का विकास हुआ और सबसे पहले उन सुविधाओं का उपभोग शहरी क्षेत्रों के निवासियों ने किया। चूँकि, ग्रामीण इन आविष्कारों के अधिक महँगे होने अथवा अनुपलब्धता के कारण दूर रहे, इसलिए शहर और गाँव के मध्य एक सूक्ष्म लकीर गहरी होती चली गयी।

लेकिन विकास की प्रकृति सतत गतिशील होती है, इसलिए देर-सवेर यह विकास गाँव तक भी पहुँचा। उदाहरणस्वरूप 'इन्टरनेट के उपयोग' को लिया जा सकता है। भारत पहले मुगलों के अधीन रहा और उसके बाद अंग्रेजों द्वारा शोषित हुआ। इन दोनों कालों में आधुनिक भारत के शहरों का विकास तो हुआ, किन्तु गाँवों का पतन भी हुआ। विशेष रूप से अंग्रेजी शासनकाल में 'एकपक्षीय-व्यापारनीति' तथा 'औद्योगीकरण' से कुटीर एवं छोटे-मझोले उद्योग क्षीण हो गए। परिणामस्वरूप ग्रामीणांचल निवासी शहरी पलायन हेतु विवश हुए।

आज यक्ष-प्रश्न यह उपस्थित होता है कि 'शहर-गाँव द्वंद्व' क्या है? और आखिर इस द्वंद्व का निवारण कैसे किया जा सकता है? क्योंकि समस्याएँ तो दोनों ही परिक्षेत्रों में विद्यमान हैं।

वस्तुतः वैश्विक औद्योगीकरण के अत्यन्त मनोहर परिणाम सामने आये हैं, जिसने मानव जीवन को अत्यन्त सुकर बना दिया है। यदि हम जनसंख्या के आँकड़ों पर नजर डालें, तो पता चलता है कि 2011 की जनगणना के अनुसार भारत की 68.84 प्रतिशत जनसंख्या ग्रामीण (1951 में 82.70 प्रतिशत) तथा 31.16 प्रतिशत जनसंख्या शहरी क्षेत्र (1951 में 17.30 प्रतिशत) में निवास करती है। इसलिए यह भी स्पष्ट है कि गाँव से शहर की ओर निरन्तर पलायन हुआ है। लेकिन, इस वैश्विक औद्योगीकरण के विभिन्न दुष्परिणाम भी वर्तमान में स्पष्ट हैं।

वर्तमान वैश्विक परिप्रेक्ष्य में एयरकंडीशनर (AC), वाहन-उपयोग, तीव्र औद्योगीकरण आदि के कारण विश्व के प्रमुख शहर एक 'ऊष्माद्वीप' (HEAT ISLAND) के रूप में बन गये हैं। पर्यावरण प्रदूषण अब शहरी जीवन का एक अंग-सा बन चुका है। चूँकि, शहर में गाँव से रोजगार से सम्बन्धित सर्वाधिक पलायन होता है, इसलिए ग्रामीणांचल के समक्ष एक दुविधा यह भी है कि वे गाँव का चयन करें अथवा शहर का। यदि शहर का चयन करते हैं, तो निस्सन्देह जीविकोपार्जन का जरिया तो प्राप्त हो सकता है, किन्तु उसके बदले स्वास्थ्य का मूल्य चुकाना पड़ता है।

ग्रामीण जन के शहरों की ओर पलायन के भी कई कारक हो सकते हैं, जैसे—अच्छी शिक्षा की उपलब्धता, आमदनी का अधिक होना, शहरी जीवन की ओर आकर्षण, स्वास्थ्य सुविधाओं की बेहतर उपलब्धता आदि। उदाहरणतः, स्वतंत्र भारत की प्रथम जनगणना (1951) के अनुसार भारत में 18% साक्षरता विद्यमान थी, जबकि औसत जीवन-प्रत्याशा मात्र 32 वर्ष थी। वहीं 2017 की 15वीं जनगणना के अनुसार भारत की साक्षरता दर 74.04 प्रतिशत और औसत जीवन-प्रत्याशा 68.56 वर्ष रही है। स्वतंत्र भारत (1951) में शिशु मृत्युदर 190.0 (प्रति हजार पर) थी, जो वर्ष 2017 में मात्र 39/1000 के स्तर पर जा चुकी है। इस प्रकार यह भी एक प्रमुख पहलू है कि गाँव से लोग शहर की ओर पलायन कर रहे हैं। लेकिन शहर में व्याप्त अधिक जनसंख्या, पर्यावरण प्रदूषण, अपराध आदि के कारण वे दोनों के मध्य चयनात्मक द्वंद्व में फँस जाते हैं।

यहाँ एक महत्त्वपूर्ण विचार यह भी हो सकता है कि यदि शहर में इतनी समस्या हैं, तो क्यों ना गाँव में ही ऐसी व्यवस्था का समावेश किया जाये, जिससे शहरी पलायन भी रुक सके और कृषि-क्षेत्र को भी गतिशीलता प्राप्त हो जाये। जब गाँव से शहर की ओर पलायन किया जाता है, तो शहर और गाँव—दोनों स्तरों पर दोहरी समस्या उत्पन्न होने की पूर्ण सम्भावना बनती है। प्रथम, शहरी पलायन से वहाँ जनसांख्यिकीय असन्तुलन देखने को मिलता है। जिससे उस क्षेत्र में क्षेत्रवाद की मानसिकता का जन्म होता है और स्थानीय लोगों में रोजगार की असुरक्षा का भाव पैदा होता है। परिणामतः, मुम्बई में बिहारवासियों से दुर्व्यवहार जैसी घटनाएँ भी देखने को मिलती हैं। द्वितीय, ग्रामीणांचल में उत्पादकों यानी किसानों की कमी हो जाती है, क्योंकि जब एक पीढ़ी कृषि क्षेत्र से सेवा अथवा विनिर्माण क्षेत्र में जायेगी, तो कृषि क्षेत्र में न्यूनता होने की पूर्ण सम्भावना है।

एक अन्य रोचक तथ्य यह भी है कि गाँव से जब व्यक्ति शहर जाने के विषय में सोचता है, तो वह पुनः नैतिकता के द्वंद्व में फँस जाता है। एक तरफ उसका गाँव, जहाँ वह पीढ़ी दर पीढ़ी रहता है। उसका सम्मान, परिवार, आवास, रिश्तेदार, भूमि आदि सबकुछ गाँव में होता है; जिसे त्यागकर उसे शहर की ओर जाना होता है। वहीं उसे शहर के एकाकी जीवन का भी आभास होता है, जहाँ किसी को किसी से मतलब नहीं होता है। शहर के जीवन में प्रवेश किये हुए लोगों के जुबान से एकाकीपन की कहानियाँ भी लोक विचरण कर रही होती हैं। जिन्हें (अज्ञात कवि की) दो पंक्तियों के माध्यम से समझ सकते हैं :

सुना है तुम्हारे शहर में लोग मय्यत को भी कान्धा नहीं देते,
हमारे गाँव में तो सब छप्पर भी मिलकर उठाते हैं।"

वैश्विक जलवायु परिवर्तन की ओर देखते हुए वर्तमान में न जाने कितने ही लोग इस शहर-गाँव के द्वंद्व में फँसे हुए हैं। भारत की स्थिति इस सम्बन्ध में चिन्ताजनक इसलिए है, क्योंकि मशहूर 'ग्लोबल मैनेजमेंट कंसल्टेंसी फर्म मैकिंजी' के अनुसार—एक ओर जहाँ विकसित देशों में शहर से गाँव की ओर पलायन हो रहा है, वहीं भारत में आज भी गाँव से शहर की ओर पलायन निरन्तर गतिशील है। इस सम्बन्ध में एक विचार यह भी हो सकता है कि लोगों को इस द्वंद्व से बाहर निकाला जाये। हालाँकि, ऐसा सम्भव भी है, यदि 'स्मार्ट सिटी' के साथ-साथ 'स्मार्ट विलेज' की संकल्पना को साकार किया जाये। इस सम्बन्ध में नीचे दिये गए चित्र के माध्यम से उन मुख्य कारकों को चिह्नित कर तत्सम्बन्धित योजनाओं का निर्माण किया जा सकता है, जिनके कारण लोग इस द्वंद्व में फँसते हैं।

इन्हें लागू करने के उपरान्त ऐसी सम्भावना की जा सकती है कि शहरी और ग्रामीण दोनों क्षेत्रों में समृद्धि के वातावरण का निर्माण हो सकेगा और शहरी-गाँव द्वंद्व का समाधान सम्भव हो सकेगा।

43

गरीबी और जलवायु परिवर्तन से लड़ाई विकासशील देशों के लिए एक चुनौती

—जितेन्द्र कुमार

विकास की अन्धी दौड़, डगर को छोड़ हमीं को लील रही
कहाँ हुई कुछ भूल, कहाँ कुछ ढील रही
यहाँ धुआँ, वहाँ धुआँ...
धुएँ के इस गुब्बारे में जिन्दगी है सुलग रही॥

भूमंडलीकरण के इस दौर में विकास के बदलते प्रतिमानों ने देशों के मध्य की खाइयों को और चौड़ा कर दिया है, जिसने विश्व पटल पर एक जंग-सी छेड़ दी है तथा सभ्य समाजों और बौद्धिक व्यक्तियों को सतत विकास जैसी अवधारणाओं पर चिन्तन-मनन को मजबूर कर दिया है। विकास की इस अन्धी दौड़ में पिछड़ गए देशों, विशेषकर गरीब तथा विकासशील मुल्कों के समक्ष जलवायु परिवर्तन जैसी चुनौतियाँ तो और भी ज्यादा गम्भीर परिणाम लाने वाली प्रतीत हो रही हैं।

आज संसार के समस्त विकासशील देशों के सामने यक्ष प्रश्न यह है कि किस तरह का विकास प्रतिमान अपनाया जाए ताकि गरीबी से निजात हो सके, साथ ही

जलवायु परिवर्तन के प्रति अनुकूलित हो सके। बढ़ती जरूरतों तथा घटते संसाधनों को देखते हुए यह कार्य मुश्किल जरूर प्रतीत होता है, परन्तु असम्भव नहीं। गांधी जी का भी मानना था—

"मनुष्य की आवश्यकताओं की पूर्ति तो की जा सकती है, परन्तु लालसाओं की कदापि नहीं।" क्योंकि लालसाएँ तो कुकुरमुत्ते की भाँति सर्वदा बढ़ती ही जाती हैं। इसलिए संतोष भाव जरूरी है। कहा भी गया है—

चाह गई चिन्ता मिटी, मनवा बेपरवाह,
जिसको कुछ नहीं चाहिए, वह ही शहनशाह॥

विकास के गलत तरीकों, सब कुछ हड़पने की चाहत, प्रकृति विनाश, भौतिकवादी जीवन शैली, बढ़ती जनसंख्या जैसे कारकों ने असन्तुलित विकास को बढ़ाया है तथा संसार को दो भागों में बाँट दिया है—'विकसित बनाम विकासशील' तथा 'अमीर बनाम गरीब'। हैरत की बात तो यह है कि विकसित देशों के उत्सर्जन व वैश्विक तापन से जलवायु परिवर्तन जैसी आपदाओं का संहारक भी इन गरीब विकासशीलों को ही बनना पड़ता है।

इस लड़ाई को चुनौती मानने के पीछे कई वजह सामने आती हैं। यथा—विकासशील देशों के पास एक ओर जहाँ नूतन तकनीकों का अभाव है, वहीं दूसरी तरफ अनियोजित जनसंख्या वृद्धि के चलते निरन्तर बढ़ता जनसंख्या दबाव है। इसी तरह इन देशों की अवस्थिति या तो भूमध्य रेखा के आसपास है या फिर तटवर्ती या द्वीपीय है, जिसके चलते जलवायु परिवर्तन के चलते ज्यादा प्रभावित होने की आशंका है। उदाहरण के तौर पर मालदीव का काफी हिस्सा जलमग्न हो चुका है।

ये विकासशील देश आज भी खाद्य सुरक्षा को लेकर चिन्तित हैं, जलवायु परिवर्तन के चलते बाढ़, सूखा जैसी आपदाएँ त्राहि-त्राहि मचा सकती हैं। वैसे भी इन देशों के पास शुष्क कृषि, समुद्री कृषि जैसी आधुनिक तकनीकें भी नहीं हैं। विकासशील देश अभी विकास के पथ पर अग्रसर हुए ही हैं कि वैश्विक समस्याओं ने इनको रथ की दिशा बदलने को मजबूर कर दिया है।

कश्तियाँ बदलने की जरूरत नहीं
दिशाओं को बदलो, किनारे बदल जाएँगे।

परन्तु यह भी सर्वविदित है कि चुनौतियाँ हमेशा अवसर लेकर आती हैं। इस तरह आज विकासशील देश दोराहे पर खड़े जरूर हैं, परन्तु जिन्दा रहने के लिए अब परिवर्तन जरूरी है। इस दिशा में अभी तक काफी प्रयास किए भी गए हैं।

अन्तर्राष्ट्रीय स्तर पर दो वर्ष में आयोजित होने वाला संयुक्त राष्ट्र जलवायु परिवर्तन अभिसमय में देशों के बीच कई मुद्दों पर सहमति बनी है, जिनमें स्वच्छ

तकनीक हस्तान्तरण तथा जलवायु परिवर्तन से निपटने हेतु 100 अरब डॉलर का कोष निर्माण प्रमुख है।

यही नहीं इजराइल की शुष्क कृषि पद्धति हो बेल्जियम की समुद्री कृषि या फिर जापान की अद्भुत गृह निर्माण तकनीक हो अथवा इसरो की सार्क सैटेलाइट, ये सब भविष्य में उम्मीद की चिरागें जलाती हैं।

उपर्युक्त प्रयास गरीबी को अमीरी में बदलने तथा जलवायु परिवर्तन के प्रति अनुकूलन में पर्याप्त प्रतीत नहीं होता दिखते हैं। अत: सबसे बड़ी आवश्यकता है कि जलवायु परिवर्तन लाने वाले कारणों का समाधान तथा राष्ट्रों में क्षमता निर्माण पर बल दिया जाए।

इस बाबत जहाँ हरित गृह गैसों के उत्सर्जन में कमी लाना प्राथमिक आवश्यकता है, वहीं कृषि क्षेत्र जलवायु अनुकूलित बीज, सिंचाई का विकास भी। राष्ट्रों को तटों की सुभेद्यता घटाने के लिए तटों पर वृक्षारोपण करना अत्यावश्यक है। साथ ही विकास के आयाम भी बदलने की जरूरत है। त्वरित विकास के स्थान पर सतत विकास और संवृद्धि की जगह समावेशी विकास प्रशंसनीय है। ऊर्जा के नवीनीकृत स्रोतों यथा—सूर्य ऊर्जा, पवन ऊर्जा, ज्वारीय ऊर्जा, नाभिकीय ऊर्जा का प्रचलन बढ़ाना तथा जीवाश्म ईंधनों पर निर्भरता कम करना भी समय की माँग है। जिस तरह भारत ने अपने यहाँ 2022 तक 175 मेगावॉट नवीनीकृत ऊर्जा अपनाने का लक्ष्य रखा है, बाकी देश भी इसी तरह लक्ष्य निर्धारित कर सकते हैं।

पेयजल संरक्षण, सिंचाई की नूतन पद्धतियाँ (स्प्रिंकल : ड्रिप), सार्वजनिक परिवहन को बढ़ावा, विद्युत चालित वाहनों का अधिक प्रयोग, नाभिकीय ऊर्जा आधारित संयंत्र, वर्षा जल संरक्षण, जीवन पद्धति में यथोचित बदलाव के साथ-साथ वृहत् पैमाने पर वृक्षारोपण समस्या समाधान में रामबाण औषधि निभा सकता है तथा कंक्रीट के बढ़ते जंगलों को रोककर प्रकृति की अनुपम छटा बिखेरी जा सकती है।

चूँकि यह वैश्विक समस्या है अत: इसके समाधान हेतु जागरूकता के साथ-साथ वैश्विक प्रयासों की जरूरत है। इस हेतु अन्तर्राष्ट्रीय, राष्ट्रीय तथा स्थानीय तीनों स्तरों पर सजग व सचेत रहते हुए निरन्तर कार्य करना होगा। विभिन्न विभागों में समन्वय के साथ ही भोगवादी प्रवृत्ति को तिलांजलि देनी होगी, अन्यथा यह विपदा कब आपदा का रूप ग्रहण कर लेगी, मानवता को काल के गाल में समा देगी... मानव के नियंत्रण से बाहर हो जाएगी। अत: नूतन तकनीकों के साथ विकास का रास्ता बदलना ही होगा व सतत विकास को केन्द्र में रखकर समावेशी विकास को बढ़ाना होगा। इसके लिए 'थिंक ग्लोबली, ऐक्ट लोकली' तथा 'प्रकृति के साथ प्रगति' पर बल देने की जरूरत है।

पर्यावरण-मित्र तकनीकों के साथ 'तेन त्यक्तेन भुञ्जीथा:' (ईशावास्योपनिषद) को आत्मसात् करना होगा तथा विकासशील राष्ट्रों के हाथ-पर-हाथ धरे रखकर

हताश व उदास होने के बजाय सकारात्मक सोच, उम्मीद के साथ समन्वयकारी प्रयास करने होंगे—

माना कि अंधेरा घना है,
पर दीया जलाना कहाँ मना है।

44

राष्ट्र के भाग्य का स्वरूप निर्माण उसकी कक्षाओं में होता है

—आदित्य कुमार झा

हम लाए हैं तूफान से कश्ती निकाल के
इस देश को रखना मेरे बच्चो सँभाल के।

पचास के दशक की ऐतिहासिक फिल्म 'जागृति' का उक्त लोकप्रिय गीत राष्ट्रवाद व राष्ट्रप्रेम को भावी पीढ़ी के कर्णधारों के हृदय में स्थापित करने की कोशिश कर रहा है। वस्तुत: बच्चे राष्ट्र के भाग्यनिर्माता होते हैं जिनका निर्माण शिक्षकों द्वारा कक्षाओं में ही होता रहा है। महान राष्ट्रों का जन्म महती कक्षाओं द्वारा होता रहा है।

अगर हम विश्लेषण के क्रम में ऐतिहासिक कालखंडों की ओर दृष्टिपात करें तो राष्ट्र के भाग्य का निर्धारक स्पष्ट रूप से कक्षाओं में दिखेगा। वैदिक युग में गुरु व शिष्य साथ-साथ उद्घोषणा करते हैं *'वयं राष्ट्रे जागृयाम'* अर्थात् हम सब मिलकर राष्ट्र को जगाते हैं। राष्ट्र के भाग्य के स्वरूप के निर्माण में प्रथम चरण यही है कि 'राष्ट्र' का भाव उत्पन्न हो। राष्ट्र के प्रत्येक नागरिक, विरासत, संस्कृति, उन्नति के प्रति अविचल सहकार उत्पन्न हो। इसकी नींव एक कक्षा में शिक्षक ही देता है।

राष्ट्र की रक्षा, अखंडता एवं सशक्तीकरण राष्ट्र के भाग्य को सुदृढ़ता प्रदान करता है। भारतीय इतिहास में यूनानी आक्रमण के समय तक्षशिला गुरुकुल में तत्कालीन शिक्षक चाणक्य द्वारा छात्रों के बीच *'हम करें राष्ट्र आराधन'* का जयघोष राष्ट्रवाद की अद्वितीय पाठशाला थी जिसे पढ़कर छात्र चन्द्रगुप्त ने गंधार से मगध तक सम्पूर्ण भारत राष्ट्र को एकसूत्र में निबद्ध किया।

वर्तमान युग में जब हमारे विश्वविद्यालयों में राष्ट्रवाद पर विकृत बहस सुनाई दे रही है, तथाकथित राष्ट्रविरोधी नारों का पुष्ट अथवा अपुष्ट आरोप लग रहे हैं तब 1905 के स्वदेशी आन्दोलन के दौरान स्थापित राष्ट्रीय विद्यापीठ सहज सामने आते हैं, जहाँ राष्ट्र के सामाजिक-आर्थिक-राजनैतिक उत्कर्ष तत्कालीन कक्षाओं का ध्येय था।

स्वतंत्रता पश्चात् भारत राष्ट्र के भावी भविष्य के शिल्पी प्रथम प्रधानमंत्री पं. नेहरू कक्षाओं की राष्ट्रनिर्माण में अभूतपूर्व क्षमता को सहज ही पहचान गए।

उन्होंने भारत को तकनीकी महाशक्ति बनाने के लिए अमेरिका के एमआईटी की तर्ज पर भारतीय प्रौद्योगिकी संस्थान स्थापित करवाया। खड्गपुर आईआईटी की स्थापना के अतिथि भाषण में पं. नेहरू ने भारत को वैज्ञानिक महाशक्ति बनाने का दायित्व आईआईटी की कक्षा, शिक्षक व छात्रों को सौंपा।

आज भारत अन्तरिक्ष महाशक्ति है तो इसके मूल में विक्रम साराभाई, सतीश धवन जैसे मनस्वियों द्वारा विकसित इसरो है जिसकी कक्षाओं/प्रयोगशालाओं ने चन्द्रमा, मंगल तक भारतीय तिरंगे को लहराया है। होमी भाभा की सारस्वत साधनास्थली बीएआरसी के कारण ही भारत परमाणुशक्ति बन सका है। आज आईटी शक्ति के रूप में भारत उम्दा आईटी इंजीनियरों का ऋणी है।

आज राष्ट्र के रूप में अमेरिका आर्थिक महाशक्ति है जिसका मूल आधार असंख्य अमेरिकी विश्वविद्यालयों, शोध संस्थाएँ रहे हैं। हावर्ड बिजनेस स्कूल का एमबीए कार्यक्रम विश्वस्तरीय व्यावसायिक प्रबन्धकों की ब्रीडिंग ग्राउंड रही जिसने लाखों बहुराष्ट्रीय निगमों द्वारों सम्पूर्ण विश्व पर आर्थिक प्रभाव उत्पन्न किया। शोध व विकास पर भारी धनराशि व्यय द्वारा अमेरिका, चीन, रूस ने विश्व के सर्वश्रेष्ठ मानव मस्तिष्क तैयार किए हैं।

राष्ट्र का भाग्य तभी उन्नत, विकसित व उज्ज्वल बनता है जब वहाँ के छात्र न्याय, समता, बन्धुत्व के प्रति अविचल प्रतिबद्धता रखें। 1916 में बीएचयू की स्थापना भाषण में गांधी जी ने उच्चवर्गीय भारतीयों के आत्मकेन्द्रित जीवन की आलोचना की और छात्रों को पददलित, वंचित देशवासियों के प्रति परानुभूति व भ्रातृत्व का भाव रखने पर बल दिया। शिक्षा द्वारा राष्ट्रनिर्माण का जीवन्त उदाहरण हमें डॉ. अम्बेडकर के जीवन व सन्देश द्वारा सहज रूप से मिलता है।

हाल में घोषित नई शिक्षा नीति ड्राफ्ट-2019 में भी राष्ट्रनिर्माण की रीढ़ शिक्षा को बताकर बालकों के गुणवत्तापूर्ण शिक्षा व संस्कृति से सुदृढ़ सहकार को अनिवार्य बताया गया। महात्मा गांधी की 'वर्धा योजना' व 'बुनियादी तालीम' का उद्देश्य भी एक कर्मशील, चरित्रवान, कुशल व रोजगारोन्मुख छात्र तैयार करना था, जो एक जीवन्त राष्ट्र की नींव है।

1960-80 के बीच चीन में घटित महान सांस्कृतिक क्रान्ति कक्षा, वैज्ञानिक प्रयोगशाला, खेत, कारखानों को एकसूत्र में बाँधकर सक्रिय, अग्रगामी व प्रतिबद्ध नीति का क्रियान्वयन करवाया। एक विश्वविद्यालयीय छात्र के रूप में वर्तमान राष्ट्रपति मि. शी जिंगपिंग को भी खेतों में काम करना पड़ा। इन अद्वितीय महान कक्षाओं के कोख से आज का विश्वशक्ति 'चीन' उत्पन्न हुआ।

समय के प्रतिपालन, अनुशासन, कर्तव्यबोध तथा राष्ट्रप्रेम की घुट्टी जापान की कक्षाओं का मूल विषयवस्तु है जिसने द्वितीय विश्वयुद्ध के पराजित व बरबाद राष्ट्र जापान को आर्थिक महाशक्ति बना डाला।

पिछले विश्लेषणों द्वारा कक्षाओं का राष्ट्र-निर्माण में अद्वितीय योगदान को भलीभाँति विवेचित व परीक्षित किया गया किन्तु विश्लेषण का दूसरा पक्ष भी विचारणीय है।

वर्तमान समय में कक्षाएँ विषयों को रटने मात्र पर ध्यान देकर नवाचार, नवविचार, शोध को हतोत्साहित कर रही हैं। भारी विशाल पाठ्यक्रम में व्यवहारिकता की कमी है, यह बालकों को उत्तम नागरिक के रूप में न ढालकर एक रटन्त तोता बना रहा है। पंचतंत्र में इस रटन्त विद्या की निरर्थकता को कुछ इस रूप में स्पष्ट किया गया है।

यथा खरश्चन्दन भारवाही भारस्य वेत्ता न तु चन्दनाय

(चन्दन को बोझा मानकर ढोने वाला गधा केवल बोझ जानता है, चन्दन नहीं।)

वर्तमान कक्षाएँ बन्धुत्व, प्रेम, अनुशासन, करुणा जैसे पाठ न सिखाकर अन्ध प्रतिस्पर्धा, ईर्ष्या, हिंसा सिखाकर राष्ट्र के भविष्य को अन्धकारमय बना रहा है। गुरुग्राम के स्कूल में 6 वर्ष के बालक की 10 वर्ष के बालक द्वारा हत्या इस भयावह भविष्य का संकेतक है। आज हमारे विश्वविद्यालय हड़ताल, हिंसा, जातीय भेदभाव, आपत्तिजनक नारों जैसे विकृतियों का सामना कर रहे हैं। पायल तडवी, रोहित वेमुला आत्महत्या के रूप में हमारी कक्षाओं में अनगिनत एकलव्यों की बलि चढ़ रही है जो संवैधानिक न्याय, बन्धुत्व, समता के अधिकारों को झुठला रहे हैं।

प्राचीन गुरुकुल में गुरु-शिष्य मिलकर *'तेजस्विना वधीतमस्तु मा विद्विषावहै:'* (हमारा अध्ययन तेजस्वी हो, हम द्वेष न करें) के रूप में उच्च आदर्शयुक्त थी, किन्तु आज मोटे कैपिटेशन फीस, नियुक्तियों में धाँधली, भ्रष्टाचार के बोझ में दबता दिखाई दे रहा है। हमारे कॉलेज, विश्वविद्यालय रोजगारपरक, गुणवत्तापूर्ण शिक्षा-प्रशिक्षण देने में पीछे हैं। एसोचैम की रिपोर्ट के अनुसार 70 प्रतिशत से अधिक इंजीनियर रोजगार योग्य नहीं हैं। 70 प्रतिशत साक्षरता के बावजूद 90 प्रतिशत जनसंख्या कौशल प्राप्त नहीं है। यह स्थिति एक बेरोजगार भारत को उत्पन्न कर रहा है। 45 वर्षों में सर्वाधिक बेरोजगारी के आँकड़े (8 प्रतिशत) गम्भीर स्थिति का संकेतक है। विशेष रूप से चौथी औद्योगिक क्रान्ति, कृत्रिम बुद्धिमत्ता के युग में हमारी कक्षाएँ गुणवत्तापूर्ण मानव संसाधन विकास में पिछड़ रही हैं।

कक्षाओं का नैतिकता, सहिष्णुता, अनुशासन से कटाव केवल भारत ही नहीं, पूरे विश्व की समस्या है। अमेरिका में कक्षाओं में गोलीकांड, बढ़ता आईएसआईएस आतंकवादी कट्टरपंथी भाव इसका उदाहरण है। वैश्विक स्तर पर जलवायु परिवर्तन, प्रदूषण, पर्यावरणीय संकट बढ़ता जा रहा है, किन्तु हमारी कक्षाएँ पर्याप्त अनुक्रिया प्रदान नहीं कर पा रही हैं।

उक्त विश्लेषण से स्पष्ट है कि हमारी कक्षाएँ राष्ट्र के भाग्य निर्माण का दायित्व उत्कृष्ट तरीके से अब तक नहीं निभा पाई हैं। सारांशत: यह कहना समीचीन होगा कि

उक्त कमियों के बावजूद सभ्यता के विकास से आज तक कक्षाओं की भूमिका अत्यन्त महत्त्वपूर्ण रही हैं। कक्षाओं ने चरित्र निर्माण, कौशल निर्माण, मेधा निर्माण द्वारा बालकों के कन्धों को राष्ट्र के दायित्व को उठाने लायक बनाया है। भारत सहित अधिकांश राष्ट्रों का निर्माण अब तक सम्पूर्ण रूप से नहीं हो सका। 'ट्रिस्ट विद डेस्टिनी' भाषण में पं. जवाहरलाल नेहरू ने भूख, भय, बीमारी, अज्ञान से पूर्ण मुक्ति को भारत की नियति कहा है। हमारी कक्षाएँ उस महान नियति से साक्षात्कार हेतु प्रमुखतम साधन हैं।

आवश्यकता इस बात की है कि अपने कक्षाओं को अधिक चरित्र निर्माणकारी कारखाना बनाया जाए जहाँ अद्वितीय मेधा, उत्कृष्ट नवाचार, अथक परिश्रम, करुणायुक्त हृदय, लोकतांत्रिक विचार संरचना का निर्माण हों। यहाँ से बच्चे राष्ट्र का सामाजिक-आर्थिक-प्रौद्योगिकीय-उत्कर्ष की नई गाथा लिखेंगे जो न केवल अपने राष्ट्रवासी अपितु सम्पूर्ण मानवता, जड़चेतन, पर्यावरण के रक्षा, संरक्षा व उत्कर्ष को सुनिश्चित करेंगे। इस अद्वितीय उदारचेतना को एक पंक्ति में इस भाव के रूप में व्यक्त किया जा सके कि—

सर्वे भवन्तु सुखिन: सर्वे संतु निरामया:,
सर्वे भद्राणि पश्यन्तु मा कश्चित् दु:खभाग भवेत।

45

प्रारम्भिक बाल्यावस्था में विकास : संकल्प, समस्या तथा आगे की राह

—मौ. मुश्ताक़

प्रेमसुख और उसकी पत्नी अंजलि अपने आने वाले बच्चे को लेकर बेहद रोमांचित हैं। दोनों का मानना है कि उनको पुत्र की प्राप्ति होगी। अभी से ही बच्चे को किस प्ले स्कूल में, 2 साल की उम्र में ही डालना है यह तय हो चुका है। दोनों अपने बच्चे को एक सफल इंजीनियर बनाने के लिए सारी तैयारियाँ कर चुके हैं।

इस तरह पैदा होने से पहले ही बच्चे का लिंग भविष्य क्या होगा, यह तय हो चुका है। आज के समाज की इस मनोवृत्ति, यथार्थ हमारे मन में कई प्रश्न उठाते हैं, जैसे—प्रारम्भिक बाल्यावस्था क्या है; इसका मानव के सम्पूर्ण विकास में क्या महत्त्व है; इसके लिए हमारा संकल्प क्या है तथा यह उचित है क्या; इसके मार्ग में समस्याएँ कौन-कौन-सी हैं; हमारी तैयारी इसकी दिशा में क्या है? क्या प्रारम्भिक बाल्यावस्था तक ही हमें बेहतर इनसान बनाने के लिए ध्यान देना चाहिए या आगे युवावस्था, प्रौढ़ावस्था तक की रणनीति को बेहतर बनाने की जरूरत है।

उपरोक्त सभी प्रश्नों का समग्रता, पूर्णता, निष्पक्षता के साथ विश्लेषण के बाद ही हम अन्तिम किसी निष्कर्ष तक पहुँच सकते हैं। उल्लेखनीय है कि प्रारम्भिक बाल्यावस्था का तात्पर्य 0-6 वर्ष तक की उम्र के बच्चों को माना जाता है। इस उम्र में बच्चे का अपनी माँ के गर्भ में 9 माह रहने के बाद पहली बार उनका स्पर्श सांसारिक जीवन से होता है।

बच्चे की बाल्यावस्था माँ-बाप के प्रेम, स्नेह, वात्सल्य की परिधि में व्यतीत होती है। यह वह उम्र है जब बच्चा पूरी तरह अपने माँ-बाप के ऊपर निर्भर रहता है। वह जीवन जीना सीखता है। वह सम्बन्धों को पहचानता है। वह तमाम उम्र मानवीय मूल्यों का या तो अनुसरण करता है या सीखता है जो हमारा समाज उससे अपेक्षा करता है। जवाहरलाल नेहरू का मानना था कि बच्चे ही आधुनिक भारत के निर्माता होंगे।

बच्चों के लिए कार्य करने वाली कई संस्थाओं का शोध हमें बताता है कि बच्चों की अभिवृत्ति, बौद्धिकता, अभिश्रमता, उनके मूल्यों का विकास काफी हद तक इसी प्रारम्भिक बाल्यावस्था में हो जाता है। इसी नींव पर वे अपने जीवन की इमारत को तैयार करते हैं।

इस महत्त्व को भारतीय संस्कृति, इतिहास में शुरू से स्वीकार किया जाता रहा है। इसीलिए तो कहा जाता है कि बच्चे एक कोरे कागज की तरह होते हैं, आप इसके ऊपर कुछ भी लिख सकते हैं। यह भारत ही नहीं यूरोप, अमेरिका जैसे देशों में भी बच्चों के बचपन को सुरक्षित बनाने तथा उनको एक बेहतर इनसान बनाने में इस अवस्था के महत्त्व को समझा गया तथा इसको सुरक्षित बनाने हेतु प्रयास भी बहुत किए गए हैं। यही वजह है कि आज बच्चों में जागरूकता का स्तर इतना ज्यादा है कि थोड़ा-सा डाँटने पर भी ये सीधे पुलिस को बुलाने की धमकी देने लगते हैं।

लेकिन आज इस प्रारम्भिक बाल्यावस्था की स्थिति के ऊपर हम नजर डालते हैं तो यहाँ बचपन तो तमाम तरह की अपेक्षाओं, दबावों, सफलता प्राप्ति के दबाव से दबता जा रहा है। बहुआयामी तरह की समस्याओं ने तो बचपन को बच्चों से छीन ही लिया है।

जन्म के समय की समस्या— यदि बेटी है तो गर्भ में ही मार दिए जाने की नकारात्मक अभिवृत्ति का विकास। इसने जीवन के अधिकार को ही छीन लिया है।

शिक्षा सम्बन्धी समस्याएँ— बच्चों को प्रतिस्पर्धा में सबसे आगे ले जाने के लिए 2 साल से कम उम्र में ही प्री-स्कूलिंग हेतु तैयार कराया जाना।

उसकी रुचि/पसन्द को न जानते हुए अपने मूल्यों को उसके ऊपर थोपते जाना।

सबसे बढ़कर इस उम्र में प्रेम, सहयोग, मातृत्व, पितृत्व लाभ से बच्चे लगातार वंचित होते जा रहे हैं।

स्वास्थ्य सम्बन्धी समस्याएँ—समाज में एक तरफ तो अमीर, मध्यवर्गीय परिवार गर्भवती महिला के आहार, पोषण, बच्चों के टीकाकरण, उसके स्वच्छता, विभिन्न प्रकार की बीमारियों से बचाने के तमाम उपाय को करता है। तो दूसरी तरफ 23 प्रतिशत बीपीएल परिवार गरीबी, बेरोजगारी, क्रयशक्ति की निम्नता के कारण दो जून की रोटी को भी तरसता है। इनके लिए बच्चों के स्वास्थ्य, शिक्षा, गर्भवती महिलाओं के ऊपर ध्यान देने तथा बच्चे के भविष्य को लेकर न तो कोई चिन्ता होती और न ही इनकी क्षमता ही होती है। इनका तो बस यह मानना होता है कि घर में कमाने वाला दो हाथ और बढ़ जाएगा।

बच्चों की सुरक्षा—इस सन्दर्भ में तो हमारी चिन्ताएँ और बढ़ जाती हैं। चाहे शहरी बच्चा हो या ग्रामीण क्षेत्र का बच्चा, उसको सभी जगह कई तरह के शोषण, हिंसा, उत्पीड़न का सामना करना पड़ रहा है। एनसीआरबी की रिपोर्ट कहती है कि बाल्यावस्था में बच्चों के साथ बलात्कार, हत्या, मारपीट के मामले लगातार बढ़ते जा रहे हैं। यौन उत्पीड़न की घटनाओं में तो 90 प्रतिशत से अधिक मामले में बच्चे के परिवार/पहचान वाले ही शामिल हैं। अर्थात् अपने घर में ही बचपन सबसे ज्यादा असुरक्षित है।

इसके अतिरिक्त राष्ट्रीय परिवार स्वास्थ्य सर्वेक्षण-4 की रिपोर्ट तो हमें और डरा देती है कि बचपन को कैसे सुरक्षित रखा जा सकता है।

- जब हर दूसरी माँ खून की कमी से ग्रसित है।
- स्टंटिंग 37 प्रतिशत लगभग, वेल्टिंग लगभग 2.8 प्रतिशत है।
- आईएमआर 39 प्रति हजार तो एमएमआर 167 प्रति लाख है।

कुपोषण की समस्या तो इतनी गम्भीर है कि हमारी तुलना सब-सहारन क्षेत्र से की जाती है। ग्लोबल हंगर इंडेक्स में 119 देशों में 100वें स्थान पर भारत है। हमारे पड़ोसी बाँग्लादेश, पाकिस्तान भी हमसे बहुत आगे हैं।

इस तरह बाल्यावस्था के संकट का दायरा बहुआयामी है। बचपन न तो घर में, न ही स्कूलों में, न तो टैक्सी में कहीं भी सुरक्षित नहीं है। सबसे बढ़कर माता-पिता के द्वारा अपने मूल्यों के थोपे जाने से तो बच्चों से उनका बचपन ही छिनता जा रहा है।

हालाँकि ग्रामीण, शहरी, अमीर, गरीब, वंचित तबकों, दिव्यांग बच्चों के साथ उपरोक्त समस्याओं की गम्भीरता का स्तर अलग-अलग है।

यही वजह है कि हमारे संविधान निर्माताओं ने बचपन को सुरक्षित रखने के लिए संवैधानिक प्रावधान किए थे। अनुच्छेद 14-15, समानता का अधिकार, किसी तरह के भेदभाव से मुक्ति, 21 के तहत गरिमामय जीवन जीने, अनुच्छेद 46 के तहत शैक्षणिक, सामाजिक दृष्टि से पिछड़े बच्चों के हितों की रक्षा, 86वें संविधान संशोधन के बाद 6-14 वर्ष के बच्चों हेतु शिक्षा का अधिकार तो अनुच्छेद 350ए के तहत मातृभाषा में ही प्रारम्भिक शिक्षा तथा इसके लिए अलग से अधिकारी को नियुक्ति का प्रावधान किया गया।

स्वतंत्रता के बाद से लेकर आज तक केन्द्र सरकार, राज्य सरकार इसके लिए कई कदम उठा रही है, जैसे—

- सामुदायिक विकास कार्यक्रम 1952
- परिवार नियोजन कार्यक्रम
- बेटी बचाओ-बेटी पढ़ाओ
- जननी सुरक्षा योजना, जननी शिशु सुरक्षा योजना
- आईसीडीएस कार्यक्रम के तहत 0-6 वर्ष तक के बच्चों के

टीकाकरण, अल्पपोषण, प्रारम्भिक शिक्षा कार्यक्रम, रेफटल सर्विसेज के द्वारा बचपन को सुरक्षित करने का प्रयास कर रही है।

वर्तमान में आँगनबाड़ी कार्यकर्ताओं आशा दीदी के माध्यम से ग्रामीण क्षेत्र में प्रारम्भिक बाल्यावस्था को सुरक्षित बनाने हेतु निरन्तर जागरूकता का कार्यक्रम चलाया जा रहा है।

इसके अतिरिक्त विभिन्न कानूनों जैसे पोक्सो (POCSO) ऐक्ट-2012, विभिन्न आयोगों जैसे महिला व बाल विकास मंत्रालय, बच्चों के हितों की सुरक्षा हेतु बाल संरक्षण आयोग इत्यादि के द्वारा सरकार बाल्यावस्था को सुरक्षित बनाने का नित्य प्रयास कर रही है।

इतना ही नहीं, स्वास्थ्य हेतु सम्पूर्ण टीकाकरण अभियान, आरएमएनसीएए, एक बूँद जिन्दगी के द्वारा पोलियो की खुराक, विकलांग बच्चों के लिए अतिरिक्त सुविधा, मातृत्व लाभ योजना के तहत 28 सप्ताह माताओं व 12 सप्ताह पिता को सवैतनिक अवकाश के द्वारा सरकार बचपन को सुरक्षित बनाने पर जोर दे रही है।

साथ ही पारिवारिक मूल्यों में नैतिकता का प्रसार, बच्चों को मूल्यों की शिक्षा हेतु आधुनिक शिक्षा नीति 2016 के मसौदे में भी कई प्रावधान किए गए हैं।

इस तरह प्रारम्भिक बाल्यावस्था को सुरक्षित करने हेतु बहुआयामी स्तर पर प्रयास हो रहे हैं। लेकिन साथ ही हमें यह भी नहीं भूलना चाहिए कि केवल प्रारम्भिक बाल्यावस्था के ऊपर ध्यान से ही एक बेहतर नागरिक बनाने का सपना पूरा नहीं हो जाएगा। हमें बच्चों के बाल्यावस्था (6-12 वर्ष), युवावस्था, वृद्धावस्था सभी को जीवन के महत्त्वपूर्ण चरण के रूप में एकीकृत करने तथा हर युवा की जरूरतों के अनुभव कार्यक्रम, नीति, कानून बनाने की जरूरत है। साथ ही जब हम माता-पिता की भूमिका में आएँ तो उन गलतियों से बचना होगा जो हमारे साथ हुआ।

इस तरह सारांशत: यह कहना उचित होगा कि प्रारम्भिक बाल्यावस्था किसी इमारत की वह नींव है जो उसको जीवन में आने वाले तमाम तूफानों, कठिनाइयों से जूझने की ताकत, क्षमता, दृष्टिकोण देता है। अत: इस बचपन को जीना हमें अपने बच्चों को सिखाना ही होगा।

इनको मशीन बनाने, रेस के लिए अभी से ही तैयार करने के दबाव से बाहर निकालकर उनके साथ खेलना, बातें करना, मस्ती करना, समय बिताना सबसे जरूरी है। आज के कामकाजी माता-पिता के युग में यह और जरूरी होता जा रहा है।

साथ ही ग्रामीण क्षेत्रों के समग्र, समावेशी विकास के द्वारा सभी बच्चों के बचपन को सुरक्षित रखने हेतु सरकार, समाज, परिवार सभी को समग्र रूप से सामूहिक प्रयास करने की जरूरत है, तभी एक विकसित भारत बनने का सपना वास्तव में फलीभूत हो पाएगा।

46

सॉफ्ट पावर भारत की शक्ति है, कमजोरी नहीं

—हेमेन्द्र मीणा

"पैदाइशी किस्मत बदल चुकी है, जिस तरह भूगोल और प्रतिभा का पूरा सम्बन्ध बदल चुका है...प्राकृतिक प्रतिभा भूगोल पर भारी पड़ने लगी है।"

माइक्रोसॉफ्ट के संस्थापक बिल गेट्स द्वारा कहा गया उक्त वक्तव्य वर्तमान विश्व परिदृश्य की ओर संकेत कर रहा है जहाँ एकध्रुवीय विश्व की संकल्पना समाप्त होती नजर आ रही है। जर्मनी की दीवार काफी पहले ढह चुकी है। बहुध्रुवीय विश्व की संकल्पना के साथ भारत इसमें भाग लेने का सामर्थ्य रखता है। वैश्वीकरण के दौर में जहाँ पूरा विश्व एक गाँव में तब्दील होता नजर आ रहा है वहीं दूसरी ओर अमेरिकी वर्चस्व की धीरे-धीरे समाप्ति हो रही है। भारत, चीन, जापान जैसे एशियाई देश वैश्विक पटल पर आर्थिक एवं राजनैतिक शक्ति के तौर पर उभरकर सामने आ रहे हैं जिसमें भारत की सॉफ्ट पावर को वैश्विक स्तर पर उल्लेखनीय उपलब्धि हासिल हुई है।

सॉफ्ट पावर से तात्पर्य किसी देश की वैचारिक एवं सांस्कृतिक शक्ति से है, जिसके द्वारा एक देश, दूसरे देशों से बेहतर सम्बन्ध स्थापित करने का प्रयास करता है। इसके द्वारा सम्बन्धों को सुधारने, उन्हें मजबूत करने तथा बेहतर बनाने का कार्य किया जाता है जिसके तहत सांस्कृतिक, धार्मिक, वैचारिक शक्ति का प्रयोग किया जाता है। वर्तमान में सॉफ्ट पावर के जरिये हार्ड पावर को सीमित करके दो देश अपने सम्बन्धों को आर्थिक एवं सामरिक हितों से ऊपर उठाकर ऊँचाई पर ले जा सकते हैं।

ऐतिहासिक परिप्रेक्ष्य में सॉफ्ट पावर सर्वप्रथम सिन्धु घाटी सभ्यता में दिखाई देती है जहाँ लोगों का सम्बन्ध विलमन, माकन, मेलूहा (मिस्त्र, सिरिया, मैसोपोटामिया)

के लोगों से था। सिन्धु नगर निर्माण में इन सभ्यताओं के कुछ तत्त्व नजर आते हैं। मौर्यकाल में अशोक ने धम्म नीति के सहारे एक बड़े साम्राज्य को सुदृढ़ बनाए रखा। उसने श्रीलंका, चीन तथा दक्षिणी-पूर्वी एशिया में इस नीति का प्रसार कर सॉफ्ट पावर के जरिये सम्बन्धों को प्रगाढ़ किया। गुप्तकाल में कम्बोडिया का अंकोरवार मन्दिर स्थापत्य कला की नागर शैली का उत्कृष्ट उदाहरण है। अभिलेखों में श्रीविजय के शासक द्वारा नालन्दा विश्वविद्यालय में दान के संकेत हैं, जहाँ अनेक देशों से विद्यार्थी विद्या ग्रहण करने आते थे।

इतिहास से परे भौगोलिक दृष्टि से देखने पर सॉफ्ट पावर बढ़ने से दो देश सीमाओं की रक्षा के प्रति चिन्ता के दायित्व से मुक्ति पा लेते हैं। जैसे नेपाल एवं म्यांमार सीमा में आवागमन। वैश्विक स्तर पर यूरोपियन यूनियन इसका सर्वश्रेष्ठ उदाहरण है। नागरिकों की मुक्त आवाजाही से जहाँ एक ओर समरसता, सद्भावना, भाईचारा, बन्धुत्व तथा समानता का भाव विकसित होता है वहीं दूसरी ओर दो सरकारों के मध्य सम्बन्ध और ज्यादा मजबूत होते हैं।

सॉफ्ट पावर के कारण किसी देश की छवि विश्व पटल पर अच्छे ढंग से उभरती है। इस कारण देश में, ईज ऑफ डूइंग बिजनेस' का माहौल तैयार होता है जिससे ज्यादा निवेश आकर्षित होता है, इस प्रकार विकास दर बढ़ती है क्योंकि व्यापार में तीव्र बढ़ोतरी होती है। पर्यटन पावर के जरिये अर्थव्यवस्था को लाभ होता है वहीं दूसरी ओर स्वास्थ्य पर्यटन, सांस्कृतिक पर्यटन, पारिस्थितिकी पर्यटन के द्वारा विदेशी एवं देशी पर्यटक एक-दूसरे की संस्कृति को नजदीक से महसूस करते हैं।

सामाजिक परिदृश्य से देखें तो सॉफ्ट पावर से सांस्कृतिक विविधता में वृद्धि होती है। भारत में बौद्ध मन्दिर, जैन मन्दिर, प्रसिद्ध मस्जिदें, मन्दिर, किले आदि लगभग पूरे भारत में उपस्थित हैं। अजमेर की ख्वाजा मोइनुद्दीन चिश्ती की दरगाह दूसरा मक्का कही जाती है जिससे बड़ी संख्या में पश्चिमी एवं मध्य एशिया के लोगों को धार्मिक पर्यटन के लिए आकर्षित किया जा सकता है। सरकार द्वारा बौद्ध सर्किट, कृष्ण सर्किट आदि का विकास करके सॉफ्ट पावर का प्रसार किया जा रहा है।

राजनीतिक परिप्रेक्ष्य में दो देशों के बीच सम्बन्धों में सॉफ्ट पावर एक उत्प्रेरक की भूमिका निभाता है। भारत ने स्पोर्ट्स डिप्लोमेसी, पर्सन टू पर्सन बढ़ावा, छात्रों को छात्रवृत्ति देना आदि के द्वारा देशों से सम्बन्धों में बढ़त हासिल की है। आज भारत बिम्सटेक, सार्क में नेता की अग्रणी भूमिका में है, वहीं दूसरी ओर जी-20, ब्रिक्स में भी अहम नेतृत्वकर्ता की भूमिका में नजर आ रहा है। दक्षिण-पूर्वी एशियाई देशों के साथ पुराने सांस्कृतिक सम्बन्धों को बढ़ावा देकर चीन को प्रतिसन्तुलित करने का प्रयास किया जा रहा है।

वैज्ञानिक परिप्रेक्ष्य में आज भारत तकनीक के क्षेत्र में निरन्तर प्रगति कर रहा है। अन्तरिक्ष के क्षेत्र में मंगल मिशन, चन्द्रयान मिशन की सफलता के साथ रीजनल नेविगेशन सिस्टम (नाविक) को सफलतापूर्वक स्थापित किया जा चुका है। नाविक 1500 कि.मी. के दायरे में सेवा प्रदान करेगा जिसका लाभ दक्षिणी तथा दक्षिणी-पूर्वी एशियाई देश उठा सकते हैं। इसी के साथ भारत ने साउथ एशिया सैटेलाइट लॉन्च किया है जो संचार सुविधा दक्षिणी एशियाई देशों को उपलब्ध कराएगा। अफ्रीका के कॉलेजों को मैसिव ओपन ऑनलाइन कोर्स (एमओओसी) के तहत शिक्षा उपलब्ध कराई जा रही है जिससे सम्बन्ध बेहतर हो रहे हैं।

अन्तर्राष्ट्रीय सम्बन्धों के तहत सॉफ्ट पावर से अफगानिस्तान में क्षमता निर्माण किया जा रहा है जिसमें अधिकारियों को प्रशिक्षण, सलमा बाँध (भारत-अफगान फ्रेंडशिप डैम) तथा संसद का निर्माण किया गया है। प्रोजेक्ट मौसम, स्पाइस रूट, सागरमाला के तहत बन्दरगाहों का आधुनिकीकरण किया जा रहा है तथा बंगाल की खाड़ी देशों के साथ सांस्कृतिक सम्बन्धों को बढ़ावा दिया जा रहा है।

सांस्कृतिक सम्बन्धों को धार्मिक सम्बन्धों से जोड़कर जापान से रिश्ते मजबूत किए जा रहे हैं। एक उगते सूरज के देश से एक तपते सूरज के देश के सम्बन्धों के परिणति के कगार पर मूर्त रूप दिया जा रहा है। इसमें भारत में जापान द्वारा बुलेट ट्रेन का निर्माण तथा एशिया-अफ्रीका बिजनेस कॉरिडोर का निर्माण प्रस्तावित है।

सॉफ्ट पावर द्वारा सम्बन्धों में प्रगाढ़ता, पारदर्शिता, आपसी विश्वास को बढ़ाया जा सकता है, लेकिन 'सॉफ्ट पावर इज नॉट ए हार्ड पावर' के सापेक्ष सोचें तो भारत को हार्ड पावर को भी इसके समानान्तर विकसित करने की आवश्यकता है, जिसकी जरूरत हमें 1962 के चीन से युद्ध के समय महसूस हुई जिसके पहले दोनों देश हिन्दी-चीनी भाई-भाई का नारा लगा रहे थे। वर्तमान में पाक सार्क से अलग होने की सोच रहा है तथा वह अपनी जमीन पर आतंकवादी संगठनों को बढ़ावा दे रहा है जो भारत को आर्थिक, मानवीय तथा अपूरणीय क्षति पहुँचाते हैं।

चीन ने जहाँ जैश-ए-मोहम्मद नामक पाकिस्तानी आतंकवादी संगठन के सरगना मसूद अजहर को अन्तर्राष्ट्रीय आतंकी घोषित करने पर संयुक्त राष्ट्र में वीटो किया है वहीं पाक अधिकृत कश्मीर से चाइना-पाकिस्तान इकोनॉमिक कॉरिडोर का निर्माण कर रहा है। वर्तमान में नेपाल, भूटान तथा बाँग्लादेश भी भारत की सॉफ्ट पावर का गलत इस्तेमाल कर रहे हैं। भूटान, जहाँ बी.बी.आई.एन. कॉरिडोर से हट चुका है वहीं श्रीलंका एवं मालदीव में चीन सामरिक बन्दरगाहों (सिल्क रूट के अन्तर्गत) का निर्माण कर रहा है। चाइना को वर्तमान में सॉफ्ट पावर से काउंटर कर पाना मुश्किल है इसलिए इसके समानान्तर हार्ड पावर को भी अपनाना होगा।

हालाँकि सॉफ्ट पावर अभिशाप की जगह देश के लिए वरदान बनकर उभर सकती है। चीन बूढ़ा होता जा रहा है, जापान बूढ़ा हो चुका है तथा अमेरिका थक

चुका है। भारत को अपने डेमोग्राफिक डिविडेंट का लाभ लोगों को कौशल प्रशिक्षण प्रदान कर उठाना चाहिए। भारत में वर्ल्ड ऑफिस बनने की क्षमता है। भारत की क्रय शक्ति क्षमता विश्व में चौथे स्थान पर है जिसका लाभ भारत को निश्चित तौर पर भविष्य में मिलेगा।

लेकिन लाभ सुनिश्चित करने से पहले भारत को अवसंरचनात्मक सुधारों को तीव्र करना होगा। शिक्षा व्यवस्था को कौशलयुक्त बनाना होगा। वर्ल्ड हंगर इंडेक्स में अपनी रैंक को नीचे लाना होगा। भारत वर्ल्ड जेंडर गैप रिपोर्ट में सुधार के साथ अपनी श्रमशक्ति का उपयोग विश्व व्यवस्था में कमोडिटी की तरह निर्यात में कर सकता है जिससे सॉफ्ट पावर में बढ़ोतरी होगी।

समय आ गया है कि भारत को पंचशील नीति के आदर्शों पर चलते हुए गुटनिरपेक्षता के साथ सॉफ्ट पावर को निरन्तर बढ़ाना होगा। लेकिन इसके साथ आर्थिक एवं सामारिक पावर (हार्ड पावर) को भी विदेश नीति में जगह देनी होगी। बाँग्लादेश एवं भूटान के साथ सम्बन्धों को वार्ता द्वारा बढ़ावा देकर आर्थिक, सामरिक, राजनीतिक सम्बन्धों को बढ़ाया जा रहा है। सुरक्षा परिषद के लोकतंत्रीकरण की दिशा में भारत निरन्तर अग्रसर हो रहा है।

47

गरीबी और जलवायु परिवर्तन से लड़ाई विकासशील देशों के लिए एक चुनौती

—मनोज रावत

आपकी नजर में सरापा गुलमुहर है जिन्दगी,
हम गरीबों की नजर में इक कहर है जिन्दगी।

अदम गोंडवी की ये पंक्तियाँ विकासशील देशों के अधिकांश लोगों की जीवन स्थिति को बयाँ करती हैं। इन देशों के लिए अपने नागरिकों को सम्मानयुक्त जीवन उपलब्ध कराने में आज भी अत्यधिक मुश्किलों का सामना करना पड़ रहा है। कुछ देश जैसे कि जिम्बाब्वे, सीरिया, लीबिया, सोमालिया अर्थात् अधिकांश अफ्रीकी देशों तथा दक्षिण एशियाई, लैटिन अमेरिकी देशों में भोजन के लिए लाइनों में लगते हुए देखा जाना आम है। वहीं विकसित देशों में भी ऐसी लाइनें कई बार दिखती हैं लेकिन विडम्बना तो देखिए कि ये लाइनें रोटी हेतु नहीं बल्कि आई-फोन आदि के लिए लगती हैं।

विकासशील देश आज भी अपनी मूलभूत आवश्यकताओं की प्राप्ति हेतु लम्बी जद्दोजहद से गुजर रहे हैं। वहीं दूसरी ओर विकसित राष्ट्र प्राकृतिक संसाधनों की अन्धाधुन्ध लूट में प्रतिस्पर्धा कर रहे हैं। जिसका परिणाम अब जलवायु परिवर्तन तथा ग्लोबल वार्मिंग के रूप में दिखाई भी देने लगा है। यहाँ पर संक्षेप में विकासशील तथा विकसित देशों का मतलब समझ लेते हैं। इसके बाद मूल विषय पर चर्चा करना ज्यादा बेहतर होगा।

विकासशील देशों में उन देशों को रखा जाता है जिनकी अर्थव्यवस्था की माली हालत कमजोर हो, द्वितीयक क्षेत्र (उद्योग, निर्माण-विनिर्माण), तृतीयक क्षेत्र (सेवा) की तुलना में प्राथमिक क्षेत्र (कृषि व सम्बद्ध गतिविधियाँ) में ज्यादा श्रम संलग्न हो व इसकी उत्पादकता न्यून हो, बेरोजगारी, गरीबी, भुखमरी, आर्थिक विषमताएँ गहरी आदि हों। तकनीकी, सैन्य, अन्तरिक्ष आदि क्षेत्रों में पिछड़ापन हो। वहीं विकसित देशों में मजबूत अर्थव्यवस्था, तकनीकी, सैन्य जैसे सभी क्षेत्रों में मजबूत स्थिति होने के साथ ही लोगों की आय भी उच्च होती है।

अब मुख्य बिन्दु 'गरीबी व जलवायु परिवर्तन से लड़ाई' पर चर्चा करते हैं। और विकासशील देशों के लिए चुनौती पर विचार करते हैं। विकासशील देश दोहरी चुनौतियों से त्रस्त हैं। पहली तो गरीबी, दूसरी जलवायु परिवर्तन और ये दोनों ही एक-दूसरे से अन्तर्सम्बन्धित भी हैं। एक ओर गरीबी के कारण ये राष्ट्र अपना विकास करके गरीबी से छुटकारा पाकर एक गरिमामय जीवन जीना चाहते हैं। इसके लिए ये अपने प्राकृतिक संसाधनों का दोहन करके विकास प्रक्रिया को आगे बढ़ाते हैं किन्तु इनके सम्मुख कई दूसरी चुनौतियाँ उत्पन्न हो जाती हैं।

जैसे कि इनके पास पर्याप्त रूप में आर्थिक, वित्तीय पूँजी की कमी है, साथ ही उन्नत तकनीक का अभाव भी है। ऐसे में ये विकासशील राष्ट्र अपने विकास हेतु परम्परागत विकास साधनों पर आश्रित हो जाते हैं। जैसे कि विद्युत उत्पादन हेतु परम्परागत स्रोत के रूप में कोयले का उपयोग करना, वाहनों में प्रयुक्त ईंधनों की गुणवत्ता निम्न होना, ईंट-भट्ठों तथा कारखानों की पुरानी मशीनों द्वारा कार्बन, सल्फर तथा नाइट्रोजन आदि तत्त्वों का बड़ी मात्रा में वायु में उत्सर्जन करना आदि है। जिसके कारण वायुमंडल में ग्रीन हाउस गैसें—CO_2, CH_4, CFC, PFC, HCFC, SO_X, NO_X आदि निर्मूक्त होने से ग्लोबल वार्मिंग व जलवायु परिवर्तन की घटनाओं को बल मिलता है।

वहीं दूसरी ओर जलवायु परिवर्तन के कारण वैश्विक तापक्रम, वर्षा, दाब जैसे कारकों में परिवर्तन आता है। इससे वर्षा की अनिश्चितता व अनियमितता में वृद्धि होती है। साथ ही बाढ़, सूखा, अकाल, सुनामी, हिमस्खलन, भू-स्खलन, हिमग्लन जैसी प्राकृतिक आपदाओं का सामना करना पड़ता है। इससे इनके सम्मुख और ज्यादा विकट स्थिति उत्पन्न होती है और यह फिर से इन राष्ट्रों को गरीबी की ओर

धकेल देती है। अफ्रीकी देशों, सीरिया, लीबिया, दक्षिण एशियाई देशों आदि की स्थिति से इसे भी समझा जा सकता है।

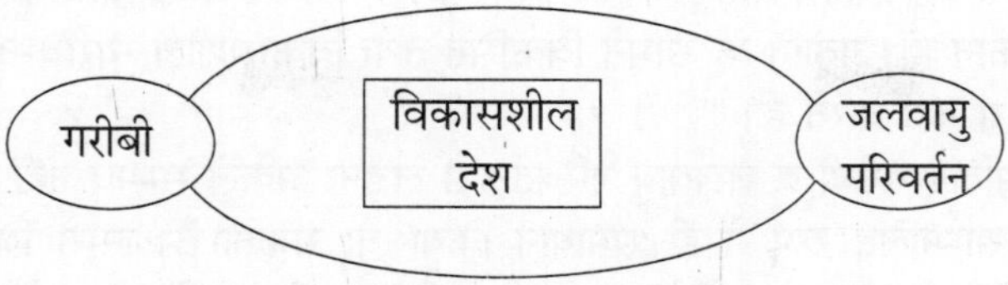

और इनके मध्य ये देश पिसते रहते हैं।

इन विकासशील देशों के सामने सबसे बड़ा संकट विकास बनाम पर्यावरण संरक्षण के मुद्दे को लेकर आता है। जहाँ ये देश विकास की आकांक्षा रखते हैं तो दूसरी ओर विकसित देश, इनको पर्यावरण संरक्षण की सीख देकर पर्यावरण संरक्षण के बड़े हिमायती बनते हैं।

यदि विकासशील देश पर्यावरण संरक्षण को प्राथमिकता देते हैं तो इनके सामने भुखमरी, गरीबी, कुपोषण, बेरोजगारी जैसी समस्याएँ उत्पन्न होती हैं। जो कि स्वयं में किसी राष्ट्र के अस्तित्व तथा सम्प्रभुता को प्रत्यक्ष चुनौती प्रस्तुत करती हैं।

वहीं यदि ये विकास को प्राथमिकता देते हैं तो इससे पर्यावरण को क्षति भी पहुँचती है। साथ ही वैश्विक महाशक्तियों के दबाव का भी सामना करना पड़ता है। इस तरह से यह इन देशों के लिए चुनौती बन जाती है और इस चुनौती के समाधान में इन्हें वैश्विक सहयोग भी नहीं मिल पाता है।

दुख की बात यह है कि बड़े विकसित देश, इन छोटे व कमजोर देशों को पर्यावरण संरक्षण, सतत विकास (एमडीएन, एसडीएन) आदि का ज्ञान तो देते हैं किन्तु वे इन देशों की आर्थिक व तकनीकी मदद करने हेतु तैयार नहीं हैं। इसके अलावा वे इन देशों के उत्पादों (निर्यातों) पर भी श्रम, स्वच्छता आदि मानकों के नाम पर अपने बाजारों में प्रवेश से रोकते हैं, जबकि स्वयं इन विकासशील देशों में अन्दर तक घुसे जा रहे हैं।

इस कारण विकासशील देशों में गरीबी व जलवायु परिवर्तन के सम्मिलित प्रभावों के कारण गृहसंघर्ष, नृजातीय संघर्ष, मानवाधिकार उल्लंघन, शरणार्थी समस्या, उग्रवाद आदि उत्पन्न हुए हैं और इनकी स्थिरता में कमी आई है। अब सवाल यह है कि गरीबी व जलवायु परिवर्तन क्या सिर्फ विकासशील देशों के लिए ही चुनौती है या यह पूरे विश्व के लिए चुनौती हैं?

वर्तमान के हालिया घटनाक्रमों जैसे शरणार्थी संकट, गृहसंघर्ष से विस्थापन, अकाल, बाढ़ों में वृद्धि आदि से तो यही मालूम पड़ता है कि यह पूरे विश्व के लिए ही चुनौती है। हालाँकि विकासशील राष्ट्रों की कमजोर क्षमता के कारण

उनके लिए यह थोड़ी ज्यादा चुनौती बन जाती है। आज जलवायु परिवर्तन के प्रभावों से कोई राष्ट्र अछूता नहीं है, जैसे कि 2004 की सुनामी हो, हाल ही जापान में आया तीव्र गति से भूकम्प हो या फिर अमेरिका में प्रतिवर्ष आने वाले ठंडे तूफान हों। प्रकृति के सामने विकसित तथा विकासशील, गरीब-अमीर जैसे भेद काम नहीं करते हैं।

इसलिए गरीबी व जलवायु परिवर्तन से लड़ना अकेले सम्भव नहीं है, बल्कि इसका सम्मिलित रूप में ही समाधान किया जा सकता है। इससे विकासशील देश गरीबी से मुक्त हो सकेंगे। इसके लिए विकासशील देशों को, गरीब देशों को आर्थिक, तकनीकी सहायता प्रदान की जानी चाहिए। उन्हें भूतकाल में किए अपने अन्धाधुन्ध प्रकृति शोषण की जिम्मेदारी लेकर अधिक जिम्मेदारियों का निर्वहन करना चाहिए। महाशक्तियों को परमाणु, अणु जैसे बमों का जखीरा खड़ा करने की बजाय विकासशील देशों की सहायता करके पर्यावरण संरक्षण पर ध्यान केन्द्रित करना चाहिए।

इस सन्दर्भ में भारत ने 'जलवायु परिवर्तन पर राष्ट्रीय कार्य योजना' के अन्तर्गत 8 मिशन—राष्ट्रीय हरित मिशन, राष्ट्रीय सतत पर्यावास मिशन, राष्ट्रीय ऊर्जा संवर्द्धन मिशन आदि स्थापित किए हैं। पेरिस समझौते के तहत आईएनडीसी के प्रति प्रतिबद्धता भी जताई है और भारत अन्य देशों को वित्तीय तथा आपातकालीन सहायता उपलब्ध कराकर एक जिम्मेदार राष्ट्र की भूमिका का भी निर्वहन कर रहा है। ऐसी ही भूमिकाओं की विकसित राष्ट्रों से भी अपेक्षा है जिससे कि एक शान्तिपूर्ण विश्व का निर्माण हो सके, 'वसुधैव कटुम्बकम्' की स्थापना हो सके। इसके लिए साझा प्रयास वर्तमान समय की आवश्यकता है।

हैं एक नाव के दो राही हम,
मंजिलों तक साथ चलते जाना है।
दे साथ तूफानों में एक-दूसरे का,
नहीं तो डूबते चले जाना है॥

48

क्या आधार कार्ड की अनिवार्यता निजता पर प्रहार है?

—देवेन्द्र मीणा

"प्रत्येक व्यक्ति विशिष्ट है, उस जैसा कोई नहीं। उसकी निजता उतनी ही आवश्यक है जितनी मेरी और आपकी; क्योंकि यह उसका अधिकार है और हमारा कर्तव्य।"

किसी महान लेखक द्वारा कही गई ये पंक्तियाँ व्यक्ति की निजता के महत्त्व को तो स्पष्ट करती ही हैं साथ ही उस निजता को बनाए रखने के लिए अन्य व्यक्तियों के कर्तव्यबोध को भी निर्धारित करती हैं। व्यक्ति की निजता का अधिकार उसके जीवन के अधिकार में निहित है। निजता से तात्पर्य व्यक्ति के निजी जीवन जिसमें उसकी रुचि, खानपान, समय, अभिव्यक्तियाँ आदि सभी शामिल हैं। यहाँ तक कि किसी व्यक्ति के लिए क्या निजी है? उसका निर्धारण करना भी उसकी निजता है। वर्तमान समय के सर्वाधिक ज्वलन्त मुद्दों में सम्मिलित विषय व्यक्ति की निजता ही है फिर चाहे वह स्नोडन द्वारा सीआईए पर निजी आँकड़ों की चोरी का आरोप हो या विकीलीक्स के खुलासे हों अथवा भारत में आधार कार्ड की अनिवार्यता का मुद्दा हो। ये सब कहीं-न-कहीं व्यक्ति की निजता के अधिकार का अतिक्रमण करते हैं।

आधार कार्ड को भारत में 'गूगल' अथवा 'माइक्रोसॉफ्ट' की भाँति सदी के सर्वश्रेष्ठ नवाचार की संज्ञा प्राप्त है। आधार कार्ड वह हथियार है जो देश के 130 करोड़ में से 120 करोड़ लोगों के पास है किन्तु साथ ही यह आँकड़े सरकार के पास भी हैं जो अक्सर यह सन्देह पैदा करता है कि कहीं इसका दुरुपयोग तो न होगा। कहीं मेरी निजता पर प्रहार तो नहीं किया जा रहा है। चूँकि सरकार द्वारा सरकारी सुविधाओं की प्राप्ति, पैन कार्ड, मोबाइल सिम आदि के लिए आधार कार्ड की अनिवार्यता लागू की गई है, जिससे कभी-कभी यह शंका होती है कि भारत में निवास के लिए आधार के रूप में निजता को गिरवी तो नहीं रखा जा रहा है।

अब मूल सवाल यह है कि आधार कार्ड की अनिवार्यता निजता पर प्रहार तो नहीं है? यदि प्रहार है तब उस स्थिति में क्या उपाय सम्भव है? चूँकि आधार कार्ड व्यक्ति की निजी पहचान (उँगलियों के निशान तथा आइरिस) को अपने में सम्मिलित करता है और इसकी अनिवार्यता से व्यक्ति की निजी पहचान का दुरुपयोग हो सकता है। व्यक्ति कहाँ, क्या गतिविधियाँ कर रहा है, यह आधार की अनिवार्यता के साथ सरकार के पास उपलब्ध होगी, जिससे सरकार द्वारा अथवा डेटा संग्रहण में सेंध के माध्यम से किसी हैकर द्वारा इसका दुरुपयोग किया जा सकता है, वह भी व्यक्ति की इच्छा के विपरीत। साथ ही अगर सरकार आधार सम्बन्धित आँकड़े तीसरे पक्ष के साथ साझा करती है तब इसके दुरुपयोग की सम्भावना प्रबल है।

आधार कार्ड के दुरुपयोग की एक दूसरी समस्या इसके राजनीतिक प्रतिशोध के रूप में उपयोग किए जाने की हो सकती है। 'राजनीति में सत्ता पक्ष की जितनी भूमिका होती है, विपक्ष की भूमिका उससे भी अधिक होती है।' किन्तु आधार कार्ड के आँकड़ों के माध्यम से कोई भी सत्तापक्ष विपक्ष की इस भूमिका को सीमित करने का प्रयास कर सकता है। आपातकाल के दौरान जिस तरह

राजनीतिक षड्यंत्र हुआ; आधार कार्ड की अनिवार्यता उस स्थिति को दोहरा सकती है। आधार कार्ड की अनिवार्यता के द्वारा विपक्षी राजनेताओं के संवादों को टेप कर रणनीति का पूर्वानुमान लगाना सत्ता पक्ष की मंशा हो, इससे इनकार नहीं किया जा सकता।

मूल प्रश्न यह है कि आधार कार्ड के आँकड़ों के लीक होने की स्थिति में उसकी क्षतिपूर्ति सम्भव नहीं है, क्योंकि निजता सार्वजनिक होने पर पुन: निजी नहीं हो सकता। इसका सीधा अर्थ है कि यदि आधार कार्ड के माध्यम से किसी के निजी आँकड़ों की चोरी होती है उस स्थिति में यह व्यक्ति के निजी जीवन में हस्तक्षेप होगा, जो जीवन के अधिकार का उल्लंघन है। वर्तमान डिजिटल युग में यह खतरा और अधिक बढ़ गया है क्योंकि निजी आँकड़ों में सेंध लगाना आसान हो गया है, जिससे साइबर स्टॉकिंग जैसे मामलों में बढ़ोतरी सम्भव है।

सर्वाधिक आश्चर्यजनक स्थिति यह है कि जिस प्रकार अमेरिकी कर्मचारी स्नोडन ने अमेरिकी जाँच एजेंसी पर व्यक्ति के निजी आँकड़ों की चोरी का आरोप लगाया है, उसी प्रकार की स्थिति भारत सरकार द्वारा आधार आँकड़ों के माध्यम से व्यक्ति के आँकड़ों का संग्रहण किया जा रहा हो। उस स्थिति में सरकार की मंशा पर सवाल किया जाना एक आवश्यक एवं अनिवार्य पहलू है।

"आज इंटरनेट हमें देख रहा है। हमारी प्रत्येक गतिविधि पर नजर है। कल टीवी भी हमें देखेगा। हमारी रुचियों की जानकारी रखेगा। इससे यह लाभ होगा कि हमारा जीवन सहज हो जाएगा किन्तु कीमत होगी हमारी निजता की।"

अमेरिकी वैज्ञानिक द्वारा कहा गया यह कथन टीवी के साथ सरकार के द्वारा हमारी निगरानी किए जाने के सन्दर्भ में भी सत्य हो सकता है। राष्ट्र के निवासी क्या कर रहे हैं? सरकार के अनुकूल माहौल है या प्रतिकूल, इन सब बातों की जानकारी हासिल करना अधिक मुश्किल नहीं रहेगा।

अब बात की जाए कि आखिर सरकार आधार कार्ड की अनिवार्यता को लेकर इतनी गम्भीर क्यों है? आधार कार्ड की अनिवार्यता किस प्रकार हमारे लिए उपयोगी सिद्ध हो सकती है? तथा आधार की अनिवार्यता के समर्थन में क्या-क्या पक्ष हो सकते हैं। चूँकि आधार व्यक्ति के आँकड़ों का संग्रहण है तथा व्यक्ति के आँकड़ों का सरकार के पास होना सरकार के द्वारा चलाई जा रही सेवाओं की गुणवत्ता, प्रभाविता व व्यापकता में वृद्धि कर सकता है। उदाहरण के लिए जनगणना की मदद से सरकार गरीब परिवारों के लिए कई योजनाएँ जैसे—राष्ट्रीय खाद्य सुरक्षा मिशन, प्रधानमंत्री आवास योजना, उज्ज्वला योजना आदि चला रही है, जिससे परिवारों का चयन करना आसान हुआ है तथा योजनाओं का लाभ केवल वास्तविक लाभार्थियों तक पहुँच रहा है, जिससे सरकार को राजस्व घाटा कम करने में भी मदद मिली है। इससे लाभार्थियों की सटीक पहचान से लीकेज में बहुत कमी आई है।

आधार की अनिवार्यता से अनेक प्रत्यक्ष तथा अप्रत्यक्ष, तात्कालिक तथा दीर्घकालिक लाभ प्राप्त हो रहे हैं। आधार कार्ड को बैंकों से जोड़ने की प्रक्रिया ने सरकारी लाभ का प्रत्यक्ष हस्तान्तरण (डीबीटी) सम्भव किया है, जिससे रसोई गैस सब्सिडी, मनरेगा योजना आदि का पैसा सीधे लाभार्थी के खाते में जमा किया जा रहा है। यह कदम न केवल सुविधाजनक है बल्कि वास्तविक लाभार्थियों तक लाभ की पहुँच ने सरकार के घाटे में कमी भी की है, जिससे अनावश्यक भार कम हुआ है। भारत के पूर्व प्रधानमंत्री राजीव गांधी ने एक बार कहा था कि *"सरकार के द्वारा भेजे गए एक रुपए में से वास्तविक धरातल पर 15 पैसे ही पहुँचते हैं।"* किन्तु आधार कार्ड की अनिवार्यता ने उस एक रुपए को ज्यों-का-त्यों लाभार्थी तक पहुँचाया है।

आधार कार्ड की पैन कार्ड के लिए अनिवार्यता ने वर्षों से टैक्स की छूट ले रहे फर्जी पैन कार्ड धारकों के हितों पर चोट की है। इससे सरकार के कर संग्रहण में बढ़ोतरी होने से योजनाओं के लिए धन आवंटन तथा भौतिक एवं सामाजिक निवेश में वृद्धि होगी। हाल ही में आधार कार्ड की अनिवार्यता ने फर्जी प्रोफेसरों का भी पर्दाफाश किया है। एक ही प्रोफेसर द्वारा कई विश्वविद्यालयों में पढ़ाए जाने के कारण धन के क्षरण के साथ रोजगार के अवसरों पर चोट की यह समस्या समाप्त होगी। आधार कार्ड की अनिवार्यता से स्कूली शिक्षा की गुणवत्ता को भी बढ़ाया जा सकता है, क्योंकि इससे सरकार के पास वास्तविक सफलता के आँकड़ों की उपलब्धता होगी, जो बेहतर नीति-निर्माण में सहायक होगा।

हाल ही में सुप्रीम कोर्ट ने भी माना कि भले ही निजता का अधिकार मौलिक अधिकार हो किन्तु सरकार द्वारा जनकल्याण के कार्यों के लिए उसका अतिक्रमण किया जा सकता है। प्रत्येक लोकतांत्रिक सरकार का प्रथम एवं अन्तिम उद्देश्य लोक कल्याणकारी रूप में स्वयं को स्थापित करना है। यदि लोककल्याण के लिए सरकार व्यक्ति के आँकड़ों का संग्रहण करती है, तो इसे उचित माना जाना चाहिए। बशर्ते सरकार विधि द्वारा यह स्थापित कर दे कि उन आँकड़ों का दुरुपयोग नहीं किया जाएगा।

चूँकि व्यक्ति की निजता एक अखंडनीय अधिकार है किन्तु इसकी निरन्तरता के लिए सरकार का सहयोग एवं अपनी कर्तव्यनिष्ठा का पालन भी आवश्यक है। व्यक्ति को चाहिए कि वह वर्तमान डिजिटल युग के खतरों को भाँपते हुए अपनी निजी पहचान को किसी भी अनधिकृत वेबसाइट अथवा व्यक्ति को देने से बचे, क्योंकि निजता का वास्तविक खतरा उससे है न कि सरकार द्वारा आँकड़ों के संग्रहण से है, क्योंकि आँकड़ों की उपलब्धता सरकार की आवश्यकता भी है और अनिवार्यता भी।

49

कहीं पर भी गरीबी, हर जगह की समृद्धि के लिए खतरा है

—आदित्य कुमार झा

समाजी बेबसी हर शहर को मक्तल बनाती है,
कभी नक्सल बनाती है कभी चम्बल बनाती है।

शायर मुनव्वर राणा की उक्त पंक्तियाँ वर्तमान विश्व आर्थिक संरचना को आईना दिखाते हुए व्यंग्य करती हैं। उस आर्थिक व्यवस्था को जहाँ गरीबी, बेकारी के समन्दरों के बीच समृद्धि के द्वीप हैं, जहाँ अमीरी के अट्टालिकाओं के बीच गरीबी की अनगिनत झोंपड़ियाँ हैं।

इसी आर्थिक व्यवस्था का यथार्थ प्रदर्शित करते हुए ऑक्सफैम इंटरनेशनल रिपोर्ट ने 'एन इकौनॉमी फॉर वन परसेंट' नामक प्रकाशन में यह तथ्य प्रदर्शित किया कि विश्व की एक प्रतिशत आबादी के पास 50 प्रतिशत से अधिक आर्थिक संसाधन हैं। गिनी गुणांक, थॉमस पिकेटी शोध भी इस विश्लेषण की पुष्टि करते हैं।

प्रश्न सहज रूप से उठता है कि भीषण गरीबी और असमता का विश्व समृद्धि के ऊपर क्या प्रभाव पड़ सकता है? गरीबों के झोंपड़ी से उजाला छीनकर जगमगाने वाले अमीरी के महल कब तक निरापद रह सकते हैं? इसका उत्तर सहज है—"कहीं पर भी गरीबी हर जगह की समृद्धि के लिए खतरा है।"

उक्त निष्कर्ष का अगर विश्लेषण प्रारम्भ करें तो स्पष्ट है कि गरीबी का स्वरूप, तीव्रता, खतरे, प्रकृति सभी स्तरों पर समृद्धि के लिए खतरा है। 'गरीबी सबसे बुरी प्रकार की हिंसा है' महात्मा गांधी की यह उक्ति गरीबी व हिंसा के बीच सह-सम्बन्ध को प्रदर्शित करती है। गरीबी अपने प्रकृति में वंचना, बहिष्करण, कुंठा को धारित की हुई होती है। परिणामत: यह प्रतिक्रिया में हिंसा उत्पन्न करती है। विश्व स्तर पर विद्यमान आतंकवाद, भारत में विद्यमान नक्सलवाद, शहरों में विद्यमान अपराध के मूल में गरीबी है। इसके कारण अर्थव्यवस्था में निवेश, संवृद्धि दर धीमी होती है। हिंसा प्रगति को बाधित करती है। फ्रांसीसी क्रान्ति में गरीबों द्वारा अमीर सामन्तों का कत्लेआम हो अथवा वर्तमान हिंसाग्रस्त क्षेत्र में आर्थिक लकवाग्रस्तता, यह सिद्ध करने के लिए पर्याप्त है कि गरीबी की आग बड़े-बड़े महल को जला देती है। इसी कारण राष्ट्रकवि दिनकर ने यह निष्कर्ष निकाला कि—

शान्ति नहीं तब तक जब तक सुख भाग न नर का सम हो।
नहीं किसी को बहुत अधिक हो नहीं किसी का कम हो॥

हिंसा के अतिरिक्त गरीबी का अन्य अनेक और भी दुष्प्रभाव हैं। गरीबी के कारण समाज में मानव संसाधन अकुशल, अविकसित, रुग्ण होता है। फलत: अर्थव्यवस्था को उत्पादन की सक्रिय इकाई व उत्पादनकर्ता प्राप्त नहीं होते हैं अपितु बोझ उत्पन्न होते हैं। भारत के अधिक गरीब राज्य (बीमारू राज्य) धीमे आर्थिक विकास व अविकास की समस्या से ग्रस्त हैं। फलत: समृद्धि की प्रत्येक सम्भावना संकटग्रस्त होती है। गुजरात, महाराष्ट्र जैसे निम्न गरीबी दर वाले राज्य उच्च समृद्धि संकेतक युक्त हैं।

वर्तमान विश्वसमृद्धि की संरचना माँग प्रेरित है। यदि गरीबी व्यापक है तो अर्थव्यवस्था में क्रयशक्ति न्यून होती है। फलत: निम्न माँग, निम्न बचत, निम्न निवेश से अर्थव्यवस्था निम्न संवृद्धि के दुश्चक्र में फँस जाती है। गरीबी व निम्न संवृद्धि का दुश्चक्र समृद्धि को पंगु बनाता है। भारत में गरीबी दर उच्चकाल (1950-90) में समृद्धि धीमी रही, जबकि 1990 के बाद निम्नतर होती गरीबी उच्चतर होती समृद्धि से संयोजित रही है। चीन का अद्‌भुत उदय गरीबी उन्मूलन में सफलता का ही परिणाम है।

गरीबी के कारण वंचित वर्गों की क्षमता विस्तार पूर्णरूप से नहीं होती है। भारत में महिला, दलित, आदिवासी अल्पसंख्यक वर्गों की गरीबी की दर उच्च है। फलत: इनके विकास प्रक्रिया में बहिष्करण से एक तरफ इन्हें समृद्धि-सृजन में भाग नहीं लेने देता है तो दूसरी तरफ राज्य का भारी संसाधन सब्सिडी के रूप में व्यय होता है। यदि इनका व्यापक क्षमता निर्माण हो तो यह समृद्धि की महागाथा में अपना योगदान कर सकती है।

गरीबी, गरीबी जनित हिंसा, युद्ध से हाल में शरणार्थी संकट विश्व व्यवस्था के सामने उभरा है। पश्चिमी एशिया (सीरिया, इराक, अफगानिस्तान आदि), म्यांमार, अफ्रीकी देशों की शरणार्थी जनसंख्या समृद्ध यूरोप के द्वार पर पहुँच चुकी है और वहाँ अव्यवस्था, कट्टरपंथ की मजबूती, बहिष्करण आदि से समृद्धि की संरचना कमजोर पड़ रही है।

गरीबी के कारण पर्यावरणीय संसाधनों पर दबाव निरन्तर बढ़ रहा है। स्वच्छ जल, स्वच्छ हवा, जैव-विविधता पर अनेक दबाव उत्पन्न हो रहे हैं। पंजाब, हरियाणा के गरीब किसानों का पराली दहन समूचे उत्तर भारत में वायुप्रदूषण को उत्प्रेरित कर रहा है। पर्यावरण प्रदूषण का स्पष्ट प्रभाव समृद्धि के प्रत्येक संरचना पर दृष्टिगोचर हो रहा है।

गरीबी का स्तर, प्रकृति के स्वरूप में विस्तार आगामी चतुर्थ औद्योगिक क्रान्ति के युग में और बढ़ेगा। निरन्तर बेरोजगारी की वृद्धि की आशंका व्यक्त की जा रही है। इसके कारण विश्वस्तर पर सरकारों पर सार्वभौमिक आय समर्थन स्कीम चलाने का दबाव बढ़ेगा। इसके कारण अर्थव्यवस्था के प्रचालन में अभूतपूर्व परिवर्तन आना तय है। इस कारण समृद्धि की संकटग्रस्तता की मजबूत सम्भावना है।

गरीबी का समृद्धि पर आगामी इस संकट को विश्वस्तर पर बड़े शिद्दत से अनुभव किया जा रहा है। इसी कारण विश्व के समृद्ध व धनी देश अन्य राष्ट्रों के गरीबी के दबाव से बचने के लिए संरक्षणवादी नीति को प्रश्रय दे रहे हैं। चरमराष्ट्रवाद, संरक्षणवाद वर्तमान पोस्टट्रुथ विश्वव्यवस्था की विशेषता बनती जा रही है। हम समाज के स्तर पर संवेदनहीन होते जा रहे हैं। इसी कारण झुग्गियों के सामने सुरक्षाबलों से लैश हाउसिंग सोसायटी चमक रही है। गरीबों के लिए पृथक् स्कूल, अस्पताल जैसी दुनिया बनाने के प्रयास हो रहे हैं।

उक्त विश्लेषण से यह तथ्य स्थापित हो जाता है कि गरीबी का समृद्धि पर प्रभाव पड़ना अवश्यम्भावी है। अत: समय रहते गरीबी का उन्मूलन समृद्धि को धारणीय, सुरक्षित व जीवन्त बनाने के लिए आवश्यक है। इस कार्य के लिए सरकार, राज्य, निजी क्षेत्र, विश्वव्यवस्था को समेकित रूप से प्रयास करना होगा।

सर्वप्रथम यह अनिवार्य है कि गरीबी उन्मूलन के लिए गरीबों में क्षमता निर्माण का तंत्र विकसित हो। शिक्षा, स्वास्थ्य, मानव संसाधन विकास, कौशल निर्माण द्वारा गरीब में स्वयं ही गरीबी से निकलने की क्षमता विकसित होगी, साथ ही वह समृद्धि के महत्तमीकरण में अपना सक्रिय योगदान दे सकेगा। गरीबों को ग्रांट देने के बजाय क्षमता निर्माण प्राथमिकता होनी चाहिए।

गरीबों को तकनीकी परिवर्तन, सूचना क्रान्ति में सहभागी बनाकर उनकी क्षमता को गरीबी उन्मूलन के साथ-साथ भावी भविष्य की चुनौतियों के लिए तैयार किया जा सकेगा। गरीबों के इसी क्षमता को विस्तृत करने के लिए डिजिटल इंडिया कार्यक्रम, स्किल इंडिया कार्यक्रम सशक्त सरकारी प्रयास के रूप में सफल रहा है।

गरीबी के उन्मूलन से समाज, राष्ट्र विश्व के स्तर पर शान्ति, स्थिरता, सहयोग विकसित होता है जिससे समृद्धि दिन दूनी रात चौगुनी रूप से बढ़ती है। इसके लिए सरकार प्रत्यक्ष हस्तक्षेप की ओर आगे बढ़े। ब्राजील में वोल्सा फैमेलिया द्वारा गरीबी उन्मूलन, बांग्लादेश में मानव संसाधन विकास द्वारा गरीबी न्यूनीकरण इसका सफल उदाहरण है।

सरकार के अतिरिक्त समृद्ध वर्ग को भी मनोवृत्ति परिवर्तन कर गरीबी उन्मूलन के लिए उचित व गम्भीर प्रतिबद्धता व्यक्त करनी होगी। उचित कर अदायगी, रोजगार सघन उद्यमिता विकास, समानुभूति प्रदर्शन, चैरिटी, गांधी जी की ट्रस्टीशिप दर्शन का अनुकरण आवश्यक है। 'ज्वाय ऑफ गिविंग' के गेट्स-बफेट मॉडल इस सन्दर्भ में अनुकरणीय है। इसके द्वारा समृद्ध वर्ग अपने प्रति लोकविश्वास प्राप्त करने में सफल होते हैं।

निष्कर्षत: यह कहना समीचीन होगा कि गरीबी का उन्मूलन सतत, स्थायी, उत्कर्षपूर्ण समृद्धि के लिए आवश्यक है। इसके लिए समाज, राष्ट्र, सरकार, धनी वर्ग, निजी क्षेत्र समन्वित रूप से प्रयास करें।

गरीबी मुक्त विश्व समृद्धि के लिए अनुकूलतम होगा। 1950 के दशक की फिल्म 'पैगाम' की यह प्रार्थना एक समतापूर्ण, गरीबी मुक्त समृद्ध विश्व की कल्पना कुछ इस तरह करता है—

हरेक महल से कहो कि झोंपड़ियों में दिये जलाये
छोटों और बड़ों में अब कोई फर्क नहीं रह जाये
इस धरती पर हो प्यार का, घर-घर उजियारा
यही पैगाम हमारा... ।

50

देशभक्ति मेरा आखिरी आध्यात्मिक सहारा नहीं बन सकती, मेरा आश्रय मानवता है

—साक्षी गर्ग

"देशभक्ति मेरा आखिरी आध्यात्मिक सहारा नहीं बन सकती, मेरा आश्रय मानवता है। मैं हीरे के दाम में ग्लास नहीं खरीदूँगा और जब तक मैं जिन्दा हूँ मानवता के ऊपर देशभक्ति की जीत नहीं होने दूँगा।"

कट्टर राष्ट्रवाद पर व्यक्त रवीन्द्रनाथ टैगोर के उपरोक्त विचारों की समकालीन प्रासंगिकता पर समालोचनात्मक टिप्पणी कीजिए।

किसी भू-भाग व सरकार को मिलाकर राष्ट्र का निर्माण होता है और जब यह राष्ट्र ही सब कुछ हो जाए तो यही अमूर्त उग्र भावना राष्ट्रवाद कहलाती है। संक्षेप में कहें तो—'मैं और मेरा देश' की भावना की राष्ट्रवाद है। इसे दो प्रकारों में बाँटा जा सकता है—

पहला—जब अपने राष्ट्र के हित ही सब कुछ हो, राष्ट्रहित की प्राप्ति के लिए प्राण न्योछावर तक करने की तत्परता हो।

और दूसरा—जब अपने राष्ट्र के हित दूसरे राष्ट्र के हितों के विरुद्ध हो जाए, जहाँ मानवता मानव कल्याण जैसे मुद्दे गौण हो जाएँ और राष्ट्रवादी प्राण लेने तक को न्योछावर हो जाएँ अर्थात् अन्ध राष्ट्रवाद।

रवीन्द्रनाथ टैगोर ने इस प्रकार की देशभक्ति को संकुचित दृष्टि से देखा है, अर्थात् यह एक सीमित मानसिकता को प्रदर्शित करती है। टैगोर जी के अनुसार "सम्पूर्ण पृथ्वी एक है, इसे सीमाओं में बाँधा नहीं जा सकता और मानवता, किसी व्यक्ति का हित, अहित, दया, करुणा की संवेदनाएँ सीमारेखा से कहीं ऊपर होती हैं।"

आज दशकों बाद वैश्विक स्तर पर हो रही उथल-पुथल के कारण टैगोर का कथन पुन: विश्लेषण का विषय बन गया है। जहाँ मध्यपूर्व सीरिया जैसे देशों में राष्ट्रवाद के नाम पर आतंकवाद को बढ़ावा दिया जा रहा है, बड़े स्तर पर नरसंहार, बलात्कार, शरणार्थी समस्या उत्पन्न हो रही है तो वहीं यूरोप के देश अपने नस्लीय श्रेष्ठता, संसाधनों की बचत के नाम पर सीमाओं पर फेंसिंग कर रहे हैं, जर्मनी द्वारा बनाई गई दीवार तो प्रत्यक्षत: ऐसी प्रतीत हो रही है, जैसे किसी ने मानवता पर पर्दा डाल दिया हो।

अमेरिका द्वारा उग्र, अन्धराष्ट्रवाद से अभिभूत होकर पेरिस सम्मेलन जैसे मानवतामयी समझौते से वापसी की घोषणा कर ली गई। सीमा पर जन्म, नस्ल, धर्म, जाति, रंग के आधार पर आवागमन निषिद्ध कर दिया गया। देश के कोने-कोने में राष्ट्रवाद की आड़ में पर्यटकों, राजदूतों के साथ अमानवीय व्यवहार किया जा रहा है।

वर्तमान में हो रही इन घटनाओं के कारण यह प्रश्न उठना स्वाभाविक है—'राष्ट्रवाद बड़ा है या मानवता।' इसके उत्तर हेतु राष्ट्रवाद के पक्ष-विपक्ष में पर्याप्त विश्लेषण करने की आवश्यकता है।

वस्तुत: राष्ट्रवाद की भावना से देश में एकता-अखंडता की भावना को बल प्रदान होता है, 'हम एक हैं' की भावना पनपती है, और इस भावना में इतना बल होता है कि यह किसी भी ताकतवर विदेशी गुलामी को परास्त कर देती है, अर्थात् यही राष्ट्रवाद है जिसके कारण सम्प्रभुता प्राप्त की जाती है। परन्तु अतीत में हुई घटनाओं के सन्दर्भ में देखें तो इस भावना के दुष्प्रभाव प्रकट हुए हैं, जिसका दंश किसी एक महाद्वीप को नहीं अपितु पूरे विश्व को झेलना पड़ा।

राष्ट्रवाद के कारण ही अपने देश का विस्तार करने की भावना को बल मिला और इसी की सन्तान के रूप में उत्पत्ति हुई—उपनिवेशवाद व साम्राज्यवाद। इस मंतव्य ने अफ्रीका महाद्वीप का बन्दरबाँट किया, वहाँ के निवासियों के साथ पशुओं जैसा व्यवहार किया, इसी मंतव्य ने भारत जैसे आत्मनिर्भर, सम्पन्न, खुशहाल देश को गुलाम बनाया और अकाल, महामारी, भुखमरी, आत्महत्या, कुपोषण जैसी आपदाओं के हवाले कर दिया।

राष्ट्रवाद की भावना से प्रेरित मेजिनी ने पुलिस नीति का अनुकरण किया, नेपोलियन द्वारा एक फ्रांस की भावना के अन्तर्गत ही यूरोपीय राजनीति को जटिल बना दिया गया। इसके आगे राष्ट्रवाद ने ही बिस्मार्क को प्रेरित किया और उसने सम्पूर्ण यूरोप को शतरंज की गोटियों की तरह अस्त-व्यस्त कर दिया।

इसी से हिटलर-मुसोलिनी जैसे कट्टरपंथियों का जन्म हुआ और नाजीवाद, फासीवाद की आड़ में सम्पूर्ण विश्व को प्रथम व द्वितीय विश्वयुद्ध की भयावहता में धकेल दिया। इन युद्धों में लाखों-लाख सैनिकों की मौत हुई, महिलाएँ विधवा हो गईं, बच्चों तक को मार दिया गया, अर्थात् यह मानवता की हत्या का चरम था।

आगे सोवियत संघ व अमेरिका द्वारा साम्यवाद व पूँजीवाद विचारधारा के आधार पर सम्पूर्ण विश्व को दो गुटों में बाँटा गया। शस्त्रीकरण की होड़ लगा दी। सम्पूर्ण राजस्व सैन्य सामग्री में खर्च होने के कारण आम जनता बेरोजगारी, भुखमरी, कुपोषण, अकाल, आत्महत्या की शिकार होने लगी, साथ ही पूरा विश्व किसी बड़े विनाश के डर में पल-पल दम तोड़ रहा था।

इन घटनाओं की प्रतिलिपि वर्तमान में सीरियाई आतंकवाद, नरसंहार, यूरोपियों द्वारा शरणार्थी प्रवेश निषेध, पेरिस सम्मेलन की अवहेलना, उत्तर कोरिया द्वारा लगातार परमाणु बम परीक्षण के रूप में देखी जा सकती है। इसके साथ ही पूरे विश्व के सामने यह प्रश्न खड़ा करती है—"जहाँ से राष्ट्रवाद शुरू होता है वहीं से मानवता समाप्त हो जाती है।"

यद्यपि हर सिक्के के दो पहलू होते हैं, राष्ट्रवाद का भी उजला पक्ष है। कहा जाता है "राष्ट्रवाद ने ही साम्राज्यवाद, उपनिवेशवाद को जन्म दिया और राष्ट्रवाद ने ही इनका अन्त किया।"

देशभक्ति की भावना ने सम्पूर्ण गुलाम देशों में चिंगारी भर दी, जिसमें जन-जन सिपाही बन गया और भारत, अफ्रीका, दक्षिण-पूर्वी देश स्वतंत्र हो गए। यही राष्ट्रवाद की भावना है जो सैनिकों को कठिन-से-कठिन परिस्थिति में भी देश की सुरक्षा करने को प्रेरित करती है। राष्ट्रवाद के कारण ही देश के विकास को बल मिलता है।

अर्थात् कहा जा सकता है कि राष्ट्रवाद बुरा नहीं है, परन्तु अन्ध राष्ट्रवाद घातक है। राष्ट्रवाद और मानवता में कोई तुलनीय सम्बन्ध नहीं है। मानवता सर्वोपरि है।

टैगोर जी की टिप्पणी आज दशकों बाद भी विश्व स्तर पर विद्यमान जटिल समस्याओं का समाधान प्रस्तुत करती है। आज सम्पूर्ण विश्व को मानवता के मूल्य को समझते हुए शरणार्थी समस्या का समाधान करना चाहिए, जलवायु परिवर्तन जैसी गम्भीर समस्या का निवारण करना चाहिए। मानवता का कोई विकल्प नहीं है, इसको राष्ट्र की सीमाओं में बाँधकर नहीं रखा जा सकता।

भारत की प्राचीन सम्पन्न, गौरवमयी संस्कृति भी वसुधैव कुटुम्बकम् की सीख देती है, अर्थात् सम्पूर्ण पृथ्वी हमारी माता है, हमें सदैव इसके कल्याण हेतु तत्पर रहना चाहिए।

पक्ष-विपक्ष पर विश्लेषण कर स्पष्टत: कहा जा सकता है राष्ट्रवाद एक सीमा तक होना उचित है परन्तु जब राष्ट्रवाद किसी के प्राणों पर हावी हो जाए, मानव कल्याण पर हावी हो जाए तो यह राष्ट्रवाद नहीं अन्धराष्ट्रवाद होता है। और अन्धराष्ट्रवाद मात्र सामने वाले को ही नहीं अपितु स्वयं को भी नुकसान पहुँचाता है।

आज वैश्वीकरण के युग में यह बहुत ही आवश्यक है कि हम राष्ट्रवाद व मानवता के अन्तर को समझें, सम्पूर्ण विश्व इस परिप्रेक्ष्य में भारतवर्ष को आदर्श प्रतिमान के रूप में ले सकता है। भारत ने मात्र प्राचीनकाल में ही वसुधैव कुटुम्बकम्

का नारा नहीं दिया अपितु वर्तमान समय में भी अपने संस्कारों का भलीभाँति अनुकरण कर रहा है।

आजादी बाद शरणार्थी समस्या समाधान, अफ्रीका जैसे गुलाम देशों की स्वतंत्रता की पैरोकारी, गुटनिरपेक्षता आन्दोलन, पंचशील समझौता, कांगो, स्वेज नहर मुद्दे पर संयुक्त राष्ट्र की मदद, फिलिस्तीन का समर्थन, आतंकवाद का विरोध, नेपाल में भूकम्प सहायता, ऑपरेशन राहत, अफ्रीका को सस्ती दर पर जेनेरिक दवाओं की आपूर्ति आदि के माध्यम से भारत ने सदैव मानवतावाद को प्रदर्शित किया है।

यह पूरे विश्व के लिए प्रत्यक्ष उदाहरण है, सम्पूर्ण वैश्विक समुदाय को इस आदर्श का पालन करना चाहिए, जिससे सम्पूर्ण विश्व में शान्ति, समृद्धि, खुशहाली, सम्पन्नता, समावेशिता को वास्तविक धरातल पर चरितार्थ किया जा सकेगा।

...अर्थात् *'सर्वजन हिताय सर्वजन सुखाय।'*

51

शिक्षा सभ्य होना सिखाती है, साक्षरता रोजगार दिलाती है

—रवि सिहाग

कामयाब नहीं, काबिल होने के लिए पढ़ो,
कामयाबी झक मारकर पीछे-पीछे आएगी।

कुछ वर्षों पहले आई हिन्दी फिल्म 'थ्री इडियट्स' में नायक रैंचो का ये कथन कम शब्दों में एक बड़े सत्य की ओर इशारा करता है। फिल्म में जहाँ नायक शिक्षा के द्वारा संकल्पनाओं को समझकर अपने चारित्रिक, बौद्धिक स्तर को उठाने का प्रयत्न करता है वहीं अन्य सभी विद्यार्थी रट्टा मारकर कॉलेज में प्लेसमेंट के द्वारा एक नौकरी पा लेने को ही शिक्षा का वास्तविक उद्देश्य समझते हैं। आज के गलाकाट प्रतिस्पर्धा के युग में शिक्षा को केवल आँकड़े याद कर, कुछ सवालों को हल कर केवल रोजगार प्राप्ति के संसाधन के रूप में देखा जा रहा है। यह भारी विडम्बना ही है कि शिक्षा के मूल गुणात्मक अर्थ को भुलाकर केवल मात्रात्मक अर्थ 'साक्षरता' पर ही ध्यान केन्द्रित किया जा रहा है।

उपर्युक्त चर्चा में और गहराई लाने से पहले हमें शिक्षा और साक्षरता में मूल अन्तर को पहचानना होगा। जहाँ शिक्षा एक वृहत् संकल्पना को निरूपित करती है वहीं साक्षरता केवल इसके एक अंश अर्थात् मात्रात्मक पक्ष को। शिक्षा एक व्यक्ति की सम्पूर्ण जीवन पद्धति को विकसित करने का उत्पादन है जिसके अन्तर्गत पढ़ना,

लिखना, समझना, चरित्र विकास, बौद्धिक-मानसिक-मनोवैज्ञानिक-आध्यात्मिक आदि सभी आयामों में गुणात्मक वृद्धि करना शामिल है। वहीं दूसरी ओर, साक्षरता एक व्यक्ति के बौद्धिक स्तर में मात्रात्मक वृद्धि करती है, अन्य स्तरों से इसका प्रत्यक्ष सम्बन्ध नहीं है। शिक्षा हमें सभ्य होना सिखाती है क्योंकि इससे व्यक्ति में मनन शक्ति, चेतना, सद्बुद्धि, विचारशीलता और ज्ञान प्राप्त होता है। ऐसा भी हो सकता है कि कई वर्षों का अध्ययन भी व्यक्ति को सभ्य न बना सके। आज के समय में ऐसे 'पढ़े-लिखे अज्ञानियों' की संख्या कम नहीं है जो चार पुस्तकें पढ़कर अपने ज्ञान की शेखी बघारते फिरते हैं। ऐसी भौंड़ी नुमाइश करने वाले 'थोथा चना बाजे घना' जैसे मुहावरों की प्रासंगिकता की बानगियाँ पेश करते हैं। इन्हें शिक्षित न मानकर केवल साक्षर माना जा सकता है।

अब मूल प्रश्न यह है कि शिक्षा किस प्रकार व्यक्ति को सभ्य बनाती है? सरल शब्दों में कहें तो मूल्यों के विकास द्वारा वास्तविक धरातल पर एक व्यक्ति की शिक्षा उसकी गर्भावस्था से ही शुरू हो जाती है। महाभारत के अभिमन्यु की कथा इसी बात का उदाहरण पेश करती है। जन्मोपरान्त अपनी माता से संवेदना, प्रेम, त्याग, करुणा जैसे मूल्य सीखकर तो पिता से नैतिकता पर दृढ़ रहने की कला सीखकर एक बच्चा समाज में आता है। अब्राहम लिंकन और महात्मा गांधी जैसे महापुरुषों ने अपने चरित्र के विकास में माता की अहम भूमिका का जिक्र किया है।

पारिवारिक सीख के बाद विद्यालय में जाने पर वह अनुशासन, सहभागिता, समानता, नेतृत्व जैसे गुणों का परिचय पाता है तो पाठ्यपुस्तकों का ज्ञान उसके संज्ञानात्मक स्तर को बढ़ाता है। इसी प्रकार शिक्षकों के मार्गदर्शन; खेल खेलने से विकसित होने वाले मूल्य जैसे टीम भावना, निष्पक्षता, ईमानदारी आदि उसे और अधिक परिष्कृत करती हैं। आगे चलकर उच्च शिक्षा में विभिन्न विचारधाराओं का सम्पर्क, अन्य व्यक्तियों से मेल-जोल, वाद-विवाद, तर्क-वितर्क उसे संवेदनशील, विनम्र, शालीन बनाने में मदद करता है।

एक व्यक्ति बिना साक्षर हुए भी पूर्ण रूप से शिक्षित हो सकता है। अकबर महान इसका सर्वोत्तम उदाहरण है। अत: उपर्युक्त जीवन पद्धति के आधार पर एक व्यक्ति जहाँ ज्ञान के सैलाब में डुबकी लगाता है, वहीं दूसरी ओर सत्य, सहिष्णुता, संवेदनशीलता, करुणा, औदात्य, दृढ़ता जैसे मूल्य भी उसके चरित्र को आलोड़ित-स्पन्दित करते हैं। इसी आधार पर सुकरात ने कहा था—

"मैं शिक्षित अथवा ज्ञानी इसी अर्थ में हूँ कि मैं जानता हूँ कि मैं कुछ नहीं जानता।"

इसी प्रकार शिक्षा व्यक्ति के जीवन के दुष्ट भावों का विरेचन कर; अहंकार, दुष्टता, लोभ, लालच, हिंसा आदि को नियंत्रित करने में भी मदद करती है। पौराणिक मिथक रावण को प्रकांड पंडित माना जाता था परन्तु पर-स्त्री अपहरण करने के कृत्य, अहंकार भावना आदि उसकी शिक्षा की सार्थकता सिद्ध नहीं करते। राम द्वारा

अपनी पत्नी के लिए अति-शक्तिशाली रावण से भिड़ना; सेना में सहभागिता, प्रेम, करुणा जैसे मूल्यों का रखना ही राम की जीत के प्रमुख कारण थे। इन्हीं आधारों पर कबीरादास जी ने कहा भी है—

पोथी पढ़ि-पढ़ि जग मुआ, पंडित भया न कोय।
ढाई आखर प्रेम का, पढ़े सो पंडित होय॥

अब चर्चा के दूसरे पक्ष पर विचार करते हैं। आज के प्रतिस्पर्धात्मक युग में 'साक्षरता' के प्रयास शिक्षा के प्रयासों पर वरीयता पाते जा रहे हैं। समाज में जिसके पास नौकरी है, उसका सम्मान है, उसी का विवाह अच्छे घर में होता है, उसकी बातों की कद्र की जाती है। इन्हीं कारणों से मूल्यों के विकास को उपेक्षित कर केवल आर्थिक पक्ष को मजबूत करने हेतु रोजगार पाने का ही प्रयास किया जाता है।

इस सम्पूर्ण प्रक्रिया में केवल साक्षरता का पक्ष होने के कारण रोजगार साध्य बन जाते हैं, साधनों की परवाह नहीं की जाती। इसी कारण नकलबाजी, परीक्षाओं के फर्जीवाड़े, धन देकर नौकरियों का बिकना, अपने स्वभावानुरूप रोजगार प्राप्त न होने पर व्यक्तियों में बढ़ती विसंगति, आत्मनिर्वासन, अजनबीपन का बोध, अनियंत्रित शहरीकरण, प्रदूषण की समस्या, उपभोक्तावाद की समस्या आदि प्रबल हो उठते हैं।

साक्षर तो केतन पारेख, हर्षद मेहता जैसे घोटाले करने वाले व्यक्ति भी थे, साक्षर तो आतंकवादी ओसामा बिन लादेन भी था और बुरहान वानी जैसे युवा अलगाववादी भी। परन्तु उनकी साक्षरता की सार्थकता क्या है? बिना मूल्यों के विकास के साक्षर बनाना ठीक वैसा ही है जैसे बन्दर के हाथ में बन्दूक देना। तुलसीदास ने कहा भी है—

निसाचर जो श्रुति पंथ त्यागी
कलियुग सोई ज्ञानी सो विरागी।

(अर्थात् जो राक्षसी प्रवृत्ति के लोग शुभ मार्ग छोड़कर कुकर्म करेंगे, कलियुग में केवल वे ही ज्ञानी कहलाएँगे।)

इस प्रकार कहा जा सकता है कि साक्षर होकर रोजगार तो प्राप्त किया जा सकता है मगर संतोष नहीं, सफलता तो मिल जाएगी मगर सार्थकता नहीं; धन तो मिल जाएगा मगर चरित्र नहीं।

चर्चा का अन्तिम पक्ष यह है कि किस प्रकार की शिक्षा होनी चाहिए जो व्यक्ति को सभ्य, शालीन, सार्थक बना दे? अगर एक सूत्र वाक्य में उत्तर दिया जाए तो यह होगा कि "साक्षरता के साथ-साथ मूल्यों का विकास करना और मूल्यों के प्रति प्रतिबद्धता विकसित करना।" ये सब कहना जितना आसान है, करना उतना ही मुश्किल है क्योंकि इसके लिए एक बहुआयामी रणनीति की आवश्यकता पड़ेगी

और शिक्षा व्यवस्था में आमूलचूल परिवर्तन के लिए डटे रहना पड़ेगा। शिक्षा से जुड़े हर एक हितधारक पर ध्यान देकर उसे इस प्रकार की नई शिक्षा धारा से जोड़ना होगा—चाहे वह शिक्षक हो, सरकार हो, बच्चों के माता-पिता हों या स्वयं बच्चे हों। इस समूचे प्रयास में स्कैंडेनेवियन देशों से सीख ली जा सकती है, जहाँ प्रत्येक शिक्षार्थी पर ध्यान देकर उसे अपने स्वभाव, स्वधर्म के अनुसार आगे बढ़ने को प्रेरित किया जाता है। इन सभी प्रयासों से ही हम देश में आगामी कुछ वर्षों में सचमुच ऐसी फौज खड़ी कर पाएँगे जो केवल साक्षर न होकर शिक्षित होगी, सभ्य होगी, शालीन होगी।

शिक्षा का सीधा सम्बन्ध आत्मविश्वास से होता है। अकादमिक शिक्षा हमें साक्षर और सूचनाओं के ज्ञान से समृद्ध बना सकती है, लेकिन उनका इस्तेमाल वास्तविक शिक्षा पर ही सम्भव है।

52

चुनाव सुधार : निकट भविष्य का एक स्वप्न

—सर्वज्ञ मिश्र

हाल ही में चेन्नई के आरकेपुरम् विधानसभा सीट पर हो रहे उपचुनाव में व्यापक धनबल के प्रयोग की आशंका व्यक्त की गई। अन्ततः चुनाव आयोग को उपचुनाव रद्द करना पड़ा।

इस घटना ने एक बार पुनः देश में चुनाव सुधारों की निकट भविष्य में लागू होने की आवश्यकता को रेखांकित किया।

चुनाव का अर्थ जिम्मेदार नागरिकों द्वारा स्वतंत्र विवेक के आधार पर स्वयं व समाज के व्यापक हित के लिए जनप्रतिनिधियों का चयन है।

स्पष्टतः भारत जैसे बहुलतावादी विकासशील, आर्थिक असमानतापूर्ण, 70 प्रतिशत ग्रामीण आबादी वाले देश में जहाँ की मान्यताएँ, सामाजिक मानक एक आधारभूत परिवर्तन के दौर से गुजर रहे हैं, चुनाव प्रक्रिया, उद्देश्यों एवं जनभागीदारी में व्यापक परिवर्तनों, उपयुक्त निर्बन्धनों एवं समर्पणकारी प्रोत्साहनों की आवश्यकता है। चुनाव सुधारों की चर्चा इन्हीं उद्देश्यों के इर्द-गिर्द होती है।

भारत में चुनाव सुधारों को मुख्यतः सात अंगों में बाँट सकते हैं—

प्रथमतः, संस्थागत सुधार जिसका अर्थ चुनाव आयोग की संस्थात्मक वित्तीय एवं कार्यकारी स्वतंत्रता व आत्मनिर्भरता है। चुनाव आयुक्तों (मुख्य चुनाव आयुक्त को छोड़कर) के कार्यकाल की निश्चितता, चुनाव आयोग के व्यय को भारत के

संचित कोष पर भारित बनाना तथा चुनाव आयोग के स्वतंत्र स्टाफ का विस्तार कुछ ऐसे ही उपाय हैं। अभी मुख्य चुनाव आयुक्त के अतिरिक्त अन्य आयुक्तों को बिना महाभियोग के हटाया जा सकता है। चुनाव आयोग के व्यय को संसद की स्वीकृति की जरूरत होती है। अन्तत: चुनाव आयोग को कार्मिक व लोक शिकायत मंत्रालय से स्टॉफ माँगना पड़ता है।

द्वितीयत:, दलों के आन्तरिक सुधार भी चुनाव सुधार के संस्थागत सुधार का ही एक रूप है। वर्तमान में दलों के आन्तरिक लोकतंत्र का पूर्ण अभाव है। कोई कार्यकर्ता किस प्रकार पदाधिकारी बन रहा है, टिकट किस आधार पर दिए जा रहे हैं, पार्टी का घोषणापत्र कौन कैसे और कब तय कर रहा है?

एक सुझाव यह दिया गया है कि चुनाव आयोग दलों के संचालन की एक आदर्श प्रणाली (मॉडल कोड) को लागू करे। अन्य विचार दलों को सूचना का अधिकार अधिनियम में लाने का है। इन विचारों पर और अधिक चर्चा की आवश्यकता है। परन्तु यह तो स्पष्ट है कि प्रतिभागी लोकतंत्र का आदर्श दलों के आन्तरिक लोकतंत्र के बिना दुष्प्राप्य है।

तीसरे, चुनाव का वित्तीयन जो कि वर्तमान में सबसे महत्त्वपूर्ण तथा ज्वलन्त विषय है। इस पर विस्तार से चर्चा आवश्यक है। चुनाव के वित्तीयन में चार प्रमुख समस्याएँ हैं—

1. अपारदर्शी वित्तीयन।
2. खातों की आडिटिंग न कराया जाना।
3. काले धन को खपाना।
4. कॉरपोरेट वित्तीयन

(क) दबाव डालकर
(ख) अनुचित लाभ का आश्वासन देकर
(ग) मुखौटा कम्पनियों द्वारा

एसोसिएशन फॉर डेमोक्रेटिक रिफॉर्म (एडीआर) के अनुसार शीर्ष दलों को प्राप्त चन्दे का 75 प्रतिशत अज्ञात स्त्रोतों से आया।

इस वर्ष के आम बजट में राजनैतिक पार्टियों को नकद चन्दा देने की सीमा को 20 हजार से घटाकर दो हजार किया गया। स्पष्टत: यह पार्टियों द्वारा अलेखांकित धन को पाना कठिन बनाता है परन्तु असम्भव नहीं। एक सुझाव यह दिया गया है कि नकद चन्दे को देने वाले की आधार संख्या को लिखना एवं पूरे चन्दे को व्यक्तिवार दर्शाना अनिवार्य किया जाए।

काले धन के उपयोग को कम करने के लिए इलेक्टोरल बॉन्ड का प्रस्ताव भी किया गया है। इसके अन्तर्गत कॉरपोरेट कम्पनियाँ इन बॉन्डों को चैक आदि से ही

खरीद पाएँगी। परन्तु ये बॉन्ड किसी भी राजनैतिक पार्टी को गोपनीय तौर से बिना पार्टी का नाम सार्वजनिक किए जारी किए जा सकेंगे।

यह कदम कालेधन के प्रयोग तथा पार्टी द्वारा विपक्षी पार्टी के वित्तीयक कॉरपोरेट के उत्पीड़न में तो रोक लगा सकता है परन्तु वित्तीयन में पारदर्शिता का अभाव कॉरपोरेट पर अनुचित दबाव मुखौटा कम्पनियों द्वारा काले धन के प्रयोग तथा शेयर धारकों की कम्पनी के व्यय पर निगरानी में कमी ला सकता है।

वस्तुत: संयुक्त राज्य अमेरिका की तरह कॉरपोरेट चन्दे की पूर्व पारदर्शिता तथा उसके प्राप्तिकर्ताओं का कम्पनी द्वारा अपनी बैलेंस सीट में उल्लेख ही एक उचित उपाय है।

चुनावों का राज्य द्वारा वित्तीयन एक समसामयिक विचार है, जो कि राजनैतिक चन्दे को अवैध घोषित करके सरकारी वित्तीयन आधारित चुनावों की दृष्टि रखता है।

यह कई मूलभूत चुनाव समस्याओं का समाधान कर सकता है—

1. धनबल के आधार पर टिकट की खरीद के स्थान पर योग्य व्यक्तियों को टिकट मिल पाएगा।
2. दलों में आन्तरिक लोकतंत्र हेतु यह दबाव बनाएगा।
3. सरकारी संसाधनों का दुरुपयोग कम होगा। प्राय: वित्तीयक कॉरपोरेट संस्थाओं को चुनाव उपरान्त सरकारी संसाधनों के ठेकों को अनुचित रूप से देने का लालच दिया जाता है।

यह एक उपयुक्त सुझाव है, जिसका प्रायोगिक परीक्षण निकाय चुनावों में करके इसके गुण-दोषों का परीक्षण करना चाहिए। इसकी कुछ प्रमुख चुनौतियों पर भी ध्यान देना आवश्यक है—

1. सरकारी कोष पर 5000 करोड़ तक का बोझ पड़ सकता है।
2. व्यक्ति व दल फिर भी अघोषित रूप से चन्दा लेना जारी रख सकते हैं।
3. यह जनता व दलों के जुड़ाव में स्वैच्छिक चन्दे की भूमिका को नजरअन्दाज करता है।

स्पष्ट रूप से, चुनावी वित्तीयन पर कोई भी सुधार तीन प्रमुख सन्दर्भों—काला धन, पारदर्शिता तथा सहभागिता को ध्यान में रखकर उठाया जाना चाहिए।

चुनाव सुधार का चौथा प्रमुख अंग बाहुबली, भ्रष्टाचारी लोगों का राजनीति में प्रवेश है, यद्यपि इलेक्ट्रानिक वोटिंग मशीन आने के उपरान्त चुनावी हिंसा में निर्णायक कमी आई है। परन्तु फिर भी आपराधिक तत्त्वों द्वारा स्वयं को बचाने हेतु राजनीति में प्रवेश की प्रथा बदस्तूर जारी है।

एडीआर के अनुसार वर्तमान लोकसभा में एक-तिहाई से अधिक सांसदों के ऊपर आपराधिक मामले दर्ज हैं।

सर्वोच्च न्यायालय के निर्देशों के बाद अब व्यक्ति का पूरा आपराधिक इतिहास चुनाव आवेदन पत्र के साथ देने को अनिवार्य बनाया गया है।

आवश्यकता इस बात की है कि जनता को अपने निर्वाचन क्षेत्र में खड़े उम्मीदवारों का घोषणापत्र पढ़ने को तथा वोट देते समय आपराधिक इतिहास को महत्त्व देने को प्रोत्साहित किया जाए।

यह हमें चुनाव सुधार के पाँचवें, सबसे महत्त्वपूर्ण, परन्तु प्राय: उपेक्षित रहने वाले मुद्दे की ओर लेकर आता है—मतदाताओं का सशक्तीकरण। वस्तुत: अन्य सभी प्रयासों के बावजूद यदि मतदाता अधिकारों के प्रति जागरूक नहीं है, किसी छोटे से उपहार/धन/शराब के बदले यदि भोले-भाले मतदाताओं के मताधिकार का दुरुपयोग होता रहेगा, तब तक चुनाव सुधारों के सार्थक परिणामों की आशा करना आत्मवंचना से अधिक कुछ नहीं है।

जनता का आर्थिक सशक्तीकरण तथा धन के बदले वोट की हानियों के प्रति उनकी जागरूकता में वृद्धि के साथ-साथ सुदृढ़ प्रवर्तन शक्तियों द्वारा इस प्रकार के प्रयासों पर कड़ी निगरानी की भी आवश्यकता है।

छठा, तकनीक का पारदर्शी प्रयोग चुनाव सुधारों का एक और नवीन आयाम है।

पिछले वर्ष इलेक्ट्रॉनिक वोटिंग मशीन की अभेद्यता पर उठे प्रश्नों ने शायद पहली बार चुनाव आयोग तथा भारतीय चुनाव प्रक्रिया की वैधता पर सवाल उठाए। तकनीक का प्रयोग एक तरफ तो अत्यन्त लाभकारी, पारदर्शी, दक्षतापूर्ण, यहाँ तक कि अपरिहार्य है, वहीं प्रक्रिया का मशीनीकरण इसका अमानवीकरण न कर दे इस हेतु स्थान-स्थान पर मानव आधारित सत्यापन (यथा वीवीपीएटी का प्रयोग) अत्यन्त आवश्यक है।

सोशल मीडिया तथा अन्य इंटरनेट आधारित तकनीकों का नियमन भी तकनीक के प्रयोग का महत्त्वपूर्ण आयाम है।

चुनाव से पूर्व धार्मिक-जातीय-क्षेत्रीय आधार पर दुष्प्रचार, वैमनस्य फैलाने का प्रयास, गलत खबरों, चित्रों द्वारा माहौल बिगाड़कर चुनावों को ध्रुवीकृत करने की सुनियोजित नीति वस्तुत: निष्पक्ष चुनावों के लिए सबसे बड़ी चुनौती के रूप में उपस्थित है।

मीडिया में पेड न्यूज पर काफी नियंत्रण पाने के बावजूद सोशल मीडिया पर पेड न्यूज, ग्रुप, पेज आदि धड़ल्ले से चल रहे हैं। वस्तुत: चुनाव सुधार हेतु सोशल मीडिया पर राजनैतिक दलों, ग्रुपों का नियमन अत्यावश्यक है।

इस सन्दर्भ में भारत सरकार द्वारा प्रस्तावित सोशल मीडिया नीति को चुनाव सुधार के नजरिए से भी पुनर्गठित करने की आवश्यकता है।

अन्तत:, लगातार चुनावों के कारण दूरगामी कठोर निर्णय लेने में सरकार की अक्षमता, आचार संहिता के कारण विकास कार्यों में अवरोध तथा देश की संसद का सदैव 'चुनावी मोड' में रहने से रचनात्मक बहस का अभाव एक चुनौती है।

भारत के प्रधानमंत्री द्वारा भी संसद व विधायिकाओं के चुनाव एक साथ कराने का विचार रखा गया है।

परन्तु, संघात्मक ढाँचे के कारण राज्य विधायिकाओं को समय से पूर्व भंग करना अनैतिक कहा जा सकता है। दूसरे, राष्ट्रीय मुद्दे, राष्ट्रीय दलों द्वारा क्षेत्रीय मुद्दों/दलों को दबाया जा सकता है। तीसरे, एक त्रिशंकु विधानसभा समय से पहले भंग होकर इस तारतम्य को पुन: तोड़ सकती है।

पूरे भारत के निकाय चुनावों को एक साथ कराकर इसके लाभ-हानि का परीक्षण किया जा सकता है तथा तद्नुरूप आगे कदम उठाए जा सकते हैं।

सारे चुनाव एक साथ कराए जाने के स्थान पर ढाई-ढाई वर्षों के उपरान्त आधे-आधे चुनाव कराए जा सकते हैं।

निष्कर्षत: चुनाव सुधारों की उपरोक्त बहुआयामी दृष्टिकोण को अपनाने एवं लोकतंत्र को सही अर्थ में स्वतंत्र व योग्य जनता द्वारा निष्पक्ष निर्वाचन के रूप में स्थापित करने का समय आ चुका है।

भारत की संवृद्धि, समावेशिता तथा अखंडता के साथ-साथ अन्तर्राष्ट्रीय परिप्रेक्ष्य में भारत की नेतृत्व क्षमता का विस्तार समयबद्ध चुनाव सुधारों द्वारा परिपोषित किया जा सकता है। यह भारत को आर्थिक महाशक्ति के साथ-साथ राजनैतिक महाशक्ति बनने का मार्ग प्रशस्त करेगा।

53

भारत में श्रम सुधार एवं आर्थिक विकास में इसका योगदान

—गौरव कुमार

किसी भी देश के विकास हेतु वहाँ की अर्थव्यवस्था का मजबूत होना आवश्यक है। अर्थव्यवस्था में औद्योगिक उत्पादन एक महत्त्वपूर्ण भूमिका निभाता है। श्रम, उत्पादन की एक महत्त्वपूर्ण इकाई है। अत: उत्पादन हेतु आवश्यक है कि श्रम से सम्बन्धित नियम व विधि इस प्रकार से हों कि एक तरफ जहाँ श्रमिकों का शोषण न हो वहीं दूसरी ओर सौहार्दपूर्ण वातावरण में उत्पादन व औद्योगिक विकास सम्भव हो सके। वर्तमान श्रम नियमों व विधि को इस आदर्श स्थिति को ले जाना ही श्रम सुधार है।

भारत में राष्ट्रीय स्वतंत्रता आन्दोलन में ही श्रमिकों की स्थिति के प्रति चेतना जाग्रत हो गई थी। कराची प्रस्ताव, ट्रेड यूनियनों का गठन व कांग्रेस का इसको सक्रिय सहयोग तथा स्वतंत्रता पश्चात मिश्रित अर्थव्यवस्था में भारी उद्योगों को सार्वजनिक क्षेत्र में रखना भारत की नीतियों को श्रमिकों के कल्याण हेतु प्रयोग

किया जाना इसके उदाहरण हैं। राज्य के नीति-निदेशक तत्वों में अनुच्छेद 43बी के अनुसार राज्य का कर्तव्य होगा कि उद्योगों के प्रबन्धन में कर्मियों की भागीदारी सुनिश्चित की जाए।

परन्तु समय के साथ-साथ श्रम कानून श्रमिकों के कल्याण को सुनिश्चित करने के लिए तथा उनके हितों की रक्षा करने हेतु मिश्रित कानून राज्यों तथा केन्द्र के स्तर पर बनाए गए। जेसे कि औद्योगिक विवाद अधिनियम, फैक्टरी एक्ट 1948, अधिनियम इत्यादि।

परन्तु समय के साथ-साथ इन कानूनों ने इंस्पेक्टर राज को जन्म दिया तथा वे कानून उद्योग व उद्योगपतियों को उत्पीड़ित करने का साधन बनने लगे। इससे वहाँ एक ओर नए उद्योग लगने में बाधाएँ आने लगीं वहीं पुराने उद्योग या तो बन्द होने लगे अथवा उन राज्यों अथवा क्षेत्रों में जाने लगे जहाँ श्रम कानून अपेक्षाकृत उदार थे।

वैश्वीकरण के पश्चात् स्थितियाँ परिवर्तित होने लगी। अब विकास तथा उत्पादन में निजी क्षेत्र की बढ़ती हुई भूमिका को स्वीकार किया जाने लगा। अत: आवश्यक था कि श्रम कानूनों में भी समय के अनुसार सुधारों को लागू किया जाए।

श्रम सुधारों के दो पहलू हैं। पहला, श्रमिकों की सुरक्षा व कल्याण को ध्यान में रखा जाए तथा दूसरा यह कि उद्योगपति को भी इंस्पेक्टर राज से मुक्ति मिल सके। वर्तमान में श्रम सुधारों पर किये गये प्रयासों को देखें तो यह स्पष्ट नजर आता है।

केन्द्र के स्तर पर 'श्रमेव जयते' नामक योजना प्रारंभ की गयी। इसमें श्रमिकों हेतु, एकीकृत खाता संख्या (यूएएन) प्रारंभ की गई ताकि नौकरी बदलने पर भी भविष्य निधि खाता संख्या समान रहे। साथ ही, श्रमिक पहचान संख्या (एलआरएन) का प्रावधान किया गया। निरीक्षण की प्रणाली को पारदर्शी एवं कम्प्यूटर आधारित बनाया गया है। अब निरीक्षण रैन्डम संख्या के आधार पर होगा, साथ ही 72 घंटे के अन्दर निरीक्षण रिपोर्ट को कम्प्यूटर में डालना होगा। यह उद्योगों को शोषण से मुक्ति प्रदान करेगा।

फैक्ट्री अधिनियम में संशोधन कर अब इसकी परिभाषा को व्यापक किया गया है। अब विद्युतीकृत उद्योग में 10 के स्थान पर न्यूनतम 20 तथा गैर विद्युतीकृत उद्योग मे 20 के स्थान पर न्यून्तम 40 श्रमिकों को 'फैक्ट्री' की परिभाषा के अन्तर्गत माना गया है। साथ ही ओवरटाइम के घंटों को भी बढ़ा दिया गया है।

अपरेंटिस प्रोत्साहन योजना भी श्रम सुधार का ही एक अंग है। अब गैर-इंजीनियरिंग अपरेंटिस को भी उद्योगों में प्रशिक्षण प्राप्त करने का मौका मिल सकेगा। इस हेतु उद्योगों को भी प्रोत्साहन प्रदान किया गया है।

श्रम में महिलाओं की सहभागिता को सुनिश्चित करने हेतु भी प्रयास किये गये हैं। हाल ही के महिलाओं को रात में भी काम करने की अनुभति प्रदान की गयी है। साथ ही प्रबंधन पर महिलाओं की सुरक्षा सुनिश्चित करने की जिम्मेदारी

डाली गयी है। मातृत्व अवकाश को 12 हफ्ते से बढ़ाकर 26 हफ्ते कर दिया गया है। ऐसा करके भारत विश्व के अग्रणी देशों में शामिल हो गया है, जहाँ सर्वाधिक मातृत्व अवकाश है।

चूंकि भारत एक संघीय राष्ट्र है अत: राज्य भी श्रम सुधारों की प्रक्रिया का एक आवश्यक अंग हैं। वर्तमान में 44 श्रम कानून है। इनमें से 16 कानून राज्यों के स्तर पर हैं। अत: श्रम सुधारों में राज्यों का सहयोग आवश्यक है। राजस्थान द्वारा औद्योगिक विवाद अधिनियम के द्वारा इस क्षेत्र में प्रशंसनीय पहल की गयी है। इसके अंतर्गत जहाँ पहले 100 या अधिक श्रमिक होने पर उद्योगों को बंद कर राज्य सरकार की पूर्वानुमति आवश्यक थी, वहीं इसे बढ़ाकर अब 300 कर दिया गया है।

औद्योगिक विकास में श्रम सुधारों का महत्वपूर्ण योगदान है। विश्व बैंक की 'ईज ऑफ डूईंग बिजनेस' में श्रम कानूनों की जटिलता एक बड़ा कारक है जो भारत की स्थिति को विश्व में 130 वें स्थान पर रखता है।

आर्थिक सर्वेक्षण 2015-16 में 'चक्रव्यूह समस्या' को भारतीय उद्योगों की एक बड़ी समस्या माना गया है। उद्योग आरंभ करना तो आसान है, परन्तु अलाभकारी स्थिति आने पर उद्योग को बंद करना बहुत कठिन है। 100 श्रमिक से अधिक होने पर राज्य सरकार से अनुमति आवश्यक है परन्तु राजनैतिक हितों को देखते हुए राज्य द्वारा अनुमति मिलने में देर हो जाती है या अनुमति नहीं मिलती है।

इस स्थिति से बचने हेतु उद्योग अपना विस्तार नहीं करते और 100 श्रमिकों से कम लोगों को ही औपचारिक रूप से नियोजित करते हैं। फलस्वरूप एक तरफ उद्योग अपनी पूर्णक्षमता का उपयोग नहीं कर पाते, वहीं दूसरी ओर काफी लोग बेरोजगार रह जाते है। भारत में छोटे उद्योगो में औसत श्रमिक संख्या 75 है जबकि इण्डोनेशिया जैसे छोटे देश में प्रति उद्योग औसत 180 श्रमिक हैं।

उद्योग भारी-भरकम श्रम कानूनों से बचने के लिये अपने उद्योगों का विस्तार नहीं करते। आर्थिक-सर्वेक्षण 2015-16 बताता है कि भारत में 40 वर्ष पुराना उद्योग डेढ़ गुना तक की वृद्धि कर पाता है जबकि अमेरिका में यह वृद्धि 8 गुना तक है। ठेके पर श्रमिक रखकर उद्योग अपना कार्य करते हैं। चूंकि ये श्रमिक असंगठित तथा अनौपचारिक होते हैं, अत श्रम कानूनों का संरक्षण प्राप्त न होने से इनका शोषण होना संभव हो जाता है।

वर्तमान श्रम सुधार उद्योगों की कठिनाइयों एवं श्रमिकों की बढ़ती संख्या को देखकर इस दिशा में एक प्रयास है। साथ ही कौशल विकास भी इस प्रयास का एक अंग है। इसके द्वारा कुशलता प्राप्त लोगों का नियोजन संभव हो सकेगा।

श्रम सुधार, आर्थिक सुधारों का एक भाग हैं। श्रम सुधारों से 'ईज ऑफ डूईंग बिजनेस' में भारत की स्थिति में सुधार होगा। परन्तु यहां यह भी ध्यान में रखना होगा कि वर्तमान श्रम सुधार मुख्यत: संगठित श्रमिकों से सम्बन्धित समस्याओं को

ही लक्षित करते है। जबकि 93 प्रतिशत श्रमिक असंगठित क्षेत्र में कार्यरत हैं। अत: प्रभावी श्रम सुधारों हेतु इस क्षेत्र पर भी ध्यान देना आवश्यक है।

इसके साथ ही यह भी कहना होगा कि केवल श्रम कानून ही आर्थिक विकास हेतु एकमात्र बाधा नहीं बल्कि अन्य कारक इसमें महती भूमिका निभाते हैं, जैसे विद्युत क्षेत्र में सुधार, अवसरंचना (सड़क, रेल संपर्क) आदि। लालफीताशाही भी आर्थिक विकास में बाधा उत्पन्न करती है। फलस्वरूप यह आवश्यक हो जाता है कि अन्य क्षेत्रों में भी सुधारों को आगे बढ़ाया जाए।

इस प्रकार यह स्पष्ट है कि वर्तमान समय में किए जाने वाले श्रम सुधार, आर्थिक विकास को गति प्रदान करते हैं। परन्तु इसमें यह भी ध्यान रखना होगा कि ये सुधार एक प्रक्रिया के रूप में सदैव जारी रहें तथा इसमें श्रमिक संगठनों, सिविल सोसायटी, उद्योग समूहों, राजनैतिक दलों, राज्यों जैसे हितधारकों को विश्वास में लेते हुए इन पर सही अमल सुनिश्चित किया जाए। तभी भारत एक कल्याणकारी राज्य की अवधारणा को एक मूर्त रूप प्राप्त करने में सक्षम होगा तभी वास्तव में 'श्रमेव जयते' का नारा सार्थक होगा।

54

क्या 'नाम' (गुटनिरपेक्ष आन्दोलन) अपनी प्रासंगिकता खो बैठा है

—गंगा सिंह

NAM (गुट निरपेक्ष आन्दोलन) अन्तररष्ट्रीय स्तर की एक संस्था है, जिनके एक साथ जुड़ने के साझा कारण है। पूरा विश्व जब शीतयुद्ध की चपेट में था तब ऐसे में एक समान स्थितियों वाले कुछ देशों ने दिध्रुवीय विश्व के विरुद्ध बिगुल बजाया एवं 'नाम' का गठन हुआ। आज के बदलते दौर में जब पूरी दुनिया अत्यन्त तेजी से बदल रही है, यह प्रश्न बार-बार सामने आता है कि क्या 'नाम' प्रासंगिक है? क्या 'नाम' का उद्देश्य खत्म नहीं हो गया है? क्या 'नाम' अपने मूल सिद्धान्तों से भटक चुका है या भूल चुका है? क्या 'नाम' अपने लक्ष्यों को हासिल करने में कामयाब रहा है।

इन तमाम प्रश्नों की तह में जाने की आवश्यकता है, तभी सच्चे अर्थों में हमें हकीकत की जानकारी होगी।

दरअसल यह आन्दोलन भारत के पूर्व प्रधानमंत्री जवाहरलाल नेहरू, मिस्त्र के पूर्व राष्ट्रपति अब्दुल नासिर, युगोस्वालिया के राष्ट्राध्यक्ष जोसेफ टिटो एवं इंडोनेशिया तथा घाना के शीर्ष नेतृत्व का साझा प्रयास था। अपनी स्थापना के समय से ही इस

मिशन के उद्देश्य स्पष्ट थे जो अपने आप में तीसरे विश्व की संयुक्त माँगों का घोषणापत्र है। हालाँकि विकासशील विश्व की एकसमान साझी चुनौतियाँ, 'नाम' के गठन के प्रमुख कारणों में से हैं। जब पूरा विश्व शीतयुद्ध की लहरों में हिचकोले मार रहा था तब उन देशों के लिए असमंजस की स्थिति पैदा हो गई जो किसी भी गुट का हिस्सा नहीं बनना चाहते थे। ऐसे में नवोदित स्वतंत्र राज्य जो अपने देश की सार्वभौम सत्ता को सर्वोपरि मानते थे, उन्होंने इस मंच के माध्यम से एक साथ जुड़ने का फैसला किया।

राष्ट्रीय सुरक्षा, साम्राज्यवाद एवं नस्लभेद के खिलाफ साझी राय, उपनिवेशवाद एवं सैन्यकरण के विरुद्ध एक मत ही इन देशों के जुड़ने का आधार-स्तम्भ बना। ये देश संयुक्त राष्ट्र के लगभग दो-तिहाई देश एवं विश्व की आधी से ज्यादा जनसंख्या का प्रतिनिधित्व करते हैं। ऐसी दशा में, एनएएम की प्रासंगिकता का सवाल ज्यादा महत्त्वपूर्ण हो जाता है।

इस बीच, अगर निकट भूत की बात की जाए तो 'नाम' के अस्तित्व ने अपने आपको सिद्ध किया है। जैसे—मसूद अजहर को अन्तर्राष्ट्रीय आतंकवादी घोषित करने का समर्थन, सुरक्षा परिषद में विकासशील देशों को स्थायी सदस्यता का समर्थन, COP-पेरिस में पर्यावरणीय मुद्दों पर विकासशील विश्व की बुलन्द राय रखना, सैन्यवाद के विरुद्ध हमेशा से ही निरस्त्रीकरण के लिए अविरल प्रयास करना, डब्ल्यूटीओ में खाद्य सब्सिडी के सवाल पर तीसरे विश्व का रुख रखना इन कुछ उपलब्धियों में से हैं।

'नाम' की प्रासंगिकता क्यों बरकरार है? यह सवाल जेहन में आते ही तमाम प्रतिक्रियाएँ मस्तिष्क में कौंधती हैं।

आज पूरा विश्व बहुपक्षीय मुद्दों से आमना-सामना कर रहा है। आतंकवाद, उग्रवाद, व्यापार संरक्षणवाद, नस्लभेद, जलवायु परिवर्तन, संयुक्त राष्ट्र संघ में सुधार, आपदा प्रबन्धन, प्रवासी संकट, परमाणु सन्धियाँ आदि उन मुद्दों में शुमार हैं जो वैश्विक महत्त्व के हैं तथा जिन पर तीसरे विश्व के अधिकतम देश एक समान राय रखते हैं।

बहरहाल, जो लोग 'नाम' की प्रासंगिकता पर प्रश्न उठाते हैं, उनका मानना है कि यह आन्दोलन कुछ समय के लिए ठीक था। आजकल इसकी आवश्यकता नहीं है। मगर वे लोग भूल जाते हैं कि साम्राज्यवाद, नस्लभेद, उपनिवेशवाद की समस्याएँ पुरानी जरूर हैं लेकिन उनका नया स्वरूप आज भी पूरे विश्व में देखने को मिल रहा है। साइबर अपराध, मीडिया तथा प्रेस से जुड़े मुद्दे इन्हीं में से हैं जो नवसाम्राज्यवाद में मुखर हैं।

यह एकमात्र संगठन 'नाम' ही है जो पूरे विश्व को हथियारों की दौड़ के नुकसान बताता है तथा कहता है कि औंधे मुँह सैन्यकरण करना विश्व शान्ति का

रास्ता नहीं हैं। यह 'नाम' ही है जो पूरी दुनिया को पर्यावरणीय मुद्दों पर उन देशों की साझी राय प्रस्तुत करता है जो विकास की दौड़ में पीछे छूट गए थे। यह 'नाम' ही है जो डब्ल्यूटीओ में 'व्यापार संरक्षणवाद' के मुद्दे पर विकासशील देशों का मत रखता है जिनका किसी भी सैन्य गुट से कोई वास्ता नहीं है।

आजकल विपदाओं ने अपने स्वरूप में बहुत तेजी से परिवर्तन करना शुरू कर दिया है मगर समस्याएँ यथावत हैं। डिजिटल डिवाइड, एथनिक राष्ट्रवाद, मिश्रित क्षेत्रवाद एवं साइबर अपराध उन्हीं नए युग की विपदाओं में से हैं।

इन नए युग की चुनौतियों के साथ-साथ पारम्परिक समस्याएँ भी आज भेष बदलकर विद्यमान हैं। डब्ल्यूटीओ, यूएनओ, यूएनएफसीसीसी एवं अन्य संगठनों से जुड़े मुद्दों के सम्बन्ध में विकासशील विश्व की आवाज 'नाम' ही बन सकता है क्योंकि विकसित बनाम विकासशील की घुड़दौड़ प्रतिस्पर्धा में कई छोटे-मोटे देश आवाजहीन (वॉयसलेस) हो गए हैं। हालाँकि कुछ क्षेत्रीय संगठनों ने इस दिशा में सशक्त कदम उठाए हैं मगर वे काफी नहीं हैं।

लेकिन इस पूरे विमर्श के बीच हमें यह सोचना होगा कि आखिर 'नाम' की प्रासंगिकता पर सवाल क्यों उठे? कुछ समय पूर्व सामूहिक चर्चा का मुद्दा यह क्यों बना कि "क्या 'नाम' आज भी जीवित है?"

यहाँ विश्लेषण करने पर यह सिद्ध होता है कि 'नाम' की प्रासंगिकता पर प्रश्नचिह्न का कारण इसके सदस्य देशों की गतिविधियाँ ही हैं। बहुत कम लोगों को जानकारी होगी कि 'नाम' की अन्तिम बैठक कब हुई थी? अधिकतर देश बैठकों में शीर्ष नेतृत्व की बजाय उनके प्रतिनिधियों को भेजते हैं जो उनकी कमतर रुचि का परिचायक है।

मुद्दे की तह में जाएँ तो हम यह पाते हैं कि 'नाम' के सदस्य देशों में ही राजनैतिक साम्य एवं आर्थिक धरातल पर समानता नहीं है जो इनके सारे प्रयासों की सफलता में बाधा बनकर उभरती है। अधिकतर देश आज भी किसी-न-किसी मुद्दे पर USA या रूस की तरफ झुक जाते हैं या अलग-अलग स्थितियों में पक्ष-परिवर्तित कर देते हैं जो कि बड़ा रोड़ा है।

एक समस्या यह भी है कि इन देशों की कोई अलग से विशिष्ट विचारधारा नहीं है जो इन्हें मजबूर करे। संसाधनों की सीमितता एवं राष्ट्र राज्य के आन्तरिक मुद्दे भी हैं जो 'नाम' देशों को सक्रिय रूप से अन्तर्राष्ट्रीय राजनीति में भाग लेने में बाधा उत्पन्न करते हैं।

मगर सम्पूर्ण विश्लेषण यही कहता है कि इसके साथ समय के चक्र ने 'नाम' की सदस्य संख्या 25 से बढ़कर 125 तक कर दी है। महत्त्वपूर्ण वैश्विक मुद्दों पर सारे देश आज भी एक समान राय रखते हैं तथा परस्पर सहभागिता से आगे बढ़ते हैं। ऐसी परिस्थितियों में 'नाम' की प्रासंगिकता पहले से भी ज्यादा हो गई है, क्योंकि

जिन मुद्दों/लक्ष्यों के लिए 'नाम' का गठन हुआ था, वे मुद्दे आज भी विमर्श का विषय हैं तथा समस्याएँ यथावत हैं। ऐसे में, 'नाम' सदस्यों के लिए बेहतर यही है कि शिथिल हो चुके इस आन्दोलन को जीवन्त किया जाए।

55

भीड़ तंत्र का न्याय : एक नई प्रवृत्ति

—अनूप मीणा

जब चिन्तन पर काई जम जाए
विप्लव की भाँवर थम जाए
तो समझो पीढ़ी हार गई
पुरवा को पछुआ मार गई।

वर्तमान भारत की युवा पीढ़ी आज स्वतंत्र चिन्तन की पुरानी रीति को छोड़कर एक नई प्रवृत्ति से युक्त हो गई है और वह है मॉब लिंचिंग। यह शब्द सुनते ही हमारे सामने गुमनामी में पहचान छुपाकर किसी 'वर्ग विशेष के लोगों' को पीटती भीड़ का दृश्य सामने आता है। यह भीड़ जो तुरन्त न्याय करने की प्रवृत्ति को धारण कर राज्य के अस्तित्व को ही नकारती दिखाई देती है। यह भारतीय समाज के विकास को झूठा साबित कर आदिम समाज का नजारा पेश करती है। अब हम समझते हैं कि भीड़ क्या होती है और उसका न्याय क्या होता है?

वस्तुत: भीड़ के तहत अस्थायी रूप से समान मूल्यों एवं भावनाओं की पहचान के साथ जुड़े अलग-अलग लोगों के समूह को शामिल किया जाता है। भीड़ की कोई पहचान नहीं होती। भीड़ के उद्देश्य भी तात्कालिक होते हैं। कहा जाता है कि "भीड़ में जो एक क्षण पहले नायक है वह अगले ही क्षण पीड़ित भी हो सकता है।" इतिहास में कई उदाहरण हैं जहाँ भीड़ ने अपने नेता का ही विनाश कर दिया। फ्रांस का शासक रोबेस्पियर इसका प्रमुख उदाहरण है।

भीड़ की परिभाषा को आगे बढ़ाएँ तो कहा जा सकता है कि भीड़ सिग्मन फ्रॉयड 'ईड' की अवधारणा को अभिव्यक्त करती है। भीड़ में व्यक्ति अपने सारे मूल्यों एवं शिक्षा को भूलकर आदिम स्थिति में पहुँच जाता है। भीड़, जो भी उसमें शामिल होता है, की पहचान छीन लेती है। भीड़ का कोई धर्म नहीं होता। राष्ट्रीय आन्दोलन में सभी धर्मों तथा वर्गों से युक्त जन भागीदारी ने स्वतंत्रता प्राप्ति में

योगदान दिया था, लेकिन आज वही भीड़ किसी को खान-पान, धर्म तथा समूह के आधार पर मारने से पहले बिलकुल नहीं सोचती।

अब हमारे सामने प्रश्न है कि आजकल यह भीड़ इतनी उग्र क्यों हो गई है। वस्तुत: माना जाता है कि 'भीड़ द्वारा न्याय राज्य की विफलता' का सूचक है। जो कार्य राज्य द्वारा किया जाना चाहिए, आज उसे भीड़ कर रही है। माना जाता है कि भीड़ को राजनीति और सत्ता मिलकर पैदा करते हैं। आगे यही भीड़ नियंत्रण से मुक्त होकर राज्य के अस्तित्व को ही चुनौती देने लगती है और सामने आता है—'भीड़ तंत्र का न्याय'।

वर्तमान समाज उपभोक्तावादी दृष्टिकोण से युक्त हो गया है। आज सहयोग तथा सहिष्णुता की भावना लगातार कम होती जा रही है। आज 'हम' की बजाय 'मैं' प्रभावी हो गया है। समाज में व्यक्तिकेन्द्रित विकास के कारण कई लोग विकास के मार्ग में पीछे छूट गए हैं।

वस्तुत: एकपक्षीय वैश्वीकरण तथा संसाधनों के संकेन्द्रण के कारण गरीबी तथा बेरोजगारी सामने आ रही है। मानेसर कार प्लांट में 'भीड़ तंत्र द्वारा न्याय' का कारण बेरोजगारी ही था। माना जाता है कि भारत के 10 प्रतिशत लोगों के पास देश की 58 प्रतिशत सम्पत्ति का स्वामित्व है तथा गत वर्ष सृजित पूँजी के 73 प्रतिशत भाग पर 1 प्रतिशत लोगों का अधिकार था। इस कारण भारत में भी फ्रांस व रूस की क्रान्ति के जैसी स्थितियाँ उत्पन्न हो रही हैं। यद्यपि यहाँ राज्य की भूमिका अलग है।

आगे देखें तो भारत की शिक्षा व्यवस्था भी भीड़तंत्र को ही बढ़ावा दे रही है। आगे मास्टर की डिग्रीधारी लोग बेरोजगारी या अल्प रोजगार के कारण कुंठित हो रहे हैं और यह कुंठा मॉब लिंचिंग के रूप में सामने आती है। आज भारत की शिक्षा व्यवस्था वैज्ञानिकता के विकास के बजाय अन्धानुकरण तथा असहिष्णुता को बढ़ावा देती दिख रही है। इस कारण प्राचीनकाल की परोपकार तथा सहयोग की अवधारणा का विकृत रूपान्तरण 'भीड़ तंत्र द्वारा न्याय' के रूप में सामने आ रहा है।

भारत की न्याय व्यवस्था अपने लम्बित मुकदमों के कारण अन्याय का ही पर्याय बन चुकी है। माना जाता है कि किसी हत्यारे या बलात्कारी को सजा देने का समय तब आता है जब आरोपी मर चुका होता है—

मौन है इनसानियत के कत्ल पर इनसाफ-गर,
अब कहाँ होगी भला उस पर जिरह, कुछ सोचिए।

न्याय व्यवस्था की लेटलतीफी के कारण भीड़ को कानून का भय नहीं रह गया है। आज 'कानून का शासन' बदलकर 'भीड़ का शासन' हो गया है। संविधान

के 'धर्म की स्वतंत्रता के अधिकार' का उल्लंघन कर किसी विशेष धर्म के लोगों को खान-पान तथा रहन-सहन के आधार पर कथित देशभक्तों तथा गोरक्षकों द्वारा निशाना बनाया जा रहा है।

रही-सही कसर आज सोशल मीडिया पूरी कर रहा है। फेक न्यूज तथा राजनीतिक नियंत्रण के कारण सोशल मीडिया किसी विशेष विचारधारा से संचालित हो रहा है। लोकतंत्र का चौथा स्तम्भ मीडिया भी जन जागरूकता के प्रसार के बजाय घटनाओं को धर्म तथा वर्ग के आधार पर देखकर किसी विशेष वर्ग के हितों को ही बढ़ावा देता दिख रहा है।

आगे विमर्श को 'भीड़ तंत्र द्वारा न्याय' तक बढ़ाया जाए तो देखा जा सकता है कि उसके तात्कालिक तथा दीर्घकालिक प्रभाव होते हैं। राजनीतिक क्षेत्र में देखें तो भीड़ संवैधानिक मूल्यों तथा व्यक्ति के धर्म की स्वतंत्रता, गरिमापूर्ण जीवन का अधिकार तथा निजता के मूल अधिकारों का उल्लंघन करती दिख रही है। भीड़ तंत्र से समाज में अराजकता तथा असुरक्षा का प्रसार होता है।

भीड़ तंत्र के न्याय के कारण कानूनों तथा न्याय व्यवस्था का मजाक उड़ाकर उल्लंघन किया जा रहा है। आज राष्ट्रवाद धर्म तथा वर्ग के आधार पर विभाजित होकर 'उपराष्ट्रवाद' के रूप में सामने आ रहा है। भीड़ तंत्र द्वारा न्याय के कारण अराजकता, उग्रवाद के साथ-साथ आतंकवादी संगठनों को भी अपने पैर पसारने का अवसर मिलता है। इसके कारण राज्य के समक्ष 'आन्तरिक सुरक्षा की चुनौतियाँ' सामने आती हैं। इसी के कारण 'मनोबल पीस इंडेक्स' में भारत की रैंकिंग अफ्रीका के देशों से भी कम है।

आगे देखें तो 'भीड़ तंत्र द्वारा न्याय की नई प्रवृत्ति' के कारण सामाजिक क्षेत्र में विविधता में एकता, सहिष्णुता के बजाय धर्म की विकृत व्याख्या तथा असहिष्णुता को बढ़ावा मिल रहा है। अल्पसंख्यक वर्ग भीड़ तंत्र की हिंसा से पीड़ित होने के मामले में बहुसंख्यक (86 प्रतिशत) बन गया है। जिन कथित दलितों को सामाजिक विकास की प्रक्रिया में पीछे रखा गया उन्हें भीड़ तंत्र द्वारा न्याय करने में आगे कर पीड़ित बनाया जा रहा है। भीड़ तंत्र द्वारा न्याय के कारण समाज में समानुभूति, सहानुभूति, करुणा की अवधारणा कम होती जा रही है तथा 'भावनात्मक बुद्धिमत्ता' का प्रयोग सामाजिक न्याय के बजाय सामाजिक अन्याय में किया जा रहा है। मॉब लिंचिंग के कारण संस्कृति को दीर्घकालिक क्षति होती है तथा पीछे की प्रक्रिया को गर्त में धकेल दिया जाता है।

आगे अन्य पक्षों को देखें तो मॉब लिंचिंग से अन्तर्राष्ट्रीय छवि खराब होती है तो क्रेडिट रेटिंग तथा निवेश में गिरावट का कारण बनती है। पलायन तथा संसाधनों के विनाश (मानव संसाधन) के कारण सामाजिक-आर्थिक विषमता को बढ़ावा मिलता है। भीड़ का शिकार महिला वर्ग भी होता है तथा इसके कारण भारत की

आधी आबादी को दबाया जाता है। महिलाओं को निर्वस्त्र घुमाया जाना आदिम समाज से भी कमजोर दशा को सूचित करता है।

ऐसा नहीं है कि भीड़ तंत्र द्वारा न्याय के केवल नकारात्मक परिणाम ही सामने आते हैं। इस भीड़ ने फ्रांस की क्रान्ति तथा रूस की क्रान्ति के साथ-साथ भारतीय राष्ट्रीय स्वतंत्रता आन्दोलन के माध्यम से भारत को स्वतंत्र करवाया। 'इंडिया अगेंस्ट करप्शन' में इस भीड़ की सक्रिय भूमिका थी। लेकिन भीड़ के वर्तमान में सकारात्मक प्रभाव अल्प हैं जिन्हें न्यायोचित नहीं ठहराया जा सकता।

अब देखते हैं कि सरकार ने इसकी रोकथाम के लिए क्या किया है? हाल ही में सुप्रीम कोर्ट द्वारा सरकार को निर्देश दिया गया। इसमें कहा गया कि सरकार को एक नोडल अधिकारी की जिला स्तर पर नियुक्ति करनी चाहिए तथा सोशल मीडिया, टी.वी. का प्रयोग कर 'जन जागरूकता के कार्यक्रम' प्रसारित किए जाने चाहिए। जागरूक समाज का निर्माण करके ही भीड़ तंत्र की हिंसा पर नियंत्रण किया जा सकता है। भारतीय दंड संहिता में भी भीड़ तंत्र के द्वारा हिंसा को नकारा गया है तथा अस्पृश्यता निवारण अधिनियम भी इसी दर्शन से प्रेरित है।

इसी तरह 'एक भारत श्रेष्ठ भारत' जैसे प्रयास भी सहयोग को ही बढ़ावा देकर नस्लीय भेद तथा लैंगिक भेद को नकारते हैं। वस्तुत: बंगलौर में हिंसा में पूर्वोत्तर के निवासियों के प्रति नस्लीय भेद विद्यमान था। सोशल मीडिया पर भी सिविल सोसायटी द्वारा 'नेशनल कैम्पेन अगेन्स्ट मॉब लिंचिंग' चलाया गया।

लेकिन ये प्रयास सीमित स्तर पर ही किए गए तथा इनमें भी प्रशासनिक तथा राजनीतिक अनिच्छा को देखा जा सकता है। पुलिस की मौजूदगी में भीड़ द्वारा हिंसा की जा रही है। अत: जरूरत तो व्यापक स्तर पर पुलिस सुधार किए जाने की है।

साथ ही समाजीकरण की प्रक्रिया तथा उचित शिक्षा द्वारा 'अभिवृत्ति के परिवर्तन' में सक्षम मूल्यों की शिक्षा दी जानी चाहिए। वस्तुत: शिक्षा का महत्त्व "अक्षरों का निष्प्राण साक्षात्कार न होकर सभ्यता तथा संस्कृति की अनवरत समीक्षा होनी चाहिए।"

इसी तरह सोशल मीडिया पर भी प्रभावी नियंत्रण किया जाना चाहिए, जो अभिव्यक्ति की स्वतंत्रता के संगत हो। सोशल मीडिया समूहों (व्हाट्सऐप, फेसबुक) को भी अपनी जिम्मेदारी का प्रभावी निर्वहन कर शान्तियुक्त समाज के निर्माण में योगदान देना चाहिए। सोशल मीडिया पर जागरूकता कार्यक्रमों के साथ-साथ 'सिविल सोसायटी' की भूमिका को भी नजरअन्दाज नहीं करना चाहिए। इसी तरह स्थानीय स्वशासन व्यवस्था के साथ-साथ राजनीतिक शुचिता का प्रयास कर स्वच्छ तथा जागरूक राजनीति का निर्माण किया जाना चाहिए। इसमें सुप्रीम कोर्ट तथा चुनाव आयोग की प्रभावी भूमिका होगी।

फास्ट ट्रैक कोर्ट, न्याय व्यवस्था में सुधार कर भीड़ के उद्भव के कारणों पर नियंत्रण किया जाना चाहिए। साथ ही स्थानीय न्याय व्यवस्था में भी सुधार किए

जाने चाहिए। एक प्रभावी कानून का निर्माण कर मॉब लिंचिंग को अपराध घोषित कर अल्पसंख्यकों, महिलाओं तथा दलितों के अधिकारों की रक्षा करनी चाहिए।

इसके साथ-साथ आवश्यकता है—समावेशी विकास की। सरकार को अल्पसंख्यकों तथा दलितों, महिलाओं का सतत विकास कर बेरोजगारी तथा गरीबी को दूर किया जाना चाहिए। लक्षित क्षेत्र आधारित कार्यक्रमों का निर्माण कर ज्ञान आधारित समाज के माध्यम से स्वतंत्र चिन्तन को बढ़ावा दिया जाना चाहिए।

निष्कर्षत: मॉब लिंचिंग जैसी दीर्घकालिक विकृत विकास की प्रक्रिया पर नियंत्रण के लिए भी बहुआयामी प्रक्रिया की आवश्यकता है। मॉब लिंचिंग की समस्या भारत के साथ-साथ तृतीय विश्व की भी समस्या है। अत: इसका समाधान अन्तर्राष्ट्रीय सहयोग के साथ-साथ राष्ट्रीय रणनीति के माध्यम से किया जाना चाहिए। समुदाय आधारित सहयोग, लैंगिक विकास तथा राष्ट्रीय एकता को बढ़ावा देकर मॉब लिंचिंग पर नियंत्रण किया जाना चाहिए। इससे "मानव के भविष्य पर लगने वाले प्रश्नचिह्नों को झूठा साबित कर सतत विकास की रणनीति पर आगे बढ़ना चाहिए।"

56

भारत के द्वंद्व

—निशान्त जैन

सभ्यता के शुरुआती दौर से लेकर आज तक समय ने नित नई करवटें बदली हैं, सभ्यताओं ने नित नए रूप धरे हैं। 'परिवर्तन प्रकृति का शाश्वत नियम है' के ही अनुरूप सतत विकास और परिवर्तन का दौर चलता ही रहा है। यह निरन्तर गतिमान परिवर्तन सीधा-सपाट या एकरेखीय न होकर अनेक उतार-चढ़ावों से युक्त, उथल-पुथल भरा, जटिल और बहुरेखीय रहा है। इस जटिलता का स्पष्ट कारण रहा है—मानव का सतत द्वंद्व, उसका चिरन्तन चिन्तन, उसका अनवरत ऊहापोह और उसकी निरन्तर आशंकाएँ।

यहाँ यह भी ध्यातव्य है कि क्या द्वंद्व होना कोई अप्राकृतिक या अस्वाभाविक बात है अथवा भारत जैसे विशाल व बहुसांस्कृतिक राष्ट्र के लिए विविध क्षेत्रों में द्वंद्वों का होना एक अवश्यम्भावी व स्वाभाविक प्रक्रिया है? वस्तुत: देखा जाए तो 'भारत' का विचार एक सतत विकास की प्रक्रिया से विकसित हुआ विचार है। यूँ तो 'भारत' राष्ट्र की भौगोलिक अवधारणा प्राचीन काल में ही दिखती है। परन्तु महज भौगोलिक दशा-दिशा से 'राष्ट्र-राज्य' की अवधारणा विकसित नहीं होती। चाहे अशोक या कनिष्क अथवा समुद्रगुप्त का शासन रहा हो या शेरशाह सूरी,

अकबर अथवा दिल्ली सल्तनत की हुकूमत, दक्षिण में चोल-चेर-पांड्य का शासन रहा हो या पश्चिम में मराठे, विजयनगर साम्राज्य या सिख रियासतें; भारत अक्सर केन्द्रीकृत और विकेन्द्रीकृत हुकूमतों से शासित होता रहा है। आज के स्वतंत्र भारत का वास्तविक स्वरूप पहले के किसी भी सम्राट के काल में पूरी तरह स्थापित नहीं रहा है। इसमें भी कोई सन्देह नहीं कि अंग्रेजों की एकरूप प्रशासनिक व राजनीतिक व्यवस्था तथा रेलवे, डाक-तार की संचार सुविधाओं का भारतीय राष्ट्र-राज्य के अधुनातन स्वरूप को आकार देने में महत्त्वपूर्ण योगदान रहा है। साढ़े तीन सौ से ज्यादा रजवाड़ों वाला हिन्दुस्तान आज एक सम्प्रभु, स्वतंत्र व एकीकृत राष्ट्र का स्वरूप धारण कर चुका है।

पंडित नेहरू ने अपनी पुस्तक 'डिस्कवरी ऑफ इंडिया' में लिखा है—*"भारत स्वयं में एक लघु विश्व है।"* निस्सन्देह इंडोलॉजी व भारत पर अध्ययन करने वाले सभी विद्वानों ने एक स्वर में माना है कि भारत विविधताओं व बहुलताओं के मामले में विश्व का एक अनूठा और दिलचस्प देश है। किस्म-किस्म की भाषाएँ, रीति-रिवाज, खान-पान, रहन-सहन, लोकगीत, नृत्य, धर्म-सम्प्रदाय, सामाजिक संरचनाएँ व संस्थाएँ इस मुल्क को बेहद बहुलतावादी और वैविध्यपूर्ण मुल्क बनाती हैं।

लिहाजा इस विशाल बहुभाषाभाषी व बहुसांस्कृतिक देश की अपनी विविध सामाजिक, सांस्कृतिक, राजनीतिक, आर्थिक, ऐतिहासिक, भौगोलिक, दार्शनिक, धार्मिक, आध्यात्मिक, जनसांख्यिकीय, पर्यावरणीय और भाषायी विभिन्नताएँ तथा विशिष्टताएँ मौजूद हैं, जो इस देश की 'विविधता में एकता' की खूबी की पुष्टि करती हैं।

यदि सामाजिक दृष्टिकोण से देखें तो भारतीय समाज की संरचना स्वयं में पर्याप्त जटिल है। यहाँ समाज ग्रामीण, उपनगरीय, नगरीय, महानगरीय, जनजातीय, पहाड़ी जैसे तमाम वर्गों और उपवर्गों में बँटा हुआ है। साथ ही, समाज में विभिन्न कमजोर व वंचित वर्गों के लोग—अनुसूचित जाति, अनुसूचित जनजाति, अन्य पिछड़ा वर्ग, अल्पसंख्यक, महिलाएँ, सीमान्त कृषक, असंगठित मजदूर, ट्रांसजेंडर, बच्चे, वरिष्ठ नागरिक, विकलांग जन आदि शामिल हैं, जिन्हें शेष समाज के विशेष रूप से संवेदनशील व सहयोगात्मक रवैये की आवश्यकता है।

सामाजिक दृष्टि से भारत का द्वंद्व हमारे सामने विभिन्न द्वंद्वों, मसलन—एकल परिवार एवं संयुक्त परिवार, जातिवादी-जातिविहीन समाज, ग्रामीण-नगरीय द्वंद्व, विवाह-संन्यास का द्वंद्व आदि के रूप में दिखाई देता है।

आर्थिक नजरिये से भी भारत के सामने द्वंद्वों की बहुतायत रही है। स्वतंत्रता के तुरन्त बाद से ही भारत के नीतिपरक आर्थिक द्वंद्व शुरू हो गए थे। राष्ट्रपिता गांधी जहाँ ग्राम स्वराज को आर्थिक विकास की धुरी मानते हुए सर्वोदय, पंचायती राज, हस्तशिल्प, स्वरोजगार एवं ट्रस्टीशिप को बढ़ावा देना चाहते थे, वहीं पंडित नेहरू

का झुकाव औद्योगिक दृष्टि से पिछड़े देश को तीव्र औद्योगीकरण व कल-कारखानों की ऑक्सीजन से प्राण देने की ओर था। साथ ही, निजी क्षेत्र और सार्वजनिक क्षेत्र को अधिक वरीयता देने का द्वंद्व भारतीय अर्थव्यवस्था का एक मूलभूत द्वंद्व रहा है। हालाँकि पूँजीवादी व समाजवादी अर्थव्यवस्थाओं के मिश्रित गुणों-अवगुणों को देखते हुए भारत ने 'मिश्रित अर्थव्यवस्था' की नई व्यवस्था के माध्यम से इसका समाधान निकाला।

इसी तरह, भारतीय अर्थव्यवस्था में कृषि विकास बनाम औद्योगिक विकास, ग्रामीण विकास बनाम नगरीय विकास, कर प्रधान या करमुक्त व्यवस्था, निर्यात बनाम आयात, मुद्रास्फीति बनाम अवस्फीति, हस्तशिल्प बनाम मशीनीकरण, रुपए का अवमूल्यन बनाम अधिमूल्यन जैसे द्वंद्व सतत रूप से इसे मथते रहे हैं और आज भी इन्हें लेकर समय-समय पर भारत के समक्ष द्वंद्व की स्थिति बनती रहती है। उदारीकरण और विनिवेश बनाम घरेलू संरक्षणवाद का द्वंद्व तो एक बड़ा महत्त्वपूर्ण और चिरस्थायी द्वंद्व रहा है।

भारत के राजनीतिक द्वंद्व भी कम नहीं रहे हैं। फिर चाहे वह आजादी से पहले कांग्रेस के गरमपंथ व नरमपंथ का द्वंद्व रहा हो या एक लम्बे अरसे तक डोमीनियन स्टेट्स और पूर्ण स्वराज्य की माँग का ऊहापोह अथवा आजादी के बाद संविधान निर्माण के समय संविधान की संघात्मक अथवा एकात्मक संरचना को लेकर द्वंद्व हो या समाजवाद व पूँजीवाद का द्वंद्व; भारत विविध द्वंद्वों में उलझता और निकलता रहा है।

एक सम्प्रभु राष्ट्र-राज्य के रूप में भी भारत के सामने विविध द्वंद्वात्मक चुनौतियाँ उपस्थित होती रही हैं। बाह्य आक्रमणों के समय आक्रामक रवैया अपनाया जाए या रक्षात्मक, रक्षा क्षेत्र पर अधिक खर्च हो या सामाजिक योजनाओं पर, धर्मनिरपेक्षता के साथ-साथ धार्मिकता का समन्वय कैसे बैठाया जाए, जनजातीय क्षेत्रों को दी जाने वाली स्वायत्तता बेहतर है या समावेशी एकीकृत व्यवस्था, राष्ट्रभाषा एक ही हो या अनेक क्षेत्रीय भाषाएँ, राज्यों का पुनर्गठन भाषायी आधार पर हो या प्रशासनिक आधार पर, पर्यावरण संरक्षण अधिक महत्त्वपूर्ण है या आर्थिक विकास, संघीय ढाँचा अधिक महत्त्वपूर्ण रहे या एकात्मक व्यवस्था, इस तरह की तमाम समस्याएँ भारत के सामने चुनौती की तरह खड़ी होती रही हैं। यह भी दीगर है कि भारत ने ज्यादातर द्वंद्वों के बीच 'मध्यम मार्ग' का अनुसरण करते हुए समन्वय व सहकार के माध्यम से इन द्वंद्वों के बखूबी समाधान खोजे हैं।

भारत धार्मिक-दार्शनिक व आध्यात्मिक दृष्टि से एक बेहद समृद्ध देश है। विश्व के 4 प्रमुख धर्मों—हिन्दू, सिख, बौद्ध, जैन की जन्मस्थली भारत अनगिनत वेद-पुराणों, उपनिषदों-ब्राह्मणों, स्मृतियों-आरण्यकों के प्राचीन साहित्य से समृद्ध है। साथ ही, समय के साथ शक-कुषाण-हूण-यवन-तुर्क-मंगोल-मुगल-अफगान

जैसी बाह्य जातियों तथा इस्लाम, ईसाई और पारसी जैसे धर्मों को इस देश ने स्वयं में सम्मान सहित समाहित किया है।

भारतीय दर्शन में आस्तिकता-नास्तिकता के द्वंद्व, प्रवृत्तिमार्ग-निवृत्तिमार्ग के द्वंद्व सदैव बने रहे हैं। जहाँ चार्वाक, जैन व बौद्ध दर्शन नास्तिक हैं, वहीं सांख्यादि षड्दर्शन आस्तिक दर्शन हैं। हिन्दू धर्म जहाँ प्रवृत्ति मार्ग को महत्त्व देता है, वहीं जैन व बौद्ध धर्म निवृत्तिमार्ग को ही प्रमुख मानते हैं। अठारहवीं सदी का पुनर्जागरण बनाम नवजागरण का द्वंद्व और पारम्परिकता बनाम नवीनता का द्वंद्व धर्म व संस्कृति के क्षेत्र में बड़ा द्वंद्व रहा है। अंग्रेजों के सामने प्राच्य बनाम पाश्चात्य विवाद एक बड़ी समस्या बनकर उभरा था। अन्ततः भारतीय परम्परा के ग्राह्य व शाश्वत मूल्यों को संरक्षित करते हुए पाश्चात्य ज्ञान-विज्ञान को ग्रहण करने का एक समन्वयात्मक दृष्टिकोण अपनाया गया, जो दीर्घावधि में भारत के बौद्धिक व सांस्कृतिक विकास का आधार बना। राष्ट्रकवि मैथिलीशरण गुप्त ने भारतीय धर्म व इतिहास की श्रेष्ठता के बीच पाश्चात्य ज्ञान-विज्ञान की महत्ता को स्वीकारते हुए लिखा भी है—

साहब! हमें योरोपियन हिस्ट्री न अब दिखलाइए,
बैलून की रचना हमें, करके कृपा सिखलाइए।

उधर अन्तर्राष्ट्रीय राजनीति व राजनय के क्षेत्र में भी भारत के अनेक द्वंद्व दिखते हैं। पड़ोसी देशों को अधिक महत्त्व दिया जाए या सुदूरवर्ती वैश्विक ताकतों को, अमेरिका-सोवियत बनाम गुटनिरपेक्षता का द्वंद्व, सॉफ्ट स्टेट बनाम हार्ड स्टेट का द्वंद्व, आक्रामकता बनाम रक्षात्मकता का द्वंद्व, यू.एन. बनाम क्षेत्रीय अन्तर्राष्ट्रीय संगठन, विश्व बैंक की उदारीकृत नीतियाँ बनाम घरेलू संरक्षणवाद आदि ऐसे अनेक द्वंद्व हैं जो भारत की विदेश नीति को प्रभावित करते रहे हैं।

परन्तु भारत ने विदेश नीति के मामले में गुटनिरपेक्षता की नीति को अपनाकर किसी भी ध्रुव में न फँसते हुए स्वतंत्र विकास की नीति को अपनाया था, जो बाद में भारतीय विदेश नीति का आधारभूत तत्त्व बनकर उभरा।

सांस्कृतिक-साहित्यिक व भाषायी दृष्टि से भी भारत के एक बहुलतावादी व बहुविध देश होने के कारण समय-समय पर यहाँ बहुत से द्वंद्व उठते रहे हैं। स्वतंत्रता संग्राम के राष्ट्रीय नायकों ने जहाँ एक स्वर में हिन्दी को राष्ट्रभाषा बनाने का पक्ष लिया था, वहीं दूसरी ओर बाद में देश के कुछ हिस्सों में हिन्दी विरोधी आन्दोलन तक हुए। भारत ने हिन्दी को राजभाषा का दर्जा देते हुए कुल 22 भाषाओं को आठवीं अनुसूची में सम्मिलित कर, भाषायी समन्वय का परिचय दिया। निस्सन्देह भारतीय संस्कृति के बहुलतावादी चरित्र को बनाए रखने की ही निरन्तर आवश्यकता है।

पर्यावरणीय-पारिस्थितिकीय दृष्टि से भी कुछ द्वंद्व मौजूद थे, जैसे—आर्थिक

विकास व औद्योगीकरण को अधिक प्राथमिकता दी जाए या पर्यावरण संरक्षण को, अपनी घरेलू अर्थव्यवस्था का संरक्षण अधिक जरूरी है या जलवायु परिवर्तन के सम्मेलनों में प्रतिबद्धता आदि। यहाँ भी भारत ने अपने अन्तर्राष्ट्रीय व राष्ट्रीय हितों को सुरक्षित रखते हुए दोहा राउंड में विकासशील देशों की समस्याओं को पुरजोर तरीके से उठाया और दोनों द्वंद्वों के मध्य का रास्ता निकाल लिया।

उपरोक्त द्वंद्वों का होना कोई आकस्मिक या अनहोनी घटना नहीं है। दरअसल वास्तविकता तो यह है कि जिस तरह किसी व्यक्ति के व्यक्तित्व का पूर्ण विकास विविध द्वंद्वों व चुनौतियों के बीच से गुजरकर होता है, वैसे ही भारतीय राज्य का वर्तमान परिपक्व स्वरूप समय-समय पर होने वाले विविध द्वंद्वों, समस्याओं व चुनौतियों से निखरा है।

इन द्वंद्वों का कारण स्वाभाविक तौर पर भारत की वैविध्यपूर्ण संस्कृति व समाज में छिपा है। जब समाज व संस्कृति की संरचना जटिल होती है, तो प्रशासन व शासन का तरीका भी सरल नहीं रह जाता। यह भारतीय राज्य की विविधतापूर्ण सामाजिक-सांस्कृतिक-दार्शनिक-आर्थिक-राजनीतिक-भौगोलिक-जनसांख्यिकीय दशाओं का ही प्रभाव है कि यहाँ जीवन के हर क्षेत्र में पर्याप्त द्वंद्व दृष्टिगोचर होते हैं।

जहाँ तक भारत के इन द्वंद्वों के प्रभाव का प्रश्न है, तो यह स्पष्ट है कि द्वंद्वों के परिणामस्वरूप चिन्तन और मंथन करना पड़ता है; पर साथ ही यह भी कि चिन्तन और मंथन की प्रक्रिया से निकले समाधान का स्वरूप धारणीय और स्थायी होता है। इसका बड़ा उदाहरण भारत में सार्वजनिक और निजी, दोनों क्षेत्रों को महत्त्व देते हुए मिश्रित अर्थव्यवस्था का अंगीकरण है। द्वंद्वों का समाधान यदि वैज्ञानिक व व्यवस्थित ढंग से समन्वयात्मक दृष्टिकोण को अपनाते हुए किया जाए, तो इनके बीच से ही एक श्रेष्ठ और फलदायी समाधान निकल सकता है।

भारत के इन द्वंद्वों ने निरन्तर भारत को परिपक्व और मजबूत किया है। भारत ने इन द्वंद्वों की चुनौतियों का समाधान मध्यम मार्ग अपनाते हुए खोजा है। वस्तुतः इन सभी द्वंद्वों का निदान कहीं बाहर नहीं, अपितु भीतर ही निहित है। प्राचीन भारतीय दर्शन के दो सिद्धान्त—'अनेकान्तवाद' और 'मध्यम मार्ग' भारत के इन द्वंद्वों के निदान के प्रमुख उपकरण बनकर उभरे हैं। अनेकान्तवाद कहता है कि सभी मत या दृष्टिकोण महत्त्वपूर्ण हैं। कोई भी दृष्टिकोण पूर्णतः उचित या अनुचित नहीं हो सकता। अतः किसी भी अवधारणा को उसके सभी दृष्टिकोणों के साथ समझना चाहिए। उधर मध्यम मार्ग दोनों अतिवादी रास्तों के बीच एक सरल और समन्वयात्मक रास्ते की ओर ले जाने की वकालत करता है।

भारत ने अपने लगभग हर द्वंद्व का निदान उपर्युक्त दोनों सिद्धान्तों की सहायता से किया है। भारत ने द्वंद्व के कारणों व समस्याओं को हर दृष्टिकोण से समझकर

एक मध्यम व समन्वयात्मक दृष्टिकोण अपनाकर मार्ग निकाला, जो आगे कारगर साबित हुआ। आज भी भारत के समक्ष अनेक राष्ट्रीय-अन्तर्राष्ट्रीय द्वंद्व मौजूद हैं, जिनका निदान भी विवेक-समझदारी-मध्यम मार्ग की सहायता से ढूँढ़ें जाने के प्रयास किए जा रहे हैं।

57

भारतीय मीडिया—कॉरपोरेट स्वार्थ का प्रतिनिधि या लोकतंत्र का चौथा स्तम्भ?

—नीतू सिंह

लोकतंत्र का प्रहरी माने जाने वाले मीडिया का महत्त्व निम्न पंक्तियों में ढूँढ़ा जा सकता है—

खींचों न कमानों को, न तलवार निकालो
जब तोप मुकाबिल हो, तो अखबार निकालो।

उपरोक्त पंक्तियाँ दर्शाती हैं कि मीडिया बड़े-से-बड़े हथियार से लड़ने में सक्षम है, चाहे वो उपनिवेशवादी सरकार हो या तानाशाह का गुरूर। आजादी दिलाने की बात हो या सुशासन लाने की कल्पना। समाज की कुरीति हो या आधुनिकता की फूहड़ता, विधायिका हो या न्यायपालिका, सभी के चेक एंड बैलेंस में महत्त्वपूर्ण है। तभी शायद वाल्टेयर, मिल, गांधी जैसे विचारकों ने मीडिया की स्वतंत्रता को परम महत्त्व दिया। किन्तु जब पेड न्यूज, टीआरपी की फूहड़ता, उपभोक्तावादी संस्कृति का अन्धाधुन्ध प्रसार व एडवर्टाइजमेंट का पुलिन्दा मीडिया पर हावी होता है तो लगता है कि मीडिया मार्ग भटककर कॉरपोरेट का प्रतिनिधि बन गया है।

आज की मीडिया पर वंचित वर्ग, ग्रामीण जनजातीय क्षेत्र को अपने पन्नों से बाहर करने का दोषी भी पाया ज़ाता है। तो लगता है कि मीडिया 'नोबल कार्य' भूल, बिजनेसमैन बन गया। हालाँकि मीडिया पर आरोप-प्रत्यारोप लगाने से पहले गहन व विस्तृत चिन्तन व बहस की जरूरत है।

हमें जानना होगा कि मीडिया है क्या? क्यों इसे लोकतंत्र का चौथा स्तम्भ माना गया? क्या वह इस भूमिका को अदा कर पाया? या फिर 99 के फेर में पड़कर कॉरपोरेट का रूप बन गया? आखिर क्या कारण रहे, जिसने मीडिया पर ये आरोप लगाने के लिए मजबूर किया? तो फिर उपायों की बात भी जरूरी जान पड़ती है? लोकतंत्र का केन्द्र बिन्दु 'लोक' इस मुद्दे पर क्या राय रखे, यह भी चिन्तनीय है।

उपरोक्त प्रश्नों का अध्ययन देश के राजनीतिक, सामाजिक, आर्थिक, ऐतिहासिक, शैक्षिक, पर्यावरणीय व अन्तर्राष्ट्रीय क्षेत्रों के परिप्रेक्ष्य में करना होगा। जिसका आरम्भ राष्ट्रवाद की ज्वाला के रूप में देखा जा सकता है।

औपनिवेशिक शासन का दौर भारत में रहा हो या अफ्रीका, लैटिन अमेरिका में, शोषण हर जगह था। जिसका विरोध राष्ट्रीय आन्दोलनों ने किया। पर राष्ट्रीय आन्दोलन की आवाज को बुलंदी मीडिया ने ही दी। जिसमें भारत के सन्दर्भ में 'अमृत बाजार पत्रिका', 'मराठा', 'केसरी' को देखा गया। आजादी के बाद के युग में भी मीडिया की भूमिका लोकतंत्र के प्रहरी के रूप में रही। यद्यपि आज इसका आकार अत्यधिक विशाल हो चुका है।

वर्तमान में मीडिया में रेडियो, टीवी, पत्रकारिता, प्रिंट मीडिया, न्यूज चैनल आदि शामिल हैं। जिसमें हाल में सोशल मीडिया को शामिल करने पर वाद-विवाद बना हुआ है।

मीडिया द्वारा सरकार के कार्यों की समीक्षा करने, वाद-विवाद-संवाद का मंच प्रदान करने, जनता को जागरूक करने आदि भले कामों के लिए ही उसे लोकतंत्र के चौथे स्तम्भ की संज्ञा दी गई। लॉर्ड ब्राइस के शब्दों में, "किसी लोकतंत्र की प्रगतिशीलता का आधार है कि वहाँ प्रेस की कितनी स्वतंत्रता है।" इसलिए सभ्य समाजों में मीडिया की स्वतंत्रता की खूब माँग हुई।

हालाँकि अब समय मीडिया के कार्यों की समीक्षा का है। जहाँ भारतीय मीडिया की कुछ उपलब्धियाँ तो कुछ डार्क मैटर भी विद्यमान हैं। जैसे राजनीति के क्षेत्र में मीडिया ने दलों के एजेंडे का प्रसार करने, सरकार की कार्यप्रणाली दिखाने, न्यायपालिका में लम्बित 3 करोड़ मामलों पर बहस कराने, 2जी, कोलगेट, व्यापम जैसे घोटालों से अवगत कराने का काम किया तो वहीं दूसरी ओर सच को तोड़ने-मरोड़ने का काम भी किया, जिसमें कॉरपोरेट की छाया स्पष्ट रूप में देखी जा सकती है।

जैसे तमिलनाडु चुनाव में सामने आए पेड न्यूज के मामले व मीडिया-कॉरपोरेट-राजनीतिज्ञों के गठजोड़ के मुद्दे महत्त्वपूर्ण हैं। न्यायपालिका के कार्यों में हस्तक्षेप, जैसे तलवार केस, अरुणा शाहबाग केस में हुई मीडिया ट्रायल का मामला।

समाज के क्षेत्र में भी मीडिया के चमकदार व स्याह पक्ष दोनों हैं। जहाँ मीडिया सनसनीखेज खबर देने, तथाकथित धर्मगुरुओं को मंच देने व वाणिज्य में बढ़ावा देने के लिए प्रचार का माध्यम बनता जा रहा है। जिसके दायरे में गरीब तबका, ग्रामीण क्षेत्र व जनजाति बस्ती अब नहीं रही। किसी ने ठीक ही कहा है कि—

किसी की मौत का जुमला, जुबां तक न पहुँचा
किसी की मुस्कुराहट, सुर्खिए-ए-खास बन गई।

मीडिया का यह बर्ताव मूलत: इस ओर इंगित करता है कि वंचित वर्ग व क्षेत्र को दिखाने से उन्हें कोई लाभ नहीं होगा। उनकी टीआरपी रेटिंग शहरों की चकाचौंध, न्यू लाइफ स्टाइल, उपभोक्तावादी संस्कृति की लाइट दिखाने से होगी। हालाँकि भारतीय मीडिया का एक भाग सामाजिक कुरीतियों को समाप्त करने के लिए भी प्रेरित है। जैसे उत्तर-पूर्व व उत्तर भारत की 'डायन' घोषित करने की प्रथा, बालिकाओं की हत्या, जेंडर न्याय आदि मुद्दों को भी दर्शाता है। हाल में 'एनडीटीवी इंडिया' द्वारा भारत में विधवाओं की स्थिति पर स्पेशल रिपोर्ट प्रकाशित करना इसका उदाहरण है।

उल्लेखनीय है कि शीतयुद्धोत्तर विश्व 'अर्थ' का युग कहा जाता है। जिसने मीडिया को भी नहीं छोड़ा। जहाँ मीडिया घराने 'ट्रुथ' से ज्यादा 'टर्न ओवर' को लेकर चिन्तित हैं। जिसे 'पेज 3' जैसी फिल्म में बखूबी दिखाया गया है। किन्तु मीडिया द्वारा मनरेगा में न खर्च हुए धन का ब्यौरा उजागर करने व सूखे क्षेत्र में सरकारी योजनाओं के जमीनी धरातल दिखाने में भी योगदान रहा। जो लोकतंत्र को मजबूत बनाएगा क्योंकि सरकार की जवाबदेहिता दर्शाने में मीडिया की अगुवाई महत्त्वपूर्ण है। वहीं सांस्कृतिक क्षेत्र में उपभोक्तावादी संस्कृति के विकास, जैसे फलाँ तेल से कायापलट का दावे के साथ राजनीतिक संस्कृति के विस्तार पर भी बल दिया। जिसमें मीडिया 'वोट' की महत्ता बताती दिखी।

हाल में पर्यावरण के क्षेत्र में 'ग्रीन दीवाली' मनाने, पटाखों का विरोध करने व पेड़ लगाने के कार्यक्रमों को प्रेरित करती दिखी। वहीं बिहार के टॉपर घोटाले को जनता के समक्ष लाकर भारतीय शिक्षा पद्धति की पोल खोलने का काम भी किया। ग्रामीण क्षेत्र के 'माँझी' द्वारा पत्नी की लाश पैदल ले जाने के मुद्दे को सभी तक पहुँचाया तो वहीं अमन गुप्ता की कोटा में आत्महत्या का मामला।

हालाँकि मीडिया ने हमारे ज्ञान को एकतरफा बनाने का काम भी किया। पर हमने भी चटपटी खबर को पसन्द किया है। अर्थात् गलती समाज की भी रही है। किसी ने ठीक ही कहा है—

हम वही देखते हैं, जो हमें मीडिया दिखाती है

मीडिया के कॉरपोरेट का प्रतिनिधि बनने का मामला मात्र भारतीय मीडिया के साथ नहीं, बल्कि सीएनएन, आईबीएम से भी जुड़ा है, जिसमें न्यूज व फैशन वर्ल्ड का अन्तर कर पाना ही कठिन हो गया। पर पनामा पेपर का खुलासा भी इस कॉरपोरेट नेतृत्व वाली मीडिया ने ही किया है।

उपरोक्त बहस पक्ष-विपक्ष दर्शाता है कि मीडिया की भूमिका पर ब्लैक या व्हाइट का दिया जाना कठिन है। इसके बीच का ग्रे क्षेत्र, जिसमें लोकतंत्र व कॉरपोरेट दोनों शामिल हैं, महत्त्वपूर्ण हैं।

अब मूल काम मीडिया के सुधार का है। जिसमें मीडिया स्वयं कार्यकर्ता है। उसे समझना होगा कि वित्त का विस्तार करना जितना जरूरी है उतना ही जनता तक सच पहुँचाकर अपना दायित्व निभाना है। किसी ने ठीक ही कहा है—

"स्वतंत्रता की उड़ानों के साथ जिम्मेदारी की जड़ें भी महत्त्वपूर्ण हैं।"

जिसमें मीडिया को 'स्वमूल्यांकन' करना होगा। अपराध की स्थिति में सजा का प्रावधान भी जरूरी है। इसलिए पेड न्यूज को अपराध की श्रेणी में लाना महत्त्वपूर्ण है। तत्कालीन सूचना व प्रसारण मंत्री वेंकैया नायडू ने कहा था, "मीडिया को 'फास्ट' के साथ 'राइट' होना भी जरूरी है व सनसनीखेज दुनिया से भी बचना जरूरी है।"

यहाँ नागरिक की भूमिका असन्दिग्ध है क्योंकि लोकतंत्र का आधार लोग हैं। यदि वे समझ जाएँ कि कौन-सी खबर कॉरपोरेट का पुलिन्दा है व कौन-से लोकतंत्र की नींव, तो मीडिया भी बहुत समय तक अपनी जिम्मेदारी से भाग नहीं पाएगा। उसे भी लोकतंत्र का प्रहरी बनने पर विवश होना पड़ेगा। उसे टर्न ओवर के साथ ट्रुथ दिखाना होगा व सत्यनिष्ठ बनाना पड़ेगा। यद्यपि इस क्षेत्र में भारतीय नागरिक को मीलों की यात्रा करनी होगी व स्वयं को सशक्त करना होगा, तभी शासन के सभी अंग (मीडिया सहित) प्रतिबद्ध, पारदर्शी व प्योर होंगे। यह काम कठिन है पर नामुमकिन नहीं। जिसकी प्रेरणा दुष्यन्त कुमार की इस पंक्ति से ली जा सकती है—

कैसे आकाश में सुरखा हो नहीं सकता
एक पत्थर तो तबीयत से उछालो यारो।

58

क्या मृत्युदंड सभ्य समाज और विश्व में अभी भी प्रासंगिक हैं?

—विजेन्द्र कुमार

'बड़ी मछली, छोटी मछली को न निगल सके' इस आवश्यकता के चलते समाज में राज्य की अवधारणा को जन्म दिया। अत: राज्य को भी समाज में अव्यवस्था पर नियंत्रण हेतु न्याय की अवधारणा से जोड़ा। जहाँ पर राज्य दंड के माध्यम से कानून के उल्लंघन करने वालों को दंडित कर सकता है। वर्तमान लोकतांत्रिक सभ्य समाजों के विपरीत पूर्व काल की व्यवस्था में दंड की अवधारणा भिन्न-भिन्न थी अर्थात् कई समाजों में राजा की इच्छा ही न्याय एवं दंड की अवलम्ब थी तो कई समाजों में *'आँख के बदले आँख'* का सिद्धान्त मौजूद था, किन्तु सभ्यताओं के विकास के साथ ही दंड के प्रावधानों में भी बदलाव आया है। वर्तमान सभ्य

समाजों में प्राकृतिक न्याय के सिद्धान्त के अनुसार कानूनी प्रक्रिया अनुसार दंड की व्यवस्था की गई है।

यह दंड की व्यवस्था को दंडित करने के उद्‌देश्य से संचालित न करके सुधारवादी उद्‌देश्य से संचालित किया, जिसके लिए अपराध की गम्भीरता को ध्यान में रखकर ही दंडों की कठोरता को लागू किया। सवाल उठता है कि क्या दंड का उद्‌देश्य क्या जीवन का अन्त करना ही है? क्या सभ्य समाजों में मृत्युदंड की व्यवस्था को बनाए रखना आवश्यक है? क्या ऐसा कोई समाज हो सकता है जो दंड की व्यवस्था को ही समाप्त कर दे?

मृत्युदंड का प्रश्न जेहन में आता है तो व्यक्ति के अपराध की प्रवृत्ति पर भी नजर जाती है। आज विश्व के कई देशों में मृत्युदंड की व्यवस्था को समाप्त कर दिया है जिसके पीछे मानवाधिकारवादी रवैया, सभ्य समाज के विपरीत दंड की पुरानी परम्परा एवं मृत्युदंड द्वारा सुधार का अवसर न दिया जाना आदि मुख्य कारण है। विश्व के इस श्रेणी के देश जीवन स्तर, अर्थव्यवस्था, मानव विकास एवं लोकतंत्र जैसे मानकों के साथ ही विधि के शासन के पालन में प्रतिबद्ध नजर आते हैं।

इसके साथ ही यदि दूसरे ध्रुव पर खड़े समाजों पर नजर डालें तो 'अपराध की जघन्यता' को देखते हुए मृत्युदंड की व्यवस्था को बनाए रखने के पक्षधर हैं।

सवाल उठता है कि क्या है अपराध की जघन्यता एवं इसका क्या एकमात्र समाधान मृत्युदंड ही है? यदि मृत्युदंड के मामलों के अपराधों पर सम्पूर्ण विश्व के देशों पर नजर डालें तो उनमें आतंकवादी तत्त्व, देशद्रोही तत्त्व, राष्ट्र की एकता एवं अखंडता को खंडित करने वाले, सामूहिक हत्या, नरसंहार, बलात्कार एवं बलात्कार के बाद हत्या जैसे अपराधों में सामान्यता सभ्य समाजों के कानूनों में मृत्युदंड का प्रावधान किया गया है।

अब प्रश्न आता है कि क्या मृत्युदंड का कोई विकल्प उपरोक्त जघन्य अपराधों में दिखाई देता है। दंड की मूल अवधारणाओं को यदि गांधी जी के शब्दों में देखें तो वह अपराधी के सुधार पर आधारित होनी चाहिए क्योंकि गलती इनसान से होती है और सुधार के अवसर देकर उसे समाज की मुख्यधारा का सदस्य बनाया जा सकता है। किन्तु यहाँ स्मरणीय है कि सुधार का एवं समाज का सक्रिय सदस्य बनाना निश्चित ही समाज में अपराध के भय को समाप्त कर सकता है।

विश्व में कई देशों के उदाहरण एवं रिपोर्ट में यह सामने आया है कि यदि अपराधी को उसके आपराधिक कार्यों के लिए उपर्युक्त सजा नहीं मिलती है तो वह अगली बार और बड़ा अपराधी बनकर उभरता है। ऐसे में दंड का विकल्प पर ही प्रश्नचिह्न उठ खड़े होते हैं।

इसके अलावा यदि अपराधी को मृत्युदंड का विकल्प मानवता, लोकतंत्र एवं सुधारवादी नैतिकता के परिप्रेक्ष्य में उम्रकैद या आजीवन सजा में भी बदल दिया जाता

है तो यह एक प्रकार का पीड़ित व्यक्ति को न्याय देने में किया गया समझौता है। दूसरा इसके चलते राज्य पर सुरक्षा का भार, अनावश्यक व्यय एवं जिम्मेदारी बढ़ जाती है।

सुरक्षा के भार से यहाँ आशय संगठित अपराधों एवं आतंकवादी घटनाओं में संलिप्त व्यक्तियों को यदि मृत्युदंड न देकर आजीवन कारावास की सजा दी जाती है तो उनसे सम्बन्धी लोग प्लेन हाइजैक, राजनीतिक किडनैपिंग जैसे अपराधों को अंजाम देकर उनको छुड़ाने का हरसम्भव प्रयास कर सकते हैं जो कि पूर्व के उदाहरणों में देखने को मिलता है। अत: मृत्युदंड के विकल्पों को भी व्यवहारिकता के स्तर पर लागू करना चुनौती बना हुआ है।

मृत्युदंड की व्यवस्था को तो कई अलोकतांत्रिक असभ्य समाजों जहाँ कानून के शासन का अभाव है और व्यक्ति के अधिकारों, स्वतंत्रता आदि की समाप्ति के लिए तानाशाही शासकों ने प्रयोग किया है। निश्चित तौर पर विरोधियों के उत्पीड़न के लिए उपरोक्त दंड की अवधारणा सभ्य समाजों का हिस्सा नहीं है।

सभ्य समाजों में व्यक्तियों के अधिकारों, विधि के शासन, शान्ति एवं राष्ट्र की अखंडता को बनाए रखने के लिए भय के उपकरण के रूप में किया जाता है जिसके चलते सभ्य समाज अपने लोगों के जीवन को स्वतंत्रतापूर्वक एवं भयमुक्त रख सकें।

क्या सामूहिक हत्या, नरसंहार, बलात्कार, हत्या एवं आतंकवादी सभ्य समाज का हिस्सा होते हैं? क्या उनके भी मूलभूत अधिकार होते हैं? निश्चित तौर पर राज्य की अवधारणा में व्यक्ति की मनमर्जी को रोका गया है एवं कानून की सीमा में अधिकारों की स्वतंत्रता दी गई है। ऐसे में कोई भी राष्ट्र या सभ्य समाज, सभ्य समाज की समाप्ति का खतरा नहीं उठा सकता है।

निश्चित तौर पर आज मृत्युदंड का मुद्दा विश्व के कई देशों में अतीत की विषयवस्तु बन चुका है किन्तु वास्तविकता यह है कि सभ्य समाज इस आवश्यक बुराई को बनाए रखने के लिए बाध्य है जिससे कि सभ्य समाज के नागरिकों की सुरक्षा एवं संवृद्धि को सतत बनाया जा सके।

59

शिक्षा अपने अज्ञान की प्रगतिशील खोज है

—निशान्त जैन

अनादिकाल से लेकर आज तक सभ्यताओं ने नित नए रूप बदले हैं, संस्कृतियों ने नित नई करवटें ली हैं। समय का चक्र निरन्तर चलता रहा है, पर यदि नहीं बदला तो मानव जीवन का विकास क्रम और उसकी अनवरत यात्रा। 'परिवर्तन

और विकास प्रकृति के शाश्वत नियम हैं' के सिद्धान्त के अनुरूप भी आदिम युग से शुरू कर आज मशीनों के युग में प्रवेश कर चुका है।

मानव को अधिक परिपक्व, समझदार और प्रबुद्ध बनाने में शिक्षा की भूमिका हर युग में बेहद प्रभावी रही है, चाहे वह अनौपचारिक रूप से घर-बाहर, माता-पिता, दादी-नानी, पड़ोसियों द्वारा सिखाए गए सबक हों या वैदिक वाचिक परम्परा से मकतब-मदरसे तक की औपचारिक शिक्षा पद्धतियाँ, निस्सन्देह शिक्षा का मानव के व्यक्तित्व के सर्वांगीण विकास में महत्त्वपूर्ण योगदान रहा है।

शिक्षा तो है वह चित्रकार,
जो विद्या की तूली लेकर,
भावों के नूतन रंगों से,
मानव का रूप सजाती है।

इस तरह मानव विकास के अपने इस सतत क्रम में निरन्तर शिक्षा के महत्त्व को समझता गया और ज्ञान-विज्ञान के नए-नए क्षेत्रों का शोधों व अनुसन्धानों के माध्यम से विकास करता गया। वैदिक व बौद्ध-जैन काल में हुई शैक्षिक प्रगति के इस क्रम का विकास मध्य काल में विदेशों से सांस्कृतिक सम्पर्क से होते हुए भारत में विलियम जोन्स की एशियाटिक सोसायटी, कलकत्ता का फोर्ट विलियम कॉलेज, मेयो कॉलेज, फर्ग्यूसन कॉलेज और बम्बई, कलकत्ता व मद्रास के विश्वविद्यालयों के रूप में ज्ञान-विज्ञान के नवीन केन्द्र स्थापित हुए। प्राचीन भारतीय ग्रन्थों के अंग्रेजी में अनुवाद और भारतीय-पाश्चात्य संस्कृति के सम्पर्क से ज्ञान के नए स्रोतों का विस्तार हुआ। आधुनिक शिक्षा के प्रसार के साथ-साथ भारत में राजा राममोहन राय, ईश्वरचन्द्र विद्यासागर, विवेकानन्द, केशवचन्द्र सेन आदि समाज-सुधारकों के साथ सामाजिक कुरीतियों पर कुठाराघात की शुरुआत हुई।

पूर्व और पश्चिम के ज्ञान-विज्ञान, सभ्यता-संस्कृति के सतत सम्पर्क के बाद धीरे-धीरे यह बात समझ में आने लगी कि ज्ञान का विस्तार अनन्त है और ज्ञान-विज्ञान को किसी देश, क्षेत्र या समुदाय विशेष की परिधि में नहीं बाँधा जा सकता। पूरब जहाँ पश्चिम द्वारा ईजाद किए गए अनूठे आविष्कारों और तकनीकों—ग्रामोफोन, रेडियो, टेलीविजन, हवाई जहाज, इंजन आदि को देखकर हैरान था तो पश्चिम पूरब की प्राचीन सांस्कृतिक विरासत—कला, स्थापत्य, साहित्य, आयुर्वेद, योग, धर्म-दर्शन को देखकर दाँतों तले उँगली दबा रहा था। ज्ञान-विज्ञान के क्षेत्र में निरन्तर नए-नए और उन्नत शोध विश्वभर में हो रहे हैं और हर शोध एक नए प्रगामी शोध की सम्भावनाओं को उद्‌घाटित कर रहा है। ऐसा प्रतीत होने लगा...

सुकरात ने इस मर्म को सदियों पहले समझते हुए कहा था, *"मैं ज्ञानी इस अर्थ में हूँ, कि मैं यह जानता हूँ कि मैं कुछ नहीं जानता।"* इसका सीधा-सा अभिप्राय है कि हम शिक्षा और ज्ञान के विकास के साथ जैसे-जैसे बौद्धिक चेतना के सोपान चढ़ते हैं, हमें निरन्तर अपनी अकिंचनता, लघुता और अल्पज्ञता का बोध होता जाता है। शायद इसीलिए गांधी ने आह्वान किया था कि हमें अपने खिड़की-दरवाजे आने वाली हवाओं के लिए खुले रखने चाहिए। यह अकारण नहीं था कि ऋग्वेद के ऋषि चारों दिशाओं से शिक्षा और ज्ञान को आमंत्रित कर रहे थे—

"आ नो भद्रा: क्रतवो यन्तु विश्वत:।"

दरअसल, शिक्षा अपने अज्ञान की एक प्रगतिशील खोज ही है। ज्यों-ज्यों हम ज्ञान के इस अथाह सागर में डुबकी लगाते हैं, इससे निकले अनुभव के मोती हमें इस बात का अहसास कराते हैं कि अभी बहुत कम जाना है और अभी बहुत कुछ जानना बाकी है।

जीवन के हर क्षेत्र में हम हर रोज इसी तथ्य से दो-चार होते हैं। धार्मिक, दार्शनिक व आध्यात्मिक क्षेत्र में देखें तो भारतीय षड्दर्शन व जैन-बौद्ध दर्शन से नव्य वेदान्त तक नित नवीन चिन्तन सामने आता रहा है और ईश्वर-जीव-जगत के रहस्यों पर से पूरी तरह पर्दा अभी उठना बाकी है। पाश्चात्य दर्शन में भी सुकरात-प्लेटो-अरस्तू से कांट-हीगल-मार्क्स तक दर्शन की अनसुलझी पहेलियाँ अभी भी मानव के लिए अबूझ ही हैं। दार्शनिक मान्यताएँ अस्तित्व में न होतीं। लिहाजा मानव पर्याप्त अध्ययन के बाद यह अनुभव करता है कि अभी हम ज्ञान की कुछ बूँदें ही चख पाए हैं और पूरा सागर अभी बाकी है। कबीर ने अपने इस अनुभव को कुछ इसी तरह व्यक्त किया था—

पोथी पढ़-पढ़ जग मुआ, पंडित भया न कोय
ढाई आखर प्रेम का, पढ़े सो पंडित होय।

सामाजिक और राजनीतिक क्षेत्र में तो हमेशा सुधार और समझ की गुंजाइश बनी रहती है। विशेषकर भारतीय समाज और भारतीय राजनीति अपनी संरचना में बहुत जटिल है। कहीं एकल व संयुक्त परिवार का द्वंद्व है तो कहीं जातियों--उपजातियों-जनजातियों का विराट संसार। भारतीय समाज का जितना अध्ययन करते जाते हैं, हम पाते हैं कि उसके और नए पहलू सामने आ रहे हैं। पिछली सदी के युगपुरुष राष्ट्रपिता महात्मा गांधी ने भी अपनी आत्मकथा 'सत्य के साथ मेरे प्रयोग' में अनेक स्थानों पर अपनी अल्पज्ञता, भूलों और त्रुटियों की ओर संकेत किया है। अक्सर यह देखा गया है कि जिन भी महापुरुषों ने प्रज्ञा के उच्च स्तर

को छुआ, उन्होंने अपने अज्ञान को उतनी ही ईमानदारी से स्वीकार किया। सच ही कहा गया है कि—

बड़े बड़ाई न करें, बड़े न बोलें बोल,
रहिमन हीरा कब कहे, लाख टका मेरो मोल।

वैयक्तिक और मनोवैज्ञानिक स्तर पर हम दिन-प्रतिदिन के व्यवहार में नित नए पाठ सीखते हैं। मनोविज्ञान के अध्येता जहाँ नवीन अनुसन्धान के माध्यम से मस्तिष्क की नई परतें खोलने में जुटे...

मस्तिष्क पर अनुसन्धान के लिए करोड़ों डॉलर का नया कार्यक्रम शुरू किया है। चिकित्सा विज्ञान के क्षेत्र में तो इतनी तेज गति से अनुसन्धान हो रहे हैं कि रोज नए रोग, उनके टीके और उपचार सामने आ रहे हैं। जन्तु विज्ञान व पादप विज्ञान के अध्येता आज तक यह दावा नहीं कर सके हैं कि उन्होंने दुनिया की सारी प्रजातियों की खोज कर ली है।

साहित्यिक-सांस्कृतिक क्षेत्र में देखें, तो हम पाते हैं कि अभी संस्कृति और साहित्य के इतने रंग अछूते हैं कि उन पर अध्ययन और शोध का एक पूरा क्षेत्र अभी बाकी है। पुरातात्त्विक खोजों से ही 1921 में पता चला था कि भारत में वैदिक सभ्यता से पहले भी सिन्धु के किनारे हड़प्पा सभ्यता फल-फूल रही थी। आज भी हम बहुत से क्षेत्रों और जनजातियों की संस्कृति तक पहुँच नहीं सके हैं। विश्वभर के साहित्य को पढ़ने पर हम पाते हैं कि दुनिया कितनी वैविध्यपूर्ण और बहुरंगी है, और हम अभी इसके बारे में कितना कम जानते हैं। इसके अतिरिक्त औपचारिक अध्ययन के दायरे से बाहर जो मुक्त भ्रमण के माध्यम से शिक्षा अर्जन है, वह भी जीवन को समझने का एक महत्त्वपूर्ण माध्यम है। निदा फाजली लिखते हैं—

धूप में निकलो, घटाओं में नहाकर देखो,
जिन्दगी क्या है, किताबों को हटाकर देखो।

इस तरह हम जीवन के प्रत्येक क्षेत्र और स्तर पर अनुभव करते हैं कि शिक्षा दरअसल हमें यह बोध कराती है कि हम कितने अज्ञानी हैं। हम समाज देखते हैं, जो थोड़ा-बहुत अधकचरा ज्ञान जुटाकर शेखी बघारते और पांडित्य प्रदर्शन करते घूमते हैं—"*थोथा चना, बाजे घना।*" पर जो सचमुच सुशिक्षित, प्रबुद्ध और ज्ञानी लोग होते हैं, वे स्वयं को अज्ञानी, अकिंचन, अल्पज्ञ मानते हैं। ऐसा महज इसलिए नहीं होता कि वे अपनी विनम्रता का प्रदर्शन करना चाहते हैं, बल्कि वह सच में इस तथ्य का अनुभव कर पाते हैं कि शिक्षा अपने अज्ञान की प्रगतिशील खोज है। भरा हुआ घड़ा आवाज नहीं करता, इसी तरह सुशिक्षित व्यक्ति यह जानता है कि

ज्ञान का विस्तार असीम है और ज्ञान व शिक्षा के विकास के अनुपात में अपनी अज्ञानता का बोध भी स्पष्ट होता जाता है।

60

स्त्री-पुरुष के समान सरोकारों को शामिल किए बिना विकास संकटग्रस्त है

—संदीप मीणा

एक दिन औरत का दिन होगा,
एक दिन वह खिलाएगी दूध से सनी रोटियाँ
दुनिया के सारे बच्चों को,
उसकी हँसी में होगी सिर्फ हँसी और कुछ नहीं होगा
वह स्थगित कर देगी सारे युद्ध, सारे धर्म
वह एतबार का पाठ पढ़ाएगी।

प्राचीन काल से ही पितृसत्ता का जोर चला आ रहा है। हालाँकि प्रारम्भिक मानव समाज मातृ-सत्तात्मक रहा है जो कहीं-कहीं आज भी है, जैसे खासी जनजाति। इसके पर्याप्त साक्ष्य समय-समय पर मिलते रहते हैं। समाज, धर्म, आर्थिक व्यवहार, राजनीति हरसम्भव भूमिकाओं से हटकर महिलाओं को केवल घर, परिवार तथा प्रजनन तक सीमित करके देखा जाता रहा है। समय-समय पर इसके अपवाद मिलते रहे हैं पर विभिन्न कालखंडों में कोई स्वर्गयुग स्त्री का भी था, इसका उल्लेख नहीं मिलता है।

जुलाई 1848 में न्यूयार्क में एलिजाबेथ कैडी ने सर्वप्रथम महिला अधिकारों को लेकर सम्मेलन किया, जिसमें लैंगिक भेदभाव, मताधिकार सहित, समानता, शैक्षिक समानता, समान मजदूरी व समान वेतन की माँग उठाई। धीरे-धीरे यह आन्दोलन यूरोप तक जा पहुँचा। देखा जाए तो यूरोप आज ऐसा देश है जहाँ पुरुषों के साथ-साथ महिलाओं की आर्थिक नीतियों, राजनीति, समाज व धर्म में समान भूमिका है जो विश्व में सफल राष्ट्रों की श्रेणी में अग्र भूमिका निभाता है।

प्रश्न उठता है कि क्या विकास के सन्दर्भ में स्त्री-पुरुष दोनों के सरोकारों में कुछ भिन्नता होती भी है या नहीं? या मामला केवल सशक्तीकरण का ही है। सामान्य तौर पर देखा जाए तो विकास के सभी उपादानों की स्त्री-पुरुष दोनों को समान जरूरत है। शिक्षा, स्वास्थ्य, रोजगार, भोजन, सुरक्षा, आवास आदि की तो

स्त्री-पुरुष दोनों को समान रूप से जरूरत है फिर अलग-अलग सरोकारों की बात कहाँ से आई। स्त्री और पुरुष की शारीरिक एवं सामाजिक स्थिति में काफी फर्क है। महिलाओं को केवल बच्चों के लालन-पालन के साथ-साथ घरेलू जिम्मेदारियाँ उनके कन्धों पर डाल दी जाती हैं, उसे शिक्षा, चिकित्सा, सुरक्षा, सम्पत्ति आदि अधिकारों से वंचित रखा जाता है। ऐसा लगता है मानो ये सभी अधिकार केवल पुरुषों के लिए ही बने हैं। क्या ऐसे अधिकारों को समान नागरिक अधिकारों की श्रेणी में रखा जा सकता है। सच तो यह है कि समान नागरिक अधिकार अभी तक मूर्त रूप लेने में सक्षम नहीं हो पाए। जिस कारण महिलाओं की भूमिका आज तक सीमित ही रही है।

जब है नारी में शक्ति सारी,
तो फिर क्यों कहें नारी को बेचारी

वैदिक काल में देखा जाए तो भारत में महिलाओं की स्थिति आज के परिप्रेक्ष्य से ज्यादा सुरक्षित थी तथा उनको भी अनेक अधिकार मिले हुए थे जिस कारण अनेक महान महिलाएँ आज भी मिसाल के रूप में पेश की जाती हैं, जैसे—गार्गी, अपाला आदि।

ध्यातव्य हो कि मध्यकाल में अनेक बाहरी संस्कृतियों के प्रवेश के साथ-साथ भारत में एक अन्धकारपूर्ण समय आया जिसमें विशेषकर महिलाओं को लेकर उन पर अनेक कुप्रथाओं की बेड़ियाँ थोप दी गईं। जिस कारण गुलामी की मानसिकता की शिकार महिलाएँ आज भी उन बेड़ियों को तोड़ पाने में पूर्ण रूप से सक्षम होने पर भी नाकाम हैं क्योंकि उसकी भूमिका राजनीति, समाज, आर्थिक इत्यादि क्षेत्रों में सीमित रही है।

मैं भी छू सकती हूँ आकाश,
मौके की है मुझे तलाश॥

यद्यपि देखा जाए तो जब-जब महिलाएँ अपने अधिकारों की माँग के लिए आगे बढ़ीं तो वो मिसाल बनकर सामने आईं, उदाहरणस्वरूप—मध्यकालीन प्रथम महिला शासिका रजिया सुल्तान हो या संविधान निर्माण के समय राजकुमारी अमृता कौर।

भारत के स्वतंत्रता संग्राम में भी महिलाओं की महत्त्वपूर्ण भूमिका रही, जैसे प्रथम स्वतंत्रता संग्राम में रानी लक्ष्मीबाई जो एक ऐसी वीरांगना थी जिसने अंग्रेजों के सामने हार नहीं मानी। आगे चलकर अरुणा आसफ अली, सुचेता कृपलानी, एनी बेसेन्ट जैसी महिलाओं ने भारत को आजाद कराने में पुरुषों के साथ कन्धे से कन्धा मिलाकर भाग लिया।

देखा जाए तो चर्चा में वे महिलाएँ रही हैं जो शिक्षित थीं या सामाजिक स्थिति से मजबूत थीं, किन्तु यदि देखा जाए तो जहाँ शिक्षा के अभाव के कारण महिलाओं को अपने अधिकारों का ज्ञान नहीं वो आज भी अपने आपको पुरुषों की सेविका के रूप में देखती हैं तथा स्त्री इसी को अपना धर्म मानकर अपना पूरा जीवन यूँ ही न्योछावर कर देती है। एक ऐसी सेविका के रूप में जो अपने अधिकारों के प्रति जागरूक नहीं है।

क्या आपको नहीं लगता कि यदि उनको जागरूक किया जाए तो वो महिलाएँ भी कल्पना चावला, इन्दिरा गांधी, गार्गी, रानी लक्ष्मीबाई जैसी सशक्त महिला बन सकती हैं। जिससे वह भी सूचना, राजनीति, आर्थिक व्यवहार, समाज आदि में महत्त्वपूर्ण भूमिका निभा सकती हैं जिससे विकास की रफ्तार और तेज होगी।

वर्तमान प्रौद्योगिकी के युग में यदि महिलाएँ आज भी घर की चारदीवारी में खुद को कैद रखेंगी तो विकास की रफ्तार मन्द ही होगी क्योंकि विकास केवल एक पक्ष का होगा जबकि दूसरा पक्ष पिछड़ा हुआ रह जाएगा। यदि भारत समावेशी विकास के सरोकारों को पाना चाहता है तो स्त्री-पुरुष के समान सरोकारों को मूर्त रूप देना होगा।

जिम्मेदारी संग नारी भर रही है उड़ान,
न कोई शिकायत न कोई थकान।
महिलाओं को दें इतना सम्मान,
कि बढ़े हमारे देश का मान॥

भारत जैसे देश में जहाँ करोड़ों महिलाओं को यह तक नहीं मालूम कि उनके भी कुछ अधिकार हैं तो ऐसे में यह प्रश्न सहज उठता है कि विकास की नीतियों में कमी क्या है? क्या नीतियों को इस प्रकार बनाया जा सकता है कि स्त्री-पुरुषों के समान सरोकारों को शामिल किया जा सके?

विश्वबैंक की एक रिपोर्ट में बताया गया है कि अन्य देशों की तुलना में हमारे देश में कामकाजी महिलाओं का प्रतिशत काफी कम है। हालाँकि हमारे यहाँ महिला साक्षरता लगातार बढ़ रही है तथा रोजगार के जोखिम वाले क्षेत्रों में भी महिलाएँ प्रवेश कर रही हैं। देश में केवल 27 प्रतिशत महिलाएँ कामकाजी हैं, जिसमें सिर्फ 18 प्रतिशत ही इंजीनियरिंग, ऑटोमोबाइल क्षेत्र में हैं बाकी झाड़ू-पोंछा या कृषि कार्यों में संलग्न हैं। कहा जाता है कि भारत और चीन के बीच विकास के अन्तर के पीछे महिलाओं का पिछड़ापन एक बड़ा कारण है।

समस्या यही नहीं है, वस्तुत: पढ़ी-लिखी 50 प्रतिशत महिलाएँ भी चूल्हा-चौका तक ही सीमित हैं। यदि वे नौकरी कर भी रही हैं तो वेतनमान पर। श्रम बाजार में महिलाओं को ग्रामीण एवं शहरी दोनों क्षेत्रों में कम दर पर पारिश्रमिक मिलता है।

वस्तुत: दुनिया में महिलाओं को लेकर योजनाएँ तो खूब चल रही हैं पर महिला-पुरुष सरोकारों की समानता उनमें नहीं है।

उदाहरण के रूप में हम अपने नीति-निर्धारकों को ले सकते हैं। बहुत दिनों तक हमारे नीति-निर्धारण में समावेशी विकास के तत्त्व शामिल नहीं थे। इसके साथ ही महिलाओं की अलग पहचान और उनकी समस्याओं को लेकर संवेदनशीलता भी न थी।

किन्तु वर्तमान में भारत सरकार द्वारा अनेक प्रयास किए जा रहे हैं जो महिलाओं को सशक्त करने के साथ-साथ उनके समान सरोकारों को महत्त्व देने हेतु तत्पर हैं। अब समय के साथ बदलाव आ रहा है। पहले सोच थी कि देश पिछड़ा है इसलिए महिलाएँ पिछड़ी हैं पर अमर्त्य सेन जैसे विद्वानों ने यह बताया कि ऐसा भी हो सकता है कि महिलाएँ पिछड़ी हों इसलिए देश पिछड़ा है। स्कैंडिनेवियन देशों में राजनीति, प्रशासन, व्यापार हर जगह महिलाओं का प्रतिशत अधिक है। यही वजह है कि ये देश मानवीय विकास में उच्च हैं। वहीं उपसहारा देशों, दक्षिण एशिया आदि में महिलाओं का प्रतिनिधित्व अत्यन्त कम है इसलिए ये देश भी मानव विकास के निचले पायदान पर हैं।

भारत में गुजरात, महाराष्ट्र, तमिलनाडु और केरल की अर्थव्यवस्था में महिला भागीदारी अधिक रही। अत: विकास में ये राज्य उच्च स्थान रखते हैं। पंचायती राज में महिलाओं को 50 प्रतिशत आरक्षण लागू होने के बाद इसके सकारात्मक परिणाम सामने आए। उनके भीतर आत्मविश्वास जन्म ले रहा है। सेना, कॉरपोरेट जैसे क्षेत्रों में आज महिला भागीदारी बढ़ रही है।

वर्तमान में अनेक योजनाएँ उदाहरणस्वरूप—उज्ज्वला योजना, स्वल्पाहार योजना, मुद्रा बैंक, स्टैंडअप, स्टार्टअप, प्रसूति लाभ, जन-धन योजना, कामकाजी महिलाओं हेतु अवकाश का प्रावधान, महिला सुरक्षा ऐप आदि ऐसे कदम हैं जिन्होंने महिलाओं को सुरक्षित एवं सशक्त करने में महत्त्वपूर्ण योगदान दिया है।

वस्तुत: कहा जा सकता है कि जहाँ-जहाँ स्त्री-पुरुष समानता के आधार पर विकास की प्रक्रिया चल रही है, वहाँ परिणाम शुभ संकेत देने वाले रहे हैं।

भारत की फिल्म एवं टेलीविजन इंडस्ट्री में देखा जाए तो वहाँ महिलाओं को समान अवसर प्राप्त हैं, इस वजह से सर्वाधिक तीव्र वृद्धि वाले क्षेत्रों में गिने जाते हैं। डॉ. अम्बेडकर का यह कथन मानव समाज को स्पष्ट शब्दों में अभिव्यक्त करता है—

"मैं किसी समुदाय की प्रगति की माप महिलाओं द्वारा की गई प्रगति से करता हूँ।"

निष्कर्षत: देश के तीव्र एवं समान विकास की धार स्त्री-पुरुष के समान सरोकारों को शामिल करके ही सम्भव है।

61

भाषा को बाधक नहीं अपितु समन्वयक होना चाहिए

—मनोज रावत

हम मन्दिर-मस्जिद, हम मठ, हम बैरागी,
हमीं पुजारी हमीं देवता हम कीर्तन हम रागी,
आलख-रोली, अलख-भभूत रूप धरे हम नाना।

उपरोक्त पंक्तियाँ भारत की विविधताओं को बयाँ करती हैं। भारत एक विविधताओं वाला देश है जिसमें कदम-कदम पर भाषायी, जातीय, धार्मिक, भौगोलिक, नृजातीय, विविधताएँ पाई जाती हैं। इसीलिए तो भारत के सन्दर्भ में कहा जाता है कि यहाँ पर *"कोस-कोस पर बदले पानी, चार कोस पर बानी।"*

इन्हीं विभिन्नताओं में से एक भाषायी विभिन्नता भी है। जिसका अन्दाजा इसी बात से लगाया जा सकता है कि भारतीय संविधान की आठवीं अनुसूची में शामिल 22 भाषाओं के अलावा करीब एक हजार अन्य भाषाएँ भी हैं जो कि क्षेत्रीय स्तर पर बोली जाती हैं।

भारत में भाषायी प्रकारों में कुछ प्रकार निम्न हैं जैसे कि द्रविड़ परिवार की भाषाएँ—तमिल, तेलुगू, कन्नड़, मलयालम आदि, इंडो-चाइना परिवार से सम्बन्धित भाषाओं में मणिपुरी, बोडो, गारो, खासी, लेपचा आदि शामिल हैं। वहीं हिन्द-यूरोपीय में उत्तर भारत में बोली जाने वाली भाषाएँ पंजाबी, राजस्थानी, भोजपुरी, हरियाणवी आदि शामिल हैं। इसके अलावा भारत के प्राचीनकाल अर्थात् ऋग्वेद आदि से चली आ रही संस्कृत भाषा भी है।

इस तरह से भारत अन्य प्रकार की विविधताओं के साथ ही भाषायी रूप में शुरू से ही समृद्ध रहा है। भारत की यह भाषायी विविधता भारत को वैश्विक स्तर पर एक अच्छी छवि निर्माण करती है और देश-विदेश से विभिन्न भाषा-प्रेमी भारत आकर लाभ भी प्राप्त करते रहे हैं जैसे कि प्राचीनकाल में चीनी यात्री ह्वेनसांग व फाह्यान का भारत आकर अध्ययन करना आदि।

भारत में अंग्रेजों के विरुद्ध संघर्ष में अर्थात् राष्ट्रीय स्वतंत्रता आन्दोलन के समय से ही भाषायी पहचान उठने लगी थी और यह स्वतंत्रता प्राप्ति के बाद भाषा के आधार पर पृथक् राज्यों के निर्माण की माँग उग्र स्वरूप में प्रकट हुई। इसी तरह से स्वतंत्रता प्राप्ति के बाद राष्ट्रीय भाषा के दर्जे को लेकर भी देश में तनाव बढ़ा। अर्थात् कहने का आशय यह है कि भाषा ने भारत को हमेशा ही लाभान्वित नहीं किया बल्कि इसके सम्मुख कुछ चुनौतियाँ भी पेश की हैं।

भाषायी आधार पर राज्य निर्माण की माँग एवं हिन्दी को राष्ट्रीय भाषा बनाए जाने पर विरोध दक्षिण भारत तथा उत्तर-पूर्वी भारत से उत्पन्न हुआ। इसके अलावा वर्तमान समय में भी कई राज्यों जैसे—राजस्थान, बिहार आदि की माँग है कि उनकी स्थानीय भाषाओं जैसे राजस्थानी आदि को भी भारतीय संविधान की आठवीं अनुसूची में शामिल किया जाए। इसलिए यहाँ पर अब यह प्रश्न उठता है कि भाषा का स्वरूप क्या होना चाहिए?

इसका सीधा-सा जवाब है कि यह बाधक तो बिलकुल भी नहीं होना चाहिए क्योंकि इससे देश व समाज में कानून एवं व्यवस्था की समस्या उत्पन्न होती है, साथ ही यह एक ही जन्मभूमि व मातृभूमि के लोगों को आपस में लड़ाकर दुश्मन बना देती है, जो कि समाज एवं राष्ट्र के विकास तथा मानवता के विकास हेतु भी उचित नहीं है। इसलिए भाषा को बाधक की बजाय समन्वयक होना चाहिए।

भाषा के समन्वयक होने के कई फायदे हैं। यह लोगों के मध्य आपसी संचार एवं बोलचाल को सुगम बनाती है, जिससे लोगों एवं समुदायों में आपसी भाईचारा, प्रेम, सौहार्द व सहयोग बढ़ता है। इससे समरसता का निर्माण होता है और समाज में शान्ति की स्थापना होती है।

समन्वयक भाषा, राष्ट्र निर्माण को बढ़ावा देकर एकता व अखंडता को मजबूत बनाती है। यह हिन्दीभाषी-द्रविड़भाषी या हिन्दी-अंग्रेजी जैसे भेदों को मिटाकर एक ही पहचान निर्मित करती है और यह है भारत और भारतीय।

यह वोट बैंक की राजनीति को कम करती है और राजनीतिक दलों द्वारा संकीर्ण मुद्दों व हितों पर राष्ट्रीय हित को प्राथमिकता देती है। इससे सहकारी संघवाद को मजबूती प्राप्त होती है।

इसके अलावा यह लोगों को उत्तर से दक्षिण तथा पूर्व से पश्चिम तक बिना डर के मुक्त आवागमन को आसान बनाती है, जिससे पर्यटन में वृद्धि होती है और इससे स्थानीय समुदायों के रोजगार में वृद्धि होती है। इससे उनकी आजीविका एवं आय स्तर में सुधार होता है, जिससे भारतीय संविधान के अनुच्छेद 21 में प्रदत्त 'गरिमामय जीवन का अधिकार' सभी लोगों के लिए वास्तविकता बन पाता है।

इससे क्षेत्रीय एवं आर्थिक विषमता में कमी आती है और लोगों को रोजगार प्राप्त होता है जिससे उग्रवाद, नक्सलवाद, अलगाववाद, क्षेत्रवाद व युवाओं के बढ़ते रेडिकलाइजेशन की चुनौतियों में कमी आती है। इसे गांधी जी के शब्दों में कहें तो यह 'सर्वोदय' व 'रामराज्य' को बढ़ावा देने का कार्य करती है।

साथ ही यह भारत एक विविधताओं के देश के रूप में इसकी सॉफ्ट पावर को भी मजबूत करती है। इसकी जगतगुरु की छवि को दृढ़ता प्रदान करती है।

इसलिए भाषा को समन्वयक होना ही श्रेष्ठतर है। यद्यपि वर्तमान समय में देखा जा रहा है कि भाषायी स्तर पर क्षेत्रीय एवं आर्थिक विषमताएँ व्याप्त हैं और यह राष्ट्र एवं समाज के सम्मुख चुनौतियाँ उत्पन्न कर रहा है।

जैसे कि आज हिन्दी-अंग्रेजी भाषा के मध्य विवाद, चर्चा का बिन्दु है। आज भूमंडलीकृत एवं कम्प्यूटर की दुनिया में अंग्रेजी भाषा का महत्त्व बढ़ा है और बाकी भाषाएँ चाहे वह हिन्दी हो या अन्य क्षेत्रीय भाषा हो, ये हासिए पर जा रही हैं। आज नई तकनीकों के दौर में रोजगार पाने के अधिक अवसर भी अंग्रेजी सम्पन्न लोगों के पास ही हैं जैसे कि सॉफ्टवेयर उद्योग, बीपीओ, केपीओ, कॉल सेंटर्स आदि।

इसके अलावा आज भारत में उत्तर-दक्षिण, उत्तर-पूर्वी भारत तथा शेष भारत जैसे विभाजन भी भाषायी आधार पर बने हुए हैं। इन विभाजनों ने भी राष्ट्र निर्माण में एक चुनौती प्रस्तुत की है। आज इंटरनेट युग में वेबसाइट एप्स आदि में क्षेत्रीय भाषाओं की उपस्थिति नगण्य है जो कि डिजिटल डिवाइड या डिजिटल डेफिसिट को बढ़ावा दे रहा है। ऐसे में हम सबके सम्मुख एवं राष्ट्र निर्माताओं के सम्मुख चुनौती है कि देश की सभी भाषाओं को समन्वयक बनाया जाए जिससे कि सभी का विकास हो सके।

यद्यपि अभी तक भारत सरकार ने भाषायी मुद्दों को सफलतापूर्वक सुलझाया है, जैसे कि 1956 में भाषायी पुनर्गठन आयोग के आधार पर भाषाओं के आधार पर राज्यों का निर्माण करना हो या फिर 1965 में हिन्दी के साथ-साथ अंग्रेजी को भी राष्ट्रीय भाषा के रूप में अनिश्चितकाल तक राष्ट्रीय भाषा का दर्जा देना रहा हो या फिर त्रिभाषी फार्मूला अपनाना हो।

आज के भारत को देखते हैं तो आज भाषायी मुद्दा, चिन्ता का विषय नहीं है और राष्ट्रीय स्तर तथा क्षेत्रीय स्तर सभी पर भाषा समन्वयक के रूप में कार्य कर रही है, इसके साथ ही सरकारों को भारतीय भाषाओं व क्षेत्रीय भाषाओं को सीखने हेतु लोगों को अतिरिक्त प्रोत्साहन प्रदान किया जाना चाहिए। जैसे कि उत्तर भारत में तमिल, तेलुगू आदि सिखाना। साथ ही एक राष्ट्रीय भाषा के निर्माण पर आम सहमति बनाने के प्रयास भी जारी रखने चाहिए। अन्त में भारत के लिए यही कहूँगा कि—

कुछ बात है कि हस्ती मिटती नहीं हमारी
सदियों रहा है दुश्मन दौरे जहाँ हमारा।

भारत पहले भी विश्व को *'वसुधैव कुटुम्बकम्'* के द्वारा सीख देता रहा है और आगे भी सीख देता रहेगा और इसके लिए प्रेरित करेगा। साथ ही भारत के कोस-कोस का पानी इसको मजबूत बना रहा है और आगे भी बनाता रहेगा।

62

महिलाओं की भागीदारी से बढ़ता हुआ आर्थिक विकास

—साक्षी गर्ग

"आखिर हमारा 'न्यू इंडिया' का सपना यही तो है, जहाँ नारी सशक्त हो, मजबूत हो, देश के समग्र विकास में बराबर की भागीदार हो।"

प्रधानमंत्री श्री नरेन्द्र मोदी द्वारा 'मन की बात' में कही गईं ये पंक्तियाँ अपने आप में एक सार प्रस्तुत करती हैं, साथ ही मन में एक सवाल खड़ा करती हैं कि महिलाओं का देश के विकास में कितना योगदान है, क्या महिलाओं की भागीदारी के बगैर देश का विकास सम्भव नहीं है?

इसी परिप्रेक्ष्य में डॉ. अम्बेडकर ने कहा था—*"किसी समुदाय की प्रगति किस गति से होगी, इसका अनुमान उस देश की महिलाओं की स्थिति को देखकर लगाया जा सकता है।"*

भारत जैसे देश हेतु तो यह कथन और भी महत्त्वपूर्ण व विचारणीय हो जाता है क्योंकि हमारी लगभग 48 प्रतिशत आबादी महिलाएँ हैं। अब प्रश्न यह उठता है कि आखिर देश के विकास में महिलाओं की किस प्रकार की भागीदारी आवश्यक है? क्या नौकरी करके, अर्थव्यवस्था में शामिल होकर ही देश की जीडीपी में योगदान दे सकती हैं या बिना अर्थव्यवस्था में जुड़े भी अप्रत्यक्ष रूप से सहयोगी हैं?

इस प्रश्न का उत्तर हमें राजनीतिक, आर्थिक, सामाजिक, सांस्कृतिक, मनोवैज्ञानिक, नैतिक सभी आधारों पर तलाशना होगा। यदि प्रत्यक्ष रूप से भागीदारी देखें तो महिलाओं की कार्यबल में सहभागिता से देश की वृद्धि तीव्र गति से बढ़ेगी। अन्तर्राष्ट्रीय मुद्राकोष द्वारा प्रदान किए गए आँकड़ों के अनुसार देश में महिला कार्यबल की बराबरी भागीदारी से देश की जीडीपी में 27 प्रतिशत तक की वृद्धि की जा सकती है। महिला भागीदारी से घर की आय दोगुनी हो जाएगी।

प्रत्यक्ष सहभागिता के साथ-साथ अप्रत्यक्ष सहभागिता भी अति क्रान्तिकारी परिणाम पा सकती हैं—महिलाओं की सामाजिक भागीदारी महिलाओं की शिक्षा तक पहुँच करा देने पर वे पढ़ी-लिखी, जागरूक व तार्किक आधारों पर चिन्तनशील बनती हैं। इससे बाल विवाह, कन्या भ्रूण हत्या जैसे कुप्रथाएँ कम होंगी, साथ ही महिलाएँ गर्भावस्था, कुपोषण, संस्थागत प्रसव के प्रति जागरूक होंगी।

शिक्षित महिला को स्वच्छता, साफ-सफाई का विशेष ध्यान रहेगा क्योंकि वे कीटाणु, विषाणु से होने वाली संक्रामक बीमारियों को समझती हैं। आँकड़ों के अनुसार स्वच्छता के माध्यम से देश के सकल घरेलू उत्पाद में 3-7 प्रतिशत की बढ़ोतरी की जा सकती है क्योंकि स्वच्छता का अतिध्यान देने से कुपोषण, खेतों में शौच, डेंगू, डायरिया आदि बीमारियों पर होने वाला सरकारी खर्च कम होगा।

साथ ही गर्भावस्था के समय नियमित मानकों के आधार पर भोजन ग्रहण करने, समय पर स्तनपान कराने से स्वस्थ, पोषित नई पीढ़ी जन्म लेगी जो आगे चलकर देश की अर्थव्यवस्था को बल प्रदान करेगी। महिलाओं की राजनीतिक भागीदारी बढ़ने से राजनीति में ईमानदारी, कर्तव्यनिष्ठा, परोपकारिता, कर्तव्यनिष्ठा, सहानुभूति, समन्वय जैसे गुणों का विकास होगा। बनाई जा रही नीतियाँ आम जनता, महिला दशा, बच्चों की आवश्यकता के अनुकूल होंगी क्योंकि महिलाएँ घर, समाज, परिवार की आवश्यकताओं को बेहतरी से समझती हैं।

यदि एक पुरुष को शिक्षित किया जाता है तो एक व्यक्ति शिक्षित होता है, परन्तु एक महिला को शिक्षित करने पर पूरा परिवार शिक्षित हो जाता है। अर्थात्म हिला सहभागिता, महिला सशक्तीकरण से पूरे परिवार का सशक्तीकरण होता है। महिलाओं की भागीदारी का अन्य आयाम पर्यावरण के सन्दर्भ में भी उभरता है।

वस्तुत: महिला भागीदारी से हम घर में जलाए जा रहे चूल्हों से होने वाले प्रदूषण के प्रति जागरूकता फैला सकते हैं, अतार्किक कृषि को पर्यावरण अनुकूल बना सकते हैं। घर में महिलाएँ यदि बिजली का मितव्ययी तरीके से उपयोग कर, पानी की बर्बादी न होने दें तो हम बड़े स्तर पर पर्यावरण सुरक्षा की ओर बढ़ सकेंगे और इस तरह हुआ विकास हरित विकास होगा जिससे हरित सकल घरेलू उत्पाद व हरित अर्थव्यवस्था प्राप्त हो सकेगी।

यदि भविष्य होगा, तो वह हरित होगा
यदि वह हरित नहीं है, तो वह भविष्य ही नहीं होगा।

विश्व बैंक की वर्ल्ड डेवलपमेंट रिपोर्ट के अनुसार देश में हो रहा जलवायु परिवर्तन, आपदा, सूखा, बाढ़, प्रदूषण देश की अर्थव्यवस्था को कई गुना पीछे ले जाता है तथा इस स्थिति को पुन: बहाल करने में वापस वर्षों लग जाते हैं। अत: देश के सतत विकास में महिला भागीदारी की अद्वितीय भूमिका है।

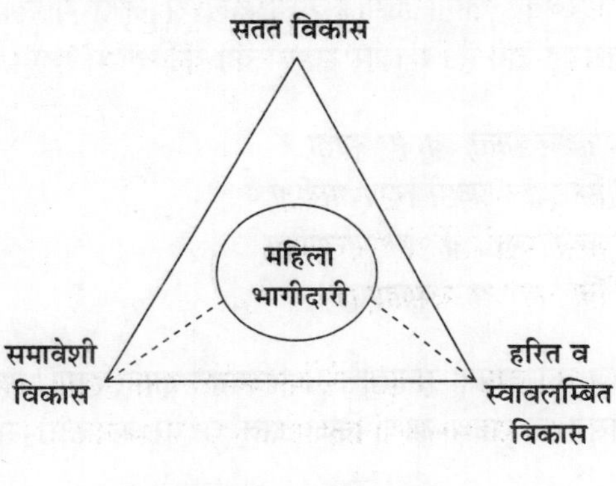

वस्तुत: महिला भागीदारी से देश को आत्मबल प्रदान होता है। स्वामी विवेकानन्द जी ने कहा था, "जो कार्य 500 पुरुष दशकों में पूरा करेंगे, वही कार्य मात्र 50 समर्पित स्त्रियों की सहायता से कुछ वर्षों में पूरा कर सकता हूँ।"

यद्यपि आज हमारे देश की परिस्थिति चिन्ताजनक है। जनसंख्या का 48 प्रतिशत होने के बावजूद हमारे भारत में महिलाओं की श्रम भागीदारी मात्र 22 प्रतिशत है, महिलाओं की राजनीति में भागीदारी तो और गिरकर 11 प्रतिशत हो जाती है। अन्तर्राष्ट्रीय मुद्रा कोष की रिपोर्ट 'जेंडर इन इक्वेलिटी गैप इंडेक्स' में तो राजनीतिक, आर्थिक, सामाजिक तीनों आधारों पर दयनीय स्थिति प्रस्तुत की गई है। संयुक्त राष्ट्र की जेंडर इक्वेलिटी इंडेक्स भी इस तथ्य से सामंजस्य प्रस्तुत करती है।

ऐसे में आवश्यक हो जाता है कि इस दिशा में हम तत्परता से प्रयास करें। भारत सरकार ने इस दिशा में अतिसक्रियता दिखाई है, सरकार द्वारा महिला शिक्षा, स्वास्थ्य, साक्षरता, श्रम भागीदारी, सुरक्षा, सम्मान आदि हेतु सैकड़ों योजना, नीति, कार्यक्रम लागू किए गए हैं। इस परिप्रेक्ष्य में महिला बाल विवाह मंत्रालय नाम से समर्पित मंत्रालय बनाया गया है।

कस्तूरबा गांधी बालिका विद्यालय, सर्व शिक्षा अभियान, बेटी बचाओ-बेटी पढ़ाओ, सुकन्या समृद्धि योजना, पंचायत स्तर पर एक-तिहाई आरक्षण, मनरेगा में आरक्षण, मातृत्व सुरक्षा अभियान, प्रशिक्षण कार्यक्रम, स्वयं सहायता समूह को प्रोत्साहन, मुद्रा योजना, जेंडर बजटिंग आदि अनेक कार्यक्रम चलाकर महिला सशक्तीकरण करने की कोशिश की गई है। इसके साथ ही वर्क प्लेस बिल 2012, विशाखा गाइडलाइन्स, कार्यस्थल यौन अत्याचार (प्रतिषेध, रोकथाम व निवारण) अधिनियम 2013, मातृत्व सुरक्षा विधेयक आदि के माध्यम से सुलभ श्रम भागीदारी का प्रयास किया गया है।

यद्यपि इस दिशा में और प्रयास किए जाने की आवश्यकता है। समाज की मनोवृत्ति में परिवर्तन लाना होगा। कार्यस्थल से जुड़ी महिलाओं को दोहरी जिम्मेदारी निभानी पड़ रही है। रघुवीर सहाय की कविता में छिपा व्यंग्य देखिए :

पढ़िए गीता, बनिए सीता,
फिर इन सबमें लगा पलीता,
किसी मूर्ख की हो परिणीता,
निज घर बार बसाइए।

अर्थात् समाज को अपनी मनोवृत्ति में परिवर्तन लाना होगा। महिला भागीदारी में सरकार, प्रशासन के साथ-साथ निजी क्षेत्र व गैर सरकारी संगठन, सिविल

सोसायटी की महत्त्वपूर्ण भूमिका होगी। इस परिप्रेक्ष्य में हम देश के कुछ केस स्टडी देख सकते हैं—

केस स्टडी-1 : हरियाणा सरकार द्वारा स्टील सेक्टर में जिन्दल स्टील की मदद से महिला सहभागिता बढ़ाने पर उनके सशक्तीकरण करने का अद्‌भुत उदाहरण प्रस्तुत किया गया।

केस स्टडी-2 : महाराष्ट्र में गैर सरकारी संगठनों, सिविल सोसायटी ने घर-घर जाकर महिलाओं को मोबिलाइज किया कि वे प्रशिक्षण कार्यक्रमों के तहत प्रशिक्षण लें। इसके परिणामस्वरूप कम पढ़ी-लिखी महिलाओं की भी आर्थिक सहभागिता तेजी से बढ़ी।

इन अनोखे उदाहरणों को रोल मॉडल बनाकर पूरे देश में प्रचारित किया जाना चाहिए। प्रचार-प्रसार में सोशल मीडिया की अहम भूमिका हो सकती है। साथ ही उपरोक्त सभी प्रयासों को प्रतिस्पर्धी बनाने के लिए जिलावार महिला सशक्तीकरण के परिप्रेक्ष्य में रैंकिंग प्रदान की जाए जिससे प्रत्येक जिला अपनी स्थिति का मूल्यांकन कर उसे और सुधारने का प्रयास प्रतिस्पर्धी तरीके से करे।

वास्तव में एक पंख से उड़ना किसी भी पक्षी के लिए मुश्किल होगा, देश के दोनों पंखों—स्त्री व पुरुष की बराबर सहभागिता के माध्यम से भारतवर्ष रूपी पक्षी, विश्वरूपी आकाश में ऊँची उड़ान भर सकेगा...और इस पथ पर अग्रसरित होकर हम जल्द ही विकासशील से आगे बढ़ते हुए विकसित भारत की कामना को साकार कर सकेंगे।

63

महिलाओं की स्वतंत्रता कहाँ तक?

—राहुल धोटे

उत्तर प्रदेश के एक विधायक द्वारा एक किसान को कुछ ऋण दिया गया। वह किसान ऋण नहीं चुका पा रहा था। ऐसे में विधायक द्वारा उसे प्रताड़ित किया जाने लगा। प्रताड़ना से बचने के लिए किसान द्वारा धन के बदले में 'अन्य धन' विधायक को दिया। वह धन था उस किसान की अनाथ भतीजी। जब विधायक उस धन से खेल रहे थे तो वह गरीब किसान बन्द कमरे के बाहर मूकदर्शक बना खड़ा था।

यह घटना कई प्रश्न खड़े करती है। परन्तु सबसे महत्त्वपूर्ण यह घटना हमारे तंत्र, समाज व सोच पर प्रश्नचिह्न लगाती है। यह पुन: और पुन: प्रश्न उठाती है कि महिलाओं की स्वतंत्रता कहाँ तक?

इस प्रकार यह घटना हमारी सामाजिक मानसिकता को प्रदर्शित करती है। यह घटना हमें मजबूर करती है कि इस बात का परीक्षण हो कि महिलाओं की स्वतंत्रता कहाँ तक?

इस प्रश्न के परीक्षण के लिए हमें विभिन्न क्षेत्रों में महिलाओं की भागीदारी, उनकी भूमिका, योगदान एवं उनकी स्थिति को स्पष्ट करना आवश्यक है। महिलाओं की भूमिका का परीक्षण अत्यन्त छोटे स्तर से करना आवश्यक है। बचपन से ही महिलाओं को 'विशिष्ट आचरण' के अनुरूप ढालने का प्रयास होता है। धीरे बोलना, धीरे हँसना, अनजानों से दूर रहना, बाहर खेलने नहीं जाना जैसे अनेक सूक्ष्म स्तर पर महिलाओं को मानसिक रूप से स्वतंत्र होने से रोका जाता है। यह सत्य है कि कुछ कारण सुरक्षा के दृष्टिकोण से हैं, परन्तु असुरक्षा की भावना भी तो हम एक सामाजिक इकाई के रूप में व्यक्त करते हैं।

इसके साथ ही घर के लड़कों को 'लड़कियों की तरह नहीं रोना' कहकर प्रशिक्षित किया जाता है। ये अत्यन्त सूक्ष्म स्तर पर स्वतंत्रता का दमन का प्रयास है। जहाँ महिलाओं को 'मानसिक रूप से गुलामी' के लिए तैयार किया जाता है।

बचपन के पश्चात जब महिला विद्यालय, विवाह की ओर अग्रसर होती है तो पहनावे की स्वतंत्रता को सीमित किया जाता है। महिलाओं के पहनावे से उसके चरित्र की व्याख्या की जाती है। भूमंडलीकरण के इस युग में जहाँ संस्कृतियों का आदान-प्रदान होता है, महिलाएँ भी आधुनिकीकरण की ओर बढ़ना चाहती हैं, वहाँ पर इस प्रकार की मानसिक स्वतंत्रता का अभाव महिलाओं को समाज की दासता का फिर परिचय कराता है। पर्दा प्रथा इसका उदाहरण है।

पहनावे को लेकर विभिन्न धर्मों, खाप पंचायतों एवं सामाजिक मानदंडों ने महिलाओं की स्वतंत्रता को सीमित किया है। जब महिला शरीर एवं आयु अनुरूप परिपक्व हो जाती हैं, तब भी निर्णय-निर्माण की स्वतंत्रता उसे नहीं होती है। 72वें संविधान संशोधन ने महिलाओं को पंचायतों में 33 प्रतिशत आरक्षण दिया, परन्तु 'सरपंच-पति' की अवधारणा महिलाओं की निर्णय-निर्माण की भागीदारी को स्पष्ट करती है।

इसके पश्चात पारिवारिक मामलों में, आर्थिक मामलों में उसकी भूमिका या तो गौण होती है या नगण्य होती है। इस प्रकार जीवन के पूर्णकाल में महिलाओं की स्वतंत्रता को सीमित करने का प्रयास किया जाता है।

जीवनकाल में भी महिलाओं को विभिन्न क्षेत्रों में कम स्वतंत्रता प्राप्त है। उच्च प्रशासनिक पदों पर मात्र 14 प्रतिशत (लगभग) महिलाओं की भूमिका है। निजी क्षेत्र जो उदारीकरण का प्रतीक है, में महिलाओं की उच्च पदों पर भागीदारी 20 प्रतिशत से अधिक नहीं है। इसके साथ शिक्षा, स्वास्थ्य जैसे महत्त्वपूर्ण क्षेत्रों में महिलाओं को पूर्ण अधिकार प्राप्त नहीं है। यदि एक लड़का और लड़की बीमार हैं तो लड़के को अस्पताल ले जाना अनिवार्य होता है, ऐसी ही स्थिति शिक्षा की है।

कुल मिलाकर पारिवारिक पालन-पोषण, सामाजिक विषमता एवं दबाव तथा गलत मानसिकता व ऐतिहासिक शोषण के कारण महिला स्वतंत्रता वास्तविक रूप में अत्यन्त न्यून स्तर पर है।

यहाँ प्रश्न उठता है कि क्या महिला बिलकुल भी स्वतंत्र नहीं है? संवैधानिक व विधिक रूप से, संविधान प्रस्तावना, मौलिक अधिकार, मौलिक कर्तव्य एवं राज्य के नीति-निदेशक तत्त्वों के आधार पर स्वतंत्रता को सुनिश्चित करता है। परन्तु वास्तविकता में यह अत्यन्त दूर है।

भूमंडलीकरण, शिक्षा में वृद्धि व मानव अधिकारों के प्रति सजगता ने महिला आन्दोलनों को बढ़ाया है। 'शनि सिंगनापुर', 'हाजी अली दरगाह' आदि पवित्र स्थानों पर महिलाओं के प्रवेश के लिए आन्दोलन इसका उदाहरण है। आज से 20 वर्ष पूर्व इसकी कल्पना नहीं की जा सकती थी।

साक्षी मलिक (ओलम्पिक में कांस्य पदक), पीवी सन्धु (रजत पदक), दीपा मलिक (पैरा ओलम्पिक में पहली भारतीय महिला द्वारा स्वर्ण), साइना नेहवाल, सानिया मिर्जा जैसी विभूतियों ने खेल क्षेत्र में भी कुछ सीमा तक परिवर्तन का प्रयास किया है। इसी प्रकार चन्दा कोचर, इन्दिरा नूई एवं अरुन्धती भट्टाचार्य ने आर्थिक जगत में नई ऊँचाई को छुआ है। अन्तरिक्ष क्षेत्र में कल्पना चावला, सुनीता विलियम्स ने प्रेरित किया है।

कुल मिलाकर बदलाव की लहर बहने लगी है परन्तु वास्तविक जमीनी स्तर पर उसे पहुँचाने के लिए दो स्तरों पर अत्यधिक ध्यान देने की आवश्यकता है।

बाह्य बल—सरकार द्वारा—सरकारी योजनाएँ
आन्तरिक बल—महिला व समाज द्वारा—जागरूकता व शिक्षा

बाह्य बलों जैसे बेटी पढ़ाओ-बेटी बचाओ, राजीव गांधी किशोरी सशक्तीकरण, योजना, कस्तूरबा बालिका विद्यालय, मिड-डे मिल, शौचालय निर्माण (स्वच्छ भारत), उज्ज्वला योजना आदि कुल सीमा तक परिवर्तन ला सकते हैं।

निष्कर्ष स्वरूप यह कहना ठीक होगा कि 21वीं शताब्दी की भोर में हमें इस समय के ही सामाजिक परिवेश एवं कानूनों की रचना करनी होगी तभी महिलाओं को सच्चे अर्थों में स्वतंत्रता मिल पाएगी। इस हेतु सरकार के साथ-साथ आम जन को भी सक्रिय भागीदारी अदा करनी होगी। इसके साथ-साथ व्यापक एवं तीव्र परिवर्तन के लिए महिलाओं में स्वयं आत्मविश्वास जगाना होगा। बैतूल जिले की महिला द्वारा ससुराल में शौचालय न होने पर विवाह करने से इनकार करना, उत्तर प्रदेश के इटावा जिले में दहेज माँगने पर महिला द्वारा विवाह से इनकार करना। इस ओर एक महत्त्वपूर्ण कदम है।

64

कार्यस्थल पर यौन उत्पीड़न महिला सशक्तीकरण में सबसे बड़ी बाधा

—नीतू सिंह

जब भी जेंडर न्याय व महिलाओं के शोषण का मुद्दा सामने आता है तो निम्न पंक्तियाँ बड़ी यथार्थ प्रतीत होने लगती हैं और समाधान की राह भी खोजती हैं—

तू हकीकत भी है, इक दिलचस्प कहानी ही नहीं
तेरी हस्ती भी है, इक जवानी ही नहीं
लड़खड़ाएगी कहाँ तक, सँभलना है तुझे
रुत बदल डाल, अगर फलना-फूलना है तुझे।

ये पंक्तियाँ आज के परिवेश पर सटीक बैठती हैं जहाँ महिला एक ओर तो शिखर को छू रही है, चाहे वो क्षेत्र राजनीति का हो या खेल का। पर वहीं दूसरी ओर कार्यस्थल पर यौन शोषण, विशाखावाद जैसे मामलों का सामने आना, राष्ट्राध्यक्षों, न्यायाधीशों, अन्तर्राष्ट्रीय संस्थानों के प्रमुखों पर यौन शोषण का आरोप लगना चिन्ता का विषय है। साथ ही महिलाओं द्वारा अपनी योग्यता से पाई बढ़त व विकास को पीछे धकेलने के समान है। जो एमडीजी, एसडीजी, लैंगिक न्याय जैसे पहलुओं को खोखला बनाता प्रतीत होता है।

फिर अन्तर्राष्ट्रीय स्तर पर उग्र नारीवादी विचारकों की 'सिस्टरहुड' की कल्पना भी सही प्रतीत होने लगती है कि कार्यस्थल पर सुरक्षा न होना पितृसत्तात्मक मानसिकता है, जो बदलना पहाड़ तोड़ने के समान है।

हालाँकि आरोप-प्रत्यारोप से पूर्व विषय की विस्तृत व गहन जाँच महत्त्वपूर्ण है। जिसमें निम्न प्रश्न उल्लेखनीय हैं। यौन शोषण की क्या परिभाषा हो? यौन शोषण के ऐतिहासिक, सामाजिक, राजनीतिक, लैंगिक, धार्मिक, मानवीय, अन्तर्राष्ट्रीय आदि कारणों व आयाम क्या हैं? फिर यह भी महत्त्वपूर्ण है कि कार्यस्थल पर यौन शोषण 'सबसे बड़ा' कारण है या कोई और कारण भी है? जिसके लिए कार्यस्थल को परिभाषित करना महत्त्वपूर्ण है। फिर समाधानों की ओर बढ़ते हुए समावेशी व न्यायपूर्ण ग्रह की कल्पना के उपायों को जानना होगा।

यदि ऐतिहासिक सन्दर्भों की बात की जाए तो वैदिक काल के बाद महिलाओं की स्थिति में गिरावट देखी गई। 'यत्र नार्यस्तु पूज्यन्ते, रमन्ते तत्र देवता' की अवधारणा धूमिल होती गई व भूमि के साथ महिला भी सम्पत्ति व भोग की वस्तु बन गई। जिसे मध्यकाल में भक्ति-सूफी-संतों व आधुनिक काल में

राजा राममोहन राय सरीखे सुधारकों ने चुनौती दी। यदि अन्तर्राष्ट्रीय इतिहास को टटोला जाए तो वहाँ भी ऐसा क्रम दिखता है, जिसे कुछ तथाकथित योद्धाओं ने विकृत किया व महिलाओं को योग्य पुत्र पैदा करने वाली मशीन माना।

पर आज स्थिति बदलकर भी रुकी हुई लगती है। जिसमें एक ओर सशक्तीकरण व दूसरी ओर शोषण स्पष्ट है। यौन शोषण की परिभाषा देखी जाए तो इसमें यौन प्रताड़ना, गलत इशारे करना, पीछा करना, ताड़ना, यौन अंगों का प्रदर्शन करना व अभद्र टिप्पणियाँ करना शामिल हैं। जिसे रोकने के लिए विशाखावाद व महिलाओं के शोषण को रोकने के लिए कानून भी लाया गया।

यदि कारणों की खोज की जाए तो यह मानव के अन्दर ही किए हैं। जहाँ पुरुषों की पितृसत्तात्मक मानसिकता हावी हो जाती है। महिलाओं को स्वयं से आगे जाते हुए न देख पाने की भूल व उपभोग की वस्तु मानना सबसे बड़ा कारण है। जिसे संसद में सांसदों के द्वारा अभद्र टिप्पणी करने, कॉमेडियन द्वारा यौन-मजाक बनाने, अमेरिकी राष्ट्रपति ट्रम्प द्वारा महिलाओं के लिए अभद्र टिप्पणी करने के रूप में देखा जा सकता है।

जिसे आज के तथाकथित धर्म में भी देखा जा सकता है, जो एक ओर तो महिलाओं को देवी की संज्ञा देते हैं वहीं दूसरी ओर अपवित्र मानने के साथ यौन शोषण का शिकार भी बनाते हैं। जिसे तमिलनाडु के हाल के केस में देखा जा सकता है।

उल्लेखनीय है कि कुछ विचारक यौन शोषण के मुद्दे को शहरों का मुद्दा मानते हैं और महिला सशक्तीकरण में सबसे बड़ी बाधा नहीं मानते। उनके अनुसार ग्रामीण परिवेश में महिलाएँ अभी तक शिक्षा, स्वास्थ्य, दो वक्त के भोजन, घरेलू हिंसा से लड़ने के लिए जद्दोजहद कर रही हैं। उन्हें तो यौन शोषण का मुद्दा भी नहीं पता, क्योंकि वे इसे अपनी किस्मत मान बैठीं।

हालाँकि उपरोक्त कथन में सत्यता है पर संकीर्णता को भी दिखाता है क्योंकि यदि कार्यस्थल की व्यापकता के साथ परिभाषित किया जाए तो सचमुच में यह सबसे बड़ी बाधा लगती है व संविधान द्वारा प्रदत्त गरिमामय जीवन के अधिकार (अनुच्छेद 21) के विरुद्ध नजर आती है।

जैसे ग्रामीण महिलाओं के लिए खेत कार्यस्थल है, पशुपालन करने वाली महिलाओं के लिए घर, ईंट भट्ठे पर जाने वाली महिलाओं के लिए विनिर्माण इकाइयाँ व शहरी महिलाओं के लिए ऑफिस। इन सभी जगह सुरक्षा प्रदान करना जरूरी है क्योंकि यौन शोषण महज शारीरिक प्रताड़ना से नहीं जुड़ा हुआ, यह मानसिक व भावनात्मक स्तर पर व्यक्तित्व को झकझोरने के समान है। जो हर पल असुरक्षा के भाव को जेहन में बिठा देता है। जिससे कार्यस्थल हो या निजी क्षेत्र योग्यता व कुशलता कम होने के साथ घुटन भरी जिन्दगी का

अहसास होता है। जिसे 'पिंक' जैसी फिल्म में दर्शाया गया है। इसलिए महिला सशक्तीकरण के साथ जेंडर न्याय के लिए जरूरी है कि महिलाओं की सुरक्षा सुनिश्चित हो, यथा—

विशाखा केस व कानूनी प्रावधानों को सख्ती से लागू करना व दोषी पाए जाने पर उदाहरणीय सजा देना महत्त्वपूर्ण है। पर यह समाधान स्तरोय है, दीर्घकालीन समाधान के लिए मानवीय व सामाजिक पहलुओं को देखना होगा, जिसमें गुणकारी व नैतिक शिक्षा महत्त्वपूर्ण है।

व्यक्ति को बदलते परिदृश्य में अपनी सोच परिवर्तित करने की जरूरत है जिसमें कुछ पुरुषों को अपनी पितृसत्तात्मक सोच बदलने व सम्मान देने के भाव को जगाना होगा। जहाँ 21वीं सदी के कई नौजवान उदाहरण व प्रेरक बन सकते हैं क्योंकि पितृसत्तात्मक सत्ता को तोड़ने में पुरुषों की भूमिका भी महत्त्वपूर्ण है। जिसे उदार नारीवादी वॉलस्टीन क्राफ्ट ने भी स्वीकारा। समाज को विवेकानन्द की बात याद रखनी होगी—*"जिस प्रकार पंछी एक पर से नहीं उड़ सकता, उसी प्रकार समाज व सभ्यता का विकास आधी आबादी द्वारा नहीं हो सकता।"*

सामुदायिक स्तर पर समाज को ऐसे लोगों की निन्दा करनी होगी व 'रियल मैन' बनते हुए यौन शोषण व किसी भी तरह के भेदभाव को रोकना होगा। इसी प्रकार राष्ट्रीय व अन्तर्राष्ट्रीय स्तर पर कानून, शिक्षा नियमावली बनाकर जेंडर न्याय को प्रेरित करना होगा।

जिसमें महिलाओं की स्वयं की भूमिका असंदिग्ध, उन्हें शारीरिक व मानसिक रूप से तैयार व सशक्त होना होगा व प्रत्येक संकट को सबला की तरह हल करना होगा, जिन्होंने गलत को कभी नहीं स्वीकारा। साथ ही सौम्यता बनाए रखते हुए समाज को मानवीय सद्गुण सिखाने, पर्यावरण संरक्षण व सभ्यता विकास को राह देनी होगी।

तभी इन्दिरा गांधी, इन्दिरा नूयी, सानिया मिर्जा, पीवी सिन्धु, कल्पना चावला, सुनीता विलियम, हिलेरी क्लिंटन जैसी हस्तियाँ सामने आ सकेंगी। जो न केवल महिलाओं अपितु पूरे समाज की प्रेरणास्त्रोत बनकर उभरी हैं। किन्तु उपरोक्त महिलाओं के साथ बड़ी संख्या में महिलाओं का आना तभी सम्भव है, जब कार्यस्थल पर महिलाओं की सुरक्षा व सम्मान हो।

जिसकी राह में लाखों रोड़ों के साथ उम्मीद की एक बयार देखी जा सकती है। जिसका प्रतिनिधित्व आज की मीडिया भी कर रही है। जो आज *'तू सबला है अबला नहीं'* के नारे देती दिखती है। जरूरत है तो आज सभी को मानवीय मूल्यों को अपनाने व साझी समस्या को साझे तरीके से हल करने की। किसी ने ठीक ही कहा है—*"हर अँधेरी सड़क की तरह यह सड़क भी भोर को जाती है।"*

65

क्या वैश्वीकरण का दौर समाप्त हो चुका है

—सर्वज्ञ मिश्र

वैश्वीकरण विभिन्न स्थानों की स्थानीय विशेषताओं के सम्मिश्रण से एक वैश्विक समाज, अर्थशास्त्र, संस्कृति व शासन व्यवस्था की ओर एक गत्यात्मक दृष्टि है। यह स्थानीय विविधताओं को समाप्त नहीं करती अपितु उनको एक व्यवस्था में बाँधकर विश्व को एक इकाई के रूप में देखती है।

हाल ही में ब्रिटेन द्वारा यूरोपियन यूनियन के त्याग, संयुक्त राज्य अमेरिका के नवनियुक्त संरक्षणवादी राष्ट्रपति डोनाल्ड ट्रम्प द्वारा पार-प्रशान्त समझौता (ट्रान्स पैसेफिक पार्टनरशिप) से बाहर आने के बाद यह बहस काफी तेज हो गई है कि वैश्वीकरण समाप्त हो रहा है, कम-से-कम उस रूप में जैसे कि हम इसे जानते हैं। दूसरे शब्दों में वैश्वीकरण अपने वर्तमान स्वरूप में समाप्त हो चुका है।

इस आलेख में हम वैश्वीकरण की पृष्ठभूमि, उसके वर्तमान स्वरूप, इस वर्तमान स्वरूप की समाप्ति के दावों का विश्लेषण, उसके कारण तथा अन्तत: नए वैश्वीकरण के स्वरूप तथा संरचना का समालोचनात्मक अध्ययन करेंगे।

एक अवधारणा के रूप में वैश्वीकरण भारतीय संस्कृति का अटूट हिस्सा रहा है—

अयं निज: परो वेति गणना लघु चेतसाम्
उदारचरितानाम् तु वसुधैव कुटुम्बकम्।

(ये अपना-पराया आदि की गणना छोटे हृदय वाले व्यक्ति करते हैं।
उदार चरित्र वालों के लिए तो पूरा विश्व, पूरी वसुधा ही कुटुम्ब या परिवार है।)

समकालीन पश्चिमी सभ्यता में इसकी अवधारणा यातायात के नए साधनों व मार्गों की खोज, औद्योगिक राष्ट्रों द्वारा सस्ते मूल्य में कच्चे माल की आवश्यकता तथा उत्पादों को बेचने हेतु निर्बाध बाजार पहुँच की आवश्यकता एवं विभिन्न धर्मों, संस्कृतियों, नस्लों के लोगों का परस्पर अधिकाधिक सम्पर्क आदि के कारण उभरकर आई।

अपने वर्तमान स्वरूप में यह अनेक चुनौतियों का सामना कर रहा है—राजनैतिक रूप से संरक्षणवादी सरकारों का उदय, यथा कि ब्रिटेन में कंजरवेटिव पार्टी की टेरेसा में तथा संयुक्त राष्ट्र अमेरिका में डोनाल्ड ट्रम्प, आर्थिक रूप से विकसित राष्ट्रों द्वारा संरक्षणात्मक नीतियों का अनुपालन, यथा कि संयुक्त राष्ट्र अमेरिका, आस्ट्रेलिया, ब्रिटेन आदि द्वारा वीजा नियमों में अत्यधिक दृढ़ता, अमेरिका द्वारा आउटसोर्सिंग के विषय में सख्त कानून बनाना आदि।

इसके अतिरिक्त आतंकवाद, कट्टरवाद, नस्लवाद तथा चरम राष्ट्रवाद का उदय भी वैश्वीकरण के अस्तित्व पर प्रश्नचिह्न लगा रहा है। 1970 में ईरानी क्रान्ति के पश्चात् धीरे-धीरे विज्ञानोत्तर युग का जन्म हुआ। अपनी पुरानी स्थानीय परम्पराओं, धर्मों तथा संस्कृतियों के प्रति रुझान बढ़ता गया है। विज्ञान के नियम सार्वभौमिक होते हैं, दूसरी ओर संस्कृतियाँ स्थानीय होती हैं, अत: विज्ञानोत्तर युग (यह सोच कि विज्ञान हर समस्या का समाधान नहीं है) ने वैश्वीकरण को काफी कमजोर किया।

पश्चिमी एशिया में इस्लामी कट्टरवाद, श्रीलंका व म्यांमार में नस्ल आधारित उत्पीड़न, भारत में बढ़ती असहिष्णुता, उत्तर कोरिया का चरम राष्ट्रवाद आदि इसके ज्वलंत उदाहरण हैं।

नैतिक व विचारधारात्मक दृष्टिकोण से मार्क्सवाद तथा समाजवाद के पतन के कारण वैश्वीकरण को नुकसान हुआ। मार्क्सवाद अपनी अवधारणा में ही राष्ट्रों व धर्मों की सीमाओं को नकारता था। मार्क्स ने कहा था कि—मजदूरों का कोई देश नहीं होता। इस बात में सन्देह नहीं कि मार्क्सवाद तथा समाजवाद के कमजोर होने से संरक्षणवादी, कट्टर राजनैतिक दल मजबूत हुए हैं।

प्रश्न उठता है आखिर क्यों वैश्वीकरण अपने वर्तमान रूप में समाप्त होता जा रहा है? इसके कई कारण हैं। प्रथम तो वैश्वीकरण अपने वर्तमान रूप में सच्चा वैश्वीकरण था ही नहीं! नाइजीरिया के कितने भोजन हम जानते हैं? मलेशियाई मूल निवासियों के कितने त्योहार हम मनाते हैं? जापान के पम्परागत परिधान रोजमर्रा के जीवन में कितने भारतीय पहनते हैं?

वस्तुत: यह मूल रूप से पश्चिमी यूरोप तथा संयुक्त राष्ट्र अमेरिका की जीवनशैली पर ही आधारित था, जिसमें कुछ-कुछ स्थानीय तत्त्वों को शामिल किया गया था। स्पष्ट है विज्ञानोत्तर युग, धार्मिक पुनर्जागरण तथा एशियाई अर्थव्यवस्थाओं के उत्थान के बाद पश्चिम का सामाजिक, सांस्कृतिक, आर्थिक प्रभुत्व टूटने लगा। स्पष्ट है वैश्वीकरण के वर्तमान स्वरूप में समाप्ति के पीछे बदलता वैश्विक आर्थिक-सामाजिक-सांस्कृतिक सन्तुलन है।

उदाहरणत: एक ओर संयुक्त राष्ट्र अमेरिका बहुराष्ट्रीय समझौतों से हट रहा है, दूसरी ओर चीन, भारत, दक्षिण कोरिया, जापान, आस्ट्रेलिया, न्यूजीलैंड तथा दस आसियान देशों का क्षेत्रीय व्यापक आर्थिक सहयोग अभिसमय (आरसीईपी) अन्तिम दौर की चर्चाओं में है।

ब्रिटेन यूरोपियन यूनियन से हट रहा है तथा पूर्वी अफ्रीकी देश—केन्या, तंजानिया, युगांडा, रवांडा, बुरुंडी, रथोपिया तथा दक्षिणी सूडान ने पूर्वी अफ्रीकी संघ की स्थापना की है। आठ वर्षों में इसको एकल बाजार के रूप में रूपान्तरित किया जाएगा।

चीन का बेल्ट एंड रोड एवं भारत का मसाला मार्ग एवं कपास मार्ग पूरे यूरेशिया तथा प्रशान्त हिन्द महासागर में अभूतपूर्व संचार का माध्यम बनेंगे।

दूसरे, वैश्वीकरण, जैसा हम जानते थे एक ऊपर से नीचे (टॉप टू बॉटम) दृष्टि थी। यह समाप्त हो रही है एवं एक नीचे से ऊपर क्रमशः वैश्वीकरण की प्रक्रिया सम्पोषित हो रही है।

उदाहरणस्वरूप विश्व व्यापार संगठन (डब्ल्यूटीओ) एवं उससे पहले (जीएटीटी) नामक वैश्विक संस्था विश्व में निर्बाध व्यापार के लिए व्यापक तथा सर्वमान्य समझौते का प्रयास करती रही। आठ दौरों (अन्तिम दौरे = उरुग्वे दौरे) की बातचीत के बावजूद ठोस समाधान नहीं निकल पाए।

दूसरी ओर नीचे से ऊपर (बॉटम अप) दृष्टिकोण आधारित पूर्वी एशियाई देशों का संगठन आसियान अब आरसीईपी के रूप में दक्षिण, दक्षिण-पूर्व व पूर्वी एशिया के एकीकरण की दिशा में बढ़ चुका है।

तीसरे, वैश्वीकरण, उपभोक्तावाद को बढ़ावा देता है। बढ़ती पर्यावरण संवेदनशीलता तथा संसाधनों की दुर्लभता के कारण इस पर नकारात्मक प्रभाव पड़ना स्वाभाविक है। पर्यावरण अर्थशास्त्री गुंटर पाली की किताब—'ब्लू इकोनॉमी: दस वर्ष सौ नवाचार तथा सौ मिलियन नौकरियाँ' स्थानीय संसाधनों के आधार पर स्थानीय विशेषज्ञता का लाभ उठाते हुए स्थानीय पर्यावरण संस्कृति व जरूरत के अनुरूप आर्थिक उत्पादन का सुझाव देती है। स्थानीय पर्यावरण के प्रति अनुकूलन ही संसाधनों की कमी तथा पर्यावरण हानि का मुकाबला कर सकता है।

चौथा, विकसित देशों तथा विकासशील देशों के मध्य बढ़ते विवाद जो कि विश्व व्यापार संगठन की वार्ताओं, संयुक्त राष्ट्र पर्यावरण संरक्षण अभिसमय (यूएनएफसीसीसी) की बैठकों, क्योटो प्रोटोकॉल (जो कि विकसित देशों की ऐतिहासिक जिम्मेदारियों पर आधारित थी) आदि के विवाद ने वैश्वीकरण की राह को कठिन किया।

अन्ततः विकसित देशों के वैश्वीकरण के प्रति एकपक्षीय रुख ने वैश्वीकरण के खोखलेपन को उभार दिया। उदाहरणतः जब तक अमेरिकी उत्पाद एशिया में बिकते थे, वैश्वीकरण, विश्व का विकास कर रहा था और जब एशियाई उत्पाद अमेरिका में बिकने लगे यह खराब हो गया। यहाँ तक कि विकसित देशों द्वारा प्राकृतिक संसाधनों पर कब्जा करने हेतु विकासशील देशों में कट्टरवादी रूढ़िवादी शक्तियों को बढ़ावा दिया गया जिसका विकृततम रूप पश्चिमी एशिया में है। आज वही आतंकवादी शक्तियाँ वैश्वीकरण पर सबसे बड़ा खतरा हैं।

तथापि, यह सोचना कि वैश्वीकरण पूर्णतया समाप्त हो रहा है या प्रत्येक आयाम में ह्रास को प्राप्त हो रहा है, अनुचित है। कम-से-कम कुछ क्षेत्र ऐसे हैं जिनमें यह लगातार वृद्धि को प्राप्त कर रहा है।

विज्ञान एवं अनुसंधान के क्षेत्र में विभिन्न सरकारों, विश्वविद्यालयों तथा उद्योगों के मध्य सहयोग व सहभागिता बढ़ रही है। अन्तरिक्ष के क्षेत्र में इसरो, नासा तथा यूरोपीय स्पेस एजेंसी के मध्य व्यापक सहयोग, कृषि अनुसंधान में भारत, इजराइल, संयुक्त अरब अमीरात के मध्य सहयोग, आर्कटिक तथा अंटार्कटिक शोध में अनेक देशों की सहभागिता इसके कुछ उदाहरण हैं।

व्यक्ति-व्यक्ति सम्बन्ध (पर्सन-टू-पर्सन कॉन्टेक्ट) के क्षेत्र में इंटरनेट, सोशल नेटवर्किंग, बहुराष्ट्रीय कम्पनियों के वातावरण, विश्वविद्यालयों में परस्पर छात्रों की अदला-बदली आदि के कारण वैयक्तिक स्तर पर वैश्वीकरण लगातार बढ़ रहा है। यह सही है कि सोशल नेटवर्किंग कुछ रूढ़िवादी विचार फैला रही है परन्तु कुल मिलाकर व्यक्ति बाकी विश्व के बारे में अधिक जानकार, अधिक जुड़ा हुआ होता जा रहा है।

कला, संस्कृति व साहित्य के क्षेत्र में भी स्थानीय कलाओं आदि का वैश्विक मंच पर अधिकाधिक समावेशन हो रहा है। भारत में हॉलीवुड व अन्य विदेशी यथा चीन के चलचित्रों का एवं विदेशों में बॉलीवुड चलचित्रों का व्यवसाय लगातार बढ़ रहा है। पंडित रविशंकर की पुत्री अनुष्का शंकर के संगीत एलबमों में भारतीय, अरबी तथा यूरोपीय संगीत के सुन्दर मिश्रण से एक वैश्विक संगीत की झलक दिखती है।

निष्कर्षत: यह कह सकते हैं कि एक अमूर्त विचारधारा के रूप में वैश्वीकरण चिरस्थायी आदर्श है। यद्यपि एक मूर्त रूप में बदलती वैश्विक, आर्थिक, सामाजिक, सांस्कृतिक, धार्मिक व पर्यावरणीय सच्चाइयों के अनुरूप यह परिवर्तित भी हो रही है। यह वैश्वीकरण का अन्त न होकर सतत रूपान्तरण है जो कि किसी भी व्यवहारिक संकल्पना की गत्यात्मकता व लोचशीलता की निशानी है।

66

क्या फिल्मों को सेंसर करना कला की अभिव्यक्ति में बाधक है?

—कंचन कांडपाल

'कला' एक अमूर्त शब्द है, जिसका कोई निश्चित स्वरूप नहीं, कहीं 'संगीत' के रूप में तो कहीं 'लेखन' के रूप में, कभी चित्रों के रूप में तो कभी चलचित्रों (सिनेमा) के रूप में 'कला' ने स्वयं को अभिव्यक्त किया है।

ग्रीक परम्परा में कहावत है—*'कला सत्य की अभिव्यक्ति का माध्यम है।'* स्पष्टत: किसी कलाकार की अनुभूतियाँ 'सत्य' का अन्वेषण कर जिन भावों को चुनती हैं, वही उसकी कला के रूप में अभिव्यक्त होता है।

किन्तु समाज एकपक्षीय नहीं है, अभिव्यक्त हुआ कोई भी तथ्य किसी अन्य पर अवश्यमेव कुछ-न-कुछ प्रभाव डालती है और इसी क्षण से अभिव्यक्ति पर समाज का नियंत्रण प्रारम्भ हो जाता है। अंग्रेजी की प्रसिद्ध कहावत इसकी स्पष्ट व्याख्या करती है—*'तुम्हारी स्वतंत्रता वहाँ पर समाप्त होती है, जहाँ से मेरी नाक प्रारम्भ होती है।'*

अभिव्यक्ति का खुलापन व समाज पर पड़ने वाले प्रभाव के मध्य वैचारिक द्वंद्व ही 'सेंसर' की व्युत्पत्ति करता है।

फिल्में सदा से ही मनोरंजन का सर्वोत्कृष्ट साधन रही हैं। मानव इतिहास इस बात का गवाह है कि जिस तीव्रता के साथ फिल्मों ने समाज में अपनी पैठ बनाई है, शायद ही किसी अन्य ने बनाई हो। स्पष्टत: अपने व्यापक प्रसार व तीव्र प्रभाव के कारण फिल्मों की कोई भी दृश्य श्रृंखला, दर्शक वर्ग को सर्वाधिक प्रभावित करती है। भारतीय सुप्रीम कोर्ट ने भी इस व्याख्या को उचित मानकर, फिल्मों के लिए सेंसर बोर्ड जैसी संस्था को उचित बताया है। यही कारण है कि भारत में केवल फिल्मों पर ही सेंसर आदि का प्रावधान है, धारावाहिक, समाचार-पत्रों पर नहीं।

सेंसर व फिल्मों के द्वंद्व के विषय पर चर्चा (भारतीय परिप्रेक्ष्य में) से पूर्व भारतीय समाज के व्यवहार को समझना आवश्यक है। भारत विभिन्न धर्मों, पंथों व संस्कृति से निर्मित हुआ समाज है, इस कारण प्रारम्भ से यहाँ उन फिल्मों को सहर्ष स्वीकृति मिली, जो स्वस्थ व समन्वयकारी मनोरंजन को प्रश्रय दे, न कि व्यर्थ विवादों को। कृषक व ग्रामीण समुदाय के लिए जब उनके सरल व सहज जीवन को दर्शाती 'राजश्री प्रोडक्शन' की फिल्में आईं तो लोगों ने उनमें अपने जीवन को पाया और इन्हीं सफलताओं ने 'हैपी एंडिंग' का 'कॉन्सेप्ट' फिल्म निर्माताओं के साथ-साथ भारतीय दर्शक वर्ग के मन-मस्तिष्क में भी बैठा दिया। किन्तु समाज में जैसे-जैसे परिवर्तन हुआ, वास्तविकताएँ भी उसी अनुरूप बदलने लगीं। और इन वास्तविकताओं से प्रेरित होकर फिल्म निर्माताओं ने भी वह विषय चुनने प्रारम्भ किए जो यथार्थ के करीब हों, नई कहानी, नया उपन्यास के रूप में नायकत्व का खलनायात्मक में जो विलय साहित्य में कब का स्वीकृति पा चुका था, अब वह फिल्मों में भी स्थान लेने लगा। परिवर्तन के इस दौर ने फिल्मकारों की नई पीढ़ी को जन्म दिया। अब तक जो विचार 'समानान्तर सिनेमा' के रूप में धीमे-धीमे पनप रहा था, उसने 'मुख्यधारा सिनेमा' में भी स्थान बना लिया।

किन्तु हर परिवर्तन की तरह इसे सहर्ष स्वीकृति नहीं मिली। समाज पर इस वास्तविकता को दर्शाने से पड़ने वाले प्रभावों की समीक्षा के लिए 'सेंसर' शब्द अस्तित्व में आया और हर उस दृश्य पर कैंची चलाई जाने लगी, जो समाजहित में अनुचित प्रतीत हो।

वस्तुत: इस विवाद में दो मतों के इर्द-गिर्द मत विभाजन होता है—पहला तर्क है—कि समाज में जो वास्तव में हो रहा है, वह समाज से ही तो उपजा है। अत: उसे अभिव्यक्त करना यथार्थ के निकट होना है।

जबकि दूसरा तर्क है कि सच के 'कड़वे' रूप को दिखाना अनुचित है। अत: फिल्मों को यथार्थ का दर्शन कराने वाले माध्यम की अपेक्षा, केवल मनोरंजन के माध्यम तक ही सीमित रखना चाहिए।

वस्तुत: कला का उद्देश्य है, दर्शक को वास्तविकता से रूबरू कराकर, उसे आत्म-अन्वेषण करने का अवसर प्रदान करना ताकि वह केवल यथार्थ से आँखें मूँदकर आगे न बढ़ता रहे, अपितु उससे दो-चार होकर, उसे बेहतर बनाने का प्रयत्न करे। इस उद्देश्य के साथ यदि कला की अभिव्यक्ति हो तो निश्चित रूप से गुणार्धक सिद्ध होगी। अत: मूल तत्त्व 'फिल्म निर्माता के उद्देश्य' में छिपा हुआ है।

यदि फिल्म निर्माण का उद्देश्य समाज में फैली विषमताओं या अत्याचार को दिखाकर लोगों को उससे अवगत कराना हो ताकि इस विषय में संवेदना का जन्म हो तो निश्चित रूप से ऐसी अभिव्यक्ति सर्वस्वीकार्य होगी।

किन्तु यदि उद्देश्य केवल अनैतिक दृश्यों को दिखाकर धन लाभ कमाना है तो इसे अभिव्यक्ति की श्रेणी में रखना नितान्त वर्जनीय है।

उद्देश्य की वास्तविक पहचान हो सके, इसलिए ही 'सेंसर बोर्ड' जैसी संस्था का गठन हुआ ताकि नीर-क्षीर विवेक के साथ दर्शकों को स्वस्थ व उद्देश्यपरक मनोरंजन प्राप्त हो सके। यह कार्य निष्पक्ष रूप से सम्पादित हो इसके लिए आवश्यक है कि ऐसी निर्णयकारी संस्था में समाज के हर वर्ग का प्रतिनिधित्व हो ताकि वह उद्देश्यपरकता का सूक्ष्म मूल्यांकन कर सके।

साथ ही इस विवाद को समाप्त करने का एक और बेहतरीन मार्ग 'प्रमाणपत्रों' में वैविध्य लाना भी है। आवश्यकतानुरूप हर वर्ग के लिए जिस श्रेणी की फिल्म उचित हो, उसे वैसा ही प्रमाणपत्र उपलब्ध कराया जाए।

इसके अतिरिक्त स्वयं फिल्म निर्माताओं को भी चाहिए कि पश्चिम का अन्धानुकरण या केवल धन-लिप्सा से ग्रस्त होकर ही फिल्म निर्माण न करें, अपितु वास्तविकता का प्रदर्शन भी ऐसा हो कि वह समाज हित से संलग्न दिखे। स्पष्टत: समन्वय के साथ निर्मित निर्णयकारी संस्था, सकारात्मक उद्देश्य के साथ फिल्म निर्माण तथा परिपक्व दर्शक वर्ग ही सेंसर व अभिव्यक्ति के मध्य विवाद का वास्तविक समाधान है।

67

व्यक्ति को कुचला जा सकता है, विचारों को नहीं

—देवेन्द्र मीणा

"हम जो कुछ सोचते हैं वही बन जाते हैं। विचार ही व्यक्ति का निर्माण करता है। वही दुष्ट एवं महान का निर्धारक है। बिना विचारों के व्यक्ति का अस्तित्व नहीं।"

स्वामी विवेकानन्द के उपर्युक्त विचार आज भी उतने ही प्रासंगिक हैं, जितने उनके जीवनकाल में थे। विवेकानन्द भले ही आज सशरीर हमारे बीच न हों किन्तु उनके विचारों की महत्ता कायम है अर्थात् भौतिक शरीर के नष्ट हो जाने पर भी अभौतिक विचार उतनी ही अधिक तीव्रता से रखते हैं। विचारों की यह अमरता किसी भी तानाशाह के लिए उतनी ही खतरनाक है जितनी किसी सुप्त सिंह की गुफा में रहना। यह उतना ही अनिश्चित है कि कब सोया हुआ शेर जाग्रत हो जाए अर्थात् जनता में विचारों के माध्यम से कभी भी क्रान्ति को लाया जा सकता है। फिर चाहे वह फ्रांस में वर्साय के महल का विध्वंस हो अथवा भारत की स्वतंत्रता। व्यक्तियों को दबाने के पश्चात् विचारों की तीव्रता ने जनसामान्य को जाग्रत सिंह में तब्दील कर दिया। अत: स्पष्ट है कि विचारों को दबाया नहीं जा सकता बल्कि वे अधिक दबाव में परिपक्व होते हैं।

प्राचीन यूनान में एक बहुत ही कुरूप व्यक्ति रहते थे किन्तु उनके विचारों में वह मौलिकता, नयापन एवं जन-जागृति की क्षमता थी कि लोग उनको अपने राजा से अधिक तरजीह देने लगे। राजकीय तानाशाही के विरुद्ध उनके विचारों के कारण उनको मृत्युदंड दिया गया। जहर से भरा प्याला पीने के पश्चात् भी सुकरात अमर हो गए अर्थात् उनके विचार आज भी अपनी महत्ता रखते हैं।

चूँकि विचार व्यक्ति की अन्त:प्रज्ञा होती है और अन्त:प्रज्ञा से शुरू होकर जनमानस तक पहुँचने में यदि इसे बाधित न किया जाए तो यह अनेक व्यक्तियों की अन्तरात्मा को प्रभावित करता है तथा इसके प्रभाव में व्यक्ति वो सब कर पाता है जो बिना मार्गदर्शन के नहीं हो पाता अर्थात् विचार, समाज के मार्गदर्शक की भूमिका निभाते हैं। मार्गदर्शक से भी बढ़कर इन्हें व्यक्ति द्वारा आत्मसात् किया जाता है, जिससे इनकी प्रभाविता और अधिक बढ़ जाती है।

अमेरिकी स्वतंत्रता के पश्चात् वहाँ प्रचलित दास प्रथा के सन्दर्भ में अब्राहम लिंकन ने अपने विचार प्रकट करते हुए कहा था, "दास भी मनुष्य है, उन्हें जीने का उतना ही अधिकार है जितना स्वामी को है।" इन विचारों से घबराए लोगों ने उनकी हत्या तो कर दी किन्तु लिंकन के विचारों ने दासों की अन्तरात्मा को जाग्रत कर दिया था और अपने अधिकारों के लिए लड़ते हुए उन्होंने दासत्व से मुक्ति पाई।

विरोधियों ने बेशक लिंकन को समाप्त कर दिया किन्तु उनके विचारों को समाप्त करने की शक्ति न तो तब उनमें थी और न ही आज किसी में है।

विचारों की गतिशीलता उनको अधिक प्रभावी बनाती है। चूँकि व्यक्ति सभी दिशाओं में गमन नहीं कर सकता किन्तु उसके विचार उन क्षेत्रों में भी पहुँच सकते हैं जो अत्यन्त दुर्गम हैं। भौतिक विन्यास, जलवायु, पहाड़, जंगल आदि से अप्रभावित रहते हुए विचार अपनी अधिकतक सीमा तक प्रसारित हो सकते हैं बशर्ते किसी प्रकार के बन्धन आरोपित न हों।

भारतीय स्वतंत्रता आन्दोलन के दौरान सेनानियों ने ब्रिटिश साम्राज्य से लोहा लिया किन्तु किसी कारणवश सफल नहीं हो पाए तथा अपने लक्ष्य से दूर रह गए। ब्रिटिशों द्वारा उनका दमन कर दिया गया किन्तु स्वतंत्रता, समानता एवं बन्धुत्व के रूसो के विचारों से ओत-प्रोत स्वतंत्रता सेनानियों के विचारों का दमन ब्रिटिश साम्राज्य नहीं कर सका और धीरे-धीरे स्वतंत्रता की यह आग सम्पूर्ण भारतीय उपमहाद्वीप में फैलते हुए भारत की आजादी की ज्योति के रूप में प्रज्वलित हुई। इस दौरान भले ही शहीदों का दमन हुआ हो, गरीबों का शोषण हुआ हो अथवा नारी शक्ति के साथ दुर्व्यवहार हुआ हो किन्तु समय के साथ स्वतंत्रता के विचारों की तीव्रता बढ़ती गई और ब्रिटिश भारत छोड़ने को मजबूर हुए। भारत की यह आजादी न केवल भारत बल्कि उपनिवेशों के लिए प्रेरणास्रोत बन गई।

विचारों के सन्दर्भ में कहा जाता है कि एक व्यक्ति का विचार जब तक उस व्यक्ति के पास है तब तक वह अकेला है किन्तु जैसे ही विचार का प्रसार होता है तो वह व्यक्ति अकेला नहीं रहता बल्कि उस जैसे हजारों-लाखों लोग इस पृथ्वी पर आ जाते हैं अर्थात् वह अपने विचारों के माध्यम से जनसामान्य को प्रभावित कर अपने साथ उस लड़ाई में शामिल कर लेता है, जिससे वह अकेले नहीं लड़ सकता। यह विचारों की एकता उसे उस असम्भव लक्ष्य की प्राप्ति भी करा देती है जो वर्तमान से पहले तक असम्भव था। विचार एक व्यक्ति से दूसरे व्यक्ति में स्थानान्तरित होते रहते हैं जिससे विचार अपने स्थायित्व को मजबूती प्रदान करते हैं ताकि दमनात्मक परिस्थिति में भी 'विचारों की अमरता' बनी रहे।

महात्मा गांधी ने स्वतंत्रता आन्दोलन की बागडोर ऐसे समय सँभाली थी जब यह लक्ष्य असम्भव प्रतीत होने लगा था। हिन्दू-मुस्लिम वैमनस्य चरम पर था। दलित-सवर्ण द्वेष हजारों वर्षों से संचित था। जमींदार-किसान एक-दूसरे के विरोधी थे। महिलाओं में आत्मविश्वास नहीं था। उस स्थिति में महात्मा गांधी ने सत्य, अहिंसा एवं हृदय परिवर्तन के विचारों द्वारा न केवल भारतीय समाज में व्याप्त कटुता दूर की बल्कि एक ऐसे आन्दोलन का उदय किया जो ब्रिटिश राज को निगल गया। महात्मा गांधी ने हरिजनों, दलितों के लिए स्वयं कार्य प्रारम्भ किया जिससे सवर्ण समुदाय ने भी दलितों को उनके अधिकार प्रदान किया। भारत में आज भी दलितों

के कल्याण के लिए गांधी जी के 'सिरे के अन्तिम व्यक्ति का उद्धार' विचारों की प्रासंगिकता बनी हुई है। गांधी के विचार "भारत का विकास गाँवों के विकास के बिना सम्भव नहीं है।" आज भी अपनी प्रासंगिकता बनाए हुए है और सरकार गांधीवादी सामाजिक न्याय की स्थापना के लिए प्रतिबद्ध है।

किन्तु वर्तमान युग में व्यक्तियों के साथ उनके विचारों का भी दमन किया जा रहा है। हालाँकि विचारों का दमन सम्भव नहीं है किन्तु विचारों के प्रवाह को बाधित करना भी विचारों के दमन के समान है। विचार बहते हुए जल के समान स्वतंत्र है, जो अपने स्रोत से निकलकर जनता रूपी सागर में मिलने के लिए आतुर रहता है। विचारों के इस स्वतंत्र प्रवाह को बाधित करने के लिए तरह-तरह के हथकंडे अपनाए जाते हैं। कहीं इसे समाज की एकता, कहीं इसे राष्ट्र की सुरक्षा के नाम पर सीमितता प्रदान कर दी जाती है।

चीन, उत्तर कोरिया जैसे राष्ट्रों में विचारों के इस तरह स्वतंत्र प्रवाह को बाधित किया गया है। अभिव्यक्ति के तमाम माध्यमों पर सेंसरशिप लागू की गई है ताकि जो विचार हो वह केवल उसी व्यक्ति तक सीमित रहे। जो लोकतांत्रिक शासन से सम्बन्धित या शोषण विरोधी बातें करता है उसे देशद्रोही करार दिया जाता है। इस प्रकार तानाशाही द्वारा व्यक्ति एवं विचारों का दमन किया जा रहा है, जो मानव, समाज एवं मानवता के लिए अहितकर है।

अत: स्पष्ट है कि विचारों का निरन्तर एवं आबाद प्रवाह होता है तथा होना अनिवार्य भी है क्योंकि व्यक्ति, समाज एवं राष्ट्र के विकास के लिए विचारों की स्वतंत्रता, नवीनता एवं उत्कृष्टता आवश्यक है। विचारों को दबाने के प्रयास विचारों की प्रभाविता को बढ़ाने के उपहरण की तरह कार्य करते हैं क्योंकि अचेतन वस्तु को रोक पाना चेतन वस्तु (व्यक्ति) के द्वारा सम्भव नहीं है। विचार अनादिकाल से गतिशील है तथा अनन्त तक गतिशील रहेंगे। उनको धारण करने वाले व्यक्ति प्रत्येक काल, परिस्थिति में उनको अमरता प्रदान करते हैं।

68

2022 तक किसानों की आय दुगुना करना : एक सपना या हकीकत

—साक्षी गर्ग

कल मैंने टीवी खोला, न्यूज चैनल पर चर्चा, परिचर्चा का केन्द्र बिन्दु था—'किसान'। मध्य प्रदेश में कई किसानों ने आत्महत्या कर ली थी। महाराष्ट्र में किसान ऋण माफी हेतु आन्दोलन पर थे, उत्तर प्रदेश सरकार को कृषक ऋण माफी के

सम्बन्ध में घेरा जा रहा था...यहाँ तक कि संसद में भी वाद-विवाद का बिन्दु था—'किसान दुर्दशा'।

यह देखकर मेरे मन में विचार आया—आखिर सम्पूर्ण देश का पेट भरने वाला कृषक आज बेचारा क्यों कहलाता है, वह स्वयं अपना पेट भरने में क्यों असमर्थ है? क्या सरकार इनके लिए कुछ करती नहीं...तभी मेरे एक मित्र ने कहा, सरकार 2022 तक इन किसानों की आय दोगुनी कर देगी।

उसकी बात सुनकर मुझे भी लगा कि यह एक सपना मात्र है या फिर वास्तव में इसे हकीकत में बदला जा सकता है। उपरोक्त प्रश्न का उत्तर देने हेतु क्रमवार विश्लेषण की आवश्यकता है, वस्तुत: सबसे पहले यह जानना जरूरी है कि कृषक भाइयों की समस्याएँ क्या-क्या हैं—

इसे हम स्पष्टता हेतु तीन भागों में बाँट सकते हैं—

1. **खेती शुरू करने से पूर्व की समस्या**
2. **खेती के दौरान समस्या**
3. **खेती के उपरान्त अर्थात् फसल कटाई के बाद समस्या**

1. खेती के पूर्व समस्याओं को देखें तो सबसे बड़ी चिन्ता का कारण है छोटी जोतों का आकार। हमारे देश में 80 प्रतिशत किसान 1.5 हेक्टेयर से भी कम भूमि पर खेती करते हैं। इसके कारण बीज, सिंचाई, उर्वरक के रूप में इनपुट ज्यादा होता है, पर आउटपुट कम।

   खेती करने हेतु एकमुश्त राशि की आवश्यकता होती है, जिससे बीज, उर्वरक, सिंचाई साधन आदि की पूर्ति हो, अपर्याप्त ज्ञान, अशिक्षा व पर्याप्त कागजात न होने के कारण वे बैंक से सामान्यतया ऋण नहीं ले पाते और सूदखोरों की ऊँची ब्याज दर के शिकार बन जाते हैं।

   जमींदारी, काश्तकारी सुधारों की असफलता के कारण किसान अपने मालिकों के शोषण का भी शिकार होते हैं, इसके साथ ही मानसून आधारित कृषि व अनियमित मानसून से खेती प्रभावित होती है।
2. खेती के दौरान अलनीनो, ला-नीना, बाढ़, सूखा, बादल जैसी अनियमितताएँ फसल प्रभावित करती हैं, लगातार कीटनाशकों के प्रयोग से मृदा स्वास्थ्य खराब हो जाता है, जिससे खरपतवार कम-उत्पादकता जैसी समस्या आती है।
3. खेती के उपरान्त यदि उत्पादन बहुत ज्यादा हो जाता है तो फसल के मूल्य बहुत ही कम हो जाते हैं, जिससे किसान को खेती करने, मंडी ले जाने तक का खर्च नहीं निकल पाता। और यदि उत्पाद की दर ज्यादा,

माँग ज्यादा होती है तो लाभ बिचौलिए ले जाते हैं, पर्याप्त गोदाम व प्रसंस्करण सुविधा न होने के कारण सीमित दिनों में ही फसल बेचनी होती है जिससे किसान की मोलभाव क्षमता (बारगेनिंग कैपेसिटी) गिर जाती है।

उपरोक्त समस्याओं को ध्यान में रखते हुए भारत सरकार की योजनाओं का केन्द्र बिन्दु हमेशा 'किसान समस्या समाधान' रहता है। आजादी के बाद से ही जमींदारी व्यवस्था उन्मूलन, काश्तकारी सुधार, चकबन्दी, हदबन्दी, भू-दान आन्दोलन, सहकारी खेती, सब्सिडी कार्यक्रम, ऋण माफी, उर्वरक वितरण आदि के माध्यम से समाधान करने को प्रयासरत है। वर्तमान सरकार द्वारा अतिसक्रियता दिखाते हुए 2022 तक किसानों की आय दोगुना करने का लक्ष्य रखा गया है।

सरकार द्वारा समय-समय पर न्यूनतम समर्थन मूल्य जारी किया जाता है, जिससे एक न्यूनतम कीमत प्राप्त हो सके। सिंचाई हेतु मुफ्त बिजली प्रदान की जा रही है, नीम कोटेड यूरिया का इस्तेमाल किया जा रहा है, जिससे कि यूरिया की कालाबाजारी कम हो सके व मृदा की उर्वरता प्रभावित न हो।

अति महत्त्वाकांक्षी प्रयास के रूप में सरकार द्वारा एग्रीकल्चर प्रोड्यूज मार्केटिंग कमीशन अधिनियम में सुधार कर नेशनल एग्रीकल्चर मार्केट (राष्ट्रीय कृषि बाजार) स्थापित करने की पहल की गई है। जिसके तहत देश की लगभग 586 मंडियों को डिजिटलाइजेशन के माध्यम से आपस में जोड़ा जाएगा, और किसान अपने क्षेत्र से ही पूरे भारत में कहीं भी सर्वोच्च कीमत पर अपनी फसल बेच सकता है। उसे बिचौलिए का शिकार भी नहीं होना पड़ेगा।

इसके साथ ही प्रधानमंत्री कृषि सिंचाई योजना, प्रधानमंत्री कृषि बीमा योजना, सस्ती दर पर ऋण मुहैया कराना, मृदा स्वास्थ्य कार्ड जैसी योजनाएँ शुरू की गई हैं, जिससे कृषक अपनी मृदा स्वास्थ्य को जानकर उसी अनुसार उर्वरक का इस्तेमाल करे, फसल का चुनाव करे। पर्याप्त मात्रा में सिंचाई कर सके और आपदा जैसी स्थिति में बीमा सुरक्षा ही प्रदान होगी।

भारत सरकार द्वारा हेल्पलाइन जारी किया गया है, जिसमें किसान फोन कर मौसम की जानकारी, खेती सम्बन्धित किसी भी प्रकार की जानकारी प्राप्त कर सकता है। सूचना प्रौद्योगिक व मोबाइल तकनीकी की मदद से समय-समय पर मौसम सम्बन्धी जानकारी किसान को प्रदान की जाती है।

सरकार के इतने दूरदर्शी, महत्त्वाकांक्षी प्रयासों को देखकर लगता है कि शायद किसानों के लिए अब दु:ख के बादल छँटने वाले हैं, परेशानियाँ दूर होने वाली हैं—परन्तु सिक्के का दूसरा पहलू देखें तो नेशनल सैम्पल सर्वे आर्गनाइजेशन द्वारा हाल में कराए गए सर्वेक्षण से ज्ञात होता है—40 प्रतिशत किसान खेती करना ही

नहीं चाहते, वे दूसरे रोजगार की तलाश में हैं। युवा पीढ़ी का कृषि की ओर कोई भी आकर्षण नहीं है...यह एक द्वंद्वात्मक स्थिति उत्पन्न करता है। इसके दो कारण हो सकते हैं—

- इन योजनाओं का लाभ किसानों तक पहुँच नहीं रहा है।
- या अभी ये प्रयास अपर्याप्त है, और सुधारों की आवश्यकता है।

वस्तुत: योजना कितनी भी अच्छी क्यों न हो, उसकी सफलता इस बात पर निर्भर करती है कि कितने कुशलतापूर्वक उसे लागू किया गया है। सर्वेक्षण में पाया गया है कि 50 प्रतिशत किसानों को यही नहीं पता 'न्यूनतम समर्थन मूल्य' होता क्या है। अशिक्षित होने के कारण वे सरकारी योजनाओं, सब्सिडी के बारे में जान ही नहीं पाते और कहीं से पता भी चल जाता है तो वे बिचौलियों का शिकार हो जाते हैं।

दूसरा कारण नीति निर्माण स्तर पर देखें तो नीति निर्माण में किसानों की कोई सहभागिता नहीं होती, जिससे माँग व पूर्ति में असामंजस्य आता है। अत:इन समस्याओं का तार्किक समाधान करने की आवश्यकता है।

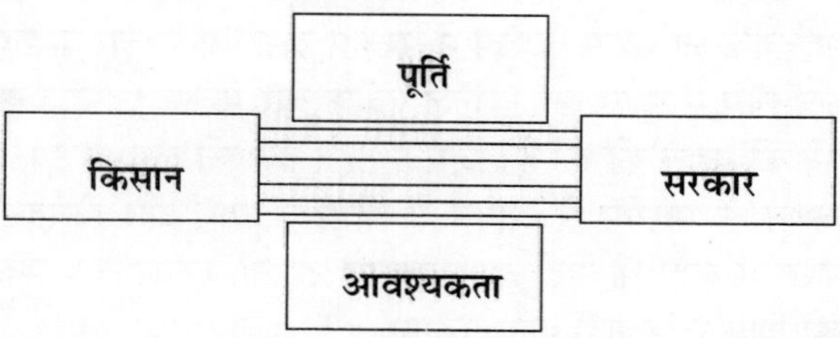

सर्वप्रथम आवश्यकता है भूमि सुधार की (छोटी जोत आकार) इस हेतु सहकारी कृषि को बढ़ावा दिया जाए, कृषि में कान्ट्रैक्ट फार्मिंग को अनुमति दें अर्थात् कृषि को उद्यमिता के रूप में देखा जाना चाहिए। बड़े-बड़े निजी क्षेत्र के उद्यमी पूँजी, संसाधन, तकनीकी, वेयर हाउस, प्रसंस्करण के माध्यम से उपज की मात्रा, गुणवत्ता व मूल्य में बढ़ोतरी करेंगे। जिसका लाभ किसान व सरकार दोनों को होगा। इस परिप्रेक्ष्य में चीन, इंडोनेशिया के उदाहरणों से सीख ली जा सकती है।

कृषि क्षेत्र में पर्याप्त अनुसंधान को प्रेरित किया जाए जिससे ऐसे बीज का निर्माण हो जो जलवायु परिवर्तन, सूखा, बाढ़ आदि से प्रभावित न हो। सरकारी योजनाओं के बारे में किसानों में पर्याप्त रूप से जागरूकता अभियान चलाया जाए, इस हेतु ग्रामीण शिक्षित युवा, स्वयं सहायता समूह, गैर सरकारी संगठनों की मदद ली जा सकती है।

गाँवों में पर्याप्त मात्रा में आधारभूत डिजिटल अवसंरचना, इंटरनेट कनेक्शन, बिजली आपूर्ति हो जिससे प्रत्यक्ष लाभ हस्तान्तरण, राष्ट्रीय कृषि मंडी जैसे प्रयास

वास्तविक धरातल पर आ सकें। ऋण माफी जैसे प्रयास मात्र तात्कालिक राहत दे सकते हैं, दीर्घकालिक व स्थायी नहीं। इस क्षेत्र में ऐसी समुचित रणनीति बनाने की आवश्यकता है जिससे किसानों को ऋण, सब्सिडी की आवश्यकता ही न पड़े।

किसान भारतीय अर्थव्यवस्था की रीढ़ है। इस क्षेत्र में सन्तुलन करके ही देश की अर्थव्यवस्था में सन्तुलन प्राप्त किया जा सकता है। भारत सरकार सदैव से ही इस दिशा में प्रयासरत रही है। सरकार द्वारा कृषि मंत्रालय का नाम परिवर्तित कर कृषि व किसान कल्याण मंत्रालय करना सरकार के विजन को प्रत्यक्ष प्रदर्शित करता है। उपरोक्त मार्ग में जटिलताएँ व समस्याएँ तो अवश्य हैं परन्तु जिस तत्परता, सक्रियता के साथ सरकार प्रयासरत है, निस्सन्देह हम अपने लक्ष्य को प्राप्त करने में सफल होंगे। इससे हम अपने संवैधानिक लक्ष्यों की प्राप्ति कर सकेंगे, साथ ही पूरे देश का राष्ट्रीय हित किसान हित के साथ सार्थक हो सकेगा। 2022 तक किसान भाई देश का पेट भरने में सक्षम होंगे और कृषि किसानों की जेब भरने में सार्थक हो सकेगी।

69

लोकप्रियतावाद का उदय : लोकतंत्र के लिए एक खतरा

—सर्वज्ञ मिश्र

लोकतंत्र जनता द्वारा, जनता का तथा जनता के लिए शासन है। क्या इन तीनों तत्त्वों में कोई अन्तर्विरोध निहित है?

कई विद्वानों द्वारा रेखांकित किया गया है कि जनता द्वारा शासन जनता की परिपक्वता, जनसमूह की तार्किकता तथा जनता की तात्कालिक एवं दीर्घकालिक लाभों में सन्तुलन करने की क्षमता पर विश्वास करता है।

परन्तु अवसरवादी राजनैतिक दलों की उपस्थिति, अपरिपक्व लोकतांत्रिक संस्थाएँ तथा जनसमूह की सीमित तार्किकता एवं दूरदृष्टि के कारण कई बार वस्तुतः जनता के दीर्घकालिक लाभ के स्थान पर एक तात्कालिक—तुष्टीकरण राजनैतिक अभिवृत्ति का उदय होता है और वह जनता के लिए सिद्धान्त के प्रतिकूल चला जाता है।

उपरोक्त सन्दर्भ में इस प्रकार की अभिवृत्ति के लिए लोकप्रियतावाद शब्द का प्रयोग किया जाता है, जिसका अर्थ है—जनता के हितों, विशेषतः दीर्घकालिक एवं अमूर्त हितों के स्थान पर तात्कालिक एवं मूर्त हितों को वरीयता। जनता की भावनाओं का शोषण करना तथा अन्ततः अनुशासन के स्थान पर नीतिगत आर्थिक तथा सामाजिक स्वेच्छाचारिता का उदय।

यद्यपि लोकप्रियतावाद पूर्णतया गलत नहीं है, जनभावना, बहुमत की भावना, सामाजिक प्रथाएँ, तात्कालिक हित आदि भी लोकतंत्र के आवश्यक अंग हैं।

दूसरे, शासन द्वारा, विशेषत: लोकतंत्र में, जनता का समर्थन प्राप्त करना न केवल उचित है, अपितु आवश्यक भी। अत: यह लग सकता है कि लोकप्रियतावाद लोकतंत्र का स्वाभाविक परिणाम या आवश्यक शर्त है।

परन्तु समस्या तब उठ खड़ी होती है जब यह असन्तुलित रूप से येन-केन-प्रकारेण कुछ जनसमूहों का तुष्टीकरण करने का प्रयास करती है। यह मध्यम व दीर्घकाल में व्यापक दुष्परिणाम दे सकती है एवं स्वयं लोकतंत्र के अस्तित्व के लिए खतरा बन सकती है।

ऐतिहासिक रूप से हिटलर के नाजी राज्य में हम इसका दुष्परिणाम देख सकते हैं। पेरिस की सन्धि से असन्तुष्ट, 1930 की महान मन्दी से परेशान जर्मन जनता को हिटलर द्वारा पहले तो लोकप्रियतावादी तरीकों (यथा रोजगारों में वृद्धि, उद्योगों में भारी सरकारी व्यय उद्योगपतियों को कम्युनिस्ट भय से संरक्षण आदि) द्वारा जनता को प्रभावित किया। परन्तु अन्तत: ये लोकप्रियतावाद तरीके ही जर्मन लोकतंत्र के अन्त के अस्त्र बन गए। राष्ट्र का हित व्यक्ति का हित बन गया।

भारतीय परम्परा में भी साम व दाम के साथ दंड को शासक का प्रमुख उपकरण माना गया है। स्पष्टत: तुष्टीकरण के साथ-साथ अनुशासन की महत्ता को स्थापित किया गया है।

पुनश्च बिना विकसित लोकतांत्रिक उपकरणों के लोकप्रियता को नापना भी कठिन कार्य है। कई बार यह कम संख्या परन्तु मजबूत संगठन वाले समूह के हित के अनुचित साधन का कारक बन जाता है तथा बहुमत के शासन के लोकतांत्रिक आदर्श के प्रतिकूल चला जाता है।

सामाजिक दृष्टिकोण से यह एक सामन्तवादी अलोकतांत्रिक व्यवस्थाओं को जन्म दे सकता है। उदाहरणत: जाति आधारित मतदान की लोकप्रियतावादी मजबूरी के कारण खाप पंचायतों का उदय। जो कि पंचायती लोकतंत्र को प्रतिस्थापित करके मूलभूत लोकतांत्रिक व्यवस्था के पतन का कारण बन सकता है।

धार्मिक रूप से यह तुष्टीकरण का कारण बन जाता है। जैसा कि शाहबानो मामले (1986) के प्रत्युत्तर में तत्कालीन सरकार के प्रतिगामी कानून से स्पष्ट है। धर्म तथा धार्मिक प्रथाओं में समानता एवं स्वतंत्रता का हनन धार्मिक लोकतंत्र का अन्त है, जिसका कारण तुष्टीकरण आधारित लोकप्रियतावाद हो सकता है।

हाल ही में पशु व्यापार, गोवंश के वध पर एकतरफा प्रतिबन्ध को भी भारतीय लोकतंत्र के समानता, स्वतंत्रता एवं धर्मनिरपेक्षता के आदर्शों पर एक नकारात्मक कदम के रूप में देखा जा रहा है।

लोकप्रियतावाद बहुमत की तानाशाही उत्पन्न कर सकता है। स्विट्जरलैंड द्वारा मस्जिदों के निर्माण पर रोक के लिए जनमत संग्रह का पारित होना। म्यांमार में प्रबल लोकतंत्रवादी राष्ट्राध्यक्ष आंग सान सू की का रोहिंग्या अत्याचारों पर मौन रुख इस बात के प्रमाण हैं।

लोकप्रियतावाद अन्तर्राष्ट्रीय सम्बन्धों पर प्रतिकूल प्रभाव डाल सकता है। यह विदेशियों के वैध अधिकारों, प्रवासियों के लोकतांत्रिक अधिकारों का हनन कर सकता है, अत: घरेलू लोकप्रियतावाद द्वारा वैश्विक लोकतंत्र का हनन हो सकता है।

उदाहरणत :

1. संयुक्त राष्ट्र अमेरिका द्वारा पेरिस पर्यावरण समझौते से बाहर निकलकर वैश्विक पर्यावरण लोकतंत्र की अवहेलना की है।
2. स्थानीय संरक्षणवादी नीतियाँ (यथा वीजा शुल्क में वृद्धि) वैश्विक समानता व न्याय के साथ-साथ विश्व व्यापार संगठन जैसे लोकतांत्रिक संगठनों पर भी कुठाराघात है।
3. ब्रेग्जिट द्वारा यूरोपीय लोकतांत्रिक विचारों का हनन।

पुनश्च लोकतांत्रिक उपकरणों की सीमा के कारण यह वास्तविक लोकतांत्रिक माँग को अभिव्यक्त नहीं कर पाता। दूसरे शब्दों में लोकप्रियतावाद स्वयं लोकप्रिय माँगों को ही अभिव्यक्त नहीं कर पाता, और इस प्रकार जनता की इच्छा की पूर्ति न करने के कारण लोकतंत्र के लिए खतरा उपस्थित कर देता है।

उदाहरणत : ब्रेग्जिट के जनमत संग्रह में अलग होने के कारण यूरोपियों से ब्रिटेन की जनता का दुराव न होकर ब्रिटेन की आर्थिक समस्याएँ—मन्दी, रोजगार की वृद्धि में कमी आदि थीं। यह काफी सम्भव है कि यदि ये समस्याएँ न होतीं तो ब्रिटेन यूरोपियन यूनियन से पृथक् न होता। आर्थिक जटिल समस्याओं को अभिव्यक्त कर पाने के उपकरणों के अभाव के कारण राजनैतिक अति सरलीकरण—हाँ या नहीं का प्रयोग करना पड़ा। उसी प्रकार सार्वजनिक धन का मितव्ययितापूर्वक उपयोग एक लोकतांत्रिक कर्तव्य है। लोकतंत्र में राजशाही की भाँति धन का मनमाना उपयोग अनैतिक है। परन्तु सस्ती लोकप्रियता प्राप्त करने के लिए वेतनवृद्धि, कृषि ऋण, माफी आदि अदूरदर्शी व्यय लोकप्रियतावाद द्वारा लोकतांत्रिक आदर्शों के विनाश के उदाहरण हैं।

चुनावों में मतदान को प्रभावित करने के लिए टीवी, मोबाइल फोन, लैपटॉप आदि का प्रलोभन भी लोकप्रियतावादी किन्तु आर्थिक अदूरदर्शी एवं लोकतांत्रिक न्याय के प्रतिकूल है।

अन्तत: अति-राष्ट्रभक्ति तथा स्वयं के राष्ट्रगौरव को राष्ट्र अभिमान के रूप में प्रस्तुत करना समकालीन समय का एक अति लोकप्रियतावादी कदम है, जिसके विस्तार में सैनिक तानाशाही, अधिनायकवाद तथा फासीवाद के बीज छिपे हैं।

नेपोलियन के समय से ही सैनिक गुणगान तथा आक्रामक सैनिक रुख को लोकतांत्रिक संस्थाओं को निष्प्रभावी करने का साधन माना जाता रहा है।

20वीं सदी के लगभग सभी तानाशाहों द्वारा इस प्रकार के सैनिक राष्ट्रवाद द्वारा सस्ती लोकप्रियता पाकर लोकतंत्र को रोकने का प्रयास किया गया है।

उत्तर कोरिया द्वारा लगातार सैन्य शक्ति वृद्धि द्वारा जनता की आत्मसन्तुष्टि को प्राप्त करके सैनिक शासन को बरकरार रखने का प्रयास किया जा रहा है। ध्यातव्य है कि आर्थिक-सामाजिक क्षेत्रों में जिन दूरगामी कदमों की आवश्यकता उत्तर कोरिया को थी, उन पर न्यूनतम ध्यान दिया जा रहा है।

पाकिस्तान, म्यांमार आदि देशों में व्यापक असुरक्षा, हिंसा, आतंकवाद पर नियंत्रण की लोकप्रियतावादी धारणा का प्रयोग सैन्य प्रभाव को बरकरार रखने के लिए हो रहा है।

भारत के सन्दर्भ में भी यह जरूरी है कि सर्जिकल स्ट्राइक जैसे कदमों को सैनिक कुशलता एवं आपवादिक विवशता के परिप्रेक्ष्य में देखें, न कि पड़ोसियों पर हमारी उत्कृष्टता के रूप में। अति सैन्यीकरण लोकप्रिय एवं आत्माभिमानी तुष्टिकारक विचार हो सकता है परन्तु यह भारत एवं पड़ोसियों दोनों के ही सहिष्णुतावादी लोकतांत्रिक विकास के लिए घातक सिद्ध हो सकता है।

इस प्रकार लोकप्रियतावादी सोच का अति प्रयोग एवं अनावश्यक रूप से असम्बद्ध क्षेत्रों, यथा—रक्षा, अर्थव्यवस्था आदि में उसका तार्किक विस्तार, लोकतांत्रिक आदर्शों, संस्थाओं एवं उद्देश्यों पर नकारात्मक प्रभाव डाल सकता है। लोकतंत्र का आदर्श एवं उद्देश्य ही जनता का समर्थन पाना एवं जनता की सामूहिक इच्छाओं की पूर्ति है। इस सीमा तक लोकप्रियतावाद लोकतंत्र का आवश्यक अंग है।

परन्तु लोकतंत्र के छह अन्य मुख्य आदर्शों के साथ इसका सन्तुलन भी उतना ही आवश्यक है। ये आदर्श हैं—

1. जनता का सतत प्रशिक्षण व मार्गदर्शन
2. न्याय एवं तार्किकता का फलन
3. कमजोर वर्गों/अल्पसंख्यकों के प्रति सकारात्मक भेदभाव
4. अन्तर्राष्ट्रीय न्याय व लोकतंत्र को उचित सम्मान
5. दीर्घकालिक हितों की पहचान तथा जनता को इन हितों की प्राप्ति हेतु प्रेरित करना
6. गैर लोकतांत्रिक यथा सैनिक अधिनायकवादी विचारों के प्रति सावधानता

अत: इन उद्देश्यों से असन्तुलित लोकप्रियतावादी राज्यपद्धति लोकतंत्र के लिए विनाशकारी हो सकती है।

निष्कर्षत:, लोकप्रियतावादी विचारों के असन्तुलित तात्कालिक लाभों के स्थान पर बहुआयामी लोकतांत्रिक फ्रेमवर्क के अन्दर उसके सन्तुलित विकास

पर ध्यान देना चाहिए। यह जनता, सरकार, राजनैतिक दलों, मीडिया, सिविल सोसायटी तथा अन्य सभी हित समूहों की दृष्टि में व्यापकता व दूरदृष्टि की अपेक्षा रखता है। सौभाग्यत: भारतीय लोकतंत्र ने कुछ अपवादों के साथ इस सन्तुलन को बरकरार रखा है। हम सबके संगठित प्रयास द्वारा इसको सतत परिपुष्ट करने के प्रयत्न जारी रखने चाहिए।

70

सफल व्यक्ति बनने का प्रयास मत करो, बल्कि मूल्यों के प्रति प्रतिबद्ध व्यक्ति बनो

—निशान्त जैन

कुछ लोग जो वक्त के साँचे में ढल गए,
कुछ लोग जो वक्त के ढाँचे बदल गए।

ऐसा ही कुछ फलसफा है मानव जीवन का। यूँ तो प्रत्येक व्यक्ति अपने जीवन में कुछ बेहतर कर उसे सार्थकता प्रदान करने की कोशिश करता है, पर वे कुछ लोग ही होते हैं जो महज वक्त के साँचों में ढलने की बजाय अपने पुरुषार्थ, अध्यवसाय और प्रतिबद्धता के माध्यम से वक्त के साँचे तक बदल देने की कूवत हासिल कर लेते हैं। निश्चय ही ऐसे विशिष्ट लोग महज सफलता के पीछे नहीं भागते, अपितु जीवन के कुछ महत्त्वपूर्ण, शाश्वत, लोकोन्मुखी व श्रेष्ठ मूल्यों के प्रति प्रतिबद्ध रहकर उनका निर्वाह करते हुए अपने काम को अंजाम देते हैं।

सभ्यता के शुरुआती दौर से लेकर आज तक इस मानव सभ्यता ने नित नए रूप बदले हैं। समय ने न जाने कितनी करवटें ली हैं, पर अगर नहीं बदला है तो व्यक्ति की अनवरत यात्रा का क्रम, उसकी उत्थान व विकास की जिजीविषा, तमाम प्रतिकूलताओं और विषमताओं के बावजूद डटे रहना और अपने मुकाम को हासिल करने के लिए पुरजोर कोशिश करना। संस्कृत में एक उक्ति है—

कुर्वन्नेवेह कर्माणि जिजीविषेच्छतं समा:।

(मनुष्य को कर्म करते हुए सौ वर्ष जीने की इच्छा करनी चाहिए)। यही कारण है कि मनुष्य की यात्रा प्रगतिपथ पर निरन्तर अग्रसर होती रहती है।

यूँ तो हर इनसान के जीवन में उसकी कुछ विशेषताएँ, मान्यताएँ, प्रतिबद्धताएँ और आकांक्षाएँ होती हैं, मसलन—अच्छे रोजगार की इच्छा, आध्यात्मिक व

भौतिक उन्नति की इच्छा आदि। सभी लोग जीवन की मूलभूत आवश्यकताओं के साथ-साथ सामाजिकता और प्रतिष्ठा जैसी उच्चस्तरीय आवश्यकताओं की पूर्ति करना चाहते हैं। मानव की इस स्वाभाविक और अदम्य इच्छा की पूर्ति उसके अस्तित्व के लिए आवश्यक है। परन्तु यहाँ यह भी ध्यान देने योग्य है कि यदि व्यक्ति की इच्छा, आकांक्षा और सफलता की भूख के साथ-साथ उसमें कुछ मूल्यों का समावेश न हो, तो उसकी सफलता बाकी समाज और पूरी मानवता के लिए एक मुसीबत और संकट का कारण बन सकती है। जिस तरह प्रयोगशाला में मेहनत कर रहा एक प्रतिभाशाली वैज्ञानिक यदि मानवीय मूल्यों से ओत-प्रोत न हो, तो वह मानव कल्याण के उपकरण बनाने के स्थान पर, जैविक व रासायनिक हथियार, व्यापक जनसंहार के शस्त्र बनाने जैसे अनैतिक कार्यों की ओर भी उन्मुख हो सकता है।

साथ ही यहाँ सफलता और मूल्य का अभिप्राय भी स्पष्ट कर देना समीचीन रहेगा। दरअसल, सफलता एक वस्तुनिष्ठ या सपाट धारणा न होकर एक जटिल एवं सापेक्षिक धारणा है। सफलता की धारणा का न तो कोई रटा-रटाया फॉर्मूला है और न ही कोई पूर्व-निर्धारित मापदंड। किसी व्यक्ति को डॉक्टर या इंजीनियर बनकर 12-15 लाख का वार्षिक पैकेज लेना सफलता प्रतीत होता है, तो कोई किसी जरूरतमंद के काम आकर उसकी सहायता करने में ही सफलता का एहसास करता है। जिस तरह विद्या वही है, जो विमुक्त करे, उसी तरह सफलता वही है, जो आपको संतुष्ट करे और सुकून दे।

वहीं दूसरी ओर 'मूल्य' या 'उसूल' अथवा सिद्धान्त जीवन के लक्ष्य व उसके क्रियान्वयन में बेहद महत्त्वपूर्ण भूमिका रखते हैं, पर उनमें एक शाश्वतता व सार्वकालिकता का तत्त्व भी मौजूद रहता है। इसमें कोई भी सन्देह नहीं है कि विश्वभर की सभी सभ्यताओं, संस्कृतियों और धर्मों में—अहिंसा, सत्य, अचौर्य, करुणा, सेवा, दया, परोपकार और बन्धुत्व जैसे मानवीय मूल्यों की निर्विवाद मौजूदगी दिखाई देती है। चाहे वे हिन्दू धर्म के यम और नियम हों, अथवा जैन धर्म के पंच महाव्रत, बौद्ध धर्म के अष्टांगिक मार्ग हों या सिख धर्म का परोपकार का भाव; इस्लाम का भाईचारे का आदर्श हो या ईसाइयत का करुणा व सेवा का मूल्य; सभी जगह कुछ उभयनिष्ठ व सनातन मूल्यों का विकास देखा जा सकता है। वैश्विक स्तर पर भी प्लेटो, अरस्तू, सुकरात से लेकर भारत में बुद्ध, महावीर, नानक, गांधी तक मूल्यों के प्रति प्रतिबद्धता का एक सतत प्रवाह दृष्टिगोचर होता है। बुद्ध के 'बहुजनहिताय' से महावीर के 'जियो और जीने दो' तक, नानक के 'सरबत दा भला' से लेकर गांधी के 'सर्वोदय' तक; मूल्यों की निरन्तरता का सौन्दर्य बिखरा हुआ है। भारत में तो प्राचीन काल से ही मूल्यों को महत्त्व देने की परम्परा रही है। उदाहरण के लिए, यहाँ चरित्र के मूल्य को

इतना महत्त्वपूर्ण माना गया कि उसके चले जाने पर व्यक्ति को मृतक के समान मान लिया गया है—

वृत्तं यत्नेन संरक्षेद्, वित्तमायाति याति च।
अक्षीणो वित्ततः क्षीणो, वृत्ततस्तु हतो हतः।

प्राचीन काल से लेकर मध्यक.ल में कबीर, नामदेव, रैदास, ज्ञानेश्वर, तुकाराम, नरसी, शंकर, अंडाल, मुईनुद्दीन चिश्ती, निजामुद्दीन औलिया, रहीम, खुसरो तक; आधुनिक युग में गांधी, नेहरू, टैगोर, विवेकानन्द, अम्बेडकर तक और वर्तमान में टी. षणमुगम, सत्येन्द्र दुबे, जी.डी. अग्रवाल, सुनीता नारायण, राजेन्द्र सिंह, संदीप पांडेय और वंदना शिवा जैसे मूल्यों को महत्त्व देने वाले लोगों तक, हमारे सामने मूल्यों को सफलता के लिए महत्त्वपूर्ण मानने वाले प्रतिबद्ध उदाहरणों की एक अन्तहीन सूची है। लिहाजा व्यक्ति को महज सफलता का पुजारी न बनकर मूल्यों के प्रति प्रतिबद्ध होने का प्रयास करना चाहिए ताकि क्षणिक सफलता के स्थान पर चिरस्थायी सफलता प्राप्त हो सके।

व्यवहारिक जीवन में देखें तो सफलता के क्षणिक स्वाद के लालच में अक्सर व्यक्ति अपने मूल्यों को भी तिलांजलि दे देता है। वर्तमान सुख अक्सर चिरस्थायी सुख के आगे अधिक महत्त्वपूर्ण और प्राथमिक हो जाता है। शायद इसीलिए किसी शायर को लिखना पड़ा—

रिश्वत से हरदम रुसवाई होती है,
खुद के भीतर रोज लड़ाई होती है।
उनके बच्चे पढ़कर आगे बढ़ते हैं,
जिनके घर में नेक कमाई होती है।

दरअसल सफलता की इच्छा और मूल्यों के प्रति प्रतिबद्धता का यह द्वंद्व भी एक शाश्वत और सर्वयुगीन द्वंद्व रहा है। जीवन व समाज के हर स्तर पर व्यक्ति के इस द्वंद्व और उलझन को महसूस किया जा सकता है, परन्तु व्यापक विमर्श के बाद हर स्तर पर कोरी सफलता के बरक्स मूल्ययुक्त मनुष्यता की उपादेयता भी स्पष्ट तौर पर देखी जा सकती है। वैयक्तिक स्तर पर देखें तो आज मनुष्य इस ऊहापोह से हर रोज दो-चार होता है कि उसके जीवन और कार्य-व्यापार का वास्तविक लक्ष्य क्या हो। खुद के भीतर रोज लड़ाई करता इनसान मूल्यों से विचलन की समस्या से जूझता रहता है। परन्तु यह निर्विवाद है कि महज भौतिक विकास ही नहीं, बल्कि नैतिक और आध्यात्मिक विकास भी मनुष्यता के लक्ष्य हैं। ऐसे तमाम उदाहरण देखे जा सकते हैं, जहाँ व्यक्ति सफल तो है पर संतुष्ट नहीं। पहले एक दौर था, जब व्यक्ति की बुद्धिमत्ता गुणांक (IQ) को उसकी सफलता का आधार माना जाता था। परन्तु वक्त बदलने के साथ उसमें धीरे-धीरे भावनात्मक गुणांक (EQ) और

फिर आध्यात्मिक गुणांक (SQ) उसके बाद सातत्य गुणांक (PQ) जैसे प्रतिमान जुड़ते चले गए, जिनकी मूल वजह सफलता की अन्धी दौड़ के दुष्परिणाम ही हैं।

पारिवारिक स्तर पर सफलता और मूल्यों का द्वंद्व बहुत शिद्दत से मौजूद रहता है। एक मूल्यविहीन सफलता का उदाहरण वह भी है, जहाँ माँ-बाप अपने लाड़ले को महँगी शिक्षा देकर उसके अरमानों को पूरा करते हैं और उसे विदेश भेजते हैं, और वही बालक उनकी मृत्यु हो जाने पर देश लौटने में वक्त की कमी और व्यावसायिक प्रतिबद्धताओं का बहाना बनाता है। टूटते परिवार और बिखरते रिश्ते आज की इस तथाकथित मूल्यविहीन सफलता के सहज दुष्परिणाम हैं। किसी शायर ने लिखा है—

शहर में जाकर पढ़ने वाले भूल गए,
किसकी माँ ने कितना जेवर बेचा था।

सामाजिक ताने-बाने और सामाजिक संस्थाओं की दरकती दीवारें आज के अन्धाधुन्ध सिरफिरेपन के कारण टूटती देखी जा सकती हैं। यदि समाज की अवधारणा में सामाजिक कल्याण और सामाजिक सहकारिता जैसे मूल्य समाविष्ट न हों, तो वह समाज एक बेहतर और रहने योग्य समाज न रहकर एक स्वार्थ-आधारित, अमानवीय और स्वमुखी समाज बनकर रह जाएगा। समाज के वंचित वर्गों—अनुसूचित जाति/जनजाति, पिछड़े वर्ग, अल्पसंख्यक, महिलाएँ, 14 साल से कम उम्र के बच्चे, वरिष्ठ नागरिक, सीमान्त कृषक, असंगठित क्षेत्र के श्रमिक, ट्रांसजेंडर, विकलांग आदि के प्रति संवेदनशीलता का मूल्य आज का एक बेहद आवश्यक और प्रासंगिक मूल्य है।

आर्थिक क्षेत्र में मूल्यों से युक्त जीवन की आवश्यकता अपरिहार्य है। यह मूल्यों के प्रति प्रतिबद्धता का उदाहरण है कि अमेरिका के दो सबसे अमीर व्यक्तियों—बिल गेट्स व वारेन बफेट ने 'जॉय ऑफ गिविंग' के सिद्धान्त का अनुसरण करते हुए जनकल्याण हेतु अपनी अरबों डॉलर की सम्पत्ति दान कर परोपकारिता का 'गेट्स-बफेट मॉडल' स्थापित किया। चाहे वे कॉरपोरेट सामाजिक दायित्व (CSR) हों या चैरिटेबिल स्कूलों-अस्पतालों-अनाथालयों-वृद्धाश्रमों का संचालन; ये समस्त मानवीय गतिविधियाँ मूल्यों के प्रति प्रतिबद्धता के ही सुफल हैं।

मूल्यविहीन आर्थिक सफलता का प्रयास समाज के लिए बेहद खतरनाक हो सकता है। आर्थिक सफलता की यह अन्धी भूख समाज को मिलावट, जमाखोरी, अनुचित व्यापारिक गतिविधियाँ, गम्भीर धोखाधड़ी, हवाला, काला धन, साइबर अपराध, कॉरपोरेट लॉबीइंग, भ्रष्टाचार, पेड न्यूज जैसी विध्वंसक गतिविधियों की ओर मोड़ देती है। फिर वह सत्यम् घोटाला हो या हर्षद मेहता-केतन पारिख कांड, इनमें सत्य और परोपकार के मूल्यों की कमी साफ नजर आती है।

राजनीति व प्रशासन का क्षेत्र तो मूल्यों के प्रति प्रतिबद्धता की कहीं अधिक माँग करता है। भारतीय संविधान के स्वतंत्रता, समानता, धर्मनिरपेक्षता, अखंडता और समाजवाद के मूल्य हों या मौलिक कर्तव्यों व नीति-निदेशक तत्त्वों में निहित आदर्श; ये मूल्य ही राजनीति व प्रशासन का पथप्रदर्शन करते हैं। भारतीय राजनीति व प्रशासन में सुभाष, पटेल, नेहरू, शास्त्री, डॉ. राधाकृष्णन, डॉ. जाकिर हुसैन से लेकर जयप्रकाश नारायण, राममनोहर लोहिया और टी.एन. शेषन तक; तमाम नेताओं व प्रशासकों ने मूल्यों के प्रति प्रतिबद्ध रहकर सफलता प्राप्त की और इसीलिए आज उन्हें चिरस्मरणीय माना जाता है, अन्यथा कभी-कभी भ्रष्टाचार, झूठे मामलों में फँसाना, फर्जी एनकाउंटर, फर्जी पेंशन खाते, योजनाओं का लाभ आम आदमी तक न पहुँच पाना जैसी दुर्दशाएँ मूल्यविहीन समाज की विडम्बनाएँ बन जाती हैं।

राष्ट्रीय व अन्तर्राष्ट्रीय स्तर पर मूल्यों के प्रति प्रतिबद्धता और भी अधिक प्रासंगिक हो जाती है। यह सुखद है कि अब समृद्धि के बाकी एकपक्षीय सूचकांकों के स्थान पर वैश्विक प्रसन्नता सूचकांक (Global Happiness Index) व सहस्राब्दि विकास लक्ष्यों (MDGs) के बाद सतत विकास लक्ष्यों (SDGs) को अधिक महत्त्व दिया जा रहा है। अब विश्व समुदाय यह समझ रहा है कि महज तेजी से भागती अर्थव्यवस्था, तीव्र वृद्धि दर और भारी उत्पादन ही उन्नति व विकास के प्रतिमान नहीं हैं। विकास का सही मतलब बताते हुए पूर्व प्रधानमंत्री श्री राजीव गांधी ने कहा था—"विकास से मेरा मतलब है—समावेशी विकास, जहाँ सबसे कमजोर व्यक्ति को बराबरी के पायदान पर लाकर खड़ा कर दिया जाए।"

यह अन्तर्राष्ट्रीय स्तर पर मूल्यों के प्रति प्रतिबद्धता में कमी का ही असर है कि विश्व में कहीं रासायनिक हथियारों से निर्दोषों की जान जा रही है, तो कहीं जातीय व नस्लीय आधार पर अल्पसंख्यक समुदायों का उत्पीड़न हो रहा है।

शिक्षा, स्वास्थ्य, रोजगार, कृषि, ग्रामीण विकास जैसे क्षेत्रों में समावेशी विकास व जनकल्याणकारी योजनाएँ दरअसल भारतीय संविधान द्वारा प्रदत्त कल्याणकारी राज्य (Welfare State) के मूल्य के कारण ही सम्भव हो सकी हैं, अन्यथा कोई राज्य चाहे तो वह आम जनता की जरूरतों को बाजार और निजी क्षेत्र के भरोसे छोड़ उन्हें परेशानियों का सामना करने को मजबूर भी कर सकता है।

महात्मा गांधी सफलता और मूल्यों के द्वंद्व को बखूबी समझते थे और अक्सर कहा करते थे कि मूल्यों के अभाव में सफलता निष्प्रयोजन व व्यर्थ है। वस्तुत: गांधी का पूरा जीवन दर्शन ही सफलता की अन्धी भूख पर मूल्य-प्रतिबद्धता की उपादेयता को स्थापित करने का दर्शन है। 1915 में भारत आकर यहाँ की दशा को महसूस करना, वकालत छोड़कर एक लँगोटी और लाठी धारण कर 'सत्याग्रह' का मार्ग अपनाना, 'सर्वोदय', 'साधन की पवित्रता' व 'राम राज्य' का सन्देश देना, राष्ट्रपिता के मूल्ययुक्त जीवन के उदाहरण हैं।

एक मूल्यविहीन समाज अपने अधिकारों के दुरुपयोग पर और अपने कर्तव्यों के प्रति उदासीन रहकर समाज को शोचनीय स्थिति में पहुँचा सकता है। सच तो यह है कि "आत्मानुशासन हमेशा थोपे हुए अनुशासन से बेहतर होता है।" परन्तु आत्मानुशासन की अवस्था एक मूल्ययुक्त व्यक्ति के जीवन में ही सम्भव है। मूल्य-विहीनता विध्वंस की ओर ले जाती है, जबकि मूल्यों के प्रति प्रतिबद्धता निर्माण और सृजन की ओर।

दरअसल सफलता तभी स्थायी और शाश्वत हो सकती है, जब उसमें मूल्य सम्मिलित हों। मूल्यविहीन सफलता महज क्षणिक सफलता है, जो लम्बे समय तक नहीं टिक सकती। आज हम जिन लोगों को स्मरण कर उनसे प्रेरणा ग्रहण करते हैं, वे वही हैं, जिन्होंने जीवन में कोरी सफलता वाले व्यक्ति (Man of Success) न बनकर मूल्ययुक्त व्यक्ति (Man of Values) बनने पर जोर दिया। यदि आप मूल्यों के प्रति प्रतिबद्ध होंगे, तो सफलता खुद-ब-खुद आपकी देहरी पर दस्तक देगी।

'कीर्तिर्यस्य स जीवति'। यानी वही व्यक्ति जीवित रहता है, जो यश धारण करता है। कीर्ति द्वारा ही व्यक्ति सदैव जीवित रहता है। और यह कीर्ति उसी व्यक्ति को मिलती है, जो जीवन में मूल्यहीन सफलता की अन्धी दौड़ व निजी स्वार्थों से बचकर देश व समाज के हित में, मानवता व विश्व-कल्याण के हित में कुछ नया करने का निर्णय लेता है। अतः व्यक्ति को जीवन में सफल व्यक्ति बनने का प्रयास न करके, मूल्यों के प्रति प्रतिबद्ध व्यक्ति बनने का प्रयास करना चाहिए। यह राह थोड़ी कँटीली जरूर है, पर चिरस्थायी और शाश्वत सफलता मिलना भी यहाँ अवश्यम्भावी है। दुष्यन्त कुमार ने लिखा है—

इस नदी की धार में ठंडी हवा आती तो है,
नाव जर्जर ही सही, लहरों से टकराती तो है,
एक चिंगारी कहीं से ढूँढ़ लाओ दोस्तो,
इस दिये में तेल से भीगी हुई बाती तो है।

71

कहीं पर भी गरीबी हर जगह की समृद्धि के लिए खतरा है

—मनोज पांडेय

'गरीबी ही सबसे बड़ा प्रदूषण है' पूर्व प्रधानमंत्री श्रीमती इन्दिरा गांधी का यह कथन गरीबी के प्रभावों एवं उसके दुष्परिणामों को प्रकट करता है क्योंकि एक तरह के प्रदूषण के प्रभाव न केवल जीवन के विभिन्न क्षेत्रों में दिखाई देते हैं बल्कि देशों

की सीमाओं को ताड़ते हुए सम्पूर्ण विश्व के लिए जलवायु परिवर्तन एवं ग्लोबल वार्मिंग जैसी समस्याओं को जन्म देता है। उसी प्रकार गरीबी की समस्या भी जीवन के विभिन्न क्षेत्रों जैसे स्वास्थ्य, शिक्षा, शान्ति आदि को प्रभावित करती है।

सवाल उठता है कि गरीबी क्या है? और वह समृद्धि के लिए वास्तविक खतरा है या नहीं? साधारण शब्दों में कहें तो गरीबी से आशय जीवन की मूलभूत आवश्यकताओं की पूर्ति नहीं होने से है। इसके अतिरिक्त प्रसिद्ध अर्थशास्त्री डॉ. अमर्त्य सेन के शब्दों में *"वंचनाओं का अभाव ही गरीबी है।"*

विश्व में गरीबी के निर्धारण को लेकर अनेक मतभेद विद्यमान हैं जिसमें विश्व बैंक के टॉप मॉडल से लेकर मासिक कैलोरी उपयोग के मॉडल प्रचलन में हैं किन्तु उपरोक्त सभी धारणाओं का उद्देश्य गरीबी के पैमाने को स्थापित करके उन्हें दूर करने का प्रयास करना है।

अब सवाल उठता है कि विश्व में कहीं पर भी गरीबी हर जगह की समृद्धि के लिए खतरा कैसे है? गरीबी जीवन के विभिन्न क्षेत्रों, जैसे—देशों, राज्यों, महाद्वीपों के अतिरिक्त शहर, ग्राम, पुरुष एवं महिला आदि के स्तर पर प्रचलन में देखी जा सकती है।

यदि वर्तमान विश्व में विकसित और विकासशील देशों के साथ अन्य विकसित देशों में आय की विषमताओं, जीवन स्तर की गुणवत्ता पर नजर डालें तो अफ्रीका, दक्षिण अमेरिका और एशिया के देश यूरोपीय मानकों में निम्नतर नजर आते हैं, जहाँ पर प्राकृतिक आपदा, युद्ध, आतंकवाद, राजनीतिक अस्थिरता, महामारी आदि के चलते गरीबी के भीषण परिणामों का सामना करना पड़ रहा है। इन्हीं परिणामों के चलते आज यूरोप एवं संयुक्त राज्य अमेरिका को अवैध प्रवासियों की समस्या का सामना करना पड़ रहा है जिसके चलते कड़े प्रवासी कानून, सीमा पर दीवार निर्माण जैसे निर्णय वहाँ की सरकारों को अपनी समृद्धि को बचाने के लिए लेने पड़े हैं।

अफ्रीका के देश सोमालिया की गरीबी विश्व का सदैव ध्यान आकर्षण करती रही है जिसके परिणामस्वरूप अरब सागर में व्यापारिक जहाजों के लूटपाट की घटनाओं को सोमालियाई लोगों द्वारा अंजाम दिया जाता है जो विभिन्न देशों के व्यापार को प्रभावित कर रही है।

गरीबी को यदि व्यक्तिगत स्तर पर देखें तो गरीबी के चलते व्यक्ति का सार्वभौमिक विकास अवरुद्ध हो जाता है जिसके चलते शिक्षा, स्वास्थ्य, कौशल, पोषण एवं नैतिक मूल्यों आदि का अभाव पाया जाता है जो एक देश और समाज की उन्नति में बाधक बनता है जिसके परिणामस्वरूप उस देश में निम्न स्तरीय मानव विकास सूचकांक, कुपोषण, असाक्षरता आदि समस्याएँ विद्यमान रहती हैं।

"कोई इतना गरीब न हो कि स्वयं को बेच दे...किन्तु कोई इतना भी अमीर न हो कि वह किसी को खरीद ले।"

कार्ल मार्क्स का यह कथन आज विश्व में बढ़ती आय की असमानताओं के बीच सत्य प्रतीत हो रहा है जहाँ अमीर वर्ग के द्वारा गरीबों का श्रम के माध्यम से शोषण किया जाता है जिसमें बालश्रम जैसी कुरीतियों के माध्यम से न केवल बालक का बचपन छीन लिया जाता है बल्कि शिक्षा, स्वास्थ्य से भी वंचित कर दिया जाता है जो बाद में चलकर अनैतिक रास्ते जैसे—चोरी, देह शोषण, हत्या, तस्करी में शामिल होकर समृद्ध वर्ग के लिए भी खतरा पैदा करता है।

परिवार के स्तर पर देखा जाए तो गरीबी सामान्यत: भारतीय जैसे समाज में महिलाओं में अत्यधिक विद्यमान होती है जिन्हें अल्प पोषण, शिक्षा, स्वास्थ्य के स्तर पर अधिक समस्याओं का सामना करना पड़ता है जिसका प्रभाव परिवार के बच्चों के सम्पूर्ण जीवनकाल के आयामों पर भी दिखाई देता है जैसे कि यदि माता कुपोषण से ग्रस्त है तो बच्चों में भी इसके लक्षण होने की तीव्र सम्भावना है। अत: परिवार के किसी भी सदस्य में गरीबी का होना सम्पूर्ण परिवार की समृद्धि को दीर्घकालिक स्तर पर नकारात्मक रूप से प्रभावित करता है।

यदि हम ग्रामीण एवं शहरी वर्गों के बीच गरीबी की विषमताओं को देखें और भारत जैसे देश में जहाँ ग्रामीण क्षेत्रों में गरीबी का स्तर शहरी क्षेत्रों की तुलना में अधिक है। अत: दीर्घकाल में शहरों में खाद्यान्नों की उपलब्धता, कच्चे माल की आपूर्ति और ग्रामीण बाजारों को बनाए रखने में एक चुनौती के रूप में कार्य करेगी जो एक दिन सम्पूर्ण देश में विद्रोह, अशान्ति को पैदा कर सकती है।

गरीबी के चलते जो परिणाम पैदा होते हैं वो लगभग सभी वर्गों, समूह, देश एवं व्यक्ति को समान रूप से प्रभावित करते हैं। शहरी क्षेत्रों की समृद्धि के चलते शहरों के नजदीक कच्ची बस्तियों के विकास को जन्म दिया। कच्ची बस्तियों में रहने वाली आबादी मुख्यत: शहरी संवृद्ध वर्ग को श्रम उपलब्ध कराती है किन्तु दोनों की बढ़ती आय की असमानता स्वच्छता, प्रदूषण, भुखमरी, अशिक्षा, बेरोजगारी जैसे कारकों के रूप में उभर रही है। कच्ची बस्तियों के अव्यवस्थागत विकास जो शहरों के सुनियोजित विकास में बाधा उत्पन्न होती है जो स्मार्ट सिटी निर्माण में बाधक होता है।

इसके साथ ही कच्ची बस्तियों में वंचनाओं के चलते अपराध की दरें अधिक होती हैं जिसमें हत्या, चोरी, देह शोषण, ड्रग्स तस्करी, अपहरण, बलात्कार आदि शामिल होते हैं जो बाद में शहरी क्षेत्र के अन्य हिस्सों के मध्य अशान्ति, भय का माहौल पैदा कर देता है।

अत: आज सम्पूर्ण विश्व में बढ़ती हुई असमानता की खाई ने गरीबी और गरीबों की संख्या में वृद्धि की है जिसके परिणामस्वरूप लोगों के जीवन स्तर में अन्तराल व्यापक स्तर पर नजर आता है जो अन्य लोगों को भी आकर्षित करता है, जिसका परिणाम है कि समाज अनैतिक मूल्यों के रास्ते भी अमीर बनने के लिए तत्पर रहते हैं।

अत: समय रहते ही हमें सम्पूर्ण विश्व में ऐसी व्यवस्था का निर्माण करना चाहिए जो हर जगह समृद्धि को बढ़ावा देने में सफल हो और गरीबी के भीषणतम रूपों को समाप्त कर सके। इस दिशा में विभिन्न सरकारों के घरेलू प्रयासों, वैश्विक व्यापार व्यवस्था को समान रूप में लाभदायी बनाने और यूनिवर्सल बेसिक इनकम जैसे प्रयासों को प्रभावी रूप में क्रियान्वयन करके सभी जगह की समृद्धि को सतत बनाया जा सकता है।

भारत में नक्सलवाद का विकास और प्रसार भी उपरोक्त विषयवस्तु का एक जीवन्त उदाहरण है जिसके चलते रेड कॉरिडोर के साथ ही समस्त सरकारी तंत्र के लिए दशकों से एक विकट समस्या के रूप में खड़ा है।

अत: आज अफ्रीकी, दक्षिण अमेरिकी और एशियाई देशों की गरीबी समृद्ध विकसित देशों की समृद्धि के सामने समस्या के रूप में व्याप्त है जो सम्पूर्ण विश्व के सामने एक चिन्ता का विषय बनी हुई है।

बुभुक्षित: किं न करोति पापम्

(अर्थात् भूखा व्यक्ति पाप क्यों नहीं करेगा)। अत: सम्पूर्ण वैश्विक व्यवस्था को ऐसी प्रणालियों का विकास करना होगा जहाँ कोई भी व्यक्ति भूखा नहीं हो, जिसके लिए संसाधनों पर असमान नियंत्रण की व्यवस्था को समतामूलक बनाने का प्रयास करना होगा और समाज के सभी समूहों तक जीवन की मूलभूत आवश्यकताओं जैसे शिक्षा, स्वास्थ्य, कौशल, पोषण, रोजगार आदि पहुँचाकर समतासूचक एवं सतत समाज के निर्माण पर बल देना चाहिए।

अन्त में यदि हम सबका यह साझा संकल्प है कि विश्व शान्तिपूर्ण हो, व्यवस्था न्यायपूर्ण हो और विकास सतत हो तो गरीबी के सभी रूपों को समाप्त करके ही ऐसी व्यवस्था का निर्माण किया जा सकता है जहाँ सम्पूर्ण विश्व में शान्ति, समृद्धि, न्याय एवं मातृत्व की भावना बनी रहे जिसके लिए सम्पूर्ण विश्व को सतत विकास लक्ष्यों जैसे वैश्विक प्रयासों को बढ़ाने के लिए आगे आना होगा।

72

जल का महासंकट अगले महायुद्ध का कारण हो सकता है

—गंगा सिंह

जल को जीवन यूँ ही नहीं कहा जाता है। आधारभूत पंचतत्त्वों में से एक जल हमारे जीवन का आधार है। जल के बगैर जीवन की कल्पना भी नहीं की जा सकती। इसी

कारण शुरुआत से ही जल का निर्विवादित महत्त्व माना जाता रहा है। इस सन्दर्भ में रहिमन दास का एक दोहा चर्चित है—

रहिमन पानी राखिए बिन पानी सब सून
पानी गए न ऊबरे मोती मानुष चून।

यदि मानव सभ्यता के इतिहास की पृष्ठभूमि में जाया जाए तो भी यही तथ्य देखने को मिलेगा कि बड़ी-बड़ी सभ्यताएँ एवं संस्कृतियाँ नदी घाटियों में विकसित व फलित हुई हैं। जल अपने स्वरूप में निर्मलता धारण किए हुए पवित्रता का प्रतीक है लेकिन इसकी क्रमिक रूप से घटती मात्रा ने जल संकट व अस्तित्व का खतरा उत्पन्न कर दिया है। इस कारण जल आपसी विवादों का विषय बनता जा रहा है। जल से सम्बन्धित विवाद सिर्फ गाँव और तहसील स्तर पर ही नहीं है, बल्कि राज्यों और देशों के बीच भी विवाद और गहरा रहे हैं। इसका जीता-जागता उदाहरण कावेरी, मांडवी जैसी अन्तर्राज्यीय नदियों व गंगा, ब्रह्मपुत्र, मेकांग, नील, सतलुज जैसी अन्तर्राष्ट्रीय नदियाँ हैं। वैश्विक जल संकट से सर्वाधिक प्रभावित क्षेत्र एशिया व अफ्रीका एवं आस्ट्रेलिया महाद्वीप हैं। अफ्रीका के देशों में तो एक बड़ी आबादी जलाभाव के कारण काल-कवलित हो रही है। जल संकट की यह समस्या अब अन्तर्राष्ट्रीय स्वरूप धारण कर चुकी है, जो अन्तर्राष्ट्रीय मंचों पर भी निरन्तर उठाई जा रही है।

मोटे तौर पर बात करें तो पृथ्वी की सतह का लगभग 70 प्रतिशत भाग जल से आच्छादित है। इस रूप में देखा जाए तो जल ही उपलब्धता को लेकर कोई विशेष संकट नजर नहीं आता है। किन्तु वास्तविकता और तथ्य इससे इतर हैं। वास्तविकता यह है कि पृथ्वी पर उपलब्ध समस्त जल का लगभग 97 प्रतिशत समुद्री खारा पानी है जो उपयोग योग्य नहीं है। अर्थात् मात्र 3 प्रतिशत जल ही पीने योग्य है। इसमें से भी कम जल नदी, तालाब, झीलों एवं भूगर्भीय जल के रूप में मनुष्य तथा अन्य जीवों के पीने योग्य मीठे पानी के रूप में उपलब्ध है। इस कारण पीने योग्य जल का संकट और गहराता जा रहा है।

जहाँ एक और धरातल पर पीने योग्य जल की उपलब्धता घटती जा रही है वहीं विकास एवं औद्योगीकरण की प्रक्रिया में जल का अन्धाधुन्ध दोहन किया जा रहा है। मानव ने अपने उपयोग हेतु जल का विदोहन कर पृथ्वी पर जल चक्र के सन्तुलन को बिगाड़ दिया है। प्रकृति में मानव के हस्तक्षेप के कारण हो रहे ग्लोबल वार्मिंग, जलवायु परिवर्तन, वनों की कटाई, भौम जल के असीमित दोहन एवं नदी जल प्रदूषण ने विश्व को ताजे जल के संकट की कगार पर लाकर खड़ा कर दिया है। विश्व के अधिकांश हिस्सों में आज भौम जलस्तर निरन्तर गिरता जा रहा है। वहीं बढ़ते शहरीकरण व लगातार बढ़ती जनसंख्या के दबाव ने प्रति व्यक्ति जल

उपलब्धता में कमी की है। इसके हालिया उदाहरण—दक्षिण अफ्रीकी शहर केपटाउन एवं भारत के बंगलुरु शहरों में असीमित जनसंख्या के दबाव में गहराते जल संकट के कारण इन शहरों में 'डे-जीरो' (नो वाटर सप्लाई) तक की नौबत आ गई।

इसी सन्दर्भ में संयुक्त राष्ट्र संघ द्वारा प्रकाशित रिपोर्ट *'जल विकास रिपोर्ट 2018'* में भी पीने योग्य जल की घटती उपलब्धता व गहराते जहाँ तक जल को लेकर अगले महायुद्ध का सवाल है तो वर्तमान स्थिति को देखते हुए यह सम्भावना सत्य प्रतीत होती है क्योंकि पूर्ववर्ती महायुद्ध भी संसाधनों को प्राप्त करने की बढ़ती लालसा का ही परिणाम थे। जिनके कारण एक व्यापक स्तर पर मानवता को काल-कवलित होना पड़ा। यदि जल को लेकर अगला महायुद्ध होता है तो इसके स्वरूप व परिणामों का अनुमान लगाना सम्भव नहीं है। लेकिन यह जरूर कहा जा सकता है कि इसमें एक पक्ष **जलाभाव** वाले देशों का होगा तथा दूसरा पक्ष **जलाधिक्य** देशों का। क्योंकि निरन्तर गहराते वैश्विक जल संकट के कारण ऐसी विकराल स्थितियाँ भी उत्पन्न हो सकती हैं, जिसके कारण मानवता तार-तार हो जाएगी तथा जल का उपभोग करने वाले जैविक जीवन का अस्तित्व ही समाप्त हो जाए।

अत: उचित यह होगा कि समय रहते हम इस संकट को भाँप लें एवं जल जैसे अमूल्य संसाधन के संरक्षण को लेकर युद्ध-स्तर पर उचित कदम उठाएँ। वैश्विक स्तर पर जहाँ संयुक्त राष्ट्र 'यूएन-वाटर' के माध्यम से जल संकट से विश्व को अवगत करवाते हुए जल संरक्षण के सम्बन्ध में आमजन को जागरूक करने का प्रयास कर रहा है वहीं प्रतिष्ठित एनजीओ एवं नागरिक संस्थाओं द्वारा भी इस दिशा में सराहनीय प्रयास किए जा रहे हैं। पेरिस जलवायु समिट (COP-21) में भी जलवायु परिवर्तन को लेकर जल संरक्षण की महत्ता पर बल दिया गया है। इसके अतिरिक्त 2015 से 2030 तक की अवधि के लिए घोषित **सतत विकास लक्ष्यों** के तहत भी स्वच्छ जल की उपलब्धता, आपूर्ति व प्रबन्धन को एक लक्ष्य के रूप में माना गया है।

समस्या यह है कि आवश्यकता से अधिक जल प्रयोग करने से कुओं व ट्यूबवेलों का जलस्तर कृषकों की पहुँच से परे होता जा रहा है। वहीं वैश्वीकरण व उपभोक्तावादी संस्कृति से प्रेरित अन्धाधुन्ध विकास की दौड़ में जल स्रोतों को प्रदूषित कर मानव समाज ने स्वयं अपने पैरों पर कुल्हाड़ी मारने का काम किया है। बढ़ती जनसंख्या भी वैश्विक जल संकट का प्रमुख कारण है। स्थिति यह है कि अगले दशक में वैश्विक जनसंख्या में वृद्धि इसी दर से होती रही तो 25 प्रतिशत जनसंख्या के उपभोग जितना ही पानी उपलब्ध होगा। जो कि जल प्रेरित भयानक आपदा व संघर्ष की स्थिति की ओर इशारा करता है। एक अनुमान के मुताबिक विश्व की लगभग आधी आबादी आज दूषित पानी पीने को मजबूर है जिससे उनकी स्वास्थ्य गुणवत्ता कमजोर होती है तथा उन्हें बेसमय मौत का शिकार होना पड़ता है।

वैश्विक स्तर पर जल विवादों की बात की जाए तो यह लगभग प्रत्येक महाद्वीप में देखे जा सकते हैं। मध्य एशिया में कैस्पियन सागर के जल बँटवारे सम्बन्धी विवाद का समाधान तटवर्ती देशों द्वारा एक सन्धि के माध्यम से किया गया है। कालासागर को लेकर रूस का भी यूरोपीय देशों से विवाद है। भारत एवं इसके पड़ोसी देशों के बीच ब्रह्मपुत्र नदी (भारत-चीन), तिस्ता नदी (भारत-बाँग्लादेश), गंडक नदी (भारत-नेपाल), सिन्धु नदी (भारत-पाकिस्तान) आदि अन्तर्राष्ट्रीय नदी जल विवाद भी जल की घटती उपलब्धता के कारण उत्पन्न होने वाले वैश्विक महासंकट की ओर इशारा करते हैं।

जल संकट की ओर वैश्विक समुदाय का ध्यान आकृष्ट किया गया है। एक रिपोर्ट के मुताबिक ताजे जल के कुप्रबन्धन व अन्धाधुन्ध दोहन के फलस्वरूप विश्व आज जलवायु परिवर्तन के बाद दूसरे बड़े महासंकट 'जल संकट' की तरफ बढ़ रहा है। रिपोर्ट में दर्शाया गया है कि प्रतिवर्ष ताजे जल की माँग 1 प्रतिशत की दर से बढ़ रही है और यदि यही स्थिति रही तो 2040 तक विश्व की आधी आबादी को जल संकट से जूझना पड़ेगा। विश्वबैंक ने भी अपनी रिपोर्ट में मध्य एशिया, मध्य पूर्व और दक्षिण एशिया सहित सम्पूर्ण विश्व में निरन्तर घटती जल उपलब्धता को चिह्नित कर आगामी वैश्विक जल संकट की सम्भावना व्यक्त की है।

भारतीय सन्दर्भ में देखा जाए तो यह स्थिति और भी जटिल होती जा रही है। देश की जनसंख्या तो विश्व की लगभग 17.5 प्रतिशत है लेकिन ताजे जल की उपलब्धता एक प्रतिशत से भी कम है। राजस्थान जैसे राज्यों में तो जल की कमी वहाँ के निवासियों की नियति-सी बन गई है। कल-कारखानों, कृषि उपयोग, दैनिक जीवन में जल का अविवेकपूर्ण उपयोग व जल का समुचित प्रबन्धन न हो पाने के कारण भारत के विभिन्न शहरों में जल संकट खड़ा हो गया है। जल संरक्षण के लिए समुचित वैज्ञानिक प्रबन्धन के अभाव में जल उपयोग हेतु किसी 'ठोस नीति' के अभाव में आज हालात यह है कि भारत में परम्परागत जल भंडार यथा—तालाब, कुएँ, बावड़ियाँ एवं भौमिक जल स्रोत आदि 50 से 60 प्रतिशत तक सूख चुके हैं।

कृषि में जल के अपव्यय को रोकने के लिए **लेस वाटर इन्टेन्सिव फसलें** उगाई जानी चाहिए तथा सूक्ष्म सिंचाई तकनीकों का प्रयोग किया जाना चाहिए, जिससे प्रति बूँद अधिक उत्पादन की रणनीति के माध्यम से उपलब्ध जल संसाधनों का समुचित प्रबन्धन किया जा सके। वर्षाकाल में समुचित हार्वेस्टिंग व्यवस्था के अभाव में जल की एक बड़ी मात्रा नदियों के माध्यम से पुन: समुद्रों में पहुँचा दी जाती है। अत: वर्षाजल के संरक्षण के लिए परम्परागत तकनीकों व प्रबन्धन प्रणालियों का उपयोग किया जाना चाहिए।

हमारा प्रत्येक का कर्तव्य है कि समाज को जल संरक्षण के लिए प्रेरित करें व जल संरक्षण से सम्बन्धित विधियों व तकनीकों से परिचित कराएँ। व्यक्तिगत स्तर

पर प्रत्येक व्यक्ति अपनी आवश्यकतानुसार दैनिक कार्यों में जल का उपयोग करे तथा अन्य व्यक्तियों को भी जल संरक्षण के लिए प्रेरित करें, तभी जाकर हम अपने सामने जल संकट रूपी विकराल एवं जनसंहारक समस्या का सामना कर पाएँगे। जहाँ जल युद्ध का प्रतीक बनकर नहीं बल्कि समृद्धि का प्रतीक बनकर मानवीय संसाधन के रूप में उभरेगा।

73

चुनावों में मीडिया की भूमिका

—प्रदीप द्विवेदी

सन् 2005 में वार्षिक प्रेस स्वतंत्रता दिवस पर एक सम्मेलन आयोजित किया गया और उस सम्मेलन में मुख्य तौर पर यह चर्चा हुई कि मीडिया कैसे चुनावी प्रक्रिया को अधिक पारदर्शी बनाने में और जनतंत्र को प्रत्येक व्यक्ति तक पहुँचाने में प्रभावी भूमिका निभा सकती है। इस बात पर भी चर्चा की गई की मीडिया का उत्तरदायित्व सिर्फ यहीं तक सीमित न होकर चुनाव प्रबन्धन संस्था को जनता के प्रति उत्तरदायी बनाने में सहयोग करने का भी है।

यह सम्मेलन उन कई घटनाओं में से एक है, जब यह समझा गया कि किसी भी देश के जनतंत्र को यदि सुचारु, पारदर्शी और सुदृढ़ रूप से चलाना है तो निष्पक्ष मीडिया की भूमिका अहम हो जाती है। परन्तु ऊपर की गई चर्चा को सम्पूर्णता से समझने के लिए आवश्यक है कि हम पहले कुछ प्रश्न पूछें और उनके उत्तर तलाशते हुए आगे बढ़ें। प्रश्न कई तरह के हैं, जैसे मीडिया क्या है? इसके कौन-कौन से अंग हैं? मीडिया का चुनाव प्रक्रिया में क्या योगदान है? मीडिया कैसे सकारात्मक और नकारात्मक रूप से चुनाव परिणाम तथा चुनाव प्रक्रिया को प्रभावित करती है? वर्तमान समय में मीडिया से सम्बन्धित नैतिक मुद्दे क्या हैं और ऐसे क्या आदर्श हैं जो मीडिया को मानने चाहिए? मीडिया को बुद्धिजीवियों द्वारा जनतंत्र का चौथा स्तम्भ कहा गया है जो कार्यपालिका, न्यायपालिका और विधायिका के साथ मिलकर लोकतंत्र को मजबूत करने में अपना दायित्व निभाता है। आज के सूचना तकनीकी के दौर में इस चतुर्थ स्तम्भ का कार्य अत्यन्त महत्त्वपूर्ण हो गया है। 21वीं सदी के दौर में मीडिया सिर्फ प्रेस व टेलीविजन तक सीमित नहीं रह गया है बल्कि सोशल मीडिया जैसे कि फेसबुक, व्हाट्सअप आदि भी मीडिया का अभिन्न हिस्सा बन गए हैं और मीडिया के इस नए माध्यम का भी महत्त्व उतना ही है जितना कि पारम्परिक माध्यमों का है। अत: आज के जमाने में हमारा मीडिया से अर्थ उन

सभी माध्यमों से है जो सूचना को विभिन्न तरह के श्रोताओं, दर्शकों और पाठकों तक पहुँचाने का कार्य करते हैं।

चुनाव आयोग ने मीडिया के महत्त्व को शुरू से ही पहचानते हुए यह प्रबन्ध किया है कि जितनी भी राष्ट्रीय राजनीतिक पार्टियाँ हैं उन्हें राष्ट्रीय प्रसारक दूरदर्शन तथा आकाशवाणी पर निश्चित समयावधि प्रदान की जाए ताकि प्रत्येक पार्टी अपनी बात तथा एजेंडा आम जनता तक सुविधापूर्वक पहुँचा सके और चुनाव निष्पक्षता से सम्पन्न हो सकें। चुनाव के दौरान मीडिया की भूमिका सिर्फ चुनाव की तिथि व चुनाव आयोग की घोषणाओं जैसी जानकारियाँ प्रसारित करने तक सीमित नहीं हैं, बल्कि मीडिया का दायित्व इन सीमाओं से ऊपर उठकर ऐसे नागरिकों को तैयार करना है जो चुनाव के दौरान अपने कर्तव्यों, अधिकारों व उम्मीदवारों की पृष्ठभूमि के बारे में भलीभाँति परिचित हों। इसके अतिरिक्त मीडिया का दायित्व है कि वह स्वस्थ वाद-विवाद हेतु मंच प्रदान करे तथा विभिन्न पार्टियों के प्रतिनिधियों को जनता के समक्ष प्रश्नोत्तर तथा जनता के प्रश्नों का जवाब देने हेतु प्रस्तुत करे। मीडिया उन सब मुद्दों पर राजनेताओं व जनता के बीच संवाद का माध्यम बन सकती है जो किसी भी पार्टी के राजनीतिक एजेंडे का हिस्सा है और जनता को निष्पक्ष रूप से चुनावी घोषणापत्र को समझने व उसके सकारात्मक व नकारात्मक पहलुओं से आने वाले परिणामों के बारे में भी अवगत करा सकती है।

इससे भी आगे बढ़कर मीडिया की भूमिका सिर्फ मतदान पूर्व प्रचार तथा वाद-विवाद तक भी सीमित नहीं रहती। चुनाव के दौरान भी मीडिया की सजग भूमिका की महती आवश्यकता है। मीडिया को यह सुनिश्चित करना चाहिए कि चुनाव की सम्पूर्ण प्रक्रिया निष्पक्ष रूप से सम्पन्न हो। जगह-जगह सजग रहकर मीडिया को चुनाव आयोग के समक्ष उन सभी अनियमितताओं को लाना चाहिए जो या तो चुनाव की निष्पक्षता को प्रभावित कर रही हों या फिर निर्वाचक की सुविधाओं की कमी को दर्शा रही हों। इस प्रकार पुलिस के साथ-साथ मीडिया भी एक सजग लोकतांत्रिक प्रहरी की भूमिका निभा सकती है।

मीडिया की ऐसी भूमिका का शानदार उदाहरण देखने को मिला सेनेगल में जहाँ मीडिया कर्मियों ने प्रत्येक बूथ पर जाकर चुनावकर्मियों, जनता व अधिकारियों से बात की, प्रत्येक बूथ पर निगरानी रखी और सेनेगल में अरसे बाद 2012 में हुए चुनावों को शान्तिपूर्ण व निष्पक्ष तरीके से सम्पन्न कराने में मुख्य भूमिका निभाई। मीडिया की इस भूमिका को संयुक्त राष्ट्र में सराहा गया और इस बात पर चर्चा की गई कि अगर मीडिया सही हाथों में है तो किसी भी प्रकार की अराजकता से निपटना मुश्किल कार्य नहीं है।

ऊपर की गई चर्चा यह बात स्पष्ट करती है कि मीडिया की कई बहुआयामी भूमिकाएँ हैं और इन सब भूमिकाओं के बहुआयामी उदाहरण भी हमारे समक्ष

मौजूद हैं। इसके बावजूद मीडिया की भूमिका पर समाज के कई वर्गों द्वारा लगातार प्रश्नचिह्न लगाए जाते रहे हैं और लगातार मीडिया को पक्षपातपूर्ण, भ्रामक प्रचार के लिए दोषी ठहराया जाता रहा है।

इन सभी मुद्दों व चिन्ताओं में सबसे ज्यादा चर्चा होती है प्रसिद्ध मीडिया गृहों पर राजनीतिक पार्टियों से जुड़े लोगों के नियंत्रण की। ऐसे चैनल निष्पक्ष मत प्रसारित करने की जगह किसी पार्टी विशेष के लिए कार्य करते नजर आते हैं तथा वही खबरें तथा कार्य प्रसारित करते हैं जो किसी पार्टी को चुनावी लाभ पहुँचाने में मदद करें। इस प्रकार ऐसे मीडिया चैनल लोकतांत्रिक प्रहरी की बजाय अपने राजनीतिक आकाओं के चाटुकार की भूमिका में ज्यादा नजर आते हैं।

इसी प्रकार आज की मीडिया में निष्पक्षता की जगह टीआरपी की होड़ ज्यादा नजर आती है, क्योंकि टीआरपी का सीधा सम्बन्ध चैनल को होने वाली कमाई से होता है। अत: मीडिया चैनल ऐसे मुद्दों को हवा देते हैं जो गरमागरम मसालेदार प्रकार के हों बजाय कि जमीन से जुड़े उन मुद्दों को जिनको दिखाने से देश, समाज व लोकतंत्र प्रगति के पथ पर अग्रसर हों। आजकल तो इस बात के भी आरोप लगाए जा रहे हैं कि कुछ मीडियाकर्मी न्यूजरूम में बैठकर ही चटपटे मुद्दे ईजाद करते रहते हैं और असली मुद्दों से जनता का ध्यान भटकाते रहते हैं।

इसी शृंखला में एक मुद्दा है, 'पेड न्यूज' का। कुछ मीडिया चैनल नेताओं से पैसे लेकर ऐसी खबरें चलाते हैं जो वास्तविक लगें और किसी व्यक्ति विशेष का प्रचार करें परन्तु जनता को लगे यह खबर निष्पक्ष है और जनता को यह भनक नहीं लगने दी जाती कि खबर जानबूझकर चलाई जा रही है। हाल ही में चुनाव आयोग द्वारा मध्य प्रदेश के एक विधायक की ऐसे ही मुद्दे के कारण सदस्यता भी निरस्त की गई है। ऐसी पक्षपातपूर्ण पत्रकारिता निष्पक्ष चुनाव प्रक्रिया पर भारी आघात लगाती है और धनी लोगों को ही सत्ता तक पहुँचाने का कार्य करती है।

एक अन्य मुद्दा आता है 'मीडिया ट्रायल' का। कई पत्रकार किसी व्यक्ति पर सिर्फ कोई आरोप लगने मात्र से ही पूर्वग्रहपूर्वक उस व्यक्ति का नाम बार-बार उछालते हैं और उस व्यक्ति का चरित्र हनन करते हैं जबकि न तो आरोप सिद्ध हुए होते हैं और न न्यायालयीन कार्यवाही लम्बित होती है। सबसे खतरनाक बात तो यह है कि यदि व्यक्ति बाद में दोषमुक्त सिद्ध हो जाता है तब कोई मीडिया चैनल ऐसा नहीं दिखाता। इस प्रकार उस व्यक्ति की मानसिक स्थिति पर तो विपरीत असर पड़ता ही है, समाज के समक्ष भी न्याय की असली छवि प्रस्तुत नहीं हो पाती। यहाँ तक कि उच्चतम न्यायालय ने भी ऐसे मामलों पर संज्ञान लेते हुए मीडिया की कड़ी निन्दा की है और ऐसा न करने के निर्देश जारी किए हैं।

इसी कड़ी में अगली चिन्ता 'सोशल मीडिया' के दुरुपयोग की है। सोशल मीडिया का प्रयोग राजनीतिक प्रतिद्वंद्वियों को बदनाम करने, झूठी खबरें फैलाने और

झूठ के सहारे राजनीतिक लाभ लेने के लिए लगातार किया जा रहा है। नोटबन्दी के दौरान इसका एक ताजा उदाहरण सामने आया जब रिजर्व बैंक के गवर्नर श्री उर्जित पटेल को श्री मुकेश अम्बानी का सम्बन्धी बताकर यह कहानी गढ़ी गई कि नोटबन्दी का एकमात्र उद्देश्य श्री मुकेश अम्बानी को व्यापारिक लाभ पहुँचाना था। इस तरह की खबरें उत्तर प्रदेश विधानसभा चुनाव के ठीक पहले फैलाई गईं ताकि कुछ दलों को लाभ पहुँचाया जा सके।

इसी प्रकार मुजफ्फरनगर दंगों जैसी घटनाओं में सोशल मीडिया का नकारात्मक प्रभाव देखने को मिला, जहाँ फेसबुक व व्हाट्सअप पर सामाजिक वैमनस्यता से ओतप्रोत सन्देश लगातार प्रसारित किए गए। इनका सीधा मकसद समाज को बाँटकर चुनावी लाभ लेने से था।

मीडिया के ऐसे नकारात्मक पहलुओं के सामने आने से मीडिया पर भरोसा लगातार कम होता जा रहा है और ऐसा होने से लोकतंत्र का वह स्तम्भ ध्वस्त होता जा रहा है जो विपक्ष के साथ सत्तापक्ष पर नकेल कसने का काम करता है ताकि सत्तापक्ष जनसेवा की राह से भटकने न पाए। और मीडिया की नकारात्मक भूमिका लगातार उजागर होने से यह आवश्यक हो गया है कि कुछ ऐसे नियम-कायदे बनाए जाएँ, कोई ऐसी स्वशासी नियंत्रक संस्था बनाई जाए जो मीडिया की भूमिका को लगातार परख सके और नकारात्मक चाटुकार मीडिया प्रबन्धन जैसी हरकतों पर विराम लगाया जा सके।

महात्मा गांधी ने जिन सात पापों की चर्चा की थी, उनमें से एक था 'नैतिकता रहित व्यापार'। चूँकि आजकल सारी मीडिया कम्पनियाँ कॉरपोरेट मॉडल पर ही चल रही हैं तो यह नितान्त आवश्यक होता जा रहा है कि पत्रकारिता प्रशिक्षण किसी पत्रकार के कैरियर के लिए आवश्यक कर दिया जाए तथा 'नैतिक पत्रकारिता' को ध्यान में रखकर पत्रकारिता का पाठ्यक्रम तैयार किया जा सके।

नैतिक पत्रकारिता की दिशा में यह महती आवश्यकता है कि मीडिया वही छापे या टेलीकास्ट करे जो वस्तुनिष्ठ सबूतों पर आधारित हो। किसी भी तरह का मत-प्रसार करने से मीडिया को बचना चाहिए। मीडिया का काम है कि वह वस्तुनिष्ठ तथ्यों को जनता तक बस पहुँचा दे बाकी निर्णय निकालने का काम जनता का होना चाहिए।

अन्त में सार यही है कि चुनावों में मीडिया का उपयोग सकारात्मक दिशा में होने के लिए आवश्यक है कि चुनाव आयोग एक प्रभावी नियंत्रक की भूमिका निभाए ताकि ऐसी मीडिया जो पार्टी विशेष के हित में कार्य करे, उस पर काबू पाया जा सके।

मीडिया गृहों को भी आपस में मिलकर एक स्वनियंत्रण संस्था का निर्माण करना चाहिए और एक-दूसरे से सीखकर दुनिया भर की अच्छी नीतियों को अपनाना

चाहिए। अगर कोई चैनल किसी तरह का दुष्प्रचार करता है तो अन्य चैनल उस पर नियंत्रक का कार्य कर सकते हैं। इससे सिक्के के दोनों पहलू जनता के सामने आ जाते हैं और स्वनियंत्रण संस्था भी कार्यवाही करे।

कहना न होगा कि प्रभावी जनतंत्र के लिए प्रभावी चुनाव प्रक्रिया और प्रभावी चुनाव प्रक्रिया के लिए प्रभावी मीडिया नितान्त आवश्यक है। अत: मीडिया का स्वतंत्र, निष्पक्ष व प्रभावी होना देशहित, समाजहित व विश्वहित की आवश्यकता है।

74

क्या वैश्वीकरण पीछे हट रहा है?

—सिद्धार्थ मीणा

एक लम्बे समय तक सोशल मीडिया, प्रिन्ट मीडिया सहित डिबेट व चर्चा के विषय बनी विश्व समाज की दो घटनाएँ ब्रेक्जिट व अमेरिका का पेरिस जलवायु समझौते से निकलना है। ब्रेक्जिट में जहाँ ब्रिटेन महान यूरोपीयन यूनियन से बाहर निकल रहा है जो द्वितीय विश्वयुद्ध के बाद से ही वैश्विक एकीकरण का मॉल बना हुआ था। दूसरी घटना अमेरिका का उस वैश्विक संकट से मुँह फेर लेने की है जिसे उसने जन्म देने, सहयोग व खत्म करने के लिए वैश्विक सहयोग पर बल दिया था।

फलत: एक सामान्य सचेतन मानव के मन में ये सवाल उठना लाजिमी है कि वैश्वीकरण के पुरोध रहे अमेरिका और ब्रिटेन आज वैश्वीकरण से अपने हाथ पीछे क्यों ले रहे हैं? क्या यह कहीं वैश्वीकरण के अन्त के प्रारम्भ का सूचक तो नहीं है? क्या वास्तव में वैश्वीकरण से पीछे हटना या समाप्त करना सम्भव है? इन सवालों का जवाब पाना सन्तोषप्रद होगा।

अब सर्वप्रथम यह समझ लेना चाहिए कि आखिर ये वैश्वीकरण क्या है? इसकी व्यापकता कितनी है? वैश्वीकरण का सामान्य शब्दों के अर्थ विश्व के एकीकरण से है। इसमें सम्पूर्ण विश्व का सामाजिक, आर्थिक व इससे बढ़कर राजनीतिक एकीकरण, मानवता व पर्यावरण के लिए एकीकरण जैसे घटक शामिल हैं। सामान्य शब्दों में इसका अर्थ पूरे विश्व में मानव, पूँजी, विचार, मशीनों आदि का कृत्रिम राष्ट्र सीमाओं के आर-पार निर्बाध प्रवाह से है।

गौरतलब है कि वैश्वीकरण एक सतत चलने वाली प्रक्रिया है जो प्राचीन काल में भी जारी थी व अब भी जारी है। वर्तमान विश्व व्यवस्था के सन्दर्भ में देखा जाए दो संहारक वैश्विक युद्धों के बाद बहुपक्षवाद को बढ़ावा मिला, क्षेत्रीय स्तर से प्रारम्भ होकर वैश्विक एकीकरण होने लगा तथा यूराइटेड नेशन्स, विश्व व्यापार

संगठन, विश्व बैंक, आईएमएफ जैसे वैश्विक संस्थाओं का विकास हुआ। इसे आज़ की इंटरनेट क्रान्ति, मोबाइल क्रान्ति ने अति सघन बना दिया है। अब भौतिक रूप से सुदूर रहकर भी वैश्वीकृत समाज बन गया है।

अब हमें इस प्रश्न पर गौर करना चाहिए कि किस प्रकार वैश्वीकरण पीछे हट रहा है। विद्वानों का एक वर्ग वर्तमान समय को वैश्वीकरण के वापसी का काल बताता है। वे केवल सैद्धान्ति बातें न बनाकर व्यावहारिक सच्चाई पर भी ध्यान आकृष्ट कराते हैं।

यदि इसका परीक्षण आर्थिक स्तर पर करें तो पाएँगे कि आज विश्व व्यापार संगठन की प्रासंगिकता पर प्रश्न बना हुआ है तथा अमेरिका ने कई बार इसकी सदस्यता छोड़ने की धमकी दी है। वैश्वीकरण जहाँ वस्तुओं व सेवाओं के बाधारहित प्रवाह को सुनिचित करता है, वहीं कई देश विभिन्न प्रकार के शुल्क लगाकर इस प्रवाह को बाधित कर रहे हैं। इसे वर्तमान में चीन बनाम अमेरिका ट्रेड वार के रूप में देखा जा सकता है। संरज्ञणवाद के साथ अमेरिका फर्स्ट जैसी दशाएँ आर्थिक वैश्वीकरण का पीछे हटना ही है।

एक कदम आगे चलकर सामाजिक-सांस्कृतिक स्तर पर देखें तो कई देशों यथा अमेरिका, आस्ट्रेलिया द्वारा वीजा नियमों को कठिन करना या कई देशों से आप्रवास पर प्रतिबन्ध लगाना चर्चा का विषय है। यूरोपीय देशों द्वारा शरणार्थियों (जो इस वैश्वीकृत संसार की जलवायु परिवर्तन, आतंकवाद जैसी चुनौतियों से पीड़ित हैं) को शरण देने से मना करना, ब्रेक्जिट की घटना, कई देशों द्वारा बाहरी सिनेमा पर जबरन सेंसरशिप लगाना आदि साबित करते हैं कि विचार, मूल्यों, मानव के वैश्विक आवागमन बाधित हुआ है।

गांधी जी ने कहा है कि—"अपने घर की खिड़की इतनी अवश्य खुली रखो कि उससे बाहरी विश्व का ज्ञान हम तक आ सके।"

अब बात करते हैं राजनीतिक व पर्यावरण स्तर पर तो अमेरिका की ट्रांस पैसिफिक समझौता से वापसी, पेरिस समझौते को अस्वीकृत करना तथा इसके लिए तर्क देना कि यह उसके देश के लिए लाभकारी नहीं है। आज पीसीए (पर्मानेंट कोर्ट ऑफ आर्बीट्रेशन) जैसी संस्थाओं के फैसलों को चीन, ब्रिटेन, अमेरिका द्वारा अस्वीकृत करना वास्तव में इसी दिशा में संकेत करते हैं कि वैश्वीकरण मन्द पड़ रहा है।

फलत: वर्तमान समय में कुछ अघोषित नीतियाँ अमेरिका अमेरिकीवासियों के लिए व इतना ही नहीं इससे जुड़ा एक पक्ष यह भी है कि अब जहाँ वैश्वीकरण पीछे हट रहा है द्विपक्षवाद, क्षेत्रवाद को बढ़ावा मिल रहा है। जैसे कि आसियान का महत्त्व बढ़ रहा है। न्यू डवलपमेंट बैंक व एशियाई विकास बैंक, एआईआईबी आदि ने विश्वबैंक को प्रतिस्थापित करने का प्रयास किया है। चीन ने अपने प्रभाव को बढ़ाने के क्रम में एशिया एशियावासियों के लिए की धारणा को बल दिया है।

विचार का अगला मुद्दा यह है कि क्या यह सम्भव है? या यह जो कहा जा रहा है वास्तविक है? विश्लेषकों की एक टोली का यह मानना है कि यह सब मिथ्या है। केवल अमेरिका के कुछ अतिवादी फैसलों को वैश्वीकरण के पीछे हटने का रूप नहीं दिया जाना चाहिए। क्योंकि अब भी विश्व व्यापार हो रहा है, शेष देश पेरिस समझौते को पूरी क्षमता से कार्यान्वयन पर जोर दे रहे हैं, अन्तर्राष्ट्रीय सोलर अलायन्स जेसे संगठन बन रहे हैं। ब्रिटेन के यूरोपीयन यूनियन से बाहर निकलना इतनी बड़ी घटना नहीं है। वो अभी भी इससे जुड़ा है व यूरोपीयन यूनियन का अस्तित्व अभी भी बरकरार है। अमेरिकी स्वयं क्वाड (क्यूयूएडी) जैसी पारमहा सागरीय सम्भावनाएँ तलाश रहा है तो चीन ने अपने वन बेल्ड वन रोड से लगभग पूरे विश्व को जोड़ने का प्रयास किया है। इन सबसे बढ़कर हाल ही में थाइलैंड की एक घुफा में फँसे बच्चों को सुरक्षित निकालने के मिशन में पूरे विश्व से दुआ, मदद, सन्देश आना मजबूत वैश्वीकरण को दर्शाते हैं।

रही बात इन अतिवादी फैसलों की तो हो सकता है कि ये किसी गलत धारणा के चलते या निकट प्रतिद्वंद्वी से बढ़ती प्रतिस्पर्धा के कारण लिए हों। इनका पुन: पलटा जाना भी अगला कदम हो सकता है। साथ ही क्योंकि वैश्वीकरण एक अनवरत चलने वाली प्रक्रिया है। फलत: बढ़ता क्षेत्रीकरण इसी का मात्र एक हिस्सा है न कि इसका विकल्प।

बात सिर्फ इतनी ही नहीं है, सच तो यह है कि अब वैश्वीकरण से वापस मुड़ना लगभग असम्भव है क्योंकि आज जहाँ प्राकृतिक आपदाओं, बीमारियों, जलवायु परिवर्तन, संगठित अपराध व आतंकवाद का वैश्वीकरण हो रहा है, ऐसे में वैश्वीकरण से पीछे हटना या तो सम्भव नहीं है या होता है तो सम्पूर्ण विश्व समाप्त नष्ट हो जाएगा। इंटरनेट की क्रान्ति अब विचारों का प्रवाह, मूल्यों के प्रवाह को अबाधित बना रहा है। जैसे—एक छोटी-सी घटना चन्द घंटों में सोशल मीडिया द्वारा वैश्वीकृत हो जाती है। चाहे वह गंगनम स्टाइल डांस वीडियो हो या प्रिया प्रकाश वॉटियर अभिनेत्री पर फिल्माया एक दक्षिणी भारतीय क्षेत्रीय फिल्म का गाना हो। इन्हें चन्द घंटों में लाखों लोगों ने देखा व फोलो किया। फलत: अब इस वैश्वीकृत सोशल नेटवर्क व्यवस्था से वापसी सम्भव नहीं है। ये वर्तमान विश्व की सच्चाई है।

अब आगे विश्लेषण करने पर पाते हैं कि किसी देश में मानव संसाधन की कमी है तो दूसरे में इसकी अतिव्याप्ता है। कहीं प्रौद्योगिकी का अभाव है तो कहीं मशीनों का। फलत: देखा जाए तो आज पूरा विश्व समझ गया है कि एकल देश का अस्तित्व सम्भव नहीं है। किसी ने ठीक ही कहा है कि हम नदी जल के प्रवाह को मन्द कर सकते हैं लेकिन उसे मोड़ नहीं सकते। अर्थात पूरा विश्व पृथ्वी के उष्मा खपत, वायु व महासागरीय प्रवाहों से जुड़ा हुआ है तथा एक सन्तुलन की व्यवस्था कायम है। अगर इस सन्तुलन को छेड़ा गया तो परिणमा बुरे होंगे।

देखा जाए तो यही बात वैश्वीकरण पर लागू होती है। यदि इसे बाधित करते हैं तो एक तो जहाँ हम उपस्थित जलवायु संकट, आतंकवाद का समाधान नहीं कर पाएँगे, साथ ही व्यापार संकट, खाद्यान्न संकट, शरणार्थी संकट, नैतिक संकट की ऐसी स्थिति बनेगी कि पृथ्वी के दोनों ध्रुवों पर भी रहने वाला जीव अस्तित्व के लिए संघर्ष कर रहा होगा।

अत: साफ जाहिर है कि या तो विश्व वैश्वीकृत होगा या होगा ही नहीं। इन कुछ घटनाओं से घबराना नहीं चाहिए। ये चैक एंड बैलेंस की प्रक्रिया की तरह हैं जिनका आज नहीं तो कल स्वत: समाधान हो जाएगा। बल्कि जोर तो हमें इस वैश्वीकृत संसार को अधिक समावेशी, अधिक हरा, वसुधैव कुटुम्ब बनाने का है जिससे एसजीडी लक्ष्यों की प्राप्ति होगी तथा एक सुखी, समृद्ध, शान्त, सुरक्षित, चिरस्थाई संसार प्राप्त होगा। जहाँ इस वाक्य को व्यावहारिक मूर्त रूप मिलेगा—

"सर्वे भवन्तु सुखिन:, सर्वे सन्तु निरामया
सर्वे भद्राणि पश्चयन्तु, मा कश्चित् दु:ख भाग्थवेत"

75

केवल वही सफल होते हैं जो विषमताओं में से मार्ग निकालने का साहस करते हैं

—राहुल धोटे

केरल के एक छोटे-से गाँव का व्यक्ति, जिसका जन्म एक साधारण परिवार में हुआ। 9 वर्ष की उम्र में एक दुर्घटना में उसका घुटना टूट गया और वह दिव्यांग हो गया। 13 वर्ष की उम्र में उसके पिता उसे छोड़कर स्वर्ग सिधार गए। उसके पश्चात् उसकी माता का स्वास्थ्य खराब रहने लगा। अब उसने घर की जिम्मेदारी उठाने की ठानी। इस प्रकार वह अपनी शिक्षा पूरी नहीं कर पाया और दिव्यांग होने के कारण मात्र 300 रुपए प्रतिदिन के हिसाब से सब्जी बेचने लगा।

कुछ वर्षों बाद वह अखबार की सुर्खियों में छा गया। वह व्यक्ति 'मुरुथन पेरिबरन' है, 2016 पैराओलम्पिक की ऊँची कूद में स्वर्ण पदक जीतने वाला भारतीय नागरिक।

कैसे एक दिव्यांग, गरीब एवं अशिक्षित व्यक्ति इस मुकाम तक पहुँचा? कैसे उसने विषम परिस्थितियों का सामना किया? कैसे उसने सफलता प्राप्त की? इन सभी प्रश्नों का उत्तर है साहस। पैर, पिता और शिक्षा छीनने के बाद भी मुरुथन ने

विषम परिस्थितियों से हार नहीं मानते हुए, उसकी चुनौती को स्वीकार करने का साहस दिखाया। आज मुरुथन एक व्यक्ति नहीं रहा अपितु प्रेरणा बन गया। प्रेरणा उन सभी व्यक्तियों के लिए जो विषम परिस्थितियों से हार मान लेते हैं। प्रेरणा उन सभी के लिए जो परिस्थितियों को दोष देते हैं। प्रेरणा उन सभी के लिए जो अपने आप पर विश्वास करने का साहस नहीं करते हैं।

अब प्रश्न यह उठता है कि क्यों सभी विषमताओं से मार्ग निकालने का साहस करने वाले ही सफल होते हैं? क्या बिना साहस किए सफलता मिल सकती है? व्यक्ति की विषम परिस्थितियों को कैसे परिभाषित किया जाए? और यदि व्यक्ति विषम परिस्थितियों में साहस न जुटा पाए तो उसे कैसे प्रेरित किया जाए?

इन्हीं प्रश्नों के आधार पर इस निबंध पर चर्चा करेंगे? परन्तु इन प्रश्नों की चर्चा से पहले सबसे महत्त्वपूर्ण है कि सफलता को परिभाषित किया जाए। सफलता की परिभाषा व्यक्तिनिष्ठ है। यह समय, काल, परिस्थिति, विचार, मूल्य, व्यक्ति व संगठन के सापेक्ष बदल सकती है। परन्तु कुछ इसके तत्त्व हैं, जिससे सभी सहमत हैं।

सफलता का आधार प्रेरणा, आत्मविश्वास और परिश्रम है। किसी प्रतियोगिता में हारने के बाद भी आप अपने प्रयास, परिश्रम व जुझारूपन से लोगों को प्रेरित कर सकते हैं। यह भी सफलता का मानदंड है। जैसे दीपा करमाकर बिना पदक प्राप्त किए भी आज युवा प्रतीक बन गई है। इसके साथ यदि आप अपनी हार से सीखते हैं, अनुभव प्राप्त करते हैं तो पुन: लड़ने के लिए दुगुनी ऊर्जा से खड़े होते हैं, तो वह भी सफलता है। इस प्रकार सफलता की परिभाषा अत्यन्त व्यापक है।

सफलता की इसी परिभाषा के आधार पर यह स्पष्ट करने का प्रयास करेंगे कि कैसे साहस करने वाले ही सफल होते हैं। इसके कई कारण हैं।

इसका पहला और मुख्य कारण है मनोबल। जब व्यक्ति सभी विषम परिस्थितियों में मार्ग खोजने का प्रयास करता है तो उसका मनोबल अपने चरम पर होता है। नेपोलियन ने शक्ति, अस्त्र, मनोबल व नेतृत्व में मनोबल को सर्वप्रमुख माना था, जिसे वह कुल बल का 80 प्रतिशत मानता था।

मनोबल के कारण आत्मविश्वास बढ़ता है। आत्मविश्वास से दृढ़ता बढ़ती है, जो कार्य सम्पन्न करने के प्रति जुझारूपन लाता है। और यह जुझारूपन विषम परिस्थितियों रूपी तूफान में लंगर का कार्य करता है। इस प्रकार व्यक्ति, समूह या संगठन परिणाम तक पहुँचने के लिए पूरी ऊर्जा का प्रयोग करता है।

दूसरा मुख्य कारण 'आउट ऑफ बॉक्स थिंकिंग' है। जब व्यक्ति विषम परिस्थितियों से लड़ने के लिए साहस जुटाता है तो वह जानता है कि उसके पास खोने के लिए कुछ नहीं है। इस परिस्थिति में वह कुछ अलग करने का प्रयास करता है। वह जोखिम उठाने से नहीं डरता है। और मनोबल के साथ अलग सोच उसे सामान्य से अलग मुकाम पर पहुँचा देती है।

जैसे रणजी क्रिकेट के कैरियर की शुरुआत के दिनों में वीरेन्द्र सहवाग का खेल जीवन लगभग समाप्त होने वाला था परन्तु उन्होंने क्रिकेट तकनीक की धज्जियाँ उड़ाते हुए नया आक्रामक खेल प्रारम्भ किया और आज उनका तरीका और वह स्वयं प्रेरणा बन गए हैं।

तीसरा मुख्य कारण परिस्थितियों को नियंत्रित करना है। जब व्यक्ति विषम परिस्थितियों से लड़ने का साहस जुटाता है, तब वह मानसिक रूप से उन परिस्थितियों में सकारात्मकता ढूँढ़ता है तथा अन्य परिस्थितियों को चुनौती के रूप में ग्रहण करता है। इस प्रकार यदि व्यक्ति थोड़ी-सी भी आशा की किरण ढूँढ़ लेता है तथा परिस्थितियों से विचलित नहीं होता है तो वही परिस्थितियाँ उसके व्यक्तित्व का निर्माण करती हैं तथा व्यक्ति सफलता प्राप्त करता है। इस प्रकार यह स्पष्ट है कि सभी विषमताओं से मार्ग निकालने का साहस करने वाले सफल होते हैं। परन्तु अब प्रश्न यह उठता है कि क्या बिना साहस के सफलता मिल सकती है?

इसका उत्तर नहीं है। हो सकता है कुछ लोग यह दावा करें कि वह आसानी से जीत गए। इसके कई कारण हो सकते हैं—प्रतिद्वंद्वी कठोर न हो, समय व परिस्थिति अनुकूल हो। परन्तु यह क्षणिक जीत है, सफलता नहीं। यदि आगे चलकर प्रतिद्वंद्वी मजबूत हो जाए या परिस्थितियाँ विषम हो जाएँ, तब उसकी जीत की प्राथमिकता अत्यन्त कम होगी।

इसके विपरीत विषम परिस्थितियों में साहस जुटाने वाला किसी भी परिस्थिति में सफलता प्राप्त करने के लिए तैयार होता है और यदि ऐसा व्यक्ति हार भी जाए तो उसकी हार कई व्यक्तियों को प्रेरित कर जाती है। मिल्खा सिंह अपनी उपलब्धियों के लिए नहीं अपितु विषम परिस्थितियों में साहस करने के लिए जाने जाते हैं।

इसी प्रकार रानी लक्ष्मीबाई के साहस को अंग्रेजों ने भी स्वीकार किया था। यही सही अर्थों में सफलता के लक्षण होते हैं। अत: कहा जा सकता है कि बिना साहस किए प्राप्त जीत क्षणिक होती है, उसे सफलता नहीं कहा जा सकता है। अब प्रश्न यह उठता है कि विषम परिस्थितियों का निर्धारण एवं परिभाषण कौन करेगा व कैसा करेगा?

विषम परिस्थितियों का निर्धारण सफलता की गुणवत्ता, स्थिरता तथा जनता में उसके प्रति आदर व ग्रहणशीलता पर निर्भर होता है। जब व्यक्ति असम्भव-सी प्रतीत होने वाली दशाओं में साहस के साथ जूझता है, तो वह उसकी सफलता में परिलक्षित होता है। जब लक्ष्य प्राप्त करने में शारीरिक, मानसिक, नैतिक, चारित्रिक, आर्थिक एवं सामाजिक बाधा उत्पन्न होती है तो यह विषम परिस्थितियों का संकेत है।

अमिताभ बच्चन द्वारा कला क्षेत्र में अत्यन्त उच्च मानक स्थापित किए गए। यह उच्च मानक अभिषेक बच्चन के लिए विषम परिस्थितियों का कार्य कर रहे हैं। वह इन विषम परिस्थितियों से जूझने का साहस नहीं जुटा पाए इसलिए आज

उनकी तुलना सफलतम अभिनेताओं में नहीं होती है। इस प्रकार, विषम परिस्थितियाँ व्यक्तित्व विकास के लिए अत्यन्त अनिवार्य हैं, जो सफलता का आधार है।

अब प्रश्न यह उठता है कि क्या व्यक्ति को, यदि वह साहस नहीं जुटा पा रहा है तो विषम परिस्थितियों में प्रेरित किया जा सकता है? इसका उत्तर सकारात्मक है। परन्तु इसकी पूर्व शर्त है कि व्यक्ति स्वयं जूझने के लिए तैयार हो। ऐसी विषम परिस्थितियों में जो उत्प्रेरक का कार्य करता है, वही गुरु या शिक्षक कहलाता है। इन परिस्थितियों में यदि व्यक्ति की ऊर्जा को लक्ष्य पर केन्द्रित रखा जाए तो वह सफलता प्राप्त कर सकता है।

यह अत्यन्त कम समय होता है कि व्यक्ति किसी पर निर्भर होकर विषम परिस्थितियों में सफलता प्राप्त करे। व्यक्ति को किसी भी परिस्थिति में लड़ने का साहस अवश्य जुटाना पड़ता है। एक बार व्यक्ति विषम परिस्थितियों से निकलने का साहस जुटा ले तो उसे गुरु भी मिल जाता है, जो उसे सही मार्ग बताए।

निष्कर्षत: कहा जा सकता है कि विषम परिस्थितियों में मार्ग निकालने का साहस करने वाला हमेशा सफल होता है। जिस प्रकार आग में तपने से सोना कुन्दन बन जाता है और वह अधिक शुद्ध व मूल्यवान हो जाता है। उसी प्रकार विषम परिस्थितियाँ आग है तथा आग में जलने का साहस निकालने वाला ही कुन्दन बन सकता है। बिना जले वह चमक सकता है परन्तु शुद्ध व मूल्यवान नहीं बन सकता है।

ऐसे कई व्यक्ति हैं जो आम जीवन से कुछ बड़ा करना चाहते हैं परन्तु वे विषम परिस्थितियों से मार्ग निकालने का साहस नहीं कर पाते और जो साहस करते हैं वे प्रेरणा बन जाते हैं, वे 'मुरुथन' बन जाते हैं।

76

बालश्रम : एक आवश्यक बुराई या केवल एक बुराई?

—मनोज रावत

"यदि हम किसी का बचपन लौटा नहीं सकते तो हमें किसी का बचपन इस आधार पर छीनने का अधिकार भी नहीं है कि वह एक गरीब माँ के पेट से पैदा हुआ है।"

2001 की भारतीय जनगणना अनुसार भारत में करीब 1.20 करोड़ बच्चे बालश्रम का शिकार थे। वहीं 2011 जनगणना अनुसार यह आँकड़ा कुछ कम हुआ और यह करीब 86 लाख बालश्रमिकों का बालश्रम में लिप्त होना बताता है। दोनों जनगणनाओं के आँकड़े केवल आँकड़े नहीं हैं बल्कि यह हमारी सामाजिक विसंगति व दुर्दशा की कहानी बयाँ करते हैं।

यह कहानी है एक संवैधानिक व लोकतांत्रिक राष्ट्र में बच्चों के मूल अधिकारों के हनन की। यह कहानी है देश के भविष्य के बर्बाद होने की। भारतीय संविधान में जहाँ अनुच्छेद 21 में गरिमामय जीवन का अधिकार, अनुच्छेद 23-24 में बाल शोषण रोकथाम का अधिकार तथा अनुच्छेद 47 में उचित पोषण की बात की गई है। वहीं ये आँकड़े भारतीय संविधान का उपहास करते नजर आते हैं।

'बालश्रम : एक आवश्यक बुराई या केवल बुराई' विषय पर बात करें, उससे पहले संक्षेप में कुछ विषयों पर विचार कर लेते हैं जैसे कि बालश्रम क्या है? यह क्यों प्रचलित है और यह किस-किस रूप में प्रचलित है? इसके बाद मूल विषय पर चर्चा करना ज्यादा उपयुक्त होगा।

सर्वप्रथम बालश्रम क्या है? भारतीय संविधान तथा कानूनों के अनुसार कोई भी बच्चा जो 18 वर्ष से कम आयु का है और वह घरेलू कार्यों से इतर अन्य व्यावसायिक कार्यों, कारखानों आदि में कार्यरत है तो उसे बालश्रमिक माना जाता है। यद्यपि इसमें भी दो श्रेणियाँ तय की गई हैं जैसे कि 0-14 वर्ष व 14-18 वर्ष। 14-18 वर्ष वाले बच्चे खतरनाक कार्यों वाले उद्यमों में कार्य करने के अलावा अन्य कार्य कर सकते हैं।

अगला प्रश्न लेते हैं कि यह किस रूप में प्रचलित है। बालश्रम का कोई एक सर्वमान्य रूप नहीं है बल्कि कई रूपों में विद्यमान है। इसे घर पर कार्य करने वाले घरेलू श्रमिकों, चाय-खाने-पीने के ढाबों पर कार्य करते बच्चों, गलीचा-पटाखा-आरीतारी जैसे उद्यमों में दिन-रात एक करते बच्चों या फिर छोटे-बड़े शहरों में कूड़ा-कचरा बीनते, भिक्षा माँगते बच्चों के रूप में देखा जा सकता है।

अब सवाल यह उठता है कि सभी को पता होते हुए कि बालश्रम एक अपराध है और बच्चों के बचपन तथा उनके मानवाधिकारों का सरासर उल्लंघन है। इसके बाद भी यह बड़े स्तर पर क्यों प्रचलित है। यह क्यों हमको झकझोरता नहीं है, यह क्यों नहीं अखरता है? क्यों हमें बच्चों से काम करवाते समय (बालश्रम) पीड़ा नहीं होती?

इसका एक पंक्ति में जवाब दिया जो एक प्रसिद्ध राजनीतिक दार्शनिक का एक कथन द्वारा दिया जा सकता है—

"मनुष्य, जन्मजात स्वभाव से ही स्वार्थी और लालची प्राणी है।" **—हॉब्स**

बालश्रम के मूल में लोगों का लालच और कम मजदूरी दर पर सस्ते श्रम को प्राप्त करने की लालसा है क्योंकि बच्चों को वयस्कों की तुलना में आधा पारिश्रमिक भी नहीं दिया जाता। इसलिए अधिक धन कमाने के लालच में लोगों की आत्मा उन्हें नहीं धिक्कारती है।

इसके अलावा समाज में व्याप्त गरीबी, भुखमरी, कुपोषण व बेरोजगारी जैसे कारण भी हैं जो लोगों द्वारा स्वयं अपने बच्चों को बालश्रम के दलदल में फँसने हेतु धकेला जाता है।

इसके अलावा लोगों में शिक्षा व जागरूकता का अभाव, बच्चों के अधिकारों के प्रति चेतना का अभाव, कमजोर कानून क्रियान्वयन तथा लम्बी न्यायिक प्रक्रियाएँ आदि भी बालश्रम मुक्त वातावरण के निर्माण में बाधा बनती हैं। अब हम मूल विषय पर विचार करते हैं कि क्या यह आवश्यक बुराई है या एक बुराई?

सर्वप्रथम आवश्यक बुराई को लेते हैं। अभी तक के उपरोक्त विश्लेषण से यह स्पष्ट हो ही जाता है कि यह एक बुराई है। इसे आवश्यक बुराई के रूप में स्वीकार करने हेतु हमें कुछ ऐसी स्थितियों की कल्पना करनी होगी जिसमें बच्चे के समक्ष केवल दो ही विकल्प हों, 1. बालश्रम या 2. स्वयं के जीवन। परिवार के जीवन पर बड़ा संकट में से किसी एक को चुनने की बाध्यता।

जैसे कि कोई बच्चा है। उसके माता-पिता का स्वास्थ्य अचानक खराब हो जाए और अब घर के भोजन प्रबन्धन हेतु किसी बच्चे द्वारा बालश्रम को अपनाना। या फिर किसी बच्चे के माता-पिता की या किसी कमाऊ सदस्य की मृत्यु हो जाना और परिवार के भरण-पोषण की जिम्मेदारी उस पर आ जाना। ऐसे में इसे एक आवश्यक बुराई के रूप में अल्पकालिक समय के लिए मानवीय रूप में स्वीकार किया जा सकता है। यद्यपि ऐसी घटनाएँ समाज में घटती भी रहती हैं। इसके साथ जरूरी है कि बच्चे की शिक्षा बाधित न हो।

अब इसके बाद इसे केवल एक बुराई के रूप में देखते हैं तो तस्वीर कुछ ज्यादा स्पष्ट हो पाएगी। बालश्रम इसलिए केवल एक बुराई है क्योंकि इससे बच्चे का सामाजिक, सांस्कृतिक, शैक्षिक, मानसिक, राजनैतिक, प्रशासनिक जैसे सभी स्तरों पर शोषण होता है। सामाजिक स्तर पर उसे शिक्षा से वंचित होना पड़ता है जो कि भारतीय सन्दर्भ में नि:शुल्क शिक्षा के अधिकार 2009 का उल्लंघन है। इसके अलावा कमजोर पोषण के कारण स्वास्थ्य भी बाधित होता है। इससे उसका शारीरिक व मानसिक विकास बाधित होता है।

इसका परिणाम एक कुपोषित बच्चे तथा अकुशल मानव संसाधन के रूप में दिखाई पड़ता है। जिससे सभी राष्ट्रों को आर्थिक नुकसान झेलना पड़ता है। एक बालश्रम के शिकार बच्चे के मानसिक तनाव, कुंठा या उसे गुमराह किए जाने के अवसरों में वृद्धि होती है। जिससे कि विश्व के सामने उग्रवाद, नक्सलवाद, आतंकवाद, सुसाइड बॉम्बर्स के रूप में प्रयोग करे आन्तरिक चुनौतियाँ व वैश्विक संकट उत्पन्न किए जा सकते हैं।

इसी तरह एक कमजोर बच्चा, अकुशल मानव संसाधन होने के कारण गरीबी, भुखमरी, बीमारी जैसे अभावों में जीने हेतु अभिशप्त होता है। इसके अलावा वैश्विक स्तर पर मानव दुर्व्यापार, अपहरण, बाल-वेश्यावृत्ति जैसे अपराधों के प्रति भी सुभेद्य बन जाता है। जिसके कारण बच्चे का पूरा जीवन ही एक त्रासदी बन जाता है। और यह समाज के लिए भी कई प्रकार के संकटों को जन्म देती है।

अब तक की चर्चा का सार यही है कि बालश्रम, पूर्णत: एक बुराई है जो कि न केवल बच्चों बल्कि पूरी मानवजाति के लिए एक कलंक समाज है। जिससे यथाशीघ्र खत्म करने की आवश्यकता है।

इसे कई तरह से प्रयास करके खत्म किया जा सकता है जैसे कि समाज में व्याप्त गरीबी व बेरोजगारी की समस्या को समाप्त करके समावेशी विकास को बढ़ावा दिया जाए। विभिन्न कानूनों जैसे कि भारतीय सन्दर्भ में बालश्रम उन्मूलन अधिनियम 1986 व संशोधन अधिनियम-2016 का कड़ाई से पालन किया जाए। लोगों में शिक्षा व जागरूकता का प्रसार करके, सिविल सोसाइटी व मीडिया द्वारा इसमें सकारात्मक भूमिका का निर्वहन करके भी बालश्रम की रोकथाम की जा सकती है।

इसके अलावा प्रशासनिक स्तर पर स्पेशल टास्क फोर्स का गठन करके, बालश्रम की सूचना देने वालों तथा बालश्रम उन्मूलन में उल्लेखनीय योगदान देने वालों को पुरस्कार व सम्मानित करके तथा राष्ट्रों के मध्य अन्तर्राष्ट्रीय सहयोग बढ़ाकर भी बालश्रम का उन्मूलन किया जा सकता है और बच्चों के अमूल्य बचपन को बचाया जा सकता है। उनकी मुस्कान बनाए रखी जा सकती है।

अन्त में यह देखे लेते हैं कि भारत ने बालश्रम रोकथाम हेतु क्या-क्या उपाय किए हैं? भारत ने बालश्रम उन्मूलन अधिनियम 1986 व 2016, नि:शुल्क प्राथमिक शिक्षा अधिकार 2009, मिड डे मील योजना, राष्ट्रीय पोषण मिशन, राष्ट्रीय बालश्रम निवारण परियोजना आदि का निर्माण करके इसके विरुद्ध अपनी लड़ाई जारी रखी है किन्तु यह अभी भी सुरक्षित बचपन के अधिकार हेतु पर्याप्त साबित नहीं हुई है। अभी भी भारत की स्थिति—*मीलों हम आ गए हैं, मीलों हमें जाना है।* जैसी बनी हुई है।

इसलिए बालश्रम की समस्या पर तत्काल ध्यान देना होगा जिससे कि ये 86 लाख बालश्रमिक, भारत पर बोझ बनने से बच सकें और एक कुशल मानव संसाधन बनकर भारत के चहुँमुखी विकास में अपना अधिकतम योगदान दे पाएँ। इसके लिए भारत को सूक्ष्म स्तर पर कार्य करके बच्चों के जीवन को सँवारना होगा—

यूँ ही नहीं मिलती राही को मंजिल
एक जुनून सा दिल में जगाना होता है,
पूछा चिड़ियों से
कैसे बना आशियाना तेरा
बोली
भरनी पड़ती है उड़ान बार-बार
तिनका-तिनका उठाना होता है।

77

ऊर्जा सुरक्षा के लिए भारत को संसाधनों के साथ-साथ स्त्रोतों में भी विविधता लाने की आवश्यकता है

—साक्षी गर्ग

आज वैश्वीकरण के इस युग में सभी विकासशील से विकसित राज्य बनने के पथ पर अग्रसरित हैं। तेजी से हो रहा आर्थिक विकास, शिक्षा, स्वास्थ्य, अवसंरचनात्मक निर्माण, उद्योग, विद्युत, डिजिटलाइजेशन, मेक इन इंडिया, स्टार्टअप इंडिया, स्टैंड अप इंडिया, स्मार्ट सिटी—कोई भी लक्ष्य हो सभी का मूल एक ही है—ऊर्जा आवश्यकता आपूर्ति।

वस्तुत: ऊर्जा आपूर्ति, ऊर्जा सुरक्षा विकास करने की आवश्यकता नहीं अपितु अनिवार्यता बन चुकी है। भारतीय ऊर्जा के परिप्रेक्ष्य में अन्तर्राष्ट्रीय ऊर्जा एजेंसी की प्रकाशित रिपोर्ट के अनुसार 2030 तक भारत की ऊर्जा आवश्यकता दोगुनी हो जाएगी।

उपरोक्त आँकड़ों के अनुसार यह शीघ्र आवश्यक प्रतीत होता है कि हम ऊर्जा सुरक्षित राष्ट्र निर्माण की दिशा में आगे बढ़ें। भारत में ऊर्जा आपूर्ति के सन्दर्भ में वर्तमान परिदृश्य के अनुसार हम अपनी आवश्यकताओं का लगभग 55 प्रतिशत कोयले से, 30 प्रतिशत तेल से, 9 प्रतिशत प्राकृतिक गैस, 2 प्रतिशत न्यूक्लियर से, 2 प्रतिशत नवीकरणीय स्त्रोत से प्राप्त करते हैं—

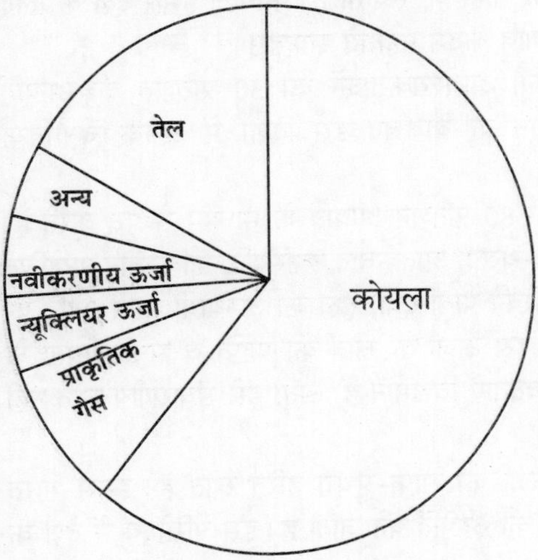

कोयला = 55%

तेल = 30%

प्राकृतिक गैस = 9%

न्यूक्लियर ऊर्जा = 2%

नवीकरणीय ऊर्जा = 2%

अन्य = शेष

उपरोक्त स्रोत के प्राप्ति, संधारणीयता व सततता क्षमता पर विश्लेषण कर यह अनुमान लगाया जा सकता है कि हम किस हद तक ऊर्जा सुरक्षा की दिशा में प्रत्यनशील हैं और अभी इस दिशा में और कितना प्रयास करने की आवश्यकता है।

कोयला—हम अधिकांश ऊर्जा आपूर्ति कोयले से करते हैं, जबकि इस स्रोत में कई चुनौतियाँ विद्यमान हैं, उदाहरणस्वरूप हमारे देश में व्याप्त कोयला गुणवत्ता के क्रम में ज्यादा उपयुक्त नहीं है व कम सल्फर युक्त है, जिस कारण हमें आयात पर निर्भर होना पड़ता है।

- विद्यमान कोयला प्लांटों में से एक-तिहाई बन्द पड़े हैं व जो प्लांट कार्यरत हैं उनमें से भी मात्र 55 प्रतिशत ही अपनी क्षमता का पूर्ण उपयोग कर पा रहे हैं।
- कोयला प्लांट लगाने हेतु सामाजिक लेखांकन व पर्यावरणीय प्रभाव आकलन प्रक्रिया की आवश्यकता होती है, जिससे प्लांट स्थापना प्रक्रिया में अतिरिक्त विलम्ब होता है।
- कोयला प्लांट में 3.8 क्यूबिक प्रति मीट्रिक टन जल का उपयोग होता है, जबकि भारत जैसे देश में 20 करोड़ लोगों को पीने के लिए स्वच्छ जल उपलब्ध नहीं है।
- कोयला दहन से वायुमंडल में अतिरेक सल्फर, कार्बन, थर्माकुलेटेड मैटर जमा हो जाता है जिससे एक ओर वायु प्रदूषण, मृदा प्रदूषण, अम्लीय वर्षा, स्वास्थ्य दुष्प्रभाव होता है, दूसरी ओर भारत अपने आईएनडीसी लक्ष्यों की प्राप्ति में बाधा उत्पन्न करता है।

उपरोक्त तर्कों के आधार पर कहा जा सकता है। कोयला हमारे देश के लिए ऊर्जा सुरक्षा की दिशा में संधारणीय कदम नहीं हो सकता।

तेल हाइड्रोकार्बन—अपनी आवश्यकताओं की 30 प्रतिशत की आपूर्ति तेल हाइड्रोकार्बन से किए जाने के बावजूद इस दिशा में अनेक चुनौतियाँ विद्यमान हैं—

- हम अपनी जरूरतों का 80 प्रतिशत आयात के माध्यम से पूरा करते हैं।
- वैश्विक राजनीतिक अस्थिरता, आतंकवाद उपस्थिति, पाकिस्तान प्रायोजित बाधाएँ, ईरान पर अमेरिकी पाबन्दियाँ, तेल का अस्थायी मूल्य आदि पर विचार किया जाए तो इस ऊर्जा के स्रोत की प्राप्ति व संधारणीयता के परिप्रेक्ष्य में भी अनिश्चितताएँ विद्यमान हैं, अत: इसे संधारणीय स्रोत नहीं कहा जा सकता।

न्यूक्लियर ऊर्जा—यह ऊर्जा का साफ-सुथरा हरित स्रोत है। इससे भारत में 2 प्रतिशत ऊर्जा आवश्यकता की आपूर्ति की जाती है। इस परिप्रेक्ष्य में देश के

कई भागों जैसे—तारापुर, नरौरा, मीठीविर्डी, काकरापार, कोटा, कुडनकुलम आदि जगह न्यूक्लियर पावर प्लांट लगाए गए हैं, और अनेक प्लांट प्रस्तावित हैं, यद्यपि न्यूक्लियर ऊर्जा के परिप्रेक्ष्य में भी अनेक चुनौतियाँ विद्यमान हैं—

- आवश्यक ईंधन यूरेनियम हेतु आयात पर निर्भरता
- लीकेज व नाभिकीय दुर्घटना का खतरा। उदाहरणत: कुडनकुलम पावर प्लांट में हुआ लीकेज।
- अति उच्च लागत अत: आम व्यक्ति की वहनीयता से बाहर
- ऊर्जा की 60 प्रतिशत प्रयोग मोटर कारों में की जाती है, वहाँ नाभिकीय ऊर्जा प्रयोग नहीं की जा सकती है।

इस प्रकार स्पष्टत: प्रतीत होता है कि हमारी वर्तमान ऊर्जा प्रणाली से आगे बढ़ते हुए हमें ऊर्जा सुरक्षा हेतु संसाधनों के साथ-साथ स्त्रोतों में भी विविधता लाने की आवश्यकता है—

इस हेतु द्विआयामी रणनीति की आवश्यकता है :

—ऊर्जा माँग में कमी (संसाधन विविधता)

—ऊर्जा आपूर्ति में वृद्धि (स्त्रोत विविधता)

ऊर्जा माँग में कमी हेतु हमें राजनीतिक, आर्थिक, सांस्कृतिक, सामाजिक सभी क्षेत्रों में प्रयास करना होगा। सर्वप्रथम हमें ऊर्जा की सर्वाधिक खपत करने वाले परिवहन क्षेत्र पर विचार करना होगा, इस क्षेत्र में इलेक्ट्रिक वाहनों, मेट्रो, सार्वजनिक परिवहनों को बढ़ावा दिया जाना चाहिए। कहा जाता है—वाहनों को नहीं लोगों को चलाओ।

इस सन्दर्भ में विशेषज्ञों द्वारा सुझाया जाता है कि भारत में दो ग्रीनविच रेखा होनी चाहिए, क्योंकि एक ग्रीनविच रेखा होने से पूर्वोत्तर क्षेत्र में सबसे पहले सूर्योदय होता है, और सबसे पहले सूर्यास्त जिससे कार्य समय कम हो जाता है और अधिकाधिक विद्युत का उपयोग करना पड़ता है, अलग समय रेखा होने से पूर्वोत्तर भारत अधिकाधिक सूर्य रोशनी का प्रयोग कर पाएगा जिससे ऊर्जा की माँग कम होगी।

बल्ब, ट्यूब की जगह एलईडी का इस्तेमाल किया जाना चाहिए, इसके साथ ही घरों का निर्माण इस प्रकार हो कि प्राकृतिक संसाधन जैसे सूर्य प्रकाश, हवा घर में आए और विद्युत बचत हो।

सांस्कृतिक त्योहारों आदि के समय अनावश्यक रूप से विद्युत उपयोग किया जाता है, अत: जनसामान्य को चाहिए कि इस परिप्रेक्ष्य में ऊर्जा मितव्ययी संसाधनों का प्रयोग करें।

ऊर्जा सुरक्षा हेतु संसाधनों के साथ-साथ स्त्रोतों में भी भिन्नता की आवश्यकता है—इस परिप्रेक्ष्य में भारत में व्याप्त सम्भावनाएँ व उनकी संधारणीयता का वर्णन निम्न प्रकार है—

शैल गैस— भारत में कावेरी बेसिन, गोदावरी बेसिन, गंगा-यमुना बेसिन क्षेत्रों में पर्याप्त मात्रा में पाई जाती है।

शैल गैस से स्थानीय स्रोतों द्वारा अत्यधिक मात्रा में ऊर्जा आपूर्ति की जा सकती है। इंटरनेशनल एनर्जी एजेंसी के अनुसार : यदि भारत में व्याप्त शैल गैस सम्भावनाओं का पूर्णत: उपयोग किया जाए तो कोयला, तेल की माँग को आधा तक कम किया जा सकता है।

बायो गैस— भारत में अति व्यापक स्तर पर पाए जाने वाले गोबर, उपले जैसे पदार्थों से व्यापक स्तर पर बायो गैस आपूर्ति की जा सकती है।

भारत में प्रति वर्ष लगभग 300 मिलियन टन जैव कचरा निष्कासित होता है। आँकड़ों के अनुसार 2030 तक इसकी मात्रा वर्तमान स्तर से ढाई गुना हो जाएगी। अत: इस विशाल जैव कचरे से ऊर्जा बनाई जा सकती।

केस स्टडी : तिमारपुर ओखला म्यूनिसिपल कॉरपोरेशन के द्वारा एक-तिहाई जैव कचरे को ऊर्जा में रूपान्तरित कर 6 लाख घरों को विद्युत आपूर्ति की गई, जिसके लिए संयुक्त राष्ट्र संघ की ओर से कार्बन क्रेडिट भी प्रदान किया गया।

वस्तुत: इससे ऊर्जा सुरक्षा के साथ-साथ पर्यावरण सुरक्षा भी प्राप्त की जा सकेगी।

पवन ऊर्जा, सौर ऊर्जा स्रोत— इस क्षेत्र में अति न्यून ऊर्जा की प्राप्ति होती है, वस्तुत: पवन ऊर्जा के परिप्रेक्ष्य में भूमि समस्या सामने आती है, पवनचक्कियों को सड़क के किनारों पर लगाकर खेतों की मेंड़ों पर लगाकर भूमि समस्या का समाधान किया जा सकता है।

सौर ऊर्जा के परिप्रेक्ष्य में ट्री आकार में प्लेटों की स्थापना, मूल्य वहनीयता बनाने हेतु नवाचार पर बल, मरम्मत उपलब्धता आदि की आवश्यकता है।

चावल की पराली, भूसी, काई जैसे अन्य स्रोत से ऊर्जा प्राप्त की जा सकती है। इन स्रातों को सस्ते दर पर सुलभता से प्राप्त किया जा सकता है। साथ ही ये ऊर्जा आपूर्ति के साथ-साथ भारत को ऊर्जा सुरक्षा की दिशा में प्रेरित करेंगे।

इस दिशा में सफलता प्राप्त करने हेतु अधिकाधिक नवाचार, अनुसंधान को बढ़ावा दिया जाना चाहिए। निजी उद्योगों की कॉरपोरेट सामाजिक उत्तरदायित्व (सीएसआर), वेंचर फंड, एंजेल फंड आदि के माध्यम से इस दिशा में प्रेरित किया जा सकता है। वर्तमान की भारतीय पेटेंट नीति 2016 भी उद्यमी व नवाचार को इस परिप्रेक्ष्य में प्रेरित करेगी। और इस प्रकार विविधतापूर्ण संसाधनों व स्रोतों के माध्यम से भारत ऊर्जा सुरक्षा प्राप्त कर सम्पूर्ण देश को विकास के पथ पर अग्रसारित कर सकेगा।

78

एक साथ आधुनिकता और रूढ़िवादिता की ओर बढ़ रहा भारतीय समाज

—निशान्त जैन

'आ नो भद्रा: क्रतवो यंतु विश्वत:'

ऋग्वेद का यह सूत्रवाक्य भारतीय समाज की ग्रहणशीलता, गतिमानता, प्रगतिशीलता और सतत विकास की क्षमता की ओर संकेत करता है। पारम्परिक तत्त्वों को अत्यधिक महत्त्व देने वाला भारतीय समाज केवल अपनी लीक पर रहकर स्थिर होने के स्थान पर दूसरी संस्कृतियों से सीखते हुए निरन्तर विकास में विश्वास रखता है।

गांधी जी ने एक बार कहा था कि *"अपने घर के खिड़की-दरवाजे कसकर बंद मत रखो, उन्हें उतना स्थान दो कि उनसे ताजी हवा आ सके।"* यहाँ गांधी का अभिप्राय दरअसल परम्परा और आधुनिकता में समन्वय स्थापित करने का था। गांधी चाहते थे कि हम अपने पारम्परिक मूल्यों, प्रथाओं और विश्वासों के महत्त्व को तो समझें ही, पर साथ ही अपने मन के दरवाजे बाहर से आने वाले नवीन ज्ञान के लिए भी खोलकर रखें।

उन्नीसवीं सदी में हुए भारतीय नवजागरण पर दृष्टिपात करें तो वह वस्तुत: 'दो संस्कृतियों की टकराहट से उत्पन्न सकारात्मक ऊर्जा' का परिणाम है। यह परम्परा के साथ आधुनिकता के समन्वय का ही परिणाम था कि भारतीय समाज अपने सांस्कृतिक मूल्यों को सहेजते हुए भी अपनी सामाजिक कुरीतियों पर कुठाराघात कर रहा था।

भारतीय समाज एक बहुभाषी, बहुसांस्कृतिक, बहुजातीय और बहुधार्मिक समाज है। भारतीय समाज की संरचना को एकरेखीय स्तर पर समझना सम्भव नहीं है। भारतीय समाज की जटिल संरचना के कारण इसके विविध पक्षों को समझना आवश्यक है। भारतीय समाज एक विशिष्ट और अनूठा समाज है, जो स्वयं में अनेक संस्कृतियों, रीति-रिवाजों, धार्मिक विश्वासों, प्रथाओं और जीवन-शैलियों को समेटे हुए है। भारतीय समाज एक ओर जहाँ अपनी पुरातन रूढ़ियों की बेड़ियों में जकड़ा है, वहीं दूसरी ओर यह आधुनिक विकास के साथ कदमताल करने को आतुर है। जीवन के हर क्षेत्र में भारतीय समाज की यह प्रवृत्ति दृष्टिगोचर होती है। भारतीय समाज वस्तुत: एक साथ रूढ़िवादिता और आधुनिकता की ओर बढ़ रहा है।

वैयक्तिक और पारिवारिक स्तर पर देखें तो यहाँ एक ओर पारम्परिक रूढ़िवादी संयुक्त परिवार पहले की तरह फल-फूल रहे हैं, तो दूसरी ओर तेजी से नाभिकीय

परिवार महानगरीय जीवन में शामिल होते जा रहे हैं। एक ओर भारतीय समाज पश्चिम से प्रेरित होकर भौतिकता की चकाचौंध के पीछे भाग रहा है, तो दूसरी ओर अपनी पुरातन आध्यात्मिक परम्पराओं का भी बखूबी निर्वाह कर रहा है। यद्यपि समाज में यह द्वंद्व बना हुआ है कि वह योग को अधिक महत्त्व दे अथवा भोग को, पर भारतीय समाज आश्चर्यजनक रूप से दोनों को अपनाते हुए आगे बढ़ रहा है।

सामाजिक स्तर पर देखें तो भारतीय समाज यहाँ भी रूढ़िवादिता और आधुनिकता दोनों की ओर बढ़ रहा है। समाज में एक ओर महिलाएँ जीवन के हर क्षेत्र में सफलता की नई इबारत लिख रही हैं, वहीं देश में शिशु लिंगानुपात हर जनगणना में घटता जा रहा है। एक ओर सामाजिक कुरीतियों में कमी आई है, तो दूसरी ओर महिलाओं के विरुद्ध होने वाले अपराधों और यौन अपराधों में तेजी से बढ़ोतरी भी हुई है। बेटियाँ एक ओर नाम कमाकर माता-पिता का नाम रोशन कर रही हैं, तो दूसरी ओर कन्या भ्रूण हत्या के मामले दिन दूनी रात चौगुनी गति से बढ़ रहे हैं। ऐसा अन्तर्विरोध भारतीय समाज की एक विभेदक विशेषता ही है।

"यत्र नार्यस्तु पूज्यंते, रमन्ते तत्र देवता:।" का मंत्र देने वाले इस देश में स्त्री का अस्तित्व न जन्म से पहले सुरक्षित है और न जन्म के बाद। एक कवि ने लिखा भी है—

कल तक जो वरदान थे उसके, आज वही हैं श्राप बने।
अपनी ही बिटिया के कातिल, उसके ही माँ-बाप बने।

सांस्कृतिक क्षेत्र में तो भारतीय समाज ने आधुनिकता और रूढ़िवादिता में जबरदस्त मेल स्थापित किया है। फैशन से लेकर खान-पान, रहन-सहन से लेकर रीति-रिवाज तक हर क्षेत्र में भारतीय समाज दोनों को साथ लेकर चल रहा है। एक ओर भारतीय साड़ी और कुर्ते विश्वभर में भारतीय फैशन की पहचान बनकर उभरे हैं तो वहीं दूसरी ओर आधुनिक पैंट, जींस और कमीज भारतीय जनमानस के पसन्दीदा सामान्य परिधान बन गए हैं। खान-पान में जहाँ भारतीय पारम्परिक व्यंजन डोसा-सांभर, इडली, पंजाबी मसालेदार भोजन ग्लोबल मंच पर छा रहे हैं, वहीं बाहर से पिज्जा-पास्ता, मैक्सिकन, इटैलियन, चाइनीज और कांटिनेंटल फूड भारत की गली-गली में उपलब्ध हैं।

एक ओर भारतीय समाज जन्म, विवाह, अन्त्येष्टि के अपने रूढ़िवादी संस्कारों को पूरी तरह निभा रहा है, वहीं पश्चिम के खुलेपन और उन्मुक्तता के परिणामस्वरूप इन रिवाजों में परिवर्तन और फ्यूजन भी हो रहे हैं। धार्मिक और दार्शनिक स्तर पर देखें तो एक ओर भारतीय समाज आधुनिक अनीश्वरवाद, नास्तिकता, वैज्ञानिक मनोवृत्ति और प्रगतिशीलता की ओर आकृष्ट हो रहा है, तो दूसरी ओर यह अपने पारम्परिक, दार्शनिक व धार्मिक मूल्यों, जैसे—ज्ञान, भक्ति, कर्म, निवृत्तिमार्ग,

बहुदेववाद, अवतारवाद, पुनर्जन्म, आत्मा, बन्धन व मोक्ष की अवधारणा तथा अहिंसा के सिद्धान्तों पर अभी भी आस्थावान है।

धर्म व अध्यात्म का आकर्षण कम होने के स्थान पर बढ़ा ही है। धार्मिक स्थलों के बढ़ते निर्माण, धर्मगुरुओं के सत्संग-प्रवचन, पूजन, भजन-कीर्तन, अजान-अरदास, उपवास, रोजा; तीर्थस्थलों, दरगाहों पर भारी भीड़ आदि यह सिद्ध करते हैं कि भारतीय समाज आधुनिक होने के साथ-साथ रूढ़िवादी भी हो रहा है।

आर्थिक क्षेत्र में भी यह अन्तर्विरोध दृष्टिगोचर होता है। एक ओर पर्यावरण संरक्षण को बनाए रखते हुए हम धारणीय और समावेशी विकास की बात करते हैं, वहीं दूसरी ओर अन्धाधुन्ध विकास के नाम पर खनन और पेड़ों का कटान जारी है। जल-जंगल-जमीन से लेकर हवा तक, भ्रष्टाचार का बोलबाला इस द्वंद्व को बखूबी व्यक्त करता है।

भारतीय समाज अपने संविधान के निर्माण और राजव्यवस्था के गठन तक में रूढ़िवाद और आधुनिकता दोनों का समन्वय करता है। हमने अपने परम्परागत मूल्यों को जहाँ मौलिक कर्तव्यों, राज्य नीति के निदेशक तत्त्वों और प्रस्तावना में स्थान दिया है, वहीं स्वतंत्रता समानता का आदर्श फ्रांस से, संसदीय प्रणाली ब्रिटेन से और मूल अधिकार अमेरिका से ग्रहण करने में कोई संकोच नहीं किया है।

ऐतिहासिक तौर पर भी देखें तो भारतीय कला और संस्कृति का विकास स्वयं में रूढ़िवादिता और आधुनिकता के समन्वय का परिणाम है। 14वीं सदी में अमीर खुसरो जहाँ भारतीय वीणा और ईरानी तम्बूरे को मिलाकर सितार बना रहे थे, वहीं स्थापत्य की नागर शैली व मूर्तिकला की गांधार शैली अलग-अलग भारतीय व बाह्य कलाओं के समन्वय का परिणाम हैं। मुस्लिम स्थापत्य पर भारतीय प्रभाव स्पष्ट दृष्टिगोचर होता है। हिन्दी और फारसी के संयोग से उर्दू का जन्म भारतीय समाज की ही देन है। एक शायर ने लिखा—

कमल उर्दू के खिलते हैं यहाँ हिन्दी की झीलों में,
गजल को बाँटना मुश्किल है भाषायी कबीलों में।

विज्ञान और प्रौद्योगिकी के स्तर पर भी भारतीय समाज रूढ़िवादिता और आधुनिकता की ओर एक साथ बढ़ रहा है। एलोपैथी पद्धति ने जहाँ अब पूरे देश में अपना स्थान बना लिया है, वहीं आयुष (AYUSH) और योग-आयुर्वेद, ध्यान, नेचुरोपैथी आदि वैकल्पिक चिकित्सा पद्धतियों में भी लोगों की रुचि बहुत तेजी से बढ़ी है।

गुरुदेव रवीन्द्रनाथ टैगोर ने एक बार कहा था, *"आधुनिकता पोशाक में नहीं, विचारों में होती है।"* भारतीय समाज बाह्य वस्तुओं के प्रयोग के साथ-साथ वैचारिक और सांस्कृतिक स्तर पर भी रूढ़िवादिता और आधुनिकता दोनों की ओर साथ-साथ बढ़ रहा है।

79

साहित्य समाज का प्रतिबिम्ब है, न कि दर्पण!

—गौरव सोगरवाल

साहित्य के सम्बन्ध में संस्कृत में एक उक्ति है—*'स हितकर इति साहित्य:।'* अर्थात् जो हितकर है, वही साहित्य है। साहित्य की उपादेयता इसी बात पर निर्भर करती है कि वह समाज के लिए कितना हितकारी है। इस प्रकार अनेक विद्वानों व साहित्यकारों ने साहित्य की परिभाषा अनेक ढंग से की है। आचार्य महावीर प्रसाद द्विवेदी के अनुसार "ज्ञान राशि के संचित कोश का नाम साहित्य है।" इस प्रकार बाबू श्यामसुन्दर दास का कहना है कि "सामाजिक मस्तिष्क अपने पोषण के लिए जो भाव सामग्री निकालकर समाज को सौंपता है उसी के संचित भंगर का नाम साहित्य है।" इसी तरह की विचारधारा रामचन्द्र शुक्ल की भी है, उनका कहना है कि *"प्रत्येक देश का साहित्य वहाँ की जनता की चित्तवृत्ति का संचित प्रतिबिम्ब होता है।...और जनता की चित्तवृत्ति बहुत कुछ राजनीतिक, सामाजिक, साम्प्रदायिक तथा धार्मिक परिस्थिति के अनुसार होती है।"* अत: इन परिभाषाओं से यह सिद्ध होता है कि साहित्य में जनभावनाओं का ही आलेखन होता है। इसीलिए आचार्य महावीर प्रसाद द्विवेदी ने कहा था—*"साहित्य समाज का दर्पण है।"*

चूँकि साहित्य समकालीन सामाजिक परिस्थितियों से मुँह फेरकर नहीं चल सकता है। यहाँ तक कि कोई साहित्यकार यदि अपने आत्म सुख के लिए भी साहित्य रचता है तो भी उसे अपनी अभिव्यक्ति हेतु धरातल और प्रेरणा की आवश्यकता होती है, ये सब उसे समाज से ही प्राप्त होती है।

वास्तव में किसी काल विशेष के अच्छे-बुरे सारे पहलुओं का समग्र चित्रण साहित्य का स्वाभाविक लक्षण होता है। इस तरह एक प्रकार से हम कह सकते हैं कि युग विशेष के साहित्य में हम तत्कालीन समाज की पूरी झलक देख सकते हैं। चाहे वह समाज की सकारात्मक विशेषताएँ हों या नकारात्मक विशेषताएँ। और यही विशेषता एक दर्पण होती है। दर्पण के सामने जो जैसा होता है उसे वह वैसा ही चित्रित करता है।

समाज और साहित्य परस्पर इतने घनिष्ठ रूप से सम्बद्ध होते हैं कि एक के बिना दूसरे के अस्तित्व की कल्पना नहीं की जा सकती है। परस्पर इनके बीच अन्योन्याश्रित सम्बन्ध होता है। इसीलिए ऐसे साहित्य की कल्पना जरा मुश्किल से ही की जा सकती है, जिसमें मानव समाज किसी-न-किसी रूप में उपस्थित न हो। ज्यों-ज्यों समाज और मानवीय जीवन में परिवर्तन होता जाता है त्यों-त्यों साहित्य भी उसी अनुरूप बदलता जाता है।

इस प्रकार समाज और साहित्य के सम्बन्धों को देखते हुए दो प्रकार का साहित्य देखने में आता है। (1) स्थायी साहित्य या शाश्वत साहित्य, (2) जड़ साहित्य या अप्रगतिशील साहित्य जो सामयिक भर होता है। स्थायी या शाश्वत साहित्य उसे कहा जा सकता है जिसमें मानव की शाश्वत भावनाओं का चित्रण होता है। ऐसा साहित्य देश और काल की सीमा से परे होता है। दूसरे प्रकार का साहित्य अप्रगतिशील साहित्य सामयिक विषयों से सम्बद्ध होता है। और देश काल की सीमाओं से आबद्ध होता है। समाज की परिवर्तनशील गतिविधियों को अपनाकर चलने वाला साहित्य ही वास्तविक साहित्य कहलाता है। और ऐसे साहित्य को प्रगतिशील साहित्य भी कहा जा सकता है।

अब हम यह देखने का प्रयास करेंगे कि साहित्य कहाँ तक सामाजिक परिस्थितियों को प्रतिबिम्बित करता है। हिन्दी के आदिकाल या वीरगाथा काल में देश राजनीतिक दृष्टि से छोटे-छोटे भागों में बँटा था। जब समाज स्वार्थ प्रेरित क्षुद्र बातों को लेकर युद्धों में संलग्न था, सामंत शक्तिशाली होते जा रहे थे, राजाओं की शक्ति क्षीण होती जा रही थी, ऐसे में कवि, चारण, भाट आदि रासो (वीरगाथा काव्य) साहित्य के माध्यम से इनका गुणगान कर रहे थे एवं उनमें ओज पैदा कर रहे थे। इसी तरह भक्तिकाल में विदेशी और मुस्लिम आक्रान्ताओं से भारतीय संस्कृति का सूर्य अस्त होने लगा था। हिन्दुओं पर मुसलमान शासकों द्वारा नाना प्रकार के अत्याचार हुए—मन्दिरों और मूर्तियों को तोड़ा गया। ऐसी निराशामूलक परिस्थिति में सूर, तुलसी, रसखान, मीरा आदि भक्त कवियों ने अपनी भक्ति भावनापूर्ण रचनाओं से जनता में नया उत्साह, नई आस्था और टूटते हुए विश्वास को फिर से जगाने की कोशिश की।

ऐसे समय में आस बँधाने के लिए राम-रावण, कृष्ण-कंस की कहानियों के साथ भगवान राम और कृष्ण की दुष्ट दलनकारी तथा लोक मंगलकारी स्वरूप का गुणगान किया। इस प्रकार सामाजिक आवश्यकता के अनुरूप ही इस काल में भी साहित्य का निर्माण किया गया। इतना ही नहीं जो काल हिन्दी साहित्य का स्वर्ण युग था, लगभग वही समय पश्चिमी साहित्य का भी स्वर्ण युग रहा है।

हमारे यहाँ जो समय सूर, तुलसी, कबीर जैसे महान कवियों का था, लगभग उसी समय पश्चिम में भी शेक्सपियर, बेकन और मिल्टन जैसे श्रेष्ठ कवि हुए हैं। भारत में एक ही समय में बुद्ध और महावीर जैसी विभूतियों का प्रादुर्भाव होना और उससे भी बड़ी बात यह कि उसी समय पश्चिम में प्लेटो और अरस्तु जैसे दार्शनिकों का होना महज संयोग नहीं माना जा सकता। यह महज संयोग नहीं है बल्कि उस समय के समाज की समकालीन स्थितियों से उत्पन्न हुई व्यवस्था का परिणाम है।

इसी तरह रीतिकाल के साहित्य में उस काल विशेष की व्याख्या का सजीव चित्रण साहित्य में दिखता है जिनमें राजाओं की भोग-विलास की प्रवृत्ति एवं दरबारी

कवियों द्वारा अपने-अपने आश्रयदाताओं की भोग रुचि की परिपूर्ति के लिए अश्लील श्रृंगारिक रचनाभोग करना इस काल में नारी को भोग के (उपकरण) रूप में ही प्रस्तुत किया गया है।

अत: यह बात निर्विवाद रूप से प्रमाणित है कि समाज का साहित्य पर सीधा असर पड़ता है और साहित्य समाज को प्रतिबिम्बित करता है। साहित्य में समाज का प्रतिबिम्ब देखकर आनन्दित होने के लिए जिस समाज के पास साहित्य आरसी नहीं, उसकी स्थिति मृतप्राय जैसी होती है, ऐसा किसी कवि ने कहा भी है—

अन्धकार है वहाँ, जहाँ आदित्य नहीं है।
मुर्दा है वह देश, जहाँ साहित्य नहीं है॥

परन्तु इसका एक दूसरा पहलू भी है। साहित्य का समाज के दर्पण होने की इस अवधारणा से साहित्य और समाज के द्वंद्वात्मक सम्बन्ध की व्याख्या नहीं होती। साहित्य और समाज के मध्य अन्योन्याश्रय सम्बन्ध हैं। अत: साहित्य समाज का न तो निष्क्रिय प्रतिबिम्ब मात्र है और न ही दोनों के बीच केवल कार्य कारण जैसा सीधा सम्बन्ध ही होता है। साहित्य समाज से प्रभावित होता है और समाज साहित्य से। साहित्य केवल मानव चेतना की उपज नहीं है, वह मानव चेतना का नवनिर्माण और विकास भी करता है। साहित्य को समाज का दर्पण मानने की अवधारणा साहित्य के सृजन-प्रक्रिया की व्याख्या करने में अक्षम है। वह अधिक-से-अधिक रचना की दशाओं और परिस्थितियों का ही विश्लेषण कर सकता है। अभिव्यक्ति एवं सम्प्रेषण का विवेचन साहित्य की इस व्याख्या से सम्भव नहीं है।

साहित्य केवल मानव व्यवहार को समझने और व्याख्या करने का दर्शन नहीं है उसका प्रयोजन समाज और मनुष्य को बदलना भी है। साहित्य का यह विवेचन साहित्य पर समाज के प्रभाव को तो दर्शाता है परन्तु समाज को बदलने में साहित्य की क्रान्तिकारी भूमिका को अनदेखा कर देता है। ज्ञातव्य हो कि विश्व में जितनी भी क्रान्तियाँ हुई हैं, चाहे वह फ्रांस की क्रान्ति हो या रूस की क्रान्ति अथवा भारत का स्वतंत्रता संग्राम, इन सभी को जाग्रत करने में साहित्य की महती भूमिका रही है।

फ्रांस की क्रान्ति में रूसो, मांटेस्क्यू, वाल्टेयर जैसे विचारकों के साहित्य की प्रेरणा ने अहम भूमिका अदा की थी। जहाँ रूसो द्वारा स्वतंत्रता, समानता और बन्धुत्व का सिद्धान्त दिया गया वहीं वाल्टेयर के तार्किक व क्रान्तिकारी लेखन ने फ्रांसीसी सामाजिक चेतना को झकझोर डाला।

इसी प्रकार रूस की क्रान्ति में भी साहित्यकारों की महत्त्वपूर्ण भूमिका रही है। रूस में टॉल्सटॉय की 'वार एंड पीस', गोर्की की 'मदर' तथा दोस्तोयवस्की की 'क्राइम एंड पनिशमेंट' जैसी रचनाओं ने लोगों के अन्दर क्रान्ति का संचार पैदा

किया। मार्क्स-एंजिल्स और लेनिन जैसे विचारकों ने पीड़ित वर्गों को अपने अधिकार हासिल करने के लिए प्रेरित किया।

भारतीय स्वतंत्रता संग्राम में भी कलम और साहित्यकारों का महान योगदान रहा है। भारत-भारती जैसी रचनाओं ने भारतीय क्रान्तिकारियों को देश को आजाद कराने की प्रेरणा दी। इसी तरह भारतेन्दु जी की 'भारत दुर्दशा', निराला की 'राम की शक्ति पूजा' ने अंग्रेजों से लड़ने की शक्ति प्रदान की।

वर्तमान समय में भी कई साहित्य रचे जा रहे हैं जो वर्तमान भूमंडलीकरण की व्यवस्था को अपने अन्दर समेटे हुए हैं। वर्तमान साहित्यकारों में उदय प्रकाश, विनोद कुमार, अमर्त्य सेन, गुरुचरण दास जैसे लेखक अपने सार्थक साहित्य द्वारा वर्तमान समाज का सफल चित्रण कर रहे हैं।

इस प्रकार यदि देखा जाए तो साहित्य और समाज के बीच की ये विवेचनाएँ पूर्ण नहीं हैं। दरअसल साहित्य को तीन भागों में विभाजित कर इन विवेचनाओं की बारीकियों को समझा जा सकता है। इन तीन भागों में पहला होता है—वर्तमान समय का साहित्य तो वर्तमान समय का साहित्य या वर्तमान साहित्य हमेशा समाज के साथ-साथ चलता है। और न ही वर्तमान समाज साहित्य के माध्यम से विश्लेषित होता है। वर्तमान समाज की कुछ चीजें समाज में घटने से पूर्व साहित्य में घट जाती हैं। इससे कई बार यह भ्रम पैदा हो जाता है कि साहित्य पहले चल रहा है या समाज। अब इन अर्थों में कहा जाए तो यहाँ साहित्य समाज का प्रतिबिम्ब रूप में स्थापित होता दिखता है न कि दर्पण के रूप में।

और यही जब हम अतीत के साहित्य की बात करें तो अतीत के समाज को व्याख्यायित करने के लिए हमें साहित्य की आवश्यकता पड़ती है। अर्थात् साहित्य वहाँ साक्ष्य नहीं साधन मात्र है। अत: इसका अर्थ है कि अतीत के समाज के सन्दर्भ में साहित्य दर्पण है। साहित्य समाज का दर्पण है या प्रतिबिम्ब। इसे सीधे तरीके से यूँ कह सकते हैं कि वाल्मीकि रामायण अपने समकालीन समाज का प्रतिबिम्ब था जबकि तुलसीदास की रामचरितमानस अपने अतीत के समाज का दर्पण। वर्तमान समाज साहित्य को प्रभावित करता है जबकि अतीत का साहित्य वर्तमान समाज को भी प्रभावित करता है।

उदाहरणस्वरूप हम समझ सकते हैं कि कबीर, तुलसी इत्यादि के साहित्य किसी काल से बँधे नहीं हैं। वे युगों-युगों तक समाज को प्रभावित करते रहेंगे जबकि अतीत का समाज वर्तमान साहित्य को प्रभावित नहीं करता, जैसे अतीत के वीरगाथा काल की रचनाएँ वर्तमान समय में उतनी प्रासंगिक नहीं रही हैं।

इसी प्रकार यदि भविष्य के साहित्य की बात की जाए तो भविष्य का साहित्य आशा और अनुमान पर आधारित होगा। इस तरह यह वर्तमान समाज को निर्देश प्रदान करने वाले एक प्रकाशपुंज का भी कार्य कर सकता है। अत: निष्कर्ष के तौर

पर कहा जा सकता है कि साहित्य समाज के वर्तमान रूप में प्रतिबिम्ब अतीत के रूप में दर्पण और भविष्य का साहित्य एक निर्देशक किरण पुंज के रूप में होता है। और दोनों एक-दूसरे को प्रभावित करते और होते चले जाते हैं।

80

योग में बीमारी ही नहीं बल्कि अर्थव्यवस्था को सुधारने की भी क्षमता है

—जगदीश कुमार

प्रधानमंत्री श्री नरेन्द्र मोदी के अन्तर्राष्ट्रीय राजनयिक प्रयासों के कारण यूएनओ ने योग को अन्तर्राष्ट्रीय मान्यता देते हुए 21 जून को अन्तर्राष्ट्रीय योग दिवस मनाने की शुरुआत की। भारत के इस सम्बन्ध में प्रस्तावित प्रस्ताव को यूएनओ के इतिहास में सबसे शीघ्रता से स्वीकृत प्रस्ताव माना गया तथा लगभग सभी पक्षों ने इस पर अपनी सहमति प्रदान कर दी। अत: राष्ट्रीय-अन्तर्राष्ट्रीय स्तर पर यह चर्चा आम हो गई कि आखिर योग में ऐसा क्या है जो इसे इतनी तवज्जो एवं वरीयता दी जा रही है।

सबसे पहला प्रश्न यह उठता है कि क्या योग में बीमारी सुधारने की क्षमता है। ध्यातव्य है कि योग एक शारीरिक क्रिया है, जिसमें श्वसन क्रिया को विभिन्न आसनों के माध्यम से रोककर एवं नियंत्रित करके शरीर में ऑक्सीजन की सुचारु आपूर्ति सुनिश्चित की जाती है। इसके परिणामस्वरूप शरीर के सभी अंगों को ऑक्सीजन की बेहतर सप्लाई होती है तथा हानिकारक कॉर्बन-डाइ-ऑक्साइड को बाहर निकाला जाता है। इसके कारण अनिद्रा, थकान, तनाव, सिरदर्द, अवसाद आदि बीमारी दूर हो जाती है। योग के विविध आसनों का सहारा लेकर कई अन्य जटिल बीमारियों—कैंसर, हृदयाघात, मोटापा, समय से पूर्व बुढ़ापा आना, बाल सफेद होना तथा बाल झड़ना आदि का बेहतर इलाज सम्भव हो रहा है।

चूँकि योग एक आत्मकेन्द्रित शारीरिक क्रिया है, अत: इसके लिए किसी विशेषज्ञ की अधिक आवश्यकता नहीं होती और न ही किसी अधिक महँगी सहायक सामग्री का। इसलिए यह रोगनिवारक उपाय ग्रामीण व शहरी भारत, आदिवासियों, महिलाओं, वृद्धों, युवाओं, विद्यार्थियों, गर्भवती माताओं, किशोरियों आदि में उभर रही नित नई बीमारियों के उन्मूलन में अत्यधिक उपयोगी साबित हो सकता है।

योग की इसी बहुविध क्षमता तथा सुलभता के कारण इसमें अर्थव्यवस्था सुधारने की क्षमता भी व्यक्त की गई है। अर्थव्यवस्था को सुधारने के रूप में योग की भूमिका अग्रलिखित हो सकती है—योगगुरुओं के रूप में नए रोजगार का अवसर, ग्रामीण

टूरिज्म, योग टूरिज्म, विदेशी मुद्रा की प्राप्ति, व्यक्ति की उत्पादकता बढ़ना, योग सामग्री का नया बाजार विकसित होना आदि।

सर्वप्रथम हम योगगुरुओं के रूप में नए रोजगार अवसर सृजित होने पर टिप्पणी करते हैं। योग के प्रचार-प्रसार होने तथा इसके लाभों को जन-जन तक पहुँचाने के परिणामस्वरूप आम लोगों में योग के प्रति रुचि बढ़ेगी, फलत: योग शिक्षकों की अत्यधिक माँग बढ़ने की सम्भावना है। बाबा रामदेव, आयंगर स्वामी, सद्गुरु स्वामी, विक्रम योगी आदि जैसे गुरुओं की माँग समाज में बेरोजगारी को कम करेगी तथा अनेक युवाओं को रोजगार का सतत एवं प्रतिष्ठित रोजगार प्राप्त होगा।

योग के प्रसार होने से ग्रामीण क्षेत्र में भी नवीन आर्थिक क्रियाएँ उत्पन्न होंगी तथा ग्रामीण टूरिज्म के बढ़ने के कारण प्रत्यक्ष-अप्रत्यक्ष रोजगार सृजित होंगे। योग के बेहतर लाभ के लिए शहरी प्रदूषित वातावरण से दूर गाँवों के प्राकृतिक वातावरण की महती आवश्यकता होती है। अत: उभरता हुआ शहरी मध्यमवर्ग अपनी सेहत के प्रति काफी सजग एवं सतर्क हो गया है तथा वह प्राकृतिक वातावरण में योग को वरीयता दे रहा है। इससे गाँवों में चाय, रेहड़ी, दुकानदार आदि के रूप में नए रोजगार सृजित होंगे तथा कृषि पर अधिभार को कम करने में सहायता प्राप्त होगी। साथ ही ग्रामीण विकास, महिला आय बढ़ने से महिला सशक्तीकरण आदि को बढ़ावा मिलेगा।

योग के द्वारा बड़ी मात्रा में विदेशी मुद्रा की प्राप्ति की जा सकती है तथा अपने फोरेक्स को मजबूत किया जा सकता है। योग के प्रति पश्चिम के बढ़ते आकर्षण ने ही बाबा रामदेव को अन्तर्राष्ट्रीय योग गुरु बना दिया। बड़े पैमाने पर विदेशी यात्री योग सीखने भारत आते हैं तथा यहाँ आकर बड़ी मात्रा में वस्तु एवं सेवा का उपभोग करते हैं, इससे हमारा विदेशी मुद्रा भंडार मजबूत होता है तथा हमारी अर्थव्यवस्था और अधिक मजबूत होती है।

इसी प्रकार, योग के द्वारा व्यक्ति की शारीरिक-मानसिक दशा स्वच्छ रहती है, वह प्रसन्नचित्त रहता है, अत: उसकी उत्पादकता बढ़ जाती है। इसके परिणामत: व्यक्ति कम संसाधनों पर अधिकतम परिणाम देता है। साथ ही उसकी कार्यकुशलता बढ़ती है तथा दक्षता में वृद्धि होती है। उपरोक्त सारे प्रयास अर्थव्यवस्था की सेहत सुधारने में सहायक होते हैं। साथ-साथ योग के प्रचार-प्रसार से योग सामग्री की माँग बढ़ेगी तथा इससे भी नए आर्थिक अवसर सृजित होंगे।

अत: समग्रता में योग में अर्थव्यवस्था को सुधारने की क्षमता दिखती है, फिर भी यहाँ प्रश्न उठता है कि क्या केवल योग से ही अर्थव्यवस्था में सुधार आ जाएगा? नहीं! इसके लिए हमें समग्र प्रयास करना पड़ेगा। भारतीय अर्थव्यवस्था में विद्यमान विकृति को सुधारना होगा। भारत में प्राथमिक क्षेत्र से सीधे तृतीयक क्षेत्र (सेवा क्षेत्र) प्रगमन अर्थव्यवस्था के लिए गम्भीर चुनौती बन गया है।

इसके लिए हमें बहुआयामी एवं दीर्घकालिक रणनीति पर कार्य करना चाहिए। कौशल विकास को बढ़ावा देना, किसानों की आय का विविधीकरण तथा कृषि विकास, औद्योगिक विकास, छोटे, लघु तथा मध्यम उद्योगों की स्थिति सुधारना, क्षेत्रीय आर्थिक विषमता समाप्त करना, ग्रामीण क्षेत्रों में वैकल्पिक रोजगार सृजित करने के साथ-साथ शिक्षा स्वास्थ्य पर ज्यादा-से-ज्यादा बल देना होगा।

वर्तमान सरकार लगातार बीमारी तथा अर्थव्यवस्था को सुधारने के लिए प्रयासरत है तथा कई कार्यक्रम व रणनीतियों पर एक साथ कार्य कर रही है, जैसे—मिशन इन्द्रधनुष (7 टीके लगाना—गर्भवती माता तथा शिशु को), नई राष्ट्रीय स्वास्थ्य नीति, 2017 बनाना, कुछ बीमारियों के पूर्ण उन्मूलन के लिए बजट में समय सीमा तय करना; स्किल इंडिया, मेक इन इंडिया, इन्वेस्ट इन इंडियन, ईज ऑफ डूइंग, बिजनेस आसान करना, श्रम सुधार, मुद्रा बैंक, जन-धन योजना, प्रधानमंत्री फसल बीमा योजना, परम्परागत कृषि विकास योजना आदि।

इस तरह की योजना समाज के आम आदमी तथा पिछड़े, एससी, एसटी, अल्पसंख्यकों, वंचितों, हाशिए पर खड़े व्यक्तियों की बीमारी का ही उन्मूलन नहीं करती है बल्कि उनका सामाजिक-आर्थिक शक्तिकरण भी सुनिश्चित करती है। अगर भारत को बीमारी, कुपोषण, गरीबी, पिछड़ेपन, भुखमरी, भ्रष्टाचार, अल्प विकास आदि जैसी बुराइयों से बाहर निकलता है तो केवल योग या केवल सरकारी प्रयास पर्याप्त नहीं होंगे।

भारत को एक सशक्त, बीमारी मुक्त, स्वस्थ, कौशल प्राप्त युवा देश, रोजगार की व्याप्त सम्भावना, आर्थिक विकास, सतत एवं समावेशी समृद्धि वाला राष्ट्र बनाने में यद्यपि कि विशाल एवं महत्त्वपूर्ण भूमिका अवश्य है, फिर भी इसके लिए हमें योग का प्रचार-प्रसार करना होगा, योग प्रशिक्षकों की बड़ी फौज तैयार करनी पड़ेगी तथा योग को शारीरिक विकास एवं स्वास्थ्य लाभ से जुड़ना होगा। साथ ही इसका स्वरूप गैर धार्मिक बनाना होगा ताकि इससे सम्बन्धित धार्मिक विवाद न्यून हो तथा समाज के सभी वर्ग इसमें स्वेच्छा से बढ़-चढ़ कर भागीदारी करें, तभी समाज, अर्थव्यवस्था, राजनीति आदि में योग का वास्तविक सार्थक लाभ सिद्ध किया जा सकेगा।

चूँकि भारत में प्राचीनकाल से ही योग की एक सशक्त तथा विकसित परम्परा रही है जो सिन्धु घाटी सभ्यता (योगी की मूर्ति जो हड़प्पा से मिली है), वैदिक युग (अथर्ववेद में आख्यक तथा उपनिषदों में योग पर बल), पतंजलि के योगशास्त्र से होते हुए नाथ सिद्ध पंथ, सूफी धारा, कबीर-नानक से वर्तमान तक पहुँची है। अत: इस सशक्त परम्परा का चिकित्सा, अर्थव्यवस्था राजनयिक, विदेशी सम्बन्धों में अधिकाधिक लाभ उठाना चाहिए।

भारत योग को एक 'सॉफ्ट पावर' के रूप में उपयोग करके वैश्विक स्तर पर भी अपनी ग्लोबल छवि बना सकता है। साथ ही आन्तरिक स्तर पर बीमारी

उन्मूलन, शारीरिक स्वास्थ्य, कौशल विकास, अर्थव्यवस्था को मजबूती देने में इसका उपयोग किया जा सकता है। अत: ऐसा कहने में कोई अतिशयोक्ति नहीं कि योग से भारत एक साथ कई निशाने साधने में सक्षम हो सकता है, बस आवश्यकता है तो लगातार अथक प्रयासों की, जैसा प्रयास यूएनओ में योग को मान्यता दिलाने के लिए किया गया—ठीक वैसा ही हर स्तर पर होना चाहिए।

81

सिनेमा : समाज का दर्पण या सामाजिक रूपान्तरण का एक साधन?

—मनोज रावत

मनुष्य एक सामाजिक प्राणी है जिसने प्राचीनकाल से वर्तमान तक बहुत लम्बा रास्ता तय करके वह आज की भूमंडलीकरण की दुनिया या 21वीं सदी की दुनिया तक पहुँचा है। इस दौरान मनुष्य ने अपने रहन-सहन, खान-पान, भाषा, मूल्य, संस्कार आदि में परिवर्तन किया है जो कि उसके स्वयं एवं जिस समाज में वह रहता है के प्रगति व विकास को प्रदर्शित करते हैं। विकास के इसी क्रम में मनुष्य ने एक चलचित्र विश्व का भी निर्माण किया है, जिसे सिनेमा जगत के रूप में जाना जाता है।

सिनेमा का नाम आते ही जेहन में 2-3 घंटों की एक छोटी फीचर फिल्म की याद आ जाती है, जो कभी व्यक्ति को हँसाती है तो कभी रुलाती है। यह सिनेमा व्यक्ति को एक आभासी दुनिया में ले जाकर उसका मनोरंजन करता है। कई बार यह केवल कल्पनाओं पर आधारित होता है तो कई बार यह हमारे आसपास घट रही घटनाओं, माहौल एवं वातावरण पर आधारित होता है। अर्थात् कई बार हमारे समाज का आईना भी हमें दिखाता है। यह आईना कई बार हमें खुश होने का मौका देता है तो कई बार हमारे अन्तर्मन को अन्दर तक हिलाकर रख भी देता है।

खैर, सिनेमा के योगदान पर तो हम आगे के अनुच्छेदों में विस्तार से चर्चा करेंगे। हमें यहाँ पर इसके उदविकास को संक्षेप में जान लेना चाहिए।

भारत में सिनेमा का विकास 1920-30 के दशक के आसपास शुरू हुआ। इस समय से भारत में फिल्में बनना शुरू हुईं। सर्वप्रथम फिल्म थी 'राजा हरिश्चन्द्र' जो कि एक मूक फिल्म थी। उसके बाद धीरे-धीरे सवाक् फिल्मों का निर्माण शुरू हुआ और भारत की पहली बोलती फिल्म 'आलमआरा' थी, जो कि 1930 के दशक में बनी थी।

यद्यपि भारत में सिनेमा की शुरुआत इसी समय हुई, वैसे भारत में अपनी भावनाएँ प्रकट करने, लोगों को जागरूक करने, शिक्षा देने आदि के रूप में इससे

पूर्व से ही, प्राचीनकाल से ही नुक्कड़-नाटक, खेल, रंगमंच, कठपुतली खेल आदि का प्रयोग होता रहा है।

अब हम मूल विषय पर चर्चा करते हैं जिससे कि किसी निष्कर्ष पर पहुँच सकें कि सिनेमा समाज का दर्पण है या सामाजिक रूपान्तरण का एक साधन? या फिर इनके अलावा भी कुछ और है? सर्वप्रथम, यह समझने का प्रयास करते हैं कि यह समाज का दर्पण है क्या और है तो क्यों? यदि नहीं है तो क्यों नहीं है?

सर्वप्रथम हमने बताया कि मनुष्य एक सामाजिक प्राणी है, इसलिए समाज में जो घट रहा है उसको वह निरन्तर देखकर उससे प्रभावित भी होता है तो प्रेरित भी होता है। इसलिए सिनेमा जगत, समाज से कटकर अलग नहीं रह सकता है। यह समाज को देखकर उससे अपने विषय चुनता है और उन्हें मनोरंजक रूप में लोगों के सम्मुख प्रस्तुत करता है।

समाज के दर्पण के रूप में देखने पर पाते हैं कि 1960 के दशक में भारत एक निर्धन और गरीब राष्ट्र था। यह विदेशी शक्ति के हाथों सताया हुआ एक राष्ट्र था जो अपने बलबूते पर उठकर खड़ा होने का प्रयास कर रहा था। उस समय भारत में जमींदारी प्रथा व्याप्त थी, गरीबी, भुखमरी, कुपोषण जैसी बीमारियों से ग्रस्त एक कमजोर देश था, जिसकी अनुभूति तत्कालीन सिनेमा की कुछ फिल्मों जैसे 'रोटी, कपड़ा और मकान', 'दो बीघा जमीन', 'उपकार' आदि में होती है।

इसके अलावा वर्तमान समय में भारतीय समाज में व्याप्त कुरीतियाँ एवं चुनौतियाँ जैसे जम्मू-कश्मीर में अलगाववाद को 'दिल से', उत्तर-पूर्वी एवं पूर्वी भागों में पनप रहे नक्सलवाद को 'रेड अलर्ट', बिहार-यूपी में लम्बे समय से चलने वाली गैंगवार्स को 'रक्त चरित्र : 1, 2', 'गैंग्स ऑफ वासेयपुर : 1, 2' आदि फिल्मों द्वारा लोगों के सामने रखा गया। जो कि यह दर्शाता है कि सिनेमा समाज का दर्पण होता है।

यदि वर्तमान दुनिया को देखें जो कि इंटरनेट की दुनिया है, में व्यक्तिवाद एवं उपभोक्तावाद, दिखावटीपन का प्रभाव बढ़ा है, ऐसे में वर्तमान में व्यक्तिपरक फिल्में भी बनी हैं। जैसे कि 'दंगल', 'एम.एस. धोनी', 'भाग मिल्खा भाग', 'संजू'। ये फिल्में गलत या खराब नहीं हैं बल्कि ये यह दिखाती हैं कि समाज की रुचि धीरे-धीरे बदल रही है और व्यक्तियों को अब समाज की तुलना में ज्यादा महत्त्व मिलने लगा है।

इसके अलावा हम यह भी देखते हैं कि 1980-2000 तक भारतीय सिनेमा में एक्शन व मारधाड़ वाली फिल्में भी खूब चली हैं क्योंकि यह समय ही ऐसा था जब व्यक्ति, दूसरे व्यक्ति से संघर्ष कर रहा था जबकि आज, जब भारत में गरीबी-भुखमरी आदि में कमी आई है और व्यक्ति तथा देश की राष्ट्रीय आय में वृद्धि हुई है तो साथ ही लोगों में तनाव का स्तर बढ़ा भी है, ऐसे में 'हेराफेरी', 'गोलमाल', 'मुन्नाभाई' जैसी हास्य फिल्में भी बढ़ी हैं।

इसी तरह भारतीय समाज में पाश्चात्य संस्कृति का प्रभाव बढ़ा है, जिसके कारण बोल्ड विषयों पर भी फिल्में बननी शुरू हुई हैं और यो यो हनी सिंह के जैसे फूहड़ गानों एवं अश्लीलता का पुट रखते हुए आइटम सांग्स का प्रचलन भी बढ़ा है। जो कि यह बताता है कि सिनेमा समाज का दर्पण है अर्थात् यह हमें समाज की इच्छाओं, आकांक्षाओं व वास्तविकताओं से कई बार रूबरू भी करवाता है।

यद्यपि ऐसा नहीं है कि सिनेमा सिर्फ समाज का ही दर्पण है बल्कि यह समाज के दायरे से बाहर जाकर भी कार्य करता है। जैसे कि यह टीआरपी एवं आर्थिक लाभ कमाने हेतु काल्पनिक कहानियों, अमूर्त विषयों आदि पर भी फिल्में निर्माण करता है। जैसे कि साइंस फिक्शन मूवीज—'कृष' सीरीज, 'रोबोट', 'हैरी पॉटर' सीरीज आदि।

इसके अलावा यह वाक् एवं अभिव्यक्ति की स्वतंत्रता व कला के नाम पर कई बार विवादास्पद विषयों पर भी फिल्में प्रस्तुत करता है, जिससे समाज के सम्मुख संकट पैदा हो जाता है और लोक व्यवस्था, सदाचार व कानून-व्यवस्था को चुनौती प्राप्त होने लगती है जैसे कि हालिया 'पद्मावत', 'उड़ता पंजाब' आदि को लेकर हुए विवाद। इस तरह से कहा जा सकता है कि यह अशान्त समाज का दर्पण है, पूर्णत: नहीं।

अब इस विषय के दूसरे भाग पर गौर करते हैं कि क्या यह सामाजिक रूपान्तरण का साधन है? सिनेमा के भारतीय परिप्रेक्ष्य में अब तक के इतिहास को देखें तो निश्चित ही यह कहा जा सकता है कि हाँ, यह रूपान्तरण का एक साधन है।

इसके द्वारा सामाजिक क्षेत्र से सम्बन्धित विभिन्न प्रकार की फिल्में बनी हैं। स्वास्थ्य के क्षेत्र में देखें तो 'तारे जमीं पर', 'पा', 'ब्लैक', 'हिचकी' जैसी मूवियों ने लोगों को स्वास्थ्य के स्तर पर जागरूक बनाया है। इसके अलावा किसी भी मूवी के शुरुआत में कैंसर तथा धूम्रपान सम्बन्धी लघु फिल्में दिखाई जाती हैं, जो कि लोगों में स्वास्थ्य जागरूकता का प्रसार करती हैं।

इसके अलावा शिक्षा के क्षेत्र में देखें तो विभिन्न फिल्में जिसमें नायक, नायिका उच्च शिक्षित होते हैं और वे अपने शिक्षा कौशल पर समाज, देश का नाम रोशन करते हैं तो इससे दर्शक वर्ग के मन में शिक्षा के प्रति एक सकारात्मक मनोवृत्ति उत्पन्न होती है और उनमें शिक्षा के प्रति ललक पैदा होती है।

इसी तरह कई फिल्में जैसे कि 'पिंक', 'क्वीन' जो कि नायिका प्रधान हैं। ये समाज में लैंगिक न्याय व महिला सशक्तीकरण हेतु समाज को प्रेरित करती हैं।

इसके अलावा 'पीके' जैसी फिल्में समाज को रूढ़िमुक्त, अन्धविश्वासमुक्त होकर एक तार्किक एवं विवेकशील इनसान के रूप में जीने हेतु प्रेरित करती हैं। साथ ही फिल्मों के माध्यम से लोगों के नजरिये को बदलने का प्रयास किया जाता है। जैसे 'टॉयलेट-एक प्रेमकथा' फिल्म स्वच्छता का सन्देश देती है। इसी तरह 'पैडमैन' मूवी भी लोगों के दिमाग में गहरे से बैठी रूढ़िवादी धारणाओं को तोड़कर सामाजिक रूपान्तरण को सम्भव बनाने का प्रयास करती है।

इनके अलावा राष्ट्रभक्ति की फिल्में, जैसे—'इंडियन', 'बॉर्डर', 'तिरंगा', 'रोजा' जैसी कई फिल्में युवाओं में देशभक्ति का जज्बा पैदा करती हैं। इसलिए निष्कर्ष के रूप में कहा जा सकता है कि सिनेमा—समाज का दर्पण या रूपान्तरण का साधन में से कोई एक नहीं है बल्कि यह दोनों है। यद्यपि सिनेमा भी बुराइयों से अछूता नहीं है जैसे कि इसमें भी कलाकारों का शोषण, अवैध धन का प्रयोग, टीआरपी एवं व्यावसायिक लाभ हेतु अश्लीलता, उपभोक्तावाद को बढ़ावा देना, वंचित वर्गों की समस्याओं को सभी के सामने नहीं लाना जैसी कई बुराइयाँ विद्यमान हैं, जिन्हें दूर किया जाकर इसे समाज का दर्पण व पथ निर्माता बनना चाहिए। ताकि समाज, देश में सामाजिक, आर्थिक एवं राजनैतिक, प्रशासनिक सभी स्तरों पर व्याप्त कुरीतियाँ समाप्त हों और एक नया भारत (न्यू इंडिया) का निर्माण हो, जिसमें प्रत्येक व्यक्ति शिक्षित, प्रबुद्ध और नैतिक हो तभी सिनेमा का महत्त्व है अन्यथा नहीं। नेल्सन मंडेला ने कहा है—

"एक प्रबुद्ध, शिक्षित और जागरूक समाज ही किसी लोकतांत्रिक शासन प्रणाली के सबसे बड़े रक्षकों में से एक है।" इस तरह सिनेमा को संयमित एवं नैतिक भूमिका निभाते हुए सामाजिक रूपान्तरण का साधन बनते हुए लोकतंत्र के रक्षक की भूमिका निभानी चाहिए।

82

जिन्दगी को नाटक की तरह जीना चाहिए

—मनोज पाण्डेय

जिन्दगी जीने का तरीका क्या होना चाहिए? यह एक विषयनिष्ठ मामला है, परन्तु फिर भी इस विषयनिष्ठता के बावजूद जिन्दगी जीने के दृष्टिकोण और उसके विविध आयामों पर विचार किया जा सकता है।

किसी व्यक्ति के जिन्दगी जीने के विभिन्न दृष्टिकोण हो सकते हैं। जैसे कोई आर्थिक सफलता को जीवन में सर्वोच्च वरीयता दे सकता है तो कोई समाजसेवा को, कोई सामाजिक सम्मान का अति आकांक्षी हो सकता है तो कोई राजनीति के उच्चतम शिखर पर पहुँचने की लालसा में प्रयासरत हो सकता है। कोई व्यवसाय की दुनिया में तो कोई वैज्ञानिक खोजों या खेल में सबसे आगे निकल जाना चाहता है, ये सभी अलग-अलग व्यक्तियों के जीवन के लक्ष्य हो सकते हैं, परन्तु प्रश्न यथावत् है कि इनको हासिल करने का तरीका क्या हो? क्या सुनिश्चित प्लानिंग व सटीक भविष्य-योजना के साथ कदम आगे बढ़ाए जाएँ या यूँ ही नाटकीय तरीके से परिस्थितियों पर अपने आपको छोड़कर आगे बढ़ा जाए अपने कर्मफल पर दृढ़ विश्वास रखते हुए।

यह भी महत्त्वपूर्ण है कि जिन्दगी को नाटक की तरह जीने का आशय क्या है? क्या यह 'नाटक' सामान्य साहित्यिक नाटकों के सन्दर्भ में प्रयुक्त हुआ है? या यहाँ पर इसका आशय कुछ और है, यहाँ जिन्दगी में नाटकीयता से आशय जिन्दगी के प्रति बेफिक्र नजरिये से समझा जा सकता है, जहाँ जिन्दगी के प्रति जिन्दादिली तथा परिस्थितियों के दबाव में जीने के प्रति आग्रह का भाव कमजोर पड़ता जाता है। जिन्दगी में बची रह जाती है सिर्फ कम करने की प्रेरणा, परिस्थितियों से टकराने का साहस और इस प्रयास में मिली असफलता को भी सहर्ष स्वीकार करने का साहस। इसी बात को किसी शायर ने इन पंक्तियों में व्यक्त किया है—

जिन्दगी में कामयाबी का जुनूँ अपनी जगह
कामयाबी का भी लेकिन कोई पैमाना तो हो,
बादलों में हर किसी के वास्ते है कोई बूँद
शर्त ये उतनी शिद्दत से कोई प्यासा तो हो।

अर्थात् यहाँ जिन्दगी में सफलता से अधिक हमेशा जिन्दगी को जीने के प्रति प्यास बनाए रखने पर जोर है। जिन्दगी को नाटक की तरह जीने का दूसरा आशय यह हो सकता है कि जीवन में आकस्मिकता, परिवर्तनशीलता तथा उत्तरोत्तर गुणात्मक सुधार का प्रयास लगातार होते रहना चाहिए।

ऐसा सिद्ध नहीं हो पाया है कि व्यक्ति मरने के बाद अगला जन्म पाता है या नहीं, अत: माना जा सकता है कि वर्तमान जीवन ही पहला और अन्तिम जीवन है। अत: वर्तमान जीवन को किसी निश्चित ढर्रे में बाँधकर जीने के बजाय प्रयोगशीलता तथा नवीनता और सतत परिवर्तनशीलता के साथ जीना चाहिए, बशर्ते कि यह तरीका समाज के नियमों और संस्कृतियों का व्यापक उल्लंघन न करता हो। क्या पता नए प्रयोगों के लिए अगली जिन्दगी मिले या नहीं। इस दृष्टिकोण से जीने से हो सकता है आज के भौतिकतावादी युग के मानकों के अनुरूप आपकी सफलता सीमित हो परन्तु—यह 'गहन किंचित् सफलता, अतिभव्य असफलता' हो सकती है, जो स्वच्छन्द प्रवृत्ति से जीने वालों को संतोष ही प्रदान करेगी।

जिन्दगी में नाटकीय का दूसरा अर्थ यह भी लगाया जा सकता है कि विपरीत या अनुकूल जैसी भी जीवनगत परिस्थितियाँ मेरे सामने हैं, मैं उनको सहर्ष स्वीकार कर उनमें गुणात्मक सुधार का प्रयास करूँगा। इस प्रयास में मैं हर परिस्थिति से टकराने को तैयार रहूँगा। इसी सन्दर्भ में जीवनगत परिस्थितियों को रंगमंच के रूप में स्वीकार करूँगा।

वर्तमान वैश्विक परिदृश्य में जहाँ सम्पूर्ण दुनिया एक विश्वगाँव बन चुकी है वहाँ जीवन के प्रति नाटकीयता वाला दृष्टिकोण अधिक सार्थक सिद्ध होगा क्योंकि आधुनिक मनुष्य का जीवन विश्व की तमाम घटनाओं से प्रभावित होता है, भले ही वह उनसे प्रत्यक्ष रूप से न जुड़ा हो। जैसे ईरान पर अमेरिका द्वारा प्रतिबन्ध लगाने

से पूरे विश्व के तेल आयातक देश प्रत्यक्ष या अप्रत्यक्ष रूप से प्रभावित हुए हैं। इस सन्दर्भ में जीवन के प्रति नाटकीय वाला दृष्टिकोण और सहज लगने लगता है। इस दृष्टिकोण से जीने पर जिन्दगी में बाह्य दबावों का प्रभाव कम हो जाता है, या यूँ कहें उस प्रभाव से प्रभावित न होने की शक्ति बढ़ जाती है।

जीवन के प्रति ऐसे नजरिये को अपनाने वालों को 'क्षणवादी' मान सकते हैं जो जीवन के प्रत्येक क्षण को पूर्णतावादी नजरिये से देखते हैं। ये लोग परिवर्तन को सबसे बड़ा सत्य मानते हैं अर्थात् इनके यहाँ 'परिवर्तन ही सबसे अपरिवर्तनशील है'।

इस दृष्टिकोण से जिन्दगी को जीने का प्रयास करने में नाटक जैसी नाटकीयता स्वतः उत्पन्न हो जाती है तथा कुछ भी पूर्व नियोजित नहीं जान पड़ता है और इस क्रम में सफलता और असफलता दोनों को स्वीकार करते हुए निरन्तर जिन्दगी के अगले पड़ाव पर कदम बढ़ते चले जाते हैं।

ऐसे दृष्टिकोण वालों के लिए किसी शायर ने ठीक ही लिखा है—

रोशनी गर लुटाना दिया छोड़ दे
तो ये मुमकिन है उनको हवा छोड़ दे,
हो न पाया कभी कुछ भी सोचा हुआ
क्या इसी से कोई सोचना छोड़ दे॥

इसलिए कह सकते हैं कि जिन्दगी को नाटक की तरह जीना चाहिए। हाँ, इस तरह के दृष्टिकोण से अनिश्चितता के खतरे अवश्य बढ़ सकते हैं परन्तु इसका यह अर्थ कदापि नहीं कि जीवन को किस्मत के सहारे छोड़ दिया जाए बल्कि नाटक की तरह जीने में यह भी सार छुपा है कि कर्म के प्रति आपकी गहरी आस्था होनी चाहिए। कर्म की इस प्रक्रिया में परिणामों से बहुत प्रभावित होने से बचना चाहिए। सकारात्मक सोच के साथ जीवन को निरन्तर अग्रसर करने का प्रयास करना चाहिए।

83

जीएसटी केवल करों का एकीकरण नहीं, बल्कि समग्र विकास का मार्ग प्रदर्शक है

—मौ. मुश्ताक़

परिदृश्य 1

राजीव ने नोएडा में मोबाइल फोन बनाने की एक फैक्ट्री की स्थापना की। मेक इन इंडिया के तहत उसे कम्पनी की स्थापना सम्बन्धी लाइसेंस, बिजली आपूर्ति, जमीन जैसी सुविधाएँ जल्दी ही मिल गईं। उसकी फैक्ट्री में कई श्रमिक कार्य करने

लगे तथा उसका मुनाफा, उत्पादकता भी काफी बढ़ गया। लेकिन राजीव को कई करों को भरने के लिए काफी प्रयत्न करना पड़ता था। उत्पाद कर, चुंगी कर, कच्चे माल को विदेश से मँगाने पर सीमा शुल्क जैसे दर्जनों कार्य। रिटर्न को भरने में उसकी आधी ऊर्जा खर्च हो जाती थी। इससे वह बड़ा चिन्तित रहने लगा तथा इसका असर उसकी फैक्ट्री की उत्पादता पर भी पड़ने लगा।

परिदृश्य 2

स्मिथ ने फ्रांस में अपने इलेक्ट्रॉनिक्स की नई फैक्ट्री की स्थापना की है। अच्छी गुणवत्ता की विभिन्न प्रकार की वस्तुओं का उत्पादन करने लगा। उसकी गिनती उभरते हुए नवीन उद्यमी के रूप में होने लगी। वह एक ईमानदार करदाता के रूप में प्रसिद्ध हुआ। ऐसा इसलिए हुआ कि जीएसटी कानून के तहत एक ही फार्म में वह अपने फैक्ट्री से सम्बन्धित सभी करों का दायित्व आसानी से चुका देता है।

उपरोक्त दोनों परिदृश्यों में हमें जीएसटी के फायदे तथा उसके वहीं होने के क्या खतरे हो सकते हैं उसकी झलक हमें मिलती है। अब हमें इससे सम्बन्धित विविध पहलुओं को समझने, विश्लेषण करने की जरूरत है कि जीएसटी क्या है, जीएसटी केवल कई करों का एकीकरण मात्र क्यों नहीं है, जीएसटी समग्र विकास का मार्गप्रदर्शक कैसे बन सकता है? इसके क्रियान्वयन के मार्ग में चुनौतियाँ क्या हैं, क्या समग्र विकास का लक्ष्य केवल जीएसटी से प्राप्त किया जा सकता है? तथा हमारी तैयारी कैसी है?

उपरोक्त सभी प्रश्नों का विश्लेषण करने के बाद ही हम उपरोक्त टॉपिक के साथ न्याय कर सकेंगे। उल्लेखनीय है कि जीएसटी की चर्चा कोई नई बात नहीं है। पिछले एक दशक से इसको लेकर निरन्तर संसद में सुझाव बिल लाए जाते रहे हैं। मीडिया, नागरिक समाज के द्वारा इसके होने वाले फायदे से देश की जनता को बताया जाता रहा है।

अन्ततः संविधान संशोधन 122 के तहत जीएसटी को क्रियान्वित करने का कानून भारत में वर्ष 2017 में लागू हो ही गया।

जीएसटी एक गन्तव्य आधारित करारोपण की प्रणाली है। यह अप्रत्यक्ष कानूनों के सुधार की दिशा में एक मील का पत्थर की तरह है। इसमें केन्द्रीय करों जैसे केन्द्रीय उत्पाद कर, सेवा कर, विभिन्न तरह के सेस, सरचार्ज, राज्यों के बिक्री कर, चुंगी कर, मनोरंजन कर जैसे दर्जनों से ज्यादा करों को एक कर के दायरे में लाया गया है। अब अलग-अलग रिटर्न भरने की जगह एक ही रिटर्न से उपरोक्त विभिन्न तरह के करों की अदायगी आसानी से की जा सकेगी।

इसके लिए जीएसटी काउंसिल, विभिन्न राज्यों के द्वारा व केन्द्र सरकार के सक्रिय प्रयासों से सभी राज्यों को एक देश-एक बाजार-एक कर के आदर्श हेतु सामूहिक

प्रयास सहयोगी संघवाद के बेहतर उदाहरण प्रस्तुत करता है। जीएसटी के आने से वस्तुओं की कीमतों में विद्यमान अन्तर का समाधान होगा, देश में कैस्केडिंग प्रभाव की समस्या का काफी हद तक समाधान होगा; कर का अनुपालन आसान, सरल होगा; देश में कारोबारी माहौल बेहतर बनेगा; ईज ऑफ डूइंग बिजनेस को बढ़ावा मिलेगा।

यही वजह है कि उपरोक्त विभिन्न लाभों/सकारात्मक परिणामों के कारण जीएसटी को समग्र विकास का मार्गप्रदर्शक तक कुछ लोगों ने कहना शुरू कर दिया है। यहाँ समग्र विकास का तात्पर्य आर्थिक सुधार, आर्थिक एकीकरण, अर्थव्यवस्था में जीडीपी का बढ़ना, प्रति व्यक्ति आय का बढ़ना, विदेशों में निर्यात का बढ़ना तथा इसका शिक्षा, स्वास्थ्य, कौशल विकास में बढ़ोतरी, गरीबी, बेरोजगारी का कम होना तथा मानव संसाधन विकास को बढ़ावा मिलने से है।

निश्चित रूप से समग्र विकास के उपरोक्त मानकों को प्राप्त करने में जीएसटी एक महत्त्वपूर्ण कदम (एकमात्र कदम नहीं) हो सकेगा।

कई रिपोर्टों में इसके कारण जीडीपी के 2-3 प्रतिशत तक बढ़ने का आकलन किया गया है। मेक इन इंडिया को इससे गति मिलेगी। विदेशों से निवेश भारत में बढ़ेगा। वैश्वीकरण के उभरते अवसरों का उपयोग भारत अपने हित में करने में सक्षम हो पाएगा। 65 प्रतिशत आबादी भारत की 35 वर्ष से कम उम्र की है। इस मानवीय/ जनांकीय लाभांश का उपयोग करके भारत विश्व का ग्रोथ इंजन बन सकेगा।

साथ ही राज्य को करों की प्राप्ति बढ़ेगी, करदाताओं की संख्या बढ़ेगी; अर्थव्यवस्था का औपचारिकीकरण बढ़ेगा, 2017-18 के आर्थिक सर्वे में भी इसके कारण करदाताओं की संख्या 1.5 गुना होने तथा कर राजस्व में बढ़ोतरी का प्रमाण दिया गया है।

लेकिन हमें यह भी याद रखना होगा कि जीएसटी के क्रियान्वयन में अभी कई चुनौतियाँ विद्यमान हैं, जैसे—

- आधारभूत तकनीकी अवसंरचना की कमी।
- अचानक सारा कार्य ऑनलाइन करने से सर्वर का ठप पड़ जाने की शिकायत।
- करदाताओं, क्रियान्वयन एजेंसी की क्षमता विकास में कमी का होना।
- ई-वे बिल को लेकर विवाद।
- कर चोरी के बढ़ते मामलों का प्रकाश में आना।
- जीएसटी में अभी भी 4 स्लैब का होना, एक देश-एक बाजार-एक कर के सपने में बाधा है।
- कई वस्तुओं जैसे रियल इस्टेट, पेट्रोलियम, एटीएफ, बिजली, अल्कोहल का इसके दायरे से बाहर होना।
- केन्द्र-राज्य के क्रियान्वयन एजेंसी में समन्वय का अभाव।

उपरोक्त कई तरह की चुनौतियाँ जीएसटी के सफल क्रियान्वयन में बाधक बनी हुई हैं।

साथ ही जहाँ तक समग्र विकास का मार्गप्रदर्शक का मामला है तो केवल अप्रत्यक्ष कर प्रणाली में सुधार से यह लक्ष्य प्राप्त नहीं किया जा सकता है। हमें बहुआयामी स्तरों पर प्रयास करना होगा, जैसे—

- देश में अवसंरचना की बदहाल स्थिति से निपटने हेतु सड़क, रेलवे, जलमार्ग, वायुयान जैसे सभी क्षेत्रों में निजी, सार्वजनिक निवेश को बढ़ाना होगा।
- हमें प्रत्यक्ष कर व्यवस्था में प्रत्यक्ष कर कोड को जल्दी ही लाना होगा।
- साथ ही ईज ऑफ डूइंग बिजनेस के कई सूचकों जैसे समझते का क्रियान्वयन; बिजली प्राप्ति; विवादों का निपटारा जैसे मानकों पर तुरन्त, समग्र सुधार करना होगा।

साथ ही समग्र विकास के लिए शिक्षा (प्राथमिक, माध्यमिक, उच्चतर) तीनों स्तरों पर सुधार करना होगा। असर रिपोर्ट के द्वारा गुणवत्ता में गिरावट की जो चिन्ता जताई गई है उसका तुरन्त, प्रभावी, निराकरण करने की जरूरत है।

इतना ही नहीं सार्वभौमिक स्वास्थ्य व्यवस्था, उद्योग-विश्वविद्यालयों में सहयोग, माँग आधारित कौशल विकास, गुड गवर्नेंस हेतु आरटीआई, सिटिजन चार्टर, ई-गवर्नेंस सर्वोत्तम मॉडल, द्वितीय प्रशासनिक सुधार की सिफारिशें, आचार संहिता code of office सेवा, कल्याण जनहित को प्राथमिकता, समाज में नैतिकता, मूल्यों को मजबूती देना जैसे विविध क्षेत्रों में अग्रसक्रिय रूप से कार्य करने की जरूरत है।

साथ ही सतत विकास, धारणीय विकास, जलवायु परिवर्तन, आपदा प्रबन्धन, साइबर क्राइम, कानूनों के प्रति सम्मान की भावना को भी बढ़ाने की जरूरत है।

हाल ही में भारत सरकार, राज्य सरकारों द्वारा इस क्षेत्र में व्यापक ध्यान दिया जा रहा है। आयुष्मान भारत अभियान, सर्व शिक्षा अभियान, भारत निर्माण, सौभाग्य योजना, स्वच्छ भारत अभियान, एफडीआई को आसान बनाने हेतु कई क्षेत्रों से विभिन्न कैपों को समाप्त करना, विभिन्न पुराने कानूनों को रद्द करना, जीएसटी सर्विस प्रोवाइडर, जीएसटीएन में सुधार, ग्रामीण क्षेत्रों में बिजली हेतु दीनदयाल उपाध्याय विद्युत योजना, अमृत, स्मार्ट सिटीज, सिविल सेवा अधिकार कानून का क्रियान्वयन जैसे कई क्षेत्रों में विविध कदम उठाकर आर्थिक विकास हेतु अनुकूल माहौल के साथ मानव विकास की प्राप्ति का समग्र प्रयास हो रहा है।

अत: जरूरत है कि उपरोक्त प्रयासों में तेजी, सक्रियता बढ़ाई जाए। साथ ही बेहतर कारोबारी माहौल का सृजन करते हुए जीएसटी का क्रियान्वयन सही तरीके से किया जाए तथा सम्बन्धित क्षेत्र के उभरते मुद्दे विशेषकर असंगठित क्षेत्र, कुटीर उद्योगों के प्रति सहानुभूतिपूर्वक कार्यवाही की जाए। सबसे बढ़कर एक बेहतर नागरिक बनाने हेतु प्रयास हो जो एक जिम्मेदार करदाता भी हो। साथ ही भारतीय

अर्थव्यवस्था को विश्व के विकास का इंजन बनाने हेतु हमें अन्य क्षेत्रों में भी सुधार करने की जरूरत है तभी जीएसटी का एक मार्ग प्रदर्शक का सपना पूरा हो पाएगा।

कौन कहता है कि आसमां में सूराख हो नहीं सकता,
एक पत्थर तो तबीयत से उछालो यारो।

84

न्यायपालिका की स्वतंत्रता लोकतंत्र की पहचान है

—मनोज रावत

"जनता द्वारा, जनता के लिए और जनता का शासन ही लोकतंत्र है।"

अब्राहम लिंकन ने उक्त पंक्तियों के माध्यम से लोकतंत्र की अवधारणा को परिभाषित किया था, जो लोकतंत्र में आमजन के महत्त्व को स्पष्ट बयान करती है। इसे एक ऐसे शासन प्रणाली व जीवन प्रणाली के रूप में देखा जाता है, जिसमें व्यक्तियों को मान-सम्मान व पद उनकी योग्यता के आधार पर प्राप्त होते हैं और समाज में किसी भी प्रकार के विशेषाधिकार नहीं बल्कि समानता, स्वतंत्रता, बन्धुता व न्याय जैसे मूल्य प्रचलित होते हैं। शासन, विधि के अनुसार होता है और विधि के समक्ष समता व संविधान का शासन पाया जाता है।

ऐसे में लोकतांत्रिक देशों में शक्तियों का पृथक्करण पाया जाता है और स्वतंत्र न्यायपालिका विद्यमान होती है। स्वतंत्र न्यायपालिका का सीधा-सा मतलब है कि न्यायपालिका, सरकार के प्रति प्रतिबद्ध नहीं होती बल्कि यह संविधान के प्रतिबद्ध होकर संविधान व मूलाधिकारों की रक्षा करने व अपराधियों को विधि के समक्ष समता के आधार दंडित करने का कार्य करती है।

न्यायपालिका के कार्यों में सरकार द्वारा कोई हस्तक्षेप नहीं किया जाता और न्यायपालिका को विभिन्न सुरक्षाएँ जैसे कि न्यायाधीशों की नियुक्ति, पदच्युति, वेतन-भत्तों, कार्यकाल आदि की सुरक्षा प्रदान करके स्वतंत्रता सुनिश्चित की जाती है। इस श्रेणी में हम भारत, अमेरिका की न्यायपालिका को रख सकते हैं।

भारत के सन्दर्भ में देखें तो भारत एक लोकतांत्रिक राष्ट्र है जिसे विश्व के सबसे बड़े लोकतंत्र के रूप में भी जाना जाता है। भारत में न्यायपालिका को स्वायत्ता एवं स्वतंत्रता प्रदान की गई है। यह स्वतंत्रता अधिकांश रूप में भारतीय संविधान द्वारा प्रदान की गई है तो कुछ रूप में न्यायपालिका ने अपने निर्णयों के माध्यम से स्वयं भी अर्जित की है।

भारतीय संविधान में दो तरह की न्यायपालिका का उल्लेख है—(1) उच्चतर, (2) निम्न न्यायपालिका। अनुच्छेद 124 से 147 तक सर्वोच्च न्यायालय तथा अनुच्छेद 216 से 237 तक उच्च न्यायालय व अधीनस्थ न्यायालयों व उनके कार्यक्षेत्र व शक्तियों का उल्लेख किया गया है।

भारतीय संविधान के तहत ही अनुच्छेद 124 द्वारा राष्ट्रपति द्वारा किसी न्यायाधीश के परामर्श से उच्चतर न्यायपालिका में न्यायाधीशों की नियुक्ति करना तथा अनुच्छेद 124(4) के अन्तर्गत असक्षमता या कदाचार जैसे गम्भीर आरोपों पर महाभियोग प्रक्रिया के द्वारा पदच्युति का प्रावधान करके कार्यकाल की सुरक्षा प्रदान की गई है। इसके अलावा न्यायाधीशों के वेतन-भत्ते, भारत की संचित निधि पर भारित किए गए हैं।

साथ ही अनुच्छेद 122 के अन्तर्गत न्यायाधीशों के आचरण सम्बन्धी चर्चा को संसद में करने से रोका भी गया है। इसके अलावा भारतीय न्यायपालिका को अवमानना पर दंड देने का भी अधिकार प्रदान किया गया है। इस तरह ये तो भारतीय संविधान द्वारा न्यायपालिका की स्वतंत्रता सुनिश्चित की गई है।

इसके अलावा भारतीय न्यायपालिका ने भी कुछ निर्णयों द्वारा जैसे कि तीन जजेज मामलों के माध्यम से न्यायाधीश नियुक्ति का अधिकार अपने पास ले लेना, केशवानन्द भारतीवाद में मूलभूत ढाँचे के सिद्धान्त का प्रतिपादन करके तथा चन्द्रीश कुमार वाद व वामन राव वाद में न्यायिक पुनरीक्षा को मूलभूत ढाँचे के अन्तर्गत शामिल करके भी अपनी स्वतंत्रता को मजबूत किया है। हाल ही में भारतीय न्यायपालिका द्वारा एनजेएसी को असंवैधानिक करार देने के पीछे अपनी स्वतंत्रता सीमित होने का तर्क दिया था।

इसी तरह वैश्विक परिप्रेक्ष्य में देखें तो अमेरिकी लोकतंत्र को देखा जा सकता है। जहाँ पर न्यायपालिका को अत्यधिक स्वतंत्रता प्राप्त की है। इसी तरह अन्य राष्ट्रों जैसे—ऑस्ट्रेलिया, न्यूजीलैंड, कनाडा, यूरोपीय राष्ट्र जैसे लोकतांत्रिक राष्ट्रों में भी न्यायपालिका को स्वतंत्रता प्रदान की गई है।

वहीं विश्व में कुछ उदाहरण ऐसे भी हैं जहाँ पर लोकतंत्र के अभाव के चलते न्यायपालिका, सरकार का एक औजार बनकर रह गई है या फिर वह धार्मिक संस्थाओं, धर्मगुरुओं आदि से कमजोर रह गई है। जैसे कि साम्यवादी राष्ट्रों—चीन, उत्तर कोरिया, क्यूबा आदि में न्यायपालिका की स्वतंत्रता नाममात्र की है।

इसी तरह पश्चिमी एशियाई देशों, जैसे—ईरान, इराक, सऊदी अरब, संयुक्त अरब अमीरात आदि में धर्मगुरुओं का ज्यादा बोलबाला है। इस तरह न्यायपालिका की स्वतंत्रता लोकतंत्र की पहचान को दर्शाता है।

किन्तु यहाँ पर एक सवाल यह भी उठता है कि क्या केवल लोकतांत्रिक राष्ट्रों में संविधान में स्वतंत्रता के प्रावधान लिख देने से ही न्यायपालिका की स्वतंत्रता

सुनिश्चित हो जाती है? या फिर स्वतंत्रता हेतु अन्य किन चीजों की आवश्यकता पड़ती है? आदि।

भारत के सन्दर्भ में एक बार भारतीय न्यायपालिका रिपोर्ट 2016 पर नजर डालते हैं। यह रिपोर्ट बताती है कि भारत में सम्पूर्ण न्यायपालिका में करीब 40 प्रतिशत न्यायाधीशों के पद खाली हैं, करीब 45 प्रतिशत न्यायपालिकाओं के पास क्वार्टर, कोर्ट रूम आदि की पर्याप्त व्यवस्था नहीं है। एक तथ्य यह भी है कि भारत में करीब 3 करोड़ मामले लम्बित हैं, जिसमें 60 हजार सुप्रीम कोर्ट में, करीब 40 लाख उच्च न्यायालयों में व करीब 2.5 करोड़ अधीनस्थ न्यायपालिकाओं में लम्बित हैं। जो कि विलियम गेंडिस की इन पंक्तियों की याद दिलाता है—

न्याय,
न्याय तुम्हें अगली दुनिया में मिलेगा,
इस दुनिया में तुम्हें सिर्फ कानून मिलेगा।

इसके अलावा भारतीय न्यायपालिका पर भाई-भतीजावाद, भ्रष्टाचार, अपारदर्शिता जैसे आरोप भी लगते रहे हैं। ऐसे में मन में खयाल आता है कि क्या वाकई में न्यायपालिका स्वतंत्र है? यदि यह स्वतंत्र है तो फिर किसलिए स्वतंत्र है? क्या यह केवल मुकदमों का भार बढ़ाने के लिए ही स्वतंत्र है?

यद्यपि भारतीय न्यायपालिका की कार्यप्रणाली में कुछ खामियाँ अवश्य हैं, जिसके लिए कई कारक सामूहिक रूप में जिम्मेदार हैं जैसे कि सरकार-न्यायपालिका में टकराव, जटिल व पुराने कानूनों की भरमार, कम वित्तीय आवंटन, सरकार द्वारा जजों की नियुक्ति में देरी तथा कुछ जजों द्वारा निजी हितों के कारण भाई-भतीजावाद को बढ़ावा देना इत्यादि।

एक नजर भारतीय न्यायपालिका की उपलब्धियों पर भी डालते हैं, जिससे ज्यादा स्पष्ट हो पाएगा कि यह कितनी स्वतंत्र है। भारत में न्यायपालिका ने आजादी के बाद से भारतीय संविधान के संरक्षक व मूल अधिकारों के रक्षक के रूप में अपनी भूमिका को बखूबी निभाया है। इसने मेनका गांधी वाद हो व पुतस्वामी वाद (निजता का अधिकार) या नाज फाउंडेशन द्वारा दायर केस जिसके द्वारा आईपीसी 377 को गैर-अपराध घोषित करना आदि ने मूलाधिकारों को बढ़ाकर संरक्षित किया है।

इसी तरह प्रशासनिक गड़बड़ी की आशंकाओं के चलते 2G स्पेक्ट्रम, कोल आवंटन को रद्द करना। वहीं राजनीति में शुचिता लाने हेतु 'नोटा' का विकल्प देना, दो वर्ष से ज्यादा सजा प्राप्त राजनेताओं को आगामी 6 वर्षों हेतु चुनाव लड़ने के अयोग्य करना आदि। इसी तरह सामाजिक न्याय हेतु पीआईएल की शुरुआत करना आदि द्वारा न्यायपालिका ने भारतीय लोकतंत्र को सुदृढ़ बनाया

है। न्यायपालिका के अच्छे कार्य के लिए जिया मोदी ने '10 जजमेंट्स दैट चेंज्ड इंडिया' में भारतीय न्यायपालिका की तारीफ भी की है।

उक्त परिचर्चा से स्पष्ट है कि लोकतंत्र की पहचान न्यायपालिका की स्वतंत्रता से होती है। इसके लिए न्यायपालिका को प्रशासनिक, वित्तीय व कार्यकारी रूप में सक्षम व मजबूत बनाने की आवश्यकता है। जिससे कि यह न्यायपालिका और लोकतंत्र दोनों के लिए ही लाभदायी होगा क्योंकि एक स्वतंत्र न्यायपालिका के माध्यम से ही लोकतंत्र की रक्षा की जा सकती है और लोकतंत्र को सफल बनाया जा सकता है, साथ ही इसे जन-जन तक पहुँचाया जा सकता है। मजबूत व स्वतंत्र न्यायपालिका के माध्यम से ही अपराधियों को तीव्रता से दंड व पीड़ितों को शीघ्र न्याय प्राप्त हो सकेगा। जिससे समाज, राष्ट्र में शान्ति तथा कानून व व्यवस्था की स्थापना होगी। जिससे एक न्याययुक्त समाज व राष्ट्र का निर्माण होगा और यह अन्तत: लोकतंत्र की जड़ों को और गहरी करेगा।

न्यायपालिका के साथ ही अन्य संरचनाओं, जैसे—संघ लोक सेवा आयोग, निर्वाचन आयोग, अन्य राष्ट्रीय आयोगों आदि की स्वतंत्रता भी सुनिश्चितता और लोकतंत्र की पहचान में वृद्धि करेगी।

85

भारत में अधिकतर कृषकों के लिए कृषि जीवन-निर्वाह का एक सक्षम स्रोत नहीं रही है

—गंगा सिंह

भारत में कृषि का एक विशेष महत्त्व प्राचीनकाल से ही देखने को मिलता है। आधुनिक सन्दर्भ में भी कृषि को '**विकास का इंजन**' की संज्ञा से अलंकृत किया जाता है। कृषि से न केवल घरेलू आवश्यकताओं की पूर्ति की जाती है, वरन् व्यापार तथा वाणिज्य के लिए भी एक मजबूत आधार के रूप में मददगार सिद्ध हुई है।

भारतीय परिप्रेक्ष्य में यदि कृषि के विकास की बात की जाए तो इसके अंकुरण/अवशेष सिन्धु घाटी की सभ्यता से भी प्राप्त होते हैं। पौराणिक दृष्टि से वेद, रामायण तथा महाभारत काल में भी इसकी परिचर्चा ज्ञात होती है। अयोध्या के राजा राम का जन्म भी कौशल्या के द्वारा खीर ग्रहण करने के उपरान्त ही हुआ था, ऐसी शास्त्रीय दृष्टि है। वैदिककाल, मौर्यकाल, गुप्तकाल से निरन्तर गतिशील कृषि को मुगलकाल तथा ब्रिटिश लोगों ने भी महत्त्व दिया। मुगलकाल और ब्रिटिशकालीन भारत में सबसे बड़ा अन्तर यह था कि अब कृषि को व्यापार के लिए स्वार्थपरक दृष्टि से प्रयोग किया जाने लगा था।

यद्यपि मुगल हों अथवा अंग्रेज, कृषि की समृद्धि हेतु नई पद्धतियों या नवाचारों का उपयोग सभी ने किया, किन्तु इनका मुख्य उद्देश्य किसानों की आय में वृद्धि करना तो बिलकुल नहीं था। यहाँ तक कि ब्रिटिश भारत में तो कृषि के द्वारा किसानों के जीवन का निर्वाह एक असम्भव-सा था। तत्कालीन सूखे की चपेट में आकर लाखों किसानों की मृत्यु का ज्ञान सभी को है। वर्तमान भारत में लगभग 50 प्रतिशत प्रत्यक्ष व 70 प्रतिशत अप्रत्यक्ष रूप से लोग कृषि क्षेत्र में कार्यरत हैं। इन किसानों के जीवन का निर्वाह मुख्य रूप से कृषि से जुड़ा है। जिसमें कृषि—खाद्यान्न उत्पादन, मत्स्योत्पादन, बागवानी, पशुपालन जैसी क्रियाएँ सम्मिलित हैं। यदि जीडीपी में कृषि के योगदान के विषय में देखा जाए तो मात्र 16 प्रतिशत योगदान इस क्षेत्र का प्राप्त होता है।

ध्यातव्य है कि 50 प्रतिशत से अधिक लोग कृषि क्षेत्र में संलग्न हैं और भारत की जीडीपी में इसका योगदान मात्र 16 प्रतिशत है, यानी 50 प्रतिशत अन्य जनसंख्या का योगदान लगभग 86 प्रतिशत जीडीपी में अनुमानित होता है। रोटी, कपड़ा और मकान अर्थात् रोजगार, आय और निवास मानव की आधारभूत आवश्यकताएँ हैं। इन मूलभूत आवश्यकताओं की पूर्ति भी किसान आज कृषि के माध्यम से नहीं कर पा रहा है। परिणामत: किसानों द्वारा की गई आत्महत्या की खबरें सामान्यत: समाचार-पत्रों में पढ़ने को मिल जाती हैं। कुछ पंक्तियाँ इस सन्दर्भ में किसानों की स्थिति को बयाँ कर सकती हैं—

उन्हें धर्मगुरुओं ने बताया था प्रवचनों में,
आत्महत्या करने वाला सीधे नर्क में जाता है।
तब भी उन्होंने आत्महत्या की।
क्या नर्क से भी बदतर हो गई थी उनकी खेती?

खेत में फसल की बुआई से लेकर फसल की कटाई तक किसान धन निवेश करता है और फसल उत्पादन के पश्चात् जब वह हिसाब लगाता है तो बमुश्किल से ही मुनाफा होता है। अब किसान को बच्चों की गुणवत्तापूर्ण शिक्षा, पारिवारिक स्वास्थ्य तथा विवाहादि मांगलिक कार्य व सामाजिक प्रतिष्ठा की भी चिन्ता होती है। ये सभी आवश्यकताएँ कुछ किसानों की तो पूरी हो जाती हैं, लेकिन अधिकांश किसान इनमें से किसी-न-किसी क्षेत्र से वंचित रह जाते हैं। कुछ किसान साहूकार व धनिकों के कुचक्र में फँसकर आत्महत्या सदृश जघन्य अपराध कर बैठते हैं।

लेकिन विश्लेषण करने वाली बात यह है कि आखिर ऐसा हो क्यों रहा है? कृषि को जीवन-निर्वाह की भूमिका निभाने में क्या-क्या समस्याएँ पैदा हो रही हैं? इन प्रश्नों का उत्तर अधोलिखित बिन्दुओं के माध्यम से जान सकते हैं—

1. **कृषि-लागत में वृद्धि—** भारत में कृषि क्षेत्र में औसत लागत आज भी ज्यादा है, जिससे किसानों को मुनाफा नहीं हो पाता। लागत वृद्धि के प्रमुख कारणों में—कृषि जोत के आकार का छोटा होना, परम्परागत उपकरणों

का प्रयोग, उन्नत तकनीक वाले यंत्रों के उपयोग में कमी, अधिक श्रम-गहनता आदि प्रमुख हैं।

2. **कृषि साख में जटिलता**— भारत में अधिकांश कृषकों के लिए साख प्राप्ति का रास्ता आज भी साहूकारों की गली से गुजरता है। किसान अधिक शिक्षित भी नहीं होते हैं, अतएव आसानी से कर्ज के जाल में फँस जाते हैं। कुछ किसान सरकारी योजनाओं, जैसे—प्रधानमंत्री फसल बीमा योजना, मृदा स्वास्थ्य कार्ड, प्रधानमंत्री कृषि सिंचाई योजना आदि से भी अनभिज्ञ होते हैं, इसलिए वे इन योजनाओं का फायदा नहीं उठा पाते हैं।
3. **कृषि पर जलवायु परिवर्तन का प्रभाव**— कृषि को मानसून पर आधारित होने के कारण भारतीय सन्दर्भ में इसे 'मानसून का जुआ' कहकर भी सम्बोधित किया जाता है। जलवायु परिवर्तन के कारण अधिक वर्षा अथवा कम वर्षा के कारण कृषि एक घाटे का सौदा होती है। सूखा तथा फसलों से सम्बन्धित बीमारियों से कृषि क्षेत्र और अधिक अस्थिर हो जाता है।
4. **परम्परागत कृषि**— कृषि क्षेत्र का वैश्विक परिवर्तनों के साथ तालमेल बिठा पाना भी एक प्रमुख बिन्दु रहा है। भारतीय कृषि आज भी खाद्यान्न उत्पादन पर अधिक केन्द्रित है और कृषकों का एक सूक्ष्म वर्ग ही उन्नत सिंचाई या बुआई तकनीकों का प्रयोग करता है। इसलिए लागत व श्रम तो अधिक होता ही है, वहीं उत्पादन में वृद्धि नहीं दिखाई देती।
5. **कृषि विपणन में जटिलता**— छोटी जोतों की अधिकता होने से पैदावार भी कम होती है। यदि पैदावार अधिक हो तो खेत से मंडी तक के सफर में किसान परेशान होता है। यहाँ बिचौलियों का एक बृहद समूह इन किसानों को गिद्ध दृष्टि से देखता रहता है। एपीएमसी (एग्रीकल्चर्स प्रोड्यूस मार्केट कमेटी) की स्थापना के बाद भी उचित दाम पर किसान अपने उत्पाद नहीं बेच पाते हैं।
6. **मुद्रास्फीति एवं कृषि**— समय परिवर्तन तथा विकास के साथ-साथ जिस प्रकार से सेवाओं और वस्तुओं के मूल्य में वृद्धि हुई है, उस अनुपात में कृषि उत्पादों के मूल्य में वृद्धि नहीं हो सकी है। जैसे—लगभग 10 वर्ष पूर्व डीजल 30-35 रुपए प्रति लीटर था, जो आज 65 रुपए प्रति लीटर तक पहुँच चुका है किन्तु गेहूँ का मूल्य 1000-1200 रुपए प्रति क्विंटल से 1800 रुपए प्रति क्विंटल तक ही पहुँचा है।

उपरोक्त प्रमुख कारक कृषि क्षेत्र में अस्थिरता पैदा कर देते हैं, जिससे किसान को जीवन-निर्वाह में कठिनाइयों का सामना करना पड़ता है। वैश्विक विकास के ताल-से-ताल मिला रहे भारत की विकास दर आज सबसे तीव्र गति से बढ़

रही है। अतएव कृषि-क्षेत्र में भी एक क्रान्ति की आवश्यकता है। जैसा प्रथम हरित क्रान्ति के आगमन से हुआ और भारत खाद्यान्न के क्षेत्र में आत्मनिर्भर बन गया।

स्वतंत्र भारत से लेकर आज तक भारत की सरकारों ने किसानों के हित में विभिन्न कार्य किए हैं। इसी क्रम में वर्तमान सरकार से भी यही अपेक्षा है कि उन नीतियों का निर्माण व क्रियान्वयन सम्भव हो, जिनसे किसान की आय में वृद्धि हो तथा जीवन की सुगमता हो। इस सन्दर्भ में भारत सरकार द्वारा लिया गया संकल्प '2020 तक किसानों की आय को दोगुना करना है' एक साहसिक व सराहनीय कदम है। किसानों की आय-वृद्धि करने हेतु सरकार द्वारा विभिन्न योजनाएँ भी चलाई जा रही हैं। उनमें से कुछ हैं—प्रधानमंत्री अन्नदाता आय संरक्षण योजना, मृदा स्वास्थ्य पत्र, किसान क्रेडिट कार्ड, प्रधानमंत्री फसल बीमा योजना, एपीएमसी कानूनों में सुधार इत्यादि।

यद्यपि ये सुधार स्वागत योग्य हैं, किन्तु आवश्यकता इनके समुचित क्रियान्वयन के सम्बन्ध में है। नीति-निर्माण का लक्ष्य 'अन्त्योदय' होना चाहिए अर्थात् हाशिए पर खड़े अन्तिम व्यक्ति तक योजना द्वारा प्रदत्त लाभ की प्राप्ति हो। यदि ऐसा सम्भव हुआ तो निश्चित ही नीति-निर्माण का लक्ष्य सफल हो सकता है। इसके अतिरिक्त कृषि-सम्बन्धी अन्य गतिविधियों, जैसे—पशुपालन, मत्स्यपालन, बागवानी, हथकरघा आदि में कौशल प्रशिक्षण की भी आवश्यकता है। अवसंरचनात्मक सुधार करने के साथ-साथ कल्याणकारी योजनाओं के माध्यम से शिक्षित युवाओं की संलग्नता से कृषि को घाटे के सौदे की जगह मुनाफा के क्षेत्र के रूप में विकसित किया जा सकता है।

86

उचित पोषण मानव विकास की आधारशिला है

—जितेन्द्र कुमार

हर रोज की भाँति आज भी जब सुबह चाय की चुस्की के साथ दैनिक समाचार-पत्र पढ़ने की उत्सुकता हुई तो दीन-दुनिया की खबरों को जानने के लिए जैसे ही समाचार-पत्र खोला, मेरी नजरें मुखपृष्ठ पर डटी-की-डटी रह गईं। इसका कारण था—मुखपृष्ठ पर छपे दो बड़े-बड़े विज्ञापन, जिन्होंने मुझे चिन्तन व मंथन को मजबूर कर दिया।

दाईं तरफ के विज्ञापन में मोटे-मोटे अक्षरों में सचित्र लिखा था—"मोटापा घटाएँ—स्लिम बनाएँ, वो भी बिना भागदौड़—सिर्फ पाँच कैप्सूल में।" वहीं बाईं

तरफ छपे दूसरे विज्ञापन में लिखा था—"30 दिन में 5 कि.ग्रा. वजन बढ़ाएँ, वरना पूरा पैसा वापस पाएँ।"

हतप्रभ करने वाली बात यह कि जिस भारतवर्ष को ऋषि-मुनियों, सदाचार, ब्रह्मचर्य, योग, ध्यान, प्राणायाम इत्यादि का पालना कहा जाता था, जहाँ की मिट्टी से भी खुशबू महकती थी, बलशाली लोगों की जननी, इस स्वस्थ धरा पर आखिर कौन-सा ग्रहण छा गया है कि मानव-स्वास्थ्य पर इस तरह के विज्ञापनों की आवश्यकता आन पड़ी है? इस पर विस्तार से चर्चा करने से पहले पोषण के प्रकारों को समझ लेते हैं—

पोषण को मोटे तौर पर तीन भागों में बाँटा जा सकता है। पहला प्रकार है—अल्पपोषण अर्थात् ऐसा पोषण जिसमें शरीर निर्माण तथा मानसिक विकास हेतु आवश्यक पोषण तत्त्वों की ही पूर्ति हो पाती है, जिसकी वजह से मानव दुबला-पतला तथा कुपोषण से ग्रस्त हो जाता है। अंग्रेजी में इसके लिए चाइल्ड वेस्टिंग तथा स्टंट जैसे शब्दों का भी प्रयोग किया जाता है।

दूसरा प्रकार है—अतिपोषण अर्थात् सुपोषण, जिसमें शरीर को जरूरत से ज्यादा पोषक तत्त्वों की पूर्ति हो जाती है, फलत: शरीर 'दिन दूनी रात चौगुनी' दर से सभी दिशाओं में फैलने लगता है तथा बेडौल हो जाता है, जिसे आजकल 'मोटापा' कहते हैं। अल्पपोषण व अतिपोषण दोनों ही मानव की कार्यक्षमता को प्रभावित करती हैं।

इसी क्रम में तीसरा प्रकार है—'उचित पोषण' अर्थात् ऐसा पोषण जिसमें शरीर के सन्तुलित विकास, मानसिक विकास हेतु जरूरी पोषक तत्त्वों की पूर्ति की जाती है। इस प्रकार का पोषण ग्रहाता मानव, कार्य में दक्ष, रोगों से कोसों दूर, मानसिक रूप से सन्तुलित, सक्रिय रहता है, जिसे आजकल 'मानव संसाधन' जैसी संज्ञाओं से सुशोभित किया जाने लगा, यदि हाथ में हुनर भी हो तो।

भारत जैसे विकासशील राष्ट्रों के लिए उचित पोषण तथा मानव विकास की सम्प्राप्ति और भी महत्त्वपूर्ण हो जाती है क्योंकि हमारे पास संसार की सर्वाधिक युवा आबादी है, जिसके हाथों को हुनर तथा शरीर को पोषण की अविलम्ब आवश्यकता प्रतीत होती है अन्यथा भारत 'जनसंख्या लाभांश' की वांछित अवस्थिति का लाभ उठाने में सफलीभूत नहीं हो पाएगा तथा बढ़ती जनसंख्या चिन्ता ही बनती जाएगी। जिम्मरमैन महोदय का भी कहना है—संसाधन होते नहीं, बनाए जाते हैं। अत: भारत की जनसंख्या को दक्ष मानव संसाधन में बदलना है।

वर्ष 2017-18 की आर्थिक समीक्षा की डीएएलवाई रिपोर्ट भी कुछ चिन्ताजनक तस्वीर पेश करती है, जिसमें कहा गया है भारतीय जीवन प्रत्याशा तो 68 वर्ष के पार है, परन्तु यदि स्वस्थ अवस्था में बिताए दिनों की बात करें तो यह आँकड़ा 50 से भी नीचे आ जाता है।

अन्तर्राष्ट्रीय स्तर पर जारी होने वाले मानव विकास सूचकांक में भारत की स्थिति दक्षिण एशियाई देशों के मुकाबले भी बदतर है। इस सूचकांक से एक बात तो स्पष्ट है, साथ ही देशों पर गौर करने पर पता चलता है कि जिन देशों के नागरिक स्वस्थ हैं, यथा—नार्वे, स्वीडन, न्यूजीलैंड, फ्रांस..., वहाँ का मानव विकास देखने मात्र से भी स्पष्ट झलकता है।

वहीं दूसरी ओर अफ्रीकी देशों, दक्षिण एशियाई देशों में भुखमरी व कुपोषण के चलते उच्च मृत्यु दर तथा स्वास्थ्य समस्याएँ ज्यादा देखने को मिलती हैं। परन्तु अमरीका, ब्रिटेन आदि देशों में अति पोषण के चलते भी मानव कार्यक्षमता बिगड़ी है, जिसने पृथ्वी की धारण क्षमता पर भी प्रश्नचिह्न लगाया है। इसका मुख्य कारण जंक फूड है।

भारत के अन्तर्राज्यीय विश्लेषण करने पर पोषण आधारित स्पष्ट भेदभाव देखने को मिलता है, जिससे मानव सीधे तौर पर जुड़ा है। जहाँ पंजाब, हरियाणा, केरल जैसे राज्यों में उचित पोषण की वजह से सन्तुलित मानव विकास हो पाया है, वहीं बीमारू राज्यों व पूर्वोत्तर राज्यों में तुलनात्मक रूप से चिन्तित स्वास्थ्य दशा विद्यमान है।

भारत में एक कहावत काफी प्रचलित है—

'पहला सुख निरोगी काया' अर्थात् शरीर का स्वस्थ रहना प्रमुख सुख है। स्वस्थ शरीर को सन्तुलित भोजन की आवश्यकता होती है। भ्रूणावस्था से लेकर वृद्धावस्था तक शरीर की भिन्न-भिन्न आवश्यकताएँ होती हैं तथा क्षेत्र, समय, जलवायु, श्रम संलग्नता आदि के आधार पर निर्धारित की जाती हैं।

मोटे तौर पर देखा जाए तो माँ के दूध से लेकर अंकुरित अनाज, दालें, फल, हरी सब्जी, अंडा, मछली इत्यादि का उचित मात्रा में सेवन आवश्यक होता है, साथ ही सर्वांगीण विकास के लिए खानपान के साथ-साथ खेल, नियमित दिनचर्या, योग, ध्यान, आसन, प्राणायाम, स्वच्छ पेयजल, स्वच्छ वातावरण की अतुलनीय भूमिका होती है। साथ ही संतोष भी परमावश्यक है—

> 'सन्तोषम् परम् सुखम्'। उचित पोषण वही माना जाएगा जो अवस्था के अनुसार आवश्यक हो—अन्यथा कुपोषण या सुपोषण को जन्म दे सकता है। कहा भी गया है—*अति सर्वत्र वर्जयेत्।*

भारत में उचित पोषण हेतु स्वतंत्रता पूर्व से लेकर वर्तमान तक अनेक प्रयास किए गए हैं—जिनमें सामुदायिक विकास कार्यक्रम, परिवार नियोजन, जननी-शिशु सुरक्षा योजना, मिड-डे मील, आयुष्मान भारत, राष्ट्रीय स्वास्थ्य मिशन, प्रधानमंत्री मातृत्व सुरक्षा अभियान, प्रधानमंत्री जन औषधि केन्द्र प्रमुख हैं।

राज्यों के स्वास्थ्य क्षेत्र में प्रतिस्पर्धात्मक विकास को बढ़ावा देने के लिए नीति आयोग ने स्वास्थ्य सूचकांक जारी किया है, वहीं महिला एवं बाल विकास

विभाग स्वास्थ्य मंत्रालय के साथ मिलकर महिलाओं में अरक्तता की कमी दूर करने हेतु सबला जैसी योजना लाई है। स्कूलों में आयरन फॉलिक एसिड प्रदान करना, राजस्थान सरकार द्वारा हाल ही में बच्चों के लिए दुग्ध प्रदान करने की योजना या फिर नीति आयोग का राष्ट्रीय पोषण मिशन हो—इन सभी का उद्‌देश्य पोषण स्तर बढ़ाना है तथा वैश्विक भुखमरी सूचकांक में हासिल निम्न रैंकिंग (100वाँ) से शर्मसार होने से बचाना है।

अनेक प्रयासों के बावजूद भी देश की माँग के अनुसार कार्यान्वयन स्तर पर और अधिक काम करना है ताकि लक्षित व्यक्ति लाभ प्राप्त कर सके। हमें भारत को नया भारत बनाने तथा संसार को 'वसुधैव कुटुम्बकम्' में बदलने के लिए इस उदासीनता तथा संवेदनहीनता को तिलांजलि देनी होगी, श्रेष्ठ परिणामों से प्रेरणा लेते हुए नित नूतन स्वास्थ्य परीक्षणों तथा प्रयोगों के प्रति आशावान व निष्ठावान होना होगा, अनागत, अज्ञात-भविष्य का सामना करने के लिए नई सामर्थ्य तथा नए संकल्पों का संचय, समन्वय व संयोजन करना होगा। यह स्वप्न का आह्वान भी है तथा समय की माँग भी।

साथ ही भारत को वैश्वीकरण व देशीयकरण के बीच समन्वय बैठाना होगा ताकि जंक फूड से बचने के साथ-साथ उचित खानपान व व्यायाम के साथ सतत मानव रूपी बीजों का प्रत्यारोपण हो सके।

87

भारत को क्या चाहिए : स्मार्ट शहर या स्मार्ट गाँव?

—नीतू सिंह

अदम गोंडवी की निम्नलिखित पंक्तियाँ स्मार्ट गाँवों से पूर्व आत्मनिर्भर गाँवों की जरूरत को दर्शाता है—

छत टपकती जिसके घर की,
वो किसान बारिश के लिए दुआ माँगता।

कुछ वर्षों से स्मार्ट शहर बनाम स्मार्ट गाँव की बहस जोरों पर है, जिसमें गांधीवादी विचारकों का मत है कि 'भारत गाँवों का देश है।' इसलिए स्मार्ट गाँव जरूरी। वहीं दूसरे विचारक शहरों को 'विकास के इंजन' की संज्ञा देते हैं। वो स्मार्ट शहरों की माँग करते हैं तथा शहरों की आबोहवा को गाँव की कुरीतियों से दूर स्वतंत्र व आधुनिक मानते हैं।

वहीं कुछ विचारक 'वैश्विक गाँव' के युग में शहरों व गाँवों दोनों के महत्त्व को महत्त्वपूर्ण मानते हैं।

उपरोक्त तीनों मतों के निष्कर्ष तक पहुँचने के लिए आवश्यक है कि स्मार्ट शहर, स्मार्ट गाँव की परिभाषा जान लें? सभी मतों की सत्यता जानने के लिए, सामाजिक, राजनीतिक, आर्थिक, सांस्कृतिक, पर्यावरणीय, अन्तर्राष्ट्रीय आदि क्षेत्रों में परख कर लें। किसी एक को तवज्जो देने की हानि को भी सामने रखें। क्या एक को चुनना देश के लिए खतरा तो नहीं? या फिर दोनों के बीच समन्वय बिठाते हुए पूरा रर्बन (Rurban) जैसी योजनाओं को सफल बनाने का प्रयास करें।

उपरोक्त प्रश्नों के अध्ययन के लिए व्यापक बहस व गहन चिन्तन की आवश्यकता है।

पहले मत के अनुसार—

"शहरों में मानव, तो गाँवों में देवता रहते हैं।"

साथ ही देश की 70 प्रतिशत से अधिक आबादी गाँवों में रहती है। जिसकी आवश्यकता कम व बचत ज्यादा है। जो बुद्ध के दिखाए रास्ते 'जो प्राप्त है, वो पर्याप्त है' को अपनाते हैं। जो देश के अन्नदाता हैं व बन्धुत्व की भावना से प्रेरित हैं। उनके लिए प्रकृति 'देवता' के समान है व संस्कृति में सहिष्णुता उनकी पहचान। इसलिए स्मार्ट गाँव भारत की जरूरत है।

जिसका अभिप्राय है, "गाँवों में शिक्षा, स्वास्थ्य, कौशल विकास, आधारभूत ढाँचा, सुशासन व समृद्धि है।" जिसे गांधी की भाषा में 'रामराज्य' कहा गया।

वहीं दूसरे मत के अनुसार, "शहर सभ्यता के पालना होते हैं।" फ्रांसीसी क्रान्ति, अमेरिकी क्रान्ति व भारतीय राष्ट्रीय आन्दोलनों की आवाज पहले शहरों से ही आई। भारत में लगभग 31 प्रतिशत आबादी का जीडीपी में 60 प्रतिशत से अधिक योगदान दर्शाता है कि भारत को अर्थव्यवस्था में 'चमकता सितारा' बनने के लिए शहरों का विकास करना होगा। जो मूलभूत सुविधाओं से सम्पन्न हैं तथा मानव संसाधन के रक्षक हैं।

इनके अनुसार शहर गाँवों की जाति, धर्म, लैंगिक विषमता से भी दूर हैं व व्यक्ति की गरिमा के लिए भी महत्त्वपूर्ण हैं। इसलिए स्मार्ट शहर महत्त्वपूर्ण हैं। जिसका अभिप्राय, "शहरों में सभी की मूलभूत आवश्यकता की पूर्ति, सुशासन, ई-सशक्तीकरण, धारणीय विकास आदि सुविधाओं का होना है।"

अब ध्यान किया जाए कि उपरोक्त में से किसी एक मॉडल को अपनाना, भारत के लिए कितना खतरनाक साबित हो सकता है। यदि हम स्मार्ट गाँवों को अपनाते हैं तो यह आधुनिकता व औद्योगीकरण के राह में रोड़ा होगी। जिसे संविधानविद् अम्बेडकर ने भी स्वीकारा। उनका मत था कि "शहर औद्योगिक विकास के साथ दलित वर्ग की उत्थान की भी कथा है।" इसलिए शायद स्वतंत्रता के बाद पंचवर्षीय

योजना में भारी उद्योगों पर ध्यान दिया गया। यदि केवल स्मार्ट शहरों को अपनाते हैं तो समस्याओं का ढेर समस्त क्षेत्र में देखा जा सकता है।

ऑक्सझेम नामक गैर-सरकारी संगठन ने अपनी रिपोर्ट '1 प्रतिशत लोगों की अर्थव्यवस्था' में स्पष्ट किया कि शहरी असमानता को बढ़ा रहे हैं। जो शहरों में स्लम बस्ती व श्रमिकों के शोषण को बढ़ाते हैं। जिसे मार्क्स जैसे विचारक ने मार्मिक रूप से उल्लेखित किया व कहा—

दुनिया के मजदूरो एक हो जाओ,
क्योंकि तुम्हारे पास जंजीरों की बेड़ी खोने के सिवाय कुछ नहीं है।

सामाजिक क्षेत्र में यह अलगाव, अकेलापन, गाँवों से भारी पलायन, अवसाद, नशाखोरी व अपराध को बढ़ा सकता है। जिसे हाल में शहरों में बढ़ती आत्महत्या के रूप में देखा गया। वहीं बढ़ती उपभोक्तावादी संस्कृति ने पर्यावरण निम्नीकरण को भी बढ़ावा दिया। जिसे हाल में दिल्ली में 'स्कूल बन्द' करने के परिप्रेक्ष्य में देखा जा सकता है।

यही कारण है कि अन्तर्राष्ट्रीय स्तर पर भी प्रति शहरीकरण (शहरों से दूर) को बढ़ावा मिला है। जिसे स्वीडन, डेनमार्क जैसे उच्च एचडीआई प्राप्त देशों में देखा जा सकता है। लोगों का झुकाव, ईको टूरिज्म, जनजाति व वन क्षेत्रों में एडवेंचर को अधिक है, गगनचुम्बी होटलों में पार्टी का कम।

संक्षिप्तत: दोनों ही मतों के अपने लाभ तो कुछ हानियाँ भी हैं। इसलिए आवश्यकता स्मार्ट शहर या स्मार्ट गाँव की नहीं, अपितु दोनों की है। जिसका केन्द्र 'स्मार्ट पीपल' हो, चाहे वो गाँव में रहें या शहर में। जिसे अमर्त्य सेन के विचार में भी देखा जा सकता है, जो समता विस्तार को ही स्वतंत्रता का रूप मानते हैं।

इसलिए गाँवों में रोजगार, शिक्षा, स्वास्थ्य की सुविधाएँ उपलब्ध कराकर पलायन को रोकना जरूरी है। वहीं शहरों में असमानता को दूर करने के लिए समावेशी एवं धारणीय विकास की जरूरत है। जहाँ गाँवों के उत्पादों को शहरों का बाजार देने की जरूरत है, तो शहरों की स्मार्टनेस को गाँवों के हार्डवर्क की जरूरत है। जहाँ गाँवों को सामाजिक कुरीतियों को दूर करने की जरूरत है तो शहरों को शॉर्टकट की जिन्दगी से दूर होने की जरूरत है।

इसलिए आवश्यकता शहर की भागती जिन्दगी को गाँवों के पवित्र व बन्धुत्व वाले वातावरण से मिलाने की है, जिसमें गाँवों का उत्पाद शहर की खाद्य प्रसंस्करण उद्योग को बढ़ावा देगा। काँचीपुरम, इकस, बनारसी साड़ी शहरों में मॉडलों का परिधान बनेगी। इस प्रकार समस्त क्षेत्रों में गाँव व शहर को मिलकर काम करना होगा।

जिसके लिए हाल की योजनाएँ रर्बन मिशन, स्मार्ट सिटी, प्रधानमंत्री फसल व सिंचाई योजना, स्टैंडअप इंडिया-स्टार्टअप इंडिया, डिजिटल इंडिया, कौशल विकास आदि अति महत्त्वपूर्ण हैं।

आवश्यकता है इन योजनाओं को छाताधारी स्वरूप में क्रियान्वित किया जाए, जिसके लिए राजनीतिक इच्छा, प्रशासनिक प्रतिबद्धता, स्थानीय इकाइयों की सत्यनिष्ठा व समाज की जागरूकता का अत्यधिक महत्त्व है। इसलिए केवल ये मानना कि "भारत का विकास गाँवों से होकर जाता है" आंशिक सत्य है तथा शहरों पर पूरा दारोमदार छोड़ना विकटता को बुलाने के समान। इसलिए भारत को बुद्ध के दिखाए गए 'मध्यम मार्ग' का पालन करके देश के तीव्र अधिक समावेश व धारणीय विकास को बढ़ावा देना होगा।

यह कार्य भले ही दुर्गम या दुस्साहसी लगता हो पर आशा की किरण बनाए रखते हुए 'स्मार्ट पीपल' के लिए स्मार्ट गाँव व स्मार्ट शहरों का विकास करना होगा। किसी ने ठीक ही कहा है—

"हर अँधेरी सड़क की तरह यह सड़क भी भोर की ओर जाती है।"

88

रूढ़िगत नैतिकता आधुनिक जीवन की मार्गदर्शक नहीं हो सकती

—महेन्द्र गोदारा

हम अपने दैनिक जीवन में नैतिकता और नैतिक शब्दों का प्रयोग करते हैं। किन्तु इन शब्दों की पूर्ण परिभाषा अत्यन्त कठिन है। नैतिकता भिन्न-भिन्न प्रसंगों में प्राय: अलग-अलग अर्थ और संदर्भ में प्रयुक्त होती है। कुछ प्रसंगों में इसका अर्थ मूलात्मक है तो कहीं पर संवेगात्मक अर्थों में इसका प्रयोग किया जाता है। व्यक्ति के कार्यों की प्रशंसा या निन्दा करके हम नैतिक या अनैतिक होने का निर्णय देते हैं तो वह मूल्यात्मक अर्थ में स्वीकृत है।

नैतिकता रीति-रिवाजों, प्रथाओं, नियमों, सिद्धान्तों, मूल्यों व आदर्शों से सम्बन्धित वह सामाजिक व्यवस्था है जिसका उद्देश्य मनुष्य के वैयक्तिक कल्याण तथा सामाजिक हित की बढ़ोतरी करना है। व्यक्ति इस व्यवस्था को सामाजिक दबाव अथवा स्वयं अपनी इच्छा से स्वीकार करता है। अत: इस अर्थ में नैतिकता का स्वरूप अनिवार्यत: सामाजिक है तथा इसका लक्ष्य व्यक्ति और समाज का अधिकतम कल्याण ही है। इसी कारण यह समाज के लिए मार्गदर्शक है। समाज की दिशा तय करती है तथा सामाजिक व्यवस्था बनाए रखने के लिए अनिवार्य भी है।

अब सवाल यह उठता है कि क्या यह कानून के समानार्थक प्रतीत नहीं होती? कानून भी सामाजिक व्यवस्था बनाए रखने के लिए होते हैं, समाज के कल्याण हेतु

मार्ग प्रशस्त करते हैं तो नैतिकता से भिन्न कैसे? दरअसल दोनों में गुणात्मक भेद है। कानून मानवीय आचरण के बाह्य पक्ष को ही नियंत्रित नहीं करता है, भावनाओं और अभिवृत्तियों को नियंत्रित नहीं करता जिनका सम्बन्ध मनुष्य के आन्तरिक पक्ष से है। नैतिकता मानव के आन्तरिक एवं बाह्य दोनों पक्षों को नियंत्रित करती है। कानून व्यक्ति पर बाह्य रूप से आरोपित होते हैं जबकि नैतिकता अपने विकसित रूप में आत्मारोपित होती है। व्यक्ति दंड से बचने के लिए कानून का पालन करते हैं किन्तु नैतिकता व्यक्ति के जीवन का अभिन्न अंग होती है। उनका पालन व्यक्ति किसी भय का प्रलोभन से नहीं बल्कि अपनी इच्छा से करता है। नैतिक नियमों की कुछ अलग निर्दिष्ट विशेषताएँ होती हैं जैसे अपराधबोध नैतिकता के उल्लंघन के साथ अनिवार्यत: जुड़ा है। यह मनुष्य को प्रायश्चित तक के लिए प्रेरित करता है।

रूढ़िगत का अर्थ है तार्किक और वैज्ञानिक दृष्टिकोण की अपेक्षा परम्परागत मान्यताओं का आस्थापूर्वक पालन। मान्यताएँ काल सापेक्ष होती हैं। जरूरत के अनुसार बदलती रहती है और यदि वो नहीं बदलती तो रूढ़ि बन जाती है। तो क्या नैतिकता का स्वरूप भी रूढ़िगत होता है? क्या सम्बन्ध है नैतिकता का रूढ़िवाद से और क्यों नैतिक नियम रूढ़िगत हो जाते हैं?

यदि हम नैतिकता को सामाजिक व्यवस्था बनाए रखने वाला मार्गदर्शक सिद्धान्त मानें तो आदिगत अर्थ में नैतिकता को रख पाना कुछ मुश्किल प्रतीत होता है। मानव एक सामाजिक प्राणी है। एक लम्बे समय से सामाजिक व्यवस्था के विकास क्रम में आपसी हितों में टकराव के फलस्वरूप होने वाले क्षय व अनुपयोगी परिणामों से सीखते हुए कुछ तथ्य अनवरत नियमों की भाँति चले आ रहे हैं जिन्हें हम सामाजिक नियमों की संज्ञा दे सकते हैं। रूढ़ि का सम्बन्ध प्राचीन से नहीं। प्राचीन भी तर्कसंगत और वैज्ञानिक दृष्टिकोण से ओतप्रोत हो सकता है। रूढ़ि का सम्बन्ध तर्क की बजाय आस्था से है। आस्था के पीछे कोई मान्यता छिपी होती है। नैतिकता का उद्गम समाज द्वारा तथा समाज के कल्याण के लिए ही होता है। इसका सम्बन्ध किसी अति प्राकृतिक सत्ता या दैवीय शक्ति से नहीं है। अत: यह प्रश्न अप्रासंगिक प्रतीत होता है कि नैतिकता रूढ़िगत भी हो सकती है। हाँ, यदि प्राचीन प्रथाओं को नैतिक मानने लगे तो इसे 'रूढ़िगत नैतिकता' नाम दिया जा सकता है। किन्तु उसका स्वरूप नैतिक की बजाय रूढ़िगत ही अधिक होगा और निश्चित रूप से ऐसी नैतिकता सामाजिक विकास का वाहक नहीं बन सकती। हमारे देश में संवैधानिक नैतिकता की प्रस्थापना की आवश्यकता है न कि 'रूढ़िगत नैतिकता' की।

जब तक मानव समाज का अस्तित्व है तब तक मनुष्य के लिए नैतिकता की सार्थकता एवं आवश्यकता बनी रहेगी। इसका उद्देश्य स्थायी है—मानव कल्याण जबकि स्वरूप परिवर्तनशील है। नैतिकता समाज के लिए एक उपयोगिता है तो व्यक्ति के लिए आनन्द। जो समाज के लिए उपयोगी नहीं वह नैतिक भी नहीं।

इसका विस्तार और घनत्व किसी प्रथा या परम्परा से अधिक है। जिस समाज की नैतिकता केवल एकांगी हो वह अन्य दिशाओं में अनैतिक होने का रास्ता खोल देता है। समाज की नैतिकता यह होनी चाहिए कि व्यक्ति भूख से न मरे, उसका जीवन बुनियादी सुविधाओं से युक्त हो। किसी वर्ग या धर्म विशेष की निजी आकांक्षाएँ सामाजिक नैतिकता नहीं हो सकती। किसी को ब्रह्म, मोक्ष या जन्नत की प्राप्ति होगी या नहीं इससे समाज का कोई लेना-देना नहीं है।

सामाजिक नैतिकता का 'फ्रेम' बड़ा है जिसमें शान्ति, सद्भाव और मानव कल्याण के रंग भरे हुए हैं। ये सदा-सर्वदा विद्यमान रहेंगे जब तक मानव सभ्यता रहेगी। प्रथाएँ, मान्यताएँ, विचार आवश्यकताएँ ये सब परिवर्तनशील है। जो कल रूढ़ि का रूप ले सकते हैं किन्तु मानव कल्याण कोई रूढ़ि नहीं है। यदि हम सामाजिक-धार्मिक प्रथाओं को सामाजिक नैतिकता मानने की भूल कर रहे हैं तो निश्चित ही ऐसी नैतिकता समाज की प्रगति का मार्ग प्रशस्त नहीं कर सकती। ऐसा समाज जड़ समाज होगा और उस समाज की कौम एक विक्षिप्त कौम! क्योंकि हमने तर्क और विवेक से किनारा कर लिया। विवेक मनुष्य होने की पहली पहचान है।

अत: नैतिकता रूढ़िगत नहीं होती, रूढ़ियाँ प्रथाओं और मान्यताओं से बनती हैं। आधुनिक समाज को यदि प्रगति पथ पर प्रशस्त होना है तो मानव कल्याण को सर्वोपरि मानने वाली नैतिकता को ही सामाजिक नैतिकता मानना होगा। ध्यान रहे कि मानव कल्याण तभी सम्भव है जब हमें प्रकृति और पर्यावरण का खयाल भी रहे। अत: प्राणिमात्र का कल्याण करने वाली नैतिक मान्यताओं तथा संवैधानिक नैतिकता से ही आधुनिक जीवन का मार्गदर्शन हो सकता है और यही काम्य है।

89

पथ का अन्त कभी नहीं होता

—निशान्त जैन

इस पथ का उद्‌देश्य नहीं है, श्रान्त भवन में टिक रहना,
किन्तु पहुँचना उस सीमा तक, जिसके आगे राह नहीं।

स्वयं में छायावादी दर्शन का सार समेटे जयशंकर प्रसाद की उपर्युक्त पंक्तियाँ मानव की अदम्य जिजीविषा, अकूत आत्मविश्वास, संघर्ष करने की अटूट क्षमता व निरन्तर विकास के जज्बे को रेखांकित करती हैं।

दरअसल, सभ्यता का सतत विकास कोई दो-चार साल या दशकों का नहीं, बल्कि युगों-युगों तक चलने वाली एक निरन्तर प्रक्रिया का सहज परिणाम है। सभ्यता के इस विकास क्रम में नित नए परिवर्तन आते रहे हैं, समय ने नित नई करवटें बदली हैं, पर अगर आज तक नहीं बदला तो वह है—मानव का अमिट जज्बा, उसका आत्मसंघर्ष, उसकी जिद और आगे बढ़ने की इच्छा। वैसे यदि सभ्यता के विकास के विभिन्न सोपानों पर नजर डाली जाए, तो यह स्पष्ट है कि हर युग के लोगों को न्यूनाधिक ये महसूस होता है कि हम ही सभ्यता व संस्कृति के मामलों में सर्वश्रेष्ठ हैं। यहाँ यह प्रश्न उठना स्वाभाविक है कि अगर एक युग विशेष में ही सभ्यता का पर्याप्त विकास हो गया है तो फिर सभ्यता के विकास की प्रक्रिया को क्या वहीं रोक दिया जाना चाहिए? नहीं! ऐसा न तो उचित था और न ही वांछनीय। यही कारण है कि मानव-सभ्यता व संस्कृति के विकास का यह कभी न थमने वाला सिलसिला आज भी बदस्तूर जारी है।

यदि भारत के विशेष सन्दर्भ में विचार करें तो कहा जा सकता है कि यहाँ का दर्शन व चिन्तन आत्मसन्तोष पर बल देने के बावजूद हमेशा 'चरैवेति-चरैवेति' की सीख देता आया है। चाहे आध्यात्मिक व नैतिक विकास हो या भौतिक समृद्धि की महत्त्वाकांक्षा, सांस्कृतिक प्रसार हो या सामाजिक चेतना; हर क्षेत्र में सुधार और विकास की गुंजाइश हमेशा निहित रही है। "आवश्यकता आविष्कार की जननी होती है।" लिहाजा जीवन और समाज के हर क्षेत्र और स्तर पर विकास की राह का कोई अन्त दूर-दूर तक नजर नहीं आता। भले ही आसमान को दूर तक देखने पर कहीं आगे एक क्षितिज दिखाई पड़ता है जहाँ धरती और आकाश परस्पर मिल जाते हैं पर जीवन के इस अनन्त शाश्वत पथ का क्षितिज अभी तक तो देखा नहीं जा सका है। वैसे भी "परिवर्तन प्रकृति का शाश्वत नियम है।"

जीवन का फलक दो-चार क्षेत्रों तक सिमटा हुआ न होकर अत्यन्त व्यापक व विस्तृत है। यदि जीवन के विविध सूक्ष्म व स्थूल स्तरों पर नजर डालें तो यह साफ तौर पर दिखाई देता है कि चाहे वह वैयक्तिक और पारिवारिक जीवन हो, धार्मिक-दार्शनिक-आध्यात्मिक विकास हो, सामाजिक कुरीतियों के खिलाफ लड़ाई हो या आर्थिक समावेशन व गरीबी उन्मूलन की कोशिश, सांस्कृतिक चेतना का विकास हो अथवा जनसांख्यिकीय सन्तुलन बैठाने की गुंजाइश, वैज्ञानिक-तकनीकी विकास हो या राजनयिक-कूटनीतिक साम्य बैठाने का प्रयास; कमोबेश हर क्षेत्र में ही सतत विकास की थोड़ी-बहुत गुंजाइश तो हमेशा मौजूद रहती है और इस तरह इस पथ का अन्त कभी नहीं होता।

यह व्यक्तिगत रूप से मानव की जिजीविषा और उत्साह का ही नतीजा था कि कोलम्बस और वास्को-डी-गामा जैसे साहसी अपने दौर में लगभग असम्भव रास्तों की खोज में कामयाब रहे। आखिर क्या कारण था कि नेपोलियन बोनापार्ट ने सामने

खड़ा पहाड़ देखकर यह कहने का साहस दिखाया कि *"असम्भव शब्द मूर्खों के शब्दकोश में होता है।"* अशोक, चन्द्रगुप्त मौर्य, कनिष्क, समुद्रगुप्त, खारवेल, अकबर, शेरशाह सूरी जैसे शासकों की आकांक्षाओं का ही असर था कि भारत अपने आज के स्वरूप की ओर बढ़ता जा रहा था। राष्ट्रकवि मैथिलीशरण गुप्त ने तो लिखा भी है—

जितने कष्ट-कंटकों में हैं, जिनका जीवन-सुमन खिला,
गौरव गंध उन्हें उतना ही, यत्र-तत्र सर्वत्र मिला।

सामाजिक दृष्टिकोण से देखने पर पता चलता है कि समाज की कुरीतियों और बुराइयों के खिलाफ जंग से लेकर सामाजिक रूप से वंचित वर्गों के सामाजिक व वित्तीय समावेशन तक की राह तब तक अधूरी है जब तक समाज का हर आम-ओ-खास एकसमान धरातल पर खड़ा न हो और बाल-विवाह, दहेज, भ्रूणहत्या, परदा, लैंगिक भेदभाव, नशाखोरी, धूम्रपान, जिस्मफरोशी, बहुविवाह और जातिभेद जैसी बुराइयाँ हमारे समाज से पूरी तरह उखड़ न जाएँ।

आर्थिक स्तर पर तो हमेशा प्रगति व समृद्धि की राह में आगे बढ़ने की गुंजाइश रहती ही है। हमें वह दौर याद है जब भारत अपने नागरिकों का पेट भरने के लिए विदेशों से खाद्यान्न आयात करने पर निर्भर था। भारतीय अर्थव्यवस्था की विकास दर 'हिन्दू वृद्धि दर' स्थिर थी और रोजगारों का सृजन थम-सा गया था। यह तो क्रमशः हरित क्रान्ति और उदारीकरण की नीतियों का परिणाम रहा कि आज भारत की आर्थिक दशा कुछ सुधरी है।

उदारीकरण, निजीकरण व वैश्वीकरण के इस दौर के परिणामस्वरूप हुए औद्योगिक व सेवा क्षेत्र के विकास के बावजूद आज भी भारत की एक-तिहाई आबादी गरीबी रेखा के नीचे जिन्दगी बिताने को अभिशप्त है। आबादी के महज 18 प्रतिशत हिस्से को पेयजल, शौचालय व बिजली की सुविधाएँ मुहैया कराई जा सकी हैं। मानव विकास सूचकांक (HDI) का पैमाना हो या ट्रांसपेरेंसी इंटरनेशनल के वैश्विक भ्रष्टाचार सूचकांक का मानदंड, हर पैमाने पर भारत का स्थान सैकड़ों देशों और यहाँ तक कि श्रीलंका व बांग्लादेश से भी पीछे दिखाई देता है। गरीबी, बेरोजगारी, भूख, कुपोषण, भ्रष्टाचार, काला धन, हवाला, आवास की कमी जैसी समस्याएँ अपने विकराल रूप में हमारे सामने मुँह बाए खड़ी हैं। भारतीय समाज की ऐसी दशा देखकर ही दक्षिण अफ्रीका से भारत लौटे गांधी ने अपनी पश्चिमी वेशभूषा छोड़ एक लँगोटी से गुजारा करने का संकल्प लिया था। राष्ट्रपिता गांधी का सपना था कि "मैं एक ऐसे स्वतंत्र भारत के लिए काम करूँगा, जहाँ गरीब-से-गरीब आदमी भी यह महसूस करे कि यह उसका अपना देश है और राष्ट्र निर्माण में उसकी भी प्रभावी भूमिका है।" ऐसे में आगे बढ़ने का पथ अभी छोटा नहीं बल्कि बहुत-सी चुनौतियों से भरा हुआ है।

धार्मिक-आध्यात्मिक व दार्शनिक क्षेत्र में तो शुरुआत से लेकर आज तक चिन्तन व नवीन तथ्यों का उद्घाटन जारी है। सुकरात-प्लेटो-अरस्तू से लेकर भारत में बुद्ध-महावीर-नानक तक हर ओर सत्य के अनुसंधान की जिज्ञासा दिखाई पड़ती है। मानव में आदिकाल से ही प्रकृति, जीवन व अपने अस्तित्व को लेकर विविध मूलभूत प्रश्नों का समाधान खोजने की प्रबल जिज्ञासा रही है। एक दार्शनिक जब तथ्यों के आधार पर एक दर्शन को स्थापित करता है तो दूसरा दार्शनिक नवीन तथ्यों का उद्घाटन कर पुरातन दर्शन में सुधार कर देता है।

भारतीय वेद-पुराण-उपनिषद्-गीता-स्मृतियों द्वारा हुए दार्शनिक विकास की पृष्ठभूमि में अगर बुद्ध और महावीर यह सोचते कि अब इस पथ का अन्त हो गया है तो कैसे विश्व के सामने *'अहिंसा-अनेकान्त-अपरिग्रह'* तथा *'मध्यम मार्ग'* और *'बहुजनहिताय-बहुजनसुखाय'* के अद्भुत सिद्धान्त प्रस्तुत होते। ठीक यही बात हजरत मुहम्मद, ईसा, मूसा, नानक, कबीर, रैदास, दादू, नामदेव, तुकाराम, चैतन्य, तुलसी, नरसी मेहता और शंकरदेव जैसे प्रज्ञापुरुषों पर लागू होती है।

सांस्कृतिक विकास के निरन्तर क्रम को देखने पर भी यह स्पष्ट है कि संस्कृति की अवधारणा एक सतत विकासमान अवधारणा है। भारतीय संस्कृति का यह संश्लिष्ट और बहुसांस्कृतिक रूप बरसों के उतार-चढ़ावों और सम्मिश्रणों के परिणामस्वरूप ही विकसित हो सका है।

जिस तरह रुका हुआ पानी सड़ जाता है, ठीक उसी तरह ठहरी हुई संस्कृति व भाषाएँ भी अपने अस्तित्व के लिए खतरा बन जाती हैं। शक, कुषाण, हूण, यवन, तुर्क, मुगल, फारसी, मुस्लिम, अंग्रेज जैसी तमाम जातियों के सम्पर्क से ही आज की संस्कृति अपना आकार ले सकी है। यदि संस्कृत पर ही इस पथ का अन्त हो जाता तो आज पालि, प्राकृत, अपभ्रंश से होते हुए हिन्दी, पंजाबी, गुजराती, बांग्ला, मराठी, असमिया जैसी भाषाएँ व उनका साहित्य विकसित न हो पाता। उर्दू भाषा का जन्म तो निस्सन्देह फारसी और हिन्दी के सम्पर्क से उत्पन्न ऊर्जा का परिणाम है जो आज हिन्दुस्तान की गंगा-जमुनी तहजीब की पहचान बनकर उभरा है।

वैज्ञानिक व तकनीकी विकास का पथ भी एक अन्तहीन, सतत विकासमान पथ है, जो मानव सभ्यता को और बेहतर व सुगम जीवन उपलब्ध कराने के लिए कृतसंकल्प है। पहिये के आविष्कार से शुरू हुई यह यात्रा आज एयरकंडीशनर, वायुयान, मेट्रो ट्रेन से होते हुए ब्रह्मांड के मूल कण हिग्स बोसोन की खोज तक पहुँच चुकी है। अनुसंधान एवं विकास का सिलसिला जारी है और आगे अभी काफी नए क्षितिज खुलने बाकी हैं।

अन्तर्राष्ट्रीय कूटनीति व राजनय का क्षेत्र हमेशा आगे बढ़ने की उम्मीद पर ही टिका है। राष्ट्रों के हितों पर आधारित सम्बन्ध को इस दुनिया में हर समस्या का सामरिक समाधान न ढूँढ़कर कूटनीतिक समाधान निकालने की कोशिश की जाती है।

गाँव-शहर से लेकर राज्य व राष्ट्रीय स्तर पर भी राह का अन्त दिखाई नहीं देता। *'मीलों हम आ गए हैं, मीलों हमें जाना है'* का नारा बहुत हद तक सटीक प्रतीत होता है। शिक्षा, स्वास्थ्य, रोजगार, ग्रामीण विकास, ऊर्जा, पर्यावरण, जैव-विविधता संरक्षण के क्षेत्रों में बहुत कुछ हुआ है पर सचमुच बहुत कुछ होना बाकी है।

सरकार द्वारा चलाए जा रहे विविध राष्ट्रीय व राज्य स्तरीय कल्याणकारी कार्यक्रमों व योजनाओं के फल अभी तक हर आदमी की पहुँच में नहीं आ सके हैं। *'हर हाथ को काम, हर पेट को रोटी'* का सपना अभी सपना ही है। हालाँकि सरकार ने आम आदमी को एक के बाद एक बहुत से अधिकार दिये हैं, जैसे—सूचना का अधिकार (RTI), शिक्षा का अधिकार (RTE), खाद्य सुरक्षा का अधिकार, ग्रामीण रोजगार का अधिकार (NREGA), वन-पर्यावरण का अधिकार व पुनर्वास-पुनर्स्थापन में पारदर्शिता का अधिकार। इसमें कोड सन्देह नहीं कि इन अधिकारों की उपलब्धि से हर आम-ओ-खास को लाभ हुआ है, पर अभी और आगे बढ़ने की गुंजाइश बाकी है। स्वास्थ्य का अधिकार, न्याय तक सार्वभौमिक पहुँच का अधिकार व उपर्युक्त अधिकारों की सब तक पहुँच जैसे लक्ष्य प्राप्त करने के प्रयास अभी जारी हैं।

यहाँ यह भी विचार किया जाना चाहिए कि क्या सचमुच पथ का कभी अन्त नहीं होता? क्या कोई ऐसी सीमा नहीं है जहाँ पहुँचकर मनुष्य यह महसूस करे कि उसने अपना अभीष्ट पा लिया है?

इस प्रश्न का उत्तर है कि यह तो सच है कि पथ का कभी कोई अन्त नहीं होता पर उसकी कुछ सीमाएँ जरूर होती हैं मसलन मानव क्लोनिंग के विकास पर शोध हो या रासायनिक व जैविक हथियारों पर अनुसंधान; अगर साधन और साध्य की पवित्रता को नजरअन्दाज करते हुए इसी तरह विकास होने दिया जाए तो कुछ सालों में समूची मानवता ही विनाश के खतरे में आ जाएगी। लिहाजा मानव की अदम्य जिज्ञासा की राह में कुछ सावधानियाँ और सीमाएँ बनाई जानी वांछनीय हैं, जिससे मानव की क्षमता का सन्तुलित व सजग उपयोग हो सके।

इस तरह विकास व सुधार के इस पथ का कोई अन्त नहीं होता। इस पथ पर हर नया कदम रखने के साथ अगला कदम और बेहतर रखने की गुंजाइश बन जाती है। जीवन और समाज के इस विराट फलक के हर छोटे-बड़े क्षेत्र में बहुत कुछ होने के बावजूद काफी कुछ होना अभी शेष है। कवि रॉबर्ट फ्रॉस्ट की इन पंक्तियों से पथ की शाश्वतता और अनंतता को महसूस किया जा सकता है—

The Woods are lovely, dark and deep,
But I have promises to keep,
And miles to go before I sleep,
And miles to go before I sleep.

90

एक सुरक्षित भारत के लिए एक स्मार्ट पुलिस बल

—सर्वज्ञ मिश्र

वर्ष 2014 में राज्य पुलिस महानिदेशकों की 49वीं वार्षिक बैठक में प्रधानमंत्री नरेन्द्र मोदी ने स्मार्ट पुलिस की कुछ इस प्रकार से व्याख्या की थी—

S — Sensitive and Strict
(संवेदनशील एवं दृढ़)
M —Modern and Mobile
(आधुनिक एवं गतिशील)
A — Alert and Accountable
(चौकस एवं जवाबदेह)
R — Reliable and Responsive
(भरोसेमन्द एवं उत्तरदायी)
T — Tech-savvy and Trained
(तकनीक के प्रयोक्ताएवं प्रशिक्षित)

वस्तुत:, स्मार्ट पुलिस एक ऐसे आन्तरिक रक्षा बल की अभिकल्पना करता है जो एक ओर तो नागरिकों को सुलभ, प्राप्य, मित्रवत् तथा दक्ष पुलिसिंग सेवाएँ दे, वहीं दूसरी ओर वह अत्याधुनिक खतरों, आर्थिक-तकनीकी-सामाजिक अपराधों की नवीनतम विधाओं के प्रति पूर्ण जागरूक तथा उनके प्रभावपूर्ण निपटारे में सक्षम हो।

इस आलेख में हम स्मार्ट पुलिस की सुरक्षित भारत हेतु आवश्यकता, वर्तमान स्थिति तथा अन्तत: कुछ सुधारात्मक उपायों पर चर्चा करेंगे।

समकालीन सन्दर्भ में सुरक्षित भारत के लिए स्मार्ट पुलिसिंग की आवश्यकता को छह प्रमुख दृष्टिकोणों से समझा जा सकता है—

प्रथमत:, सूचना क्रान्ति-मोबाइल क्रान्ति के द्वारा जन सम्पर्क के अभिनव माध्यम प्रकट हुए हैं। अत: पुलिस प्रशासन को अपराधियों तथा पीड़ितों तक पहुँच के त्वरित व दक्ष विकल्प विकसित करने की आवश्यकता है। ऑनलाइन एफआईआर दर्ज करना, सोशल मीडिया पर सक्रिय शिकायत निपटान तंत्र का विकास करना आदि इसके कुछ उदाहरण हैं।

दूसरे, जनजागृति के साथ-साथ समस्त सरकारी सेवाओं में कुशलता एवं पारदर्शिता बढ़ाने का दबाव बढ़ा है। पुलिस प्रणाली भी इससे अछूती नहीं रह

सकती थी। हम आए दिन सोशल मीडिया पर रिश्वत लेते पुलिस कर्मियों, अत्यधिक मोटे या ड्यूटी पर सोते हुए सिपाहियों के वीडियो देखते रहते हैं। ऑनलाइन युग में सूचनाओं का तीव्र प्रसार होता है तथा एक छोटी-सी घटना से विभाग की छवि व स्वीकार्यता पर नकारात्मक असर पड़ सकता है। फलत: यह सरकार पर पुलिस अवसंरचना में सुधार एवं पुलिस पर सदैव सतर्कतापूर्वक सुधार का दबाव डालता है।

तीसरे, वैश्विक आतंकवाद, कट्टरवाद तथा अन्य संगठित अपराधों (यथा ड्रग्स, हथियारों एवं मानवों का व्यापार) की बढ़ती प्रवृत्ति के कारण पुलिस जाँच के साधारण ढंग अप्रभावी होते जा रहे हैं।

चौथे, साइबर क्षेत्र में बढ़ रहे अपराध, डाटा लीकेज, निजता का हनन, स्टाकिंग (किसी को साइबर के द्वारा लगातार परेशान करना), ट्रैकिंग (किसी के कम्प्यूटर को अनधिकृत रूप से प्रयोग करना), मार्फिंग (चित्र विरूपण) आदि से निपटने हेतु तकनीकी कुशलता की व्यापक आवश्यकता है।

पाँचवें, बढ़ते वैश्विक व्यापार एवं उदारीकरण के परिप्रेक्ष्य में आर्थिक अपराध भी अधिकाधिक जटिल होते जा रहे हैं। वैश्वीकरण के कारण अन्य देशों के कानूनों, अन्तर्राष्ट्रीय अभिसमयों तथा विनियमों की अन्त: निर्भर संरचनाओं का ज्ञान भी अधिकाधिक आवश्यक होता जा रहा है।

अन्तत: अधिकार आधारित समकालीन व्यवस्था में मानवाधिकार, लिंग समानता, कैदियों तथा संदिग्धों से व्यवहार के तरीकों आदि के सन्दर्भ में व्यापक परिवर्तन आए हैं। उदाहरणस्वरूप विदेशों से कैदियों के प्रत्यर्पण में सबसे बड़ी बाधा के रूप में जो मुद्दा उभरकर आता है वह है—पुलिस कस्टडी में व्यापक दुर्व्यवहार।

इस प्रकार बदलते सामाजिक समीकरणों, बढ़ती जागरूकता, अपराध व कानून के वैश्वीकृत होते स्वरूप, तकनीक द्वारा प्रदत्त पुलिसिंग के अभिनव माध्यमों व अवसरों तथा सर्वोपरि नए युग के संगठित, जटिल अपराधों से निबटने के लिए तथा भारत को सामाजिक-आर्थिक-सांस्कृतिक गतिविधियों हेतु सुरक्षित बनाने के लिए एक स्मार्ट पुलिस व्यवस्था नितान्त आवश्यक है।

स्मार्ट पुलिस की आवश्यकता के प्रस्थापित होने के उपरान्त भारत में स्मार्ट पुलिसिंग की वर्तमान स्थिति पर एक विहंगम दृष्टि डाल सकते हैं—

स्मार्ट पुलिस के सन्दर्भ में भारत के प्रयासों व वर्तमान नीतियों को निम्नवत् देख सकते हैं—

1. **मानवतावादी प्रयास**—यथा पुलिस थानों को सुगम्य बनाना, लोगों, विशेषत: कमजोर वर्ग के लोगों में पुलिस का भय समाप्त करना।

   उदाहरणस्वरूप दिल्ली द्वारा सामाजिक पुलिसिंग तथा राजस्थान सरकार द्वारा राष्ट्रमंडल मानव अधिकार पहल (सीएचआरआई) के साथ

मिलकर वर्चुअल पुलिस स्टेशन की स्थापना। यह लोगों को सरल भाषा में समस्त पुलिसिया कार्यवाही को समझाने व सशक्त बनाने का कार्य कर रहे हैं।

2. **विस्तार व पहुँच बढ़ाना—** प्रमुख स्थानों पर पुलिस पिकेट की अनवरत उपस्थिति, किसी भी शिकायत पर शीघ्र पहुँचाना आदि क्रियाकलापों में भी पर्याप्त प्रगति प्राप्त की गई है। यथा उत्तर प्रदेश सरकार का 'डायल 100' 24 घंटे कॉल सेंटर की मदद से कहीं भी पुलिस की त्वरित पहुँच को सम्भव बनाता है। दिल्ली सरकार की साइकिल पुलिसिंग पार्कों, सँकरी गलियों तथा भीड़भाड़ वाले बाजारों में पुलिस की गश्त को सुनिश्चित करता है।
3. **तकनीक का प्रयोग—** अधिकांश राज्यों द्वारा एफआईआर का ऑनलाइन रजिस्ट्रेशन प्रारम्भ किया जा चुका है। कर्नाटक ने सूचना प्रबन्धन तंत्र (आईएमएस) के जरिए एसएमएस आधारित अपडेट प्रणाली प्रारम्भ की है। इसमें व्यक्ति द्वारा दर्ज शिकायत की प्रगति का विवरण एसएमएस के द्वारा दिया जाता है।
4. **लैंगिक व सामाजिक समावेशन—** समस्त राज्यों में अनुसूचित जातियों/जनजातियों/पिछड़े वर्गों को पुलिस सेवा में आरक्षण मिला हुआ है। कुछ राज्यों ने महिला आरक्षण भी प्रदान किया हुआ है। उदाहरणत: बिहार (33 प्रतिशत)।
5. **आर्थिक व आतंकी अपराध—** अधिकतर राज्यों द्वारा आर्थिक अपराध हेतु आर्थिक अवरुद्ध शाखा (ईओडब्ल्यू) तथा प्रति-आतंकी स्क्वाड (एटीएस) का गठन किया है। ये विशेष प्रशिक्षित बल अत्याधुनिक जटिल अपराधों का निपटारा करने में दक्ष हैं।

इस प्रकार स्मार्ट पुलिसिंग में भारत द्वारा उल्लेखनीय प्रगति हासिल की गई है। वर्तमान में लागू हो रही—सीसीटीएनएस (क्राइम एंड क्रिमिनल ट्रैकिंग नेटवर्क सिस्टम) पुलिस रिकार्डों के ऑनलाइन रूप में अखिल राष्ट्रीय उपलब्धता तथा पुलिस जाँच प्रक्रिया में पारदर्शिता लाकर स्मार्ट पुलिस के मार्ग में एक मील का पत्थर साबित हो सकता है।

परन्तु स्मार्ट पुलिस की समग्र अवधारणा को फलीभूत करने के लिए अभी काफी कुछ करना शेष है।

पुलिस अवसंरचना में व्यापक निवेश की आवश्यकता है। प्रत्येक थाने तक प्रभावी इंटरनेट पहुँच, गश्ती दलों की जीपीएस आधारित निगरानी, हर बड़े नगर में कम-से-कम एक साइबर अपराध थाना तथा वाहनों एवं शस्त्रों का आधुनिकीकरण ही पुलिस को स्मार्ट बनने का अभिप्रेरणा दे सकता है।

सेवा-नियमों को भी मानवीय करने की अत्यन्त उपादेयता रहेगी। वर्तमान में पुलिस की ड्यूटी 24 घंटे व सातों दिन रहती है। इस परिस्थिति में हम उनसे दक्षता की उम्मीद नहीं कर सकते। 12 घंटे की ड्यूटी एवं साप्ताहिक अवकाश पुलिस कार्य को मानवीय बनाएगा। पुनश्च, अपराध अन्वेषण तथा कानून व्यवस्था के कार्यों को अलग करने की जरूरत है, जिससे अपराधों की कुशलतापूर्वक जाँच हो सके।

विभिन्न वर्गों यथा महिलाओं, समलैंगिकों तथा बच्चों हेतु विशेषज्ञ थानों की महती आवश्यकता है। इन वर्गों के साथ होने वाले अपराध व्यापक सामाजिक-मनोवैज्ञानिक विशेषज्ञता की माँग रखते हैं, जिनका सामान्यत: पुलिस तंत्र में अभाव पाया जाता है।

पुलिस तंत्र में उत्तरदायित्व का विकास तथा राजनैतिक दबाव को न्यूनीकृत करना भी स्मार्ट पुलिस की पूर्व शर्त है। सर्वोच्च न्यायालय ने प्रकाश सिंह मामले में स्वतंत्र पुलिस भर्ती व प्रमोशन बोर्ड, स्वतंत्र शिकायत निपटान तंत्र तथा पुलिस पर अभियोजन की स्वतंत्र एजेंसी द्वारा जाँच की संस्तुति की थी। समय की माँग है कि इन प्रावधानों को क्रमश: लागू किया जाए।

नक्सलवाद तथा आन्तरिक अशान्ति के मामलों में अर्धसैनिक बलों के साथ स्थानीय पुलिस का अधिकाधिक समावेशन भी पुलिस को स्मार्ट बनने में महत्त्वपूर्ण अनुभव देगा एवं देश की सुरक्षा में भी वृद्धि करेगा। आन्ध्र प्रदेश की ग्रो-हाउंड्स विशेषज्ञ नक्सल विरोधी बटालियन द्वारा किस प्रकार आन्ध्र से नक्सलवाद का सफाया किया गया यह सभी को ज्ञात है।

पुलिस प्रशिक्षण की प्रक्रिया में भी व्यापक बदलाव की आवश्यकता है, साइबर विशेषज्ञता हैकिंग, ऑनलाइन वित्तीय लेन-देनों, मनी लांडरिंग आदि का प्रशिक्षण नीचे के स्तरों पर भी किया जाना चाहिए, जिससे कि सामान्य सिपाही भी इन अपराधों की रोकथाम व जाँच में सहयोग दे सके। बढ़ते वैश्वीकरण, वैश्विक वित्त प्रणालियों के एकीकरण तथा संगीत अन्तर्राष्ट्रीय आपराधिक संगठनों के उदय के सन्दर्भ में पुलिस प्रशिक्षण का स्वरूप अधिकाधिक वैश्वीकृत होना चाहिए। स्टूडेंट-एक्सचेंज, अन्तर्राष्ट्रीय कानून विशेषज्ञों द्वारा अध्यापन इसमें सहायक सिद्ध होंगे।

अन्तत: पुलिस व्यवस्था चूँकि मूलत: राज्यों का विकास है (संविधान की सातवीं अनुसूची की राज्यसूची की प्रविष्टि संख्या-2) अत: राज्यों को नीति निर्धारण में तथा संचालन में भागीदारी बनाए बिना स्मार्ट पुलिस के स्वप्न को पूरा कर पाना सम्भव नहीं है।

निष्कर्षत: एक सुरक्षित व प्रगतिशील भारत के लिए स्मार्ट पुलिस एक पूर्व शर्त के रूप में स्थापित है। भारत ने इस दिशा में उल्लेखनीय प्रगति की है, परन्तु

व्यापक सामाजिक, राजनैतिक, संगठनात्मक, अवसंरचनात्मक तथा अवधारणात्मक रूपान्तरणों की आवश्यकता अभी भी है। यह एक सतत बढ़ने वाला मार्ग है और सरकार तथा सिविल सोसाइटी को इस ओर लगातार समर्थकारी वातावरण बनाने की आवश्यकता है।

91

विज्ञान-तकनीक और इंटरनेट : वरदान या अभिशाप

—गंगा सिंह

> "प्रत्येक तकनीक के दो पक्ष हैं वरदान और अभिशाप, यह मानव पर निर्भर है कि वह उसका उपयोग कैसे करता है।"

अल्बर्ट आइंस्टीन का यह कथन विज्ञान-तकनीक और इंटरनेट के सकारात्मक एवं नकारात्मक आयामों पर प्रकाश डालता है। वर्तमान युग विज्ञान व तकनीक का युग है, मानव जीवन का कोई भी क्षेत्र विज्ञान से अछूता नहीं है। आज सुविधाओं से भरी दुनिया विज्ञान का ही परिणाम है। समग्र रूप में देखा जाए तो अवसंरचना, शिक्षा, कृषि, उद्योग, रक्षा, अन्तरिक्ष आदि हर क्षेत्र में विज्ञान ने अभूतपूर्व उन्नति की है, इस कारण आज विज्ञान-तकनीक के बिना जीवन की कल्पना भी मुश्किल लगती है। किन्तु इस सिक्के का दूसरा पहलू भी है, जिस पर नजर डालते वक्त हमारी रूह काँप उठती है। जलवायु परिवर्तन, ग्लोबल वार्मिंग, तकनीकी आतंकवाद आदि से लेकर मानवता को व्यापक विनाश के द्वार तक पहुँचाने वाली हिरोशिमा व नागासाकी की परमाणु विस्फोट वाली घटनाएँ विज्ञान-तकनीक के अभिशाप का जीता-जागता उदाहरण हैं।

विज्ञान के इस दोधारी तलवार के स्वरूप में हमारे सामने अब यह द्वंद्व उत्पन्न होता है कि विज्ञान-तकनीक मानवता के लिए वरदान है या फिर अभिशाप?

मानवता को एक वरदान के रूप में देखा जाए तो हम पाते हैं कि विज्ञान एवं इससे प्रेरित अनुसंधानों ने मानव जीवन को कितनी सहूलियत प्रदान की हैं।

संचार के क्षेत्र में टेलीविजन व रेडियो जैसे उपकरण किसी दुर्गम क्षेत्र में बैठे व्यक्ति को भी देश और दुनिया की घटनाओं से जोड़ देते हैं। वहीं इंटरनेट और मोबाइल ने तो आज वैश्विक दूरियों को कम करके सम्पूर्ण विश्व को एक *ग्लोबल गाँव* के रूप में एकीकृत कर दिया है, जहाँ वैश्विक घटनाओं एवं समस्याओं पर आम आदमी भी वार्तालाप एवं संवाद प्रक्रिया में भागीदार बन सकता है। इंटरनेट

पर चलने वाली सोशल वेबसाइटों व ऐप्स यथा—फेसबुक, इंस्टाग्राम, वाट्सएप, ट्वीटर आदि ने समाज के मध्य परस्पर आत्मीयता बढ़ाई है, क्योंकि पूर्व में दूरियाँ अधिक होने के कारण परिवार के सदस्यों में भी संचार नहीं हो पाता था लेकिन आज वाट्सएप ग्रुप के माध्यम से दूर होने पर भी परिवार के सदस्यों के बीच सामूहिक वार्तालाप हो जाता है। वीडियो कॉलिंग जैसी सुविधा के कारण मानवीय संवेदनाएँ अपने प्रखर स्वरूप में उद्भूत होती हैं।

पूर्व में स्वास्थ्य के क्षेत्र में आधुनिक सुविधाओं व तकनीक के न होने से मृत्युदर अधिक होती थी। मलेरिया, टीबी, हैजा आदि बीमारियाँ जानलेवा साबित होती थीं लेकिन अब तकनीक के इस युग में प्रत्येक बीमारी का इलाज होने से जीवन प्रत्याशा बढ़ी है। साथ ही दूरदराज के क्षेत्रों में भी टेली मेडिसन जैसी सुविधा से स्वास्थ्य सुविधाओं की पहुँच सुनिश्चित हुई है। स्वास्थ्य के क्षेत्र में उन्नत तकनीकों यथा—स्टेमसेल, क्लॉनिंग, आईवीएफ, मॉलिक्यूलर फार्मिंग, नैनो रोबोट, लक्ष्यित दवाएँ आदि के कारण मानव जीवन निरन्तर स्वस्थ व कुशल बन रहा है।

तीव्रगामी परिवहन के साधनों ने लोगों की यात्रा को आसान व सुरक्षित बना दिया है। सड़क, रेल व वायु मार्गों से व्यक्ति अब अपनी सहूलियत के मुताबिक कहीं की भी यात्रा आसानी से कर सकता है। अन्धेरी रात को उजाले में बदलने वाले विद्युत बल्ब भी विज्ञान के ही वरदान हैं। यही नहीं ऊर्जा के गैर-परम्परागत स्त्रोतों के उपयोग के द्वारा आज असीम ऊर्जा की सम्भावनाएँ फलीभूत हुई हैं। विज्ञान की बदौलत ही मानव द्वारा पृथ्वी के भू-गर्भ में दबे रेडियो एक्टिव पदार्थों को बाहर निकालकर उनका परमाणु ऊर्जा बनाने में प्रयोग किया जा रहा है।

दरअसल विज्ञान ने शिक्षा के स्वरूप एवं इसकी गहराई दोनों में ही विस्तार किया है। आधुनिक संचार सुविधाओं के फलस्वरूप दुर्गम क्षेत्रों में भी बच्चों तक शिक्षा की पहुँच सुनिश्चित हो पाई है। वहीं विज्ञान प्रेरित अनुसंधानों ने ज्ञान की विभिन्न परतों को कुरेदते हुए इसकी तह तक पहुँचने का प्रयास किया है। लगभग प्रत्येक विषय में अनुसंधान रूपी क्रान्ति आने से पुराने रहस्यों की पहेलियाँ सुलझने लगी हैं। साथ ही विज्ञान-तकनीक से प्रेरित शिक्षा ने शिक्षा के स्वरूप को रोजगारपरक बनाते हुए प्रत्येक हाथ को रोजगार देने का प्रयास किया है।

गौरतलब है कि पाषाणयुगीन मानव, जो सिर्फ कन्दमूल, फल, गुफा, पत्थर आदि तक ही सीमित था; उसको विज्ञान ने अपने रहस्यों को पहचानने में सक्षम व सभ्य बनाकर अन्य ग्रहों तक के अध्ययन में समर्थ बना दिया है। पृथ्वी ही नहीं, अन्य सौरग्रहों के अन्वेषण में भी अभूतपूर्व सफलता प्राप्त की है। नासा ने मंगल व शनि तथा इसरो ने मंगल ग्रह तक सफल अन्तरिक्ष मिशन किए हैं।

वर्तमान में जो उद्योग-धन्धे और अवसंरचनात्मक सुविधाएँ देखने को मिलती

हैं, इनका जनक भी विज्ञान एवं तकनीक ही है। कुशल तकनीकों व मशीनों ने मानवीय श्रमबल के स्थान पर स्वीच व क्लिक की संस्कृति को बढ़ावा दिया है, जिससे बहुत कम समय व किफायती लागत पर गुणवत्तापूर्ण वस्तुओं व सेवाओं का उत्पादन सम्भव हुआ है। सेवा क्षेत्र में आउटसोर्सिंग जैसी सुविधाओं के कारण भौतिक उपस्थिति के बदले आभासी उपस्थिति का महत्त्व बढ़ा है।

सुबह उठने से लेकर शाम को सोने तक विज्ञान व्यक्ति की रूह में समा गया है। आज आम कृषक भी विज्ञान व तकनीक से अछूता नहीं रहा है। कृषि भूमि की जुताई से लेकर सिंचाई एवं हार्वेस्टिंग तक प्रत्येक स्तर पर तकनीकी यंत्रों का उपयोग होने लगा है। इससे कृषक के जीवन का पर्याय मानी जाने वाली दौड़-धूप के स्थान पर वैज्ञानिक विधियों से प्रेरित कृषि का महत्त्व बढ़ा है। कृषि में आय के साथ-साथ कृषकों का जीवन स्तर भी बढ़ा है।

इतना ही नहीं, विज्ञान व इंटरनेट के कारण लोकतंत्र रूपी सैद्धान्तिक परिकल्पना अपने व्यवहारिक स्वरूप में प्रस्फुटित हुई है। आज किसी भी राष्ट्रीय मुद्दे पर आम जनता भी अपनी भावनाओं को त्वरित रूप से व्यक्त कर शासन व प्रशासन की जवाबदेहिता सुनिश्चित कर पाई है।

लेकिन यदि हम विज्ञान व तकनीकी का समग्र अध्ययन करें तो यह दोधारी तलवार के रूप में है। इसका एक पहलू वरदान के रूप में है तो दूसरा स्याह पक्ष अभिशाप के रूप में है। अपने क्रूर, निर्मम और संवेदनहीन स्वरूप में विज्ञान और तकनीक मानवता के अस्तित्व के लिए खतरा भी साबित हो सकती है। आज बढ़ते औद्योगिकरण और मशीनीकरण ने प्रकृति की स्वनियामक व्यवस्था में आमूल-चूल बदलाव कर दिया है, जिस कारण मानव समाज को ग्लोबल वार्मिंग व जलवायु परिवर्तन जैसी पर्यावरणीय समस्याओं का सामना करना पड़ रहा है।

इतना ही नहीं तटीय व द्वीपीय राष्ट्रों का अस्तित्व भी जलमग्न होने के कगार पर है। वातावरण व जलवायु में अनियमितता व अनिश्चितता आ गई है। शीतकाल में कभी-कभी तो सामान्य तापमान व कभी-कभी हाड़ कँपा देने वाली ठंड पड़ती है, वहीं वर्षा ऋतु में नियमित वर्षा न होना सामान्य-सी बात हो गई है। बढ़ते तापमान के कारण जैव विविधता व कृषि उत्पादन पर ही नकारात्मक प्रभाव नहीं पड़ा है बल्कि मानव समाज भी अनेक संक्रमणजनित व मौसमी जानलेवा बीमारियों का दंश झेल रहा है। इस कारण घटती जीवन प्रत्याशा व बढ़े आउट ऑफ पॉकेट खर्च ने एक बड़ी आबादी को गरीबी की फाँस में जकड़ा दिया है।

विज्ञान प्रेरित अति तार्किकता व व्यस्त जीवनचर्या के कारण मानवीय मूल्यों के ह्रास के साथ परिवार एवं समाज में विखंडन प्रारम्भ हो गया है। व्यस्त युवा वर्ग के अपने बुजुर्ग माता-पिता की देखभाल करने में सक्षम न होने के कारण

उन्हें वृद्धाश्रमों में निर्वासित जीवन जीना पड़ता है। विभिन्न संचार उपकरणों ने मानवीय सम्बन्धों में पाई जाने वाली संवेदनशीलता व आत्मीयता को कम किया है तथा औपचारिकता व फूहड़ता को बढ़ाया है। विभिन्न विज्ञापनों, मीडिया ने स्त्री का वस्तुकरण करके उसे उपभोग की वस्तु बना दिया है।

मानव समाज ने विज्ञान व तकनीक के उस परमाणु बम रूपी दंश को भी झेला है जो पलक झपकते ही इस संसार से सम्पूर्ण जैविक जीवन का अस्तित्व मिटा सकता है।

विश्व युद्धों में भारी नरसंहार वैज्ञानिक आविष्कारों व हथियारों से ही प्रेरित था। इराक व सीरिया में रासायनिक व जैविक हथियारों ने भी इसे अभिशप्त ही किया है। विज्ञान-तकनीक के कारण ही व्यापक जनसंहार के हथियार (डब्ल्यूएमडी) विकसित हुए हैं तथा युद्ध की भयावहता बढ़ी है। अब तो मानवरहित विमान व मिसाइल प्रणालियाँ भी बन गई हैं जो कभी भी व्यापक जनसंहार कर सकते हैं।

मशीनीकरण व स्वचालनीकरण के कारण मानव श्रम की महत्ता कम हुई है। इस कारण समाज में गरीबी व बेकारी बढ़ रही है। समाज में बढ़ते अपराध व अवैध गतिविधियों को प्रोत्साहित करने में यह प्रमुख कारक बनकर उभरी है।

उदाहरण के रूप में इंटरनेट के दुरुपयोग ने मानव समाज को भ्रमित किया है। आज धार्मिक आतंकवाद व कट्टरतावादी संगठनों द्वारा इंटरनेट व सोशल साइट्स यथा—फेसबुक, ट्वीटर, वाट्सएप आदि का उपयोग अपने वैचारिक व सांगठनिक विस्तार के लिए किया जाता है। इंटरनेट पर आसानी से उपलब्ध होने वाली पोर्न सामग्री बच्चों एवं युवाओं को पथभ्रष्ट बना रही है। इस कारण युवाओं में कुंठा की भावना घर कर रही है।

निष्कर्षस्वरूप यह कहना ठीक होगा कि प्रत्येक क्षेत्र जहाँ विज्ञान के कारण सहूलियतें बढ़ी हैं तो वहीं इसके दुरुपयोग के कारण इसने अनेक समस्याएँ भी उत्पन्न की हैं। यदि विज्ञान और तकनीक के स्वरूप को देखा जाए तो यह अपने वास्तविक रूप में तटस्थ है। इसे वरदान बनाना है या अभिशाप यह इसका उपयोग करने वाले पर निर्भर करता है। यदि इसका उपयोग मानव समाज के कल्याण के लिए किया जाता है तो यह वरदान साबित होगी तथा यदि इसका उपयोग नकारात्मक उद्देश्यों के लिए होता है तो यह मानवीय संवेदनाओं को अभिशप्त करने को विवश है। प्रत्येक उपयोगकर्ता व अनुसंधानकर्ता का यह कर्तव्य है कि वह इसके सकारात्मक पक्ष को और मजबूत करे तथा नकारात्मक पक्ष को कम करने का प्रयास करे। वरना कहीं ऐसा न हो कि विज्ञान और तकनीक से प्रेरित अन्धाधुन्ध मानव समाज को ऐसी स्थिति में ले जाकर खड़ा कर दे जहाँ मानव मशीनों की दुनिया के सामने मजबूर खड़ा हो तथा मानवीय मूल्य एवं संवेदनाएँ

पटाक्षेप में चली जाएँ। विज्ञान के इस अभिशाप रूप स्वरूप को त्यजने के लिए राष्ट्रकवि दिनकर ने सम्पूर्ण मानव समाज को सम्बोधित किया है—

सावधान मनुष्य! यदि विज्ञान है तलवार,
तो इसे दे फेंक तज कर मोह स्मृति के पार।
खेल सकता तू नहीं, ले हाथ में तलवार,
काट लेगा अंग, तीखी है बड़ी यह धार।

92

चुनाव सुधार : आवश्यकता, चुनौतियाँ और भविष्य की राह

—महेन्द्रपाल गुर्जर

एक स्वस्थ लोकतंत्र स्वतंत्र एवं निष्पक्ष चुनाव पर ही जीवित रह सकता है। लेकिन आए दिनों चुनावों में धन-बल का प्रयोग, बाहुबल, राजनीति का अपराधीकरण, गैर गम्भीर स्वतंत्र उम्मीदवार, जातिवाद, साम्प्रदायिकता, क्षेत्रवाद, मतदान प्रतिशत की कमी, मतदान व्यवहार को प्रभावित करने वाले नए कारकों ने चुनाव सुधार की तरफ कदम उठाने के लिए बाध्य किया हुआ है।

भारत में स्वतंत्रता के बाद से ही चुनाव सुधार की तरफ अनेक प्रयास किए गए हैं। इस सम्बन्ध में दिनेश गोस्वामी समिति, बोहरा समिति, इन्द्रजीत गुप्ता समिति एवं ए.पी. शाह कमेटी उल्लेखनीय है तथा उच्चतम न्यायालय के अनेक आदेश भी नजीर बनकर सामने आए हैं। यथा—नोटा का प्रयोग, अपराधियों के चुनाव लड़ने पर रोक इत्यादि।

इन सभी कमेटियों तथा आदेशों के बावजूद भी 24 प्रतिशत से ज्यादा सांसदों पर गम्भीर किस्म के आरोप, महिलाओं को मात्र 10 प्रतिशत प्रतिनिधित्व होना यह इंगित करता है कि अभी हमें इस दिशा में और सशक्त कदम उठाने की जरूरत है।

इन परम्परागत मुद्दों की अलावा नए प्रश्न ही उभरकर सामने आए हैं जो चुनाव सुधार को समय के अनुरूप ढालने की तरफ इशारा करते हैं, वर्तमान में—

(1) राजनीतिक पार्टियों को सूचना के अधिकार के दायरे में लाना।
(2) एक साथ केन्द्र तथा राज्यों के चुनाव।
(3) ईवीएम के साथ जुड़े विवाद।
(4) सोशल मीडिया तथा मतदान व्यवहार को प्रभावित करना।
(5) चुनाव आयोग की निष्पक्षता पर सवाल।

(6) पेड न्यूज तथा पीत पत्रकारिता की समस्या।

(7) ओपिनियन तथा एक्जिट पोल पर नियंत्रण।

(8) चुनाव में सरकारी मशीनरी का दुरुपयोग।

(9) ऑनलाइन वोटिंग।

(10) अनिवार्य मतदान।

इसी प्रकार चुनाव के बाद से जुड़े मुद्दों को भी चुनाव सुधार में जोड़ने की आवश्यकता है तथा राइट टू रिकॉल, इलेक्शन पिटीशन दलबदल कानून का सशक्तिकरण।

चुनाव सुधार के लिए आवश्यक कदम

चुनाव खर्चों पर प्रभावी रोकथाम—इस हेतु खर्चों की स्टेट फंडिंग पर विचार किया जा सकता है। एक अनुमान के मुताबिक 2019 के चुनावों में 7 बिलियन डॉलर का खर्चा हुआ है। उम्मीदवारों द्वारा धनबल का प्रयोग आगे क्रोनी कैपिटलिज्म तथा संस्थागत भ्रष्टाचार को बढ़ावा देता है। अत: चुनावों की स्टेट फंडिंग तथा खर्चे की सीमा का प्रभावी क्रियान्वयन अति आवश्यक कदम है।

दूसरा महत्त्वपूर्ण बिन्दु मतदान प्रतिशत को बढ़ाना है। हालाँकि 67 प्रतिशत का मतदान प्रतिशत एक उत्साहजनक संकेत है लेकिन इसे और अधिक बढ़ाया जा सकता है। इस दिशा में अनिवार्य मतदान की व्यवाहारिकता पर विचार-विमर्श किया जा सकता है तथा मतदान को प्रोत्साहित करने हेतु वित्तीय समर्थन या विशेष सहायता यथा—मनरेगा में 10 दिन का अतिरिक्त रोजगार या राशन में अतिरिक्त सहायता। मतदान प्रतिशत के साथ ही मतदान व्यवहार जागरूकता बढ़ाने, उम्मीदवारों की अधिक सटीक जानकारी उपलब्ध करवाने की आवश्यकता है।

राजनीतिक पार्टियों को आरटीआई के दायरे में लाना,—पार्टी के अन्तर्गत लोकतांत्रिक व्यवस्था (इनर पार्टी डेमोक्रेसी), राजनीतिक चन्दे की सीमा को भी सुधारने की आवश्यकता है। इलोक्टोरल बॉन्ड इस दिशा में एक महत्त्वपूर्ण कदम है लेकिन इसे अधिक पारदर्शी बनाए जाने की आवश्यकता है। राजनीतिक चन्दा आगे क्रोनी कैप्टिलिज्म न बन जाए इसके लिए स्पष्ट नीतिगत प्रावधान की आवश्यकता है।

चुनाव आयोग की निष्पक्षता पर गाहे-बगाहे सवाल उठते हैं। अत: मुख्य चुनाव आयुक्त की नियुक्ति प्रक्रिया में विपक्ष की भूमिका को अधिक प्रभावी बनाने की आवश्यकता है। साथ ही मॉडल कोड ऑफ कडंक्ट को कानून का दर्जा प्रदान कर इस कदम से इलेक्शन आब्जवर एवं व्यय पर्यवेक्षक को और प्रभावी प्रशिक्षण एवं अधिकार प्रदान कर मुक्त एवं निष्पक्ष चुनाव करवाए जा सकते हैं।

सोशल मीडिया एक नया तत्व उभरकर आया है जो मतदान व्यवहार को प्रभावित कर रहा है। फेक न्यूज, पेड न्यूज, पीत पत्रकारिता इत्यादि स्वतंत्र चुनाव

के लिए खतरा है। इस हेतु चुनाव आयोग द्वारा स्वयं को पहल करते हुए फेवर चेकर एवं प्रभावी मॉनीटरिंग तथा पर्यवेक्षण करना चाहिए। स्वयंसेवी संस्थाएँ तथा नागरिक समूह भी अपनी भागीदारी यहाँ निभा सकते हैं। साथ ही चुनाव के समय सोशल मीडिया पर अतिरिक्त सतर्कता की आवश्यकता है।

इसी तरह हमें चुनाव के बाद वाले सुधारों पर ध्यान आकर्षित करने की आवश्यकता भी है। राइट टू रिकॉल, ऑनलाइन वोटिंग, फर्स्ट पास्ट द पोस्ट सिस्टम पर ध्यानाकर्षण, महिलाओं को 33 प्रतिशत आरक्षण तथा वर्तमान में केन्द्र एवं राज्यों में एक साथ सार्थक एवं सकारात्मक प्रयासों की आवश्यकता है। दलबदल कानून, हॉर्स ट्रेडिंग तथा गठबन्धन की नैतिकता जैसे अनेक विषय हैं जहाँ कुछ कार्रवाई हो सकती है।

चुनाव सुधारों की दिशा में हमने अनेक नियम बनाए हैं तथा आवश्यकता नए नियम से ज्यादा पुराने नियमों के प्रभावी क्रियान्वयन का है। और उससे भी अधिक आवश्यकता है जनता को खुद को बदलने की जब तक आम मतदाता जाति, क्षेत्र, धन तथा डर के प्रभाव से ऊपर उठकर राष्ट्र को सर्वोपरि रखकर मतदान नहीं करेगा तब तक सामन्तवादी राजनीति जिन्दा रहेगी तथा विकास प्राथमिकता में नहीं रहेगा। इसलिए आवश्यकता उस औसत मतदाता के बदलने की है जो यह समझ ले कि उसका एक वोट देश की दशा एवं दिशा दोनों बदल सकता है कोई और नहीं क्योंकि—

"हुक्मरानों ने फरमाया है कि नारों से बदलता है जमाना,
सियासतदां कहते हैं कि सियासतें बदले तो बदलता है जमाना,
पर मिजाजे जहाँ बदलने को इतना कुछ काफी नहीं होता,
बदलने वाले खुद बदलें तो बदलता है जमाना।"

93

एक अच्छा जीवन प्रेम से प्रेरित तथा ज्ञान से संचालित होता है

—शैलेन्द्र बामनिया

पोथी पढ़ि-पढ़ि जग मुआ, पंडित भया न कोय।
ढाई आखर प्रेम का, पढ़े सो पंडित होय॥

कबीरदास का यह दोहा जीवन में प्रेम के महत्त्व को उजागर करता है तथा बताता है कि ज्ञान की सार्थकता प्रेम के अभाव में अधूरी है।

प्रेम तथा ज्ञान दोनों ही जीवन के लिए आवश्यक है। प्रेम वह भावनात्मक तत्व है जो मनुष्य को इन्सान बनाता है, ज्ञान या तर्कशक्ति द्वारा मनुष्य निरन्तर प्रगति करता है। ज्ञान के बिना प्रेम मनुष्य को अन्य जीव-जातियों की तरह बनाएगा जबकि प्रेम के बिना ज्ञान मनुष्य को मशीन बनाएगा।

प्रेम, ज्ञान की अपेक्षा अधिक महत्त्वपूर्ण है क्योंकि यह प्रकृति में अधिक आधारभूत है। यह प्रत्येक जीव में विद्यमान होता है। परस्पर एक-दूसरे की भाषा न समझ पाने वाले जीव भी प्रेम की भाषा द्वारा संवाद कर समते हैं। प्रेम सभी प्रकार के बन्धनों से परे है जबकि दूसरी ओर ज्ञान प्राप्ति को मानवता में परम तत्व माना गया है। प्राचीन भारतीय दर्शन ज्ञान की महिमा को बताता है तथा ज्ञान प्राप्ति को सभी बन्धनों से मुक्ति के लिए आवश्यक माना गया है।

एक मशीन या कम्प्यूटर को किसी प्रेरणा की आवश्यकता नहीं होती वह दिए गए निर्देशों पर कार्य करता है। लेकिन मनुष्य को प्रेरणा की आवश्यकता होती है ताकि वह ज्ञान प्राप्ति का उत्सुक बना रहे। यह प्रेरणा प्रेम द्वारा मिलती है, जिनसे वह प्रेम करता है उनके लिए वह निरन्तर सहायता व लाभ देने का प्रयास करता है।

विश्व तथा भारतीय इतिहास, दोनों इस बात के साक्षी रहे हैं कि जिन्होंने संसार को हानि पहुँचाई है, वे वह लोग थे जिनमें प्रेम की प्रेरणा का अभाव था। वहीं दूसरी ओर जिनके अन्दर प्रेम है, वे ज्ञान का उपयोग केवल विश्व व मानव जाति के कल्याण के लिए करते हैं। यदि हम विश्व इतिहास को देखें तो हमें अनेक उदाहरण मिलेंगे जहाँ महापुरुषों में अपने प्रेम, करुणा, ज्ञान से लोगों के जीवन की ही नहीं बल्कि इतिहास की धारा ही बदल दी।

भारतीय स्वतंत्रता आन्दोलन के जननायक गांधी जी का जीवन तो प्रेम व ज्ञान का अद्‌भुत संयोजन है। उनका अहिंसा व सत्याग्रह मानव मात्र व विश्व के प्रत्येक जीव के प्रति प्रेम का उत्कृष्ट उदाहरण है। इसके द्वारा उन्होंने सम्पूर्ण मानवता को प्रेमपूर्वक जीवन जीने का सन्देश दिया। गांधी जी के सिद्धान्तों में हिंसा का कोई स्थान नहीं था। वे अन्यायी का प्रेम द्वारा हृदय परिवर्तन में विश्वास रखते थे। उनका कहना था *पाप से घृणा करो पापी से नहीं।* इस प्रकार उन्होंने अपने प्रेम से भारतीय जनमानस का हृदय जीत लिया तथा अपनी ज्ञान व तर्कशक्ति से अंग्रेजों को भारतीय जनमानस के सामने झुकने को मजबूर कर दिया।

महात्मा बुद्ध के जीवन का अँगुलीमाल डाकू का प्रसंग सभी को पता है कि किस तरह उन्होंने अँगुलीमाल को डाकू से महात्मा बना दिया। उन्होंने यह मानव मात्र के प्रति प्रेम तथा अपने अद्‌भुत ज्ञान व तर्कशक्ति के बल पर किया।

ईसा मसीह को जब सूली पर चढ़ाया गया तब उन्होंने स्वयं को सूली पर चढ़ाने वाले के लिए ईश्वर से यही प्रार्थना की कि *"ईश्वर इन्हें माफ कर देना इनको नहीं पता कि यह क्या करने जा रहे हैं।"* इस प्रकार उन्होंने मानवता के सामने अपने प्रेम

व ज्ञान का जो उत्कृष्ट उदाहरण प्रस्तुत किया वह अत्यन्त दुर्लभ है। आज सम्पूर्ण विश्व में प्रभु यीशू के अनुयायियों की संख्या सर्वाधिक है।

भगवान राम ने प्रेम के वशीभूत होकर ही शबरी के जूठे बेर भी खा लिए जबकि श्रीराम सर्वाधिक ज्ञानमय व आदर्शवान मनुष्यों में थे। यह दिखाता है कि प्रेम व ज्ञान का उत्कृष्ट संयोजन ही जीवन को सार्थक व आदर्श रूप देता है। महाभारत में दुर्योधन के हृदय में पांडवों के प्रति घृणा व ईर्ष्या की भावना ने युद्ध में उसके सभी भाइयों, मित्रों, सम्बन्धियों का विनाश कर दिया। उपरोक्त सभी उदाहरण दिखाते हैं कि किस प्रकार प्रेम तथा ज्ञान एक अच्छे जीवन के लिए आवश्यक हैं।

यदि हम इतिहास की बड़ी-बड़ी त्रासदियों को देखें तो पाते हैं कि इनके जड़ में घृणा तथा ईर्ष्या के बीज ही विद्यमान है। अन्त में प्रेम तथा ज्ञान के प्रकाश ने ही मार्गदर्शन दिया। द्वितीय विश्वयुद्ध जिसे मानव इतिहास की सबसे बड़ी त्रासदी माना जाता है, हिटलर की यहूदियों के प्रति घृणा तथा मित्रराष्ट्रों के प्रति प्रतिशोध का परिणाम था। हिटलर ज्ञानवान होने के बावजूद मानव मात्र के प्रति प्रेम का उसमें अभाव था जिसने इतने बड़े नरसंहार को मानवता के सामने कभी न भूल सकने वाली त्रासदी के रूप में अन्जाम दिया।

एक अच्छे जीवन के लिए प्रेम तथा ज्ञान दोनों का समन्वय अत्यन्त आवश्यक है। रावण जैसा ज्ञानी पुरुष प्रेम के अभाव में अपने सभी परिजनों को युद्ध में मरवा देता है तथा कुल का विनाश कर लेता है। इसी तरह अकेला ज्ञान भी घातक होता है। वहीं दूसरी ओर ज्ञान के अभाव में केवल प्रेम भी नुकसानदायक हो सकता है। अन्धविश्वास, अन्ध-भक्ति आदि इसी के परिणाम हैं।

हम यदि परिवार के स्तर पर देखे तो बच्चे के जन्म से लेकर उसके बड़े होने तक माता-पिता का प्रेम, वात्सल्य तथा ज्ञान उसके भौतिक तथा मनोवैज्ञानिक विकास के लिए अति आवश्यक है। बालक अपने परिवार में माता-पिता को देखकर उनके जैसा ही बनने का प्रयास करता है। यदि बचपन से ही माता-पिता से प्रेम, ज्ञान, ईमानदारी, परोपकारी जैसे सदगुण विरासत में मिलते हैं तो भविष्य में उसके बेहतर इन्सान बनने की सम्भावना प्रबल हो जाती है। वहीं दूसरी ओर जहाँ बालक बचपन से ही अपराधी प्रवृत्ति के माहौल में रहता है वहाँ उसके अपराधी बनने की सम्भावना प्रबल रहती है।

इसी प्रकार विद्यालय में यदि अध्यापक विद्यार्थियों को स्नेहपूर्ण तथा तर्कशक्ति के साथ अध्ययन कराते हैं तो यह भविष्य में उनके व्यक्तित्व का उचित विकास करता है।

प्रेम तथा ज्ञान किस प्रकार अच्छे जीवन का पथ प्रदर्शन करते हैं, इसे हम केवल परिवार, व्यक्ति तथा समाज ही नहीं बल्कि राष्ट्र के स्तर पर भी देख सकते हैं। एक ओर हमारे देश की आजादी के आन्दोलन में गांधी जी का अहिंसा, सत्याग्रह,

अन्यायी से भी प्रेम करने की भावना आदि मूल में थे तो आज आजादी के 70 साल बाद भी हमारा लोकतंत्र जीवन्त है। आज भी हम संवैधानिक प्रावधानों के अनुरूप सामाजिक जीवन को संचालित करने में सक्षम हैं। वहीं दूसरी ओर हमारे पड़ोस में पाकिस्तान का निर्माण कट्टरता, घृणा, द्वेष आदि के द्वारा हुआ। आज तक हमारे पड़ोसी देश में न जाने कितनी बार लोकतंत्र का गला तानाशाही सरकारों द्वारा दबाया जा चुका है। जहाँ एक के मूल में प्रेम, अहिंसा, तर्कशक्ति, न्याय की भावना थी वहीं दूसरी ओर हिंसा, धर्मान्धता की भावना थी।

आज हमारे सामने पर्यावरण सन्तुलन, वैश्विक तापन, गरीबी जैसी अनेक समस्याएँ विद्यमान हैं। हम सभी मूक प्राणियों, वनस्पति आदि के प्रति करुणा, अहिंसा दिखाकर उनके साथ प्रेमपूर्वक व्यवहार कर समस्या का समाधान कर सकते हैं। आधुनिक तकनीकी से अर्जित ज्ञान का उपयोग इनके संरक्षण में किया जा सकता है।

इस प्रकार हम चाहे किसी भी आयाम से विश्लेषित करें हम पाते हैं कि अच्छे जीवन के लिए प्रेम तथा ज्ञान अपरिहार्य तत्व है। इनके बिना जीवन की सार्थकता नहीं हो पाती।

94

भारत में तकनीकी संस्थान : कुशल बेरोजगार उत्पन्न करने का कारखाना

—रतनदीप गुप्ता

डॉ. कलाम का मानना था कि शिक्षा एवं रोजगार के अवसरों का एकीकरण भारतीय पुनर्जागरण का तृतीय चरण होना चाहिए। 21वीं सदी के भारत में एक विशाल युवा वर्ग अपनी क्षमताओं से देश की समृद्धि में योगदान को आतुर दिखता है। यह आतुरता देश के उस 2/3 जनसंख्या जो कि 30 वर्ष से कम उम्र के युवाओं की है, के रूप में देखी जा सकती है। ये युवा भारत के आने वाले सुनहरे कल के प्रकाश पुंज हैं।

भारत के सामाजिक, आर्थिक, राजनैतिक एवं सांस्कृतिक विकास की जिम्मेदारी इन युवाओं के कन्धे पर है। स्पष्ट है कि इन युवाओं को भी शैक्षिक रूप से समृद्ध, तकनीकी रूप से दक्ष एवं राजनीतिक रूप से परिपक्व होना चाहिए। इसके लिए सबसे बड़ी आवश्यकता है कि इन युवाओं को समुचित रोजगार उपलब्ध हो।

रोजगार प्रदान करने की दृष्टि से भारत में प्राथमिक क्षेत्र, मुख्यत: कृषि का बोलबाला रहा है। देश की 50 प्रतिशत से अधिक जनसंख्या प्रत्यक्ष या अप्रत्यक्ष

रूप से रोजगार के लिए कृषि पर निर्भर है। स्पष्ट रूप से यहाँ व्यापक 'छिपी हुई बेरोजगारी' विद्यमान रही है।

भारत में मैनुफैक्चरिंग एवं सेवा क्षेत्र द्वारा जीडीपी का बहुलांश (3/4 से अधिक) योगदान किया जाता है परन्तु इन क्षेत्रकों द्वारा समानुपातिक रूप से रोजगारों का सृजन नहीं होता है। इस परिदृश्य में भारत को विकास के पथ पर आगे बढ़ाने के लिए उपरोक्त क्षेत्रकों में युवाओं को रोजगार के अधिक एवं नए अवसर उपलब्ध कराने की चुनौती है। इस चुनौती का सामना करने के लिए देश में लाखों छोटे-बड़े तकनीकी संस्थान काम कर रहे हैं। इन संस्थानों द्वारा विभिन्न पाठ्यक्रमों के माध्यम से एक ओर तकनीकी शिक्षा प्रदान की जाती है तो वहीं उनका कौशल विकास भी किया जाता है।

परन्तु विडम्बना यह है कि इन संस्थानों द्वारा शिक्षा प्राप्त करके युवाओं के समक्ष रोजगार प्राप्त करने की विषम चुनौती वर्तमान आर्थिक परिदृश्यों में दिखाई देती है। हालात यह है कि तकनीकी शिक्षा के इन संस्थानों को कुशल बेरोजगार उत्पन्न करने के कारखानों की संज्ञा तक दी जाती है। हमें आज उन कारणों पर गम्भीर विचार करना होगा कि आखिर यह परिस्थिति क्यों उत्पन्न हुई?

यदि व्यापक तौर पर विभाजित करें तो हम संस्थागत कारण एवं आर्थिक तथा नीतिगत कारणों के रूप में उपरोक्त परिस्थिति की समीक्षा कर सकते हैं। यदि भारत के लाखों छोटे-बड़े तकनीकी संस्थानों पर दृष्टि डालें तो कुछ सामान्य दोष उभरते हैं। तकनीकी अवसंरचना की कमी यथा लैब्स, इक्विपमेंट्स इत्यादि का अभाव, पुराने पाठ्यक्रम जिनमें समय के साथ परिवर्तन नहीं किया गया है, अस्थायी एवं संविदा शिक्षकों द्वारा अध्यापन, शिक्षा की गुणवत्ता के उचित मूल्यांकन तंत्र का अभाव तथा इंडस्ट्री-उन्मुख कोर्सेज का संचालन न किया जाना प्रमुख हैं।

इसके साथ शिक्षा में व्यवसायीकरण पर जोर, खराब शिक्षक-छात्र अनुपात तथा छात्रों की रुचि के विपरीत माता-पिता एवं समाज के दबाव में तकनीकी संस्थानों की ओर रुख भी अन्य कारण हैं।

यदि आर्थिक एवं नीतिगत कारकों पर मंथन करें तो छात्रों में इंडस्ट्री की माँग के अनुरूप 'राइट स्किल सेट' का न होना एक प्रमुख कारण है। विभिन्न सर्वेक्षणों में यह तथ्य सामने आ चुका है कि अधिकांश भारतीय स्नातक नौकरी करने के लिए आवश्यक स्किल्स नहीं रखते हैं। इसके साथ ही देश की आर्थिक परिस्थितियाँ भी इसके लिए उत्तरदायी हैं। उदाहरणस्वरूप प्रत्येक वर्ष देश में 1.5 करोड़ नए लोगों को रोजगार चाहिए परन्तु वर्ष 2014-15 में केवल 1.5 लाख नए रोजगार सृजित हो सके हैं।

इसके साथ ही तकनीकी शिक्षा प्राप्त करने के बाद स्वरोजगार/उद्यम को बढ़ावा न देकर 'जॉब चाहने वाला' बनने की सामाजिक एवं सांस्कृतिक प्रवृत्ति भी इसके

लिए उत्तरदायी है। डॉ. कलाम का विचार था कि हमारे युवाओं को 'जॉब सीकर्स' नहीं 'जॉब गिवर्स' होना चाहिए।

वैश्विक आर्थिक परिस्थितियाँ भी वर्तमान में संरक्षणवाद को बढ़ावा देती दिख रही हैं। उदाहरणस्वरूप ब्रिटेन का कठोर आव्रजन नियम अब भारत के आईटी पेशेवरों (जो कि इनके सबसे बड़े लाभकर्ता समुदाय थे) के लिए भारत से बाहर रोजगार के अवसरों को कम करेगा।

हाल के समय में सरकार द्वारा किए गए विमुद्रीकरण एवं जीएसटी के लागू करने से भी कुछ समय के लिए जॉब क्रिएसन की दर मन्द होने का अन्देशा है। समग्रत: तकनीकी शिक्षा प्राप्त युवाओं को रोजगार की उपलब्धता अति आवश्यक है अन्यथा यह चुनौती अनेक सामाजिक, राजनीतिक, आर्थिक समस्याओं को जन्म दे सकती है।

युवाओं में बढ़ता तनाव, अनिद्रा एवं आत्महत्या जैसी प्रवृत्तियाँ एक स्वस्थ समाज के लिए शुभ संकेत नहीं हैं। यदि हम अपने जनांकिकीय लाभांश को समुचित रोजगार प्रदान कर उत्पादक कार्यों में नहीं लगा सके तो यह ऊर्जा अलगाववाद, क्षेत्रवाद, सम्प्रदायवाद जैसे नकारात्मक कार्यों को बढ़ावा देगी।

बेरोजगारी की स्थिति तकनीक का उपयोग अनैतिक कार्यों यथा हैकिंग, डाटा ब्रीच जैसी गतिविधियों को बढ़ावा दे सकता है। आर्थिक विषमता को बढ़ावा देने के साथ ही समग्र रूप से भारत के आर्थिक विकास की गति मन्द पड़ सकती है। अत: इन चुनौतियों से समग्र रूप से निपटने के लिए सरकार, गैर सरकारी संगठनों, तकनीकी संस्थानों, इंडस्ट्री तथा शिक्षकों एवं छात्रों सभी के गम्भीर एवं सम्मिलित प्रयासों की आवश्यकता है।

सरकार स्टार्टअप इंडिया, स्टैंडअप इंडिया स्कीम के माध्यम से स्टार्टअप संस्कृति के विकास को बढ़ावा दे रही है। इससे अधिक-से-अधिक तकनीकी दक्ष युवा स्वयं नए रोजगार उत्पन्न कर सकेंगे।

उच्च तकनीकी संस्थानों के लेक्चर्स को यथा आईआईटी के कक्षा लेक्चर्स को देश भर के विभिन्न संस्थानों में प्रसारित करने का प्रयास किया जा रहा है। हाई एजुकेशन फाइनेंस एजेंसी के माध्यम से उच्च तकनीकी एवं प्रबन्धन संस्थानों के वित्तपोषण की व्यवस्था की गई है। फैकल्टी एक्सचेंज प्रोग्राम के तहत छात्रों को वैश्विक अनुभव से युक्त करने का प्रयास किया जा रहा है।

इम्प्रिन्ट इंडिया, सेतु (SETU) एवं प्रधानमंत्री कौशल भारत मिशन इस तकनीकी शिक्षा एवं रोजगार को एकीकृत कर उत्कृष्ट बनाने के अन्य आयाम हैं। इसके अतिरिक्त उद्योगों को यह प्रयास करना चाहिए कि वे अपने सीएसआर का उपयोग युवाओं की कुशलता एवं दक्षता को बढ़ाने के लिए करें। आर्थिक सर्वेक्षण 2016 में लेदर एवं कपड़ा उद्योग को व्यापक रोजगार प्रदाता के रूप में स्थापित करते

हुए इसके तकनीकी उन्नयन की बात की गई है, इस दिशा में अधिक प्रयास की आवश्यकता है।

भारत में तकनीक एवं विज्ञान के कुछ अति उत्कृष्ट संस्थान मौजूद हैं। आईआईटी, आईआईएस, इनके प्रत्यक्ष प्रमाण हैं। भारत में प्रतिभाओं की भी कमी नहीं है—इसरो, डीआरडीओ ने साल-दर-साल सिद्ध किया है। नासा के 37 प्रतिशत इंजीनियर एवं वैज्ञानिक भारतीय मूल के हैं।

यदि सुन्दर पिचाई, सत्या नडेला विश्व की शीर्ष तकनीकी कम्पनियों के मुखिया बन सकते हैं तो हमारे अन्य संस्थान एवं छात्र भी उत्कृष्टता के पैमाने पर स्वयं को सिद्ध कर सकते हैं। हमें अपनी क्षमताओं पर विश्वास करना है और स्वामी विवेकानन्द की इन पंक्तियों को अपना ध्येय वाक्य बनाना होगा कि—

"उठो! जागो, और तब तक मत रुको, जब तक लक्ष्य की प्राप्ति न हो जाए।"

95

क्या व्यक्तिगत धर्मान्धता की घटनाओं को भारत में 'बढ़ती असहिष्णुता' के संकेत के रूप में देखा जा सकता है?

—नीतू सिंह

भारतवर्ष एक ऐसा देश रहा है, जहाँ विदेशी आक्रमणकारी भी 'भारतीय' होकर यहीं रह गए। पर जब आज के अखबारों के पन्ने पलटती हूँ तो कहीं कलबुर्गी की हत्या तो कहीं 'गौरक्षा' के नाम पर हत्या की घटनाएँ पढ़कर आहत हो उठती हूँ। चन्द व्यक्तिगत धर्मान्धता कहीं भारत को असहिष्णु तो नहीं बना रही? फिर यहाँ यह प्रश्न भी उठता है कि व्यक्तिगत धर्मान्धता क्या है? क्या किसी काल विशेष में भारतीय असहिष्णु नहीं रहा? यह भी गौर करने योग्य है कि व्यक्तिगत धर्मान्धता के बढ़ने के क्या कारण हैं? साथ ही क्या अन्तर्वर्णी संस्कृति पर व्यक्तिगत धर्मान्धता भारी पड़ सकती है? अथवा भारत की सदियों की परम्परा धर्मान्धता को सुधार का रूप प्रदान करके 'समायोजना' कर लेगी? इन प्रश्नों के उत्तर के लिए विषय की गहराई व विस्तार आवश्यक है, जिसकी शुरुआत इतिहास के सन्दर्भ से करना अनुकूल होगा।

प्राचीनकाल की वैदिक सभ्यता के बाद 'उत्तर वैदिक काल' में आरम्भ हुए कर्मकांड व व्यक्तिगत धर्मान्धता के कारण लोगों का जीवन कठिन होता गया, जिसमें किसी व्यक्ति विशेष की धार्मिक मान्यताएँ (सामान्यत: पुरोहित) पूरे समाज पर लागू होती थीं। जो रूढ़िवादी, अतार्किक व कर्मकांडीय थीं तथा विशेषाधिकार बनाए रखने के लिए धर्म को मनमाने ढंग से परिभाषित किया गया, जिसे व्यक्तिगत धर्मान्धता भी कहा गया।

इस धर्मान्धता के विरुद्ध बौद्ध व जैन धर्म का उदय हुआ जिसने भारतीय समाज को और सहिष्णु बनाकर कुरीतियाँ समाप्त करने का प्रयास किया। जो मध्यकाल में 'सूफी व भक्ति आन्दोलन' द्वारा किया गया व आधुनिक काल में राजा राममोहन राय जैसे सामाजिक-धार्मिक सुधारकों द्वारा किया गया।

उपरोक्त ऐतिहासिक पृष्ठभूमि के बावजूद आज 21वीं सदी में व्यक्तिगत धर्मान्धता ने असहिष्णुता के तत्त्वों को गति प्रदान की। जैसे तार्किक एवं धर्मान्धता के खिलाफ लिखने वाले कलबुर्गी की हत्या, उत्तर प्रदेश में शंका मात्र के आधार पर अखलाक की हत्या, गौरक्षक व धर्म की रक्षा के नाम पर जनजातियों की प्रताड़ना, महिलाओं के मन्दिर प्रवेश को 'अपवित्रता' की संज्ञा देना, शैक्षणिक संस्थाओं में विचारधारा के आधार पर नियुक्तियाँ एवं राष्ट्रवाद की संकीर्ण परिभाषा को आगे बढ़ाना।

उपरोक्त घटनाएँ 'बढ़ती असहिष्णुता' का संकेत प्रतीत होती हैं क्योंकि इसकी प्रतिक्रियास्वरूप समाज में विभाजन के तत्त्व दृष्टिगोचर हुए हैं। बुद्धिजीवियों द्वारा अपने पुरस्कार लौटाए गए एवं तमाम मंचों पर वाद-विवाद की गति बढ़ गई। इन घटनाओं से कभी-कभी डर भी लगता है जो इकबाल की पंक्तियों, 'मिटती नहीं हस्ती...' को पुनः याद दिला देती है। फिर ये भी लगता है कि क्या 'भारत' की अवधारणा इतनी कमजोर है कि छिटपुट घटनाएँ सहिष्णुता जैसे विशाल तत्त्वों पर चोट पहुँचा सकती हैं।

इसे देखने के लिए रवीन्द्रनाथ टैगोर का कथन कि "भारत सहमतियों का देश है," अत्यधिक प्रासंगिक है। इन असहमतियों को आदिकाल से भारत ने समाहित किया हुआ है। जैसे समय-समय पर धर्म में आई कुरीतियों को ठीक करने के लिए आन्दोलन देखे गए। जिसे बौद्ध-जैन धर्म, श्रमण व्यवस्था, भक्ति सूफी, सामाजिक-धार्मिक आन्दोलन एवं वर्तमान में 'सिविल समाज' द्वारा आन्दोलन। भारतीय समाज की सहिष्णुता को हर क्षेत्र में देखा जा सकता है। उदाहरणस्वरूप—

सामाजिक स्तर पर भिन्न-भिन्न जाति, धर्म, नृजाति, भाषा, मूलवंश भारत को सुशोभित करते हैं। किसी ने ठीक ही कहा है—

कोस कोस पर बदले पानी,
चार कोस पर बदले बानी।

जहाँ हिन्दू समुदाय द्वारा लखनऊ में मुस्लिम लड़कियों का सामूहिक विवाह करवाया गया, दिल्ली के गुरुद्वारों में रमजान के लिए खुलवाना एवं दशहरा की रावण की मूर्तियाँ मुस्लिम कलाकारों द्वारा बनाना एकदम अनोखी व विविधता में एकता की संस्कृति है।

ये सहिष्णुता संविधान के बनाने में भी देखी जा सकती है, जहाँ सभी महत्त्वपूर्ण संविधानों से आवश्यकतानुसार भाग लिया गया। आर्थिक क्षेत्र में निजी के साथ सार्वजनिक उद्योगों को बढ़ावा दिया गया। राजनीतिक क्षेत्र में अखिल भारतीय दलों

की प्रतिस्पर्धा क्षेत्रीय दलों से लगभग हर चुनाव में देखी जा सकती है। खानपान हो या पहनावा सभी में सहिष्णुता के बिन्दु विद्यमान हैं। भाषा के स्तर पर 'उर्दू' का विकास अपने आपमें दिलचस्प है।

शास्त्रीय संगीत व नृत्य से लेकर सालसा तक, दाल-बाटी से पिज्जा तक, धोती-कुर्ता से जिंस-टॉप तक, संस्कृत से फ्रेंच तक, अरेंज मैरिज से लव कम अरेंज मैरिज तक, हर पहलू में भारतीय सहिष्णुता देखी जा सकती है। जहाँ उपलब्धियों को शान्तिपूर्ण सहमति में बदला गया है। पर क्या पहले भाग में उल्लेखित घटनाओं को असहिष्णु न मानते हुए नजरअन्दाज कर दिया जाए?

तो जवाब होगा—हरगिज नहीं। घटना चाहे एक की क्यों न हो, उसे विधिसम्मत ढंग से हल किया जाना चाहिए। साथ ही प्रत्येक घटना से सीख लेते हुए समाज को और सहिष्णु बनाने की आवश्यकता है। व्यक्तिगत धर्मान्धता पर सरकार की कार्यवाही से पूर्व समाज की सामूहिक व समायोजित कार्यवाही होनी चाहिए। जो असहमति को सकारात्मक रूप में लें।

जिस प्रकार 'भारत को जानो' योजना है, उसी तरह 'लोगों को जानें' की योजना होनी चाहिए। जो धर्मान्धता को धर्म सुधार में तब्दील कर दे। इस सन्दर्भ में ग्रेनविल ऑस्टिन का कथन अत्यधिक प्रासंगिक प्रतीत होता है—

"भारत वही करेगा, जो सदियों से करता आया है। सभी से सीखते हुए तथा असहमतियों को अपने अन्दर समेटते हुए, सौहार्दपूर्ण निष्कर्ष पर पहुँचेगा।"

जहाँ एक ओर विकसित देशों के विचारक सैमुअल हटिंग्टन 'सभ्यताओं के संघर्ष' की आशकाएँ जता रहे हैं। वहीं भारत की गुटनिरपेक्षता 'फ्यूजन ऑफ कल्चर' को बढ़ावा दे रही है, जिसे सामाजिक, आर्थिक, राजनीतिक, सांस्कृतिक आदि प्रत्येक पहलू में अपनाने की जरूरत है।

96

अधिकार बढ़ने के साथ उत्तरदायित्व भी बढ़ जाता है

—संदीप मीणा

अधिकारों के इस सम्मेलन में,
चलो एक किस्सा कर्तव्यों का भी छेड़ा जाए...

रुसो ने लिखा है—*"मनुष्य स्वतंत्र पैदा होता है किन्तु वह हर जगह बेड़ियों से जकड़ा है।"* ये बेड़ियाँ दरअसल उसके कर्तव्यों और उत्तरदायित्वों की हैं यहाँ हर व्यक्ति की स्वतंत्रता वहीं समाप्त हो जाती है जहाँ दूसरे की स्वतंत्रता शुरू होती है।

यदि हम किसी की स्वतंत्रता का हनन करते हैं तो विधि के नियमों द्वारा हमें दंडित भी किया जा सकता है।

लोकतंत्र के इस दौर में प्रत्येक राज्य या समुदाय के नागरिक अपने लिए अधिक-से-अधिक अधिकारों की माँग कर रहे हैं ताकि अधिक मात्रा में स्वतंत्रता का उपभोग कर सकें। दिन-प्रतिदिन अधिकारों की बढ़ती इस माँग से मुझे वाल्टेयर का कथन याद आ रहा है। उन्होंने कहा है कि "अधिकार बढ़ने के साथ उत्तरदायित्व भी बढ़ जाता है। हमें अपने अधिकारों के साथ-ही-साथ अपनी जिम्मेदारियों का भी बोध होना जरूरी है।"

उल्लेखनीय है कि अधिकार एवं कर्तव्य एक सिक्के के दो पहलू हैं। यदि हम अधिकारों की माँग करते हैं तो उत्तरदायित्व अधिकारों के साथ-साथ आ जाते हैं क्योंकि स्वतंत्रता एवं स्वच्छंदता के बीच की महीन रेखा हमारे उत्तरदायित्वों की होती है जिसका अतिक्रमण किसी दूसरे के दायित्वों का हनन है। हम जिस घर, समाज, गाँव या राज्य में रहते हैं वहाँ अधिकार एवं दायित्व हमारे साथ कदम-से-कदम मिलाकर चलते हैं।

विदित है कि भारतीय संविधान जिसका निर्माण एक स्वतंत्र संविधान सभा द्वारा किया गया था, के निर्माता अपने नागरिकों को अधिक-से-अधिक अधिकार देने हेतु प्रतिबद्ध रहे हैं ताकि प्रत्येक की स्वतंत्रता एवं समानता का फिर से कोई राज्य हनन नहीं कर सके। लेकिन जब मूल कर्तव्यों की बात आई तो तर्क दिया गया कि भारत की जनता अधिक मात्रा में अशिक्षित है, ऐसे में उन्हें अपने दायित्वों का बोध नहीं होगा इसलिए इनका प्रावधान मूल संविधान में कई वर्ष बाद किया गया।

उल्लेखनीय हैं हमारे मौलिक अधिकार, जो कि अच्छे जीवन की आवश्यक एवं आधारभूत परिस्थितियों के लिए दिए गए हैं, इनके बिना भी नागरिक अपने दायित्व और आत्मविश्वास को विकसित नहीं कर सकता है।

सभ्यता के इस विकासक्रम में हम जैसे-जैसे विकसित एवं आधुनिक हो रहे हैं वैसे-वैसे हमारे अधिकारों की माँग बढ़ती जा रही है और अनेक अधिकार मिल भी रहे हैं, जैसे हाल में सर्वोच्च न्यायालय द्वारा निजता के अधिकार को मूल अधिकार की श्रेणी में रखकर प्रत्येक नागरिक की व्यक्तिगत स्वतंत्रता को सुरक्षित रखा गया, वहीं दूसरी तरफ तीन तलाक जैसे गैरकानूनी प्रयासों को अमान्य घोषित करके प्रत्येक व्यक्ति के समान अधिकारों को बल दिया। अब हमारा दायित्व बनता है कि हम अपनी निजता के अधिकार को सुरक्षित रखते हुए दूसरे की निजता का सम्मान करें ताकि अधिकार एवं दायित्व साथ-साथ चलते रहें।

ज्ञातव्य है कि राज्य यदि नागरिकों को अधिकार एवं दायित्व सौंपता है तो वहीं शासन एवं प्रशासन का भी कुछ अधिकार एवं दायित्व है जिनका निर्वाह जनता के हित में करते हुए एक सुशासन व्यवस्था को मूर्त रूप दिया जा सके।

देखा जाए तो हम आधुनिक तो हो रहे हैं लेकिन अपने मूल्यों के प्रति उदासीन बनते जा रहे हैं। बदलते परिदृश्य में नैतिक मूल्यों की परवाह किए बगैर प्रत्येक व्यक्ति (आम नागरिक, शासन, प्रशासन इत्यादि) अपनी स्वतंत्रता एवं शक्ति के बल पर निरंकुशता एवं भ्रष्टाचार जैसे अवगुणों को बढ़ावा दे रहा है। स्वार्थ के वशीभूत हम भूलते जा रहे हैं कि हम एक लोकतांत्रिक व्यवस्था के नागरिक हैं और लोकतंत्र लोक कल्याण की अवधारणा को मूर्त रूप देने का माध्यम है। लोक कल्याण के लिए समावेशी विकास को अपने नीति-निर्माण में शामिल करते हुए शासन एवं प्रशासन नागरिकों को अधिक-से-अधिक अधिकार प्रदान करने हेतु प्रतिबद्ध है।

भारत में जनता अपने प्रतिनिधियों को चुनती है, जिनसे वह कुछ अपेक्षाएँ रखती है ताकि लोगों का कल्याण हो सके। किन्तु अपने अधिकारों के प्रति सजग ये जनप्रतिनिधि अपने उत्तरदायित्वों को भूल बैठे और जनता के शोषण का कारण बन गए। ऐसा क्यों हुआ? क्योंकि यहाँ अधिकार तो मिला किन्तु उत्तरदायित्वों का समन्वय नहीं हो पाया जिससे अधिकार एवं उत्तरदायित्व का तालमेल बिखर रहा है।

आपने देखा होगा कि किस तरह लोकतंत्र के महापर्व (चुनाव) में जनप्रतिनिध अपने उत्तरदायित्वों का बोध आम जनता को कराते हैं ताकि जनता उन्हें ही अपने उम्मीदवार के रूप में विजयी बनाए। किन्तु जैसे ही सत्ता मिली वैसे ही सत्ता के साथ मिलने वाली सुविधाएँ इनकी आँखों के आगे से उत्तरदायित्वों को धूमिल कर देती हैं। कौटिल्य ने कहा है कि "जिस देश की जनता झोंपड़-पट्टी में रह रही हो उस देश के शासक को महलों में रहने का कोई हक नहीं बनता।"

कौटिल्य की बात का स्मरण करते हुए आज का परिदृश्य उसके विपरीत है क्योंकि हमें अपने अधिकारों का तो भलीभाँति ज्ञान है किन्तु उत्तरदायित्वों को देखते हुए भी नजरअन्दाज कर रहे हैं।

प्रश्न उठता है ऐसा क्यों? जबकि हमारे संविधान में अधिकारों के साथ-साथ दायित्वों को भी शामिल किया गया, फिर क्यों हमारे कुछ राजनेता, प्रशासक, ग्राम प्रधान आदि अपने अधिकारों को तो गिनाते हैं किन्तु लगता है अपने उत्तरदायित्वों को पाँच वर्षों के लिए सुरक्षित रखा है ताकि समय आने पर फिर से आम जनता को अपने उत्तरदायित्वों का ज्ञान करा सकें।

उल्लेखनीय है कि द्वितीय प्रशासनिक सुधार आयोग ने भी अपनी रिपोर्ट में राजनीति तथा प्रशासन में ऊपर से नीचे तक फैली लालफीताशाही और भ्रष्टाचार पर निराशा व्यक्त की है। समिति ने कुछ प्रावधान दिए हैं ताकि फैले भ्रष्टाचार को दूर करके राजनीति एवं प्रशासन को स्वस्थ किया जा सके। समिति ने प्रावधान किया है कि जिन उच्च अधिकारियों द्वारा अपने अधीनस्थों को क्लीन चिट दिया जाता है भविष्य में क्लीन चिट प्राप्त अधीनस्थ भ्रष्टाचार के किसी मामले में पकड़ा जाता है तो इसकी जिम्मेदारी उस अधीनस्थ के साथ-साथ उसके उच्च अधिकारी की भी

होगी। उच्च अधिकार प्राप्त हमारे नीति नियंताओं में उत्तरदायित्वों की वृद्धि के लिए नैतिक तथा प्रशासनिक आचार संहिता की भी सिफारिश की गई है।

ध्यातव्य हो कि जिन दायित्वों की बात राजनीतिक व प्रशासनिक स्तर पर की गई है। केवल उनके दायित्वों की पूर्ति से उत्तरदायित्वों की परिभाषा पूर्ण नहीं होती, बल्कि प्रत्येक आम आदमी को भी अपने कर्तव्यों के प्रति सजग रहना चाहिए।

"सड़क पर चलना हमारा अधिकार है किन्तु सड़क को साफ रखना हमारा उत्तरदायित्व है।" जिस प्रकार पेड़-पौधों पर फल आने पर वो झुक जाते हैं उसी प्रकार हमें भी अधिकारों को प्राप्त करने के बाद अपने दायित्वों का ज्ञान होना आवश्यक है और उन्हें अमल में लाना परम आवश्यक है।

वर्तमान में उत्पन्न हो रही नई-नई समस्याएँ जैसे पर्यावरण संकट, जो कि किसी एक आदमी या एक समाज या एक राष्ट्र के लिए संकट नहीं है बल्कि पूरी सृष्टि को नष्ट कर सकता है। समय रहते यदि सजग नहीं हुआ गया तो एक दिन पूरी विकसित सभ्यता कब मिट्टी के ढेर में परिवर्तित हो जाएगी पता ही नहीं चलेगा।

सराहनीय है कि भारत के नागरिक अपने अधिकारों को जितना जानते हैं उतना ही अपने उत्तरदायित्वों को भी समझते हैं, जिसका उदाहरण हमें चिपको आन्दोलन, एपिको, मैत्री आदि आन्दोलनों में दिखाई पड़ता है कि किस तरह लोगों ने स्वच्छ पर्यावरण के लिए अपने दायित्वों को समझा।

हाल ही में विश्व असमानता रिपोर्ट के अनुसार देश के शीर्ष 0.1 प्रतिशत सबसे अमीर लोगों की कुल सम्पदा बढ़कर निचले 50 प्रतिशत लोगों की कुल सम्पदा से अधिक हो गई है। दरअसल, यह नितान्त ही मौलिक बात है कि जब कोई राज्य अपने नागरिकों में कोई भेदभाव नहीं करता और न किसी एक वर्ग के कल्याण को बढ़ावा देता है तो फिर क्यों अमीर और भी अमीर जबकि गरीब और भी गरीब होता जा रहा है? विकास का स्तर जहाँ नीचे से ऊपर होना चाहिए था तो वहीं विकास सिर्फ ऊपर ही तैर रहा है। नीचे के स्तर पर भुखमरी, गरीबी, बेरोजगारी, बीमारियाँ जैसी समस्याएँ बढ़ती जा रही हैं। यह आँकड़ा बताता है कि हम अपने अधिकारों के प्रति तो सजग हैं पर उत्तरदायित्वों को नजरअन्दाज करते जा रहे हैं।

हमारे धर्मों, नीति कथाओं, साहित्य सभी में दीन-दुखियों की सेवा की बात की गई है मगर हम सम्पन्न एवं समृद्ध हैं तो हर जरूरतमन्द की मदद के लिए हमारे हाथ अवश्य ही उठने चाहिए।

खुद भूखा रहकर किसी को खिलाकर तो देखिए,
कुछ यूँ इनसानियत का फर्ज निभाकर तो देखिए।

संस्कृत साहित्य में भी कहा गया है कि *'धर्मो रक्षति रक्षित:।'* यानी जो धर्म अर्थात् अपने कर्तव्यों और उत्तरदायित्वों की रक्षा करते हैं, धर्म भी उनकी रक्षा

करता है। विंस्टन चर्चिल ने कहा है—*"अगर महानता का सबसे बड़ा कोई मूल्य है तो वह है उत्तरदायित्वों की पूर्ति।"*

भारत जैसे लोकतांत्रिक देश में आम जनता, प्रशासन एवं शासक सभी को मिलकर मानव कल्याण के प्रति सजग रहना होगा तभी हम दीर्घकाल तक अपनी सभ्यता को बनाए रख सकते हैं। चूँकि जहाँ-जहाँ तानाशाहों ने अपने अधिकारों का उपभोग किया किन्तु उत्तरदायित्वों को नजरअन्दाज किया वहाँ सत्ता का ढाँचा लड़खड़ाकर गिर गया।

ये जब्र भी देखा है, तारीख की नजरों ने,
लम्हों ने खता की थी सदियों ने सजा पाई।

निष्कर्षत: यही हमारा दायित्व बनता है कि हम नेता हों या अधिकारी या सामान्य जन, हमें सत्यनिष्ठा, पारदर्शिता, ईमानदारी, सदाचार और नैतिकता को अपने व्यवहार में उतारना चाहिए ताकि लोकतांत्रिक मूल्यों को मूर्त रूप दे सकें।

"जीवन में अपने कर्तव्यों को अपनी चाहत बना लेने से जीवन कठिन तो हो जाता है पर सही दिशा में चलता है।"

97

नवाचार और विकास

—विजय सिंह गुर्जर

एक प्रतिष्ठित विदेशी अखबार में एक कार्टून छपा था जिसमें भारत के मंगल कार्यक्रम पर व्यंग्य करते हुए एक भारतीय किसान को गाय के साथ 'एलीट अन्तरिक्ष क्लब' का दरवाजा खटखटाते दिखाया गया था। अचानक से स्मृति में बैलगाड़ी में रखे उपग्रह का चित्र सामने आया, अगर भारत ने प्रतिकूल परिस्थितियों में रहते हुए परमाणु ऊर्जा आयोग, भारतीय राष्ट्रीय अन्तरिक्ष शोध समिति, जैव तकनीकी मिशन, परमाणु ऊर्जा व हथियार उत्पादन जैसे नवाचारी कदम न उठाए होते तो क्या हमारा जीवन वैसा ही रहता जैसा आज है या फिर हम गुणवत्तापूर्ण जीवन तथा सतत विकास हेतु संघर्ष कर रहे होते।

बिना नवाचारों के विकास 21वीं सदी में सोचना भी व्यर्थ है। जापान, कोरिया गणराज्य तथा इजराइल जैसे संसाधनाभाव वाले देशों ने नवाचार के दम पर न केवल अपना विकास किया है अपितु सम्पूर्ण मानवता की सुरक्षा तथा विकास में भी योगदान दिया है। नवाचार मानव विकास की प्रगति के केन्द्र में रहा है, चाहे

आग का आविष्कार हो, पहिये का या शिकार हेतु हथियार का। भारत की प्रगति में नवाचारों की महत्त्वपूर्ण भूमिका रही है।

"नवाचार कोई नया कार्य करना मात्र ही नहीं है अपितु किसी कार्य को नए तरीके से करना भी नवाचार है।"

भारत के विकास में नवाचारों को समाहित करने का कार्य मानव संसाधन विकास मंत्रालय, विज्ञान तथा प्रौद्योगिकी मंत्रालय, कृषि मंत्रालय, वित्त मंत्रालय इत्यादि मंत्रालयों के अनेक विभागों तथा स्वायत्त तथा निजी संस्थानों के प्रयासों से हुआ है।

कृषि व नवाचार

आजादी के पश्चात् भारतीय जनसंख्या हेतु पर्याप्त अन्नोत्पादन कभी नहीं हो रहा था। पशुपालन, डेयरी उद्योग तथा सह-कृषि गतिविधियों का भी विकास पर्याप्त नहीं था। 1960 के दशक में एम.एस. स्वामीनाथन के नेतृत्व में उच्च उत्पादकता वाले बीज, सिंचाई हेतु लिफ्ट इरीगेशन जैसे नवाचार, कीटनाशक तथा उर्वरकों के उपयोग द्वारा कृषि उत्पादन को बढ़ाया गया। द्वितीय हरित क्रान्ति में प्रारम्भिक चरण की कमियों को दूर करने का प्रयास किया गया। पशुपालन में पशु वीर्य बैंक, पशु नस्ल सुधार, नई नस्लों की क्लोनिंग तथा व्यावसायिक पशुपालन की तकनीकियों का विकास किया गया। पशुओं हेतु गुणवत्तापूर्ण चारा उपलब्धता, ग्रामीण क्षेत्रों में खाद्य प्रसंस्करण उद्योगों हेतु अवसंरचना विकास तथा तकनीकी संवर्द्धन द्वारा कृषि सम्बद्ध क्षेत्र का विकास किया गया। नवाचारों के बल पर भारत का 2018-19 का अनाज उत्पादन 281 मिलियन टन हो गया, वहीं दुग्ध उत्पादन भी 190 मीट्रिक टन है। आईसीएआर, एनडीआरआई, एनडीडीबी तथा नीति आयोग के सामूहिक नवाचारों के बिना कृषि क्षेत्र में ये परिवर्तन सम्भव नहीं थे। इसरो (ISRO) तथा आईएमडी के नवाचारों ने न केवल मौसम पूर्वानुमान अपितु भूमिगत साधनों, तूफानों इत्यादि जानकारियों से कृषि क्षेत्र को सकारात्मक सहयोग दिया है।

राष्ट्रीय गोकुल मिशन, मृदा स्वास्थ्य कार्ड, इलेक्ट्रॉनिक विनिमय भंडारण रसीद प्रणाली, जेनेटिक इंजीनियरिंग तथा नवाचारी कृषि प्रणालियों (जीरो बजट नेचुरल फार्मिंग, जैविक कृषि) ने कृषि क्षेत्र तथा ग्रामीण विकास में महत्त्वपूर्ण योगदान दिया है।

नवाचारों के दम पर ही भारत वर्तमान में 1500 से ज्यादा खनन क्षेत्रों से करीब 100 खनिजों का उत्पादन कर रहा है। साथ ही अपतटीय खनिज खोज तथा प्राप्ति के नवाचारी तरीकों से यह क्षेत्र विकास कर रहा है।

अर्थव्यवस्था के द्वितीयक क्षेत्र पूर्णतया नवाचारों पर ही निर्भर हैं। 10 वर्ष पूर्व विनिर्माण क्षेत्र में नवाचारों हेतु पूछा जाता था—क्या नवाचार करना चाहिए? अब पूछा जाता है—किस गति से नवाचार करना चाहिए? तीव्र गति से नवाचार के बिना विनिर्माण क्षेत्र वैश्विक प्रतिस्पर्द्धा में खड़ा नहीं हो सकता। रोबोटिक्स, आर्टिफिशियल

बुद्धिमता, डाटा माइनिंग, 3डी प्रिंटिंग्स के उदय ने विनिर्माण क्षेत्र में क्रान्ति उत्पन्न कर दी है। विनिर्माण तथा निर्माण क्षेत्र में प्रक्रिया, उत्पादन, प्रबन्धन तथा आपूर्ति प्रत्येक चरण में नवाचार अपनी भूमिका निभाते हैं। हाल ही में 46 दिनों में बनाया गया पम्बन रेलवे पुल नवचारी विनिर्माण का उदाहरण है।

अर्थव्यवस्था का तृतीय तथा चतुर्थ क्षेत्र पूर्णतया नवाचारों पर ही आधारित है। स्टार्टअप, सॉफ्टवेयर उद्योग बीपीओ तथा केपीओ क्षेत्र के नवाचारों ने न केवल अर्थव्यवस्था अपितु रोजगार सृजन में भी महत्त्वपूर्ण योगदान दिया है। भारतीय सेवा क्षेत्र की विश्व में धमक यहाँ इस क्षेत्र के नवाचारों के दम पर ही है।

नवाचार तथा मानव जीवन

चिकित्सा क्षेत्र में स्टेम सेल, जयपुर फुट, डीएनए तथा आरएनए तकनीकी नवाचारों ने चिकित्सा क्षेत्र में क्रान्ति ला दी है। जिन रोगों को पूर्व असाध्य माना जाता था उनका पूर्णतया उपचार सम्भव हुआ है। सौर ऊर्जा, पवन ऊर्जा, नाभिकीय ऊर्जा, समुद्री जल जनित ऊर्जा (OTEC) तथा बायोमास जैसे नवीन ऊर्जा शोधों से न केवल ऊर्जा आवश्यकताएँ पूर्ण हो रही हैं, अपितु मानव जीवन स्तर में भी सुधार हुआ है। अन्तरिक्ष में भारत के बढ़ते कदमों ने कृषि क्षेत्र, मौसम विज्ञान, सूचना तंत्र, संचार प्रणाली तथा रक्षा प्रणाली को मजबूत बनाया है। नवाचारों के दम पर ही आज चक्रवात से पूर्व ही निवासियों को वहाँ से हटाया जाता है, वहीं पुनर्वास व सहायता कार्यक्रमों की निगरानी भी सम्भव हुई है। आज एक आँगनबाड़ी कार्यकर्ता अपने 'टैब' से गर्भवती महिलाओं की ऑनलाइन निगरानी तथा सहायता करती है।

मानव जीवन आज पूर्णतया नवाचारों से घिरा हुआ है। भारत में संचार क्रान्ति में आविष्कारों ने डिजिटल गाँवों का सपना साकार किया है। इसी से जन धन योजना जैसे वित्तीय समावेशन कार्यक्रम, आधार जैसे सत्यापन व पहचान कार्यक्रम, भारतनेट तथा कॉमन सर्विस सेंटर, कृषि तथा स्वास्थ्य बीमा सेवाएँ, वीसैट प्रणाली से विद्यालयी शिक्षा व्यवस्था इत्यादि ने ग्रामीण जीवन को उन्नत बनाया है। परिवहन क्षेत्र में हुए नवाचारों से आज दिल्ली मेट्रो जैसी कार्बन-न्यूट्रल यातायात प्रणाली की संकल्पना सम्भव हुई है, जहाँ बिना दुर्घटना तथा देरी के रोज 30 लाख लोग यात्रा करते हैं। सेमी हाई स्पीड, हाईस्पीड, बुलेट ट्रेन, रीजनल रेपिड ट्रांसपोर्ट सिस्टम, उड़ान, ई-रिक्शा, ई-बस, सीएनजी प्रणाली, सड़क निर्माण प्रणालियों के नवाचारों ने न केवल परिवहन को बेहतर बनाकर आवागमन में तीव्रता तथा कुशलता प्रदान की है अपितु अर्थव्यवस्था का भी यह आधार स्तम्भ साबित हुआ है। लाखों लोगों को रोजगार तथा कृषि-खाद्य आवश्यकताओं की आपूर्ति को सम्भव बनाया गया है।

नवाचारों ने न केवल विकास अपितु विकास की निगरानी को भी अद्यतन तथा परिष्कृत बनाया है। आज 'प्रगति', 'mygov.in' जैसे प्लेटफार्मों से सभी कार्यक्रमों

की निगरानी तथा सुझाव आमंत्रण तीव्र तथा प्रभावी हुआ है। मनरेगा रोजगार, लाभांश वितरण, जनसंख्या नियंत्रण कार्यक्रमों, शिक्षा कार्यक्रमों की निगरानी तथा नियंत्रण सम्भव हो पाया है। अब जिला अधिकारीगण बिना किसी भागदौड़ के अपने कार्यालय में बैठे-बैठे ही राज्य के मुख्यमंत्री, मुख्य सचिव व केन्द्रीय अधिकारियों के साथ बैठक में भाग ले सकते हैं।

नवाचारों ने जहाँ एक तरफ देश तथा दुनिया के मानव विकास, बौद्धिक विकास तथा जीवन के स्तर को उन्नत किया है, वहीं दूसरी तरफ हमारे समक्ष कुछ चुनौतियाँ भी खड़ी की हैं। इंटरनेट रूपी नवाचार ने अपराध की नई प्रणाली साइबर अपराधों को जन्म दिया है। इससे विश्व अर्थव्यवस्थाओं को अरबों रुपए की चपत लग रही है, वहीं जीवन की स्वतंत्रता तथा व्यक्ति की गरिमा को भी खतरे में डाला जा रहा है। इसका खामियाजा उन देशों को ज्यादा उठाना पड़ रहा है, जो तकनीकी रूप से उतने सक्षम नहीं हैं।

कृषि क्षेत्र में उर्वरक, कीटनाशक, जैविक-उन्नत फसल इत्यादि नवाचारों ने जैवविविधता व स्थानीय फसलों को नकारात्मक रूप से प्रभावित किया है। अन्तरिक्ष के नवाचारों ने कैसलर सिंड्रोम की चिन्ता खड़ी की है, साथ ही अन्तरिक्ष युद्ध की सम्भावना को भी नकारा नहीं जा सकता है। नवाचारों में अग्रणी देश नवाचार सुरक्षा (पेटेंट, कॉपीराइट आदि) द्वारा गरीब देशों व पिछड़े देशों के जीवन स्तर तथा अर्थव्यवस्था को प्रभावित कर रहे हैं। संचार नवाचारों ने इंटरनेट को जीवन का अंग बनाकर सामाजिक तारतम्यता को झकझोर दिया है।

नवाचार विकास तथा जीवन में बदलाव हेतु अत्यावश्यक है परन्तु नवाचारों में मानवीय मूल्य तथा नैतिकता का समायोजन किया जाना अत्यावश्यक है अन्यथा नवाचार त्रासदी भी बन सकते हैं।

सरकारों को चाहिए कि नवाचार को शिक्षा व्यवस्था का अभिन्न अंग बनाया जाना चाहिए ताकि देश में नवाचार का वातावरण सृजित हो सके। भारत सरकार ने अटल नवाचार मिशन, नैनो-टेक्नोलॉजी मिशन, बायो टेक्नोलॉजी मिशन तथा जैव प्रौद्योगिकी मिशन शुरू किए हैं। भारत में अभी भी नवाचारों पर सकल घरेलू उत्पाद का 0.6-0.7 प्रतिशत ही खर्च किया जाता है। वह भी मुख्यतया सार्वजनिक क्षेत्र द्वारा तथा उसमें से ज्यादातर रक्षा उत्पादों पर। देश के सतत विकास के लिए सार्वजनिक तथा निजी क्षेत्र को शिक्षण संस्थानों तथा उद्योगों के साथ मिलकर नवाचारों पर कार्य करना चाहिए। नवाचार के साथ ही वर्तमान मानवीय संवेदना तथा नैतिकता पर ध्यान दिया जाना चाहिए।

इसमें कोई संशय नहीं है कि आदिकाल से समाज तथा मानव जीवन में बदलाव नवाचारों पर आरोहित होकर ही आए हैं। नवाचारों को वैज्ञानिकों तथा आविष्कर्ताओं की व्यक्तिगत कोशिशों तक सीमित रखने की प्रथा का अन्त होना चाहिए। नवाचार

की भावना बच्चों में शुरू से ही पोषित की जानी चाहिए ताकि रटतविद्या से पृथक् होकर वे एक नवोन्मेषी समाज व राष्ट्र के निर्माण में भागीदारी दे सकें। माता-पिता तथा समाज के स्तर पर बड़े पैमाने में सोच को परिवर्तित कर सामूहिक प्रयासों से ही नवाचारी वातावरण का सृजन किया जा सकता है।

98

अच्छी बाड़ें, अच्छे पड़ोसी बनाती हैं

—निशान्त जैन

स्कूल के मैदान में वार्षिक कार्यक्रमों की चहल-पहल दिख रही थी। विभिन्न कक्षाओं की टीमें जमकर पूर्वाभ्यास में जुटी थीं, सबमें जज्बा था अपनी-अपनी टीम को शिखर पर ले जाने का, जोश था अपनी-अपनी टीम का नाम रोशन करने का; पर यही जोश अचानक होश खोने लगा। यह क्या? सद्भावनापूर्ण माहौल में दो टीमें बेहद कटुतापूर्ण तरीके से बहस करने लगीं और धीरे-धीरे सारा माहौल कलुषित होने लगा। माजरा यह था कि दो टीमें अपनी-अपनी सीमाओं का कुछ अतिक्रमण कर बैठी थीं, जिसका परिणाम हुआ कि इधर की गेंद उधर, उधर के खिलाड़ी इधर होने लगे थे। महज इतनी सी बात थी, और विद्यालय परिसर में पूरा विद्यालय ही जुट गया। उस समय तो किसी तरह दोनों टीमों को समझा-बुझाकर शान्त कर दिया गया, पर स्थायी और टिकाऊ समाधान शायद यह नहीं था। इसीलिये अनुभवी प्राचार्य महोदय ने अगले दिन ही एक आदेश जारी करके विभिन्न खेलों और कक्षाओं के मध्य मैदान का न्यायसंगत वितरण करा दिया। बस वह दिन था और आज का दिन, तकरार तो छोड़िये, टीमों के बीच इतना प्यार और खुलापन है कि उसकी मिसाल प्राचार्य जी आज भी देते हैं।

अच्छी बाड़ें अच्छे पड़ोसी बनाती हैं, निश्चित रूप से यह बात स्वीकारने में कोई भी समस्या या संकोच नहीं किया जाना चाहिए। चाहे वह घरेलू नोंक-झोंक हो या मुहल्ले की तू-तू, मैं-मैं; राज्य-स्तर के या राष्ट्रीय स्तर के संसाधन वितरण सम्बन्धी विवाद हों या अन्तर्राष्ट्रीय स्तर पर कूटनीतिक सम्बन्ध; अच्छी बाड़ें हमेशा पड़ोसियों से बेहतर सम्बन्ध बनाने की दिशा में बड़ी भूमिका निभाती हैं। सभ्यता के विकास के ऐतिहासिक क्रम में सीमा-रेखाओं की भूमिका सदैव महत्त्वपूर्ण रही है। यदि भारत के विशेष सन्दर्भ में चर्चा करें तो, विष्णु पुराण में उल्लिखित है—

उत्तरं यत् समुद्रस्य, हिमाद्रेश्चैव दक्षिणम्
वर्ष तद् भारत नाम्, भारती यत्र संतति:।

(जिसके उत्तर में हिमालय और दक्षिण में महासागर है, उस देश का नाम भारत है और भारतीय उसकी सन्तान हैं) अर्थात् प्राचीन काल से ही भारत की

भौगोलिक बाड़ें निश्चित हैं, जो इस देश को एक सांस्कृतिक एवं राजनीतिक इकाई का रूप प्रदान करती हैं। उत्तर में हिमालय एवं दक्षिण में विशाल समुद्र भारत की प्राकृतिक एवं स्थायी बाड़ें निर्मित करते हैं, जो सदियों से भारत की सभ्यता, संस्कृति, राजव्यवस्था, अर्थव्यवस्था, आध्यात्मिक चेतना को परिष्कृत होने और फलने-फूलने का अवसर प्रदान करते रहे हैं।

वैयक्तिक या आन्तरिक स्तर पर देखें, तो प्रत्येक व्यक्ति अपने जीवन के बहुविध आयामों; निज, परिवार, समाज, कार्यक्षेत्र सभी में अपने कुछ उसूल या नियम निर्धारित करता है, जिनके द्वारा बनी कुछ सीमा रेखाओं का अतिक्रमण न तो निजी स्तर पर वांछनीय होता है और न ही सामाजिक स्तर पर। यह आचारसंहिता या संवैधानिक प्रावधान ही हैं, जो समाज में व्यक्ति व समाज के सम्बन्धों को नियमित व नियंत्रित कर एक बेहतर समाज के निर्माण का प्रयास करते हैं। यदि मनुष्य की उच्छृंखल प्रवृत्ति पर अंकुश न लगाया जाए, तो यह पूर्णतः सम्भाव्य है कि वह न केवल स्वयं का सन्तुलन खो बैठेगा, अपितु सामाजिक ताना-बाना, व्यावसायिक व्यवस्था, राष्ट्रीय-अन्तर्राष्ट्रीय आचार-व्यवहार विच्छृंखल होते भी देर नहीं लगेगी।

राजनीतिक व प्रशासनिक क्षेत्र में तो कार्य-विभाजन व नियंत्रण तथा सीमा-निर्धारण का महत्त्व और भी अधिक प्रासंगिक है। चाहे वह सरकारी विभागों के पारस्परिक सम्बन्ध हों या विभिन्न अन्तर्राज्यीय मुद्दे; अच्छी बाड़ें हमेशा विवादों को सुलझाने और विवादों को उत्पन्न ही न होने देने का महत्त्वपूर्ण काम बखूबी निभाती हैं। राजनीतिक क्षेत्र में विभिन्न मंत्रिमंडलीय सदस्यों के मध्य कार्यों का बँटवारा हो या प्रशासनिक अधिकारियों के मध्य कार्य-आवंटन; पूर्व-निर्धारित सीमाएँ न केवल कार्य-सम्पादन को सुगम और सुव्यवस्थित बनाती हैं, बल्कि समकक्ष पड़ोसियों से मैत्री एवं सौहार्द्रपूर्ण सम्बन्धों की नींव भी रखती हैं।

अन्तर्राष्ट्रीय राजनय की संकल्पना ही बाड़ों के निर्धारण पर टिकी है। विभिन्न पड़ोसी व दूरस्थ राष्ट्रों के मध्य सम्बन्ध केवल उनकी भौगोलिक, आर्थिक, सामाजिक स्थितियों से ही नहीं, बहुत हद तक उनकी बाड़ों से भी निर्धारित होते हैं। भारत-चीन सम्बन्ध, भारत-पाक सम्बन्ध, अफगानिस्तान-पाक सम्बन्ध, चीन-जापान सम्बन्ध, इजरायल-फिलिस्तीन सम्बन्ध, उत्तर कोरिया-दक्षिण कोरिया सम्बन्ध जैसे पड़ोसियों के सम्बन्धों के निर्धारण में सीमाएँ कितनी महत्त्वपूर्ण घटक हैं, यह बताने की आवश्यकता नहीं है। आज उपर्युक्त देशों के पारस्परिक सम्बन्धों का अन्तर्राष्ट्रीय राजनीति पर कितना अहम प्रभाव है, यह जगजाहिर ही है। इसमें कोई सन्देह नहीं कि पड़ोसी देशों की सरकारों के सम्बन्ध सुधार के सकारात्मक प्रयास अक्सर सीमाओं के विवादों के सामने दम तोड़ते प्रतीत होते हैं। यह दो पड़ोसी राष्ट्रों या राज्यों के मध्य अच्छी बाड़ें ही हैं, जो उनके सम्बन्धों को स्थायित्व और परिपक्वता के स्तर पर ले जाती हैं। यूरोप में प्रायः सीमा विवादों का न होना ही है,

जिसके कारण यूरोप के दो दर्जन से अधिक राष्ट्र आज यूरोपियन यूनियन (EU) नाम के वृहद् छाते के तले चैन की बंसी बजा पा रहे हैं।

ऐतिहासिक दृष्टि का सहारा लेने पर ज्ञात होता है कि अच्छी बाड़ें पड़ोसियों के मध्य अच्छे सम्बन्धों की बड़ी शर्त रही हैं। प्राचीन काल में भारत-चीन के मध्य बेहतर सांस्कृतिक सम्बन्धों का बड़ा कारण हिमालय के रूप में प्राकृतिक प्रहरी का तैनात होना था। मंगोल आक्रमणों से भारत के बचाव का कारण भारत की भौगोलिक स्थितियाँ रही हैं। आधुनिक भारत में नेहरू का पंचशील सिद्धान्त हो या गुजराल डॉक्ट्रिन का सभी पड़ोसी देशों के मध्य एक-दूसरे की सम्प्रभुता के सम्मान, अहस्तक्षेप और अनातिक्रमण पर ही आधारित हैं। इसमें कोई सन्देह नहीं कि यदि ये बाड़ें न होतीं, तो विश्व का इतिहास शायद अधिक विध्वंसात्मक, विनाशपूर्ण, बर्बर और अव्यवस्थित होता।

धार्मिक-आध्यात्मिक-दार्शनिक स्तर पर गौर करें, तो सभ्यता का विकास क्रम इस बात का गवाह है कि धार्मिक सहिष्णुता एवं साम्प्रदायिक सद्भाव जैसी उदात्त संकल्पनाएँ तभी मूर्त रूप ले सकती हैं, जब दो पड़ोसी धार्मिक समुदायों के मध्य सम्बन्धों में कुछ स्वनियंत्रित नियम व आत्मानुशासन की व्यवस्थाएँ हों। परस्पर सद्भाव स्थापित करने के लिये व्यवहारिक तौर पर जरूरी है कि धर्म सम्प्रदायों की स्वतंत्रता का नियमन भी हो ताकि वे दूसरे समुदाय की निजता एवं परस्पर सौहार्द्र के लिये खतरा न बन पाएँ। यदि सभी सम्प्रदाय अपने-अपने अधिकारों का उपभोग करने के साथ-साथ अपनी-अपनी सीमाओं को भी समझें, तो साम्प्रदायिक वैमनस्य, दंगे-फसाद, अशान्ति, अव्यवस्था जैसी स्थितियाँ उत्पन्न ही न हों।

"Your liberty ends, where my nose begins."

अच्छी बाड़ें हमेशा से अच्छे पड़ोसी बनाती आई हैं, बना रही हैं और बनाती भी रहेंगी, पर यहाँ यह सवाल भी मौजूँ है "क्या अच्छे पड़ोसी तभी बन सकते हैं, जब उनके बीच अच्छी और मजबूत बाड़ें हों ही?" क्या अच्छे पड़ोसी बनने के लिये अच्छी बाड़ें या सीमाएँ निर्धारित करना अपरिहार्य है? शायद नहीं! देश और विश्व, व्यक्ति और समाज; सभी जगहों पर तमाम ऐसे उदाहरण भरे पड़े हैं, जब बिना बाड़ों के ही पड़ोसियों के मध्य परस्पर मित्रतापूर्ण और भ्रातृवत् सम्बन्ध विकसित हुए।

अमेरिका-कनाडा हों या ब्रिटेन-आयरलैंड-स्कॉटलैंड, ऑस्ट्रेलिया-न्यूजीलैंड हों या भारत-नेपाल; बिना अधिक अवरोधों और मुक्त आवागमन के बावजूद उक्त देशों के मध्य सम्बन्ध अक्सर उन देशों से कहीं बेहतर दृष्टिगोचर होते हैं, जिनके बीच बहुत बड़ी-बड़ी और अभेद्य बाड़ें हैं।

आज भी 'संयुक्त परिवार' व 'हिन्दू अविभाजित परिवार' जैसी संकल्पनाओं में कृत्रिम बाड़ों का खोखलापन उजागर होता रहता है। गाँवों और कस्बों में छतों से जुड़ी छतें और आपस में जुड़े घर प्यार के एहसास को जीवन्त बनाए हुए हैं। प्राय:

देखा जाता है कि ऐसे राष्ट्र, जो बहुसांस्कृतिक व बहुधार्मिक हैं, उनमें सहिष्णुता, सौहार्द्र व सद्भाव उन राष्ट्रों की अपेक्षा कहीं अधिक है, जो विशेष तौर पर किसी धर्म-जाति-सम्प्रदाय-नस्ल विशेष की पहचान पर स्थापित किये गए हैं। बल्कि इससे जुड़ा एक और सवाल प्रासंगिक तथा समीचीन है कि क्या बाड़ें अच्छे पड़ोसियों के सम्बन्धों के लिये वांछनीय हैं भी या नहीं? हमारी संस्कृति तो सदैव 'अतिथि देवो भव' व 'वसुधैव कुटुम्बकम्' का उद्घोष करती रही है—

अयं निजः परोवेति, गणना लघुचेतसाम्।
उदार चरितानां तु, वसुधैव कुटुम्बकम्॥

'तेरा सो मेरा' का दर्शन आत्मसात् करने वाली यह संस्कृति गांधी, टैगोर, विवेकानन्द और नेहरू की विचारधाराओं के माध्यम से अन्तर्राष्ट्रीयता के आदर्श के रूप में मुखरित होती रही है। गांधी ने हिदायत देते हुए लिखा है—*"अपने घरों के दरवाजे बन्द रखो ताकि वे सुरक्षित रहें, पर उनकी खिड़कियाँ खुली रहने दो, ताकि बाहर की खुली और स्वच्छन्द हवा भीतर आकर तुम्हें बाहरी जगत से परिचित करा सके।"*

सच पूछिये तो अक्सर बाड़ें पड़ोसियों के सौहार्द्रपूर्ण प्रेम के मध्य बाधा बनकर खड़ी हो जाती हैं। परस्पर सांस्कृतिक-सामाजिक-आर्थिक अन्तर्क्रिया निश्चित रूप से सीमाओं के अवरोधों से बाधित होती हैं। यह बाड़ों की अनुपस्थिति का ही कमाल था कि पुराने समय में एक देश के व्यापारी अपनी भाषा, संस्कृति, जीवन-शैली, धर्म, सभ्यता को साथ लिये एक देश से दूसरे देश भ्रमण कर पाते थे। सिन्धु घाटी सभ्यता व मेसोपोटामिया के मध्य सम्बन्ध हों या प्रवासी भारतीयों का सूरीनाम, गुयाना, मॉरीशस, फिजी, त्रिनिदाद व टोबैगो में बसना; भारतीय संस्कृति का दक्षिण-पूर्व में प्रसार हो या बौद्ध धर्म का वैश्विक विस्तार, स्वतंत्र और निर्द्वंद्व विचरण सभ्यताओं एवं संस्कृतियों का संवाहक बन उनका विकास करता रहा है।

यदि हम कुछ क्षणों के लिये इन कृत्रिम एवं मानव-निर्मित सीमाओं से परे जाकर सोचें, तो हम एहसास कर पाएँगे कि इन बाड़ों ने पड़ोसियों के अच्छे सम्बन्धों पर किस हद तक प्रतिकूल प्रभाव भी डाला है। एक दार्शनिक सवाल यह भी है कि आखिर अभिमानी महाबली मानव को यह हक किसने दिया कि वह विश्व के मानवों के विराट संसार में ये अनावश्यक दीवारें खड़ी करे, जो मानव-मानव के बीच पारस्परिक स्वतंत्र व उन्मुक्त सम्पर्कों में स्पष्ट रुकावटें बन जाती हैं। एक मनुष्य, जो भारत में पैदा हुआ है, अगर वह कैलाश जाना चाहे, तो पासपोर्ट-वीजा की बाधाएँ क्यों? बाड़ के एक ओर खनिज पदार्थों और फसलों का आधिक्य हो, तो दूसरी ओर के मानव रोटी-पानी और संसाधनों की कमी से बिलबिला रहे हों? एक ओर पड़ोसी के पास नहाने और बिखेरने के लिये पानी है, दूसरा पड़ोसी पीने तक के लिये पानी की कमी से जूझ रहा है। एक ओर पेट्रोल की नदियाँ बह रही हैं, तो बाड़ के दूसरी ओर के

लोग आसमान छूते दामों पर पेट्रोल खरीदने को मजबूर हैं। क्या यह सम्भव है कि बाड़ के एक ओर हिन्दी बोली जाती हो और दूसरी ओर उर्दू? एक ओर प्रेमचन्द के उपन्यासों की महक हो तो दूसरी ओर सआदत हसन मंटो की कहानियों का जादू? हमें नहीं भूलना चाहिए कि संस्कृति और जीवन कुछ कृत्रिम बाड़ों में संकुचित होकर नहीं सिमट सकते। कुछ मूल्य—साहित्य, संस्कृति, कला, भाषा, संगीत, रहन-सहन सरहदों से परे होते हैं और मानव जीवन को अधिक रोचक और जीवन्त बनाते हैं।

ऋग्वेद का एक लोकप्रिय सूक्त है—*"आ नो भद्राः क्रतवो यन्तु विश्वतः।"* (विश्व की सभी दिशाओं से श्रेष्ठ विचार मेरी ओर आएँ) पर यहाँ ध्यान देना होगा कि ये श्रेष्ठ विचार तभी हमारी ओर आ पाएँगे, जब हम अपने घर की खिड़कियाँ दूसरों के विचारों के आगमन के लिये खोलकर रखेंगे और कृत्रिम बाड़ों के बन्धन से मुक्त हो पाएँगे। किसी शायर ने इसी भावना को प्रतिबिम्बित करते हुआ लिखा था—

कमल उर्दू के खिलते हैं यहाँ हिन्दी की झीलों में,
गजल को बाँटना मुश्किल है भाषायी कबीलों में।

यद्यपि उपर्युक्त विवेचन से स्पष्ट है कि अच्छे पड़ोसियों से सम्बन्ध बनाने के लिये अच्छी बाड़ें लगाना ही एकमात्र उपाय नहीं है। अच्छे पड़ोसी तब भी हो सकते हैं, जब बाड़ें हों ही नहीं। पर साथ ही यह भी ध्यान रखना होगा कि सामाजिक-आर्थिक-सांस्कृतिक उन्नयन व विकास भी तभी सम्भव है, जब पड़ोस शान्त हो एवं पड़ोसी से आपके सम्बन्ध सौहार्दपूर्ण हों। दोनों के पारस्परिक प्रेम व सौहार्द में कोई खलल पड़े या कोई विवाद उत्पन्न हो, उससे कहीं बेहतर है कि समझदारी का परिचय देते हुए अच्छी सीमा रेखाओं का निर्माण कर लिया जाए, ताकि जीवन के प्रत्येक क्षेत्र का नियमन व व्यवस्थापन बेहतर ढंग से हो सके। अच्छी बाड़ें अच्छे पड़ोसी बनाती रहेंगी और उनके पारस्परिक सम्बन्धों की ऊर्जा का एक ऐसा दौर आएगा, जब दोनों पड़ोसी मिलकर स्वेच्छा से उस बाड़ को हटाकर गले लग जाएँगे।

99

अधिकार आधारित दृष्टिकोण सामाजिक, आर्थिक विकास की कुंजी है

—सर्वज्ञ मिश्र

प्रत्येक व्यक्ति में कुछ विशिष्ट प्रतिभाएँ होती हैं। उसकी विशिष्ट आकांक्षाएँ होती हैं, जीवन के प्रति एक स्वतंत्र दृष्टि होती है। उन प्रतिभाओं को क्षमताओं में परिवर्तित करने के लिए, अपने मूल्यों व आकांक्षाओं के अनुरूप स्वयं का विकास करने

के लिए व्यक्ति के पास कुछ अधिकारों का होना आवश्यक है तभी वह स्वयं के लिए संतुष्टि पा सकता है, एवं समाज के लिए भी उपयोगी सिद्ध हो सकता है।

अधिकारों की उपस्थिति में ही व्यक्ति में उत्तरदायित्व का विकास हो सकता है, वह अपनी क्षमता एवं रुचि के क्षेत्र में कार्य करके समाज का अधिकतम कल्याण कर सकता है।

इस प्रकार, स्पष्टत: अधिकार आधारित दृष्टिकोण व्यक्ति तथा समाज दोनों के ही विकास हेतु कुंजी बनकर उभरता है। इस आलेख में हम विशेषत: सामाजिक तथा आर्थिक दृष्टिकोण से अधिकार आधारित दृष्टिकोण के विकास पर प्रभाव का समीक्षात्मक विश्लेषण करने का प्रयास करेंगे।

ऐतिहासिक दृष्टिकोण से अधिकारों के संकेन्द्रण का वर्चस्व दिखता है। राजा के पास व्यापक अधिकार होते थे तथा राज्य का चरित्र जनता के अधिकारों के स्थान पर राजा द्वारा निर्धारित होता था।

उदाहरणत: औरंगजेब के समय धार्मिक अधिकारों की यहाँ तक कि सामाजिक अधिकारों (पीरी मुराद प्रथा) की स्थिति अलग थी, एवं अकबर के समय अलग। आर्थिक अधिकारों यथा लगान की दर का निर्धारण भी राजा के द्वारा होता था, इस पर जनता की राय शायद ही कहीं ली गई हो। मोहम्मद तुगलक द्वारा राजधानी परिवर्तन (दिल्ली से दौलताबाद) की आलोचना तात्कालिक लेखकों ने भी की परन्तु इस आधार पर नहीं कि दिल्ली की जनता की राय क्यों नहीं ली गई?

विशेषाधिकारों, दैवीय शक्तियों तथा कई धार्मिक-सामाजिक, अन्धविश्वासों के कारण ऐतिहासिक रूप से जनसाधारण के अधिकारों पर आधारित दृष्टिकोण को राज्यव्यवस्था, अर्थव्यवस्था एवं समाज कहीं पर भी उचित स्थान नहीं मिला।

दूसरे, परम्परागत भारतीय चिन्तन में भी यद्यपि प्रत्येक व्यक्ति की बुद्धि की विविधता को—मुंडे मुंडे मतिर्भिन्ना, तान्निविश्य प्रयोजयेत् (प्रत्येक व्यक्ति की बुद्धि भिन्न होती है तथा प्रत्येक व्यक्ति स्वयं के विवेक द्वारा कार्य करता है) ऐसा बोलकर मान्यता दी गई। तथापि व्यवहार में लोक कल्याण को ही राजा का कर्तव्य माना गया लोक-अधिकारों को नहीं। बुद्ध-काल से ही वैशाली जैसे गणतंत्रों की उपस्थिति लोक-अधिकारों के सम्मान की परम्परा का द्योतक है। हालाँकि ये अपवादस्वरूप ही थे।

इस प्रकार ऐतिहासिक रूप से परिणाम आधारित सुधारात्मक दृष्टिकोण को, राजा की करुणा एवं सहानुभूति को, आर्थिक विकास का पैमाना माना गया।

सामाजिक दृष्टि से, अनुशासन, कुटुम्ब जाति तथा समाज के नियमों के अनुपालन, त्याग तथा समानता के आदर्शों को अधिकारों के ऊपर वरीयता मिल : रही।

समकालीन चिन्तन में, उपयोगितावाद द्वारा अधिकार आधारित दृष्टिकोण के स्थान पर प्रबुद्ध शासक वर्ग द्वारा—"अधिकतम लोगों के अधिकतम हित" को नैतिकता का पैमाना माना गया।

दूसरी ओर, कांट के व्यक्ति को साध्य मानने के सिद्धान्त में अधिकार केन्द्रीय तत्त्व बनकर उभरते हैं। व्यक्ति बहुमत के लाभ का साधन नहीं बनना चाहिए।

महात्मा गांधी द्वारा भी प्रत्येक व्यक्ति में ईश्वर के अंश को स्वीकार किया गया। पर भारतीय चिन्तन के अनुरूप ही, गांधी दर्शन में भी अधिकारों के स्थान पर कर्तव्यों पर उपभोग के स्थान पर संयम का अधिक जोर है।

सामाजिक-आर्थिक विकास में अधिकारों की केन्द्रीय भूमिका के जिन तीन तत्त्वों ने सर्वाधिक प्रबलता से स्थापित किया, वे हैं—लोकतंत्र, उदारवाद तथा साक्षरता का प्रस्तर।

अब हम पहले सामाजिक विकास में अधिकारों की वर्तमान स्थिति, अधिकार केन्द्रित दृष्टिकोण के लाभ व हानि एवं आगे के लिए सुझावों का अवलोकन करेंगे। तदनन्तर आर्थिक विकास पर चर्चा करेंगे।

ग्रामीण एवं कुटुम्ब आधारित व्यवस्था से नगरीय एकाकी समाज में परिवर्तन ने सामाजिक विकास में अधिकारों का महत्त्व केन्द्र में ला खड़ा किया है। विवाह को आजीवन निभाने के कर्तव्य के स्थान पर तलाक के अधिकार के रूप में परिभाषित किया जा रहा है। बच्चों पर हाथ उठाने को उनके अधिकारों का उल्लंघन बताया जा रहा है। स्पष्टत: अधिकार सामाजिक विकास के केन्द्र में आते जा रहे हैं।

स्पष्ट रूप से, इससे कई लाभ तो हुए हैं। जाति आधारित असमानता, जिसमें अधिकारों के वंशानुगत होने के कारण सामाजिक विकास अवरुद्ध हो गया था, वह कमजोर हुई है। दूसरे, लिंग आधारित असमानता, जैसे कि पुरुष के पास तलाक, द्वितीय विवाह के अधिकार थे परन्तु महिलाओं के पास नहीं, इसके अन्त से भी समावेशी सामाजिक विकास को बल मिला है। तीसरे, सामाजिक पाखंडों, मान्यताओं व अन्धविश्वासों के कारण सामाजिक विकास का अवरोध हो रहा था, उसमें भी प्रभावी कमी आई है।

अठारहवीं सदी के भारतीय समाज में समुद्र यात्रा को धर्म भ्रष्ट होना मानते थे, कर्मकांडों का बहुत प्रभाव था, विधवाओं को अपवित्र समझा जाता था। पता नहीं कितने भारतीय वास्को-डी-गामा सामाजिक प्रतिबन्धों के कारण कभी भारत से बाहर जा ही नहीं पाए होंगे! उनके पास प्रतिभा थी, रुचि थी, पर अधिकार नहीं थे। समाज की निगरानी के आगे वे असमर्थ थे। पता नहीं विधवाओं पर हो रहे अत्याचारों के भय से कितने लोगों ने अपनी कन्याओं की हत्या की, कर्मकांडों के भय से सामाजिक सुधारों, वैज्ञानिक खोजों (जो कि प्राय: पौराणिक मान्यताओं के विपरीत जाती थीं) को अभिव्यक्त नहीं किया गया। परिणाम? सोने की चिड़िया उपनिवेश बन गया, उदारतम हिन्दू धर्म मजाक बन गया था। हमें साम्राज्यवाद का शिकार होना पड़ा।

यद्यपि, अधिकार आधारित सोच सामाजिक विकास पर कुछ प्रतिबन्ध भी लगाती है। अधिकारों पर अत्यधिक तथा कर्तव्यों पर अत्यल्प ध्यान संघर्ष को जन्म दे सकता है (जैसा कि तलाक के बढ़ते मामले बता रहे हैं)।

दूसरे, अधिकार आधारित दृष्टिकोण कई बार दूरगामी सामाजिक सुधार में बाधक बन जाती है। शाहबानो मामले (1986) में केन्द्र सरकार द्वारा मुस्लिम समाज को अपने मामले स्वयं तय करने के अधिकार दिए जाने का परिणाम तीन तलाक जैसी गैर इस्लामी कुप्रथा के जारी रहने के रूप में हुआ। ध्यातव्य है कि कुरान के अनुसार तीन तलाक पर कई प्रतिबन्ध लगाए गए हैं, जैसे अवधि की न्यूनतम सीमा।

अन्तत: अधिकार आधारित सामाजिक विकास उपभोगवाद की ओर जा सकता है तथा समाज में नैतिक मूल्यों, विशेषत: त्याग व अनुशासन के महत्त्व में कमी आ सकती है। इसी प्रकार आर्थिक विकास के क्षेत्र में भी अधिकार आधारित दृष्टिकोण देखा जा सकता है। वंशानुगत व्यवसायों के स्थान पर व्यक्ति को कोई भी व्यवसाय चुनने का अधिकार, उपभोक्ताओं के अधिकार, मूलभूत जीवन की सुविधाओं यथा भोजन के अधिकार आदि का बढ़ता महत्त्व इस ओर इशारा कर रहे हैं। उच्चतम न्यायालय द्वारा अनुच्छेद-21 के विस्तार तथा गरिमामय जीवन में अनेक अधिकारों यथा स्वास्थ्य, निजता, जानकारी, भौतिक स्वतंत्रता, पर्यावरण आदि का समावेश करके अधिकार आधारित विकास की भावना को बल दिया गया है।

भारत सरकार द्वारा अधिकाधिक रूप से कल्याणकारी एवं आर्थिक योजनाओं में करुणात्मक दृष्टि के स्थान पर अधिकारात्मक दृष्टि का प्रयोग किया जा रहा है। मनरेगा द्वारा रोजगार का अधिकार, जनधन योजना द्वारा वित्तीय समावेशन का अधिकार, न्यूनतम वेतन अधिनियम आदि कुछ प्रमुख (आर्थिक विकास के सन्दर्भ में) उदाहरण हैं।

अधिकार आधारित दृष्टिकोण द्वारा आर्थिक विकास के सन्दर्भ में अनेक सकारात्मक सुधार किए गए हैं। प्रथमत: वंशानुक्रम के स्थान पर अधिकार एवं योग्यता आधारित अर्थव्यवस्था ने दक्षता व नवाचार बढ़ाने का कार्य किया है। दूसरे, उपभोक्ताओं को अधिकारों के हस्तान्तरण ने उत्तरदायित्व व पारदर्शिता की संस्कृति का शुभारम्भ किया है। तीसरे, हाशिए पर खड़े आर्थिक समूहों यथा किसानों को संख्याबल के आधार पर केन्द्रीय स्थान पर आने का अवसर मिला है। चौथे, रोजगार के अधिकार के कारण ग्रामीण गरीबी एवं ऋण ग्रहतता में निर्णायक कमी आई है।

अन्तत: अधिकारों के जनसामान्य तथा स्थानान्तरण के कारण नौकरशाही की अभिवृत्ति सकारात्मक एवं विनम्र हुई है। तथापि यह ध्यान देना आवश्यक है कि सामाजिक क्षेत्र की तरह यहाँ भी अधिकारों पर अत्यधिक ध्यान विभिन्न आर्थिक समूहों के मध्य संघर्ष, संसाधनों के अत्यधिक विदोहन, प्रदूषण आदि का कारण न बने।

निष्कर्षत:, अधिकार आधारित दृष्टिकोण जो कि लोकतंत्र के द्वारा पुष्पित हुआ एवं उदारवादी प्रगतिशील चिन्तन द्वारा पल्लवित हुआ, सामाजिक, आर्थिक विकास में एक केन्द्रीय भूमिका निभाता है।

साथ-ही-साथ जनसाधारण का लगातार प्रशिक्षण एवं जनजागृति भी आवश्यक है ताकि वे इन अधिकारों का प्रयोग कर सकें तथा इनसे अनिवार्य रूप से सम्बद्ध कर्तव्यों का निर्वहण कर सकें।

अन्तत: सामाजिक संस्थाओं, आर्थिक नीतियों एवं सरकार का कर्तव्य है कि प्राचीन राजशाही आधारित 'ऊपर से नीचे' की नीति के स्थान पर लोकतांत्रिक 'नीचे से ऊपर' के आदर्श पर अपने आदर्शों एवं योजनाओं को पुनर्गठित करे। यह अधिकारों व दायित्वों दोनों को नैसर्गिक रूप से सामाजिक-आर्थिक विकास की कुंजी के रूप में स्थापित करेगा।

100

मानव ईश्वर की सर्वश्रेष्ठ कृति है

—कंचन कांडपाल

'एकोऽहं बहुष्यामि'—"मैं एक से अनेक में विभक्त हो जाऊँ" —ईश्वर के इस संकल्प ने सृष्टि की संरचना को सम्भव कर दिखाया, हरीतिमा युक्त भूप्रदेश से लेकर हिमाच्छादित उत्तुंग श्रृंगों तक, कल-कल प्रवहमान जलधारा की चंचलता से लेकर, पठारों-मरुस्थलों के नीरव मौन तक; सब कुछ क्षण भर में तैयार हो गया। किन्तु एक कृति ऐसी थी, जिसके लिए क्षण पर्याप्त न था। ईश्वर को भी पूर्ण तन्मयता के साथ जुटना पड़ा। हर एक पक्ष को विविधता देनी पड़ी और जब वो कृति—मानव तैयार हो गई, तो 'ईश्वर' क्षीरसागर में विश्राम करने व 'गॉड'—रविवार को अवकाश लेकर निश्चिन्त हो गया, क्योंकि अब वह अपनी सर्वश्रेष्ठ रचना, भावी नियन्ता को रच चुका था—'मानव', जिसे देखकर सुमित्रानन्दन पंत ने लिखा—

सुन्दर है सुमन,
विहग सुन्दर।
मानव!
तुम सबसे सुन्दरतम।

श्रेष्ठता एक तुलनात्मक पैमाना है। किन्तु यह पैमाना सिर्फ 'पर' तक ही सीमित नहीं रहता, वरन् 'स्व' को भी समाहित करता है। अर्थात् अगर सर्वश्रेष्ठ का पद हासिल करना है तो अपने हर बीते दिन से बेहतर होना होता है जो इस संघर्ष में विजयी होता है, वही यह पदवी धारण कर पाता है व मानव इसमें खरा उतरा है।

व्यवहारिक धरातल पर उतरकर श्रेष्ठता के कुछ पहलुओं को निर्धारित करें—तो साहस, समन्वय की भावना, स्वयं पर विश्वास, जिजीविषा तथा अदम्य शक्ति—इन गुणों पर जिस किसी का भी अधिकार होता है, वह हर परिस्थिति, हर प्रश्न, हर संकट के समक्ष अटल खड़ा रहता है व विजय प्राप्त कर सर्वश्रेष्ठ सिद्ध होता है। व मानव ने अपनी प्रामाणिकता सिद्ध भी की है।

कभी आदिम प्रदेशों में भीगे नयनों से प्रलाप करता मानव आज मंगल तक की यात्रा अपने ज्ञान, साहस के बल पर सम्भव कर पाया है। कभी वन-गुहाओं में अपना निवास ढूँढ़ने वाला मनुष्य आज 'स्मार्ट शहर' की संकल्पना को साकार कर रहा है। यह बात ठीक है कि आदिम सभ्यता की शुरुआत ही पारस्परिक संघर्षों के साथ हुई थी किन्तु धीमे-धीमे एक समझ विकसित कर उसने समन्वय से रहना प्रारम्भ किया और आज समावेशी विकास, धारणीय विकास की नीतियों को उसने अपना लक्ष्य बनाया। सर्वश्रेष्ठता की अगली कड़ी का परिचय मानव की जिजीविषा के रूप में है। प्रकृति के हर रहस्य को जानने की इच्छा ने उसे शून्य से सम्पूर्ण तक की यात्रा करवाई है। इसी जिजीविषा ने कण-कण से लेकर ब्रह्मांड तक के रहस्यों को खोलने की सामर्थ्य उसे प्रदान की है। अपने इस ज्ञान-कौतूहल की बदौलत आज मनुष्य सर्वज्ञाता की श्रेणी के करीब पहुँच गया है तथा यह कहने का सामर्थ्य पाया है—

न न प्रभु! शक्ति नहीं माँगूँगा तुमसे,
अर्जित करूँगा लड़कर, झगड़कर॥

सर्वश्रेष्ठता सिद्ध करने की यात्रा इतनी भी सरल, सहज नहीं होती। जिस ईश्वर ने इतनी कृतियों को जन्म दिया है, वो बिना परीक्षा के किसी को सर्वोच्चता का तमगा नहीं देता। इसलिए, कभी सुनामी के रूप में तो कभी ज्वालामुखी के रूप में, कभी अकाल-महामारी के रूप में तो कभी प्रलयकारी बाढ़ के रूप में चुनौतियाँ पग-पग पर मनुष्य के सामने आती रहीं। किन्तु अपनी शक्ति, सूझबूझ व साहस से उसने इन सब पर विजय पाई। जहाँ डायनासोर जैसे विशालकाय प्राणी विलुप्त हो गए वहीं 'नन्हा' मानव पग-पग भरता हुआ, न केवल अपना अस्तित्व बचाने में समर्थ सिद्ध हुआ बल्कि उसने अधिक बेहतर दुनिया को सम्भव बनाया। मनुष्य की इसी प्रवृत्ति को देखकर निराला ने लिखा—

वह एक और मन रहा राम का,
जो न थका,
जो नहीं जानता दैन्य,
नहीं जानता विनय।

इन गुणों के सम्पुट ने मनुष्य को सर्वोच्चता के शिखर तक पहुँचाया तथा आज वह इस स्थिति में है कि भाग्य, पुनर्जन्म के फल, ईश्वर की दया नहीं; वरन् वह स्वयं अपने मार्ग का निर्माण करता है।

जहाँ निर्जीव इकाइयाँ—सिर्फ अपने सौन्दर्यबोध पर ही इठलाती हुई जड़ हो चुकी हैं तथा शेष सजीव इकाइयाँ जन्म-मरण के मध्य के समय को सिर्फ भोजन की तलाश में ही बिता रही हैं, वहीं मानव इन सबसे अलग, इन सबसे ऊपर अपनी विकास यात्रा को प्रवहमान बनाए हुए है। उसकी यही चैतन्य युक्त गतिशीलता उसे 'सर्वश्रेष्ठ' बनाती है। जिसकी स्तुति स्वयं देवगण करते हैं—

बड़े भाग मानुष तन पावा,
सुर दुर्लभ यह ग्रन्थनि गावा।

किन्तु मनुष्य की यह सर्वश्रेष्ठता निर्विवाद चाहे हो किन्तु निष्कलंक नहीं। यदि इसमें समन्वय की मणि सुशोभित है तो आतंकवाद रूपी भुजंग भी मनुष्य के कंठ को जकड़े हुए है। चाहे विकसित समाज के नव प्रतिमान प्रतिदिन गढ़े जा रहे हों, पर गरीबी रूपी अभिशाप को हम मिटा नहीं पाए हैं। नारी पर अत्याचार, वंचितों का शोषण, राष्ट्रों के मध्य वैमनस्य, परमाणु हमले का भय, प्रकृति को दासी के समान समझकर व्यवहार, यह सब भी इसी 'सर्वश्रेष्ठ' मानव की ही कुटिलताएँ हैं। चाहे ज्ञान-सर्वश्रेष्ठता के सिंहासन को कितना ऊँचा क्यों न कर दे, पर विवेक का अभाव उसे बार-बार नीचे गिरा देता है। इन्हीं विरोधाभासों ने बार-बार मनुष्य की सर्वश्रेष्ठता पर प्रश्नचिह्न लगाए हैं—

दूर तारों से किया सम्पर्क लेकिन,
पर पड़ोसी से न हम, हँस-बोल पाए।

स्पष्टत: सर्वश्रेष्ठता के संघर्ष में मानव परप्राणियों व अन्य हर कृति को कोसों दूर छोड़ चुका है। उसका मुकाबला यदि है तो वह स्वयं से। चाहे ज्ञान-विज्ञान-तकनीक-संवृद्धि में वह हर दिन, पिछले से बेहतर बनता रहे, पर जब तक वह स्वयं की ईर्ष्या, कुटिलता, भय से नहीं जीतेगा, तब तक 'सर्वश्रेष्ठता' के सिंहासन पर उसका राज्याभिषेक सम्भव नहीं होगा। अत: यदि मनुष्य को उस मुकाम को हासिल करना है तो उसे समझना होगा—

पूर्व चलने के बटोही
बाट की पहचान कर ले।

....

आँख में हो स्वर्ग लेकिन
पाँव पृथ्वी पर टिके हों,
कंटकों की, इस सीख का सम्मान करो
पूर्व चलने के बटोही॥

101

जब धन बोलता है, तो सत्य मौन रहता है।

—निशान्त जैन

मानव सभ्यता का सतत विकास उसको अदम्य जिज्ञासा, उत्कट उत्साह, जिजीविषा, निरन्तर उन्नति की भूख और आशावादिता का परिणाम है। सभ्यता और संस्कृति के इस विकासमान क्रम में समय-समय पर नए मूल्यों का राजन, पुराने मूल्यों का विस्थापन और उनमें परिवर्तन होता रहा है।

'परिवर्तन प्रकृति का शाश्वत नियम है।' के अनुरूप ही युग की आवश्यकताओं, परिस्थितियों, दार्शनिक-सामाजिक-आर्थिक-राजनीतिक-धार्मिक कारकों के अनुरूप ही समकालीन समाज का दृष्टिकोण और जीवन-दर्शन विकसित होता रहा है। ऐतिहासिक विकास के क्रम में 'धन' के प्रत्यय को तेजी से बढ़ा प्रबल हो या कभी अकाट्य व अपरिवर्तनीय रहे, 'सत्य' के शाश्वत मूल्य के मौन हो जाने तक को परिस्थिति उत्पन्न हो जाना इसी विकास की प्रक्रिया से उपजे परिणाम हैं।

भारतीय जीवन दर्शन में 'धन' और 'सत्य' दोनों धारणाओं का प्राचीनकाल से ही पर्याप्त महत्त्व रहा है, तथापि निवृत्ति-त्याग-तितिक्षा-संयम-संन्यास को भोग-विलासिता पर वरीयता दिए जाने के कारण धन पर सत्य व नैतिक मूल्यों को वरीयता दिए जाने की यहाँ परम्परा रही है। परन्तु 'वेद' में तो व्यवहारिक तथ्य को स्वीकारते हुए यह भी लिखा है—"सत्य का मुख सोने के पात्र से ढँका हुआ है।" अर्थात् जब धन बोलता है, तो सत्य मौन हो जाता है। सत्य तब ही बोलता है, जब धन उसे ऐसा करने की अनुमति देता है।

एक ओर जहाँ भारतीय परम्परा सत्य के मूल्य को सर्वोत्कृष्ट व सर्वोच्च मानती है और इसे 'मन, वचन और कर्म में अद्वैत' के स्तर तक निश्चित, अकाट्य व अपरिवर्तनीय दर्जा देती है

साँच बराबर तप नहीं, झूठ बराबर पाप,
जाके हिरदै साँच है, ताके हिरदै आप।

लोकजीवन में भी 'साँच को आँच नहीं' जैसी कहावतें और मूल्य आम जनजीवन में भीतर तक समाए हुए हैं। मुण्डक उपनिषद् में उल्लिखित 'सत्यमेव जयते' आज गणतंत्र भारत का आदर्श वाक्य है, जो भारतीय दर्शन और जीवन की अभिव्यक्ति ही है। वैदिक दर्शन से लेकर जैन व बौद्ध दर्शन तक, इस्लाम-ईसाई धर्मों से लेकर सिख गुरुओं तक, सत्य का सनातन महत्त्व और सर्वोच्चता सर्वमान्य रूप से स्वीकार्य रही है। भले ही वे 5 यम, 5 महाव्रत हों या धर्म के दश लक्षण 'सत्य' सभी मूल्यों में अति महत्त्वपूर्ण मूल्य स्वीकृत किया गया है।

धृति: क्षमा दमोऽस्तेयं शौचं इन्द्रियनिग्रह:,
धीर्विद्या सत्यमक्रोधो, दशकं धर्मलक्षणम्।

सभ्यता के विकास के क्रम में जब मनुष्य एकाकी से सामुदायिक होने लगा और समूह, परिवार, समुदाय, समाज, जाति, नस्ल जैसे सामूहिक तत्त्व विकसित होने लगे, तो मनुष्य का परस्पर विचार-विनिमय और अन्तर्क्रिया प्रारम्भ हुई। इस बढ़ती सामाजिक अन्तर्क्रिया के साथ परस्पर वस्तु-विनिमय और फिर आर्थिक क्रियाओं में विकास के साथ ही मुद्रा या धन की आवश्यकता अनुभव की जाने लगी, फलत: धन के महत्त्व में वृद्धि होती गई। धीरे-धीरे यह अन्तर्क्रिया राष्ट्रीय परिधि से बाहर निकलकर महाद्वीप व विश्व के स्तर पर पहुँचने लगी। इसके साथ-साथ ही बढ़ती जनसंख्या के भरण-पोषण, आवागमन, रहन-सहन, जीवन-स्तर, शारीरिक-मानसिक-आध्यात्मिक आवश्यकताओं की पूर्ति हेतु धन की आवश्यकता एक केन्द्रीय आवश्यकता बनकर उभरने लगी। संसाधनों पर अधिकार की होड़ साम्राज्यवाद, उपनिवेशवाद जैसे शोषणकारी प्रयास, बाजार की आवश्यकता, कच्चे माल की आवश्यकता जैसी स्थितियाँ इसी आर्थिक विकास के स्वाभाविक परिणाम हैं।

यूरोप में हुई औद्योगिक क्रान्ति के बाद तो युग-दर्शन में क्रान्तिकारी परिवर्तन हुए और 'अर्थ' का तत्त्व वैश्विक व आन्तरिक जीवन का सबसे प्रमुख निर्धारक बनने लगा। पश्चिम में पूँजीवादी और उदारवादी संस्कृति के विकास का प्रभाव पूरे विश्व पर पर्याप्त मात्रा में पड़ा और विश्व भर के मूल्यों में नैतिक स्तर पर परिवर्तन आने लगा।

आधुनिक युग वैश्वीकरण, उदारीकरण और आर्थिक विकास का युग है। इस युग में अर्थ या धन अपनी अकूत शक्ति के बल पर पूरी सभ्यता व व्यवस्था का केन्द्रीय तत्त्व बनकर उभर रहा है। अर्थव्यवस्था आधारित इस युग में स्थिति यह है कि राजनीति, समाज, धर्म-अध्यात्म, अन्तर्राष्ट्रीय सम्बन्ध, पर्यावरण, ज्ञान-विज्ञान, जीवन-दर्शन सभी अर्थ व धन के निर्देशों के अनुरूप व्यवहार करने लगे हैं। धन के बल पर आज पारिवारिक स्तर पर सम्बन्धों, सामाजिक

स्तर पर प्रतिष्ठा, राजनीतिक स्तर पर शक्ति, आध्यात्मिक स्तर पर प्रभाव, नैतिक स्तर पर सहमति, अन्तर्राष्ट्रीय स्तर पर सम्बन्धों को न केवल प्रभावित किया जा रहा है, अपितु उन्हें लगभग खरीदने की ताकत रखने जैसी स्थितियाँ उत्पन्न होने लगी हैं।

यद्यपि सत्य के मूल्य को दबाना या मौन होने पर विवश करना पूर्णतः सम्भव नहीं है, फिर भी आज की वास्तविक परिस्थितियों में यह न मानना वस्तुतः सत्य से मुँह चुराने जैसा ही होगा कि "जब धन बोलता है, तो सत्य मौन रहता है।"

पारिवारिक और सामाजिक स्तर पर देखें, तो समाज के नैतिक मूल्यों में आए क्षरण के परिणामस्वरूप अब सामाजिक प्रतिष्ठा उसी को प्राप्त होती है, जिसके पास अधिक धन हो। धनी व्यक्ति के विचार, उसकी बातें समाज में ध्यानपूर्वक सुनी जाती हैं, तथा उसे प्रेरणा का स्रोत माना जाता है। निर्धन व्यक्ति भले ही कितनी तथ्यपूर्ण, सत्य व उदात्त बातें कहे, उन्हें समाज द्वारा पर्याप्त महत्त्व नहीं दिया जाता। किसी शायर ने यहाँ तक लिखा है—

जिनके आँगन में अमीरी का शजर लगता है,
उनका हर ऐब, जमाने को हुनर लगता है।

राजनीतिक स्तर पर तो धन व सत्ता के बल पर सत्य का मुँह बन्द करने के असंख्य उदाहरण दिन-प्रतिदिन हमारे समक्ष उपस्थित होते ही हैं। धन के बल पर किए जाने वाले भ्रष्टाचार, चुनावों में धाँधली, मतदाताओं के मत खरीदना, पार्टियों पर अनुचित प्रभाव, कॉरपोरेट लॉबिंग, पेड न्यूज जैसी समस्याएँ लोकतंत्र के उदात्त मूल्य की सत्यता और विश्वसनीयता पर भी प्रश्नचिह्न खड़े कर देती है। एक धनी व्यक्ति चुनाव प्रचार पर अधिक खर्च कर व पार्टी के फंड में अधिक दान कर सफलता प्राप्त करने की पर्याप्त सम्भावनाओं से युक्त हो जाता है। वह मीडिया समूहों के स्वामियों से साँठ-गाँठ कर अपने पक्ष को पुष्ट करने वाली खबरों को अधिक महत्त्व तथा अपने विरुद्ध चलने वाली सत्य खबरों को रुकवाने से भी बाज नहीं आता। हाल ही में एक प्रतिष्ठित राष्ट्रीय समाचार चैनल के दो सम्पादकों द्वारा एक उद्योगपति एवं सांसद के विरुद्ध खबरों को दबाने के मामले में हुई गिरफ्तारी का प्रकरण हो या हाल ही में गैंग-रेप कांड में पीड़िता के बयान लेने वाली एसडीएम पर मनमाफिक बयान लेने के लिए दबाव डालने का मामला, धन व सत्ता का अनुचित प्रयोग और सत्य का दमन एक वास्तविकता ही बन गया है।

भ्रष्टाचार के मुद्दे को लेकर मध्यवर्ग व आम जन में उबला आक्रोश इस मुद्दे की भयावहता को दर्शाने के लिए पर्याप्त है। ट्रांसपेरेंसी इंटरनेशनल के भ्रष्टाचार सूचकांक में भारत का गिरता स्थान धन के बल पर सत्ता प्रतिष्ठानों को प्रभावित

करने, बढ़ती घूसखोरी, सरकारी-गैरसरकारी, कॉरपोरेट व NGO के स्तर तक बढ़ते नैतिक पतन को स्पष्ट करता है। विधायिका, न्यायपालिका व कार्यपालिका तक सभी स्तरों पर सत्य में मूल्य का दमन धन के बल पर किए जाने की बहुत सी घटनाएँ समाज में आए मूल्य-क्षरण की पुष्टि करती हैं।

व्यवहारिक तौर पर देखें तो आज एक धन-सम्पन्न व्यक्ति अपने संसाधनों के बल पर महँगे अधिवक्ता की सेवाएँ लेकर मुकदमा जीतने की सम्भावना को कई गुना बढ़ा सकता है। असत्य व अन्याय के समर्थक होने के बावजूद वह अपने अवैध रूप से अर्जित धन को सामाजिक-धार्मिक-राजनीतिक संस्थाओं को दान में देकर 'सफेदपोश' का रूप धारण कर अपने प्रभाव का अनुचित उपयोग कर सकता है और सत्य की आवाज को दबा सकता है। हाल ही में धन का सत्य पर बढ़ता प्रभाव यहाँ तक बढ़ा है कि संसद में कुछ सांसदों को इसलिए सभापति द्वारा निलम्बित किया गया, क्योंकि कुछ सांसदों पर प्रश्न पूछने के लिए धन लेने तथा कुछ पर किसी पार्टी विशेष के पक्ष में मतदान हेतु खरीद-फरोख्त का आरोप लगा था। इस तरह की घटना लोकतंत्र की गरिमा संसद की मर्यादा पर प्रतिकूल प्रभाव डालती हैं और धन के बढ़ते प्रभुत्व द्वारा सत्य के दमन के जघन्य उदाहरण प्रस्तुत करती हैं।

अधुनातन वैश्विक सम्बन्ध, अन्तर्राष्ट्रीय राजनीति, अन्तर्राष्ट्रीय राजनय में आर्थिक तत्त्व एक केन्द्रीय तत्त्व बनकर उभरा है। विकसित व पूँजीपति देश अपनी सम्पदा व हैसियत के बल पर न सिर्फ अन्तर्राष्ट्रीय संगठनों को अनुचित रूप से प्रभावित करते हैं, बल्कि विकासशील व आर्थिक रूप से कमजोर देशों के हितों का दोहन कर प्रकारान्तर से आर्थिक साम्राज्यवाद तथा उपनिवेशवाद के स्तर तक मनमानी करने लगते हैं। अनेक बार संयुक्त राष्ट्र संघ जैसी निष्पक्ष संस्थाएँ भी उन देशों से प्रभावित हुए बिना नहीं रहतीं, जिनके अनुदान से उसका आर्थिक निर्वाह होता है।

आज भारत हो या चीन, अमेरिका हो या रूस सबके पारस्परिक सम्बन्ध सत्य के संरक्षण पर आधारित न होकर सिर्फ इस बात से निर्धारित होते हैं कि किस देश को किससे कितना वित्तीय लेन-देन या संसाधनों का विनिमय कर कितना लाभ उठाना है। अब चाहे वह म्यांमार या चीन में निरन्तर मानवाधिकारों का उल्लंघन हो या इजराइल द्वारा अन्तर्राष्ट्रीय समुदाय की अपील के बावजूद निरन्तर अनधिकृत कब्जा व बमबारी, सब कुछ जानते हुए भी बड़े देश इन देशों के हितों का पोषण करते दिखाई देते हैं। संयुक्त राज्य अमेरिका द्वारा रासायनिक-जैविक हथियारों के नाम पर इराक पर आक्रमण हो या पूरे विश्व के प्रस्ताव पारित करने के बावजूद संयुक्त राष्ट्र में इजराइल के पक्ष में वीटो, अपने धन के बल पर सत्य का मुँह बन्द करने के अनेक उदाहरण विश्व मंच पर दिखाई पड़ते रहते हैं।

पर्यावरण संरक्षण को लेकर दिखने वाली प्रतिबद्धता भी अनेक बार सत्य को मौन कर वित्तीय दादागिरी के बल पर धनी देशों की जिद की भेंट चढ़ जाती है। जलवायु परिवर्तन पर होने वाले वैश्विक सम्मेलन यथा दोहा आदि बहुधा इसीलिए असफल हो जाते हैं, क्योंकि सम्पन्न देश सत्य को दरकिनार कर स्वयं कार्बन उत्सर्जन कम न कर इसका ठीकरा अधिक जनासंख्या वाले संसाधनहीन विकासशील देशों पर मढ़ देते हैं।

सत्य की मनमानी व्याख्या आधुनिक युग की सच्चाई है। सत्य का दमन इस स्तर तक पहुँच चुका है कि व्यक्ति अपने वैयक्तिक स्तर पर भी दिन में कितनी बार धनबल, सत्ताबल के दबाव में अपने अन्त:करण से समझौता कर अपनी सहज प्रवत्ति का दमन आज के मानव की सबसे बड़ी आध्यात्मिक विडम्बना ही कही जा सकती है।

अन्य क्षेत्रों में भी यथा-चिकित्सक द्वारा अनुचित प्रभाव में सत्य का गला घोंटकर गलत पोस्टमार्टम रिपोर्ट देना। मीडिया के एक पूँजीवादी वर्ग द्वारा धड़ल्ले से पेड न्यूज का प्रयोग, ग्राम प्रधान द्वारा अपने ही गाँव के बच्चों के भविष्य से खिलवाड़ करते हुए मिड-डे मील तक में धाँधली, पुलिस द्वारा निर्धन की तथ्यपूर्ण FIR न दर्ज करना, FIR से मनमाने तरीके से नाम निकलवाया जाना, प्रभावशाली लोगों पर कार्रवाई में अतिशय ढिलाई, सत्य का दमन कर कार्यों का सिर्फ फाइल के स्तर पर होना, धरातल पर न दिख पाना; तमाम ऐसे उदाहरण हैं, जो धन के आगे आज सत्य की बेबसी को प्रतिबिम्बित करते हैं। शायद इसीलिए नामचीन शायर अदम गोंडवी को लिखना पड़ा—

तुम्हारी फाइलों में गाँव का मौसम गुलाबी है,
मगर ये वायदे झूठे हैं, ये बातें किताबी हैं।

धन के बल पर सत्य के दमन की इस स्याह सच्चाई के बावजूद तस्वीर उतनी भी धुँधली नहीं। सत्य का शाश्वत मूल्य इतना भी कमजोर नहीं कि इसे लगातार दबाया जा सके। तस्वीर का एक महत्त्वपूर्ण आशाजनक पहलू भी है। वस्तुत: आज का यह तकनीकी आधारित युग पारदर्शिता की क्रान्ति का युग है। सार्वजनिक जीवन में निरंतर सूचना-प्रौद्योगिकी आधारित सेवाओं का बढ़ता प्रयोग, सूचना का अधिकार (RTI), बैंकों-थानों-सरकारी कार्यालयों का कम्प्यूटरीकरण, सिटिजन चार्टर, लोकपाल-लोकायुक्तों का बढ़ता प्रभाव, निर्वाचन आयोग व कैग (नियंत्रक व महालेखा परीक्षक) जैसी संवैधानिक संस्थाओं की बढ़ती सक्रियता, असत्य के विरुद्ध न्यायिक सक्रियता, नागरिक पत्रकारिता, सोशल नेटवर्किंग आदि अनेक ऐसे घटक हैं, जो धन के आगे सत्य को दबाने की हर छोटी-बड़ी कोशिश का मुँहतोड़ जवाब देने में कोई संकोच नहीं करते। आज सामाजिक मीडिया, यथा—फेसबुक,

ट्विटर आदि के माध्यम से सूचनाओं की नई बाढ़ आ गई है और हर आम व खास, बच्चा और अधेड़; अपनी हर सच्चाई, हर साँस का इतिहास लिख देना चाहता है। जिन बातों को बड़े लोगों द्वारा आपसी सहमति से दबा दिया जाता था, आज सामाजिक नेटवर्किंग साइटों पर खुलेआम प्रदर्शित हो सकती हैं। जूलियन असांजे की वेबसाइट विकीलीक्स तमाम प्रतिबन्धों के बावजूद अगले वर्ष। लाख से भी अधिक गोपनीय दस्तावेजों के खुलासे की घोषणा कर चुकी है। भले ही उसे निरुद्ध किए जाने के प्रयास जारी हैं, परन्तु इक्वेडोर जैसा एक विकासशील देश पारदर्शिता की रक्षा के लिए उसे अपने दूतावास में शरण दिए हुए है।

RTI कार्यकर्ता तमाम प्रतिकूल परिस्थितियों के बावजूद सत्य का झंडा उठाए हुए हैं। सत्येन्द्र दुबे, टी. पणमुगम, सुभाष चन्द्र अग्रवाल, जैसे कार्यकर्ता व व्हिसलब्लोअर इस जज्बे व संघर्ष के प्रतीक हैं। जहाँ सत्य की रक्षा के लिए टैगोर 'सर' की उपाधि व सुभाष ICS का पद त्याग सकते हों, वहाँ सत्य की यह आँच अभी उतनी मन्द भी नहीं पड़ी है।

अरुणा रॉय, किरण बेदी, अरविन्द केजरीवाल जैसे सामाजिक कार्यकर्ता अपने अभियानों के माध्यम से सत्य की अलख जगाए हुए हैं। यह सत्य ही है, जिसके बल पर व्यवस्था कायम है, अन्यथा व्यवस्था के धराशायी होने में अधिक समय नहीं लगता। सत्य को जिन्दा रखने की यही ललक इस मूल्य की संरक्षक व संवाहक बनी हुई है। अब आम आदमी सोने से ढके हुए हर सत्य का मुँह खोलकर उसे अभिव्यक्ति देना चाहता है, और वह हर उस सच से परिचित होना चाहता है, जो उसके जीवन की बेहतरी से प्रत्यक्ष-अप्रत्यक्ष तौर पर जुड़ा है।

सरकार द्वारा भी किए जा रहे कुछ नवोन्मेषी प्रयास सत्य को प्रोत्साहित करने में सहायक होंगे। संसद में लोकपाल व व्हिसलब्लोअर अधिनियम विचाराधीन हैं। बायोमीट्रिक पहचान पर आधारित AESD--'आधार' कार्ड आधारित सेवा आपूर्ति, नकद ट्रांसफर, चुनाव सुधार, न्यायिक सुधार, पुलिस सुधार, आदि ऐसे उपकरण हैं, जो धन-बल से दबाए जाने वाले सत्य को अनावृत्त करने में सहायक होंगे। सूचना-प्रौद्योगिकी का अधिकाधिक प्रयोग और जनता में बढ़ती जागरूकता तथा जीरा टोलरेंस (शून्य सहनशीलता) की चेतना सत्य के दमन को बर्दाश्त करने को तैयार नहीं। जैसे-जैसे इस चेतना व संवेदनशीलता का विकास अधिक होता जाएगा, वैसे-वैसे आम आदमी अपने मूल संवैधानिक अधिकारों का अधिकाधिक उपयोग वास्तविक लोकतंत्र का प्रयोग कर सकेगा।

स्वामी विवेकानन्द ने एक बार कहा था कि "सत्य में वह शक्ति है, जो मानव को असीमित शक्ति और अतुल्य बल प्रदान कर सकती है।" यदि तुम अखंड सत्य का पालन करो, तो कोई भी तुम्हें रोकने में समर्थ नहीं है।"

अत: यह स्वीकारने में कोई संकोच नहीं होना चाहिए कि हर युग में सत्य को अक्सर धन व शक्ति के अनुचित प्रभाव के आगे मौन रहना पड़ा है और वर्तमान युग में आर्थिक तत्त्व के बढ़ते प्रभाव के परिणामस्वरूप यह प्रवृत्ति और बढ़ी ही है, परन्तु सत्य के मूल्य की शक्ति अत्यन्त व्यापक और सार्वकालिक है। आज आर्थिक विकास ने ही हमें वह तकनीकी मुहैया कराई है, जिससे हम सत्य का मुँह बन्द करने की हर कोशिश का खुलकर प्रतिकार कर सकते हैं। सभ्यता स्वयं को दुहराती है। आज मानव की यही अदम्य जिजीविषा उसे धनबल के आगे न झुकने व सत्य को मुखर करने हेतु प्रेरित करती है क्योंकि—'*सत्यमेव जयते*'।

हम भी औरों की तरह अगर हो गए मौन,
तो फिर जलते हुए प्रश्नों के, उत्तर देगा कौन।

✪✪✪